教育部人文社会科学 2005 年度规划基金项目
"天津方言历史比较研究"（05JA740025）的结项成果

天津方言历史演变及相关问题研究

王临惠 著

中国社会科学出版社

图书在版编目(CIP)数据

天津方言历史演变及相关问题研究 / 王临惠著. —北京：中国社会科学出版社，2019.12
ISBN 978-7-5203-5221-5

Ⅰ.①天… Ⅱ.①王… Ⅲ.①北方方言—方言研究—天津 Ⅳ.①H172.1

中国版本图书馆 CIP 数据核字(2019)第 216446 号

出 版 人	赵剑英
责任编辑	任　明
责任校对	王　龙
责任印制	郝美娜

出　　版	中国社会科学出版社
社　　址	北京鼓楼西大街甲 158 号
邮　　编	100720
网　　址	http://www.csspw.cn
发 行 部	010-84083685
门 市 部	010-84029450
经　　销	新华书店及其他书店

印刷装订	北京君升印刷有限公司
版　　次	2019 年 12 月第 1 版
印　　次	2019 年 12 月第 1 次印刷

开　　本	710×1000　1/16
印　　张	18.5
插　　页	2
字　　数	303 千字
定　　价	98.00 元

凡购买中国社会科学出版社图书，如有质量问题请与本社营销中心联系调换
电话：010-84083683
版权所有　侵权必究

目　录

自序 …………………………………………………………………… (1)
壹　绪论 ………………………………………………………………… (1)
　　一　天津市的地理位置及历史沿革 ………………………………… (1)
　　二　天津市方言音系及内部分区 …………………………………… (3)
　　三　天津方言研究历史 ……………………………………………… (19)
　　四　本书的材料来源 ………………………………………………… (23)
贰　天津方言中古知系字声母的历史演变 …………………………… (25)
　　一　天津方言中古知庄章三组声母的演变 ………………………… (25)
　　二　天津方言中古日母字声母的演变 ……………………………… (37)
叁　天津方言声调的历史演变及相关问题 …………………………… (44)
　　一　天津市方言声调演变的类型及分布特点 ……………………… (44)
　　二　天津方言阴平调值的演变过程 ………………………………… (51)
　　三　天津方言中古入声调的历史演变及相关问题 ………………… (58)
肆　天津方言的其他语音问题研究 …………………………………… (91)
　　一　天津方言中古疑、影两母的演变 ……………………………… (91)
　　二　天津方言古入声韵的归派 ……………………………………… (97)
　　三　天津及周围方言曾开一梗开二入声字韵母的历史层次 …… (111)
伍　天津方言的词汇、语法问题 ……………………………………… (117)
　　一　天津方言的词汇系统 …………………………………………… (117)
　　二　天津方言词汇系统的再生能力 ………………………………… (125)
　　三　天津方言的儿化韵及儿化词 …………………………………… (129)
　　四　天津方言的一些语法特点 ……………………………………… (135)

陆　天津方言的发展演变历史 ·· (142)
　　一　天津的城市发展历史 ·· (142)
　　二　天津的移民历史与天津方言 ·· (148)
　　三　从中古入声调的归派看天津方言的底层 ································ (161)
　　四　从中古知系字声母的演变看天津方言的源流关系 ····················· (163)
　　五　天津方言与宿州、固镇方言的比较 ····································· (166)
　　六　总结 ·· (175)
柒　天津市方言字音对照表 ··· (178)
　　一　果摄 ·· (178)
　　二　假摄 ·· (181)
　　三　遇摄 ·· (185)
　　四　蟹摄 ·· (193)
　　五　止摄 ·· (201)
　　六　效摄 ·· (210)
　　七　流摄 ·· (218)
　　八　咸摄 ·· (224)
　　九　深摄 ·· (229)
　　十　山摄 ·· (232)
　　十一　臻摄 ··· (245)
　　十二　宕摄 ··· (253)
　　十三　江摄 ··· (262)
　　十四　曾摄 ··· (263)
　　十五　梗摄 ··· (267)
　　十六　通摄 ··· (274)
历史文献 ·· (281)
参考文献 ·· (283)

自　序

　　天津是一个年轻的城市，也是一座充满活力、富有朝气的城市！

　　当人们谈论天津文化时，似乎都愿意将"九河下梢"作为天津的象征，毕竟"九河下梢天津卫，三道浮桥两道湾"曾是天津某个特定时期的写照，而这样的文化也很接地气。但从拱卫京城的门户和重要的物资补给要冲及其在近代中国政治、经济等方面所发挥的作用上来看，仅仅用"九河下梢"的市井文化来定义天津，也实在太小看天津了。

　　天津因漕运而兴。金代迁都燕京后，随着海运、漕运开通，天津从原来三岔河口的小直沽迈开了自己城市发展的步伐，其发展史略不遑多论，但有一点尚需赘述：明永乐二年（1404）筑城建卫，始称天津，历三百余载，直到清代雍正三年（1725）改卫建州、雍正九年（1731）撤州建府为止，天津才真正转型为雄踞一方的地方政府。在短暂而又辉煌的六百余年的城市发展史上，天津是中国近代民族工业的策源地，其机器制造、铁路、造船、纺织、邮电、食品加工、医疗卫生等行业在未来的中国工业发展中都起到了引领作用。天津是近代中国科学、民主思想的摇篮，近代著名的翻译家、教育家严复在此翻译了《天演论》，著名的思想家梁启超在此潜心学术研究、倡导维新变法等，在中国近代思想史上画下了浓墨重彩的一笔。天津是中国近代教育的源头之一，北洋大学的建成开启了中国高等教育的先河，中国近代的第一座电信学校、最早的军医学校、最早的政法学校、最早的警察学校、最早的海军学校也都诞生在这里。依我对天津不很深刻的认识来看，"九河下梢"文化概括不了这些东西！

　　与天津的城市、天津的人一样，天津方言也可谓多姿多彩！和天津方言结缘，当从我来天津工作时说起。坊间盛传，天津方言是"燕王扫北"时安徽军士方言的延续和发展，源头是李世瑜诸先生"天津方言岛"的学说。联想到明成祖朱棣赐名之说，人们几乎对天津方言出自安徽宿州一带的说法深信不疑，从事天津历史文化研究的学者也多宗是说。据闻，天津市的有些单位和媒体还曾组团去安徽的宿州、固镇一带拍摄过寻根问源的专题片，足见其影响之大。我最初触摸天津方言完全是出于专业方面的兴趣，并未打算讨论天津方言的源流问题，因为我也对李世瑜先生的学说深信不疑。但在续貂之中，我逐渐发现无论是历史文献还是方言面貌都不完全支持李世瑜先生的学说。为此，我于2008年冬专程赴宿州、固镇，与宿州学院的蒋宗霞、唐爱华教授一起进行了田野调查，嗣后合作撰文提出了天津方言源流关系的新观点，认为天津方言以近代通行在这一区域的方言为底层，发展过程中受到了来自今北京、东北、山东等地方言的影响。这一观点与云景魁、汪寿顺等先生的研究有不谋而合之处。在此之后，曾晓渝先生先后撰文提出了自己关于天津方言源流关系的观点，认为天津方言仍是移民方言，但源头是通行于明代的南京官话而非宿州一带的方言。2012年3月，天津语言学会在会长石锋先生的主持下召开了"天津话来源专题报告暨讨论会"，曾晓渝先生与我分别就自己的研究观点进行了报告，与会的石锋、施向东等先生也踊跃发言，氛围热烈、严肃而不失融洽，让我受益良多。记得，在报告结束时我曾表述过对天津方言源流关系研究的态度：希望更多的人关注并参与天津方言源流关系的讨论和研究，并明确表示：我并不认为我的观点就是最终观点，但要说服我需要更多的材料和证据。

最后，我想说的是，非天津人研究天津方言，虽然比生于斯、长于斯的天津人少几分对母方言更深层次的感悟，但更冷静、更客观，这对天津方言的研究不也是很好的吗？一百多年前，高本汉从天津登陆，然后走陆路进入山西，如果能驻足调查一下天津方言，该是一笔怎样的财富呢？

是为序。

2019年6月6日于天津

壹

绪 论

一 天津市的地理位置及历史沿革

天津市简称"津",是我国四大直辖市之一,地处华北平原的东北部,东临渤海,西北与北京市接壤,北部及西部、南部被河北省包围;位于北纬38°34′至40°15′,东经116°43′至118°04′之间;南北长189千米,东西宽117千米,陆地面积约8772.30平方千米。天津市具体的地理位置见图1-1(见下页)。

天津开埠较晚,从城市发展起步算起,距今也不过600余年,但天津市辖区内的山山水水都有悠久的历史。据考古发现和史料记载,这一区域早在新石器时代就有远古先民休养生息。夏商时期,北方的戎狄等部落曾在此地活动,周代属诸侯国"燕"管辖,战国时期以海河为界分属燕、赵两国;秦统一六国后,今海河南属巨鹿郡管辖,海河北分属渔阳郡和右北平郡管辖。汉承秦制,改巨鹿为渤海。宋时,海河为宋、辽界河,海河南岸为宋的沧州和干宁军,海河北岸为辽的幽都府武清县和蓟州渔阳县。

天津市城市发展起步时间当从金代开始算起。金灭辽后结束了海河两岸对峙的局面,于1153年迁都燕京。因为拱卫燕京和水路补给的作用,地处靖海县(明初更名为"静海")南北运河与海河交汇的三岔河口的小直沽一带漕运业逐渐发达起来,并日益兴盛,最终成为金代畿辅重地,于是在贞祐二年(1214年)在此地建立了保护京畿补给的直沽寨,开启了天津城市发展的历史。元初承金制,都大都,在此仍设直沽寨,后更名为海津镇以加强漕运的管理与保护。明初仍承旧制。建文二年(1400年),燕王朱棣发动"靖难",夺取政权后,改年号为"永乐",从永乐二年(1404)开始筑城置卫,始称天津。清初仍承明制,清雍正三年(1725)改天津卫为州,雍正九年(1731)升为天津府,府治天津县,即

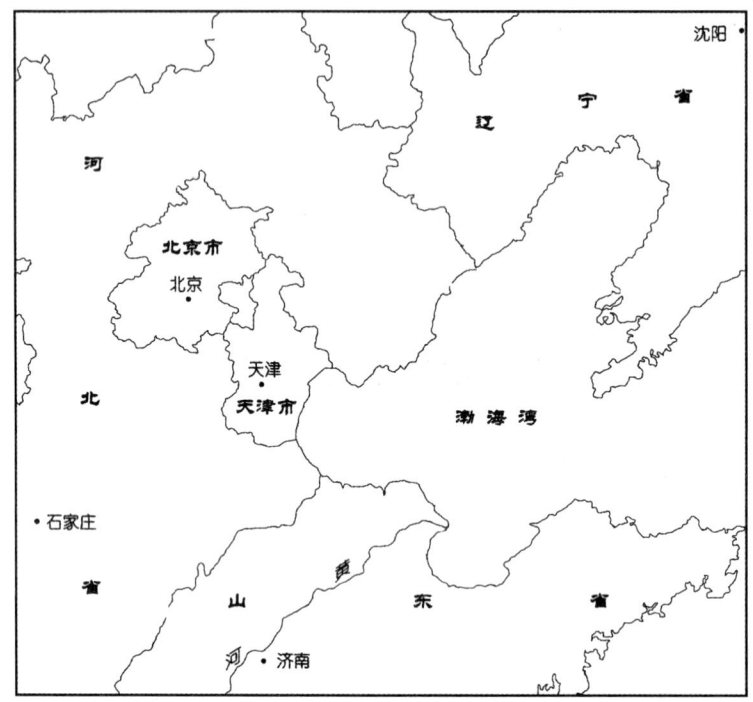

图 1-1 天津的地理位置图

今天津市区。

1912 年中华民国成立后，废除了州、府的建置，改天津为县，隶属于直隶省。1913 年 2 月，设直隶省，升天津为省会；1928 年 6 月，直隶省更名为河北省，同年 10 月，迁河北省会于北平，置天津特别市，这是天津设市之始。1930 年 10 月，河北省会又由北平迁到天津；1935 年 6 月，河北省省会迁往保定，复升天津为行政院辖市。抗日战争期间，日伪政权又将天津改为特别市。抗战胜利后，国民党政府改天津为直辖市，这是天津为直辖市之始。

1949 年 10 月，中华人民共和国成立后，定天津为直辖市。1958 年 2 月，根据中华人民共和国第一届全国人民代表大会第五次会议决定，将天津由直辖市改为河北省省辖市；同年 4 月，根据河北省第一届人民代表大会第七次会议决定，河北省省会由保定迁到天津。1967 年 1 月，中央决定将天津市恢复为直辖市，至今。天津市原辖 18 个区、县，其中市辖区 15 个：市区有和平区、河东区、河西区、南开区、河北区、红桥区；滨海区有塘沽区、汉沽区、大港区；环城区有西青区、东丽区、津南区、北辰区、武清区、宝坻区；市辖县3个：静海县、宁河县、蓟州。2009年11月，经国务院批准，撤销原塘沽、汉沽、大港三区，并为滨海新区（副省级）。2015年、2016年两年间，经国务院批准先后撤销3个市辖县建制，分别设宁河区、静海区、蓟州区。现天津市共分16个区。截止到2017年年底，全市常住人口为1556.87万人（户籍人口1049.99万人，外来人口498.23万人），有汉族、回族、满族、蒙古族、朝鲜族、壮族、土家族、苗族等51个民族。①

二 天津市方言音系及内部分区

为称述方便及习惯叫法起见，本书将天津市辖区内的所有方言总称为"天津市方言"，将天津市区的方言称为"天津方言"，其他区和街道的方言仍用其现名称呼。天津市方言内部的差异主要表现在语音方面，词汇、语法方面的差异较小。我们主要选取市区、塘沽、西青（杨柳青）、静海、蓟州、宝坻、宁河（芦台）、汉沽、大港、武清（杨村）10个方言代表点来讨论天津方言的性质、特点及形成发展过程。天津方言以南开老城厢方言为代表，各区以区政府所在地的方言为代表，塘沽、汉沽、宁河3个街道以街道办事处所在地的方言为代表。

（一）天津市方言音系

1. 天津方言音系
（1）声母（21个）

p 把比伯步	pʰ 铺爬旁皮	m 磨米满木			
			f 夫飞放复	v 未万文瓮	
t 多代顶滴	tʰ 汤图台铁	n 内袄女安			l 来林略冷
ts 组造张阵	tsʰ 才村成出		s 丝桑神叔	z 柔扔用擂	
tɕ 挤就军橛	tɕʰ 秋全群曲	ȵ 泥牛娘捏	ɕ 西旬效血		
k 高柜关各	kʰ 夸看狂哭		x 河灰欢黑		
ø 儿安应擂用					

（2）韵母（40个）

---

① 参见天津政务网 www.tj.gov.cn（天津概况）。

a	大沙瓦法八	ia	家哑夹匣瞎	ua	瓜垮话刷		
o	玻婆魔拨摸			uo	坐果脱络桌	yo	若弱
ɤ	哥课渴恶热	iɤ	惹热				
		iɛ	茄姐鞋叶铁			yɛ	瘸靴雪月学
		i	批基立息踢	u	土擩除不族	y	取句雨菊玉
						yu	如擩辱褥
ɿ	资次知十日						
ər	儿而耳尔二						
ai	胎牌外百麦			uai	乖怪快坏帅		
ei	杯肺美微北			uei	女最水蕊律	yei	蕊
au	道捎赵雹摸	iau	表笑刁叫学				
əu	偷口抽手肉	iəu	流九牛丢肉				
an	贪凡山半晚	ian	碱甜变烟连	uan	短暖官涮软	yan	全选院犬软
ən	针根申本问	iən	品金贫新人	uən	轮存昏俊润	yən	巡均匀裙润
aŋ	帮丈房棒让	iaŋ	娘想江巷让	uaŋ	庄光逛桩双		
əŋ	朋坑冷整风	iŋ	冰兴杏平丁	uŋ	宏东虫永用	yŋ	琼兄穷永用

(3) 声调（4个）

阴平　31　　高猪低开三飞七说
阳平　224　穷陈床人文云局服
上声　213　古口走好女有铁脚
去声　53　　盖对汉共厚必月麦

说明：

①知系字老派口语中与精组洪音字合流，部分字出现 tʂ、tʂʰ、ʂ、ʐ 的读法，但不稳定。

②au、aŋ 两组韵母的主要元音的实际音值近于 ɑ；an 类韵母主要元音的实际音值近于 æ。

③ian、yan、iən、yən 有明显的鼻化色彩。

2. 塘沽方言音系

（1）声母（24个）

p　疤步冰北　　pʰ　爬飘朋扑　　m　马米明灭
　　　　　　　　　　　　　　　　f　夫飞房福　　v　味围文袜

t	大道点滴	tʰ	土题天踢	n 奴女安捺		l	来礼兰勒
ts	字赵尊足	tsʰ	茶醋成促		s 丝受嗓速		
tʂ	遮者柱直	tʂʰ	车扯除迟		ʂ 蛇傻书十	z̧	惹如软日
tɕ	姐旧井脚	tɕʰ	桥秋全确	ȵ 泥牛娘捏	ɕ 西休寻学		
k	高柜官骨	kʰ	开葵炕哭		x 河灰黄黑		
ø	儿饿哑雾云						

（2）韵母（40个）

a	疤茶洼搭挖	ia	家牙霞夹瞎	ua	瓜夸瓦话刷		
				uo	多婆脱剥墨	yo	若弱
ɤ	歌车拨各德	iɤ	惹				
		iɛ	借野接歇铁			yɛ	瘸靴雪约学
		i	批起立一逼	u	图如擩读目	y	举取雨律菊
						yu	擩
ɿ	此资丝知时						
ʅ	置迟始十直						
ər	儿而耳饵二						
ai	抬开柴歪百			uai	块拽乖怪怀		
ei	杯泪飞围北			uei	堆蕊桂嘴水	yei	蕊
au	保曹高照雹	iau	表刁小尿饶				
əu	头走口抽手	iəu	流秋就九六				
an	三占丹饭晚	ian	染甜线变天	uan	蒜官闩船软	yan	全选权院犬
ən	沉深跟本分	iən	林纫贫斤忍	uən	孙困遵春润	yən	旬均匀群运
aŋ	帮张放王棒	iaŋ	娘墙让江巷	uaŋ	庄光况撞双		
əŋ	登剩猛整风	iŋ	冰鹰平静顶	uŋ	宏东农众共	yŋ	琼兄穷雄用

（3）声调（4个）

阴平	31	高猪低开三飞出七
阳平	224	穷陈平人龙云竹局
上声	213	古走短口好女笔窄
去声	53	盖正大饭近厚月六

说明：

①tʂ组声母集中分布在假开三章组和遇合三知组字里，个别字零星分布在各摄

里，无规律。

②au、aŋ 两组韵母的主要元音的实际音值近于 ɑ。

③ian、yan、iən、yən 有明显的鼻化色彩。

3. 西青（杨柳青）方言音系

（1）声母（23 个）

p	巴步便笔	pʰ	坡爬判劈	m	马毛命目				
						f	飞富方罚	v	无伟顽瓮
t	多道胆毒	tʰ	胎图停铁	n	奴袄安纳			l	老柳兰落
ts	在尊张族	tsʰ	粗才成促			s	碎三双叔		
tʂ	知治汁直	tʂʰ	池痴齿尺			ʂ	世时室食		
tɕ	家就卷节	tɕʰ	取齐穷七	ŋ	泥牛娘捏	ɕ	西许向席		
k	哥柜敢谷	kʰ	开葵扛哭			x	胡好黄黑		
ø	儿惹染迎月								

（2）韵母（41 个）

a	疤茶瓦塔挖	ia	家霞哑鸭瞎	ua	瓜夸华刷刮		
o	婆泼末摸墨			uo	搓坐说桌郭	yo	若弱
ɤ	哥车渴各特	iɤ	惹热				
		iɛ	姐夜鞋叶灭			yɛ	靴绝月掠学
		i	批体基吸一	u	古猪妇骨木	y	女区雨绿玉
						yu	如擩入辱褥
ɿ	紫次师词丝						
ʅ	制知十室尺						
ər	儿而耳饵二						
ai	来菜外埋白			uai	乖怪快怀帅		
ei	杯雷肺飞北			uei	堆回岁嘴柜	yei	芮锐蕊
au	保草高赵雹	iau	交飘摇绕晓				
əu	头楼狗抽粥	iəu	就流九揉肉				
an	三帆看碗万	ian	减染甜然千	uan	乱蒜官穿环	yan	全选软院悬
ən	沉深根门文	iən	心琴贫人引	uən	囤村棍昏准	yən	巡润匀军云
aŋ	帮张方棒攘	iaŋ	娘姜让讲巷	uaŋ	庄床爽桩双	
əŋ	登蒸生坑风	iŋ	冰硬扔京听	uŋ	弘宏东送众	yŋ	兄永绒穷用

（3）声调（4个）

阴平　42　　高猪低开天三织出七
阳平　55　　穷陈平神南麻竹局杂
上声　213　 古走比口好手笔铁曲
去声　31　　盖正唱大近抱月六麦

说明：

①tʂ、tʂʰ、ʂ只出现在蟹开三、止开三及深、臻、曾、梗开口三等的入声字里。
②au、aŋ两组韵母的主要元音的实际音值近于ɑ。
③ian、yan、iən、yən有明显的鼻化色彩。

4. 静海方言音系

（1）声母（25个）

p	疤步兵百	pʰ	爬批平泼	m	马暮明目						
						f	夫飞放发	v	无卫问握		
t	多道丁毒	tʰ	图胎糖踢	n	奴讹南恶					l	来梨林绿
ts	坐债庄总	tsʰ	才吵村戳			s	锁晒山速				
tʂ	遮治砖只	tʂʰ	车厨陈尺			ʂ	书受闪说	ʐ	惹如绕肉		
tɕ	家就均积	tɕʰ	取齐全曲	ȵ	女泥念捏	ɕ	写西悬息				
k	歌柜刚国	kʰ	开葵看哭	ŋ	讹沤恩恶	x	河虎汉黑				
ø	儿乌绕云玉										

（2）韵母（37个）

a	大巴瓦答八	ia	家霞哑掐瞎	ua	瓜夸花挂滑		
o	窝蹉倭握沃			uo	多火阔郭桌		
ɤ	婆遮合舌各						
		iɛ	姐鞋接业切			yɛ	瘸绝月嚼学
		i	米起立笔劈	u	古猪妇不木	y	女居需局浴
ɿ	资词思支虱						
ʅ	制知十日赤						
ər	儿而耳饵二						
ai	台排歪白麦			uai	乖怪快怀帅		
ei	杯雷飞位北			uei	吕灰岁嘴律		
au	抱刀猫烧雹	iau	交小摇嚼学				
əu	走沟抽周轴	iəu	流秋牛有六				

an　三帆看碗晚　　　ian　减染甜然千　　　uan　团官闩环川　　　yan　全选软远犬
ən　沉根本陈文　　　iən　林心津人引　　　uən　囤村困尊唇　　　yən　旬均润群云
aŋ　帮当张方棒　　　iaŋ　墙香羊江巷　　　uaŋ　庄光狂桩双
əŋ　等蒸猛成风　　　iəŋ　冰蝇平井星　　　uəŋ　宏东虫共瓮　　　yəŋ　兄永穷雄用

（3）声调（4个）

阴平　42　　高猪尊开三飞出七
阳平　55　　穷唐平娘人龙局食
上声　213　　古展比口手好笔尺
去声　31　　盖醉汉大近厚月入

说明：

① au、aŋ 两组韵母的主要元音的实际音值近于 ɑ。
② ian、yan、iən、yən 有明显的鼻化色彩。

5. 蓟州方言音系

（1）声母（24个）

p　疤步冰百　　pʰ　爬普片劈　　m　马买忙木
　　　　　　　　　　　　　　　　　　f　夫肥仿福　　v　位味问握
t　大吊端毒　　tʰ　抬题听秃　　n　奴女案诺　　　　　　　　　　　　　　　l　来礼狼六
ts　组字脏足　　tsʰ　才词寸擦　　　　　　　　　　　s　丝搜三速
tʂ　知赵专窄　　tʂʰ　茶除昌尺　　　　　　　　　　　ʂ　书水山食　　ʐ　惹如人肉
tɕ　家旧进积　　tɕʰ　去秋钱客　　ȵ　泥牛念捏　　　ɕ　西晓香席
k　高柜刚谷　　kʰ　苦葵砍客
ø　儿五音玉

（2）韵母（37个）

a　怕拿洼达挖　　　　ia　加牙丫匣瞎　　　ua　瓜夸话刮滑
o　坡倭泼博墨　　　　　　　　　　　　　　uo　多果说托桌
ɤ　歌车涉割各
　　　　　　　　　　　iɛ　姐也贴噎液　　　　　　　　　　　　yɛ　瘸靴绝缺学
　　　　　　　　　　　i　弟比吸七力　　　u　苦猪武出读　　　y　去聚雨橘局
ɿ　紫瓷自丝寺
ʅ　制使汁室尺
ər　儿而耳饵二

ai	抬海债外白			uai	乖怪快怀率		
ei	杯废位飞贼			uei	女堆桂嘴吹		
au	刀曹包超勺	iau	郊挑叫脚学				
əu	豆勾抽轴叔	iəu	刘久休油六				
an	男范看碗万	ian	陷甜眼鞭坚	uan	团蒜官湾船	yan	全选院原犬
ən	沉深跟本分	iən	品金贫新印	uən	屯存困婚春	yən	旬均匀群云
aŋ	帮炕王棒攘	iaŋ	良墙香江项	uaŋ	庄光黄撞双		
əŋ	登层生整丰	iŋ	冰蝇平京星	uŋ	宏荣东虫共	yŋ	琼永穷雄用

（3）声调（4个）

阴平　55　　高猪安开天飞织出
阳平　33　　穷陈唐人麻云竹杂
上声　214　 古展比口五老笔窄
去声　51　　对汉大饭近厚月药

说明：

①au、aŋ两组韵母的主要元音的实际音值近于ɑ。
②ian、yan、iən、yən有明显的鼻化色彩。

6. 宝坻方言音系

（1）声母（23个）

p	疤步冰博	pʰ	爬批平扑	m	马米忙木				
						f	夫肥仿福		
t	大对丁毒	tʰ	土抬唐铁	n	奴熬安诺			l	炉礼狼勒
ts	最字增足	tsʰ	才草村促			s	丝随三速		
tʂ	知周专桌	tʂʰ	茶抄虫出	ʂ	书手顺勺	ʐ	惹如人肉		
tɕ	街就江局	tɕʰ	渠秋群七	ȵ	泥牛娘捏	ɕ	西休寻学		
k	歌柜光骨	kʰ	口葵炕刻					x	河户黄黑
ø	儿安位引玉								

（2）韵母（37个）

a	疤爬乏达铡	ia	家牙夹匣瞎	ua	瓜夸瓦滑袜		
o	坡破末薄墨			uo	多果托郭桌	yo	瘸靴绝血学

ɤ	歌车磕割落							
		iɛ	姐鞋页灭血					
		i	皮基立一滴	u	苦夫出木赎	y	取去律菊玉	
ɿ	子此次四词							
ʅ	制诗十侄职							
ər	儿而耳饵二							
ai	胎开排白摘			uai	乖怪快帅率			
ei	杯废备北黑			uei	岁桂嘴水围			
au	刀高赵落勺	iau	飘郊挑脚学					
əu	头走口抽肉	iəu	酒秋旧有六					
an	三凡展半饭	ian	脸店鞭建天	uan	短官闩湾专	yan	全选拳圆犬	
ən	沉深根本分	iən	心金进银近	uən	墩尊婚皱润	yən	旬均群训云	
aŋ	帮张房棒港	iaŋ	良墙样江巷	uaŋ	庄霜王撞窗			
əŋ	朋等蒸整风	iŋ	平迎井顶星	uŋ	宏东送虫共	yŋ	兄永穷雄用	

（3）声调（4个）

阴平　55　　高猪安开三飞织出
阳平　22　　穷陈才娘人龙竹局
上声　213　古展纸口好女笔尺
去声　51　　盖唱共享近厚月六

说明：

①yo 的主要元音实际音值近于 ə。

②au、aŋ 两组韵母的主要元音的实际音值近于 ɑ。

③ian、yan、iən、yən 有明显的鼻化色彩。

7. 宁河方言音系

（1）声母（23个）

p	疤步病北	pʰ	爬批盘劈	m	马米明木			
						f	夫飞饭福	
t	多弟端毒	tʰ	抬梯团秃	n	奴袄男诺			l	来路领律
tθ	资在憎族	tθʰ	粗才层促			θ	苏四酸塞	

tʂ	知赵砖直	tʂʰ	车柴场出			ʂ	沙水山石	ʐ	惹如染肉

tʂ　知赵砖直　　tʂʰ　车柴场出　　　　　　ʂ　沙水山石　ʐ　惹如染肉
tɕ　家就静吉　　tɕʰ　起求群曲　　ȵ　你牛娘捏　ɕ　西休闲席
k　高柜官谷　　kʰ　开口狂哭　　　　　　　x　河厚红活
ø　儿衣文玉

（2）韵母（37 个）

a　巴拿茶塔罚　　ia　家牙霞甲瞎　　　　ua　瓜夸化刷挖
ə　波婆魔泼膜　　　　　　　　　　　　　uə　左所脱索桌　yə　瘸靴月虐学
ɤ　哥遮盒舌各
　　　　　　　　　　iɛ　茄姐野接鳖
　　　　　　　　　　i　低泥急七力　　　u　组古猪不木　　y　取许雨橘玉
ɿ　紫次四子字
ʅ　制知十实尺
ər　儿而耳尔二
ai　太才海百拆　　　　　　　　　　　　uai　块外乖怀帅
ei　杯雷美非北　　　　　　　　　　　　uei　女对桂嘴律
au　刀包招烧雹　　iau　胶飘小桥料
ou　头走狗抽手　　iou　流酒牛有六
an　感衫丹半饭　　ian　尖甜念闲变　　uan　算端官闩川　yan　全选眷原犬
ən　沉深根本分　　iən　林金新斤印　　uən　尊存昏遵唇　yən　巡均匀群训
aŋ　帮桑张放绑　　iaŋ　两墙向江项　　uaŋ　庄光忘撞窗
əŋ　登绳争冷风　　iŋ　冰蝇平井形　　　uŋ　宏荣东虫共　yŋ　兄永穷胸用

（3）声调（5 个）

阴平　24　　高猪专天三飞织七
阳平　22　　穷才平娘人龙局食
上声　312　 古走碗好手染笔窄
阴去　53　　对唱共享是厚月麦
阳去　343　 禰害树舅热让日褥

说明：

①精组洪音字今老派读 tθ、tθʰ、θ，新派口语中存在 tθ、tθʰ、θ 与 ts、tsʰ、s 混读现象。

②合口呼零声母音节中，u 有一定的唇齿音色彩。

③uə、yə 主要元音实际音值为圆唇。

④阳去调仅见于部分中古全浊上声、浊去字，且不稳定，老派口语中较多。

⑤阳平的实际调值近于 221，蓟运河北岸的小杨村一带阴平调值为 55。

8. 汉沽方言音系

（1）声母（24 个）

p 疤步帮笔	pʰ 爬皮片扑	m 麻米忙木						
				f 夫肥反福	v 味围			
t 大底丹毒	tʰ 太图停塔	n 奴脑安纳					l 来礼冷鹿	
tθ 在最尊贼	tθʰ 催才存促			θ 锁四桑速				
tʂ 猪赵张直	tʂʰ 茶吹船尺			ʂ 书时霜熟	ʐ 惹如软肉			
tɕ 家就军积	tɕʰ 桥秋全七	ɲ 女牛娘捏		ɕ 虚西向席				
k 高柜官骨	kʰ 开葵狂哭			x 河怀黄黑				
Ø 儿安衣王玉								

（2）韵母（37 个）

a 大拿塔铡罚	ia 加牙霞甲瞎	ua 瓜夸化刷挖			
ə 鹅波魔泼摸		uə 多坐火脱桌			
ɤ 歌遮盒割各					
	iɛ 姐爷业烈铁		yɛ 瘸靴雪缺学		
	i 低寄立笔绩	u 土古夫读足	y 女举去菊玉		
ɿ 紫次四字词					
ʅ 制知时侄尺					
ər 儿而耳饵二					
ai 代开牌歪白		uai 乖快怀帅蟀			
ei 杯废美围北		uei 最岁桂嘴水			
au 报高招勺雹	iau 郊小挑脚学				
əu 头狗抽收肉	iəu 流秋九有六				
an 南闪炭半饭	ian 尖甜闲钱边	uan 短完关闩船	yan 泉选拳院犬		
ən 沉跟真本分	iən 林心贫新近	uən 屯村婚温唇	yən 旬均匀群训		

aŋ 帮张放棒巷　　iaŋ 娘墙香江项　　uaŋ 庄光忘撞窗
əŋ 登蒸坑成风　　iŋ 冰鹰杏静丁　　uŋ 宏荣东公虫　　yŋ 兄永穷雄用

（3）声调（4个）

阴平　24　　高猪低开三飞织七
阳平　22　　穷才平鹅娘云局合
上声　312　古展走口好老笔福
去声　53　　正唱大望近抱月麦

说明：

①精组洪音字老派今读 tθ、tθʰ、θ，新派口语中存在 tθ、tθʰ、θ 与 ts、tsʰ、s 混读现象。

②au、aŋ 两组韵母的主要元音的实际音值近于 ɑ。

③ian、yan、iən、yən 有明显的鼻化色彩。

④阳平的实际调值近于 221。

9. 大港方言音系

（1）声母（23个）

p 布报步别　　pʰ 坡怕皮排　　m 门木
　　　　　　　　　　　　　　　　　　　f 飞反冯福
t 到低道夺　　tʰ 太拖同条　　n 怒袄南捺　　　　　　　　l 路连吕如
ts 遭追锄助　　tsʰ 曹初戳虫　　　　　　　s 苏随生叔
tʂ 知住春蛰　　tʂʰ 初潮昌撒　　　　　　　ʂ 书绳社说　　ʐ 惹如嚷肉
tɕ 精截经旧　　tɕʰ 青齐去齐　　ɲ 女牛娘捏　　ɕ 些斜虚夏
k 贵公跪共　　kʰ 开括狂葵　　　　　　　　x 化火话河
ø 耳衣危远软

（2）韵母（36个）

a 那巴拿法辣　　ia 家牙甲掐瞎　　ua 瓜话爪刷划
ə 哥婆社侧客
　　　　　　　　　　　　　　　　　　uo 多所阔落桌弱
　　　　　　　　iɛ 街姐铁业别　　yɛ 靴决学约确
　　　　　　　　i 批力集毕壁　　u 猪书副出熟　　y 女取雨律菊
ɿ 资纸词司师
ʅ 知吃施直日

ɚ   儿而耳饵二

ai   在开白侧麦   uai   拽摔快外麦

ei   碑飞雷北壁   uei   最吹柜位对

au   抱刀高弱雹   iau   刁叫要约学

ou   走豆狗谋熟   iou   流秋九又六

ã   三凡丹展判   iã   尖严变前电   uã   官酸欢顽穿   yã   卷拳宣远癣

ən   深沉本真门   iən   今赁宾引信   uən   尊存准顺允   yən   均勋运匀唇

aŋ   桑张上方绑   iaŋ   良央讲腔让   uaŋ   庄光狂窗双

əŋ   朋等更蒙封   iŋ   凭更名定营   uŋ   弘东翁钟用   yŋ   兄永穷胸用

（3）声调（3个）

平声   213   高猪开天桌不笔福
上声   55   穷平麻文古展口体急角察杂合
去声   51   近社盖正抗怕共树岸怒筑设月六

说明：

①零声母音节中，uo 为时实际音值近于［və］，其他韵母，如 u、uai、uei 等，u 没有明显的唇齿化色彩。

②au、aŋ 两组韵母的主要元音的实际音值近于 ɑ。

③iən、yən 有鼻化色彩。

10. 武清方言音系

（1）声母（24个）

p   疤步兵百   pʰ   爬皮盼扑   m   马米门木
                                      f   夫飞方福   v   无位文握
t   大堆丁毒   tʰ   土桃听秃   n   奴爱嫩恶   l   罗流良勒
tθ   在资尊族   tθʰ 粗曹层促   θ   锁寺三色
tʂ   住知庄筑   tʂʰ 柴池窗尺   ʂ   书师山熟   z   惹如染肉
tɕ   街就俊脚   tɕʰ 起桥拳客   ɲ   泥女年逆   ɕ   西许香席
k   高柜刚谷   kʰ   苦葵砍客   x   河虎换黑
Ø   儿五云玉

（2）韵母（37个）

a   大茶瓦塔袜   ia   家芽下甲瞎   ua   瓜夸华刷滑

o   婆窝末薄墨   uo   多果说桌国

ɤ	歌车舌各客						
		iɛ	茄野街贴客			yɛ	瘸靴绝穴嚼
		i	批起立一踢	u	古初出木叔	y	去雨律域玉
ɿ	资自词次丝						
ʅ	世知十日尺						
ər	儿二而耳饵						
ai	代开歪白摘			uai	乖筷歪怀坏		
ei	杯废位飞北			uei	最岁桂嘴水		
au	刀高抄绕雹	iau	胶小包脚嚼				
əu	头狗抽搜手	iəu	秋九休有丢				
an	甘凡丹半万	ian	尖甜闲变千	uan	官闩环船软	yan	全选院原悬
ən	沉深根本文	iən	林心贫斤引	uən	村困轮春润	yən	俊均群训运
aŋ	帮方王棒攘	iaŋ	娘香养江巷	uaŋ	庄光黄撞窗		
əŋ	朋蒸冷生风	iŋ	冰鹰棚镜星	uŋ	宏荣东虫共	yŋ	兄永穷凶用

（3）声调（4个）

阴平	55	高朱安天三飞出七
阳平	35	穷陈才神人文急局
上声	213	古展纸口好粉铁笔
去声	51	正放大谢坐厚月袜

说明：

①精组洪音字老派今读 tθ、tθʰ、θ，新派口语中存在 tθ、tθʰ、θ 与 ts、tsʰ、s 混读现象。

②au、aŋ 两组韵母的主要元音的实际音值近于 ɑ。

③ian、yan、iən、yən 有鼻化色彩，新派口语中尤为明显。

（二）天津市方言的分区

2012 年出版的《中国语言地图集》（第 2 版·汉语方言卷）B1-2（官话之二 北京官话）、B1-3（官话之三 冀鲁官话）中将天津市辖区内的方言分属于官话方言的北京官话和冀鲁官话，具体情况如下：

北京官话京承片怀承小片：武清区

冀鲁官话保唐片天津小片：天津市区

定霸小片：静海县

蓟遵小片：宝坻区　蓟州　宁河县

这样的分类标准及分区结果稍嫌粗犷。天津市现有的 16 个区的方言也可以按声调的情况分区，声调具体情况见表 1-1。

表 1-1　　　　　　　　　天津市各区方言声调表

	清平	浊平	清、次浊上	全浊上	全浊去	清去	清入	次浊入	全浊入
南开	31	224	213	53			4 声	53	224
塘沽	31	224	213	53			4 声	53	224
蓟州	55	33	213	51			4 声	51	33
宝坻	55	22	213	51			4 声	51	22
宁河	24	22	312	343		53	5 声	53/343	22
汉沽	24	22	312	53			4 声	53	22
大港	35	55		53			3 声	53	55
东丽	213	55		53			3 声	53	55
津南	42	55	213	31			4 声	31	55
西青	42	55	213	31			4 声	31	55
静海	42	55	213	31			4 声	31	55
武清	55	35	213	51			4 声	51	35

从表 1-1 中调值、调类的情况可以看出，天津市方言声调演变的一致性特征是次浊入今归去声（宁河归阴去、阳去的都有）、全浊入今归阳平（东丽、大港也是归阳平，参照西青等方言可知，东丽、大港方言是清、次浊上今归阳平①），而清入字散归各调。依据调值、调类情况可将天津市各方言分为以下 7 个小片：

1. 市区片

即《中国语言地图集》（第 2 版）所指的"天津小片"，其在 B1-3 "天津小片"下的注文是：

天津市区内部方言很不一致。天津小片指的是以旧城区为中心的老天

---

① 津南、西青、静海等方言阳平是 55 调，大港、东丽方言浊平与清、次浊上合为一调，调值是 55，据此判断大港、东丽是清、次浊入并入阳平。此调命名为阳平最切，若考虑到调类的多样性，称为上声亦无不可。

津话。分布的大致范围是：西边从曹庄子起，沿津浦线到东边的徐庄子、赵庄子，再向南经贵庄、芦庄子、南马集到南端的大韩庄，再向西北经大芦北口、卞庄、邢庄子回到曹庄子。

这里所标注的天津方言小片的分布范围大致是李世瑜、韩根东（1991）所圈定的天津方言岛的范围，随着十余年的城市改造、人口搬迁，这一范围早已被突破，天津市区方言的分布区域有所扩大。今市内和平区、南开区、河西区、河东区、河北区、红桥区6区及北辰区和滨海新区的塘沽街道基本上都属于天津小片，主要特点是阴平为低降调31。

2. 蓟州片

主要是蓟州区、宝坻区，古清声母平声字今读高平调，古浊声母平声字今读低平调。

3. 宁河片

仅有宁河区一点，主要特点为去声分阴阳，阴平为中升调，阳平为低平调。

4. 汉沽片

汉沽在新的行政区划调整过程中成为滨海新区的街道之一，其方言过渡性突出，主要特点为阴平为中升调，阳平为低平调，与宁河同；若不考虑去声分阴阳，汉沽应与宁河并为一片。

5. 大港片

主要分布在东丽区和滨海新区的大港街道，特点是中古浊平字与清、次浊上声字合流，今读高平调55。

6. 静海片

主要分布在西青、静海、津南3个区，主要特点是阳平是个高平调，去声是个低降调。

7. 武清片

分布在武清区，大致与北京话一致。

若依《中国语言地图集》（第2版）的标准，天津辖区内方言归片情况如下：

冀鲁官话保唐片天津小片：天津市区（和平、南开、河西、河北、河东、红桥）、北辰区、塘沽街道

定霸小片：津南区、静海区、西青区

蓟遵小片：宝坻区、蓟州区、宁河区、汉沽街道
沧惠片黄乐小片：东丽区、大港街道
北京官话京承片怀承小片：武清区
调整后的天津市辖区内方言的分布情况如图1-2。

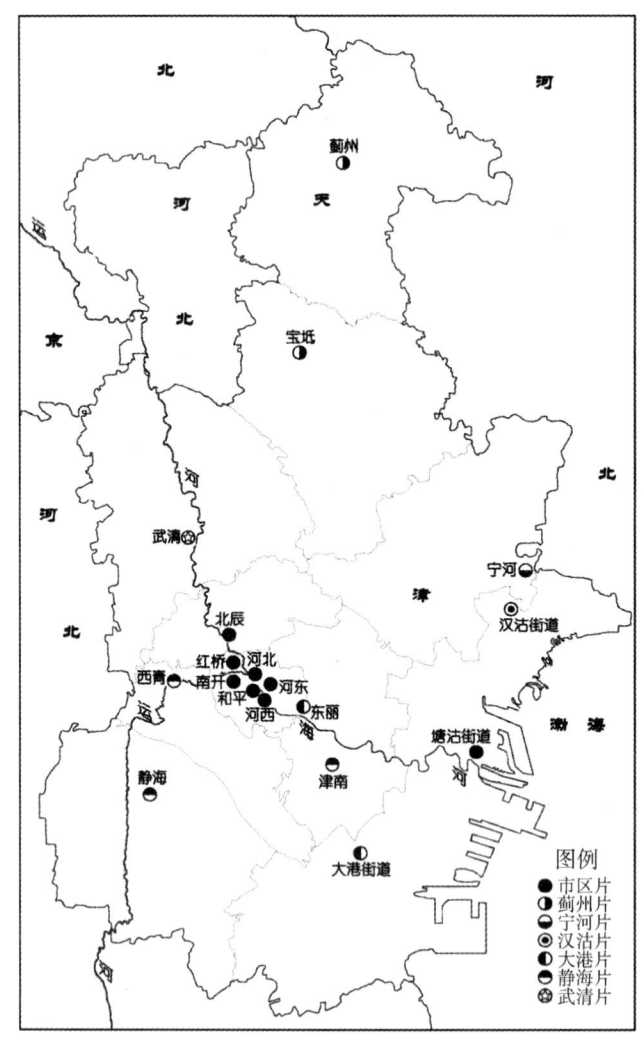

图1-2 天津市方言分布图

三 天津方言研究历史

（一）关于天津方言的历史文献

由于天津市开埠时间较短，可用于研究天津方言发展、演变方面的历史文献较少。语音方面，仅有清代天津人华长忠所著的《韵籁》。《韵籁》成书于清·光绪十五年（1889），共分四卷，其实就是一本按声母排列的同音字汇，《续修四库全书》（经部·小学类）收入此书。因其《序言》里说明"此书系津门世家华公讳长忠所著"，其书所反映的语音特点与北京话不相符合，某些特点又与今天津市区方言接近，所以研究者通常认为《韵籁》反映了当时的天津方言。但《韵籁》里有入声，且有许多全浊上声字仍归上声，如：后厚撼早（赫衍章第三），道稻（德衍章第六），荡（特衍章第七），弟（狄衍章第十），沌盾动（独衍章第十五），咎舅臼（节衍章第三十一），赵皂造（责衍章第三十九），杖丈仗（浙衍章第四十二）等，这与今天津方言不符。因而，《韵籁》是否属于天津方言尚有进一步讨论之必要。

关于天津方言的语法、词汇方面的材料，《三侠五义》（又名《忠烈侠义传》）值得关注。《三侠五义》作者石玉崑（1810—1871），天津人。原书的问竹主人《序》末云："第句中有操土音，故书讹字，读者宜自明之"，可见本书保留了一些当时天津方言的材料。如：

①他掐了花来，我向他要一两朵，饶不给，还摔打我。（第八十九回）

②我寡妇失业的，原打算将来两个女婿，有半子之劳，可以照看。（第二十回）

③早起吃的，这时候还饱着呢！我们不过找补点就是了。（第三十二回）

④"吾告诉你，鲤鱼不过一斤的叫做'拐子'，过了一斤的才是鲤鱼"（第三十三回）

⑤智化挺身来到船头，道："你放吗箭呀？……官儿还不打送礼的呢，你又放箭做吗呢？"（第一百十一回）

⑥到了下晚，北侠却暗暗与龙涛相会……（第六十五回）

从书中一些词语的用法上还可以看到这些词语在今天津方言中的演

变，如：

⑦我请了个先生，求他老给看看，管保就好咧。(第八回)
⑧俺卖完了这个，再给你老烙几张去。(第六十五回)
⑨智爷接过来一看，道："这是吗行行儿？"(第八十回)
⑩妈妈帮我一帮，这行货子可不小。(第九十一回)

从例⑦、⑧中可以知道，清代天津方言中还有对第三人称的尊称"他老"，现代方言中只保留了例⑧中的"你老"；从例⑨、⑩中可以看到，现代天津方言中的"行子_{不喜欢的人或东西}"在清代有"行行儿"、"行货子"两种说法。

因此，对《三侠五义》，尤其是对这本书的早期流行版本《龙图公案》中的语法、词汇现象进行系统研究，对天津方言的语法、词汇发展演变具有一定的学术价值。

清代所修的地方志书中有许多在"风俗"里附有本地的方言。光绪年间修的《顺天府志》中引用了《宁河县志》的材料，反映了当时宁河方言的语音、词汇特点，如：

①奏做，不直爽也。按：今顺天人谓不率真曰"做作"，声若"奏做"。
②姑都著，蹲踞也。按："姑都"二字于义无取，盖"骨朵"之转音也。……今顺天人谓花之含苞亦曰"姑都"，盖即"朵"也。
③你老，尊辈称也。按：……宁河人不以"你"呼尊辈，故加"老"字；"你老"二字急呼之则声近"儜"，故顺天人相称加敬则曰"儜"，否则曰"你"。
④车科，车夫也。按：顺天府人无此语。
⑤"更"读作"经"。按：今顺天人语"更改"之"更"音作"庚"，语"严更"之"更"则音若"经"。
⑥"讹"读作"挪"。
⑦小儿群歌，"尾"声作"以"，"八"声作"巴"。按：今验顺天人语"尾"、语"八"犹然。
⑧"窄"读作斋上声。
⑨"阔"读作"渴"。按：……今顺天人羡人奢曰"阔"，语"阔"曰"渴"，与宁河同。
⑩妈妈，母称也。按：……今顺天人呼"母"曰"妈"，则为马

平声。

这些例子所反映出的语音、词汇特点以及与顺天府（今北京）方言的异同，对研究今北京方言、宁河方言、天津市区方言都有一定的学术价值。

（二）关于现代天津方言的研究

从目前的调查、研究成果来看，天津方言研究主要集中在对天津市区方言的研究上。对市区以外的方言进行研究的成果较少，但也有一些具有影响的论著，如李思敬（1995）《切韵音系上去二声全浊声母字和部分去声次浊声母字在河北宁河方言中的声调表现》（《中国语言学报》第五期）等。近年来，对天津市区方言进行研究的主要成果有：

郭红：《天津方言"了"的语法特点》，《南开语言学刊》2009年第2期。

贺巍、钱曾怡、陈淑静：《河北省北京市天津市方言的分区》（稿），《方言》1986年第4期。

李行健、刘思训：《天津方言的连读变调》，《中国语文》1985年第4期。

李行健、刘思训：《天津方言词汇》，《方言》1986年第1—4期。

李世瑜、韩根东：《略论天津方言岛》，《天津师大学报》1991年第2期。

伶军：《天津方言的形成——静海话是流不是源》，《天津师大学报》1991年第2期。

马秋武：《"天津话连读变调之谜"的优选论解释》，《中国语文》2005年第6期。

马秋武：《再论"天津话连读变调之谜"》，《当代语言学》2005年第2期。

石锋：《天津方言双字组声调分析》，《语言研究》1986年第1期。

石锋：《天津方言单字音声调分析——天津方言声调实验研究之一》，《语言研究论丛》1987年第四辑。

石锋：《试论天津话的声调及其变化》，《中国语文》1988年第5期。

石锋：《再论天津话声调及其变化——现代语音学笔记》，《语言研究》1990年第2期。

王嘉龄：《优选论和天津话的连读变调及轻声》，《中国语文》2002

年第 4 期。

王临惠、蒋宗霞、唐爱华：《关于天津方言语音演变的几个问题的讨论——兼论天津方言的源流关系》，《语文研究》2009 年第 3 期。

王临惠、支建刚、王忠一：《天津方言的源流关系刍议》，《山西师大学报》（社科版）2010 年第 4 期。

王临惠：《天津方言阴平调值的演变——兼论天津方言的源流关系》，《中国语文》2012 年第 1 期。

王晓梅：《天津方言三字组的连读变调》，《中国语文》2003 年第 2 期。

吴振清：《河北、天津方言中元曲词语例释》，《语文研究》1997 年第 1 期。

云景魁、汪寿顺：《天津话形成初探》，《天津师大学报》1986 年第 3 期。

曾晓渝：《论天津话的源流》，《南开语言学刊》2010 年第 2 期。

曾晓渝：《天津话源流焦点问题再探讨》，《中国语文》2013 年第 2 期。

另外，《普通话基础方言基本词汇集》（陈章太、李行健主编，语文出版社，1996）、《汉语方言地图集》（曹志耘主编，商务印书馆，2008）、《天津简志》（天津市地方志编修委员会主编，天津人民出版社，1991）等著作分别从不同角度对天津方言进行了较为系统的描写研究。

从以上的主要成果中可以看出，在最近的二十几年中，天津方言的研究内容涉及语音、词汇、语法、分区、历史来源等问题，研究方法涉及描写、比较、解释、实验等。目前，天津方言研究中影响最大的有两个方面：一是李世瑜、韩根东二位先生利用历史文献材料及方言考察，所建立的"天津方言岛"的学说，认为天津方言来自明代的淮北军旅移民，为天津方言历史研究掀开了崭新的一页；二是对天津方言的声调研究，取得了令人瞩目的成绩。南开大学石锋教授运用实验手段对天津方言的声调进行了深入研究，为天津市的方言研究增添了新的活力，其研究成果具有填补空白的作用。天津师范大学已故著名的语言学家王嘉龄先生及其团队运用优选论对天津方言的变调现象进行了理论探讨，破解了天津方言的"变调之谜"，为天津方言研究做出了重要贡献。

目前的天津方言研究存在着严重的不平衡性。相比较而言，对郊区方言的研究较少,语法、词汇方面的研究较为薄弱。现有的研究成果中,调查、描写的材料居多,理论分析的成果较少;单点的方言研究较多,宏观比较的成果较少。在语音研究方面,最为缺乏的就是在全面深入、调查的基础上运用历史比较的方法对天津方言的语音进行系统的比较研究,探究其发展演变的条件和过程,揭示其内在的渊源关系。

四 本书的材料来源

本书是在教育部人文社会科学 2005 年度规划基金项目"天津方言历史比较研究"(05JA740025)的结项成果基础上修订完成的。其中使用的天津市方言材料都是本项目参加人员调查所得,具体分工及发音合作人情况如表 1-2。

表 1-2　　　　本项目调查人员及发音合作人一览表①

调查人	方言点	发音合作人				
		姓名	性别	年龄	职业	家庭住址
王临惠 支建刚	天津市区	刘春海	男	61	工人	和平区海光寺
		姜玉华	男	60	干部	河东区(原住老城厢)
		朱金鸿	男	78	教师	南开区
陈鹏飞 曹阳	西青	贺少泉	男	64	农民	杨柳青镇
		陈玉芬	女	62	农民	杨柳青镇
王一涛 卓俊科	静海	马鸿慈	男	70	教师	静海县城关镇
		伍留宝	男	67	教师	静海县城关镇
	宁河	李凤柱	男	71	农民	宁河县芦台镇
		张井来	男	70	农民	宁河县芦台镇
	汉沽	王云华	男	65	工人	汉沽区
		郭善武	男	66	工人	汉沽区
	塘沽	王万年	男	74	工人	塘沽区
		郝俊仁	男	69	工人	塘沽区

① 此表中发音合作人年龄是 2011 年统计的情况,特此说明,并鸣谢各位发音合作人!

续表

调查人	方言点	发音合作人				
		姓名	性别	年龄	职业	家庭住址
支建刚 何灵珊	蓟州	纪文志	男	65	农民	蓟州城关镇
	宝坻	郑文成	男	71	农民	宝坻城关镇
		张瑞华	男	67	农民	宝坻高家庄镇
	武清	王润	男	70	农民	杨村
		高孟洪	男	62	农民	杨村

项目负责人王临惠负责审查、核实方言调查材料，并对宁河、汉沽、武清、静海、西青等方言进行了补充调查；杨斌参加了汉沽、武清的补充调查工作。

另外，课题组成员还调查了天津市周围的河北方言：

陈鹏飞：遵化、玉田、丰南

王国栓：大城、黄骅、沧州

支建刚：平谷

王临惠还调查了安徽宿州、固镇方言，参加调查的还有宿州学院的蒋宗霞、唐爱华二位老师。发音合作人[①]情况如下：

廖兴中，男，71岁，宿州城区人，干部。

王道昌，男，65岁，宿州城区人，干部。

朱学源，男，70岁，固镇城关人，教师。

除了以上项目组成员的调查材料外，本成果还引用了相关调查研究成果：

陈章太、李行健：《普通话基础方言基本词汇集》，语文出版社1996年版。

河北省地方志编纂委员会：《河北省志》（第89卷·方言志），方志出版社2005年版。

李旭：大港方言同音字汇（未刊），2009年。

李旭：霸州方言同音字汇（未刊），2009年。

钱曾怡、曹志耘、罗福腾：《河北39市县方言调查报告》（未刊），1984年。

在此鸣谢作者！

---

① 此3位发音合作人的年龄是2008年的实际年龄，特此说明，并感谢发音合作人的大力支持！

贰

天津方言中古知系字声母的历史演变

一 天津方言中古知庄章三组声母的演变

(一) 天津市及其周边方言中古知庄章三组声母演变的类型及分布

据目前的汉语方言调查成果显示，天津市及其周边方言中古知庄章三组声母的演变大致有以下6个类型：

1. 北京型

中古知庄章声母合并为 tʂ、tʂʰ、ʂ。北京官话京承片京师小片的北京城区，怀承小片的承德、廊坊、武清，朝峰片的朝阳、赤峰，冀鲁官话保唐片蓟遵小片的平谷、遵化、唐山、蓟州、宝坻、宁河、汉沽，定霸小片的保定、霸州等都属于这个类型。

2. 天津型

中古知庄章三组声母与精组洪音字声母合流，今读 ts、tsʰ、s。冀鲁官话保唐片天津小片的天津市区、塘沽及定小霸片的西青属于这个类型，部分知庄章组字存在 ts、tsʰ、s 与 tʂ、tʂʰ、ʂ 混读现象，西青的 tʂ、tʂʰ、ʂ 只出现在蟹开三、止开三及深、臻、曾、梗开口三等的入声字里。另外，与天津隔海相望的东北官话吉沈片通溪小片的沈阳、通化，东北官话哈阜片长锦小片的长春，胶辽官话盖桓片的丹东也属于这种类型。

3. 沧州型

知二、庄与精组洪音字合流，多读 ts、tsʰ、s，知三、章独立为 tʂ、tʂʰ、ʂ (止摄章组、通摄字例外，今读 ts、tsʰ、s)。属于这种类型的有冀鲁官话沧惠片黄乐小片的沧州、黄骅、大港及冀鲁官话保唐片定霸小片的静海、滦昌小片的昌黎。另外，与天津隔海相望的胶辽官话登连片大岫小片的大连，青莱片莱昌小片的莱州也属于这种类型。

4. 锦州型

东北官话哈阜片长锦小片的锦州中古知庄章三组声母今音 ts、tsʰ、s 与 tʂ、tʂʰ、ʂ 自由变读。

5. 烟台型

胶辽官话登连片烟威小片的烟台中古知二、庄今读 ts、tsʰ、s，知三、章今读 tɕ、tɕʰ、ɕ（通摄字例外，今读 ts、tsʰ、s）。

6. 威海型

胶辽官话登连片烟威小片的威海中古知二、庄今读 ts、tsʰ、s，知三、章今读 tʃ、tʃʰ、ʃ（通摄字例外，今读 ts、tsʰ、s）。

各种类型的具体情况如表 2-1（个别例外字不计）。

表 2-1　　天津市及其周边方言中古知庄章三组声母今读表

		开口二等字				开口三等字				
		摘知	茶澄	柴崇	窗初	生生	装庄	衬初	张知	缠澄	招章
		梗开二	假开二	蟹开二	江开二	梗开二	宕开三	臻开三	宕开三	山开三	效开三
北京官话	北京	₋tʂai	₋tʂʰa	₋tʂʰai	₋tʂʰuaŋ	₋ʂəŋ	₋tʂuaŋ	tʂʰənᵓ	₋tʂaŋ	₋tʂʰan	₋tʂau
	承德	₋tʂai	₋tʂʰa	₋tʂʰai	₋tʂʰuaŋ	₋ʂəŋ	₋tʂuaŋ	tʂʰə̃ᵓ	₋tʂaŋ	₋tʂʰan	₋tʂau
	廊坊	₋tʂai	₋tʂʰa	₋tʂʰai	₋tʂʰuaŋ	₋ʂəŋ	₋tʂuaŋ	tʂʰənᵓ	₋tʂaŋ	₋tʂʰan	₋tʂau
	赤峰	₋tʂai	₋tʂʰa	₋tʂʰai	₋tʂʰuaŋ	₋ʂəŋ	₋tʂuaŋ	tʂʰənᵓ	₋tʂaŋ	₋tʂʰan	₋tʂau
	朝阳	₋tʂai	₋tʂʰɑ	₋tʂʰai	₋tʂʰuã	₋səŋ	₋tʂuaŋ	tʂʰə̃ᵓ	₋tʂã	₋tʂʰā	₋tʂɔ
	武清	₋tʂai	₋tʂʰa	₋tʂʰai	₋tʂʰuaŋ	₋ʂəŋ	₋tʂuaŋ	tʂʰənᵓ	₋tʂaŋ	₋tʂʰan	₋tʂau
冀鲁官话	天津	₋tsai	₋tsʰa	₋tsʰai	₋tsʰuaŋ	₋səŋ	₋tsuaŋ	tsʰənᵓ	₋tsaŋ	₋tsʰan	₋tsau
	塘沽	₋tsai	₋tsʰa	₋tsʰai	₋tsʰuaŋ	₋səŋ	₋tsuaŋ	tsʰənᵓ	₋tsaŋ	₋tsʰan	₋tsau
	蓟州	₋tʂai	₋tʂʰa	₋tʂʰai	₋tʂʰuaŋ	₋ʂəŋ	₋tʂuaŋ	tʂʰənᵓ	₋tʂaŋ	₋tʂʰan	₋tʂau
	宝坻	₋tʂai	₋tʂʰa	₋tʂʰai	₋tʂʰuaŋ	₋ʂəŋ	₋tʂuaŋ	tʂʰənᵓ	₋tʂaŋ	₋tʂʰan	₋tʂau
	宁河	₋tʂai	₋tʂʰa	₋tʂʰai	₋tʂʰuaŋ	₋ʂəŋ	₋tʂuaŋ	tʂʰənᵓ	₋tʂaŋ	₋tʂʰan	₋tʂau
	汉沽	₋tʂai	₋tʂʰa	₋tʂʰai	₋tʂʰuaŋ	₋ʂəŋ	₋tʂuaŋ	tʂʰənᵓ	₋tʂaŋ	₋tʂʰan	₋tʂau
	平谷	₋tʂai	₋tʂʰa	₋tʂʰai	₋tʂʰuaŋ	₋ʂəŋ	₋tʂuaŋ	tʂʰənᵓ	₋tʂaŋ	₋tʂʰan	₋tʂau
	唐山	₋tʂai	₋tʂʰa	₋tʂʰai	₋tʂʰuaŋ	₋ʂəŋ	₋tʂuaŋ	tʂʰənᵓ	₋tʂaŋ	₋tʂʰan	₋tʂau
	遵化	₋tʂai	₋tʂʰa	₋tʂʰai	₋tʂʰuaŋ	₋ʂəŋ	₋tʂuaŋ	tʂʰən	₋tʂaŋ	₋tʂʰan	₋tʂau

续表

		开口二等字					开口三等字				
		摘知	茶澄	柴崇	窗初	生生	装庄	衬初	张知	缠澄	招章
		梗开二	假开二	蟹开二	江开二	梗开二	宕开三	臻开三	宕开三	山开三	效开三
冀鲁官话	西青	₋tsai	₋tsʰa	₋tsʰai	₋tsʰuaŋ	₋səŋ	₋tsuaŋ	tsʰən⁻	₋tsaŋ	₋tsʰan	₋tsau
	静海	₋tsai	₋tsʰa	₋tsʰai	₋tsʰuaŋ	₋səŋ	₋tsuaŋ	tsʰən⁻	₋tsaŋ	₋tsʰan	₋tsau
	保定	₋tʂai	₋tʂʰa	₋tʂʰai	₋tʂʰuaŋ	₋ʂəŋ	₋tʂuaŋ	tʂʰən⁻	₋tʂaŋ	₋tʂʰan	₋tʂau
	霸州	₋tsai	₋tʂʰa	₋tʂʰai	₋tʂʰuaŋ	₋ʂəŋ	₋tʂuaŋ	tʂʰən⁻	₋tʂaŋ	₋tʂʰan	₋tʂau
	昌黎	₋tsai	₋tsʰɑ	₋tsʰai	₋tsʰuaŋ	₋səŋ	₋tsuaŋ	tsʰən⁻	₋tsaŋ	₋tsʰan	₋tsɑu
	大港	₋tsai	₋tsʰa	₋tsʰai	₋tsʰuaŋ	₋səŋ	₋tsuaŋ	tsʰən⁻	₋tʂʰā	₋tsʰan	₋tsau
	黄骅	₋tsɛ	₋tsʰa	₋tsʰɛ	₋tsʰuaŋ	₋səŋ	₋tsuaŋ	tsʰen⁻	₋tʂʰā		₋tʂɔ
	沧州	₋tsai	₋tsʰa	₋tsʰai	₋tsʰuaŋ	₋səŋ	₋tsuaŋ	tsʰən⁻	₋tsaŋ	₋tsʰan	₋tsau
东北官话	长春	₋tsai	₋tsʰa	₋tsʰai	₋tsʰuaŋ	₋səŋ	₋tsuaŋ	tsʰən⁻	₋tsaŋ	₋tsʰan	₋tsau
	通化	₋tsai	₋tsʰa	₋tsʰai	₋tsʰuaŋ	₋səŋ	₋tsuaŋ	tsʰən⁻	₋tsaŋ	₋tsʰan	₋tsau
	沈阳	₋tsai	₋tsʰa	₋tsʰai	₋tsʰuaŋ	₋səŋ	₋tsuaŋ	tsʰən⁻	₋tsaŋ	₋tsʰan	₋tsau
	锦州	₋tʂai	₋tʂʰa	₋tʂʰai	₋tʂʰuaŋ	₋ʂəŋ	₋tʂuaŋ	tʂʰən⁻	₋tʂaŋ	₋tʂʰan	₋tʂau①
胶辽官话	莱州	₋tsei	₋tsʰɑ	₋tsʰɛ	₋tsʰuaŋ	₋səŋ	₋tsuaŋ	tsʰē⁻	₋tʂʰā		₋tʂɔ
	烟台	₋tsɤ	tsʰa⁻	tsʰaɛ⁻	₋tsʰuaŋ	₋səŋ	₋tsuaŋ	tsʰən⁻	₋tɕiaŋ	tɕʰian⁻	₋tɕiao
	威海	₋tsɛ	₋tsʰa	₋tsʰai	₋tʃʰyaŋ	₋səŋ	₋tʃyaŋ	tsʰən⁻	₋tʃiaŋ	tʃʰian⁻	₋tʃiau
	大连	₋tsɤ	₋tsʰa	₋tsʰai	₋tsʰuaŋ	₋səŋ	₋tsuaŋ	tsʰən⁻	₋tsaŋ	₋tsʰan	₋tsau
	丹东	₋tsai	₋tsʰa	₋tsʰai	₋tsʰuaŋ	₋səŋ	₋tsuaŋ	tsʰən⁻	₋tsaŋ	₋tsʰan	₋tsau

		开口三等字	合口二等字			合口三等字				
		闪书	齿昌	拽崇	涮生	崇崇	猪知	虫澄	吹昌	说书	终章
		咸开三	止开三	蟹合二	山合二	通合三	遇合三	通合三	止合三	山合三	通合三
北京官话	北京	₋ʂan	₋tʂʰʅ	tʂuai⁻	ʂuan⁻	₋tʂʰuŋ	₋tʂu	₋tʂʰuŋ	₋tʂʰuei	ʂuo⁻	₋tʂuŋ
	承德	₋ʂan	₋tʂʰʅ	tʂuai⁻	ʂuan⁻	₋tʂʰuŋ	₋tʂu	₋tʂʰuŋ	₋tʂʰuei	ʂuɤ⁻	₋tʂuŋ
	廊坊	₋ʂan	₋tʂʰʅ	tʂuai⁻	ʂuan⁻	₋tʂʰuŋ	₋tʂu	₋tʂʰuŋ	₋tʂʰuei	ʂuo⁻	₋tʂuŋ
	赤峰	₋ʂan	₋tʂʰʅ	tʂuai⁻	ʂuan⁻	₋tʂʰuŋ	₋tʂu	₋tʂʰuŋ	₋tʂʰuei	ʂuo⁻	₋tʂuŋ
	朝阳	₋ʂā	₋tʂʰʅ	tʂuai⁻	ʂuan⁻	₋tʂʰuŋ	₋tʂu	₋tʂʰuŋ	₋tʂʰue	ʂuɤ⁻	₋tʂuŋ
	武清	₋ʂan	₋tʂʰʅ	tʂuai⁻	ʂuan⁻	₋tʂʰuŋ	₋tʂu	₋tʂʰuŋ	₋tʂʰuei	ʂuo⁻	₋tʂuŋ

---

① 锦州话中有 tʂ、tʂʰ、ʂ 和 ts、tsʰ、s 两组声母,可自由变读。本材料处理为一组,即 tʂ、tʂʰ、ʂ 的一组。参见陈章太、李行健《普通话基础方言基本词汇集》第 713 页,语文出版社,1996 年 10 月。

续表

		开口三等字		合口二等字		合口三等字				
		闪书	齿昌	拽崇	涮生	崇崇	猪知	虫澄	吹昌	说书	终章
		咸开三	止开三	蟹合二	山合二	通合三	遇合三	通合三	止合三	山合三	通合三
冀鲁官话	天津	⁻san	⁻tsʰʅ	tsuaiᵓ	suanᵓ	⊆tsʰuŋ	⁻tsu	⊆tsʰuŋ	⁻tsʰuei	⁻suo	⁻tsuŋ
	塘沽	⁻san	⁻tsʰʅ	tsuaiᵓ	suanᵓ	⊆tsʰuŋ	⁻tsu	⊆tsʰuŋ	⁻tsʰuei	⁻suo	⁻tsuŋ
	蓟州	⁻ʂan	⁻tʂʰʅ	tʂuaiᵓ	ʂuanᵓ	⊆tʂʰuŋ	⁻tʂu	⊆tʂʰuŋ	⁻tʂʰuei	⁻ʂuo	⁻tʂuŋ
	宝坻	⁻ʂan	⁻tʂʰʅ	tʂuaiᵓ	ʂuanᵓ	⊆tʂʰuŋ	⁻tʂu	⊆tʂʰuŋ	⁻tʂʰuei	⁻ʂuo	⁻tʂuŋ
	宁河	⁻ʂan	⁻tʂʰʅ	tʂuaiᵓ	ʂuanᵓ	⊆tʂʰuŋ	⁻tʂu	⊆tʂʰuŋ	⁻tʂʰuei	⁻ʂuo	⁻tʂuŋ
	汉沽	⁻ʂan	⁻tʂʰʅ	tʂuaiᵓ	ʂuanᵓ	⊆tʂʰuŋ	⁻tʂu	⊆tʂʰuŋ	⁻tʂʰuei	⁻ʂuo	⁻tʂuŋ
	平谷	⁻ʂan	⁻tʂʰʅ	tʂuaiᵓ	ʂuanᵓ	⊆tʂʰuŋ	⁻tʂu	⊆tʂʰuŋ	⁻tʂʰuei	⁻ʂuo	⁻tʂuŋ
	唐山	⁻ʂan	⁻tʂʰʅ	tʂuaiᵓ	ʂuanᵓ	⊆tʂʰuŋ	⁻tʂu	⊆tʂʰuŋ	⁻tʂʰuei	⁻ʂuo	⁻tʂuŋ
	遵化	⁻ʂan	⁻tʂʰʅ	tʂuaiᵓ	ʂuanᵓ	⊆tʂʰuŋ	⁻tʂu	⊆tʂʰuŋ	⁻tʂʰuei	⁻ʂuo	⁻tʂuŋ
	西青	⁻san	⁻tʂʰʅ	tsuaiᵓ	suanᵓ	⊆tsʰuŋ	⁻tsu	⊆tsʰuŋ	⁻tsʰuei	⁻suo	⁻tsuŋ
	静海	⁻ʂan	⁻tsʰʅ	tsuaiᵓ	suanᵓ	⊆tsʰuŋ	⁻tsu	⊆tsʰuŋ	⁻tsʰuei	⁻suo	⁻tsuŋ
	保定	⁻ʂan	⁻tʂʰʅ	tʂuaiᵓ	ʂuanᵓ	⊆tʂʰuŋ	⁻tʂu	⊆tʂʰuŋ	⁻tʂʰuei	⁻ʂuo	⁻tʂuŋ
	霸州	⁻ʂan	⁻tʂʰʅ	tʂuaiᵓ	ʂuanᵓ	⊆tʂʰuŋ	⁻tʂu	⊆tʂʰuŋ	⁻tʂʰuei	⁻ʂuo	⁻tʂuŋ
	昌黎	⁻ʂan	⁻tsʰʅ	tsuaiᵓ	suanᵓ	⊆tsʰuŋ	⁻tsu	⊆tsʰuŋ	⁻tsʰuei	⁻suo	⁻tsuŋ
	大港	⁻ʂã	⁻tsʰʅ	tʂuaiᵓ	ʂuãᵓ	⊆tʂʰuŋ	⁻tʂu	⊆tʂʰuŋ	⁻tʂʰuei	⁻ʂuo	⁻tʂuŋ
	黄骅	⁻ʂã	⁻tsʰʅ	tsuaiᵓ	suãᵓ	⊆tsʰuŋ	⁻tsu	⊆tsʰuŋ	⁻tsʰuei	⁻suo	⁻tsuŋ
	沧州	⁻ʂan	⁻tsʰʅ	tsuaiᵓ	suanᵓ	⊆tsʰuŋ	⁻tsu	⊆tsʰuŋ	⁻tsʰuei	⁻suo	⁻tsuŋ
东北官话	长春	⁻san	⁻tsʰʅ	tsuaiᵓ	suanᵓ	⊆tsʰuŋ	⁻tsu	⊆tsʰuŋ	⁻tsʰuei	⁻suɤ	⁻tsuŋ
	通化	⁻san	⁻tsʰʅ	tsuaiᵓ	suanᵓ	⊆tsʰuŋ	⁻tsu	⊆tsʰuŋ	⁻tsʰuei	⁻suɤ	⁻tsuŋ
	沈阳	⁻san	⁻tsʰʅ	tsuaiᵓ	suanᵓ	⊆tsʰuŋ	⁻tsu	⊆tsʰuŋ	⁻tsʰuei	⁻suɤ	⁻tsuŋ
	锦州	⁻ʂan	⁻tʂʰʅ	tʂuaiᵓ	ʂuanᵓ	⊆tʂʰuŋ	⁻tʂu	⊆tʂʰuŋ	⁻tʂʰuei	⁻ʂuo	⁻tʂuŋ
胶辽官话	莱州	⁻ʂã	⁻tsʰʅ	⊆tʂuai	⊆suã	tsʰuŋᵓ	⁻tsu	⊆tsʰuŋ	⁻tsʰui	⁻ʂuə	⁻tsuŋ
	烟台	⁻ɕian	⁻tsʰʅ	tɕyaɛᵓ	suanᵓ	tsʰuŋᵓ	⁻tɕy	tsʰuŋ	⁻tsʰui	⁻ɕyø	⁻tsuŋ
	威海	⁻ʃian	⁻tʃʰʅ	tʃyaiᵓ	ʃyanᵓ	⊆tʃʰuŋ	⁻tɕy	⊆tʃʰuŋ	⁻tʃʰyei	⁻ʃyɛ	⁻tsuŋ
	大连	⁻san	⁻tsʰʅ	tsuaiᵓ	suanᵓ	⊆tsʰuŋ	⁻tsu	⊆tsʰuŋ	⁻tsʰuəi	⁻ʂuɤ	⁻tsuŋ
	丹东	⁻san	⁻tsʰʅ	tsuaiᵓ	suanᵓ	⊆tsʰuŋ	⁻tsu	⊆tsʰuŋ	⁻tsʰuei	⁻suɤ	⁻tsuŋ

天津市及其周边方言中古知庄章三组声母演变类型的分布情况如图2-1（见下页）。

从图2-1中可以看出，北京型分布范围最大，属于这个区域中古知

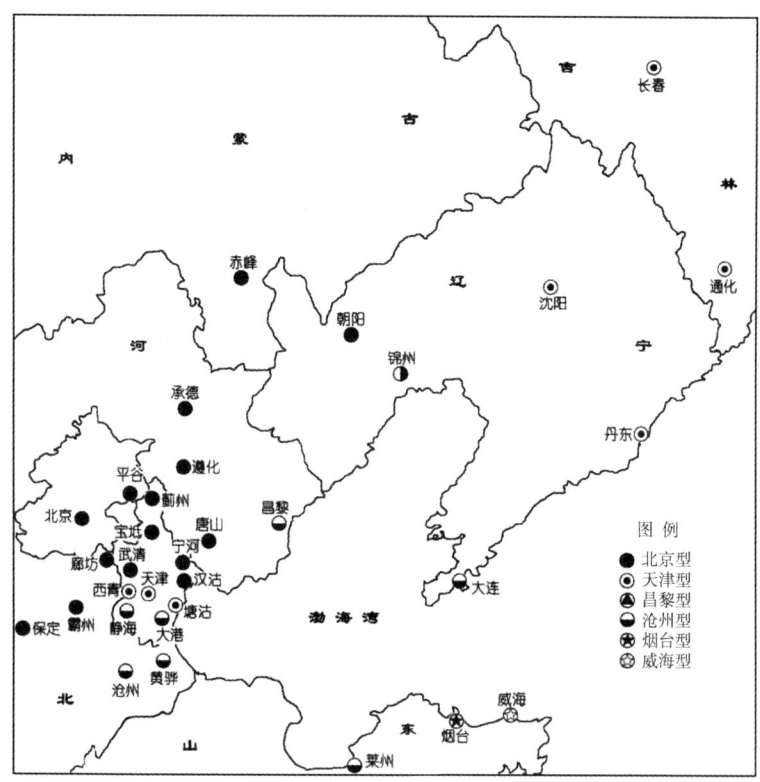

**图 2-1 天津市及其周边方言中古知庄章三组
声母演变类型分布图**

系字演变的主流和强势类型。沧州型代表这一区域方言某一历史时期的底层形式（下文讨论）。天津型被北京型和沧州型所包围，而与二者有显性差异，却与胶东、辽东半岛的胶辽官话及东北官话具有较强的一致性（与东北官话的长春、沈阳等一致，与胶辽官话的知二庄及日母的演变规律一致），且西青、天津市区、塘沽依次排列在海河沿岸（参见图1-2），这说明天津型的演变与东北官话和胶辽官话关系密切。

（二）天津市方言知庄章三组字声母的演变过程及历史层次

1. 关于天津市及其周边方言知庄章三组声母的底层问题

清人陈澧在《切韵考》里根据反切上字不能系联考订出《切韵》里照组字有照二（庄组）、照三（章组）的区别。今汉语方言里，庄、章两组声母不合的现象当是对《切韵》时代汉语的继承，属于中古层次。蒋希文（1982）在大量的考证工作基础上认为："在《中原音韵》各个韵部里，一般，知二组和庄组并为一类，知三组和章组并为一类。但在东锺部知庄章三组并为一类，支思部庄章两组并为一类。"今以《中原音韵》中的东锺、支思、尤侯三韵里所收的知庄章三组字与天津南部的沧州型方言今读进行对照，可以大致看出沧州型方言对《中原音韵》的继承和发展，具体情况如表2-2。

表2-2：《中原音韵》中古知庄章声母与沧州、静海、大港方言今读对照表①

表2-2-1　　　　　　　　　东锺韵

例字	知				彻	澄				崇	章
	中平	忠平	冢上	中去	宠上	虫平	重平	重上	仲去	崇平	终平
沧州	₋tsuŋ	₋tsuŋ	ᶜtsuŋ	tsuŋᶜ	ᶜtsʰuŋ	₋tsʰuŋ	₋tsʰuŋ	tsuŋᶜ	tsuŋᶜ	₋tsʰuŋ	₋tsuŋ
静海	₋tsuŋ	₋tsuŋ	ᶜtsuŋ	tsuŋᶜ	ᶜtsʰuŋ	₋tsʰuŋ	₋tsʰuŋ	tsuŋᶜ	tsuŋᶜ	₋tsʰuŋ	₋tsuŋ
大港	₋tʂuŋ	₋tʂuŋ	ᶜtʂuŋ	tʂuŋᶜ	ᶜtʂʰuŋ	₋tʂʰuŋ	₋tʂʰuŋ	tʂuŋᶜ	tʂuŋᶜ	₋tʂʰuŋ	₋tʂuŋ

例字	章							昌		书
	钟平	锺平	盅平	种上	肿上	众去	种去	充平	冲平	春平
沧州	₋tsuŋ	₋tsuŋ	₋tsuŋ	ᶜtsuŋ	ᶜtsuŋ	tsuŋᶜ	tsuŋᶜ	₋tsʰuŋ	₋tsʰuŋ	₋tsʰuŋ
静海	₋tsuŋ	₋tsuŋ	₋tsuŋ	ᶜtsuŋ	ᶜtsuŋ	tsuŋᶜ	tsuŋᶜ	₋tsʰuŋ	₋tsʰuŋ	₋tsʰuŋ
大港	₋tʂuŋ	₋tʂuŋ	₋tʂuŋ	ᶜtʂuŋ	ᶜtʂuŋ	tʂuŋᶜ	tʂuŋᶜ	₋tʂʰuŋ	₋tʂʰuŋ	₋tʂʰuŋ

表2-2-2　　　　　　　　　支思韵

例字	初	崇			生					
	厕去	士上	仕上	柿上	事去	师平	狮平	使上	史上	驶上	涩入②
沧州	tsʰɤᶜ	sɿᶜ	sɿᶜ	sɿᶜ	sɿᶜ	₋sɿ	₋sɿ	ᶜsɿ	ᶜsɿ	ᶜsɿ	sɿᶜ
静海	tsʰɤᶜ	sɿᶜ	sɿᶜ	sɿᶜ	sɿᶜ	₋sɿ	₋sɿ	ᶜsɿ	ᶜsɿ	ᶜsɿ	₋sei
大港	tʂʰəᶜ	ʂɿᶜ	ʂɿᶜ	ʂɿᶜ	ʂɿᶜ	₋ʂɿ	₋ʂɿ	ᶜʂɿ	ᶜʂɿ	ᶜʂɿ	₋sei

例字	章									
	支平	枝平	肢平	脂平	之平	芝平	纸上	旨上	指上	止上
沧州	₋tsɿ	₋tsɿ	₋tsɿ	₋tsɿ	₋tsɿ	₋tsɿ	ᶜtsɿ	ᶜtsɿ	ᶜtsɿ	ᶜtsɿ
静海	₋tsɿ	₋tsɿ	₋tsɿ	₋tsɿ	₋tsɿ	₋tsɿ	ᶜtsɿ	ᶜtsɿ	ᶜtsɿ	ᶜtsɿ
大港	₋tʂɿ	₋tʂɿ	₋tʂɿ	₋tʂɿ	₋tʂɿ	₋tʂɿ	ᶜtʂɿ	ᶜtʂɿ	ᶜtʂɿ	ᶜtʂɿ

---

① 本表选字以《方言调查字表》所收的知庄章三组字里的常用字为限。

② 涩：深开三缉生入。

贰 天津方言中古知系字声母的历史演变

续表

例字	章				昌		船	书		
	趾上	址上	至去	志去	齿上	示去	施平	尸平	诗平	屎上
沧州	ᶜtsʅ	ᶜtsʅ	tsʅᴝ	tsʅᴝ	ᶜtsʰʅ	sʅᴝ	₌sʅ	₌sʅ	₌sʅ	ᶜsʅ
静海	ᶜtsʅ	ᶜtsʅ	tsʅᴝ	tsʅᴝ	ᶜtsʰʅ	sʅᴝ	₌sʅ	₌sʅ	₌sʅ	ᶜsʅ
大港	ᶜtʂʅ	ᶜtʂʅ	tʂʅᴝ	tʂʅᴝ	ᶜtʂʰʅ	ʂʅᴝ	₌ʂʅ	₌ʂʅ	₌ʂʅ	ᶜʂʅ

例字	书			禅						
	始上	翅去	试去	匙平	时平	是上	氏上	市上	视去	嗜去	侍去
沧州	ᶜsʅ	tsʰʅᴝ	sʅᴝ	₌sʅ	₌sʅ	sʅᴝ	sʅᴝ	sʅᴝ	sʅᴝ	sʅᴝ	sʅᴝ
静海	ᶜsʅ	tsʰʅᴝ	sʅᴝ	₌sʅ	₌sʅ	sʅᴝ	sʅᴝ	sʅᴝ	sʅᴝ	sʅᴝ	sʅᴝ
大港	ᶜʂʅ	tʂʰʅᴝ	ʂʅᴝ	₌ʂʅ	ʂʅᴝ	ʂʅᴝ	ʂʅᴝ	ʂʅᴝ	ʂʅᴝ		ʂʅᴝ

表 2-2-3　　　　　　　　　　尤侯韵

例字	知		彻		澄				庄	初
	肘上	昼去	抽平	丑上	绸平	稠平	筹平	宙去	邹平	皱去	瞅上
沧州	ᶜtʂou	tʂouᴝ	₌tʂʰou	ᶜtʂʰou	₌tʂʰou	₌tʂʰou	₌tʂʰou	tʂouᴝ	₌tsou	tsouᴝ	
静海	ᶜtʂəu	tʂəuᴝ	₌tʂʰəu	ᶜtʂʰəu	₌tʂʰəu	₌tʂʰəu	₌tʂʰəu	tʂəuᴝ	₌tsəu	tsəuᴝ	tsʰəuᴝ
大港	ᶜtʂou	tʂouᴝ	₌tʂʰou	ᶜtʂʰou	₌tʂʰou	₌tʂʰou	₌tʂʰou	tʂouᴝ	₌tsou	tsouᴝ	tsʰouᴝ

例字	崇		生			章				昌
	愁平	骤去	搜平	馊平	瘦去	周平	舟平	州平	洲平	咒去	臭去
沧州	₌tsʰou	tsouᴝ	₌sou	₌sou	souᴝ	₌tʂou	₌tʂou	₌tʂou	₌tʂou	tʂouᴝ	tʂʰouᴝ
静海	₌tsʰəu	tsəuᴝ	₌səu	₌səu	səuᴝ	₌tʂəu	₌tʂəu	₌tʂəu	₌tʂəu	tʂəuᴝ	tʂʰəuᴝ
大港	₌tsʰou	tsouᴝ	₌sou	₌sou	souᴝ	₌tʂou	₌tʂou	₌tʂou	₌tʂou	tʂouᴝ	tʂʰouᴝ

例字	书				禅					
	收平	手上	首上	守上	兽去	仇平	酬平	受上	寿去	授去	售去
沧州	₌ʂou	ᶜʂou	ᶜʂou	ᶜʂou	ʂouᴝ	₌tʂʰou	₌tʂʰou	ʂouᴝ	ʂouᴝ	ʂouᴝ	ʂouᴝ
静海	₌ʂəu	ᶜʂəu	ᶜʂəu	ᶜʂəu	ʂəuᴝ	₌tʂʰəu	₌tʂʰəu	ʂəuᴝ	ʂəuᴝ	ʂəuᴝ	ʂəuᴝ
大港	₌ʂou	ᶜʂou	ᶜʂou	ᶜʂou	ʂouᴝ	₌tʂʰou	₌tʂʰou	ʂouᴝ	ʂouᴝ	ʂouᴝ	ʂouᴝ

例字	知	澄		章		禅
	竹入	轴入	逐入	粥入	烛入	熟入①
沧州	₌tʂu	₌tʂou	₌tʂu	₌tsu	₌tsu	₌su
静海	₌tsu	₌tsəu	₌tsu	₌tsəu	₌tsu	₌su
大港	₌tsu	₌tʂou	₌tsu	₌tsu	₌tsu	₌ʂou

① "竹、轴、逐、粥、烛、熟"均为通合三入声字。

从表2-2中可以看出，沧州型方言与《中原音韵》中知庄章三组声母的分类基本一致：知二庄为一类，知三章为一类；通摄的知庄章并为一类，止摄开口三等庄、章组并为一类，止开三、通摄章组部分字今声母读 ts 类，属例外现象。从表2-1中也可以看出，烟台型和威海型中古知庄章声母的演变规律与沧州型基本一致，只是"知三章"声母的读音不同：烟台读 tɕ 类，威海读 tʃ 类。李旭（2008）在说明河北中部和南部方言知庄章声母的演变类型时将河北属于冀鲁官话沧惠片的青县、海兴、盐山、南皮、东光、景县和石济片的枣强、故城等方言与沧州、黄骅归为一类，钱曾怡（2004）讨论山东方言中古知庄章的演变时统计了山东境内知庄章今读分甲、乙两类的方言共50个，除了胶辽官话和鲁西南的部分中原官话外，尚有靠近河北的属于冀鲁官话沧惠片的无棣、乐陵、宁津、临邑、商河、平原等方言，并通过比较分析指出："中古知庄章声母在山东方言中的分化跟《中原音韵》是很一致的。"① 津、冀、鲁三省市60多个县市的方言中古知庄章三组声母的演变规律与《中原音韵》基本吻合，且集中连片分布，说明这些方言中古知庄章声母的演变保留了至少应该是元代的历史层次。王洪君（2007）在讨论山西方言知庄章声母演变时指出："知庄章合一或知庄章精合一不可能是知庄章分立的早期阶段""《中原音韵》是上承《切韵》、下联现代方言的重要枢纽"，今天津辖区内方言知庄章三组声母演变的类型当以沧州型为其近代底层形式，北京型、天津型都是沧州型后期演变的结果。

2. 天津市方言中古知庄章三组字声母的演变过程分析

从《切韵》到《中原音韵》知庄章三组字声母发生了庄二、庄三合流，知二、知三以"等"为条件分别并入庄、章的变化。王洪君（2007）根据历史文献和相关研究成果勾勒出山西方言知庄章三组声母从《切韵》到现代方言的演变路径如下图，并且指出："至唐末，庄三应该已经失落了 j 介音与庄二合并。庄二庄三都没有了介音，只出现在介音前的章三才可能成为它的音位变体。……应该特别强调的是，庄二庄三是没有介音区别的彻底合流；而章三、庄在字音上并未合流，章三有 j 介音而庄没有，这就为以后它们的再分化提供了基础……稍后的重要变化是知组根据介音

---

① 钱先生文中的"甲类"指知二、庄的今读声母，"乙类"指知三章的今读声母。

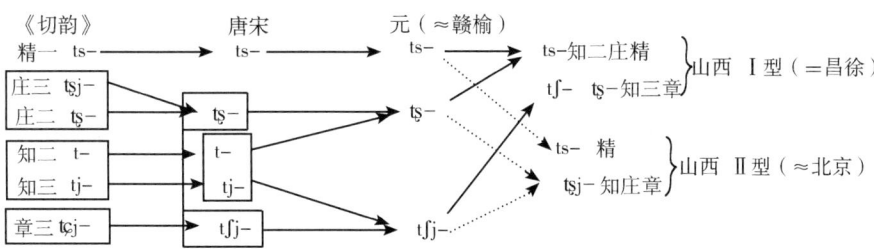

的不同发生了分化和合流的重组：知二入庄、知三入章；知二入的是没有 j 介音的庄，知三入的是有 j 介音的章；重组形成了知二庄、知三章两分对立的格局。元代《中原音韵》《蒙古字韵》等韵书都是这一格局的韵书。"① 今天津境内的方言除了沧州型的静海、大港方言保留了《中原音韵》里所反映的中古知庄章三组声母的演变面貌外，北京型的武清、蓟州、宝坻、宁河、汉沽和天津型的市区、塘沽、西青 8 个方言点都发生了变化。

（1）沧州型中古知二庄、知三章声母的演变过程

沧州型方言中，中古知二、庄与精组洪音字合流，多读 ts、tsʰ、s，知三、章独立为 tʂ、tʂʰ、ʂ（止摄章组、通摄字例外，今读 ts、tsʰ、s）。熊正辉（1990）将这种类型称为"昌徐型"。从目前的调查研究成果来看，这种类型在官话中分布区域很广，除了冀鲁官话外，中原官话关中片、洛徐片（徐州）、秦陇片（西宁）、郑曹片（赣榆）、南疆片（焉耆），兰银官话的北疆片（乌鲁木齐）、河西片（民勤），胶辽官话的青州片（平度）、登连片（文登）等都有这种类型。而且，今知庄章合流为 tʂ、tʂʰ、ʂ 的方言，如北京官话的京师片、冀鲁官话的石济片等，也不同程度地存在着庄组、知组二等字混入精组的例外，如北京话的"洒阻所辐滓厕邹搜馊飕簪岑森涩篡瑟侧测色啬责策册缩（庄）择泽（知二）"等，但章组、知组三等字却没有这种例外。因此，可以推断，这些方言或许也曾经历过知二庄与知三章声母分立的时期。

从守温韵学残卷《归三十字母例》中的"知彻澄日是舌上音""审穿

---

① 王洪君先生（2007）《〈中原音韵〉知庄章声母的分合及其在山西方言中的演变》中的"山西Ⅰ型"指知庄章分立但知二庄归入精组的方言；"山西Ⅱ型"指知庄章合并为 tʂ 类声母的方言。

禅照是正齿音"开始到宋人三十六字母中的"知彻澄娘""照穿床审禅",人们看到的只是知组字和照组字的分立。从清人陈澧用反切系联法考求《切韵》时才发现照组字二等、三等不能系联,才把照二、照三列为两个不同的声类,应该说,《切韵》时代照二、照三就不合,它所反映的是上古音的系统。王力(1985:166、232)考证了从先秦到五代的知系字演变情况:"知、彻、澄乃是唐天宝年间由端透定分化出来的","庄系和照系分立,从上古到五代都是这样"。罗常培(1933:16)认为唐五代西北方言"跟《切韵》声类的最大异点是:第一,'舌上音'混入'正齿音';第二,'正齿音'的二三等不分"。邵荣芬(1963)讨论唐五代西北方音中知系字声母时认为:"汉藏对音庄组除生母和止摄崇母字同章组的书、船、常三母不分以外,其余大致有分别",并在注释中认为"罗先生认为知、庄、章三组全同,未确"。从前贤们的论证结果上大致可以肯定,官话方言中,知系字的庄、章不合至少应是唐五代时西北方言的底层在今方言中的存留。王力(1985)论及上古的庄组字时认为:"关于正齿二等庄初床山四母,在陈澧以前,没有人知道它们和正齿三等照穿神审禅是不同发音部位的。章炳麟也不懂这个区别。黄侃懂得这个,同时他把庄初床山并入上古的精清从心。他合并得颇有理由。从联绵字看,'萧瑟'、'萧疏'、'萧森'、'潇洒'等,都可以证明精庄两系相通。"李珍华、周长楫(1999)同意"上古庄组归入精组"的观点并对《广韵》中庄精互谐的现象进行了统计,结果是"庄精互谐的 523 次。除去庄组互谐的,庄精互谐的比重比庄组跟其他声组互谐的比重大得多,大抵是 7 比 3"。如果庄组上古归精组,那么,官话方言中开口庄组与精组字声母读音一致,当是上古汉语语音系统的继承和发展。果若如此,官话方言以及其他区域方言保留庄、章声母对立的现象都是从上古、中古到现在一脉相承下来的。但这些观点和想法学界尚有较大争议。

今天津及其周边方言中知庄章其他类型的变化应该是一种晚期的变化,正如王洪君(2007)所言:"知庄章合一或知庄章精合一不可能是知庄章分立的早期阶段。"从《中原音韵》的保留庄知二和章知三的对立来看,知庄章合一的现象当是元代以后形成的。

种种情况皆可说明,方言中知二与庄、精组声母合流当以韵母相同为条件。如果以韵母相同为条件,就意味着庄、精组也可以变为知二,今读非 ts 类声母,因为两者转化的条件一样。今冀鲁官话保唐片滦昌小片的昌黎、滦县、乐亭以及抚龙小片的抚宁、青龙、秦皇岛等市县的部分地区方言有庄及精组洪音字今读全部为 tʂ 类声母的现象，这为这一区域知二与庄、精组洪音字之间的转化条件提供了一个强有力的支持。知三章由 *tʃj 变为 tʂ 是三等的介音（细音）的消变造成的。今胶东半岛的一些方言 tʃ 类声母所拼韵母今仍为细音，且不与精组字合流，如荣成、威海等。烟台等方言知三章又进一步与精组细音字发生了合流，今读 tɕ 类声母，也是因为韵母为细音的缘故，正如钱曾怡（2004）所说："东莱片烟台等地造成知庄章乙类（按：即知三章今读声母）跟精组尖音的合并正是韵母为细音的条件。"知三、章声母在大多数汉语方言中所拼合的韵母都由细音变为洪音，是介音与声母合而为一的结果，即（为便于说明，以"遮"为例）：

tʂi → tʂɿ → tʂ

止摄开口三等精组、知庄章组字因其韵母是单个的细音 i，不能与声母合并，但这个 i 也受到了声母的影响而变为舌尖音 ɿ、ʅ。这个特殊的演变过程恰好就是知三章细音介音的消变过程，受到声母的同化后进而与声母发生了合并。tʃ 类声母既可拼洪音，也可拼细音。今天津的蓟州、宝坻、宁河、汉沽、大港、静海等方言中 tʂ、tʂʰ、ʂ 卷舌程度不及北京，并不是典型意义上的 tʂ、tʂʰ、ʂ，或许记为 tʃ、tʃʰ、ʃ 更为合适。

（2）北京型中古知、庄、章三组声母的演变过程

北京型方言中，中古知庄章声母合并为 tʂ、tʂʰ、ʂ，知二庄今声母不与精组洪音字合流，与《中原音韵》时期的特点不一致。依照王洪君（2007）的观点，北京等方言曾经经历了知二庄与知三章的合并过程。北京官话以及冀鲁官话许多方言都发生了类似的变化。这里有一个问题值得注意，为什么同一个底层的方言，沧州型的知二庄与精组洪音字声母合流，而北京型却偏偏不与精组洪音声母合流，不走共同的发展道路呢？天津的宁河、汉沽、武清等北京型的方言今精组洪音字声母为 tθ、tθʰ、θ，这有可能是知二庄不与精组声母合并的原因。查阅胶辽官话和冀鲁官话保唐片昌滦小片等方言，发现，凡是精组洪音字今声母为 tθ、tθʰ、θ 的方言，知二庄多不与精组洪音字合流，如山东的即墨、平度、莒县、崂山、胶州、胶南、莒南、高密、沂源、安丘、沂水、诸城、五莲、日照、临朐、蒙阴 16 个精组洪音今读齿间音的方言精组洪音字声母无一例外地不与知二庄声母合并。北京大学中文系（1962：8）《汉语方音字汇》在北

京话音系的"附注⑧"中描写了当时北京话中存在着齿间音的情形:"城区部分地区(主要是城南)无舌尖音声母 ts、ts'、s,而有齿间音声母 tθ、tθ'、θ",在今北京市南部、东部的房山、大兴、平人保的部分方言中中古精组字声母今洪音前还读齿间音,可以推测,北京话历史上可能也有一段中古精组洪音字声母读为齿间音 tθ、tθʰ、θ 的时期,后来逐渐演变为舌尖前音 ts、tsʰ、s。到目前为止,市区话里已经演变成为今洪音字读 ts、tsʰ、s,细音字读 tɕ、tɕʰ、ɕ 的格局。

果若如此,北京话在知庄章三组声母重组的时候,因为精组洪音字声母为 tθ、tθʰ、θ,从而使知二庄缺乏并入精组的条件。王力(1985:394)考证,明清时代知照系字一律读 [tʂ、tʂʰ、ʂ],若是,北京等知庄章组声母合并的时间当在元明之间。

(3) 天津型中古知二庄、知三章的演变过程

天津型方言知二庄、知三章一起并入精组。知二庄并入精组洪音的过程与沧州型一致,知三章并入精组的过程也应该是"声介合一"后在知二庄的感染下并入了精组,条件仍是韵母相同。王洪君(2007)认为知、庄、章与精组洪音字声母合流为 ts、tsʰ、s 是知庄章组声母最晚的发展阶段,并且认为这种类型是从知二庄与知三章分立的类型(按:即沧州型)发展来的。天津型方言知庄章的底层当与静海方言一致,属于沧州型,其知庄章并入精组的变化是受到外来因素的干扰造成的。今塘沽、市区、西青依次排列在运河、海河两岸,恰好说明这些方言的演变与水运有关。今天津市所辖区县在金、元、明三代大都属京畿之地,今天津市区更以其便利的水运条件成为京城物资补给的枢纽。再加上其所处的地理位置正好是北京官话、冀鲁官话与东北官话、胶辽官话相互作用的过渡地带,其方言具有东北官话、胶辽官话的某些特点就不足为奇了。在长期的方言发展演变过程中,天津市区、塘沽、西青方言不断受到来自东北及胶辽官话的影响,其知庄章组声母渐次与精组洪音字声母发生了合并。

天津市区一带的方言知庄章三组声母的演变曾经受到过来自胶东、辽东半岛上的方言的影响。今天津型方言(市区、塘沽、西青)老派口语中出现的 ts 类声母和 tʂ 类声母混读现象(tʂ 类不限于知三章),当是普通话干扰的结果。俞敏(1984)指出:"城区北京音在文化、政治上占极大的优势。它凭借着这股优势往四外扩散。头一站就是天津。现在天津人嘴

里 zh、ch、sh 多多了。我就碰上过管我叫［ʂʅ］fu·l］的天津人。他本该叫［sʅ］fu·l］。天津市民在不肯改口音这一点上本来是出名的坚决、顽强的！"新派口语中出现的 tʂ、tʂʰ、ʂ 的稳定的读法更是普通话的普及造成的，可能代表天津方言这类字读音的未来方向。

二　天津方言中古日母字声母的演变

（一）天津市及其周边方言中古日母字演变的类型及分布

天津市方言和周边的其他方言中古止摄开口三等日母字今读零声母，韵母为卷舌音，这是这一区域方言的共性特征。除止摄开口三等字之外，其他中古日母字的声母演变情况较为复杂，大致有以下几个类型：

1. 北京型

全部读为 ʐ。属于这个类型的有北京官话京承片京师小片的北京城区，怀承小片的承德、廊坊、武清，朝峰片的朝阳、赤峰，冀鲁官话保唐片蓟遵小片的平谷、遵化、唐山、蓟州、宝坻、宁河、汉沽，定霸小片的保定、霸州、滦昌小片的昌黎，东北官话哈阜片长锦小片的锦州。个别字例外，如"闰"汉沽今读零声母，保定、霸州今白读 l 声母等。

2. 沈阳型

全部读为零声母。属于这个类型的有冀鲁官话保唐片定霸小片的西青，东北官话吉沈片通溪小片的沈阳、通化，东北官话哈阜片长锦小片的长春，胶辽官话登连片烟威小片的烟台、威海、大连，青莱片莱昌小片的莱州，盖桓片的丹东。

3. 天津型

冀鲁官话保唐片天津小片的天津市区方言部分字出现文白异读现象，文读 ʐ 声母，白读零声母。

4. 沧州型

部分字今读 ʐ 声母，部分字今读零声母，无明显规律。属于这个类型的有冀鲁官话保唐片天津小片的塘沽，定霸小片的静海，沧惠片黄乐小片的沧州、黄骅、大港。

各种类型的具体读音情况如表 2-3。

表 2-3 天津市及周围方言中古日母字声母今读表（上为文读，下为白读）

		开 口						合 口			
		儿	二	惹	绕	人	让	如	软	闰	褥
		止开三	止开三	假开三	效开三	臻开三	宕开三	遇合三	山合三	臻合三	通合三
北京官话	北京	₌ɚ	ɚ⁼	⁼ʐɤ	ʐau⁼	₌ʐən	ʐaŋ⁼	₌ʐu	ʐuan⁼	ʐuən⁼	ʐu⁼
	承德	₌ɚ	ɚ⁼	⁼ʐuo	ʐau⁼	₌ʐən	ʐaŋ⁼	₌ʐu	ʐuan⁼	ʐuən⁼	ʐu⁼
	廊坊	₌ɚ	ɚ⁼	⁼ʐɤ	ʐau⁼	₌ʐən	ʐaŋ⁼	₌ʐu	ʐuan⁼	ʐuən⁼	ʐu⁼
	赤峰	₌ɚ	ɚ⁼	⁼ʐɤ	ʐau⁼	₌ʐə̃	ʐaŋ⁼	₌ʐu	ʐuan⁼	ʐuə̃⁼	ʐu⁼
	朝阳	₌ɐr	ɐr⁼	⁼ʐɤ		₌ʐə̃	ʐã⁼	₌ʐu	ʐuã⁼	ʐə̃⁼	
	武清	₌ɚ	ɚ⁼	⁼ʐɤ	ʐau⁼	₌ʐən	ʐaŋ⁼	₌ʐu	ʐuan⁼	ʐuən⁼	ʐu⁼
冀鲁官话	天津	₌ɚ	ɚ⁼	⁼iɤ	iau⁼	₌zən / ⁼in	iaŋ⁼	₌yu	₌zuan / yan	yən⁼	zu⁼ / ₌yu
	塘沽	₌ɚ	ɚ⁼	⁼iɤ	ʐau⁼	₌ʐən	iaŋ⁼	₌yu	₌ʐuan	lien⁼	ʐu⁼
	蓟州	₌ɚ	ɚ⁼	⁼ʐɤ	ʐau⁼	₌ʐən	ʐaŋ⁼	₌ʐu	ʐuan⁼	ʐən⁼	ʐu⁼
	宝坻	₌ɚ	ɚ⁼	⁼ʐɤ	ʐau⁼	₌ʐən	ʐaŋ⁼	₌ʐu	ʐuan⁼	ʐuən⁼	ʐu⁼
	宁河	₌ɚ	ɚ⁼	⁼ʐɤ	ʐau⁼	₌ʐən	ʐaŋ⁼	₌ʐu	ʐuan⁼	yən⁼	ʐu⁼
	汉沽	₌ɚ	ɚ⁼	⁼ʐɤ	ʐau⁼	₌ʐən	ʐaŋ⁼	₌ʐu	ʐuan⁼	ʐuən⁼	ʐu⁼
	平谷	₌ɚ	ɚ⁼	⁼ʐɤ	ʐau⁼	₌ʐən	ʐaŋ⁼	₌ʐu	ʐuan⁼	ʐən⁼	ʐu⁼
	唐山	₌ɚ	ɚ⁼	⁼ʐɤ	ʐau⁼	₌ʐən	ʐaŋ⁼	₌ʐu	ʐuan⁼	ʐən⁼	ʐu⁼
	遵化	₌ɚ	ɚ⁼	⁼ʐə	ʐau⁼	₌ʐən	ʐaŋ⁼	₌ʐu	ʐuan⁼	ʐən⁼	ʐu⁼
	西青	₌ɚ	ɚ⁼	⁼iɤ	iau⁼	₌in	iaŋ⁼	₌yu	yan⁼	yən⁼	yu⁼
	静海	₌ɚ	ɚ⁼	⁼ʐɤ	ʐau⁼ / iau⁼	₌in	iaŋ⁼	₌ʐu	yan⁼	yən⁼	zu⁼ / y⁼
	保定	₌ɚ	ɚ⁼	⁼ʐɤ	ʐau⁼	₌ʐən	ʐaŋ⁼	₌ʐu	ʐuan⁼	ʐuən⁼ / lin	ʐu⁼
	霸州	₌ɚ	ɚ⁼	⁼ʐɤ	ʐau⁼	₌ʐən	ʐaŋ⁼	₌ʐu	ʐuan⁼	ʐuən⁼ / lin	ʐu⁼
	昌黎	₌ɚ	ɚ⁼	⁼ʐɤ	ʐau⁼	₌ʐən	ʐaŋ⁼	₌ʐu	ʐuan⁼	ʐən⁼	ʐu⁼
	大港	⁼ɚ	ɚ⁼	⁼ʐə	ʐau⁼	⁼ʐən	iaŋ⁼	⁼lu	⁼yã	yən⁼	y⁼
	黄骅	⁼ɚ	ɚ⁼	⁼ʐɤ		⁼ʐen	ʐaŋ⁼	⁼ʐu	⁼yã	yen⁼	ʐu⁼
	沧州	₌ar	ar⁼	⁼ʐɤ	iau⁼	₌ʐən	ʐaŋ⁼	₌lu	⁼ʐuan	yn⁼	lu⁼
东北官话	长春	₌ɚ	ɚ⁼		iau⁼	₌in	iaŋ⁼		⁼yan	in⁼	y⁼
	通化	₌ɚ	ɚ⁼		iau⁼	₌in	iaŋ⁼		⁼yan	in⁼	y⁼
	沈阳	₌ɚ	ɚ⁼	⁼ie	iau⁼	₌in	iaŋ⁼	₌iu	⁼yan	in⁼	y⁼
	锦州	₌ɚ	ɚ⁼	⁼ʐɤ	ʐau⁼	₌ʐən	ʐaŋ⁼	₌ʐu	ʐuan⁼	ʐən⁼	ʐu⁼

续表

		开口					合口			
		儿	二	惹	绕	人	让	如	软	闰	褥
		止开三	止开三	假开三	效开三	臻开三	宕开三	遇合三	山合三	臻合三	通合三
胶辽官话	莱州	₋ɚ	₋ɚ	₋iẽ	₋iɔ	₋iẽ	₋iaŋ	₋y	₋yã	₋yẽ	₋y
	烟台	₋ər	ər₋	₋ie	iao	₋in	iaŋ₋	y₋	₋yan	yn₋	y₋
	威海	₋ɚ	ɚ₋	₋iɛ	iau	₋in	iaŋ		₋yan	yn₋	y₋
	大连	₋ər	ər₋	₋ie	iau₋	₋in	iaŋ₋	₋y	₋yan	y₋	y₋
	丹东	₋ɚ	ɚ₋	₋iə	iau₋	₋in	iaŋ₋	₋y	₋yan	yn₋	y₋

各种类型的具体分布情况见图2-2。

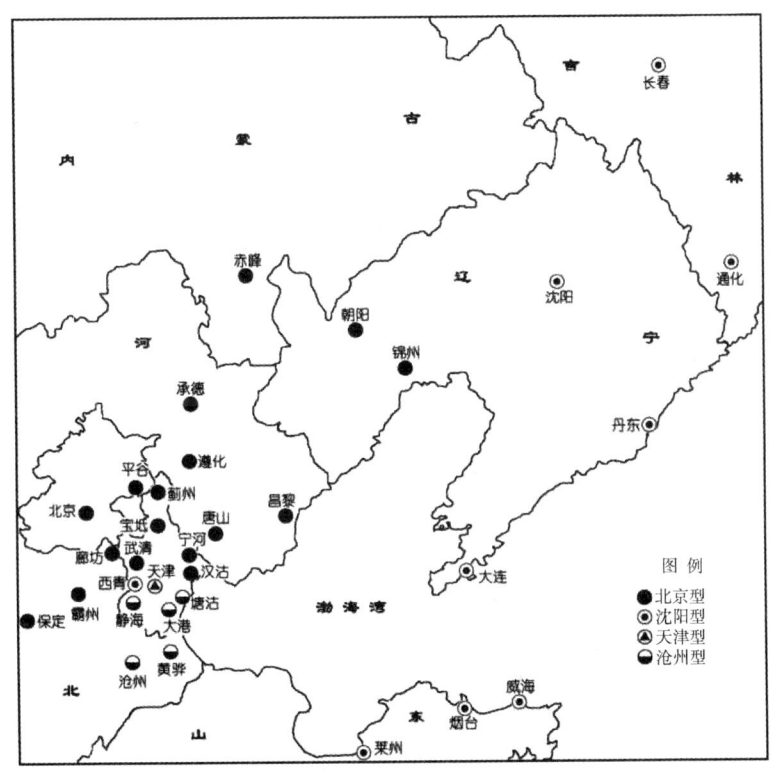

图2-2 天津市及其周边方言中古日母字演变类型分布图

从表2-3、图2-2中可以看出，北京型是北京官话、冀鲁官话的底层类型，沈阳型是胶辽官话、东北官话的底层类型，而天津型、沧州型都是北京型和沈阳型的过渡类型，在胶辽官话向北京官话的过渡过程中中古日母字读为零声母的特点发生了不同程度的磨损：

北京型　　天津型　　沧州型　　沈阳型

ʐ ⟶ z/∅ ⟵ z/∅ ⟵ ∅

（二）天津方言中古日母字声母的演变过程

据目前的调查研究成果显示，汉语方言里中古日母字声母的演变大多都是依中古知庄章三组字声母而发生变化的。天津市及其周边方言中，在知庄章合并的方言里，日母与知庄章三组声母互补为一套声母，如北京、保定、唐山等；在知二庄与知三章分立的方言里，日母字一般与知三章互补为一套声母，如沧州、黄骅等；在知庄章三组声母与精组洪音字合并的方言里，日母也与精组洪音字互补为一套声母，如锦州等。但是属于冀鲁官话的天津、西青，东北官话的长春、通化、沈阳，属于胶辽官话的烟台、威海、大连、丹东、莱州等方言却与其他方言不同：西青、长春、通化、沈阳、丹东等方言今知庄章三组声母与精组洪音字声母合流，今读 ts、tsʰ、s，日母字声母按规律应变为 z；大连、莱州方言知三章合并，今读 tʂ、tʂʰ、ʂ，日母字声母按规律应变为 ʐ；烟台方言知三章与精组细音字合并，今读 tɕ、tɕʰ、ɕ，日母字声母按规律应变为 ʑ；威海今知三章合并，今读 tʃ、tʃʰ、ʃ，日母字声母按规律应变为 ʒ。但这些方言的中古日母字声母统统变为零声母。依王洪君（2007）的拟音方案，将《中原音韵》中的知三章拟为 tʃj、tʃʰj、ʃj，今威海方言仍保留着 tʃ、tʃʰ、ʃ 拼细音韵母的现象，那么，今威海方言的知三章开口字声母大致保留了《中原音韵》时期的原貌，其日母字经历了如下的变化（声介合一）：

ʒj ⟶ j　　　　ʒy ⟶ y

烟台方言则经历了与精组细音字合流的过程：

zj ⟶ ʑj ⟶ j　　zy ⟶ ʑy ⟶ y

ʒj ↗　　　　　ʒy ↗

从以上的变化中可以看出，威海、烟台方言日母字声母的演变仍然符合与知三章共变的规律，这是胶东半岛胶辽官话的底层特点。吉林、辽宁的东北官话和辽东半岛的胶辽官话受下关东山东人的影响较大，发展过程中又受到北京官话的影响，精组细音字变为舌面前音，而日母字却完整保留了东北官话的读音特点，从而造成了演变规律的例外现象。

今天津市区、西青、塘沽、静海、大港、黄骅、沧州等地的日母字受到了来自东北、胶东方言的影响，有的一度完全变为零声母，如西青、天津市区，有的部分保持底层特点，部分变为零声母，造成今天演变的混乱局面。天津方言老派口语中出现了文白异读，文读 z，白读 ∅。文读音是受到北京话的干扰之后，由 $z_ɿ$ 声母折合成为 z。新派口语中出现了新的文读音 $z_ɻ$，从而使天津方言在中古日母字的演变上叠置了三个层次：新文读层 $z_ɻ$、旧文读层 z、白读层 ∅，如"软 $^cz_ɻ$uan、^{c}zuan、^{c}yan，热 $z_ɻɤ^⊃$、$zɤ^⊃$、$iɤ^⊃$"等。塘沽、静海、大港、黄骅、沧州等方言中，中古日母无规则地读为 $z_ɿ$、∅ 两类，$z_ɿ$ 是其底层形式，∅ 则是胶辽官话影响的结果。新中国成立后受到普通话的干扰，部分字出现了文白异读，如静海的"褥 $z_ɿu^⊃$ / $y^⊃$"、沧州的"软 ^{c}zuan / ^{c}yan"等。

（三）关于止摄开口三等日母字演变的讨论

中古止摄开口三等的儿、而、耳、尔、饵、二等字今读零声母、卷舌韵母的现象在天津市及其周边的方言中具有一致性。曹志耘（2008）的《汉语方言地图集》（语音卷）图 205 中显示，"儿"今读零声母、卷舌韵母的现象几乎覆盖了整个官话方言区，在东三省、北京、天津所调查的点中无一例外。众所周知，北京官话、东北官话儿化词非常丰富，其数量之多、用法之灵活是别的官话方言无法比拟的。因而，可以推断，北京官话、东北官话是儿化词的发源地。但因北京是金元明清的都城，北京话对其他方言的影响最大，其他方言的儿化词多是由北京官话逐步输入的结果。

中古止摄开口三等日母字在北京官话中，依规律当变为 $z_ɻ$ 音节，但今读 ər，无论声母还是韵母都属于例外现象。"儿、而、耳、二"在《广韵》、《洪武正韵》里的反切为：

《广韵》　　　　　　　《洪武正韵》

儿：支韵，汝移切　　　支韵，如支切

而：之韵，如之切　　　支韵，如支切

耳：止韵，而止切　　　纸韵，忍止切

二：至韵，而至切　　　寘韵，而书切

这四个字的反切上字均为日母，下字均在止摄。《中原音韵》里将这四个字列在"支思"韵里：（阳）儿而、（上声）耳、（去声）二。可见，从中古到元代，中古止摄开口三等日母字仍然没有变读零声母、卷舌音。

今中原官话汾河片解州小片的临猗、永济等方言里仍然保留着这类读音，如：

	儿 动物的小崽子	耳	二 排行
临猗	⊂zʅ	⊂zʅ	zʅ⊃
永济	⊂zʅ	⊂zʅ	zʅ⊃

李思敬（1981）根据《西儒耳目资》的记音材料判定明天启年间"儿"类字已经变为卷舌音了。陈默（2004）根据回鹘文与汉语对音材料认为明成祖时（1407年）"儿"字已经变成零声母了，根据万历三十年（1602年）重订的《等韵图经》中将儿类字归入影母的现象确定"儿[ɚ]音大约在这时开始产生"。金尼阁天启六年（1626）的《西儒耳目资》中用 ul 来给止摄开口三等日母字记音，如：

○浊平：ûl　而儿鸸
○上声：ǔl　尔迩耳饵
○去声：úl　二贰

显然，ul 音节中的 l 是一个表示卷舌的符号。由此可以肯定，至少在明代止摄开口三等日母字就已经完成了卷舌音的嬗变。清代的许多韵书里出现了"儿"类字与日母分立的记载，如潘耒的《类音》里说："其'而'字虽独音，然有平上去声，有阴阳轻重，则居然一母。且韵书中多以'而'字出切者，谓古读为'如'，未然也。故增'而'母为阳声，复增'耳'母为阴声以配之。"清代江永在《音学辨微》里说："耳二而儿等字似出于舌，何也？方音口张而舌抵颚故也"。在字书里最早使用儿化词材料的当属清代劳乃宣，他于1907年在《简字全谱》里用他创造的注音符号记录了一段北京话，文中将儿化词的词根和词缀并为一个汉字，如：

①咱们各人都要强横觉罢，瞧瞧咱们中国成甚么横觉啦。
②你们大家齾觉想想，这苦日子谁搁得住哇。
③由着他们性觉打去，反正豁出那块地方觉去就结啦。

卷舌音 ər 在汉语里不成系统，不符合汉语的音节结构特点，当是外来影响的结果无疑。

钱曾怡（2001：55）描写了山东方言止摄开口三等日母字在山东东区东潍片和西区西齐片的方言中都读舌尖后浊边音，如：

青岛　诸城　青州　博山　阳谷　临沂

儿	lə⁼	₌lə	₌lə	₌lə	₌lə	₌lə
耳	⁼lə	⁼lə	⁼lə	⁼lə	⁼lə	⁼lə
二	lə⁼	lə⁼	lə⁼	lə⁼	lə⁼	lə⁼

河南的官话方言以及晋语上党片晋城小片的方言中也都有这种变化，有的方言今读舌尖中浊边音l。这些方言（包括中原官话汾河片解州小片在内）中古止开三日母字声母的变化大致都与止开三的章组字声母协同变化，因而这些变化是合规律的，当是这些方言底层特点的延续，也是汉语北方话中止开三日母字声母保持本土变化而非外来影响的现象。

叁

天津方言声调的历史演变及相关问题

一 天津市方言声调演变的类型及分布特点

（一）天津市方言古今声调演变的类型

天津市方言声调按古调类在今方言中的分合情况，可以分为三个基本类型：

1. 三调型

大港方言中古清声母平声字声调今为平声，调值为213；中古浊声母平声字与清、次浊声母上声字声调合流，今为上声，调值为55；中古全浊声母上声字与去声字声调合流，今为去声，调值为51；中古入声调消失，清入今多归平声，全浊入今归上声，次浊入今归去声（例外字不计）。

2. 四调型

市区、塘沽、蓟州、宝坻、汉沽、西青、静海、武清8个方言，中古清声母平声字声调今为阴平，调值为31（市区、塘沽）、55（蓟州、宝坻、武清）、34（汉沽）、42（西青、静海）；中古浊平字声调今为阳平，调值为224（市区、塘沽）、33/22（蓟州、宝坻、汉沽）、55（西青、静海）、35（武清）；中古清、次浊上声字声调今为上声，调值为213/214（市区、塘沽、蓟州、宝坻、西青、静海、武清）、312（汉沽）；中古全浊上声字与去声合流，今为去声，调值是53/51（市区、塘沽、蓟州、宝坻、汉沽、武清）、31（西青、静海）；中古入声调消失，全浊入今归阳平，次浊入今归去声，清入无规则地派入今四声。

3. 五调型

宁河方言与四调型方言不同之处在于去声分阴阳。中古全浊上、浊去大部分今读与清去同调，少量字今独立为阳去调，或阳去、阴去混读。调值为阴平 34、阳平 22、上声 312、阴去 53、阳去 343。

各种类型方言声调的具体读音情况如表 3-1。

表 3-1　　　　　　　　　天津市方言声调今读表

	高 见平	沉 澄平	走 精上	水 书上	动 定上	辈 帮去	轿 群去	阔 溪入	笔 帮入	出 昌入	菊 见入	热 日入	学 匣入
天津	₋kau	₌tsʰən	⁼tsəu	⁼suei	tuŋ⁼	pei⁼	tɕiau⁼	kʰuo⁼	₋pi	₋tsʰu	₋tɕy	iɤ⁼	₌ɕiau
塘沽	₋kau	₌tsʰən	⁼tsəu	⁼suei	tuŋ⁼	pei⁼	tɕiau⁼	kʰuo⁼	₋pi	₋tsʰu	₋tɕy	zɤ⁼	₌ɕyɛ
西青	₋kau	₌tsʰən	⁼tsəu	⁼suei	tuŋ⁼	pei⁼	tɕiau⁼	kʰuo⁼	₋pi	₋tsʰu	₋tɕy	iɤ⁼	₌ɕyɛ
静海	₋kau	₌tʂʰən	⁼tsəu	⁼suei	tuən⁼	pei⁼	tɕiau⁼	kʰuo⁼	₋pi	₋tʂʰu	₋tɕy	zɤ⁼	₌ɕiau
蓟州	₋kau	₌tʂʰən	⁼tsəu	⁼ʂuei	tuŋ⁼	pei⁼	tɕiau⁼	kʰuo⁼	₋pi	₋tʂʰu	₋tɕy	zɤ⁼	₌ɕiau
宝坻	₋kau	₌tʂʰən	⁼tsəu	⁼ʂuei	tuŋ⁼	pei⁼	tɕiau⁼	kʰuo⁼	₋pi	₋tʂʰu	₋tɕy	zɤ⁼	₌ɕiau
汉沽	₋kau	₌tʂʰən	⁼tsəu	⁼suei	tuŋ⁼	pei⁼	tɕiau⁼	kʰuo⁼	₋pi	₋tʂʰu	₋tɕy	zɤ⁼	₌ɕiau
武清	₋kau	₌tʂʰən	⁼tsəu	⁼suei	tuŋ⁼	pei⁼	tɕiau⁼	kʰuo⁼	₋pi	₋tʂʰu	₋tɕy	zɤ⁼	₌ɕiau
宁河	₋kau	₌tʂʰən	⁼tsəu	⁼ʂuei	tuŋ⁼	pei⁼	tɕiau⁼	kʰuo⁼	₋pi	₋tʂʰu	₋tɕy	zɤ⁼	₌ɕiau
大港	₋kau	₌tʂʰən	⁼tsou	⁼suei	tuŋ⁼	pei⁼	tɕiau⁼	kʰuo⁼	₋pei	₋tʂʰu	₋tɕy	zə⁼	₌ɕiau

（二）从周边方言看天津方言声调的演变

李荣（1985、1989）以古入声字归派情况将官话方言分为七区，天津境内的方言今分属冀鲁官话和北京官话，其标准如表 3-2：

表 3-2　　　　　　　　　李荣先生官话分区的标准①

	西南官话	中原官话	冀鲁官话	兰银官话	北京官话	胶辽官话	江淮官话
古清音		阴　平	阴　平	去　声	阴阳上去	上　声	入　声
古次浊	阳　平						
古全浊		阴　平	去　声				

---

① 李荣先生（1985）《官话方言的分区》中为"北方官话"；他在《汉语方言的分区》（《方言》1989 年第 4 期）中将表中的"北方官话"改为"冀鲁官话"。

从李荣先生的分区标准来看，古全浊入今归阳平，次浊入今归去声是天津及其周围方言的共性特点。从目前的调查研究成果来看，古清入无规则地派入今方言的不同调类也是天津及其周边方言的共性特点。《中国语言地图集》（B2 官话之二）说明这一区域方言古入声调归派特点时说："北京官话区分为京师、怀承、朝峰三片。这三片古入声清音声母字今分归阴阳上去四声。……保唐片古入声清音声母字归上声的字比北京多，与东北官话也有相似之处。但从调值来看，本片与东北官话有明显的差别。因此保唐片可以说是从石济、沧惠两片与北京官话的过渡。"东北官话"古入声清音声母字今读上声的比北京多"，胶辽官话的主要特点是"古清音入声字今读上声"。看来，这一区域方言在发展过程中渊源关系颇深，单从声调，尤其是中古清入字声调的归派上来看，张世方（2010：46）将东北官话和冀鲁官话保唐片归入北京官话是有道理的。张树铮（2012）以保唐片不符合冀鲁官话的主要特点为由主张当将保唐片从冀鲁官话中剥离出去："应当根据古清入字今散归四声的特征，将保唐片与北京官话（含东北话）合并为北方方言的一个次方言区。这样，北京官话可以根据调值的差异划分为三个片：北京片、东北片、保唐片"。似觉得，这两位学者的观点比把保唐片归入冀鲁官话更有道理。

据目前的调查研究成果显示，天津市及周边方言声调的演变大致有以下 5 个类型：

1. 北京型，有"阴平、阳平、上声、去声"四个声调：中古清声母平声字声调今为阴平；中古浊声母平声字声调今为阳平；中古清、次浊上声字声调今为上声；中古全浊上声字、去声字声调今为去声；中古清入字散归阴阳上去四声，次浊入今归去声，全浊入今归阳平。今北京官话、冀鲁官话保唐片（宁河、昌黎等例外）、东北官话大致都属于这个类型。胶辽官话登连片大岫小片的大连、盖桓片的丹东等方言也可归入这个类型，但中古清入今派入上声的字较多。

2. 沧州型，有"阴平（平声）、上声、去声"三个声调：中古清声母平声字声调今为阴平（大港方言称为平声）；中古浊声母平声字与清、次浊上声字声调合流，今为上声；中古全浊上声字与去声字声调合流，今为去声；中古清入多归阴平（平声），次浊入多归去声，全浊入多归上声。属于这一类型的是冀鲁官话沧惠片的沧州、黄骅、大港等方言。①

3. 烟台型，有"平声、上声、去声"三个声调：中古清声母平声字和部分浊平字合流，声调今为平声；中古清、次浊上声字声调今为上声；中古浊平部分字与全浊上声、去声字声调合流，今为去声；中古清入多派入上声，次浊入多派入去声，全浊入多派入阳平。属于这个类型的方言主要是胶辽官话登连片烟威小片的烟台、威海等方言。

4. 莱州型，有"阴平、阳平、上声"三个声调：中古清声母平声字今归阴平，中古浊声母平声字今读阳平；中古清、次浊上声字声调今为上声；中古清入字今多归上声，全浊入声字多归阳平；中古全浊上声、去声、次浊入声分归阴平、阳平，没有明显的规阳平这个类型只有胶辽官话青莱片莱昌小片的莱州一点。

5. 昌黎型，有"阴平、阳平、上声、阴去、阳去"五个声调，与北京型的不同就是去声分阴阳：部分全浊上声字、浊去字今声调与清声母去声字声调不同。属于这个类型的有冀鲁官话保唐片蓟遵小片的宁河、滦昌小片的昌黎。

各种类型方言声调的调值、调类情况如表3-3。

表3-3　　　　　　　　天津市及其周围方言调值、调类今读表

		清平	浊平	清上 次浊上	全浊上	浊去	清去	清入	次浊入	全浊入
		车孙	柴红	洒冷	坐杏	树让	醉胖	插阔 北福	麦 肉	活白
北京官话	北京	55	35	214		51		55 51 214 35	51	35
	承德	55	35	214		51		55 51 214 214	51	35
	廊坊	55	35	214		51		55 51 214 214	51	35
	赤峰	55	335	213		52		55 52 213 213	52	335
	朝阳	44	335	213		53		213 53 213 213	53	335
	武清	55	35	213		51		55 51 213 213	51	35

---

① 冀鲁官话三调型方言在调类命名方面较乱，所据不一。方言事实是中古清平今为一调，浊平与清、次浊上合为一调，全浊上与去声合为一调。"平分阴阳"是大多数汉语方言声调的特点，且参考这一区域方言多是清、次浊上并入阳平这一情况，这些三调方言调类当命名为"阴平、阳平、去声"为宜。若从声调的多样性出发，可称为"平声、上声、去声"。没有阴阳对立而单出"阴平"或片面考虑古今演变因素而将中古浊平与清、次浊上合并的调类调命名为"阳平上"均不妥。

续表

		清平	浊平	清上 次浊上	全浊上	浊去	清去	清入	次浊入	全浊入
		车孙	柴红	酒冷	坐杏	树让	醉胖	插 阔 北 福	麦 肉	活白
冀鲁官话	天津	31	224	213		53		31 53 213 224	53	224
	塘沽	31	224	213		53		31 53 213 224	53	224
	蓟州	55	33	214		51		55 51 214 214	51	33
	宝坻	55	22	213		51		55 51 213 22	51	22
冀鲁官话	宁河	24	22	312	53/343		53	24 53 312 22	53	22
	汉沽	24	22	312		53		24 53 312 312	53	22
	平谷	35	55	213		53		35 53 213 213	53	55
	唐山	55	22	213		52		55 52 213 213	52	22
	遵化	55	22	213		51		55 51 213 213	51	22
	西青	42	55	213		31		42 31 213 55	31	55
	静海	42	55	213		31		42 31 213 55	31	55
	保定	45	22	214		51		45 51 213 214	51	22
	霸州	45	53	214		41		45 41 214 214	41	53
	昌黎	32	13	213	24	24/55	55	213 55 213 213	55	13
	大港	213	55	51	213 51 213 213			51	55	
	东丽	213	55	53	213 55 53			53	55	
	黄骅	213	55	42	213 42 213 213			42	55	
	沧州	213	55	42	213 42 213 55			42	55	
东北官话	长春	44	24	213		52		213 52 213 213	52	24
	通化	323	24	213		52		213 52 213 213	52	24
	沈阳	33	35	213		53		213 53 213 213	53	35
	锦州	44	34	213		53		213 53 213 213	53	34
胶辽官话	莱州	213	42	55	42		213	55 42 55 55	213	42
	烟台	31	55	214		55		214 55 214 214	213 55	55
	威海	53	33	312		33		312 33 312 312	53 312	33
	大连	312	34	213		53		34 53 34 213	34 53	34
	丹东	312	24	214		52		214 52 214 214	52	24

各种类型方言的分布情况见图3-1。(见下页)

从表3-3中可以看出,四调型的方言是这一区域方言的主流类型。

从《中原音韵》算起，天津及其周围方言"平分阴阳、清、次浊上为上声，全浊上归去"的格局在元代就已经形成了。五调型方言主要是昌黎和宁河方言去声分阴阳现象。河北昌黎县志编纂委员会、中国社科院（1984：37）记录了昌黎方言去声分阴阳的情况："阳去是 24 调↓，多数用在轻声前，少数能单说或用在两字组、三字组的末了。阳去字都有又音，大都分读阴去，小部分读阴平，少数读阳平。凡是能单说或用在两字

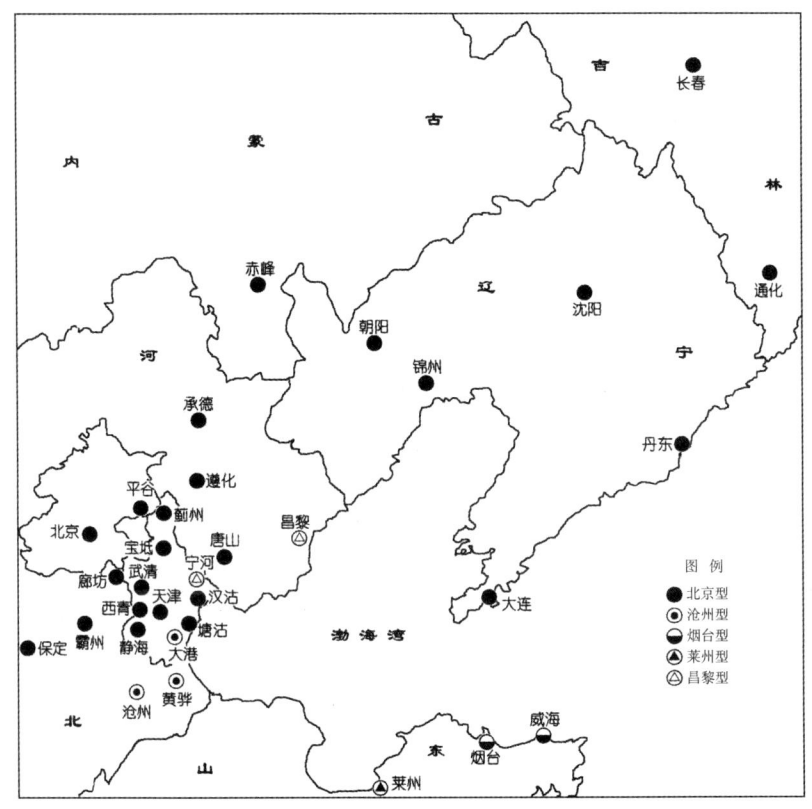

图 3-1　天津市及其周围方言声调类型分布图

组、三字组末了的阳去字，又都读为阴去。"昌黎方言去声分阴阳的情形与今天的宁河方言去声分阴阳现象不太一样。宁河方言中，仅有少量的中古全浊上、浊去字今读阳去。有的能单说，有的又音阴去，如："树遇合三去禅 ṣu²、舅流开三上群 tɕiəu²、病梗开三去并 piŋ²"等；有的在轻声音节前保留阳去的读法，如："裰假开三去从 子 tɕiɛ²·tsʅ、辫山开四上并子 pian²·tsʅ"等；有的在儿化音节里保留阳去的读法，如："字止开三去从 儿 tθər²、

杏_{梗开二上匣}儿 ɕiər²"等；有的在旧词中读阳去，如"炕_{柜止合三去群} kʰaŋ²
kuei²、大衣柜 ta² · i kuei²"等。李思敬（1995）曾经描写过宁河方言
的去声分阴阳现象，认为宁河方言去声分阴阳现象是去声调变化的未完成
形式。从昌黎、宁河方言中阳去字的今读情况来看，阳去调正在完成它的
消变过程——并入阴去调。

三个声调的方言也是一种晚近的变化。钱曾怡（2001：326）在研究
山东方言的历史音变时根据蒲松龄《聊斋俚曲》的材料认为："现代淄川
方言只有三个单字调：阴平、上声、去声。上声中包括古浊声母平声字和
全浊入声字（相当于《中原音韵》中的阳平）。不过在轻声母前的连读变
调可以区分出阳平和上声，因此可以推断阳平和上声的相混时间不会太
久。聊斋俚曲的押韵可以说明三百年前淄川方言中阳平与上声是不
混的。"

表 3-3 中所列举的 33 个方言点中，有 24 个点属于四声调的方言。从
调值的情况看，所有点的上声都是降升调 214/213/312；所有点的去声都
是降调，除西青（31）、静海（31）、霸州（41）外，其余的点都为高降
调 51/52/53。阴平、阳平的调值情况比较复杂，具体情况如表 3-4。

表 3-4　　　　　　　天津市及其周围方言阴平、阳平调值对照表

阴平	阳平	地点
55（44）	35（335）	北京 承德 廊坊 赤峰 朝阳 武清
44（33）	24（34、35）	长春 沈阳 锦州
55	22（33）	唐山 遵化 蓟州 宝坻
45	22	保定
35（24）	55	平谷
24	22	宁河 汉沽
45	53	霸州
42	55	西青 静海
31	224	天津 塘沽
213（324）	24（34）	大连 丹东 通化

如果不计具体调值，阴平调可以分为"平、升、降、曲"四个类型，
阳平也有"平、升、平升、降"四个类型。张世方（2010：158）讨论这
一区域阴平、阳平变化时将这一区域分成"北京板块、幽燕板块、东北

板块",并认为"北京板块、东北板块内部各方言之间一致性较强,只有幽燕板块(引者按:即平谷、蓟州、唐山、保定、赤峰、天津等方言分布的区域),介于两者之间,阴平阳平调值比较复杂,三调方言全分布在这一板块内,连读变调也多反映出单字调变化的趋势。幽燕板块的变化应该是北京板块和东北板块互相碰撞造成的"。幽燕板块中,属于冀鲁官话保唐片蓟遵小片的平谷阴平、阳平的调值存在与北京话"易位"的问题:

平谷阴平(35)＝北京阳平(35)

平谷阳平(55)＝北京阴平(55)

明代袁子让在《字学元元》中说:"燕东读浊平如清平",可见,这种现象在明代就已经存在。目前,平谷方言中已经出现了阴、阳平调值混读现象,如:

阴平读同阳平:哥姑于皆苔虽掏豌宣喧村勋匡厅

阳平读同阴平:坡敷弥丕葵囚游岩严嫌擒乾延填沿仍擎从熊雄

这显然是北京话干扰的结果。

值得注意的是,这一区域的东南部还有一个"冀鲁板块(河北东部、南部及山东省)"的存在,它也是影响北京周围方言整个语音系统变化的不可低估的力量。从表3-3和图3-1中能够清楚地看出,天津方言声调中古演变的规律与周围方言一致,但阴平(31)、阳平(24)的调值却与周围方言不同。天津的阳平(224)调可以看做曾经经历过"35(北京)→224(天津市区)←33(唐山)"这样一个演变过程;阴平调今读31,与属于冀鲁官话保唐片定霸小片的西青、静海以及隔海相望的胶东半岛的胶辽官话(烟台、威海等)调值一样或调型一致,当是冀鲁板块冲击所致。

二 天津方言阴平调值的演变过程

《中国语言地图集》将天津市区的方言在冀鲁官话保唐片中单列为天津小片,最主要的标准之一就是今阴平读低降调21;李世瑜、韩根东(1991)认为天津是个方言岛,天津市区方言出于淮北的宿州、固镇的主要依据之一是阴平读低平调。可见,对天津方言阴平调值的发展演变的过程的讨论有助于解决天津方言的源流关系问题。

从表3-3中可以明显地看出,天津西南部的西青、静海方言今阴平调读中降调 42，与天津隔海相望的胶东半岛的胶辽官话烟台、威海也读降调。为了进一步观察天津方言阴平调值的演变，我们对周边方言阴平字调值的类型及地域分布特点进行了较为详细的总结，具体情况见图 3-2。

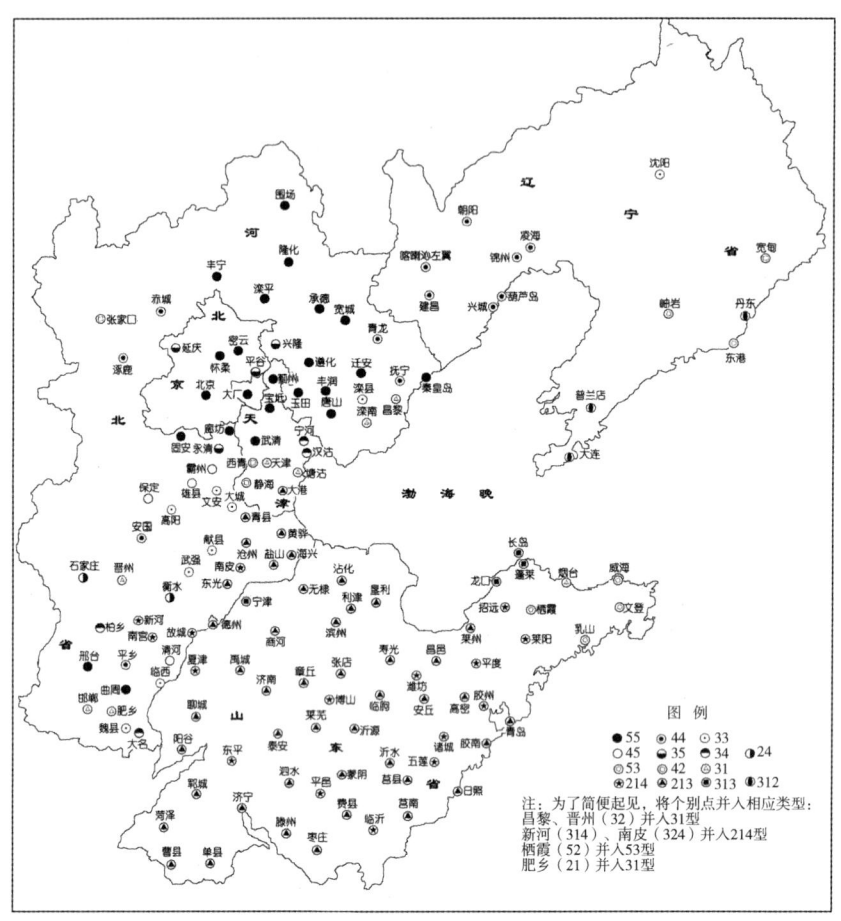

图 3-2　天津市及周围方言阴平调值的类型及分布图

从图 3-2 中可以看出，天津市及其周围方言的阴平调如果不计具体调值的话，大致也可以分为"平、升、降、曲"四个类型：

平调型：北京（55）、锦州（44）、沈阳（33）、唐山（55）、蓟州（55）

升调型：保定（45）、平谷（35）、宁河（34）、丹东（24）

降调型：威海（53）、静海（42）、岫岩（42）、天津（31）、烟台（31）

曲调型：沧州（213）、南皮（214）、济南（213）、蓬莱（313）、大连（312）

而且这四个类型的分布地域性很强：平调型大致分布于北京板块和东北板块，属于北京官话、冀鲁官话保唐片蓟遵小片（宁河、汉沽除外）、东北官话；升调型大致分布于幽燕板块，属于冀鲁官话保唐片蓟遵小片和定霸小片；降调型大致分布于幽燕板块的东南端以及冀鲁板块的东北角，属于冀鲁官话保唐片天津小片及定霸小片、胶辽官话登连片烟威小片和大岫小片、桓盖片；曲调型大致分布于冀鲁板块，属于冀鲁官话沧惠片、石济片、胶辽官话登连片蓬龙小片、青莱片。沿着渤海湾，无论从山东还是从辽东半岛出发到北京，方言的阴平调值变化大致都是"曲→降→升→平"的变化路径。从历史文化、地理分布等方面的因素考察，以北京为代表的平调型方言和以济南为代表的曲调型方言分别都属于这个区域方言的两个具有代表性的方言，而升调型和降调型方言则处于这两个中心的过渡地带。从这一区域方言声调的格局来看，这两种方言底层不同，因而阴平调值的演变结果也不同，试比较（加色块的调值与北京话相同或相近）：

	阴平	阳平	上声	去声
北京	55	35	214	51
唐山	55	33	214	51
天津	31	224	213	53
静海	42	55	213	31
沧州	213	55	42	
济南	213	24	55	21

从比较中可以看出，北京和济南的阴平、上声调值刚好错位，阳平、去声调值不同但调型一致，说明二者在发展过程中既有区别又有联系。沧州的上声调包含着中古的浊平和清、次浊上，合并的条件很清楚：阳平受静海话的阳平（55）调的干扰，清、次浊上受济南话上声调（55）的干扰而发生合并，相邻的黄骅、大港也大抵如此。冀鲁官话保唐片蓟遵小片和定霸小片的部分方言今阳平读平调，山东境内大多数方言今上声读平调（55），因而，冀鲁官话沧惠片至少从声调方面属于一种典型的过渡性方言。天津方言的声调中只有阴平与北京话不同，而静海只有上声与北京话一致，从分布在北京与济南之间上看，具有过渡性方言的地域分布特征。天津是近代北京的物资补给枢纽，东以海运通往东北、胶东、辽东半岛，

南以运河及陆路与河北、山东相连。天津的城市发展过程在近代始终伴随着漕运及海运的发展。金元明时期，今天津市区所在地属于军事建置，由直沽寨、海津镇到明代的天津三卫，其功能主要是海防和保障都城的物资补给。清人入主北京后，天津又成为清朝与其龙兴之地——盛京的水陆交通的要塞，于是在雍正三年（1725）改卫为州，雍正九年（1731）升州为府，州治、府治均在今天津市区。从史料记载，元时期的海运主要是将南方的物资经黄海—渤海运抵直沽，然后经北运河进入大都；漕运则是将中原（包括山东、安徽）等内陆地区的物资经运河运抵直沽，然后经北运河进入大都。明永乐之后，海运渐废，漕运则更加发达。清代以后重开海运，与东北、辽东半岛联系逐渐密切。如《大清一统志》的记载：

> 元时海运皆由东直沽入口，至明永乐中始罢。……康熙中盛京岁歉，自津转粟，不三日即达。近则盛京粮羡值平，估贩者集津门矣。（卷十七）

因此，天津在元明之际与胶东半岛（海运）、河北东南、山东中北部（漕运）关系密切。天津在清代雍正以后曾管辖过今河北东南部的沧州等地：

> 雍正三年改卫为州，直隶京师，以顺天府之武清县、河间府之青县、静海县来属。四年武清县还属顺天，七年复割河间府之沧州直隶。（《畿辅通志》卷十四·天津府）

那么，天津市区方言受河北东南部方言和山东境内方言的影响就不足为奇了。

天津方言的阴平调调值受山东及河北东南部方言的影响被其变调所掩盖。天津方言的变调现象许多专家都曾经进行过详细的研究，影响较大的有李行健、刘思训（1985），王嘉龄（2002），石锋（1986、1987、1988）等，可谓硕果累累。路继伦（1997）描写了天津方言中的一种新的连读变调："阴平+阴平"前字除了变读上声外，还有变读阳平的现象。笔者在调查过程中，也发现了不同的发音合作人的口语中都存在这种现象。"阴平+阴平"的两种变调方式其实都是以济南为中心的山东方言对天津方言影响的结果。天津方言与周围相关方言阴平调变调情况见表3-5。

表 3-5　　　　　　　　　天津方言与相关方言阴平变调比较表

		阴平	阳平	上声	去声
北京	阴平	55+55	55+35	55+214	55+51
唐山	阴平	55+55	55+33	55+214	55+51→35+51
保定	阴平	45+45	45+22	45+214	45+51
天津	阴平	31+31→213+31 224+31	31+224	31+213	31+53
静海	阴平	42+42→55+42	42+55	42+55	42+31→55+31
沧州	阴平	213+213→23+213	213+55→22+55		213+42→23+42
德州	阴平	213+213→23+213	213+42	213+55	213+21→23+21
寿光	阴平	213+213→24+213	213+53	213+55	213+21→24+21
济南	济南	213+213→24+213	213+42	213+55	213+21→24+21
烟台	平声	31+31→35+31	(31+55)	31+214	31+55
威海	阴平	53+53→312+53 53+53	(53+53)	53+312	53+53

从表 3-5 中可以看出，北京周围方言阴平为前字时基本不变调（唐山"阴平+去声"例外），属于冀鲁官话石济片、保唐片沧惠小片、胶辽官话的方言都变调。天津方言"阴平+阴平"的两种变调形式在今山东方言的变调中都能找到：沧州、德州、寿光、烟台、济南等方言里"阴平+阴平"前字变读 24（23、35、13），与天津方言的前字变读 224（阳平）一致；威海方言的"阴平+阴平"前字变读 312（上声）与天津方言的另外一种变调——变读 213（上声）一致。这些在"阴平+阴平"格式里前字变读升调的方言中，除了烟台的单字调与天津市区方言相同外，其余的单字调都是曲调（213/312）；变读上声的威海方言单字调为 53，与天津方言同调型但调值不同。北京官话中，"上声+上声"才会出现变读阳平 35（阳平）的情况，而北京话的上声的调值恰恰是 214，与上述方言的调值一致。这些现象揭示了这一区域方言曲调型调值连读时本调调值与变调调值的必然关系：

济南：213（阴平）+213（阴平）↘

　　　　　　　24（35）

北京：214（上声）+214（上声）↗

依据上述曲调连读的变调规则，天津方言"31（阴平）+31（阴平）→224（阳平）"的结果是不成立的，且天津方言的阴平调调值除了塘沽外与周边方言都不一致。由此，我们有理由推断，天津方言的阴平调值原本也应该是曲调，而不是今天的低降调，与济南等方言一致。天津方言另外一种变调形式"31（阴平）+31（阴平）→213（上声）"与威海的"53（阴平）+53（阴平）→312+53"格式如出一辙，二者可能经历了同样的演变过程。曲调是山东省除了半岛前端属于胶辽官方言之外大多数方言的阴平（平声）调值（参见图3—2），那么，天津方言和威海方言阴平的本调也极有可能是类似于213、312的调值。丁邦新（1982b、1984）在研究汉语方言声调时提出了"变调即原调"的观点，又在《论官话方言研究中的几个问题》中重申了此观点，为天津、威海方言阴平字本调调值的推测提供了理论方面的支持。前字为曲调的双字组连读音节前字不变调的现象在山东方言中并不鲜见。若是，天津方言中所谓的"阴平+阴平"的两种变调格式中，只有前字变读224（阳平）的现象才是真正的变调，与济南等方言一致。至于天津方言阴平今读31的现象就更容易解释了。天津方言阴平与阴平连读前字变224（阳平），阴平与阳平、上声、去声连读前字都为31，它与北京话上声214在非上声前变读半上的现象一致：

天津	北京
都城 *213+224→31+224	赌城 214+35→21+35
思路 *213+53→31+53	死路 214+51→21+51
光缆 *213+213→31+213	广州 214+55→21+55

因为变调使用频率远远高于本调，久而久之，人们误把变调当作本调来用，31调就取代类似于213的降升调，成了天津方言阴平字的本调了。

属于胶辽官话的烟台、威海其阴平调也发生过类似的变化。据目前的研究成果，辽东半岛的胶辽官话是清代胶东人带去的。今大连、丹东等方言的阴平调仍然保留着读312的原调值（见表3-2）。只是威海的原调还有一部分保留在所谓的变调格式里，而烟台的本调已经被变调彻底覆盖了。大连、丹东、烟台、威海四种方言的变调情况如表3-6。

表3-6　　　大连、丹东、烟台、威海变调比较表

前字	后字	阴平	阳平	上声	去声
大连	阴平 312	312+312→13+312			
	上声 213	213+312→13+312			
丹东	上声 214	214+312→25+312	214+24→211+24	214+214→25+214	214+52→211+52

续表

前字 \ 后字		阴平	阳平	上声	去声
烟台	平声 31	31+31→35+31	（并入去声）		
	上声 214	214+31→35+31		214+214→55+214	
	去声 55				55+55→31+55
威海	阴平 53	53+53 53+53→312+53	（并入去声）		
	上声 312	312+53 312+53→34+53	（并入去声）	312+312→34+312	
	去声 33			33+312 33+312→34+312	33+33 33+33→34+33

从表 3-6 中可以看出，大连、丹东、威海方言都遵守"西北——东南"变化链条上曲调相连变升调的规则，丹东方言曲调在非曲调前变低降平调 211，与北京话相近。烟台方言平声连读及上声与平声连读，前字都变为升调，依照曲调相连变升调的规则类推，烟台方言的平声（阴平）本调当为 312（与大连同调）；威海方言阴平相连时其变调 312 当是本调。烟台方言中上声相连，前字变 55，去声相连前字变 31，是其西南济南等方言影响的结果。威海方言去声与上声、去声连读时前字变 34，是变调调位中和的结果。（李小凡，2004）

天津方言中，阴平调由降升调变为 31 的过程在清光绪年间尚未完成。刊行于 1883 年的朝鲜《华音启蒙》是以一个朝鲜人从天津到北京为题材的汉语会话课本。书中的会话带有一些天津方言的特色，如：

> 你老是在民在旗？
> 走不一候儿，有一坐龙王庙……
> 街里走不多远，就不知东西南北咧。
> 我们打天津往这里来，天道好不大离疏。
> 好说你哪。
> 我这个酒量哈不得大酒。
> 这么一来，他的生意越大法儿。

可以判断这本书经过天津人氏的加工。中间有一些阴平字与上声字混用的例子，如：

我急忙到那里冒一夜,找(遭)多大的罪。

拔出这把刀子,望那女儿身上一通(捅)。

可见,当时天津话的阴平调与上声调近似。

三 天津方言中古入声调的历史演变及相关问题

(一)天津方言中古入声字声调的今读情况

天津市辖区内的方言除武清属于北京官话、大港属于冀鲁官话沧惠片外,其余的都属于冀鲁官话保唐片。古入声调在今方言中演变的基本规律是"清入无规则地归入阴平、阳平、上声、去声(大港浊平与清、次浊上声调合流,今称上声,清入多归平声、部分归上、去),次浊入今归去声,全浊入今归阳平"。根据调查材料统计,古入声字归派不同声调的比例如表3-7。

表3-7　　天津市辖区内方言古入声调归派四声比例表

		清入				次浊入				全浊入			
		阴	阳	上	去	阴	阳	上	去	阴	阳	上	去
市区	数量	120	53	40	82	4	3	1	109	4	96	1	14
	%	40.68	17.97	13.56	27.79	3.42	2.57	0.85	93.18	3.48	83.48	0.87	12.17
塘沽	数量	131	54	42	98	3	3	1	106	1	103	6	22
	%	40.31	16.62	12.92	30.15	2.65	2.65	0.89	93.81	0.75	78.03	4.55	16.67
西青	数量	118	63	41	97	2	3	3	113	2	90	5	16
	%	36.99	19.75	12.85	30.41	1.65	2.48	2.48	93.39	1.77	79.65	4.42	14.16
静海	数量	153	61	26	85	2	3	1	106	4	98	1	17
	%	47.08	18.77	8	26.15	1.79	2.68	0.89	94.64	3.33	81.67	0.83	14.17
蓟州	数量	126	36	54	98	3	2	2	106	1	100	4	22
	%	39.76	11.37	17.04	30.92	2.65	1.77	1.77	93.81	0.79	78.74	3.15	17.32
宝坻	数量	131	48	42	88	3	3	1	103	2	89	2	29
	%	42.39	15.53	13.59	28.48	2.73	2.73	0.91	93.63	1.64	72.95	1.64	23.77
宁河	数量	129	50	41	104	2	2	1	112	8	98	4	24
	%	39.81	15.43	12.65	32.10	1.71	1.71	0.85	95.73	5.97	73.13	2.99	17.91

续表

		清入				次浊入				全浊入			
		阴	阳	上	去	阴	阳	上	去	阴	阳	上	去
汉沽	数量	132	28	56	100	1	3	3	108	2	97	2	24
	%	41.77	8.86	17.72	31.65	0.87	2.61	2.61	93.91	1.60	77.60	1.60	19.20
武清	数量	128	51	38	98	2	2	1	109	2	96	3	21
	%	40.63	16.19	12.06	31.11	1.75	1.75	0.88	95.61	1.64	78.69	2.46	17.21
大港	数量	145	43		80	4	5		86	5	85		17
	%	54.10	16.04		29.85	4.21	5.26		90.53	4.67	79.44		15.89

从表3-7中可以看出，中古清入、次浊入、全浊入都有不同程度归派今四声或三声的情况，但次浊入派入去声各个点都在90%以上，宁河、武清高达95%以上；全浊入今归阳平，各点都在70%以上，天津方言高达85%。清入归派今四声，主要是归派阴平和去声，归入阳平和上声的比例相对较小。刘淑学（2000）、张树铮（2006）统计了天津周围北京官话、冀鲁官话中古清入字归派今四声的比例，见表3-8。

表3-8　天津周围北京官话、冀鲁官话古清入归派今声调比例表

				阴平	阳平	上声	去声
北京官话	京承片	京师小片	北京	37.18	18.91	13.78	31.73
		怀承小片	廊坊	43	11	19	27
			香河	40	20	14	26
冀鲁官话	保唐片	蓟遵小片	玉田	45	11	19	24
			丰润	45	12	18	25
		定霸小片	霸州	44	13	21	21
			保定	43.59	5.77	23.72	26.92
	沧惠片	黄乐小片	青县	60	21		19
			沧县	60	22		18
			海兴	59	19		23
	石济片	赵深小片	石家庄	42.15	11.11	14.94	31.80
		聊泰小片	济南	77.30	7.18	4.31	11.21

与表3-7相比较，就会发现天津辖区的方言与周围的北京官话、冀鲁官话保唐片、石济片赵深小片（石家庄）古清入字归调情况接近，而

与冀鲁官话沧惠片黄乐小片、石济片聊泰小片有显性差异。从"西北——东南"走向的演变链条上看，清入并入今阴平的数量处于递减状态。从目前的调查研究成果来看，古清入无规则地派入今四声（三声）当是不同历时层次在这一区域方言中的共时表现。

（二）从近代韵书看天津及其周围方言古入声调归派的历史

1. 《中原音韵》入声调的归派情况

《中原音韵》是元代周德清所著的北曲韵书，成书于泰定甲子年（1324）。这部韵书在近代汉语语音史研究方面有着无以取代的地位，诚如王洪君（2007）所言："《中原音韵》是上承《切韵》、下联现代方言的重要枢纽"。目前，学界普遍认为《中原音韵》是一部打破传统韵书束缚、采用时音编纂而成的韵书，但这"时音"的基础方言究竟是哪里却存在着很大的分歧，主要观点有五：北方话说（杨耐思1957）、大都说（赵遐秋、曾庆瑞1962）、洛阳说（李新魁1962）、河北顺平说（刘淑学2005：126—129）、汴京说（或郑汴片说）（丁治民2013、刘静2006）。同样是对《中原音韵》所反映的语音系统的深入研究，为什么得出的结论却大相径庭呢？这是一个值得深思的问题，寻找导致这种差异的症结之所在可能有助于解决《中原音韵》的基础方言的争议。我们在研读《中原音韵》时发现，这部曲韵所反映的可能不是一时一地的音系。

(1)《中原音韵》中古入声调归派的相关问题

《中原音韵》是最早反映"入派三声"现象的韵书。《中原音韵·虞集序》提到"入派三声"的问题："入声直促，难谐音调，成韵之入声，悉派三声"[1]，作序者并未提及当时口语中的入声情况，只是说"入派三声"是为了协调音调。周德清本人在《中原音韵起例》说明了"入派三声"的目的："谓无入声，以入声派入平、上、去三声也。作平者最为紧切，施之句中，不可不谨。派入三声者，广其韵尔"，"《音韵》无入声，派入平、上、去三声。前辈佳作中间，备载明白，但未有以集之者，今撮其同声"，"入声派入平、上、去三声者，以广其押韵，为作词而设耳，然呼吸言语之间，还有入声之别"，"入声作三声者，广其押韵，为作词

---

[1] 中国戏剧出版社1959年7月出版的《中国古典戏曲论著集成》（一·中原音韵）第173页原句读为"入声直促，难谐音调成韵之入声，悉派三声"，似觉不通，故改。

而设耳，毋以此为比，当以呼吸言语还有入声之别而辨之可也"。周德清在这些地方强调了两个问题：一是"入派三声"的目的仅仅是为了"广其押韵，为作词而设"，一是"呼吸言语之间，还有入声之别"。《中原音韵》在一定程度上反映了元代当时的语音情况，这是学界普遍认同的，但入声在当时是否消失，学界一直存有两种观点：一是入声仍然存在，一是入声已经消失。《西域拙斋琐非复初序》中说："平分二义，入派三声，能使四方出语不偏，作词有法，皆发前人之所未尝发者"。毕竟是"发前人之所未尝发"，周德清因而对"入派三声"现象当持比较审慎的态度。如果元代口语中的入声保留较为完整，周德清不可能自己杜撰入声消失的现象；元杂剧现存的脚本中古入声与舒声通押现象证明元代口语中的入声与舒声确已相混。如果元代口语中入声完全消失，周德清也不可能反复说明"呼吸言语还有入声之别"。比较客观的看法应该是元代口语中入声调大部分已经并入舒声调，但部分字仍然保留入声的读法。据目前的研究成果来看，《中原音韵》所反映的"入派三声"情况大致是"清入派入上声，次浊入派入去声，全浊入派入平声"，其中的影母字也大致派入去声，例外字很少。今以《中原音韵》的"鱼模"韵为例：

入声作平声：

独读犊渎椟通合一入屋定 毒通合一入沃定 突臻合一入没定 纛效开一去号定 ｜ 佛臻合三入物奉 復伏鹏袱服通合三入屋奉 ｜ 鹄通合一入沃匣 鹘臻合一入没匣 斛槲通合一入屋匣 ｜ 赎通合三入烛船 属通合三入烛禅 述秫术臻合三入术船 术臻合三入术澄 ｜ 俗续通合三入烛邪 ｜ 逐轴通合三入烛澄 ｜ 族通合一入屋从 镞通合一入屋精 ｜ 仆通合一入屋并 ｜ 局通合三入烛群 ｜ 淑孰熟塾通合三入屋禅 蜀通合三入烛禅

入声作上声：

谷穀縠通合一入屋见 骨臻合一入没见 ｜ 蔌速通合一入屋心 缩谡通合三入屋生 ｜ 復通合三入屋奉 福幅蝠腹通合三入屋非 覆通合三入屋敷 拂臻合三入物敷 ｜ 卜通合一入屋帮 不臻合三入屋非 ｜ 菊鞠通合三入屋见 局通合三入烛群 ｜ 笏臻合一入没晓 忽臻合一入没见 ｜ 筑竹通合三入屋知 烛通合三入烛章 粥通合三入屋章 ｜ 粟通合三入烛心 宿通合三入屋心 ｜ 曲通合三入烛溪 麯通合三入屋溪 屈通合三入物溪 ｜ 哭通合一入屋溪 窟臻合一入没溪 酷通合一入沃溪 ｜ 出臻合三入术昌 黜臻合三入术彻 畜通合三入彻 ｜ 叔菽通合三入书 ｜ 督笃①通合一入沃端 ｜ 暴通合一入屋并（《广韵》屋韵：蒲木切）｜ 扑通合一入屋滂 ｜

---

① 此字从啸余本"笃"，参见《中国古典戏曲论著集成》（一·中原音韵）第265页"注［一〇五］"，中国戏剧出版社1959年版。

触通合三入烛昌　束通合三入烛书｜簇通合一入屋清｜足通合三入烛精｜促通合三入烛清｜秃通合一入屋透｜卒臻合三入术精　蹙通合三入屋精｜屋通合一入屋影　沃通合一入沃影　兀臻合一入没疑

入声作去声：

禄鹿漉麓通合一入屋来｜木沐通合一入屋明｜穆睦牧目通合三入屋明｜没鹜通合一入屋明（《广韵》屋韵：莫卜切，凫属。）｜录箓绿醁通合三入烛来　陆戮通合三入屋来　律臻合三入术来｜物勿臻合三入物微｜辱褥通合三入烛日｜入深开三入缉日｜玉狱通合三入烛疑　欲浴鹆通合三入烛以　郁通合三入屋影　育通合三入屋以　兀臻合一入没疑｜讷臻合一入没泥

"入声作平声"的 37 个字中，只有 1 个"镞通合一入屋精"属于清声母字外，其余的都是全浊声母。"入声作上声"的 54 个字中，有"復通合三入屋奉、局通合三入烛群、暴通合一入屋并、兀臻合一入没疑"等 4 个浊声母字，其他的都是清声母字。其中，"局"为重出字，下注"廷"，当是特殊读音。"入声作去声"的 33 个字中，除了"郁通合三入屋影"属于清声母字外，其余的都属于次浊入声字。

从"北方话说""大都说""洛阳说""顺平说""汴京说"所涉及的今方言来看，仅以中古入声调的归派情况而言，除了中原官话之外，北京官话、东北官话、胶辽官话、冀鲁官话都有可能是《中原音韵》的基础方言。这些方言代表点中古入声归派情况见表 3-9。

表 3-9　北京官话、东北官话、胶辽官话、冀鲁官话、中原官话代表点中古入声的今读（一字两音者，二为文读，下为白读）

	清　入							次浊入		全浊入	
	搭 咸合端	说 山薛书	笔 臻质帮	北 曾德帮	客 梗陌溪	竹 通屋见	足 通烛精	立 深缉来	麦 梗麦明	学 江觉匣	毒 通屋定
北京	₋ta	₋ʂuo	ˬpi	ˬpei	kʰɤ˒	₋tʂu	₋tsu	li˒	mai˒	₋ɕyɛ	₋tu
承德	₋ta	₋ʂuo	ˬpi	ˬpei	kʰɤ˒	₋tʂu	₋tsu	li˒	mai˒	₋ɕyə	₋tu
长春	₋ta	₋su	ˬpi	ˬpei	kʰɤ˒	₋tsu	₋tsu	li˒	mai˒	₋ɕye	₋tu
沈阳	₋ta	₋su	ˬpi	ˬpei	kʰɤ˒ ₋tɕʰie	₋tʂu	₋tsu	li˒	mai˒	₋ɕyɛ	₋tu
大连		₋ʂu	ˬpi	ˬpɤ	kʰɤ˒	₋tʂu	₋tsu	ləi˒	₋mɤ	₋ɕye	₋tu
烟台	₋ta	₋ɕyø	ˬpi	ˬpo	₋kʰɤ	₋tɕy	₋tsu	li˒ ₋li	₋mo	ɕyø˒	tu˒
保定	₋ta	₋ʂuo	ˬpi	ˬpei	kʰɤ˒ ₋tɕʰiɛ	₋tʂu	₋tsu	li˒	mai˒	₋ɕyɛ	₋tu
唐山	₋ta	₋ʂuo	ˬpi	ˬpei	kʰɤ˒	₋tʂu	₋tsu	li˒	mai˒	₋ɕyɛ	₋tu
石家庄	₋ta	₋ʂuo	ˬpi	ˬpei	kʰɤ˒	₋tʂu	₋tsu	li˒	mai˒	₋ɕyɛ	₋tu

续表

	清 入						次浊入		全浊入	
	搭	说	笔	北	客	竹	足	立	麦	学	毒
	咸合端	山薛书	臻质帮	曾德帮	梗陌溪	通屋见	通烛精	深缉来	梗麦明	江觉匣	通屋定
济南	$_\subset$ta	$_\subset$ʂuŋ	$_\subset$pei	$_\subset$pei	$^\subset$kʰə / $^\subset$kʰei	$_\subset$tʂu	$_\subset$tsu / $_\subset$tɕy	li⁼	mei⁼	$_\subset$ɕye	$_\subset$tu
开封	$_\subset$ta	$_\subset$ʂouŋ	$_\subset$pei	$_\subset$pei	$_\subset$kʰɛ	$_\subset$tʂu	$_\subset$tɕy	$_\subset$li	$_\subset$mɛ	$_\subset$ɕyo	$_\subset$tu
洛阳	$_\subset$ta	$_\subset$ʂuŋ	$_\subset$pei	$_\subset$pei	$_\subset$kʰai	$_\subset$tsu	$_\subset$tsy	$_\subset$li	$_\subset$mai	$_\subset$ɕyɔ	$_\subset$tu
西安	$_\subset$taɣ	$_\subset$ʂ	$_\subset$pi	$_\subset$pei	$_\subset$kʰei	$_\subset$pfu	$_\subset$tɕy	$_\subset$li	$_\subset$mei	$_\subset$ɕyo	$_\subset$tu

结合《中原音韵》"鱼模"韵入声的归派规律,表 3-8 中中古全浊入今归阳平除了胶辽官话的烟台外,其他点都与《中原音韵》一致;北京官话(北京、承德)、东北官话(长春、沈阳)、冀鲁官话(保定、唐山、石家庄、济南)中古次浊入今归去声与《中原音韵》一致,胶辽官话(大连、烟台)部分次浊入归去声,而中原官话(开封、洛阳、西安)全部归阴平,与《中原音韵》完全不一致;中古阴入胶辽官话的烟台归上声与《中原音韵》一致,北京官话(北京、承德)、东北官话(长春、沈阳)、冀鲁官话(保定、唐山、石家庄)部分归上声与《中原音韵》有相同点,中原官话(开封、洛阳、西安)以及冀鲁官话的济南全部归阴平(济南个别文读音例外),与《中原音韵》完全不一致,胶辽官话的大连多数读阳平,也与《中原音韵》不一致。从《中原音韵》"清入归上、次浊入归去"的特点来看,其基础方言断然不是中原官话而与北京官话等方言关系密切。但是,单凭今天共时平面上的声调演变规律来讨论这些方言与《中原音韵》的亲疏关系是很危险的,毕竟《中原音韵》距今已经有将近 700 年的历史了,期间各种方言声调都发生了哪些具体的变化已经无从钩沉了。明代郎瑛的《七修类稿》(卷二十六·杭音)有这样的记载:

> 城中语音好于他郡,盖初皆汴人,扈宋南渡,遂家焉,故至今与汴音颇相似。如呼玉为玉_{音御},呼一撒为一_{音倚}撒,呼百零香为百_{音摆}零香,兹皆汴音也。唯江干人言语躁动,为杭人之旧音。教谕张杰尝戏曰:"高宗南渡止带得一百_{音摆}字过来",亦是谓也。

从这段记载中可以知道,明代的开封话清入字并入了上声,次浊入并入了去声,与《中原音韵》完全一致。如果这段记录如实地反映了当时开封一带方言入声调的演变情况，将是《中原音韵》的基础方言是汴洛一带中原官话的有力佐证。

　　周德清在编写《中原音韵》时多次强调其正韵的标准："惟我圣朝兴自北方，五十余年，言语之间，必以中原之音为正"，编写过程中有两项基本工作：一是"集"，一是"编"。"集"就是从当时著名剧作家的作品中取韵："《音韵》无入声，派入平、上、去三声。前辈佳作中间，备载明白，但未有以集之者，今撮其同声"。据目前相关研究成果证明，元曲中清入派入上声的比例并没有《中原音韵》所表现的那么大。廖珣英（1963）研究关汉卿的剧作用韵时统计发现70%的清入字不派入上声，刘静（2003）通过元曲异文讨论清入字的归派，发现仅有28%的清入字归上声。显然，《中原音韵》中多数清入归上声的字都不是"集"来的，而是"编"出来的："以中原为则，而又取四海同音而编之。"元大都处于幽燕方言的西北，历史上很多时间内都是少数民族和汉人的混住区域，隋唐以降，一直属于边陲军事重镇，尤其在宋辽时期，这里战乱频仍，政权更迭，人口流动性很大，其方言入声调的归派断然没有《中原音韵》那么整齐。且当时的方言"呼吸言语之间还有入声之别"，周德清在"撮其同声"的过程中既没有完全遵照"前辈佳作"中所反映的入声调归派情况归字，也没有完全按照当时大都话的实际情况归字。元代的大都是元曲的中心，周德清在审音时可能以当时仍然通行的中原之音为主要标准，适当吸收了一些大都话的特点，并加进了一些自己的创造，最后完成了此书的编写。比如将次浊入派入去声，可能因为当时的大都方言中次浊入归入去声的现象较多；将清入派入上声极可能像张树铮（2006）、张玉来（2010）二位所说的那样：清入的调值接近上声。或许，当时的口语中就有一部分清入字已经归入了上声。曲牌用韵，以平仄为要，如果入声归派像现在的北京话里那样，那可真是"令人无所守"了。因而周德清的"入派三声"是针对当时曲子中"有句中用入声，不能歌者"这种情况才将当时的入声调按类整齐划一地归入了平上去，其用意还真是为了"广其押韵"。他还说："入声以平声次第调之，互有可调之音。且以开口陌以唐内盲至德以登五韵，闭口缉以侵至乏以凡九韵，逐一字调平、上、去、入，必须极力念之，悉如今之搬演南宋戏文唱念声腔"，所调的平仄在唱念声腔里都需要排练，而且还要"极力念之"，说明《中原音韵》中的字音与时音还是有很大差异的。周德清精通音律，于阴阳、平仄上颇有研究，他所作的《中原音韵》仅仅是为了给杂剧中的唱词和念白制订一个押韵的规范，没有丝毫匡正时音的用意。《中原音韵》时期，这一区域的入声调正在消失过程中，周德清本人在《中原音韵》里没有完全以中原之音为标准，也没有完全反映当时大都口语中入声归派的实际情况，这正是《中原音韵》的基础方言难以确定的根源之一。

（2）《中原音韵》中古入声字韵母的文白异读现象及历史层次

《中原音韵》在"入派三声"的过程中同时也将中古入声韵分别派入了支思、齐微、鱼模、皆来、萧豪、歌戈、家麻、车遮、尤侯9部中，其多数特点在今天的北京官话、东北官话、胶辽官话、冀鲁官话、中原官话中都能找到。单纯运用《中原音韵》中中古入声字韵母的归派规律很难推测其基础方言。值得注意的是，《中原音韵》有部分两韵重出的字，这些字应该属于文白异读现象，反映出《中原音韵》中古入声字韵母的历史层次，有助于解决《中原音韵》的基础方言问题。

《中原音韵》中，鱼模韵主要对应的是中古遇摄合口一、三等字及流摄开口三等非组字和臻摄合口、通摄入声字。通摄合口一等入声字及多数合口三等入声字并了入鱼模韵，部分合口三等字重出于尤侯韵，个别字只出现在尤侯韵里，如：

鱼模韵：

通合三：（作平声）伏袱服赎属俗续逐轴局淑蜀叔孰熟塾（作上声）谡速福幅蝠腹覆菊局筑烛粥粟宿曲麴畜叔菽扑触束足促蹙（作去声）穆睦牧目录绿陆戮辱褥玉狱欲浴郁育

尤侯韵：

通合三：（作平声）轴逐熟（作上声）竹烛粥宿（作去声）肉褥六

据目前相关方言的调查研究成果来看，北京官话、东北官话、胶辽官话、冀鲁官话和中原官话洛徐片方言中古通摄入声字多与遇摄字合流，今读 u、y（个别字例外）；而中原官话关中片、汾河片方言中古通摄入声字韵母多与流摄字合流，遇合一精组字、合三庄组字也多与流摄合流，今读 ou（əu）。具体情况见表 3-10。

表 3-10　相关方言遇、流摄及通摄入声字韵母的今读

	祖 姥精	醋 暮清	初 鱼初	数 遇生	走 厚精	流 尤来	族 屋从	六 屋来	叔 屋书	肉 屋日	绿 烛来	赎 烛船
北京	ˉtsu	tsʰuˋ	ˉtʂʰu	ʂuˋ	ˉtsou	ˊliou	ˊtsu	liouˋ	ˉʂu	ʐouˋ	lyˋ	ˊʂu

续表

	祖 姥精	醋 暮清	初 鱼初	数 遇生	走 厚精	流 尤来	族 屋从	六 屋来	叔 屋书	肉 屋日	绿 烛来	赎 烛船
承德	ᴄtsu	tsʰuꜗ	tʂʰuꜗ	ʂuꜗ	ᴄtsou	ᴄliou	ᴄtsu	liouꜗ	ᴄʂu	ʐouꜗ	lyꜗ	ᴄʂu
长春	ᴄtsu	tsʰuꜗ	tʂʰuꜗ	suꜗ	ᴄtsəu	ᴄliəu	ᴄtsu	liəuꜗ	ᴄsu	iəuꜗ	iyꜗ	ᴄsu
沈阳	ᴄtsu	tsʰuꜗ	tʂʰuꜗ	suꜗ	ᴄtsəu	ᴄnəu	ᴄtsu	nəuꜗ	ᴄsu	nəuꜗ	lyꜗ	ᴄsu
大连	ᴄtsu	tsʰuꜗ	tʂʰuꜗ	suꜗ	ᴄtsəu	ᴄliəu	ᴄtsʰu	liəuꜗ	ᴄsu	iəuꜗ	lyꜗ	ᴄsu
烟台	ᴄtsu	tsʰuꜗ	tʂʰuꜗ	suꜗ	ᴄtsou	liuꜗ	ᴄtsu	liuꜗ	ᴄçy	iuꜗ	lyꜗ	suꜗ
保定	ᴄtsu	tsʰuꜗ	tʂʰuꜗ	ʂuꜗ	ᴄtsou	ᴄliou	ᴄtsu	liouꜗ	ᴄʂou	ʐouꜗ	lyꜗ	ᴄʂu
唐山	ᴄtsu	tsʰuꜗ	tʂʰuꜗ	ʂuꜗ	ᴄtsou	ᴄliou	ᴄtsu	liouꜗ	ᴄʂu	ʐouꜗ	lyꜗ	ᴄʂu
石家庄	ᴄtsu	tsʰuꜗ	tʂʰuꜗ	ʂuꜗ	ᴄtsou	ᴄliou	ᴄtsu	liouꜗ	ᴄʂou	ʐouꜗ	lyꜗ	ᴄʂu
济南	ᴄtsu	tsʰuꜗ	tʂʰuꜗ	ʂuꜗ	ᴄtsou	ᴄliou	ᴄtsu	liouꜗ	ᴄʂu	ʐouꜗ	lyꜗ	ᴄʂu
开封	ᴄtsu	tsʰuꜗ	tʂʰou	ʂuꜗ	ᴄtsou	ᴄliou	ᴄtsu	liouꜗ	ᴄʂu	ʐouꜗ	ᴄly	ᴄʂu
洛阳	ᴄtsu	tsʰuꜗ	tʂʰu	ʂuꜗ	ᴄtsɤu	ᴄliu	ᴄtsu	ᴄlu	ᴄʂu	ʐɤuꜗ	ᴄlu	ᴄʂu
西安	ᴄtsou	tsʰouꜗ	tsʰou	sou	ᴄtsou	ᴄliou	ᴄtsou	ᴄliou	sou	ʐouꜗ	ᴄliou	ᴄsou
临猗	ᴄtsou	tsʰouꜗ	tsʰouꜗ	souꜗ	ᴄtsou	ᴄliou	ᴄtsʰou	ᴄliou	ᴄsou	ʐouꜗ	ᴄliou	ᴄsou

　　从表 3-10 中可以清楚地看出，通摄入声字、遇摄字今与流摄合流是中原官话关中、汾河片的特点。宋·沈括《梦溪笔谈》（《补笔谈》卷上）里已经记录了一些通摄入声字归流摄的现象："《经典释文》如熊安生辈本河朔人，反切多用北人音，陆德明吴人，多从吴音，郑康成齐人，多从东音。如'璧有肉好'，以'肉'音'揉'者，北人音也；'金作赎刑'，'赎'言'树'者，亦北人音也。至今河朔人谓'肉'为'揉'，谓'赎'为'树'。……如'疡医祝药剂杀之期'，'祝'音'咒'，郑康成改为'注'，此齐鲁人音也。""赎"为通摄三等字，"树"为遇摄三等字，"肉、祝"都是通合三入声字，"揉、咒"都是流开三字。可见宋时北音中已经出现了通摄入声字分别并入遇摄和流摄的现象。与《中原音韵》同时代的《经史正音切韵指南》（成书于至元二年，即 1336 年，比《中原音韵》晚 12 年）也反映了通摄入声字在遇摄、流摄中重出的现象：

通摄：

空孔控哭　蒙蠓幪木　蛩栔共局　逢奉俸幞　松○颂续　容勇用欲

遇摄：入声字在通摄

枯苦绔哭　模姥暮木　渠巨遽局　扶父附幞　徐叙鄐续　余与豫欲

流摄：入声字在通摄

彊口寇哭　唔母茂木　裘舅旧局　浮妇复幞　囚〇岫绩　猷酉狄欲

作者刘鉴，字士明，关中人。其在《序》里说："其鸡称廆、葵称贵、菊称韭字之类，乃方言之不可凭者，则不得已而姑从其俗"，依此看来，元代通摄入声并入遇摄是正音，而并入流摄极可能就是当时中古雅言的基础方言——关中一带方言的特点。李新魁（1980）在论证近代汉语共同语的标准音时认为清代中叶以后北京音才逐渐上升为正音，元明时代汉语共同语的标准音一直都是中州音。张树铮（2006）认为："元代定都北京，政治中心在北，但一是由于元代统治时间较短，二是由于元为蒙古人统治，汉人心目中的传统之根仍在中原，北京话的地位仍不能与中原之音相比。元代周德清根据大都（北京）曲作家用韵所编写的韵书仍命名为《中原音韵》，便反映出人们'一以中原雅音为正'的心态。"因而，《中原音韵》中通摄入声字归入遇摄又重出于流摄的几个字，今北京话也多读 ou 韵，如"轴、粥、肉、六"，"熟、宿"文读为 u，白读分别为 ou、iou 等，可能是元大都话受中古雅言影响的残留形式。

《中原音韵》中，萧豪韵对应中古效摄开口一、二、三、四等字，歌戈韵对应中古果摄开口一等、合口一等字。归入歌戈韵的宕江摄入声字几乎都在萧豪韵中重出：

萧豪韵：

江开二：（作平声）浊濯擢镯学（作上声）角觉捉卓琢朔剥驳戳（作去声）岳乐

宕开一：（作平声）铎度踱薄泊箔博涸鹤凿（作上声）托讬拓索作柞错各阁（作去声）诺漠莫寞幕落络洛烙酪乐蕚恶愕鳄｜开三：（作平声）着芍（作上声）脚斫酌灼烁铄鹊雀爵削绰谑（作去声）约跃药钥弱箬略掠虐疟｜合一：（作上声）郭廓｜合三：（作平声）缚

歌戈韵：

江开二：（作平声）浊濯镯学（作去声）岳乐

宕开一：（作平声）鹤薄箔泊铎度凿（作上声）粕（作去声）幕漠莫诺落洛络酪乐烙蕚鳄恶鄂｜合三：（作平声）缚（作去声）若弱｜开三：（作平声）着（作去声）钥约跃略掠虐疟

据目前方言调查研究成果显示，北京官话、东北官话、冀鲁官话保唐片以及石济片部分方言中古宕江摄入声字韵母普遍存在着文白异读，文读与果摄字合流，白读与效摄字合流；中原官话关中片、汾河片、洛徐片的方言一般无文白异读，中古宕江摄入声字韵母多与果摄字合流。具体情况见表 3-11。

表 3-11　　　　　相关方言宕江摄入声字的文白异读
（一字两音者上为文读，下为白读）

		薄铎	摸铎	落铎	削药	弱药	约药	雀药	剥觉	学觉
北京官话	北京	₌po ₌pau	₌mo	luo⁼ lau⁼	₌ɕyɛ ₌ɕiau	ʐuo⁼	₌yɛ ₌iau	tɕʰyɛ⁼ tɕʰiau⁼	₌po ₌pau	₌ɕyɛ ₌ɕiau
	承德	₌po	₌mo	luo⁼	₌ɕiau	ʐau⁼	iau⁼	tɕʰyɛ⁼ tɕʰiau⁼	₌po	₌ɕye ₌ɕiau
东北官话	长春	₌pɤ ₌pau	₌mɤ	luɤ⁼	₌ɕye	iau⁼	ye⁼ iau⁼	tɕʰye⁼ tɕʰiau⁼	₌pɤ	₌ɕye ₌ɕiau
	沈阳	₌pɤ ₌pau	₌mɤ	luɤ⁼	₌ɕye	iau⁼	iau⁼	tɕʰye⁼ tɕʰiau⁼	₌pɤ ₌pau	₌ɕye ₌ɕiau
胶辽官话	大连	₌pɤ	₌mɤ	₌lu	₌ɕye	ye⁼	⁼ye	⁼tɕʰye	₌pɤ	₌ɕye
	烟台	po⁼	₌mo	₌luo	₌ɕyø	yø⁼	yø⁼	⁼tɕʰyø	⁼po	ɕyø⁼
冀鲁官话	唐山	₌pau	₌mo	luo⁼	₌ɕiau	ʐuo⁼	₌iau	⁼tɕʰiau		₌ɕye ₌ɕiau
	保定	₌po ₌pau	₌mo ₌mau	lau⁼	₌ɕiau	ʐau⁼	₌yɛ	tɕʰyɛ⁼ tɕʰiau⁼	₌po ₌pau	₌ɕye ₌ɕiau
	石家庄	₌pau		luo⁼ iau⁼	₌syɤ ₌siau	ʐau⁼	iau⁼	tsʰyɤ⁼	₌po	₌ɕyɤ ₌ɕiau
	德州	₌pə ₌pɔ	₌mə	₌luə ₌lɔ	₌ɕyə ₌ɕiɔ	ʐuə⁼ ʐɔ⁼	yə⁼ iɔ⁼	tɕʰyə⁼ tɕʰiɔ⁼	₌pə	₌ɕyə ₌ɕiɔ
	济南	₌pə	₌mə	₌luə	₌ɕyə	luə⁼	ye⁼	tɕʰye⁼	₌pə	₌ɕyə
中原官话	开封	₌po	₌mo	₌luo	₌ɕyo	₌ʐuo	yo⁼	tɕʰyo⁼	₌po	₌ɕyo
	洛阳	₌puo		₌lu	₌syɔ	₌ʐuɔ	yɔ⁼	⁼tsʰyɔ		₌ɕyo
	西安	₌puo	₌muo	₌luo	₌ɕyo	⁼vo	yo⁼	⁼tɕʰyo	₌po	₌ɕyo

从表 3-11 可以清楚地看出，德州以北的方言在白读音中出现了较多的 au（ɔ）、iau（iɔ）类韵母，与效摄字韵母合流。济南往南的方言中基本上没有与效摄合并的现象。今北京官话、冀鲁官话保唐片以及河北中北部的其他方言中这类文白异读现象与《中原音韵》一脉相承，宕江摄入声字韵母或白读韵母与效摄合流，是元代大都及其周围方言的底层特点，其与果摄字韵母合流的文读音则是中原雅音不断侵蚀的结果。刘勋宁（1998）认为《中原音韵》中中古宕江摄入声字在歌戈、萧豪两部里重出的现象是中原官话和北方官话读音的叠置现象，读歌戈韵属于中原官话层次。刘静（2006）认为《中原音韵》将宕江摄入声字收录到歌戈韵"是

叁 天津方言声调的历史演变及相关问题

站在中原方音的基点上，同时收录到萧豪韵则是为了兼顾当时的北京语音"。《中原音韵》中宕江摄入声字在萧豪、歌戈韵中重出的现象在元杂剧中也属常见，如《元曲选》：

《荐福碑》第二折：

【正宫端正好】恨天涯，空流落_{宕开一}。投至到玉关外我则怕老了班超_{效开三}。发了愿青宵有路终须到_{效开一}，划地着我又上黄州道_{效开一}。（第528页）

【滚绣球】这一遭_{效开一}，下不着_{宕开三}。孔融好等你那祢衡一鹗_{宕开一}，哥也我便似望鹏搏万里青宵效开三。你搬的我散了学_{江开二}，置下袍_{效开一}，去这布衣中莽跳_{效开四}，空着我绕朱门恰便似燕子寻巢_{效开三}。比及见这四方豪士频插手，我争如学五柳的先生懒折腰_{效开三}，枉了徒劳_{效开一}。（第528页）

《对玉梳》第二折：

【滚绣球】俺这煖烘烘锦被窝_{果合一}，似翻滚滚油鼎镬_{宕合一}。这效鸾凤翠屏绣幄_{宕开一}，是陷平人虎窟狼窝_{果合一}。红莲舌是斩郎君古定刀，请丝发是缚子弟降魔索_{宕开一}，鸩人药是美甘甘舌尖上几口甜唾_{果合一}，招人命是香喷喷袖口内半幅轻罗_{果开一}。泼汤三转身揩些眼泪，催人命百忙里着句褪科_{果合一}，平地起风波_{果合一}。（第1416页）

【黄钟煞】休置俺这等揑梢折本赔钱货_{果合一}，则守恁那远害全身安乐窝_{果合一}。不晓事的颓人认些回和_{果合一}，没见识的村㑳知甚死活_{山合一}，无廉耻的乔才惹场折挫_{果合一}，难退送的冤魂像个甚么？村势煞捻着则管独磨_{果合一}，桦皮脸痴着有甚髭抹_{山合一}，横死眼如何有个分豁_{山合一}，喷蛆口知他怎生发落_{宕开一}？没来由受恼耽烦取快活_{山合一}，丢了您那长女生男亲令阁_{宕开一}。量你这二十载棉花值的几何_{果开一}？你便有一万斛明珠也则看的我_{果合一}。（第1417页）

这说明当时的剧作家在撰写剧本时一方面延续着中原雅言的语音语音系统，一方面又吸收了部分大都话的特点。《中原音韵》中古入声字归并过程中体现了其"耻为亡国搬戏之呼吸，以中原为则，而又取四海同音而编之"的基本原则。毕竟中原音仍是当时文人心目中的正音（非亡国之音），毕竟大都是元代的都城又是杂剧之中心，周德清想要"四海同音"就必须兼顾二者。这一"兼顾"就使得《中原音韵》成为一个杂糅的系统，也造成了其基础方言争论不清的局面。

（3）《中原音韵》齐微韵在元杂剧中的押韵现象分析

《中原音韵》中的齐微韵对应中古蟹、止2摄字及深、臻、曾、梗4摄的入声字，具体情况如下：

蟹开三：（去声）艺刈制世

蟹开四：（阴平）鸡低西批（阳平）犁泥提迷（上声）礼济启米（去声）细婿闭系

蟹合一：（阴平）灰杯盔崔（阳平）梅煤雷陪（上声）悔贿儡腿（去声）绘会味背

蟹合三：（去声）吠肺废脆

蟹合四：（阴平）圭闺　　（阳平）畦携
（去声）惠慧

止开三：（阴平）机碑知医（阳平）离奇儿持（上声）耻比李起（去声）义意致置

止合三：（阴平）归辉追飞（阳平）微肥垂谁（上声）尾鬼毁水（去声）味贵费翠

深开三：（作平声）十什拾集习袭及（作上声）汁急汲给湿吸泣（作去声）立粒笠邑揖

臻开三：（作平声）实侄秩疾（作上声）质七匹吉笔室必毕一（作去声）日蜜密溢一乙

曾开一：（作平声）劾贼（作上声）北得德黑（作去声）墨勒肋

曾开三：（作平声）食蚀直值极逼（作上声）织识拭饰鲫息（作去声）力忆翼匿

曾合一：（作平声）惑（作上声）国

梗开三：（作平声）石掷夕席（作上声）僻适积迹脊昔尺叱（作去声）驿益液腋逆剧

梗开四：（作平声）寂狄敌笛糴（作上声）戚劈击激绩壁锡吃的滴嫡踢（作去声）觅历

梗合三：（作去声）役疫

叁 天津方言声调的历史演变及相关问题

所选字中，今北京话所读的韵母有：i（鸡、笛）、y（婿、剧）、ʅ（世、知、尺）、ɤ（德、勒）、iɛ（携、液）、o（墨）、uo（惑、国）、ei（梅、肋）、uei（灰、北）、ər（儿）10个韵母。这些韵母在今天的北京话里是不能押韵的，但在元杂剧里却可以通押，如《元曲选》：

《杀狗劝夫》第二折：

【滚绣球】你粧了幺落了钱，你吃了酒噇了食_{曾开三}，哥哥也是他养军千日_{臻开三}。俺孙员外不枉了结义这等精贼_{曾开一}，你便十分的觑当他，他可有一分儿知重你_{止开三}，这的是使钱的伶俐_{止开三}，哥哥也在上坟处数遍家曾题_{蟹开四}。兀的般满身风雪口（从"足"从"弯"）跧卧，可不道一部笙歌出入随_{止合三}，抵多少水尽也鹅飞_{止开三}。（第105页）

【六煞】你向身上剥了我衣_{止开三}，就口里夺了我食_{曾开三}，恶哏哏全不顾亲兄弟_{蟹开四}。我便噇了你这一锺酒当下霎些醉_{止合三}；我便吃了你那半碗面早登时挣得肥_{止合三}。我也则是嫂嫂行闲聒七_{臻开三}，我不是买来的奴婢_{止开三}，又不是结下的相知_{止开三}。（第108页）

《李逵负荆》第二折：

【滚绣球】俺哥哥要娶妻_{蟹开四}，这秃厮会做媒_{蟹合一}。元来个梁山泊有天无日_{臻开三}，就恨不斫倒这一面黄旗_{止开三}。你道我忒口快心直_{曾开三}，还待要献勤出力_{曾开三}。则不如做个会六亲庆喜的筵席_{梗开三}。走不了你个撮合山师父唐三藏，更和这新女婿_{蟹开四}。郎君哎，你个柳盗跖_{梗开三}，看那个便宜_{止开三}。（第1523页）

《碧桃花》第二折：

【斗鹌鹑】元来是风月上留情，全不是寒热间害疾_{臻开三}。你则待送雨行云，那些儿于家为国_{曾合一}。常言道心病从来无药医_{止开三}，这等干相思不似你_{止开三}。空则想梦里佳人，做了个色中饿鬼_{止合三}。（第1692页）

杨耐思（1988）认为："支思在元曲里与齐微同用，极少独用，周德清不能凭曲韵归纳出这一韵部，也必定是根据的'中原之音'"（1997：111）。从目前的调查研究成果看，这 10 类韵母的字在今北京官话、东北官话、胶辽官话、冀鲁官话里一般不能互押，但在中原官话关中片、汾河片、郑曹片、洛徐片的方言中，止摄部分字仍可以和臻开三、梗开三入声字韵母相押，因为这些止摄字在这些方言里仍读细音。具体情况见表 3-12。

表 3-12　　　　　　　中原官话部分方言止摄字今读表

		碑 支帮	眉 脂明	泪 至来	嘴 纸精	飞 微微	费 未敷	肥 微奉	围 微云	苇 尾云
汾河片	临猗	₵pi	₵mi	yᴖ	₵tɕy	₵ɕi	ɕiᴖ	₵ɕi	₵y	₵y
	运城	₵pi	₵mi	yᴖ	₵tɕy	₵ɕi	ɕiᴖ	₵ɕi	₵y	₵y
	吉县	₵pi	₵mi	lyᴖ	₵tɕy	₵ɕi	ɕiᴖ	₵ɕi	₵y	₵y
	永济	₵pi	₵mi	₵y	₵tsuei	₵ɕi	ɕiᴖ	₵ɕi	₵y	₵y
	新绛	₵pi	₵mi	yᴖ	₵tɕy	₵ɕi	ɕiᴖ	₵ɕi	₵y	₵y
关中片	大荔	₵pi	₵mi	leiᴖ	₵tsuei	₵fi	fiᴖ	₵fi	₵uei	₵y
	潼关	₵pi	₵mi	lueiᴖ	₵tsuei	₵fi	fiᴖ	₵fi	₵uei	₵y
郑曹片	郑州	₵pei	₵mei	lueiᴖ	₵tsuei	₵fi	fiᴖ	₵fi	₵uei	₵uei
	商丘	₵pei	₵mei	leiᴖ	₵tsuei	₵fi	fiᴖ	₵fi	₵vei	₵vei
	原阳	₵pei	₵mei	lueiᴖ	₵tsuei	₵fi	fiᴖ	₵fi	₵uei	₵uei
洛徐片	开封	₵pei	₵mei	luiᴖ	₵tsui	₵fi	fiᴖ	₵fi	₵ui	
	洛阳	₵pei	₵mei	lueiᴖ	₵tsuei	₵fi	fiᴖ	₵fi	₵uei	₵uei

从表 3-12 中可以看出，止摄字读细音现象在中原官话汾河片里表现比较突出，在郑曹片里只有止摄合口三等非组字还保留着细音的读法。另外，在中原官话汾河片绛州小片里，蟹合一、合三的一些字也保留着细音的读法，如稷山的"杯₵pi、岁ɕyᴖ等"，解州小片里止开三日母字今白读为ɿ（ʅ），如临猗"儿ᶜɿ、耳ᶜɿ、二ɿᴖ"等。蟹、止摄字开、合口字通押现象在唐五代西北方音里就已经出现，如《敦煌歌辞总编》：

　　今日各须知，可怜慈母自家饥。贪喂一孩儿，为男女，母饥羸，
纵食酒肉不肥。大须孝顺寄将归，甘旨莫教亏。（第 749 页）
　　除母更教谁，三冬十月洗孩儿，十指被风吹。慈母鸟，绕林啼，

衔食报母来归。枝头更教百般飞，不孝也应师。（第750页）

今天的北京官话、胶辽官话、冀鲁官话中几乎没有保留蟹摄、止摄合口字与其开口字及相关入声字同韵的现象，因而《中原音韵》中齐微韵当是参照中原之音从当时的剧作中整理出来的。如果是时音，那一定是从中原雅言中提取出来的。齐微韵中蟹、止摄开、合口混押现象所反映的是中古以前的中原雅言的历史层次，这可能是当时大都话及周围方言没有的特点，不然的话，不可能在今方言中找不到任何蛛丝马迹。

综上所论，《中原音韵》的语音系统不宗于任何一个一时一地的方言，是一个杂糅的系统，它既包含着中古、近代的一些历史层次，也包含着中原官话和大都周围方言的一些特点，因而它没有单一的基础方言。与以前的韵书所不同的是周德清一反以前"泥古非今、不达时变"的做法，从当世的剧作中归纳韵部，并吸收了部分时音的特点。但《中原音韵》毕竟是一部为戏曲创作编写的用韵蓝本，并不以服务于当时的社会语言生活为宗旨，而是以实现戏曲用韵"四海同音"为目标的。在当时大都话的影响与日俱增而旧的民族共同语——中原雅言还根植于社会的知识分子阶层的情况下，无论用大都话还是用中原雅言来编写韵书都不可能实现"四海同音"的编写目标，因而周德清在编写的过程中采取了一个折中的办法，将大都话和中原雅言结合起来。学界基于对《中原音韵》"不泥古、达时变"的认识，普遍认为《中原音韵》是以当时某种方言的实际语音为标准编写出来的，这就把对其基础方言的研究导入了误区。李新魁（1962）在讨论《中原音韵》时批评"北音说"太过笼统，现在看来，笼统一点可能更为准确。

2. 《李氏音鉴》的入声归派情况

《李氏音鉴》是清代大兴人李汝珍所著，成书于嘉庆十年（1805）。《李氏音鉴》（卷四：第二十五问·北音入声论）记录了当时北京话入声的情况：

（1）古清入派入四声情况（括号内为《音鉴》注音；切字不清，用"□"表示。下同）

①派入阴平：

插（昌鸦切，音差）_{咸开二入洽初}　　喝（哼婀切，音诃）_{咸开一入合晓}

刮（孤哇切，音瓜）_{山合二入鎋见}　　瞎（希鸦切，音虾）_{山开二入鎋晓}

一（秧肌切，音医）臻开三入质影　　出（穿书切，音初）臻合三入术昌
摘（真皆切，音斋）梗开二入麦知　　吃（昌诗切，音痴）梗开四入锡溪
削（希腰切，音枵）宕开三入药心　　戳（充窝切）江开二入觉彻
汁（真诗切，音知）深开三入缉章　　织（真诗切，音知）曾开三入职章
粥（真鸥切，音周）通合三入屋章　　鞠（军淤切，音居）通合三入屋见

②派入阳平：
答（等牙切）咸开一入合端　　匝（宰牙切）咸开一入合精
察（长牙切，音搽）山开二入黠初　　哲（掌蛇切，音遮阳平）山开三入薛知
急（景移切，音饥阳平）深开三入缉见　　吉（景移切，音饥阳平）臻开三入质见
博（补蛾切，音波阳平）宕开一入铎帮　　角（举蛾切）江开二入觉见
职（枕时切，音知阳平）曾开三入职章　　国（古□切，音锅阳平）曾合一入德见
格（敢娥切，音哥阳平）梗开二入陌见　　昔（贤沂切，音希阳平）梗开三入昔心
竹（肿吴切，音珠阳平）通合三入屋知　　菊（卷余切，音居阳平）通合三入屋见

③派入上声：
塔（讨雅切）咸开以入盍透　　帖（挺野切）咸开四入帖透
铁（挺野切）山开四入屑透　　雪（许琐切）山合三入薛心
笔（秉以切，音比）臻开三入质帮　　骨（拱武切，音鼓）臻合一入没见
郝（虎稿切，音好）宕开一入铎晓　　脚（紧杳切，音皎）宕开三入药见
北（本委切）曾开一入德帮　　尺（敞始切，音耻）梗开三入昔昌
卜（本伍切，音补）通合一入屋帮　　嘱（肿伍切，音主）通合三入烛章

④派入去声
榻（炭亚切）咸开一入盍透　　妾（气夜切）咸开三入叶清
浙（振舍切，音蔗）山开三入薛章　　豁（护卧切，音货）山合一入末晓
涩（四蔗切，又尚蔗切）深开三入缉生　　泣（欠艺切，音契）深开三入缉溪
毕（并异切，音避）臻开三入质帮　　戌（□御切，音昫）臻合三入术心
各（垢贺切，音箇）宕开一入铎见　　确（劝卧切）江开二入觉溪
刻（抗贺切，音课）曾开一入德溪　　亿（燕吏切，音异）曾开三入职影
策（次箇切）梗开二入麦初　　僻（聘异切）梗开三入昔滂
蓄（训卧切）通合三入屋晓　　束（宋务切，音素）通合三入烛书

（2）古次浊入派入四声情况
①派入阴平
拉（浪鸦切）咸开一入合来　　日（迁靴切，又雍瓜切）山合三入月云

摸（扪窝切）宕开一入铎明　　　勒（烂卑切）曾开一入德来

②派入阳平

派入阳平的仅两例，且都又读为去声：

额（昂和切，音娥，又按箇切）梗开二入陌疑

没（忙回切，音梅，又暮贺切）臻合一入没明

③派入去声

纳（奈大切）咸开一入合泥　　　叶（意榭切，音夜）咸开三入叶以

裂（利夜切）山开三入薛来　　　沫（孟饿切，音磨）山合一入末明

立（亮异切，音吏）深开三入缉来　人（认误切）深开三入缉日

蜜（面艺切，音谜）臻开三入质明　律（令豫切，音虑）臻合三入术来

洛（砻卧切）宕开一入铎来　　　烙（浪要切，音涝，又路卧切）宕开一入铎来

略（亮要切，音料；又虑货切）宕开三入药来　药（印钓切，音要；亦读用卧切）江开二入觉疑

肋（赖媚切，音泪）曾开一入德来　力（亮异切，音吏）曾开三入职来

麦（闷坏切，音卖）梗开二入麦明　易（燕吏切，音异）梗开三入昔以

木（闷务切，音慕）通合一入屋明　玉（院去切，音御）通合三入烛疑

（3）全浊入派入四声情况

①派入阴平

饽（奔窝切，音波）臻合一入没并

屐（金医切，音饥）梗开三入陌群

②派入阳平

煠（掌牙切，音渣阳平）咸开二入洽崇　叠（鼎爷切，音爹阳平）咸开四入帖定

辖（嬉牙切，音霞）山开二入辖匣　滑（湖麻切，音华）山合二入黠匣

辑（强移切，音奇）深开三入缉从　十（神持切，音时）深开三入缉禅

侄（枕时切，音知阳平）臻开三入质澄　秫（爽除切，音书阳平）臻合三入术船

铎（董娥切）宕开一入铎定　　　勺（神尧切，音韶）宕开三入药禅

雹（本敖切）江开二入觉并　　　学（嬉尧切，音枵阳平；又许娥切）江开二入觉匣

贼（于梅切）曾开一入德从

择（子娥切，亦读掌崖切）梗开二入陌澄　笛（顶黎切，音低阳平）梗开四入锡定

读（董吴切，音都阳平）通合一入屋定　局（卷余切，音居阳平）通合三入烛群

③派入去声

穴（□卧切）山合四入屑匣　　粥（并异切，音避）臻开三入质并

浡（怕卧切，音破）臻合一入没并　　述（顺固切，音树）臻开三入术船

涸（护卧切，音货）宕开一入铎匣　　特（透贺切）曾开一入德定

植（震侍切，音智）曾开三入职禅　　或（护卧切，音货）曾合一入德匣

获（货务切，音互）梗和二入麦匣　　渎（洞务切，音妒）通合一入屋定

续（□御切，音昫）通合三入烛邪

（4）"又读"、"或读"情况

李氏在分析当时入声归派的情况时，还利用反切或直音法列举了"又读""或读"情况。"又读"当指某字还有又音的情况存在，如："撲扑：喷污切，音铺，又盆吴切"等；"或读"当指一部分人又将某字读为某音，如："得德：等娥切，或读斗美切"等。这里，我们排除声母和韵母的"又读""或读"以及多音字的情况，如："稽嗇涩色瑟：四蔗切，又尚蔗切""夙肃涑觫束：宋务切，音素，又顺务切""麦陌：闷坏切，音卖，又陌字亦读暮卧切"、"宅翟：掌崖切，音斋阳平；又墨翟之翟读顶黎切"等，只讨论入声调归派中的"又读"、"或读"情况：

①清入为阴平，又读为阳平：

湿虱瑟失识：商知切，音诗；又识曾开三入职书字或读神持止开三平之澄切。

札苲山开二入黠庄：张鸦切，音渣；又拿牙假开二平麻疑切。

速通合一入屋心粟通合三入烛心：松污切，音苏，又隋吾遇合一平模疑切。

八捌山开二入黠帮：班洼切，音巴，又板娃切。

割搁鸽隔：岗婀切，音哥，又隔梗开二入麦见字亦读敢娥果开一平歌疑切。

滴梗开四入锡端：丁兮切，音低，又顶黎蟹开四平齐来切。

积绩唧激汲击：金医切，音饥；又激击梗开四入锡见汲深开三入缉见三字亦读景移止开三平支疑切。

捉涿拙：珠窝切，又拙山合三入薛章字亦读主罗果开一平歌来切。

②清入为阴平，又读为上声：

虢蝈郭：孤窝切，音锅；又郭宕开一入铎见字亦读古我果开一上哿疑切。

劈霹：偏伊切，音批；又劈梗开四入锡滂字亦读品以止开三上止以切。

撒山开四入屑滂：批嗟切，又上声。

③清入为阴平，又读为去声：

磕壳：康婀切，音科；又壳江开二入觉溪字亦读去卧果合一去过疑切。

叁 天津方言声调的历史演变及相关问题

撮蹙顣蹴簇：粗阿切，音搓；又顣_{通合三入屋精}字亦读去声。

约_{宕开三入药影}：雍窝切，又去声。

勒_{曾开一入德来}：烂卑切，又浪箇_{果开一去箇见}、赖媚_{止开三去至明}二切。

④清入为阳平，又读为阴平：

绰_{宕开三入药昌}：宠罗_{果开一平歌来}切，又充窝_{果合一平戈影}切。

⑤清入为阳平，又读上声：

得德_{曾开一入德端}：等娥切，或读斗美_{止开三上旨明}切。

⑥清入为阳平，又读去声：

宿_{通合三入屋心}：隋吴_{遇合一平模疑}切，音苏阳平；又读岁悟_{遇合一去暮疑}、向宥_{流开三去宥云}二切。

⑦清入为上声，又读阴平：

椰郭_{宕合一入铎见}：古我切，音果_{果合一上果见}；又郭字亦读孤窝_{果合一平戈影}切。

⑧清入为上声，又读为阳平

縠縠谷_{通合一入屋见} 骨_{臻合一入没见}：拱武切，音鼓_{遇合一上姥见}，又拱吴_{遇合一平模疑}切。

瘪鳖_{山开三入薛帮}：秉野_{假开三上马以}切；又鳖字亦读兵嗟_{家开三平麻精}切。

⑨清入为去声，又读为阴平

夙肃_{通合三入屋心} 束_{通合三入烛书}：宋务切，音素_{遇合一去暮心}，又顺务_{遇合三去遇微}切；肃字亦读松污_{遇合一平模影}切。

⑩清入为去声，又读为阳平

髪_{山合三入月非} 法_{咸合三入乏非}：放亚_{假开二去祃影}切；又法字亦读房牙_{假开二平麻疑}切。

的_{梗开四入锡端}：定异切，音地_{止开三去至定}，又顶移_{止开三平支以}切。

秸_{蟹开二平皆见}：竟夜_{假开三去祃以}切，又几爷_{假开三平麻以}切。

不_{臻合三入物非}：半悟切，音布_{遇合一去暮帮}；又平声。

⑪全浊入为阳平，又读为阴平

袷蛱：几牙切，音加阳平；又蛱_{咸开四入帖匣}字或读饥鸦_{假开二平麻影}切。

⑫全浊入为阳平，又读为去声：

及_{深开三入缉群}：景移切，音饥阳平，亦读竟异_{止开三去志}切。

鹤_{宕开一入铎匣}：寒敖切，音豪；又号箇_{果开一去箇见}切。

⑬全浊入为阴平，又读阳平

术_{臻合三入术澄}：中污切，音珠_{遇合三平虞章}；又肿吴_{遇合一平模疑}切。

⑭全浊入为上声，又读为阳平

鹄臻合一入没匣 鹘通合一入沃匣：拱武切，音鼓遇合一上姥见，又拱吴遇合一平模疑切。

⑮次浊入为阳平，又读为去声

额梗开二入陌疑：昂和切，音娥；又按简果开一去简见切。

没臻合一入没明：忙回切，音梅；又暮贺果开一去简匣切。

⑯次浊入为去声，又读为阴平

物勿杌：妄固切，音务；又杌臻合一入没疑字亦读汪孤遇合一平模见切。

⑰清入为阴平，又读阳平、去声：

膝臻开三入质心：胸居切，音虚遇合三平鱼晓，又贤移止开三平支以切，又向异止开三去志以切。

⑱清入为阳平又读上声、去声：

必臻开三入职帮：秉移止开三平支以切，又上、去二声。

⑲清入为上声，又读阳平、去声

百柏梗开二入陌帮：本矮切，音摆蟹开二上蟹帮，又补讹果合一平戈疑、布简果开一去简见二切。

⑳别义异读：

甲：盔甲之甲景雅切，音假假开二上马见；甲乙之甲记迓切，音架假开二区祃见。

曲 歌曲之曲，犬许遇合三上语晓切，音詘；曲折之曲，□迓切，音区遇合三平虞溪。

从上面的例子中可以看出，《李氏音鉴》中所举的入声字声调与今北京音几乎一致：清入无规则地派入四声，全浊入多归阳平，次浊入多归去声。又音字反映了部分入声字读音的不稳定性，也反映出当时入声声调演变的具体情况。部分又音字所反映的可能是当时的变调情况，如：

不臻合三入物非：半悟切，音布遇合一去暮帮；又平声。

八捌山开二入黠帮：班洼切，音巴，又板娃切。

今北京话中"不"在去声前仍然变读阳平；"八捌"在去声前仍然是阴平、阳平自由变读。

这种看似混乱的状况反映了北京话入声调演变过程中的复杂性。从《中原音韵》到《李氏音鉴》，比较稳定的是全浊入归阳平，次浊入归去声，这是今北京官话、冀鲁官话、东北官话、胶辽官话所具有的共性特征，这一共性特征当是对这一区域近代方言底层特征的继承。最大的变化就是清入由《中原音韵》归上声到《李氏音鉴》派入四声。如前所述，《中原音韵》中的"清入归上"现象并不是当时口语中的真实情况，许多学者的研究成果已经表明，元代汉语中"清入归上"仅占30%左右（廖珣英，1963；刘静，2003）。或许，早在元代入声消变的过程中，元大都话就已经是清入归派四声的格局了。清入归四声的变化从明代的《合并字学集韵》里已经被明确记载（高晓虹，2003），在一些杂记中也有所反映，如：

明代陆容《菽园杂记》（卷四）："北直隶、山东人以屋为乌，以陆为路，以阁为杲，无入声韵。入声内，以缉为妻，以叶为夜，以甲为贾，无合口字。"

张位《问奇集》（各地乡音）："大约江以北入声多作平声，常有音无字，不能具载。"其所列举的入声字例如下：

燕赵：北为卑、绿为虑、六为溜、色为筛、粥为周，霍为火，谷为孤

齐鲁：北为彼、国为诡、或为回、狄为低、麦为卖、不为补

这种变化到清代的《李氏音鉴》里已经基本定型，与这一区域方言的相互影响关系密切。李荣（1985）指出："古清声母的入声字今读阴平、阳平、上声、去声的都有，没有显著的条理，大概与方言的混合有关。"新近的研究成果也都认为北京话古清入的归调与这一区域方言的接触关系密切（高晓虹，2003、2009；黄晓东，2006；张世方，2010）。这同样也是包括天津方言在内的北京周围方言清入无规则派入四声的共性原因之一。

（三）天津市及其周围方言古清入字声调的演变

1. 关于清入字归派的底层问题

天津方言与周围方言的底层一致，古四声归派与周围方言具有同步发展的性质。如果想厘清天津方言清入字归调的过程，必须从周围方言，尤其是北京话入手。关于北京话清入字归派中的底层问题，许多学者都曾做过精辟的论述，主要有以下几种观点：

（1）北京话清入派入阴平是其底层。俞敏（1984）认为："古北京话比较象大河北方言。说细致点儿，就是从（山东）德县望北的沧县、天津、武清、延庆这条线——津浦线，或者说老运河线跟它的延伸线上的

话。"古清入字"在这种方言里好变阴平"。

（2）北京话清入归阴平、上声是其底层。陈刚（1988）考察宋代邵雍的《皇极经世》《翻译老乞大·朴通事凡例》等材料，认为北宋开始北京一带方言的清入字已经分别接近阴平与上声了，并且认为北京话清入归阴平和上声是比较古老的。

（3）北京话清入派入上声是其底层。平山久雄（1990）参照陈刚等的研究成果，认为"据此我先这样假定：在北京话固有的口语层次（叫A层）中，清入字变入了阴平和上声，现在北京口语里读阳平的和读去声的清入声字，是从文言层次里借来的"，后文将读上声看作北京话的A层，将读阴平看作B层。黎新第（1994）、高晓虹（2003、2009）、张世方（2010）也持此说。

（4）北京话清入归阳平、去声是其底层。陈重瑜（2002）结论是："北京话里入声字读阳平和去声是早期的读音。而读阴平和上声是从阳平和去声衍生出来的"，"笔者（1992a、1992b）曾指出中古入声字不论声母类别，在中古音之前，舒化的主流是变为去声，在中古音之后，是变为阳平"。

（5）张树铮（2006）结合相关研究成果提出了另外一种观点："今冀鲁官话以及北京官话区方言在全浊入和次浊入消失之后，清入仍然独立成调，但调值接近于上声"，"较远离中原官话区的地区受到中原官话的影响，但影响较为间接，因而出现部分字因调值相近而读上声、部分字受中原官话影响而读阴平的现象，读书音的影响则使其部分字读去声，受清入归阳平方言的影响（或兼有本方言调值相近的原因）而有少数字读阳平，从而形成清入分归四声的局面，如今天的冀鲁官话保唐片和北京话"。

我们赞同俞敏先生的看法。北京话一直处于大河北方言的边缘地带，其周围的北京官话、冀鲁官话、东北官话、胶辽官话关系密切，彼此之间渊源关系颇深。刘勋宁（1995）："今天的冀鲁官话、胶辽官话、东北官话以及北京官话在入声分野上的相异之处，正是两大方言（按：中原官话、北京官话）斗争的结果。这一点也似乎是明摆着的：与中原官话区接近的冀鲁官话读阴平，与中原官话区相远的胶辽官话读上声，与冀鲁为邻的北京官话偏阴平，与胶辽衔接的东北偏上声。"高晓虹（2009）认为北京官话、东北官话的源头是河北方言。北京话在金元以前应当属于大河北方言（或称"幽燕方言"），金元明清四代，这里逐渐由一个区域性政治经济文化中心转变为整个帝国的中心，其方言也逐渐上升为民族共同语的标准语。应该说，其底层与毗连的今冀鲁官话一致。随着北京话地位的提升，它对周围方言的影响力逐渐增强，一直发展成为现在的引领周围方言乃至于全国方言发展演变的源头。今北京官话里古清入字读上声调所占的比例很小，不可能是北京官话的底层特点。

北京地处华北平原的西北端，西面有太行山余脉，北、东北面有燕山山脉，与冀北相隔；东部、东南部地势平坦，与华北平原连为一体。北京的地理位置参照图3—3（见下页）。在海拔50米以下的华北平原上，地势平坦，交通便利，有白潮河、北运河——海河直通渤海，有北运河、南运河、鲁运河与河北东南及山东相连。北京所处区域在历史上很多的时间内都是少数民族和汉人的混住区域，隋唐以降，一直属于边陲军事重镇，尤其在宋辽时期，这里战乱频仍，政权更迭、人口流动性很大。从金、元定都于此开始，这里的经济开始繁荣，人口逐渐兴旺。元、明政权更替的过程中，这里的人口结构又发生了一些变化。明永乐年间迁都北京，从山西、山东、江淮地区迁入大量人口，清代定都北京，从而使北京逐渐成为政治、经济、文化中心。宋辽时期，北京话只是幽燕方言中的一个地点方言，金元时期，北京话才成为这一区域具有权威性的方言，明代以后才上升为民族共同语。

东北官话是受幽燕方言和齐鲁方言双重影响的产物。辽金元明清五个不同时期，都有大批河北人从陆路迁入东北；明代以后，齐鲁人从海上迁入辽东，使幽燕方言和齐鲁方言在东北产生了碰撞。张世方（2010：21）认为东北官话是辽金以降近代河北移民、山东移民影响的结果，并认为："东北方言是一千年前在现代北京官话的前身幽燕方言的基础上发展起来的，在发展过程中，仍旧不断和北京话保持密切接触，并且从东北两次'回归'北京：一次是金迁都北京，将此前在幽燕地区掳掠的汉人带去的幽燕方言带回北京；一次是1644年清军入关，北京话和东北方言的关系进一步密切。"钱曾怡（2001：9）讨论胶东方言和辽东方言的关系时指出："胶东方言是胶辽官话最早的发生地……胶辽官话在辽宁其他地区及黑龙江乃至吉林的分布，则是明清以后山东人口大量往东北移民的结果……'总体上说，清代前期和中期，山东的胶东人首先迁移到辽东半岛，把胶东话带到了大连至丹东沿海一带；清代后期至民国年间，山东人

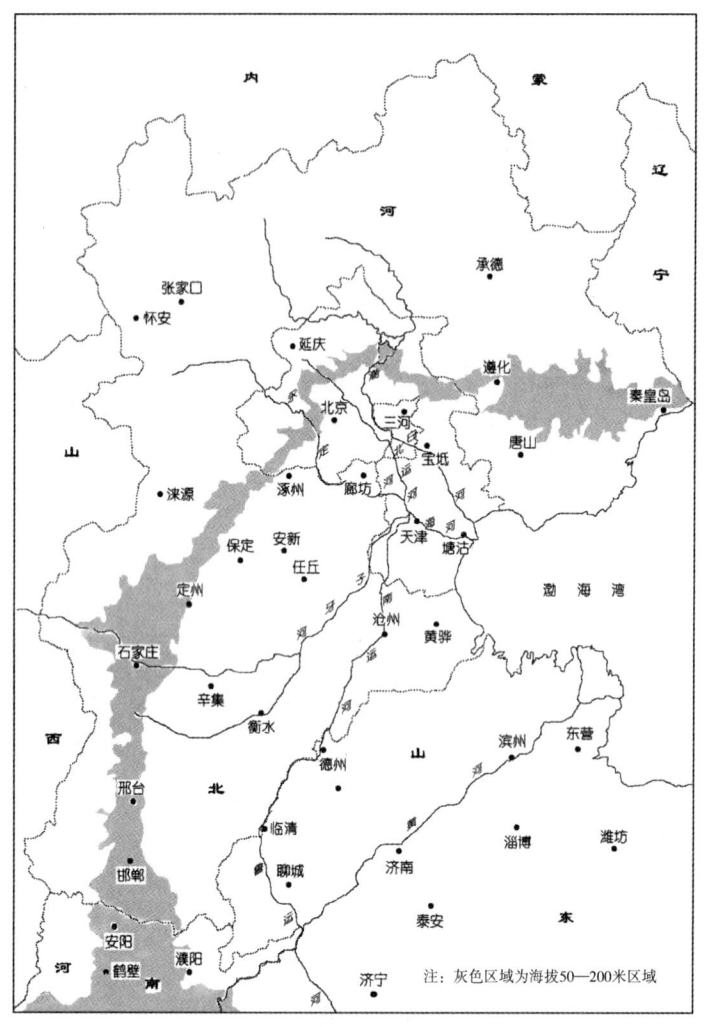

图 3-3 北京的地理位置

（包括胶东和其他地区的山东人）、先期由胶东到达辽东后再次搬迁的新辽宁人、部分河北人，开始流向辽东半岛以北和吉林通化、长白山区，这一带的方言便出现了以胶东话为基础、同时掺杂有其他方言成分的方言.'（参见罗福腾《胶辽官话研究》，博士论文 1998 年打印稿）"，"实际上，胶东方言在汉语官话方言中的影响并不限于胶辽官话，胶辽官话的有些特点也一直延伸到东北官话，例如中古日母字的多数读零声母等。"如此，北京官话第二次从东北回归时，也把一部分山东方言的特点带回了北京。另外，山东方言还顺着古运河北上，对北京官话产生了一定的影响。俞敏（1983）认为影响北京话发展有三种力量：

①清人进关带来的东北北部汉人的话。

②运河，或者说津浦线沿线方言的影响。

③五方杂处。

并且认为："头一条起作用快三百年了，二、三两条更长远。"

北京话在发展过程中受到了来自周围方言的影响，从而造成了中古清入字无规则派入四声的局面；当它变为民族共同语的标准语以后，又对周围方言进行了"反影响"，这也是造成周围方言中古清入字演变无规律的重要因素之一。

2. 天津市及其周围方言清入字归派四声的演变过程

民族共同语或权威方言对周围方言的影响通常都是以词汇扩散的方式进行的，而方言声调接受民族共同语或权威方言的影响时都有一个本土化的过程。在这个本土化的过程中，方言一般采取两种办法吸收民族共同语或权威方言的声调：一是调类类推同化，一是调值折合同化。调类类推同化就是按照本方言的声调系统对所吸收词语的声调进行类推同化。简单点说，就是按照本方言的声调来读所吸收的词语。这种现象在任何一种方言里都属常见。调值折合同化就是将民族共同语或权威方言所吸收词语的声调调值用本方言相同或相近的调值进行折合同化。比如天津方言中的"郝、铁"原读 31，属阴平，现读 213，属上声等。"签（字）"、"（休）息"等普通话读阴平 55 调，天津话没有高平调，就将其折合成为高降调 53，变为去声。平谷与北京阴平、阳平调值错位，今平谷方言出现了部分阴平读 55，阳平读 35 的情况，这是北京话干扰的结果，属于典型的调值折合同化现象。这样的吸收，会使方言的声调的古今演变规律产生例外现象，如果数量较大，则会使方言古今声调对应规律发生改变。

梅祖麟（1982：347—348）讨论汉语声调时认为汉语的声调调值系统具有保守性，并且认为"就声调史来看，北平是金元时代新兴的都市，现代北平话阴平比阳平高，上声低调，最早描写北平话调值的文献是十六世纪《老乞大朴通事谚解》里的'凡例'（Mei 1997），那时北平话已经是阴平比阳平高，上声低调。据此推论，北平话的调值系统恐怕在《中原音韵》时代已经和中原方言分了家"。韩国学者李钟九（1977）根据崔世珍（1473？—1542）《翻译老乞大·朴通事》中朝鲜国音与汉语的对比材料，构拟了15世纪末、16世纪初的北京话声调调值：

阴平 55　阳平 24　上声 213　去声 52　入声（1）54　入声（2）23

假定今北京话、济南话的调值系统比较保守，阴阳上去各调仍然保持着金元时期的调值，那么东北官话、辽东半岛的胶辽官话的声调系统的演变中兼具了北京话和济南话的特点。各点声调系统比较如表3-13。

表3-13　　　　北京、长春、沈阳、大连、济南声调比较表

	北京	锦州	长春	沈阳	通化	大连	庄河	丹东	烟台	蓬莱	平度	寿光	济南
阴平	55	44	44	33	323	312	312	312	31	313	214	213	213
阳平	35	34	24	35	24	34	53	24	55	55	53	53	42
上声	214	213	213	213	213	213	213	214	214	214	55	55	55
去声	51	53	52	53	52	53	53	52	55	42	53	21	21

从表3-13中可以看出，北京话对东北官话声调的影响占绝对优势，对辽东半岛的胶辽官话的影响表现在阳平、上声、去声方面，山东话仅对其阴平调产生了影响。大连等胶辽官话阴平和上声调值接近，都读低降升调，这在汉语方言里是少见的。因为两个声调的调值接近，出现了部分上声、阴平相混的现象，如：

上声读清平：组颗奶_{奶孩子}轨诽惨罕遣

清平读上声：妃绯缴瞻删刊抻冈浆羹

"俺"字《广韵》未收，在山东方言里普遍读为阴平，而在大连方言里则读为上声。

天津辖区内的方言与北京官话同属于金元时期大河北方言的底层，因为处于北京板块和齐鲁板块的中间，其声调系统受到了来自这两个方言的冲刷和撞击，逐渐演变成为今天的共时状态。在"西北——东南"的演变链条（俞敏先生称之为"老运河线跟它的延伸线"）上，中古清入字北京派入四声，济南派入阴平，天津市区等方言仍然具有过渡色彩。天津市及相关方言今声调及清入字归派情况见表3-14、3-15。

表3-14　　　　天津市及相关方言今声调调值表（加色块的是上声，加□的是阴平，下同）

	北京	廊坊	武清	平谷	霸州	保定	蓟州	天津	静海	沧州	黄骅	乐陵	德州	济南
阴平	55	55	55	35	45	45	55	31	42	213	213	213	213	213

续表

	北京	廊坊	武清	平谷	霸州	保定	蓟州	天津	静海	沧州	黄骅	乐陵	德州	济南
阳平	35	35	35	55	53	22	33	224	55	55	55	53	42	42
上声	214	214	213	213	213	214	214	213	213			55	55	55
去声	51	51	51	53	41	51	51	53	31	42	42	31	21	21

表 3-15　　　　　　　天津市及相关方言清入字归调表

	塔 盍透	涩 缉生	铁 屑透	刷 鎋生	笔 质帮	出 术昌	各 铎见	桌 觉知	北 德帮	国 德见	窄 陌庄	劈 锡滂	谷 屋见	竹 屋知
北京	214	51	214	55	214	55	51	55	214	35	214	55	214	35
廊坊	214	55	214	55	214	55	51	55	214	214	214	214	214	55
武清	55	51	213	55	213	55	213	55	213	35	213	55	213	35
平谷	213	35	213	35	213	35	53	35	213	213	213	35	213	35
霸州	214	41	214	45	214	45	41	45	214	214	214	45	214	45
保定	214	45	214	45	214	45	51	45	214	214	214	45	214	45
蓟州	213	55	213	55	213	213	53	55	213	213	213	55	55	33
天津	213	31	213	31	224	31	53	31	213	213	224	31	213	224
静海	213	42	42	42	213	42	55	42	213	55	42	42	213	42
沧州	55	42	55	213	213	213	42	213	213	213	213	55	55	55
黄骅	213	42	213	213	213	213	55	213	213	55	213	55	213	213
乐陵	213	213	213	213	213	213	55	213	213	55	213	55	213	213
德州	213	213	213	213	213	213	213	213	213	55	213	213	213	213
济南	213	213	213	213	213	213	55	213	213	55	213	213	213	213

从表 3-14、3-15 中可以看到一些很有意思的现象：

①北京官话、冀鲁官话保唐片的方言与冀鲁官话石济片、沧惠片的方言清入字今归曲调的字，调值相同或相近，但调类却不同：前者为上声，后者为阴平。

②北京官话、冀鲁官话保唐片清入归高平调的字，调类不同：北京官话为阴平，冀鲁官话石济片是上声。沧惠片古浊平与清、次浊上今声调合并为上声，今读 55 调，与北京官话的阴平调值和冀鲁官话石济片的上声调值一致，清入字的归入，从调值上看，兼具北京官话阴平、冀鲁官话保唐片定霸小片（静海等）阳平和冀鲁官话石济片上声的性质。

③石济片有清入归上声的现象，但没有归阳平、去声的现象，沧惠片出现了归去声现象，但数量较北京官话和冀鲁官话保唐片的少。

如前所论，北京话入声归派四声的底层应是阴平，今归上声及去声是外方言干扰的结果。

北京话在辽金时期被河北人带入东北（包括今东北平原及辽东半岛），明清时期大量的山东人"闯关东"时又将山东方言带入了辽东半岛。这两种方言在辽东半岛发生了碰撞。从表 3-3 中可以明显看出，大连、丹东等方言其阳平、上声、去声的调值与北京话相同或相近，而其阴平则与胶东半岛方言的声调一致。山东腹地方言的阴平今读 213，在进入辽东后，与辽东半岛方言属于北京话层次的上声调一致，于是辽东方言便把山东的阴平调折合成为调值一致的上声调。也就是说，北京话的上声调值与山东话的阴平调值在辽东方言中形成了叠置。原本在山东方言中归阴平调的清入字，在辽东半岛上就被折合成为上声了。随着山东移民的进一步向东北平原迁徙，其方言就对东北官话产生了影响，包括将阴平折合成为上声的现象。随着满人入关，北京话在第二次回归中，把受到山东方言影响的东北官话又带回了北京，从而使北京清入归派中增加了部分归入上声的现象。实际上，北京官话中归入上声的清入字调值仍然还是山东方言的清入字调值。山东方言通过对辽东半岛、东北平原方言的影响间接影响了北京话，山东人又通过陆路及运河等水路以及移民，对北京话产生了直接的影响，从而使北京话入声调归派规律中原本派入阴平的清入字一部分转为派入上声。"济"中古属去声，济南人将其读为阴平，调值为 213，属例外现象。北京人将其折合成为上声 214，也成了例外现象。表 3-9 中可以看出，山东方言经由沧州到天津方言，清入字归派阴平转为派入上声，这是方言发展过程中典型的调类折合现象。

北京话中，古清入字派入阳平、去声的现象源流关系比较复杂。李新魁（1963）："大都话作为共同语的代表，也该是继承前此的中原共同语而来的，这个中原共同语直至元代还有广泛的流行范围，有比较深远的影响。"薛风生（1992）认为："大约在宋朝末年就存在着三种主要方言：北京地区的北京官话，后代人所谓的'口语音'的特征是它的标志；南京、扬州地区的南部官话，保留入声以及一些后代人所谓的'读书音'特征是它的标志；广大的洛阳、开封地区的中原官话，它具有大部分'读书音'特征"，"元朝北部官话曾一度几乎取代了中原官话而成为标准语。但到了明代，南部官话成为新的标准语……这种从南方官话传来的读书音被认为是高雅、斯文的，因而迅速地渐次取代或压倒了北部官话的读音"。高晓虹（2003）认为："归上声是北京话清入字本来的规律，周围方言的影响使清入归阴平，而标准读书音的影响导致大量清入字读去声"，后来又指出清入归阴平来源于河北、山东等清入归阴平的冀鲁官话；清入归去声来源于南京话。《洪武正韵》里虽然将入声单列为一个声调，但入声字里许多都有并入舒声调的音切，如：

一屋：录　庐谷切，又御韵　　復　方六切，又宥韵　　副　方六切，又陌宥二韵
　　　肉　而六切，又尤宥二韵　欲　余六切，又御韵　　妯　直六切，又尤韵
二质：质　职日切，又寘韵　　　率　朔律切，又队韵　　術　食律切，又寘韵
　　　出　尺律切，又队韵　　　悖　蒲没切，又队韵　　核　胡骨切，又皆陌二韵
三曷：喝　许葛切，又泰韵　　　脱　他括切，又队韵　　夺　徒活切，又队韵
四辖：煞　山戛切，又泰韵　　　发　方伐切，又寘韵
五屑：契　去结切，又霁韵　　　裂　良薛切，又霁韵　　撇　匹蔑切，又寘韵
六药：觉　克各切，又效韵　　　获　胡郭切，又暮韵　　搏　索持切，又暮韵
七陌：伯　博陌切，又祃韵　　　析　思积切，又支韵　　织　之石切，又寘韵

上例中，除"妯、核、析"外，其余的都有去声的读法。明人桑绍良在《声韵杂箸》里说："旧韵入声多混作去声，若譬字是也；去声亦混作入声，若翼字是也。……去入二声俗呼相似，故不辨别而一混派入。"明人徐孝的《重订司马温公等韵图经》和《合并字学集韵》均反映清入多读去声的特点（高晓虹2009：72；张树铮2006）。看来，从明代开始，标准语中清入归去的现象逐渐增加是一个不争的事实。关于明代标准音的基础方言目前有三种主要观点，一是对元大都话的继承，一是以南京话为基础，一是以中州方言为基础。曾晓渝（1992）主张明代的标准音是南京话，她通过对《西儒耳目资》的说明材料构拟了当时的调值：

清平33　浊平21　上声42　去声35　入声34

如果明代的标准语是南京话，那么依曾晓渝先生的拟音，入声并入去声的条件是调值接近。但仅就今北京话和《中原音韵》声调方面一脉相承的关系来看，今清入读去声充其量只能说受到了当时南京话的影响。明代陶宗仪的《辍耕录》说："今中州之韵入声似平声，又可作去声。"鲁国尧（1996）研究《辍耕录》中的语言现象时认为："考察陶著，可知元人心目中的'中原'并不限于今河南省，前于元的女真族统治下的北中国在其所指内，至少如此。这样我们就可以理解陶宗仪的'中州之音'和申叔舟、崔世珍（按：前者为《四声通考》的作者，后者为《老乞大谚

解》的注音者）的'北音'是一贯的，他们都揭示了元明时期汉语入似二声的规律。"由此推断，北京话清入归去的现象可能源自南京话，也可能源自中州话，还可能兼而有之。

北京话的清入归阳平多是受保定等地清入归阴平（45/35）的影响，这是声调折合的结果。天津话也是如此。依曾晓渝（1992）的拟音，今北京话中清入归阳平的现象或许有一部分也是受到了明代南京话的影响所致，北京话按照声调折合的方式将南京话的入声调折合成为阳平调了。

今天北京及周围方言的清入分派四声现象属于这一区域的共性特点，但并不意味着这个共性特点是它们同步发展的结果。当北京话成为这一区域的权威方言，后又成为民族共同语的标准音后，它在政治文化势力的裹挟下向四周扩散，使周围原本属于清入派阴平的方言也变成了散归四声。如：天津方言中清入归上声，有的是北京话影响的结果：

铁：老派 $_c$tʰiɛ、新派 ^{c}tʰiɛ

郝：老派 $_c$x 、新派 ^{c}xau

俞敏（1984）记录了老天津话的一些特点："天津人单念'塔'字用上声，可是屋子里墙角儿上的蜘蛛网、尘土叫'塔［t'ɑ］灰'（北京人说 tǎhuī）。……北京人吃饺（jiǎi）子，天津人吃［tɕiɑu］子，都不过是《聊斋志异·司文郎》里的'水角子'罢了。"今天津新派方言里"塔"、"饺"都读上声，这些也当是北京话影响的结果。

3. 天津方言中古入声调今读情况分析

根据《方言调查字表》统计，排除一些生僻字和天津方言不用的字，有效统计字数为 527 个，它们派入四声的具体情况如下：

（1）清入字：

今读阴平（31）：答搭撮鸽喝塌溻磕插夹袷掐鸭押压接跌贴缉涩汁湿吸揖擦撒 $_{\text{手}}$萨割八扎札杀瞎鳖薛蜇揭歇蝎憋切屑楔噎拨泼掇脱 $_{\text{文}}$豁 $_{\text{白}}$挖刷刮拙说发 $_{\text{展}}$曰缺七漆悉膝虱质失一没 $_{\text{有}}$窟忽黢戌出屈讬托搁胳郝白削约郭剟剥驳桌戳捉塞逼息熄媳织伯 $_{\text{白}}$拍拆掰摘隔积脊惜昔释劈滴剔踢戚析锡击吃扑秃哭屋督叔菊曲 $_{\text{酒、歌}}$

今读阳平（224）：蛤折 $_{\text{叠}}$劫胁挟执急级察别哲折 $_{\text{断}}$节结洁决诀笔质 $_{\text{又}}$吉卒橘博泊昨阁爵着 $_{\text{穿}}$酌镢卓琢啄涿觉 $_{\text{悟、文}}$壳得德则职伯文识国格责革嫡福幅蝠竹足烛

今读上声（213）：塔眨甲褶帖法给獭葛渴撒抹铁脱 $_{\text{白}}$撮雪血匹室乙乞

叁 天津方言声调的历史演变及相关问题

骨索郝~文雀~白脚朴角饺觉~着，白北色白百柏迫窄戟尺谷嘱

今读去声（53）：踏榻恰妾摄涉怯喝~采轧泄彻撤~消淅设括阔豁文发理~必不猝率~领蟀作错各恶雀文鹊廓扩霍朔确握刻克即鲫测侧色文式饰亿忆抑魄赫吓策册栅扼碧璧僻迹赤斥适益壁绩激速酷沃复腹覆肃宿筑畜~生畜~牧蓄郁促粟触束

（2）全浊入声字：

今读阴平（31）：馞突夕淑

今读阳平（224）：沓杂合盒闸煤峡狭匣捷叠碟蝶谍协乏集辑习袭蛰十什拾及达拔铡辖辙舌折~了杰截夺活滑猾绝伐筏罚掘橛疾佉实勃佛凿嚼着~睡勺芍缚雹浊镯学贼直值食蚀植殖极白帛择泽宅核~定核~儿籍席石笛敌狄划~船仆毒读独特族毒服伏栿熟俗赎属局

今读上声（213）：蜀

今读去声（53）：洽穴弼秩倔特或惑剧射辟掷获续

（3）次浊入声字：

今读阴平（31）：拉捏摸黑

今读阳平（224）：茶膜额

今读上声（213）：辱

今读去声（53）：纳蜡腊聂镊猎叶页业立笠粒入捋辣灭列烈裂热孽末沫劣悦阅袜月越粤毕密蜜栗日逸没~沉律率~律术述物勿莫幕寞诺落烙骆酪洛络乐鄂鹤略掠绰若弱却虐疟药钥跃岳乐~曲墨默勒肋匿力翼域陌客麦脉逆亦译易液腋觅溺历役疫木鹿禄目穆牧六陆肉育绿录褥玉狱欲浴

中古入声调在天津方言中派入四声的具体数量和百分比见表3-16。

表3-16　　　　　天津方言中古入声调派入四声情况统计表

	清入		全浊入		次浊入	
	数量	%	数量	%	数量	%
阴平	120	40.68	4	3.48	4	3.42
阳平	53	17.97	96	83.48	3	2.57
上声	40	13.56	1	0.87	1	0.85
去声	82	27.79	14	12.17	109	93.16
合计	295	100	115	100	117	100

从表3-16的统计数据来看，天津方言的中古入声调演变的大致规律

是"古全浊声母入声字归阳平（83.48%），次浊声母入声字归去声（93.16%），清入字无规则地归入阴、阳、上、去四声"。目前，天津方言中古入声调的归派仍不稳定，表现在老派口语中存在的文白异读和又音现象以及新派口音变化上。比如，"脱"老派口语中文读阴平，白读上声，"阁"文读阳平，白读上声；"插"存在阴平、上声的又读现象；"笔"老派口语中读阳平，新派口语已经变为上声等。

肆

天津方言的其他语音问题研究

一 天津方言中古疑、影两母的演变

(一) 天津市及周围方言中古疑、影两母的今读

天津辖区内的方言,中古疑、影两母的变化规律大致相同。开口一等字声母在老派口语中多与同韵摄的泥母字合流,今音 n,如:艾=爱=耐 nai⁼,岸=案=难_困~_ nan⁼等;部分新词语读为零声母(静海部分字声母为 ŋ)。开口二等字今韵母为洪音,声母多读 n,今韵母为细音,声母一般为零声母,新派口语中洪音字出现了零声母现象。开口三等字除了个别疑母字声母今读 ȵ 之外,其余的都与开口四等字一样,今读零声母,与云、以母合并,如:疑_疑_=医_影_=矣_云_=以_以_ i(不计声调),研_疑_=烟_影_=炎_云_=盐_以_ian(不计声调)。合口字今韵母为合口呼的字今声母多读 v(以单元音 u 构成的零声母音节例外),与同韵摄的微母字合并,如:危_疑_=委_影_=围_云_=维_以_=微_微_ vei(不计声调);今韵母为撮口呼的字一般为零声母,如:元_疑_=渊_影_=员_云_=缘_以_ yan(不计声调)。宝坻、宁河、大港例外:宝坻一般都读零声母;宁河的合口呼零声母音节中,u 的唇齿化色彩不明显;大港方言中,只有 uo 为零声母时 u 有较为明显的唇齿化色彩,其他韵母,如 u、uai、uei 等,为零声母时 u 的唇齿化色彩则不明显。具体情况如表 4-1、4-2。

表 4-1　　　　　天津市方言中古疑母字声母今读表

	鹅 果开一 平歌疑	岸 山开一 去翰疑	牙 假开二 平麻疑	额 梗开二 入陌疑	牛 流开三 平尤疑	银 臻开三 平真疑	五 遇合一 上姥疑	外 蟹合一 去泰疑	顽 山合二 平山疑	伪 止和三 去寘疑	玉 通合三 入烛疑
市区	⊆nɤ	nan⁼	⊆ia	⊆nɤ	⊆ȵieu	⊆iən	⊆u	vai⁼	⊆van	⊆vei	y⁼

续表

	鹅 果开一 平歌疑	岸 山开一 去翰疑	牙 假开二 平麻疑	额 梗开二 入陌疑	牛 流开三 平尤疑	银 臻开三 平真疑	五 遇合一 上姥疑	外 蟹合一 去泰疑	顽 山合二 平山疑	伪 止和三 去寘疑	玉 通合三 入烛疑
塘沽	⊂nɤ	nan⊃	⊂ia	⊂ɤ	⊂ȵieu	⊂iən	⊂u	vai⊃	⊂van	⊂vei	y⊃
蓟州	⊂nɤ	nan⊃	⊂ia	⊂ɤ	⊂ȵieu	⊂iən	⊂u	vai⊃	⊂van	⊂vei	y⊃
宝坻	⊂nɤ	nan⊃	⊂ia	⊂nɤ	⊂ȵieu	⊂iən	⊂u	uai⊃	⊂uan	⊂uei	y⊃
宁河	⊂nɤ	nan⊃	⊂ia	⊂nɤ	⊂ȵieu	⊂iən	⊂u	uai⊃	⊂uan	⊂uei	y⊃
汉沽	⊂nɤ	nan⊃	⊂ia	⊂ɤ	⊂ȵieu	⊂iən	⊂u	vai⊃	⊂uan	⊂vei	y⊃
西青	⊂nɤ	nan⊃	⊂ia	⊂ɤ	⊂ȵieu	⊂iən	⊂vu	vai⊃	⊂van	⊂vei	y⊃
静海	⊂ŋɤ	ŋan⊃	⊂ia	⊂nɤ	⊂ȵieu	⊂iən	⊂u	vai⊃	⊂van	⊂vei	y⊃
大港	⊂nə	nã⊃	⊂ia	⊂nə	⊂ȵieu	⊂iən	⊂u	uai⊃	⊂uã	⊂uei	y⊃
武清	⊂nɤ	nan⊃	⊂ia	⊂ɤ	⊂ȵieu	⊂iən	⊂vu	vai⊃	⊂van	⊂vei	y⊃

表 4-2　　天津市方言中古影母字声母今读表

	安 山开一 平寒影	矮 蟹开二 上蟹影	鸭 咸开二 入狎影	腰 效开三 平宵影	宴 山开四 去霰影	窝 果合一 平戈影	稳 臻合一 上混影	洼 假合二 平麻影	畏 止合三 去未影	拥 通合三 上肿影	渊 山合四 平先影
市区	⊂nan	⊂nai	⊂ia	⊂iau	ian⊃	⊂uo	⊂vən	⊂va	vei⊃	⊂yʊ	⊂yan
塘沽	⊂nan	⊂nai	⊂ia	⊂iau	ian⊃	⊂uo	⊂vən	⊂va	vei⊃	⊂yʊ	⊂yan
蓟州	⊂nan	⊂nai	⊂ia	⊂iau	ian⊃	⊂uo	⊂vən	⊂va	vei⊃	⊂yʊ	⊂yan
宝坻	⊂nan	⊂nai	⊂ia	⊂iau	ian⊃	⊂uo	⊂uən	⊂ua	uei⊃	⊂yʊ	⊂yan
宁河	⊂nan	⊂nai	⊂ia	⊂iau	ian⊃	⊂uo	⊂uən	⊂va	uei⊃	⊂yʊ	⊂yan
汉沽	⊂nan	⊂nai	⊂ia	⊂iau	ian⊃	⊂uə	⊂uən	⊂va	vei⊃	⊂yʊ	⊂yan
西青	⊂nan	⊂nai	⊂ia	⊂iau	ian⊃	⊂vo	⊂vən	⊂va	vei⊃	⊂yʊ	⊂yan
静海	⊂ŋan ⊂nan	⊂nai	⊂ia	⊂iau	ian⊃	⊂vo	⊂vən	⊂va	vei⊃	⊂yəŋ	⊂yan
大港	⊂nã	⊂nai	⊂ia	⊂iau	iã⊃	⊂uo	⊂uən	⊂ua	uei⊃	⊂yʊ	yã⊃
武清	⊂nan	⊂ai	⊂ia	⊂iau	ian⊃	⊂vo	⊂vən	⊂va	vei⊃	⊂yʊ	⊂yan

　　今天津市方言大致继承了元代疑、影、云、以 4 个声母演变的基本格局。《中原音韵》里，疑、影母与云、以母已经合流，而且合口字也与微母合并，如：

　　齐微：

　　平声阳：微薇（微）维惟（以）〇围闱韦帷违（云）嵬巍危桅（疑）为（云）〇鲵霓倪猊輗（疑）姨夷痍（以）疑嶷沂宜仪（疑）贻怡圯颐遗（以）

去声：胃蝟渭谓（云）尉慰畏（影）秽（影）卫（云）魏（疑）餧（影）位（云）〇异易（以）裔义议谊艺刈乂劓（疑）翳诣意懿（影）

入声作去声：逸易译驿溢疫役翼液腋掖（以）益乙邑忆一揖（影）逆（疑）

寒山：

去声：案按（影）岸（疑）〇雁贗（疑）晏（影）

先天：

平声阳：延筵蜒焉沿（以）缘妍言研（疑）〇元鼋原源（疑）圆员园袁猿辕援垣（云）捐铅（以）鸢（影）

去声：院远援（云）愿（疑）怨（影）〇砚谚（疑）燕咽堰宴（影）缘（以）

但在《中原音韵》中未见到开口一等疑、影母字与泥母合并的例子，这极可能说明，中古开口一等的疑、影两母与泥母洪音字合流是这一区域方言特有的变化。

（二）关于天津市及周围方言中古疑、影两母演变的讨论

据目前北京、天津、河北、山西、山东方言调查研究成果显示，中古开口一等疑、影母的演变大致有以下几个类型：

1. 北京型，今读零声母，主要分布在北京官话京承片京师小片里，如北京、昌平、通州等。

2. 天津型，与泥母洪音字合流，今读 n 声母，集中分布在冀鲁官话保唐片的天津小片、蓟遵小片、定霸小片、滦昌小片、抚龙小片内。另外，北京官话京承片怀承小片的承德、围场、兴隆、滦平、大厂、香河等以及与河北毗连的晋语大包片部分方言也属于这个类型。属于东北官话的许多方言也属于这个类型。

3. 石家庄型，今读 ŋ 声母，主要分布在冀鲁官话石济片里。晋语并州片（太原除外）的多数方言也属于这个类型。

4. 肥乡型，今读 ɣ，分布在河北南部属于中原官话的魏县、属于冀鲁官话石济片聊泰小片的聊城以及属于晋语的肥乡、临漳等方言里。晋语上党片的部分方言也属于这个类型。

5. 静海型，今中古开口一等疑、影母存在 n、ŋ 混读现象。这是天津型和石家庄型中间的过渡型，如冀鲁官话保唐片定霸小片的静海、沧惠片

黄乐小片的南皮等方言都属于这个类型。

各种类型的分布情况如图4-1。

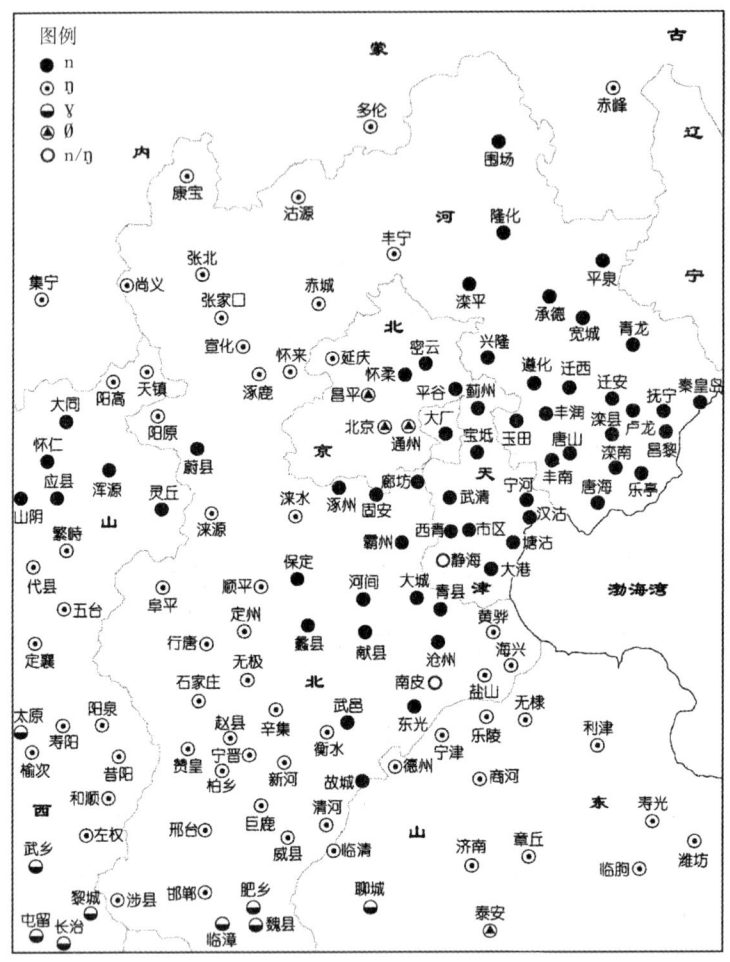

图4-1 天津市及其周围方言中古开口一等疑、影母演变类型分布图

从图4-1中可以看出，天津型和石家庄型是这一区域方言中古疑、影母演变的基本类型。在汉语中古音研究中，疑、影两母分别被拟为 ŋ、ʔ（高本汉，1915：259、275；罗常培，1933：24、25；董同龢，1965：150、151；王力，1985：16），今中原官话、冀鲁官话石济片、晋语的大多数方言疑、影母合流，合口字多读零声母，部分点有读唇齿音 v 的现象，与北京话基本一致；开口字与北京话差距较大，具体情况见表4-3。

表 4-3　中原官话、冀鲁官话、晋语代表点中古疑、影母今读表①

区	片	点	鹅 果开一 平歌疑	岸 山开一 去翰疑	牙 假开二 平麻疑	牛 流开三 平尤疑	银 臻开三 平真疑	安 山开一 平寒影	鸭 咸开二 入狎影	淹 咸开三 平盐影	蔫 山开三 平元影
北京官话	京师	北京	ɤ⊂	an⊂	ia⊂	niou⊂	in⊂	an⊂	ia	ian⊂	nian⊂
	朝峰	赤峰	ʊɤ⊂	ŋan⊂	ia⊂	niəu⊂	iə̃⊂	ŋan⊂	ia	ian⊂	nian⊂
中原官话	关中	西安	ʊɤ⊂	ŋã⊂	nia⊂	niou⊂	ie⊂	ŋã⊂	iã	iã⊂	niã⊂
	汾河	临猗	ʊɤ⊂	ŋæ̃⊂	ȵia⊂	neu⊂	ȵie⊂	ŋæ̃⊂	ȵiæ	ȵiæ⊂	ȵiæ̃⊂
	洛徐	洛阳	ə⊂	an⊂	ia⊂	əu⊂	in⊂	an⊂	ia	ian⊂	nian⊂
	郑曹	郑州	ɤ⊂	an⊂	ia⊂	ou⊂ / niou⊂	in⊂	an⊂	ia	ian⊂	nian⊂
冀鲁官话	石济	济南	ʊɤ⊂	ŋæ̃⊂	ia⊂	niou⊂	iẽ⊂	ŋæ̃⊂	iæ	iæ⊂	niæ̃⊂
		石家庄	ʊɤ⊂	ŋæ̃⊂	ia⊂	niou⊂	in⊂	ŋæ̃⊂	ia	ian⊂	nian⊂
晋语	并州	介休	ʊɤ⊂	ŋæ̃⊂	ia⊂	ȵeu⊂	ȵiə⊂	æ̃⊂	ȵiʏʔ	ȵiɛ⊂	iɛ̃⊂
		太谷	ŋie⊂	ŋə̃⊂	ŋiɒ⊂	meu⊂	ŋiə⊂	ŋẽ⊂	iaʔ	ŋã⊂	nie⊂
	大包	大同	ŋɤ⊂	næ⊂	ia⊂	nieu⊂	iəy⊂	næ	iɛʔ	iɛ⊂	niɛ̃⊂
	吕梁	临县	ɔ̃⊂ / iŋ⊂	æ̃ʔ⊂	ȵiʌ⊂	meu⊂	ȵieŋ⊂	æ̃ / iŋ⊂	niaʔ⊂	niɛ⊂	iɛ⊂
	上党	屯留	ɤ⊂	ɣan⊂	ia⊂	ȵeu⊂ / nei⊂	in⊂	ɣan⊂	iaʔ⊂	ian⊂	nian⊂

从表 4-3 中可以看出，中原官话关中片、冀鲁官话石济片的中古疑母字今读 ŋ 当是对中古疑母读音的保留，而影母 ʔ 因发音部位相近的缘故，逐渐与疑母发生了合并。王力（1985：317）指出："在元代，疑母消失了，原疑母字并入喻母，而元代的喻母包括守温字母的影喻两母。"依上述各家的拟音，应该是影、喻母并入疑母才对。以"鹅、牛、安、蔫"为例，表 4-3 所列方言的疑、影母从元代到现代发生了如下的变化：

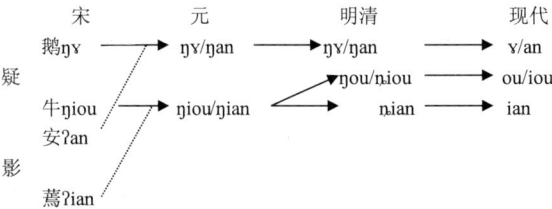

---

① 本表中一字两读者，上为白读，下为文读。洛阳材料来自贺巍《洛阳方言词典》（江苏教育出版社，1996 年），第 5 页上说："［Ø］声母拼开口呼的韵母时，前头有一个轻微的浊擦音［ɣ］，记音时省略"；郑州材料来自卢甲文《郑州方言志》（语文出版社，1992 年），第 11 页上说："［Ø］在开口呼韵母的前头略带浊擦音［ɣ］"。

在这个演变过程中，疑母洪音字保留了宋元时期的声母，而影母字则以韵母相同、声母发音相近的条件根据韵母的洪细分别并入了疑母，从而发生了声母的合并。元代疑、影母合并以后，声母 ŋ 与细音字的拼合又发生了变化，以"牛"为例：要么保留声母的读法，韵母由细音变为洪音，如：ŋiou→ŋou；要么保持细音韵母，声母发生颚化，如：ŋiou→ȵiou。今晋语并州片的平遥、清徐、文水、太谷一带的方言中保留着 ŋ 拼读细音的现象，如太谷：①

ŋie［平］俄娥鹅讹屙小便阿₋胶　［上］我　［去］饿

ŋiaʔ［入₁］恶额厄扼鄂鳄噩₋梦

这是疑、影母合并以后，在声母相同的条件下洪音字向细音字靠拢的结果，它们的存在为元代 ŋ 声母与细音的组合提供了鲜活的证据。

今中原官话汾河片的大多数方言，如临猗、运城、万荣等，都仍保留着明清时期变化格局。冀鲁官话石济片方言今洪音字仍然保留着明清时期的变化，但细音字除了"牛、孽"等字外，其余的字都变为了零声母。中原官话洛徐片、郑曹片方言的洪音字声母 ŋ 的鼻音色彩减退，逐渐变为同部位的浊擦音 ɣ。洛阳、郑州等方言的 ɣ 浊擦音色彩也已经减弱，开始向零声母的方向发展，这或许就是北京话变为零声母曾经经历过的中间阶段。高本汉（1915）在讨论北京话疑母字变为零声母的过程时认为："照我的意见，口部的闭塞，弛放直到塞音变成摩擦音（ɣ）是这个倾向的第一步。北京话有 ɣ 跟 ○（没有声母）两音互读的情形，例如'敖'有 au 跟 ɣau 两读⁽¹⁾。在 i, y 的前头，声母失落以前是否有颚化作用，这是不大能决定的。照上文（Ⅰ）所研究的现象看起来，好像是可以的，例如宜 ŋi>ȵi>北京 i。"② 仿照高本汉细音字变为零声母的过程公式，表 4-3 中所列方言的洪音字声母变为零声母的过程是：

ŋ（洪音）>ɣ（洪音）>∅（洪音）

至于天津市区等方言中中古开口一等疑影母变为 n 的过程这样解释更

---

①　材料来自杨述祖《太谷方言志》，《语文研究增刊》(3)，语文研究编辑部，1983年，第10、19页。

②　高本汉《中国音韵学研究》第 261 页引文中的注（1）是："关于北京话，有人普通写作'ng-'。我的意见跟 Forke 相似，以为 ɣ 是北京话的实在的声音"。引文中的"上文（Ⅰ）"指上页（第 260 页）"Ⅰ. 发音部位的前移"。

为稳妥：

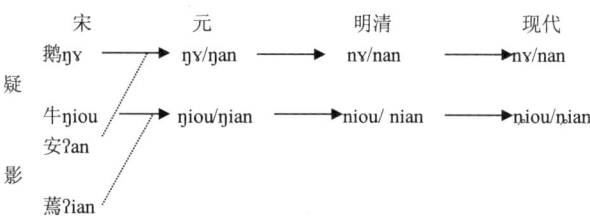

清代光绪年间的《顺天府志》反映当时宁河方言疑、影母与泥母合并的现象：

爱读作乃去声。

我读作挪上声。

熬读作铙。

讹读作挪。

这说明在清光绪时这一区域的方言疑影母就完成了与泥母的合并过程。今天津辖区内方言中古疑、影母部分字今读零声母的现象当是现代汉民族共同语——普通话影响的结果。

二 天津方言古入声韵的归派

（一）天津方言中古入声韵归派的基本规律

天津市辖区内的方言中古入声字全部舒化，其韵母的演变大致有三种情况：有的并入阴声韵，有的与阴声韵互补为一套韵母，有的受到外来因素的干扰而发生变化。演变的大致规律是：咸、山摄合并，今归果、假摄；宕、江摄合并，文读韵母今归果、假摄，白读韵母今归效摄；深、臻摄合并，今归蟹、止摄；通摄韵母主要并入遇摄，部分字散归果、蟹、止、流摄；曾、梗摄较为复杂，今洪音（中古一、二等）无规则地并入果、假、蟹、止等摄，细音（中古三、四等）主要归蟹、止摄。以天津方言为例，具体情况见表4-4。

表 4-4　天津方言中古入声字今读韵母与阴声韵合流情况表

摄	古韵母	入声韵今读	入声韵分布情况	阴声韵古韵母（摄）	阴声韵古韵母（等）	阴声韵分布情况
咸	开一	a	端泥精	假	开二	帮泥知庄
			见晓影	果	开一	见晓影
				果	合一	见晓
				假	开三	章
	开二	a	知庄	假	开二	帮泥知庄
		ia	见晓影	假	开二	见晓影
	开三	ɤ	章	果	开一	见晓影
				果	合一	见晓
				假	开三	章
		iɛ	泥精见晓	果	开三	见
				假	开三	精知影
	开四	iɛ	端泥晓	果	开三	见
				假	开三	精知影
	合三	a	非	假	开二	帮泥知庄
山	开一	a	端泥精	假	开二	帮泥知庄
		ɤ	见晓	果	开一	见晓影
				果	合一	见晓
				假	开三	章
	开二	a	帮庄见	假	开二	帮泥知庄
		ia	晓	假	开二	见晓影
	开三	ɤ	知章日文	果	开一	见晓影
				果	合一	见晓
				假	开三	章
		iɤ	日白	假	开三	日
		iɛ	帮泥精见晓影	果	开三	见
				假	开三	精知影
	开四	iɛ	帮端泥精见晓影	果	开三	见
				假	开三	精知影
	合一	o	帮	果	合一	帮
		uo	端泥精见晓	果	开一	端泥精
				果	合一	端泥精见晓影
	合二	a	影	假	开二	帮泥知庄
		ua	庄见	假	合二	庄见晓影
	合三	a	非	假	开二	帮泥知庄
		uo	章	果	开一	端泥精
				果	合一	端泥精见晓影
		yɛ	泥精见影	果	合三	见晓
	合四	yɛ	见晓	果	合三	见晓

续表

入声韵			阴声韵		
古韵母	今读	分布情况	古韵母		分布情况
深 开三	i	泥精见晓影	蟹	开三	帮泥精见
				开四	帮端泥精见晓影
			止	开三	帮泥见晓影
	ɤ	知	果	开一	见晓影
				合一	见晓
			假	开三	章
	ɿ	章	蟹	开三	知章
			止	开三	知庄章
	ei	庄见	蟹	开一	帮
				合一	帮泥
				合三	非
			止	开三	帮
				合三	泥非影
	yu	日	遇	合三	日
臻 开三	i	帮泥精见晓影	蟹	开三	帮泥精见
				开四	帮端泥精见晓影
			止	开三	帮泥见晓影
	ɿ	知庄章	蟹	开三	知章
			止	开三	知庄章
臻 合一	u	帮端精见	遇	合一	帮端泥精见晓影
			果	合三	知庄章非
	o	帮非	遇	合一	帮
臻 合三	u	帮端精见晓非		合一	帮端泥精见晓影
			遇	合三	知庄章非
	y	精见	蟹	和三	精见晓影
	uai	庄		合一	见
				合二	见晓
	uei	泥	蟹	合一	端精晓
				合三	精知章日见晓影

续表

古韵母			入声韵			阴声韵	
		今读	分布情况		古韵母		分布情况
宕	开一	ɤ	见晓影	果	开一		见晓影
					合一		见晓
				假	开三		章
		o	帮	果	合一		帮
		uo	端泥精	果	开一		端泥精
					合一		端泥精见晓影
		au	帮泥晓白	效	开一		帮端泥精见晓影
					开二		帮泥知庄
					开三		知章
	开三	uo	知章	果	开一		端泥精
					合一		端泥精见晓影
		yɛ	泥见影	果	合三		见晓
		iau	精见影白	效	开二		见晓影
		yo	日		独　立		
	合一		晓	果	开一		见晓影
					合一		见晓
				假	开三		章
		uo	见晓	果	开一		端泥精
					合一		端泥精见晓影
	合三	u	非	遇	合一		帮端泥精见晓影
					合三		知庄章非
		yɛ	见	果	合三		见晓
江	开二	o	帮	果	合一		帮
		u	帮	遇	合一		帮端泥精见晓影
					合三		知庄章非
		au	帮	效	开一		帮端泥精见晓影
					开二		帮泥知庄
					开三		知章
		uo	知庄	果	开一		端泥精
					合一		端泥精见晓影
		yɛ	见晓文	果	合三		见晓
		iau	见晓白	效	开二		见晓影
					开三		帮泥精日见晓影

续表

入声韵			阴声韵		
古韵母	今读	分布情况	古韵母		分布情况
曾 开一		端精见	果	开一	见晓影
				合一	见
			假	开三	章
	o	帮	果	合一	帮
	ei	帮妮精晓	蟹	开一	帮
				合一	帮泥非
				合三	非
			止	开三	帮
				合三	泥非影
	uei	端	蟹	合一	端精见晓
				合三	精知章日见晓影
			止	合三	精知章见晓
	ai	精	蟹	开一	端泥精见晓影
				开二	帮泥庄影
开三	i	帮泥精见影	蟹	开三	帮泥精见
				开四	帮端泥精见晓影
			止	开三	帮泥精见影
	ɿ	知章	蟹	开三	知章
			止	开三	知庄章
	ɤ	庄文	果	开一	见晓影
				合一	见
			假	开三	章
	ai	庄白	蟹	开一	端泥精见晓影
				开二	帮泥庄影
合一	uo	见晓	果	开一	端泥精
				合一	端泥精见晓影
合三	y	影	遇	合三	精见晓影

续表

入声韵				阴声韵		
古韵母		今读	分布情况	古韵母		分布情况
梗	开二		见晓影知庄	果	开一	见晓影
					合一	见
		o	帮	果	合一	帮
				假	开三	章
		ai	帮知庄	蟹	开一	端泥精见晓影
					开二	帮泥知庄影
	开三	i	帮见影	蟹	开三	帮泥见晓
					开四	帮端泥见晓影
				止	开三	帮泥见晓影
		ʅ	知章	蟹	开三	知章
				止	开三	知庄章
		iɛ	影	果	开三	见
				假	开三	精知影
	开四	i	帮端泥精见	蟹	开三	帮泥见晓
					开四	帮端泥见晓影
				止	开三	帮泥见晓影
		ʅ	见	蟹	开三	知章
				止	开三	知庄章
	合二	ua	晓	假	合二	庄见晓
		uo	晓	假	开二	帮泥知庄
				蟹	合一	端泥精见晓影
	合三	i	影	蟹	开三	帮泥见晓
				止	开四	帮端泥见晓影
					开三	帮泥见晓影
通	合一	u	帮端泥精见晓影	遇	合一	帮端泥精见晓影
					合三	知庄章非
		uo	影	果	开一	端泥精
					合二	端泥精见晓影
	合三	u	非泥精知章	遇	合一	帮端泥精见晓影
					合三	知庄章非
		y	见晓影	遇	合三	精见晓影
		yu	日	遇	合三	日
		uo	庄	果	开一	端泥精
					合二	端泥精见晓影
		uei	泥	蟹	合一	端精见晓
					合三	精知章日见晓影
				止	合三	精知章见晓
		əu	知章日	流	开一	帮端泥精见晓影
					开三	知庄章
		iəu	日	流	开三	泥精见晓影日

天津方言与周围其他方言的主要差异在于深、臻、曾、梗开口三等知系

入声字韵母的今读上：市区、塘沽、西青基本上都读ʅ，蓟州、宝坻、宁河、汉沽、武清基本上都读ʅ，静海、大港庄组读ʅ，知、章、日读ʅ。大港方言果摄开口一等见晓组字与合口一等帮组、假摄开口三等章组字韵母合流，今读ə。中古日母入声字韵母的今读情况差异较大，具体情况见表4-5。

表4-5 　　　　　天津市方言中古日母入声字韵母今读
("/" 前为文读，后为白读)

	入 深开三	热 山开三	日 臻开三	弱 宕开三	肉 通合三	褥 通合三
天津	zuꝋ/yuꝋ	zɤꝋ/iɤꝋ	zʅꝋ	zuoꝋ/yoꝋ	zəuꝋ/iəuꝋ	zuꝋ/yuꝋ
塘沽	z̦uꝋ/yuꝋ	z̦ɤꝋ	z̦ʅꝋ	z̦auꝋ	z̦əuꝋ	z̦uꝋ
西青	yuꝋ	iɤꝋ	iɤꝋ	yoꝋ	iəuꝋ	yuꝋ
静海	z̦uꝋ	z̦ɤꝋ	z̦ʅꝋ	z̦uoꝋ/z̦auꝋ	z̦əuꝋ	z̦uꝋ/yuꝋ
大港	z̦uꝋ	z̦əꝋ	z̦ʅꝋ	z̦uoꝋ/z̦auꝋ	z̦əuꝋ	z̦uꝋ
蓟州	z̦uꝋ	z̦ɤꝋ	z̦ʅꝋ	z̦uoꝋ	z̦əuꝋ	z̦uꝋ
宝坻	z̦uꝋ	z̦ɤꝋ	z̦ʅꝋ	z̦uoꝋ/z̦auꝋ	z̦əuꝋ	z̦uꝋ
宁河	z̦uꝋ	z̦ɤꝋ	z̦ʅꝋ	z̦uoꝋ	z̦əuꝋ	z̦uꝋ
汉沽	z̦uꝋ	z̦ɤꝋ	z̦ʅꝋ	z̦uoꝋ/z̦auꝋ	z̦əuꝋ	z̦uꝋ
武清	z̦uꝋ	z̦ɤꝋ	z̦ʅꝋ	z̦uoꝋ	z̦əuꝋ	z̦uꝋ

天津市区、塘沽方言文读韵母与静海、大港、蓟州、宝坻、宁河、汉沽、武清一样，同于周边的北京官话和冀鲁官话；白读音与西青方言一样，同于胶辽官话、东北官话（见表2—3）。各点的其他入声韵情况基本一致。

高晓虹（2009：35）较为详细地说明了北京话入声字韵母今读的情况，刘淑学（2000：53、56、57）讨论河北官话方言入声字韵母演变时列了"中古入声韵和阴声韵在北京话中的合流叠置表"和"（河北）无入声方言区与普通话相同的入声字表"，其中所反映的特点及规律除了与天津市区、西青、塘沽的日母入声字韵母有差异外，其他的与天津辖区内方言中古入声字韵母今读情况基本一致。这说明，天津辖区内的方言在中古入声字韵母的演变中与周围的北京官话、冀鲁官话大致同步，部分方言受到胶辽官话、东北官话的影响。

（二）天津方言中古入声字韵母演变的历史层次

中古入声字舒化的前提是塞音韵尾的丢失。塞音韵尾丢失以后，中古入声字韵母大致有三种基本的演化方式：

①保留独立的韵类，与其他阴声韵互补成一套韵母。如市区、西青的"弱若"等今韵母读 yo，与 o、uo 互补为一套韵母等。

②与阴声韵合流，基本条件是原入声韵的主要元音与某类阴声韵的主要元音相同或相近。如咸山摄开口一等入声字（见系字除外）韵母今归假摄等。

③受到外来因素的冲击而发生变异，如宕江摄的文白异读、曾摄开口一等字无规律并入阴声韵等。

讨论天津市辖区内方言中古入声韵归派的历史层次，必须将其置身于周围方言的历史背景之中。从近代韵书所反映的情况来看，天津市及其周围的北京官话、冀鲁官话塞韵尾开始消失的时间不会晚于元代。从汉语语音史以及汉语方言语音的研究成果来看，汉语中入声字消变的基本规律是塞音韵尾丢失以后，入声调才有可能与舒声调合并。《中原音韵》在"入派三声"的同时也把入声韵归入了阴声韵，归类情况如表 4-6。

表 4-6　　　　　　　　《中原音韵》入声字归派表

韵部	所属韵摄	入声字韵摄	例　　字
支思	止开三精组、知系	深开三	（作上声）涩
		臻开三	（作上声）瑟音史
		曾开一	（作上声）塞
齐微	蟹开三、四及合口字 止开三帮组、见系及合口字	深开三	（作平声）十什拾茸集习袭及（作上声）汁急汲给湿吸泣（作去声）立粒笠邑揖
		臻开三	（作平声）实侄秩疾（作上声）质七漆匹吉笔失室必毕乞讫一（作去声）日蜜密栗逸溢一乙
		曾开一	（作平声）劾贼（作上声）北得德黑（作去声）墨勒肋
		曾开三	（作平声）食蚀直值极逼（作上声）织棘识拭轼饰稷鲫息敕（作去声）力忆翼匿
		曾合一	（作平声）惑（作上声）国
		梗开三	（作平声）石掷夕席（作上声）隻炙辟僻戟适释奭积迹脊碧璧昔惜尺赤叱隙（作去声）译驿益液腋逆剧
		梗开四	（作平声）寂狄获敌笛糴（作上声）戚劈击激绩壁锡吃的滴嫡涤踢剔檄（作去声）觅历
		梗合三	（作去声）役疫

续表

韵部	所属韵摄	入声字韵摄	例　字
鱼模	遇合一、三 流开三非组字	深开三	（作去声）入
		臻合一	（作平声）突鹘（作上声）不忽笏窟卒兀（作去声）没
		臻合三	（作平声）佛述术术秫（作上声）拂屈出黜（作去声）律物勿
		通合一	（作平声）独读犊渎犊毒鹄觳镞族仆（作上声）谷榖觳速卜哭酷簇秃屋沃（作去声）禄鹿麓漉木沐
		通合三	（作平声）伏袱服赎属俗续逐轴局淑蜀叔孰熟垫（作上声）谡速福幅蝠腹覆菊局筑烛粥竹粟宿曲麴畜叔菽扑触束足促蹙（作去声）穆睦牧目录绿陆戮辱褥玉狱欲浴郁育
皆来	蟹开一、二	宕开一	（作上声）索
		梗开二	（作平声）白帛舶宅泽择（作上声）拍魄策册栅伯百柏迫蘖掰骼革隔格客责摘窄滴吓（作去声）麦陌脉额厄
		梗合二	（作平声）划（作上声）掴
		曾开一	（作上声）刻则
		曾开三	（作上声）测侧仄昃色穑
萧豪	效开一、二、三、四	山合一	（作去声）末沫
		宕开一	（作平声）铎度踱薄泊箔博涸鹤凿（作上声）托讬拓索作柞错各阁（作去声）诺漠寞幕落络洛烙酪乐萼恶愕鳄
		宕开三	（作平声）着芍（作上声）脚斫酌灼烁铄鹊雀爵削绰谑（作去声）约跃药钥弱箬略掠虐疟
		宕合一	（作上声）郭廓
		宕合三	（作平声）缚
		江开二	（作平声）浊濯擢镯学（作上声）角觉捉卓琢朔剥驳戳（作去声）岳乐
		梗开二	（作上声）魄
歌戈	果开一、合一	臻合一	（作平声）浡
		臻合三	（作平声）佛
		山开一	（作上声）葛割渴
		山合一	（作平声）跋魃活夺（作上声）钵拨跋泼括聒阔撮掇脱抹（作去声）末沫
		咸开一	（作平声）合盒盍（作上声）鸽蛤（作去声）
		宕开一	（作平声）鹤薄箔泊铎度凿（作上声）粕（作去声）幕漠莫诺落洛酪乐烙萼鳄恶鄂
		宕开三	（作平声）着（作去声）钥约跃略掠虐疟
		宕合三	（作平声）缚（作去声）若弱
		江开二	（作平声）浊濯镯学（作去声）岳乐

续表

韵部	所属韵摄	入声字韵摄	例　字
家麻	假开二、合二	咸开一	（作平声）踏沓杂（作上声）塔塌榻咂匝答搭飒靸（作去声）腊蜡拉纳衲
		咸开二	（作平声）狎峡洽匣闸（作上声）霎劄插甲胛夹（作去声）压押鸭
		咸开四	（作平声）侠
		咸合三	（作平声）乏（作上声）法
		山开一	（作平声）达挞（作上声）獭撒萨（作去声）辣
		山开二	（作平声）辖鎋拔（作上声）杀扎察
		山合一	（作去声）抹
		山合二	（作平声）猾滑（作去声）刷
		山合三	（作平声）伐筏罚（作上声）发髪（作去声）袜
车遮	假开三 果开三、合三	深开三	（作上声）楫
		臻合一	（作平声）凸
		咸开三	（作平声）涉捷睫（作上声）妾劫怯接摺褶摄聂镊蹑叶业猎
		咸开四	（作平声）协侠挟叠牒喋蝶（作上声）颊荚贴帖
		山开三	（作平声）杰碣竭折舌别（作上声）薛泄亵歇蝎鳖别辙撤掣哲折浙设（作去声）捏灭拽谒裂列热
		山开四	（作平声）迭跌截（作上声）屑窃切沏结洁节疖铁撇瞥憋（作去声）臬蔑篾噎
		山合四	（作平声）穴（作上声）血缺阕决诀谲
		宕开三	（作平声）
		梗开二	（作上声）客吓（作去声）额
尤侯	流开一、三	通合三	（作平声）轴逐熟（作上声）竹烛粥宿（作去声）肉褥六

从表 4-6 中可以总结出《中原音韵》时期中古入声韵派入阴声韵的基本规律：

①咸、山摄入声字合流，并入果、假摄。

②深、臻摄入声字合流，开口字并入蟹、止摄，合口字并入遇摄。

③宕、江摄入声字合流，文读归果摄（歌戈），白读归效摄（萧豪）。

④通摄合归遇摄，合口三等字有文白异读，文读归与摄，白读归流摄。

⑤曾、梗摄主要并入蟹、止摄。

这与今天津辖区内方言中古入声韵母的演变规律大致一样。尤其是宕江两摄的文白异读现象值得注意。《中原音韵》将中古的宕、江摄入声字双见于萧豪、歌戈两韵之中（参见表4-6中在萧豪、歌戈中重出的宕、江摄入声字），这种现象恐怕只能用文白异读来解释了。宕、江两摄文读与果摄合流，白读与效摄合流在包括天津市方言在内的北京官话、冀鲁官话、东北官话内较为常见。具体情况如表4-7。

表4-7　天津市及周围方言宕江摄的文白异读（上为文读，下为白读）

		薄铎	摸铎	落铎	削药	弱药	约药	雀药	剥觉	学觉
北京官话	北京	₍po ₍pau	₍mo	luo⁼ lau⁼	₍ɕyɛ ₍ɕiau	ẓuo⁼	₍yɛ iau	tɕʰyɛ⁼ tɕʰiau⁼	₍po ₍pau	₍ɕyɛ ₍ɕiau
	承德	₍po	₍mo	luo⁼	₍ɕiau	ẓau⁼	iau⁼	tɕʰye⁼ tɕʰiau⁼	₍po ₍pau	₍ɕyɛ ₍ɕiau
冀鲁官话	市区	₍po ₍pau	₍mo ₍mau	luo⁼ lau⁼	₍ɕyɛ ₍ɕiau	yo⁼	₍yɛ iau	tɕʰyɛ⁼ tɕʰiau⁼	₍po ₍pau	₍ɕyɛ ₍ɕiau
	静海	₍pɤ ₍mau	₍mo	lɤ⁼ lau⁼	₍ɕyɛ ₍ɕiau	ẓuo⁼ ẓau⁼	iau⁼	tɕʰyɛ⁼ tɕʰiau⁼	₍pɤ ₍pau	₍ɕyɛ ₍ɕiau
	蓟州	₍pau	₍mau	lau⁼	₍ɕiau	ẓuo⁼ ẓau⁼	₍yɛ iau	tɕʰyɛ⁼ tɕʰiau⁼	₍pau	₍ɕyɛ ₍ɕiau
	唐山	₍pau	₍mo	luo⁼	₍ɕiau	ẓuo⁼	iau⁼		₍po	₍ɕyɛ ₍ɕiau
	保定	₍po ₍pau	₍mo ₍mau		₍ɕyɛ ₍ɕiau	ẓau⁼	₍yɛ iau	tɕʰyɛ⁼ tɕʰiau⁼	₍po ₍pau	₍ɕyɛ ₍ɕiau
东北官话	沈阳	₍pɤ ₍pau	₍mɤ	luɤ⁼	₍ɕye iau⁼	iau⁼		tɕʰye⁼ tɕʰiau⁼	₍pɤ ₍pau	₍ɕye ₍ɕiau
	长春	₍pɤ ₍pau	₍mɤ	luɤ⁼	₍ɕye	iau⁼	₍ye iau	tɕʰye⁼ tɕʰiau⁼	₍pɤ	₍ɕye ₍ɕiau

值得注意的是，在没有这类文白异读的胶辽官话、中原官话里，宕江摄开口入声字的韵母都和有这类文白异读的北京官话、冀鲁官话的文读韵母遵循着一样的演变轨迹——与果摄字韵母合流，而北京官话、冀鲁官话宕江摄开口入声字白读韵母又都整齐地并入效摄。可以断言，这个区域内在宕江摄开口入声字韵母的归并上有两个不同的历史层次叠置在一起。《中原音韵》里，萧豪韵比歌戈韵收入的宕江摄入声字多，在归入平、去两调的字里（全浊入、次浊入）出现了文读现象，在归入上声的字里（清入）尚未出现文读现象。查相关方言这类文白异读现象，没有发现文读为上声的，白读音也非常少见，只有色_{曾开三职生}、雀_{宕开三药精}白读为上声。目前的官话方言调查研究成果显示，宕江摄入声字韵母与效摄合流的现象

集中分布在今北京、天津、河北省中北部属于北京官话、冀鲁官话的方言里，而宕江摄入声字韵母与果摄合流的现象则集中分布在以陕西、河南为中心的属于中原官话的方言里。中古宕江摄入声字韵母在中原官话以及邻近方言的读音情况见表4-8。

表4-8　　　中原官话及邻近方言中古宕江摄入声字的今读

区	片	点	薄铎	摸铎	落铎	削药	弱药	约药	雀药	剥觉	学觉
中原官话	关中	西安	₌po	₌mo	₌luo	₌ɕyo	₌vo	₌yo	₌tɕʰyo	₌puo	₌ɕyo
	汾河	临猗	₌pʰo	₌mo	₌luo	₌ɕyo	₌ʐuo	₌yo	₌tɕʰyo	₌po	₌ɕyo
	郑曹	商丘	₌po	₌mo	₌luo	₌suo	₌ʐuo	₌yo	₌tsʰuo	₌po	₌ɕyo
		郑州	₌po	₌mo	₌luo	₌syo	₌ʐuo	₌yo	₌tsʰyo	₌po	₌ɕyo
	蔡鲁	济宁	₌pə	₌mə	₌luə	₌ɕyɔ	₌ʐuɔ 文 ₌ʐɔ 白	₌yɔ 新 ₌iɔ 老	₌tɕʰyɔ 新 ₌tɕʰiɔ 老	₌pə	₌ɕyə 新 ₌ɕiə 老
冀鲁官话	石济	济南	₌pə	₌mə	luə⁼	₌ɕyɛ	₌ʐuɛ	₌yɛ	₌tɕʰyɛ	₌pə	₌ɕyɛ
		利津	₌pɔ		luə⁼ 又 luɔ⁼	₌ɕiɔ	₌ʐɔ	₌iɔ	₌tsʰiɔ	pə⁼	₌ɕyə 文 ₌ɕiɔ 白
		德州	₌pə 文 ₌pɔ 白	₌mə	luə⁼ 文 luɔ⁼ 白	₌ɕyɔ 文 ₌ɕiɔ 白	₌ʐuə 文 ₌ʐɔ 白	₌yɔ 文 ₌iɔ 白	₌tɕʰyɔ 文 ₌tɕʰiɔ 白	₌pə	₌ɕyə 文 ₌ɕiɔ 白
		临邑	₌pə 文 ₌pɔ 白	₌mə	luə⁼ 文 luɔ⁼ 白	₌ɕiɔ	₌ʐuə 文 ₌ʐɔ 白	₌iɔ	₌tɕʰiɔ	₌pə	₌ɕyə 文 ₌ɕiɔ 白

从表4-8可以清楚地看出，靠近河北的利津、德州、临邑方言在白读音出现了较多的ɔ、iɔ类韵母，与效摄字韵母合流。济南往南的方言中基本上没有与效摄合并的现象。今北京官话、冀鲁官话保唐片以及河北中北部的其他方言中这类文白异读现象与《中原音韵》一脉相承，宕江摄入声字韵母或白读韵母与效摄合流，是其元代的底层特点，其与果摄字韵母合流的文读音则是中原雅音不断侵蚀的结果。金元以来，以今北京为中心的地区逐渐成为我国北方又一个政治文化中心，但其方言还远没有上升到雅言的地位。李新魁（1980）在论证近代汉语共同语的标准音时认为清代中叶以后北京音才逐渐上升为正音，元明时代汉语共同语的标准音一直都是中州音。张树铮（2006）认为："元代定都北京，政治中心在北，但一是由于元代统治时间较短，二是由于元为蒙古人统治，汉人心目中的传统之根仍在中原，北京话的地位仍不能与中原之音相比。元代周德清根据大都（北京）曲作家用韵所编写的韵书仍命名为《中原音韵》，便反映出人们'一以中原雅音为正'的心态。只是到了明代迁都北京之后，全

国的政治文化中心才真正地移到幽燕之地。但是，又由于一是明代皇室仍为江淮之人，二是正如我们所熟知的一项基本原理所揭示的，上层建筑的变化总是迟于经济基础，政治中心的迁移并不会导致共同语基础的立即跟随，鲁国尧等先生已经以许多史料证明，终明一代，官话标准音的基础仍不是北京话。"刘勋宁（1998）认为《中原音韵》中中古宕江摄入声字在歌戈、萧豪两部里重出的现象是中原官话和北方官话读音的叠置现象，读歌戈韵属于中原官话层次。中古到近代，中原官话对北京官话的影响大致有两个方式：一是辐射性影响。中原官话以其政治等方面的强势，通过山东、河北一层层向北扩张。但影响势头从南到北处于递减的趋势。张树铮（2006）认为："冀鲁官话（特别是保唐片）与北京官话（以及东北官话）的区别主要是在调值上和受中原官话影响的强弱上，或者说，东北官话以及北京官话是受中原官话影响更弱的一种方言。"二是跳跃性影响。这种影响主要是中原地区移民将中原官话直接带进北京官话的腹地。北京从中古到近代一直都属于兵家必争之地，战乱频仍，人口流动性极大。历代的军旅移民、政治移民、商贾移民中，中原人氏都占相当的比例，他们将中原官话直接带进北京，对北京话的发展产生过较大的影响。这种强势方言对北京官话的影响出现在文读层里，对其宕江摄入声归效摄的底层特征起到了破坏作用，从而造成了北京及其周围方言宕江摄入声并入效摄的对应规律的残缺。

《中原音韵》中通合三部分字在鱼模、尤侯两部中重出，当为文白异读。仅出现在尤侯韵里的"六、肉"可能已经是当时通行的读音了。宋·沈括《梦溪笔谈》里已经记录了一些通摄入声归流摄的现象："《经典释文》如熊安生辈本河朔人，反切多用北人音，陆德明吴人，多从吴音，郑康成齐人，多从东音。如'擘有肉好'，以'肉'音'揉'者，北人音也；'金作赎刑'，'赎'言'树'者，亦北人音也。至今河朔人谓肉为揉，谓赎为树。如打音丁梗反，罢字音部买反，皆吴音也。如'疡医祝药剂杀之期'，'祝'音'咒'，郑康成改为'注'，此齐鲁人音也。""肉、祝"都是通合三入声字，"揉、咒"都是流开三字，宋时北音中已经出现了通摄字入声字并入流摄的现象。与《中原音韵》同时代的《经史正音切韵指南》也反映了通摄入声并入流摄现象。《经史正音切韵指南》成书时间为至元二年（1336），比《中原音韵》晚9年；作者刘鉴字士明，关中人。其在流摄合口呼下注："入声在通摄"，如：兜斗鬪谷

（一等）、裘舅救局（三等）、囚〇岫续（四等）。其在《序》里说："其鸡称廌、癸称贵、菊称韭字之类，乃方言之不可凭者，则不得已而姑从其俗"，依此看来，元代通摄入声并入流摄是一种方言现象。《李氏音鉴》里也反映了清代北京话这个特点：

六，亮宥切，音溜

肉，认宥切

粥，真鸥切，音周

妯，枕尤切，音周阳平

熟，神尤切

俞敏（1983）在《李汝珍〈音鉴〉里的入声字》里说："'菊花'在花农嘴里念'九花儿'。"今天津市周围的北京官话、冀鲁官话、东北官话、胶辽官话里都有中古通合三的字韵母读同流摄的现象。如北京话"六、轴、粥、肉"为 əu；"熟"文读为 u，白读为 əu；"宿"文读为 u，白读为 iəu 等。北京话里，"露"文读为 u，白读为 əu；东北官话里"取_遇合三_"普遍具有文白异读，文读 y，白读 iuei，都属于遇摄混同流摄现象。今流摄字也存在混同遇摄（通摄入声）字现象，如开口一等的"亩牡母拇"，开口三等的"富副浮妇负阜复_兴_"等，韵母均为 u。遇摄、流摄与通摄入声字相混是以西安为中心的中原官话的关中片、汾河片的特点，主要是遇合一精泥、遇合三庄组、通合一泥精、通合三知系读同流摄韵母。具体情况如表 4-9。

表 4-9　　中原官话关中片、汾河片遇、流、通（入）韵母的读音

	奴 模泥	祖 姥精	初 鱼初	数 遇生	走 厚精	流 尤来	族 屋从	筑 屋澄	叔 屋书	绿 烛来	烛 烛章
西安	₋nu	₋tsou	₋tsʰou	souˀ	₋tsou	₋liou	₋tsʰou	₋tsou	₋sou	₋liou	₋tsou
潼关	₋nou	₋tsou	₋pfʰu	souˀ	₋tsou	₋liou	₋tsou	₋pfu	₋sou	₋liou	₋pfu
临猗	₋ləu	₋tsəu	₋tsʰəu	səuˀ	₋tsəu	₋liəu	₋tsʰəu	₋tsəu	₋səu	₋liəu	₋tsəu
万荣	₋ləu	₋tsəu	₋tsʰəu	səuˀ	₋tsəu	₋liəu	₋tsʰəu	₋tsəu	₋səu	₋liəu	₋tsəu

从《梦溪笔谈》所反映的时间层次来看，天津市及周围方言通摄入声字归流摄的现象应该是早期中原官话的影响所致。今北京官话及周边方言通摄入声韵母归遇摄属于这一区域方言的底层特点，今中原官话里流摄字读 u 韵母的现象当是近代民族共同语覆盖的结果。

三 天津及周围方言曾开一梗开二入声字韵母的历史层次

天津及周围方言中古曾开一、梗开二入声字韵母今读较为复杂，具体读音情况如表4-10。

表4-10 天津市及其周围方言曾开一、梗开二入声字韵母今读表①

		北 德帮	墨 德明	德 德来	特 德定	勒 德来	贼 德从	塞 德心	刻 德溪	克 德溪	黑 德晓
北京官话	北京	⁻pei	mo⁻	⊆tɤ	tʰɤ⁻	ɤ⁻ ⊆lei	⊆tsei	sai⁻ sei⁻	kʰɤ⁻	kʰɤ⁻	⊆xei
	承德	⁻pei	mo⁻	⊆tɤ	tʰɤ⁻	ɤ⁻ ⊆lei	⊆tsei	sai⁻ sei⁻	kʰɤ⁻	kʰɤ⁻	⊆xei
	武清	⁻pei	mo⁻	⊆tɤ	tʰɤ⁻	lɤ⁻ ⊆lei	⊆tθei	θɤ⁻ ⊆θei	kʰɤ⁻	kʰɤ⁻	⊆xei
冀鲁	天津	⁻pei	mo⁻	⊆tɤ	tʰɤ⁻	⊆lei	⊆tsei	sai⁻	kʰɤ⁻	kʰɤ⁻	⊆xei
	静海	⁻pei	mɤ⁻	⊆tɤ	tʰɤ⁻	⊆lɤ ⊆lei	⊆tsei	sai⁻	⊆kʰɤ	⊆kʰɤ	⊆xei
	唐山	⁻pei	mo⁻	⊆tɤ	tʰɤ⁻	ɤ⁻ ⊆lei	⊆tsei	sai⁻ sei⁻	kʰɤ⁻	kʰɤ⁻	⊆xei
	保定	⁻pei	mo⁻	⊆tɤ ⊆tei	tʰɤ⁻	⊆lɤ ⊆lei	⊆tsɤ ⊆tsei	sai⁻ sei⁻	⊆kʰɤ ⊆kʰei	kʰɤ⁻	⊆xei
	石家庄	⁻pei	mei⁻	⊆tɤ	tʰɤ⁻	⊆lei	⊆tsei		kʰɤ⁻		⊆xei
	济南	⁻pei	mə⁻ mei⁻	⊆tei	⊆tʰei	⊆lə ⊆lei	⊆sei	sei⁻	⊆kʰə ⊆kʰei	⊆kʰə ⊆kʰei	⊆xei
	德州	⁻pei	mə⁻ mei⁻	⊆tə ⊆tei	⊆tʰə	⊆lɤ ⊆lei	⊆tsei	sai⁻ sei⁻	kʰə⁻ ⊆kʰei	⊆kʰɤ ⊆kʰei	⊆xei
东北官话	长春	⁻pei		⊆tɤ	tʰɤ⁻	ɤ⁻ ⊆lei	⊆tsei	sei⁻ sai⁻	⊆kʰɤ	⊆kʰɤ	⊆xei
	通化	⁻pei	mɤ⁻	⊆tɤ	tʰɤ⁻	⊆lɤ ⊆lei	⊆tsei	sei⁻ sai⁻	kʰɤ⁻	kʰɤ⁻	⊆xei
	沈阳	⁻pei	mɤ⁻	⊆tɤ	tʰɤ⁻	ɤ⁻ ⊆lei	⊆tsei	sai⁻ sei⁻	⊆kʰɤ	⊆kʰɤ	⊆xei
胶辽官话	大连	⁻pɤ	⊆mɤ	⊆tɤ	tʰɤ⁻	ɤ⁻ ⊆ləi	⊆tsɤ	⊆sɤ	⊆kʰɤ	⊆kʰɤ	⊆xɤ
	丹东	⁻pɤ	mɤ⁻	⊆tɤ	tʰɤ⁻	⊆lɤ ⊆lei	⊆tsɤ ⊆tsei	⊆sɤ sai⁻	⊆kʰɤ	⊆kʰɤ	⊆xei
	烟台	⁻po	⁻mo	⊆tɤ	tʰɤ⁻	⊆lɤ	tsɤ⁻	⁻sɤ	⊆kʰɤ	⊆kʰɤ	⊆xɤ

---

① 本表中一字两音者，上为文读，下为白读。

续表

		百 陌帮	伯 陌帮	魄 陌滂	麦 麦明	择 陌澄	窄 陌庄	隔 麦见	客 陌溪	额 陌疑
北京官话	北京	₅pai	₅po ₅pai	pʰo⁾	mai⁾	₅tsɤ	₅tṣai	₅kɤ ₅tɕiɛ	kʰɤ⁾	₅ɤ
	承德	₅pai	₅pai	pʰo⁾	mai⁾		₅tṣai	₅kɤ	kʰɤ⁾ ₅tɕʰie	₅ʊɤ
	武清	₅pai	₅po	pʰo⁾	mai⁾	₅tθɤ ₅tsai	₅tṣai	₅kɤ	kʰɤ⁾ ₅tɕʰiɛ	₅ɤ
冀鲁	天津	₅pai	₅po ₅pai	pʰo⁾	mai⁾	₅tsɤ ₅tsai	₅tsai	₅kɤ	kʰɤ⁾	₅nɤ
	静海	₅pai	₅pɤ ₅pai	pʰɤ	mai⁾	₅tsɤ ₅tsai	₅tsai	₅kɤ	kʰ⁾ ₅tɕʰiɛ	₅ʊɤ
	唐山	₅pai	po⁾	pʰo⁾	mai⁾	₅tsɤ ₅tsai	₅tṣai	₅kɤ	kʰɤ⁾ ₅tɕʰiɛ	₅nɤ
	保定	₅pai	₅po ₅pai	pʰo⁾ pʰai⁾	mai⁾	₅tsɤ ₅tsai	₅tsai	₅kɤ ₅tɕiɛ	kʰɤ⁾ ₅tɕʰiɛ	₅nɤ
	石家庄	₅pai	₅po	pʰo⁾	mai⁾	₅tsai	₅tsai	₅kɤ	kʰɤ⁾ ₅tɕʰiɛ	₅ʊɤ
	济南	₅pei	₅pei	₅pʰei	mei⁾	₅sei	₅tṣei	₅kə ₅kei	kʰə⁾ kʰei	₅uə ₅ie
	德州	₅pɛ	₅pɛ	₅pʰɛ	mə⁾ mei⁾	₅tsei	₅tṣɛ	₅kei	₅tɕʰiə	₅ʊə
东北官话	长春	₅pai	₅pai	pʰuɤ⁾ pʰai⁾	mai⁾	₅tsɤ ₅tsai	₅tsai	₅kɤ	kʰɤ⁾ ₅tɕʰie	₅nɤ
	通化	₅pai	₅pai	pʰuɤ⁾ pʰai⁾	mai⁾	₅tsɤ ₅tsai	₅tsai	₅kɤ	kʰɤ⁾	₅ɤ
	沈阳	₅pai	₅pai	pʰɤ⁾ pʰai⁾	mai⁾	₅tsɤ ₅tsai	₅tsai	₅kɤ	kʰɤ⁾ ₅tɕʰie	₅ɤ
胶辽官话	丹东	₅pɤ ₅pai	₅pai	pʰɤ⁾ pʰai⁾	mai⁾	₅tsɤ ₅tsai	₅tsɤ ₅tsai	₅kɤ	kʰɤ⁾	₅ɤ
	大连	₅pɤ	₅pɤ	₅pʰɤ	₅mɤ	₅tsɤ	₅tsɤ	₅kɤ	₅kʰɤ	₅ɤ
	烟台	₅po	₅po	₅pʰo	₅mo	tsɤ⁾	₅tsɤ	₅kɤ	₅kʰɤ	₅ɤ

从表 4-10 所显示的情况来看，北京官话、冀鲁官话、东北官话、胶辽官话里中古曾开一、梗开二的入声字韵母通常与果摄一等、蟹摄一等字韵母合流。但是同属于中古的一个韵母，今读音却不一样，派入的阴声韵也不一样，反映了这些方言演变过程中的不同历史层次。

如表 4-6 所示，《中原音韵》里将曾开一、梗开二入声字分别归入齐微韵和皆来韵里，具体的归字情况如下：

齐微：

入声作平声：实十什石射食蚀拾○直值侄秩掷○疾嫉茸集寂○夕习袭

○获狄敌笛耀○逼○劾_{曾开一入德匣}○贼_{曾开一入德从}

入声作上声：质隻炙织陟汁只○七戚漆刺○匹辟僻劈○吉击激极棘戟急汲给○笔北_{曾开一德入帮}○失室识适拭轼饰释湿奭○唧积稷绩迹脊鲫○必毕跸筚碧壁璧○昔惜息锡浙○尺赤吃敕饬叱○的嫡滴○德得_{曾开一入德端}○涤剔踢○吸隙翕歙翖○乞泣讫○国○黑_{曾开一入德晓}○一

入声作去声：日入○觅蜜○墨_{曾开一入德明}密○立粒笠曆歷枥沥疬力栗○逸易译驿益溢液腋掖疫役一逆乙邑忆揖射翊翼○勒肋_{曾开一入德来}○剧○匿

皆来：

入声作平声：白帛舶_{梗开二入陌並}○宅泽择_{梗开二入陌澄}○画劃

入声作上声：拍珀魄_{梗开二入陌滂}○策册栅_{梗开二入麦初}测○伯百柏迫_{梗开二入陌帮}擘檗_{梗开二入麦帮}○骼格_{梗开二入陌见}革隔_{梗开二入麦见}○客_{梗开二入陌溪}刻_{曾开一入德溪}○责帻簀_{梗开二入麦庄}摘谪_{梗开二入麦知}侧窄_{梗开二入陌庄}仄昃迮○色穑索○捆摔○吓_{梗开二入陌晓}○则_{曾开一入德精}

入声作去声：麦脉_{梗开二入麦明}貊陌蓦_{梗开二入陌明}○额_{梗开二入陌疑}厄_{梗开二入麦影}○搦

有一个字在支思韵里：

入声作上声：涩瑟○塞_{音死,曾开一入德心}

有三个字在车遮两韵中重出：

入声作上声：怯挈箧客_{梗开二入陌溪}○血歇吓_{梗开二入陌晓}蝎

入声作去声：业邺额_{梗开二入陌疑}

从《中原音韵》对曾开一、梗开二入声字的归并情况看，元时的方言在曾开一、梗开二入声字韵母的归并方面已经很乱了，一如今天北京官话、冀鲁官话、东北官话分布区域的方言。周德清在《正语作词起例》中说："《音韵》无入声，派入平、上、去三声。前辈佳作中间备载明白，但未有以集之者，今撮其同声"，"世之泥古非今、不达时变者众；呼吸之间动引《广韵》为证，宁甘受鸠舌之消而不悔，亦不思混一日久，四海同音，上自搢绅讲论治道及国语翻译、国学教授言语，下至讼庭理民，莫非中原之音"，"惟我圣朝兴自北方，五十余年，言语之间，必以中原之音为正""予生当混一之盛时，耻为亡国搬戏之呼吸，以中原为则，而又取四海同音而编之，实天下之公论也"。[①] 看来，周德清在编写《中原

---

① 参见《中原音韵》第211、213、219、220页，《中国古典戏曲论著集成》（一），中国戏曲出版社1959年版。

音韵》时曾做过两项工作：一是从已有的杂剧中整理字音归部，一是"以中原为则，而又取四海同音而编之"。《中原音韵》之所以在基础方言上有争议，跟它兼具中原官话、北京官话、冀鲁官话的特点有关。或者说，《中原音韵》也不是一时、一地的音系。上面所说的宕江摄文白异读中文读音属于中原官话，中古曾开一、梗开二入声字在《中原音韵》里同样也表现为中原官话和北京官话、冀鲁官话的叠置。《中原音韵》里并入皆来韵的入声字在以洛阳为中心的方言中大都读 ai（æ、ɛ），在中原官话关中片、汾河片里大都读 ei。具体情况见表 4-11。

表 4-11　《中原音韵》皆来韵中并入的入声字在今中原官话中的读音
（一字两音者，上为文读，下为白读）

	涩 深开三 入缉生	色 曾开三 入职生	刻 曾开一 入德溪	则 曾开一 入德精	白 梗开二 入陌并	择 梗开二 入陌澄	摘 梗开二 入麦知	隔 梗开二 入麦见	客 梗开二 入陌溪	额 梗开二 入陌疑
洛阳	₋sæ	₋sæ	₋kʰæ	₋tsæ	₌pæ	₌tsæ	₋tsæ	₋kæ	₋kʰæ	₋æ
郑州	₋ʂɛ	₋ʂɛ	₋kʰɛ	₋tsɛ	₌pɛ	₌tʂɛ	₋tʂɛ	₋kɛ	₋kʰɛ	₋ɛ
原阳	₋sai	₋sai	₋kʰai	₋tsai	₌pai	₌tʂai	₋tʂai	₋kai	₋kʰai	₋ai
西安	₋sei	₋sei	₋kʰei	₋tsei	₌pei	₌tsei	₋tsei	₋kei	₋kʰei	₋ŋei
潼关	₋sei	₋sei	₋kʰei	₋tsei	₌pʰei	₌tsʰei	₋tsei	₋kei	₋kʰei	₋ŋei
临猗	₋sei	₋sei	₋kʰei	₋tsei	₌pʰei	₌tsʰei	₋tsei	kei tɕiɛ	kʰei tɕʰiɛ	ŋiɛ
永济	₋ʂei	₋ʂei	₋kʰei	₋tsei	₌pʰei	₌tʂʰei	₋tʂei	₋kei	₋kʰei	₋ŋiɛ

从表 4-11 中可知，曾开一、梗开二在中原官话关中片（西安、潼关）、汾河片（临猗、永济）、郑曹片（郑州、原阳）、洛徐片（洛阳）方言中基本合流，其中，关中片、汾河片 ei、iɛ，郑曹片、洛徐片读 ai（æ、ɛ，部分曾开一入声字今读 ei，当是现代北京话影响的结果）。张树铮（2003）考证清代山东方言时结论是清代山东中古曾、梗摄入声字洪音比较一致地读为 ei、uei。看来，天津周围方言中古曾开一、梗开二入声字今读 ei、uei 的极可能是早期中原官话的层次；今读 ai 的可能是以洛阳为中心的近代中原官话的层次。如此，包括天津市方言在内的今北京周围的北京官话、冀鲁官话中曾、梗摄入声字韵母大致沉淀着三个不同的层次：

①底层：韵母读 ɤ、o
②洛阳层：ai
③关中层：ei、iɛ

明·郎瑛在《七修类稿》（卷二十六·杭音）记载："城中语音好于他郡，盖初皆汴人，扈宋南渡，遂家焉，故至今与汴音颇相似。如呼玉为玉_音御_，呼一撒为一_音倚_撒，呼百零香为百_音摆_零香，兹皆汴音也。唯江干人言语躁动，为杭人之旧音。教谕张杰尝戏曰：'高宗南渡止带得一百_音摆_字过来'，亦是谓也。""百"与蟹摄一、二等字在南宋时的汴京话里同音，与今天的中原官话郑曹片、洛徐片的特点吻合，也与《中原官话》将"百"归入皆来韵一致，说明今北京官话、冀鲁官话等方言中梗开二入声字今读 ai 的确与中州音的影响有关。

《中原音韵》里，齐微韵里包括蟹开三、开四及合口、止开三帮组见系及合口，深开三、臻开三、曾开一、开三、梗开三、开四及合三（见表4-6）。元杂剧中这些字可以通押，如白仁甫《裴少俊墙头马上杂剧》第一折：

【寄生草】柳暗青烟密_臻开三_，花残红雨飞_止合三_，这人人和柳浑相类_止合三_，花心吹得人心碎_蟹合一_。柳眉不转蛾眉繫_蟹开四_，为甚西园陡恁景狼籍_梗开三_。正是东君不管人憔悴_止合三_。

【幺篇】榆散青钱乱，梅攒翠豆肥_止合三_，轻轻风趁蝴蝶队_蟹合一_，霏霏雨过蜻蜓戏_止开三_，融融沙煖鸳鸯睡_止合三_，落红踏践马蹄尘，残花酝酿蜂儿蜜_臻开三_。

这些字在今北京官话、冀鲁官话、东北官话等方言里一般不能互押，但在中原官话关中片、汾河片、郑曹片、洛徐片的方言中，止开三帮组字、止合三非组字可以和臻开三、梗开三入声字韵母相押，因为这些止摄字在这些方言里多读细音。具体情况见表4-12。

表 4-12 中原官话部分方言止摄字今读表

		碑_支帮_	眉_脂明_	泪_至来_	嘴_纸精_	飞_微微_	费_未敷_	肥_微奉_	围_微云_	苇_尾云_
汾河片	临猗	₋pi	₌mi	yᵓ	₋tɕy	₋ɕi	ɕiᵓ	₌ɕi	₌y	ᵓy
	运城	₋pi	₌mi	yᵓ	₋tɕy	₋ɕi	ɕiᵓ	₌ɕi	₌y	ᵓy
	吉县	₋pi	₌mi	lyᵓ	₋tɕy	₋ɕi	ɕiᵓ	₌ɕi	₌y	ᵓy
	永济	₋pi	₌mi	ᵓy	₋tsuei	₋ɕi	ɕiᵓ	₌ɕi	₌y	ᵓy
	新绛	₋pi	₌mi	yᵓ	₋tɕy	₋ɕi	ɕiᵓ	₌ɕi	₌y	ᵓy
关中片	大荔	₋pi	₌mi	leiᵓ	₋tsuei	₋fi	fiᵓ	₌fi	₌uei	ᵓy
	潼关	₋pi	₌mi	lueiᵓ	₋tsuei	₋fi	fiᵓ	₌fi	₌uei	ᵓy

续表

		碑支帮	眉脂明	泪至来	嘴纸精	飞微微	费未敷	肥微奉	围微云	苇尾云
郑曹片	郑州	₋pei	₋mei	luei⁻	₋tsuei	₋fi	fi⁻	₋fi	₋uei	₋uei
	商丘	₋pei	₋mei	lei⁻	₋tsuei	₋fi	fi⁻	₋fi	₋vei	₋vei
	原阳	₋pei	₋mei	luei⁻	₋tsuei	₋fi	fi⁻	₋fi	₋uei	₋uei

从表4-12中可以看出，止摄字今读细音现象在中原官话汾河片里表现比较突出，在郑曹片里只有止摄合口三等非组字还保留着细音的读法。止摄字合口字读细音是与开口字合并的结果，这种现象在唐五代西北方音里就已经出现，如《敦煌曲子间·十恩德》：

今日各须知，可怜慈母自家饥。贪喂一孩儿，为男女，母饥羸，纵食酒肉不肥。大须孝顺寄将归，甘旨莫教亏。（第四 咽苦吐甘恩）

除母更教谁，三冬十月洗孩儿，十指被风吹。慈母鸟，绕林啼，衔食报母来归。枝头更教百般飞，不孝也应师。（第七 洗濯不净恩）

后来，蟹摄合口字又进一步并入止摄，也变成了细音，止、蟹摄才能互相押韵。显然，《中原音韵》里齐微韵的收字受到了早期中原官话的影响。

从以上的论述中可以得出这样的结论，包括天津市方言在内的北京官话、冀鲁官话在演变过程中受到了中古、近代中原官话的影响，这一点在入声韵母的归派上表现尤为突出。天津方言中古入声字韵母的演变与周围方言同步，其底层应与周围方言一致。

伍

天津方言的词汇、语法问题

一 天津方言的词汇系统

(一) 天津方言词汇系统的特点

在天津辖区内方言的词汇系统中，大量词语都是从古代、近代方言中自然传承下来的，如：

天文、地理类：日、月、云、雨、风、山、水、海、河、地
动物、植物类：虎、狼、猪、牛、鱼、虫、树、草、葱、姜
房屋、器具类：门、窗、梁、柱、砖、床、盆、碗、刀、桶
衣服、饰物类：鞋、袜、袄、裤、簪、镯子、戒指、粉、胭脂
饮食类：米、面、肉、醋、酱、炒、煤、煮、灶、茶
时令类：春、秋、雨水、冬至、年、月、日
社会生活类：村、镇、县、忠、孝、礼、农、商、兵
生理、卫生类：头、脸、脚、聋、瞎、大夫、病、药方、针灸、按摩
动作、行为类：走、睡、吃、说、想、哭、笑、打、骂
称谓类：父、母、兄、姐、儿、女、丈人
文化、教育类：诗、词、学、书、笔、纸
形容词：红、绿、紫、软、湿、热、早、晚
代词：你、我、他、这、那、谁
数词、量词：一、十、百、亿、双、只、个、条、斤、尺
其他词类：很、就、在、向、从、的、了、呢、啊

这类词既通用于现代汉民族共同语——普通话，在官话方言里也基本通用，在非官话方言里大部分也都使用。这些词在古代字典、辞书或近代白话著作中都能找到，它们不是方言自造词，而是古代、近代方言

从当时民族共同语的书面语和口语中吸收的,并且被现代方言传承下来。这些词语具有跨方言的属性,是保证民族共同语与方言以及方言间交际的基础。

现代的天津辖区内方言还从现代汉民族共同语中吸收了大量的新词语,如:

家用电器:冰箱、洗衣机、电视、收音机、电脑、空调、加湿器、烤箱、排风扇

通信设备:手机、电话、对讲机

交通工具:汽车、火车、轻轨、地铁、电车、公交车、飞机、摩托、电动车

科技:卫星、火箭、原子弹、激光、辐射

政治生活:社会主义、党员、团员、民主党派、人大、政协、文革、右派

社会生活:工资、保险、退休、公积金、商品房、廉租房、经济适用房、贷款、按揭

文化生活:电视剧、动画片、电影院、联欢晚会、音乐会、钢琴、电子琴

教育:学校、小学、初中、高职、大学、电大、自学考试、研究生、硕士、博士

体育:乒乓球、篮球、排球、足球、高尔夫、羽毛球、奥运会

另外,还通过现代汉民族共同语吸收了一定数量的外来词,如:

扑克、咖啡、沙发、麦克风、吉他

X光、卡拉OK、CT、CD、MP3、NBA

这些词语已经成为方言中的有机组成部分。它们与上面的传承词一样,在普通话和方言中都具有通用性,属于广义的方言词中的一部分。

方言中,除了这类同时在民族共同语、其他方言里都使用的词语之外,还有一部分词语仅限于在某个区域或某个地点方言里使用,这是狭义的方言词语。狭义的方言词在官话方言里的数量一般比非官话方言里少,常常来源于对一些古语词的保留,对早期方言中特殊词语的传承或自造词语。今以天津市区方言为例:

1. 保留了部分古语词

有一部分古语词在普通话里已经基本不用,但天津市区方言中仍然保

留着,如:

谝,《说文解字》言部:"便巧言也,从言扁声。《周书》曰:'戳善谝言';《论语》曰:'友谝佞'";《广韵》狝韵:"巧佞言也"。今市区方言是吹牛、瞎说的意思,如:"别~啦,谁还不知道你"。

眵,《说文解字》目部:"目伤眥也";《广韵》支韵:"目汁凝"。今市区方言称眼屎为"眼眵"。

擩,《广韵》麌部:"擩,取物也"。今市区方言为"塞进去"的意思,如:"从门缝儿里~进去。"

釱,《集韵》骇部:"缺也"。今市区方言凡瓷器上的缺口都叫"~儿"。

山芋,《类说》卷三十五:"薯蓣,一名山芋。秦楚名玉延,郑越名土藷"。

酦,是"喝酒喝多了,第二天再少量喝一点"的意思,其作用是"养胃,使酒量不至于因为这次喝多了而下降"。如:"昨日上坟处多吃了几盅酒,不自在……咱今日往谢家楼上再置酒席,与我酦一酦去来。"(《元曲选·杀狗劝夫》)今市区方言里这个词的用法和意义与《杀狗劝夫》中一模一样。

有的古语词在今方言中发生了一些变化。如:噇,《广韵》江韵:"吃貌",在近代汉语里含有贬义色彩:

你看这厮,到山下去噇了多少酒(《元曲选·李逵负荆》)

拦住鲁智深便喝道:"你是佛家弟子,如何噇得烂醉了上山来"(《水浒传》第四回)

现在的天津市区方言里,"噇"是将东西装进去、塞进去的意思,属于词义的引申。

古语词的保留丰富了现代方言的词汇系统。这些古语词在方言中得以保留,主要是因为它们特殊的意义和用法用普通话的词语不能完全取代。

2. 对早期本方言词语的传承

有些古语词来源于周边方言。如:明·陆深《俨山外集》卷四:"石炭即煤也。东北人谓之楂(上声),南人谓之煤,山西人谓之石炭",今天津方言老派口语中将无烟煤称为"大砟(tsa^{213})",当是从东北方言中借来的。但是,天津方言的语词更多的是对本方言早期特殊词语的传承。清·石玉崑(1810-1871),天津人,其所著的《三侠五义》中使用了不少天津方言词,部分仍在现在的方言中使用,如:

寡妇失业的，常常用来描写无依无靠的寡妇的窘境："我寡妇失业的，原打算将来两个女婿，有半子之劳，可以照看"（第二十回）

找补，随便再吃点东西充饥："早起吃的，这时候还饱着呢！我们不过找补点就是了"（第三十二回）

拐子，鲤鱼："吾告诉你，鲤鱼不过一斤的叫做'拐子'，过了一斤的才是鲤鱼"（第三十三回）

大发，事情做过头了，或超出正常范围："谁知他又细起心来了，这才闹的错大发了呢！"（第四十七回）

任么儿/任吗儿，任何情况、任何事情："这倒好了，任么儿也不干，吃饱了，墩墩膘，还给钱儿"（第八十回）；"外头任吗儿也没有了"（第一百十五回）

蛤蜊蚌子，不好相处的人："谁不晓得俺葛瑶明，绰号蛤蜊蚌子吗？"（第九十二回）

你老，尊称，相当于"您"："蒋平拦道：'大哥不要脱，你老的衣服，小弟如何穿的起来？……'"（第一百零四回）

吗（嘛），疑问代词，相当于"什么"："智化挺身来到船头，道：'你放吗箭呀？……官儿还不打送礼的呢，你又放箭做吗呢？'"（第一百十一回）

3. 自造词语

这类词语在方言中所占的比例并不大，从典籍和早期白话中查不到出处，使用范围一般仅限于本方言。这类词语通常有以下几种类型：

（1）对事物的特殊称呼：

糖堆儿（糖葫芦）　山药豆子（土豆）　　闷子（凉粉儿）
白果儿（鸡蛋）　　老贺（蜻蜓）　　　　地蚕（蚯蚓）
老等（鹭鸶）　　　猫儿肉（兔肉）　　　分水（鱼鳍）
脚豆儿（脚趾）　　大梨（爱吹牛的人）　黄梨（滥竽充数的人）

（2）对一些动作、行为的特殊描写或摹状

拔闯（打抱不平）　翻呲（翻脸）　　　　顶戗（管用）
逗闷子（开玩笑）　耍巴（玩弄）　　　　打镲（戏耍）
抬面儿（给面子）　崴泥（糟糕）

（3）对词语的特殊使用：

从天津市区方言词汇中可以看出，方言词汇的发展的重要途径之一是"用词"，就是对一些来自民族共同语的词语进行了本土化改造。具体表现在以下几个方面：

①与民族共同语在同义形式的选择方面有差异，如天津方言"收钱"为"敛钱"，挂断电话为"撂"等。

②增加词的义项或扩大词义的外延，如"扯"增加了"过于不拘小节"的意思，"对象"也指称已婚的青年男女等。

③改变词义，如"伯伯"用以指称叔父；"艮"原指食物"不脆"，市区方言是"有韧劲""固执"的意思，如："这个人～极啦"等。

这些"用词"的手段使原来民族共同语中的词语增加了一些方言色彩，从而丰富了方言的词汇系统。

（4）自造表达特殊意义的惯用语和成语：

罗罗缸：麻烦不断、纠缠不清的事情，如："尽是些～"等。

不搅闷：不知趣、不自觉，如："你这人怎么这么～？"等。

磨裤裆：撒泼耍赖、纠缠不休，如："你别～行吗？"等。

猫盖屎：拙劣地掩饰或敷衍了事，如："认真点儿，～可不行"等。

马前三刀：华而不实、故意显示，如："这人老实，可不会～"等。

单摆浮搁：随便地放着，如："就那么～哪行，一阵风就给刮跑了"等。

瞎摸合眼：形容视力不佳的样子，如："瞧她那～的，还想绣花？"等。

小小不言：零头儿或不太大的数量，如："这东西不还价。～的就算了，太多了不行"等。

（5）对本地土特产的命名：

狗不理包子　　耳朵眼儿炸糕　　十八街麻花

泥人张　　　　蹦豆张　　　　　嘎巴菜

（二）天津市方言与周围方言的词汇比较

1. 天津市方言与周围方言词汇方面存在的一致性

天津辖区内方言的大部分基本词汇和周围方言乃至于整个官话方言一样，与现代汉民族共同语——普通话一致。有一部分词语，与普通话不同，但与周围的方言具有一致性：

（1）部分词语与周围的北京官话、冀鲁官话、东北官话、胶辽官话基本一致，如"冰雹、麻雀、螳螂、膝盖、尿布"等，具体情况见表5-1。

表5-1　天津及周围方言"冰雹、麻雀、螳螂、膝盖、尿布"比较表

		冰雹	麻雀	螳螂	膝盖	尿布
北京官话	北京	雹子	家雀儿/老家贼/老家子	刀螂	磕膝盖儿/波棱盖儿	褯子
	承德	雹子	家雀儿/老家子	刀螂	磕膝盖儿/波棱盖儿	褯子
	武清	雹子	老家贼	刀螂	波了盖儿	褯子
冀鲁官话	唐山	雹子	老家儿	刀螂	波棱盖儿	褯子
	蓟州	雹子	家雀子	刀螂	波了盖子	褯子
	宝坻	雹子	家贼	刀螂	波拉盖儿	褯子
	宁河	雹子	家雀儿	刀螂	波拉盖子	褯子
	汉沽	雹子	家雀儿	刀螂	波了盖儿	褯子
	市区	雹子	家雀儿/老家贼	刀螂	波拉盖儿	褯子
	塘沽	雹子	家雀儿	刀螂	波了盖儿	褯子
	西青	雹子	家雀儿	刀螂	波了盖儿	褯子
	静海	雹子	家贼	刀螂	波拉盖儿	褯子
	沧州	雹子	家雀儿/老家赶	刀螂	波拉盖儿	褯子
	保定	雹子	老家	刀螂	圪拉瓣儿	褯子
	石家庄	雹得	家雀儿/老家儿	刀螂	磕膝盖儿	褯得
	济南	雹子	家雀（子）/家雀儿	刀螂	波罗盖/圪拉瓣儿	褯子
胶辽官话	烟台	雹子	家雀儿	刀螂	波罗盖	帕帕
	大连	雹子	家雀儿	刀螂	波罗盖	褯子
	丹东	雹子	家雀儿	刀螂	波棱盖儿	褯子
东北官话	锦州	雹子	家雀儿/老家贼	刀螂	波棱盖儿/胳棱瓣儿	褯子
	沈阳	雹子	家雀儿/家贼	刀螂	波棱盖儿	褯子
	通化	雹子	家雀儿	刀螂	波棱盖儿	褯子
	长春	雹子	家雀儿	刀螂	波棱盖儿	褯子

（2）部分词语与北京官话、东北官话、冀鲁官话、胶辽官话处于交织状态。如："眼屎、抹布、粥、汤面、油条、酱油"等。具体情况见表5-2。

表 5-2 天津及周围方言"眼屎、抹布、粥、汤面、油条、酱油"比较表

		眼屎	抹布	粥	汤面	油条	酱油
北京官话	北京	眵目糊	抹布	粥	汤面	油条	酱油
	承德	眵目糊	搌布	粥/稀饭	浑汤面	油条	酱油/青酱
	武清	眵目糊	抹布	稀饭	热面汤	馃子/油条	酱油
冀鲁官话	唐山	眵目糊	抹布/搌布	粥/稀饭	条儿汤	油条/馃子	酱油/青酱
	蓟州	眵目糊	抹布	稀饭	热汤儿面	大馃子	酱油
	宝坻	眵目糊	搌布	稀饭	汤面	馃子	青酱
	宁河	眵目糊	搌布	稀饭	面汤	馃子	酱油
	汉沽	眵目糊	抹布	稀饭	汤面	馃子	酱油
	市区	眼眵	搌布	稀饭	面汤	馃子	酱油/青酱
	塘沽	眼眵	搌布	稀饭	面汤	馃子	青酱
	西青	眼眵	抹布	稀饭	面汤	馃子	青酱
	静海	眼眵儿	抹布	稀饭	汤面	馃子	青酱
	沧州	眼屎	抹布	粥/稀饭	面汤	果子	酱油/青酱
	保定	眵目糊	搌布	粥/稀饭	面汤	果子	酱油/青酱
	石家庄	眵目糊	抹布/搌布	粥	面汤	果得	酱油
	济南	眵麻糊	抹布/搌布	粥/稀饭	面汤	油条/果子	酱油
胶辽官话	烟台	眼眵	搌布子	粥	面汤	油条	青酱
	大连	眼眵	抹布	稀饭	热汤面	油条	青酱
	丹东	眼眵/眵目糊儿	抹布	粥/稀饭	汤面/面汤	油条/果子	酱油/青酱
东北官话	锦州	眼眵糊/眵目糊	抹布/搌布	粥/稀饭	汤面/面汤	油条/果子	酱油
	沈阳	眼眵/眵目糊儿	抹布	粥/稀饭	面汤	油条	酱油
	通化	眵目糊	抹布	粥	汤面	油条/馃子	酱油/青酱
	长春	眵目糊	抹布	粥/稀饭	汤面	油条/大果子	酱油/青酱

2. 天津市方言与周围方言词汇方面存在的差异性

天津辖区内方言的词汇整体上与周围的北京官话、东北官话、冀鲁官话、胶辽官话的词汇大同小异。差异性主要表现在自造的词语方面。从目前的调查成果来看,天津辖区内方言与周围方言在词汇方面的差异主要是区域性差异,不是单个方言点之间的差异。具体情况请看表 5-3。

表 5-3　　天津市及周围方言"叔叔、花生、西红柿、红薯、梳子、什么"比较表

		叔叔	花生	西红柿	红薯	梳子	什么
北京官话	北京	叔叔	花生	西红柿	白薯/红薯	梳子	什么
	承德	叔叔/伯伯①	落花生	柿子	红薯	梳子	什么
	武清	叔	花生	西红柿	白薯	拢梳	什么
冀鲁官话	唐山	叔叔	落生	火柿子	白薯	梳子/拢梳儿	啥
	蓟州	叔	落生	西红柿	白薯	拢梳	啥
	宝坻	叔叔	花生	火柿子	白薯/山芋	拢梳	啥
	宁河	叔	落生	洋柿子	山芋	拢子	啥
	汉沽	叔	花生	西红柿	山芋	拢子	啥
	市区	伯伯	仁果儿	火柿子	山芋	拢子	嘛
	塘沽	伯伯	花生	火柿子	山芋	拢子	嘛
	西青	伯伯	花生	火柿子	山芋	拢子	嘛
	静海	叔/伯	仁果儿	火柿子	山芋	拢子	嘛
	沧州	叔叔/伯伯	花生/人果儿	西红柿/洋柿子	红薯/山芋	拢	什么
	保定	叔叔	花生	西红柿/洋柿子	山药	梳子	什么
	石家庄	叔叔	花生	西红柿/柿得	山药	拢得	啥
	利津	叔	花生/长果儿	西红柿/洋柿子	地瓜	梳子	啥
	济南	叔	花生/长果	西红柿/（洋）柿子	地瓜	梳子	什么
胶辽官话	烟台	叔儿	花生儿	（洋）柿子	地瓜	梳	什么
	威海	叔	落儿生	洋柿子	地瓜	梳	么儿
	大连	叔叔	花生	洋柿子	地瓜	木梳	什么
	丹东	叔	花生	西红柿/柿子	地瓜	梳子	什么
东北官话	锦州	叔叔	花生	西红柿/洋柿子	红薯/地瓜	梳子/拢子	什么
	沈阳	叔叔	花生	西红柿/柿子	地瓜	梳子/拢子	什么
	通化	叔叔	花生	洋柿子	地瓜	梳子	啥
	长春	叔叔	花生	洋柿子	地瓜	梳子/木梳	啥

从表 5-3 中可以看出，各个词条中有差异的通常集中连片分布：

① "叔叔"条中，"伯伯"只分布在天津市的市区、塘沽、西青、静

---

① 陈章太、李行健《普通话基础方言基本词汇集》（词汇卷上）第 2335 页注"此处的'伯伯'为回民用法"。

海以及地近静海的沧州。

②"花生"条中,"落生"集中分布在冀鲁官话保唐片蓟遵小片的唐山、蓟州、宁河等地,"仁果儿（人果儿）"分布在天津市区、静海、沧州;"长果（长果儿）"分布在山东的冀鲁官话里。

③"西红柿"条中,"火柿子"集中分布在冀鲁官话保唐片的唐山、宝坻、天津市区、塘沽、西青、静海一带。

④"红薯"条中,"白薯"分布在北京官话和靠近北京官话的冀鲁官话保唐片蓟遵小片的唐山、蓟州等方言里;"地瓜"主要分布在山东境内的冀鲁官话和东北官话、胶辽官话里;"山芋"集中分布在天津辖区内的方言里（蓟州例外）;以及临近的沧州方言里。"山药"分布在保定、石家庄等方言里。

⑤"梳子"条中,"拢梳"分布在北京官话和冀鲁官话相连的区域内。

⑥"什么"条中,"嘛"集中分布在天津辖区内的冀鲁官话里。

结合表5-1、表5-2,可以看出,北京官话、冀鲁官话、东北官话、胶辽官话词汇的内部一致性很强。部分词语的内部差异通常不是单点之间的差异,而是区域性差异,并且与语音上的方言分区并不完全吻合。方言词汇发展过程中,单点方言词汇通常与相邻的方言相联合,在相同的历史条件、相同的自然环境下具有同步发展的性质。

二　天津方言词汇系统的再生能力

词汇系统的再生能力指某种方言的词汇在发展、演变过程中为适应社会发展和本方言使用者交际需要而不断进行内部的结构调整和重组的能力,主要包括构词能力、新陈代谢能力和吸收他源词语的能力。每一种方言的词汇系统也都有一定的再生能力,因为其地域性制约以及在社会生活中的从属位置,注定了其再生能力内部的不均衡性。今以天津市区方言为例加以说明。

（一）构词能力

方言的构词能力指方言为满足社会交往、适应社会发展而构造新词的能力。任何方言都有一定的构词能力,这是其完成交际职能的必要保证。

从共时平面来看，天津市区方言的历史传承词从民族共同语中吸收进来的比例很大，绝大部分都属于基本词汇，如："吃、睡、走、山、水、天、红、绿、鱼、草、铁、金"等，而自造词的数量较少，说明其构词能力并不强。作为一种方言，在构词方面受到民族共同语及权威方言的制约。就今天的天津市区方言来看，其构词法与普通话一样，无外乎复合、附加、重叠。比如：

  复合式：并列：圆全（考虑周全）、窄憋（狭小）
      偏正：棒硬（坚硬）、地起（当初）、饭口（吃饭的时间）、眼眉（眉毛）
      主谓：心忙（慌乱）
      述宾：挑费（开销）、抬色（添彩儿）
      补充：尅化（消化）、搭和（说和）
  附加式：老敢（土包子）、大盐（原盐）
      蹦子（钢镚儿）、灵子（聪明的人）、行子（不喜欢的人或物）
      几儿（什么时间）、猴儿（顽皮）、翻儿（翻脸）
      耍巴（玩弄）、俊巴（英俊）、痲巴（痲儿）
      扒呲（乱翻）、翻呲（翻脸）、答呲（搭理）
  重叠式：腿腿（又说"腿儿"，步行，如"我~去"等）
      唎唎（又说"胡唎"、"胡唎唎"，胡说的意思）

另外，天津市区方言还用修辞手段构成一些方言词，如：
  借代：分水（鱼鳍）、扒皮（水蛭）、猫儿肉（兔肉）
  比喻：白果（鸡蛋）、地蚕（蚯蚓）

从上述的例子来看，天津市区方言的自造词语具有明显的地域性色彩，只可以满足本方言区内人们的特殊交际需求。但就一种方言的词汇系统而言，它除了完成日常交际职能外，还肩负着引领方言区的人们把握时代脉搏、促进社会发展的重任。而这个重任是方言的自造词语所无力承担的，必须依赖民族共同语的词汇输入才能完成。作为一个民族的非中心区域，虽然地近现代的政治、经济、文化中心——北京，天津仍与其他方言区一样在社会变迁、经济发展、文化出新等方面总是处于相对滞后、较为被动的地位，其方言不具有创造反映国家和民族全面发展变化的词语的能力，单从这个层面上来讲，方言本身的构词功能已经萎缩，甚至可以说，从来就没有强大过。李如龙（2001）论及汉语方言分区时认为："从严格的意义上说，官话以外的方言（可以称为东南方言）才是真正的方言。因为它们不是基础方言，它们的成分要进入共同语是很艰难的。"其实，基础方言区内方言自造词语要进入民族共同语也并非易事。民族共同语的词汇具有通用性、时代性、权威性。从方言交际的范围和性质来看，造词并不是方言词汇系统的主要功能，其所造词语因为不具有通用性、时代性、权威性，大都不具备向民族共同语输送的条件。王宁（2001）讨论汉语词源问题时指出："汉语词汇积累大约经历过三个阶段，即原生阶段、派生阶段与合成阶段"。每一种语言都有其词语的原生时期，各类事物、各类现象、各类动作、行为、发展、变化在这一时期内相继具有了固定的称述。当一种语言的词汇达到相应的数量时，词汇系统才具有了生成能力：即较为固定的造词手段和一定数量的造词材料（词或语素）。但方言似乎并没有其原生时期，当它分化出来时，就已经拥有了以底层词汇为基础的词汇系统。在发展演变过程中，方言造词的主要目标就是把本方言分布范围内的特殊东西或特殊变化称述出来，没有向民族共同语输送新词、新语的责任和义务。

当然，因为天津与北京距离近，社会交往较为频繁，天津市区方言的一些词语也会进入北京话。俞敏（1984）讨论北京音系的发展时列举了一些天津方言词语进入北京话的例子："离北京最近的大都市是天津。可是天津话影响北京话只限于词汇。旧社会天津市歌女多。从早就有流行歌曲，叫'时调'。北京人学着说'丝调'。这既没有影响音系，也没有添出新音节。天津工业发达得早。汽车司机给零件儿起名字用本地话。汽车上有个'涩带'，是制动的主要零件，天津人念/sei¹dai⁴/。北京人也这么念。可是北京人说柿子还说/sə⁴/。建筑工里天津沧县一带人多。建筑工搭架子，天津叫'脚/ziɑu¹/手'。北京人也说/ziɑu¹/手。剩下的象/gə⁴sə⁴/'各色'（特别，含贬义；天津说/gə²sə⁴/）呀，/zrə³li/（矫［tɕiɑu¹］情）呀……都是词汇借用，不值得多费笔墨了。"另外，像相声术语"逗哏儿、捧哏儿"中的"哏儿"也是从天津方言中借去的。

（二）新陈代谢能力

词汇的新陈代谢能力指的是词汇系统中在词形、词义及用法方面以新换旧的能力。众所周知，词汇是语言要素中最为活跃的成分，方言词汇也不例外。天津市区方言词汇在发展演变过程中也在不断地自我更新，以适应新形势下的社会交际需要。但是，其词汇系统的新陈代谢速度相对迟缓，主要表现为新旧词语更替的速度相对迟缓。

每一个方言的词汇系统中都有较为完善的优胜劣汰机制，词语的优劣及存废主要看该词语是否能够满足新时期方言交际的需求。在天津市区方言中，一些旧词语已经完成了新旧交替的过程，如：

派司牌——扑克牌　　茅所——厕所　　大宾——媒人
套脓——发炎　　　　贴彩——凑份子　凌——冰
外卖——外人　　　　小绺儿——小偷儿

一些词语在老派方言口语中存在着一些旧词与新词共用、方言词与通用词并存的现象。如：

洋火儿——火柴　　胰子——肥皂　　　拢子——梳子
仁果儿——花生　　山药豆子——土豆儿　火柿子——西红柿
磨磨——散步　　　倭瓜——南瓜　　　左不拐——左撇子

而这些现象在新派的天津方言中基本上完成了更替过程，人们在交往中基本上使用新词或通用词，而舍弃了旧词和方言词。一些旧词、方言词被淘汰是方言词汇系统适应新的社会生活的需要，是方言从属于社会发展变化的一种积极性反应。不同方言在新词、通用词取代旧词、方言词方面不完全同步，如"洋火儿、洋布、洋蜡、洋油、洋车、洋伞"等词在官话方言里仍然被不同程度地使用，这是方言区对外界社会发展变化反应的速度不一造成的。

民族共同语的词汇系统是社会发展的晴雨表，新的事物、新的思潮的涌现，旧的事物的淘汰以及观念的更新都会瞬间在词汇系统中反映出来，迅速实现词汇的新陈代谢。作为地域性交际工具，方言词汇新陈代谢的能力具有滞后性和从属性等特点，民族共同语词汇系统更新会对方言的词汇系统产生相应的影响。方言词汇系统在更新过程中对词形、词义、用法的选择也受到民族共同语的制约，尽量选择通用的词语，尽量缩小方言在同类事物称述方面与外界的差异。因此，方言词汇的新陈代谢过程实质上是方言词汇向民族共同语词汇靠拢的过程，这也是亘古至今方言词汇发展的规律，直接导致了方言与民族共同语之间词汇一致性越来越高的结果。

（三）吸收他源词语的能力

方言中的他源词语主要指来自不同时期的民族共同语、权威方言的词语,也包括从民族共同语中转引的外来词语。在词汇再生能力中,方言吸收他源词语的能力异常强大,这是方言词汇必须适合方言区保持与国家、民族的整体发展同步的需求所决定的。方言的词汇系统是开放性的,在其形成发展过程中,向民族共同语和权威方言吸收词汇从来就没有中断过,方言中的历史传承词和古语词就是很好的证明。新中国成立以来,天津市区方言从民族共同语中吸收了大量的新词语,如:

社会生活方面:共产党、社会主义、无产阶级、改革开放

文化教育:电影、电视、广播、义务教育、公办教师

科学技术:火箭、宇航员、原子弹、卫星、电脑

日常生活:冰箱、洗衣机、空调、绿色食品、超市、健身、医疗保险、公积金

这些新词语已经在天津市区方言里扎根落户,成为其词汇系统中的有机的组成部分。天津市区方言也凭借这些词语完成了与主流社会发展动态对接的任务,以确保和国家建设、社会发展同步。方言在吸收他源词语方面具有"主动吸收"和"被动吸收"两面性:一方面,方言区在社会发展中必须适应外界主流社会的发展趋势,要求方言词汇必须及时对外界发展做出反应;另一方面,主流社会要求方言区必须顺应社会发展的总趋势,体制的改革、政令的颁行、思想文化的主导等都会"强迫"方言接受一些新的词语。

在天津市区方言词汇系统的再生能力中,造词能力相对萎缩,新陈代谢能力相对薄弱,但吸收外来词语的能力却越来越强大,这也是官话方言的共性特征。这种状况并不是现在形成的,而是自古如此,不过,在现代汉语里表现得尤为突出。在信息化的时代里,不同区域的人群联系越来越紧密,社会协作越来越频繁,甚至实现了跨越时空的"零距离"接触,社会发展、新生事物的传播瞬间即达,这些都使得方言词汇趋同(向民族共同语靠拢)的速度越来越快,这可能是汉语词汇发展的大趋势。民族共同语对方言的影响是以词汇的输入为基础的,其强大的社会优势是任何方言所不能抵御的。而且,随着社会的发展,这种优势将会不断地增强。

三 天津方言的儿化韵及儿化词

(一) 天津方言儿化词的结构特点

天津方言的儿化词很丰富,与北京话一样,都是音节卷舌化形成的。

人们通常认为"儿化"的过程是"儿"后缀附着在某个音节的后面从而使前面的音节产生卷舌的动作。儿化词一般都由单音节的名词、动词、形容词、量词等性质的语素构成：

名词性语素+儿：盆儿　道儿　侄儿　官儿

动词性语素+儿：过儿_{划算}　抱儿_{一~，量词}　驳儿_{训斥，挨~}　翻儿

形容词性语素+儿：圆儿_{抢夺}　黄儿　亮儿_{光~}　好儿_{没你的~}

量词性语素+儿：倍儿　个儿　件儿　条儿

但也有双音节构成的儿化词，如：混混儿　抽抽儿　巴巴儿_{说漂亮话}这些词中，单个的语素不能构成儿化词，必须重叠后方可。还有一些双音节的外来词构成的儿化词，如：扑克儿、哈巴儿等。"哈巴"源于满语，原指分叉或拐弯的地方，在天津方言里指"两个相邻的手指指根或脚趾趾根处"。

在天津方言的词汇系统里，儿化也具有区别词性、区别词义的作用。朱德熙（1984：31）在讨论现代汉语的后缀时列举了一些"儿"后缀构成的儿化词类型，除了常见的名词、量词外，"儿"后缀还可以构成动词，如"玩儿、嗤儿（骂，责备），火儿了，颠儿了（走了），葛儿（gěr）了（死了）"；可以构成副词，如："慢慢儿、远远儿、悄悄儿"；可以构成状态形容词，如："小小儿的、大大方方儿的、红扑扑儿的、酸不唧儿的"等。天津方言里，儿化词除了常见的名词、量词外，也有动词、形容词、副词，如：

动词性儿化词：

圆儿，抢夺：一帮小流氓把老乡的瓜全~了。

猴儿，关押：~起来了。

形容词性儿化词：

抽抽儿，缩小：越长越~了。

哏儿，有趣儿：这人说话特~。

副词性儿化词：

倍儿，程度副词，作状语：这瓜~甜；这人~坏等。

天津方言儿化词也具有区别词性的作用：

儿化的是名词，不儿化的是动词，如：

①这不是成心找挨驳儿吗？

②别驳我的面儿，明儿个你老就去吧！

儿化的是量词，不儿化的是动词，如：
③这倒霉孩子，见天儿都哭个三抱儿、四抱儿的。
④抱着走，别搁地下。
儿化的是副词，不儿化的是量词，如：
⑤尝尝，这瓜倍儿甜哎。
⑥这儿的东西真贵，是我们那哈价钱的三、四倍。
天津方言中的儿化词也区别词义，如：

百岁儿_{婴儿的百天庆典}　　　百岁_{一百岁}
个个儿_{自己}　　　　　　　个个_{乳房}
犯病儿_{因不快而发脾气}　　　犯病_{发病}

有些儿化词在天津方言中可以和"子"尾词换用，意义、用法不变，如：

山药豆儿/山药豆子_{土豆儿}　　脚豆儿/脚豆子_{脚趾}

（二）天津方言儿化词的读音特点

天津方言中，韵母在儿化词中的主要变化有二：一是所有的鼻韵尾全部丢失，二是主要元音有央元音化的倾向。各韵母在儿化音节中的具体读音情况如下：

①韵母 aŋ、iaŋ、uaŋ 在儿化音节中鼻韵尾丢失，主要元音高化、前化并具有卷舌色彩，与 a、ia、ua 合并，今读 ɐr 类，如：

（面）汤儿 ₌tʰɐr　　（走）样儿 iɐrˀ　　（蛋）黄儿 ₌xuɐr
（刀）把儿 xuɐrˀ　　（衣）架儿 iɐrˀ　　（字）画儿 xuɐrˀ

②韵母 an、ian、uan、yan 在儿化音节中鼻韵尾丢失，主要元音高化并有卷舌色彩，韵母 ai、uai 在儿化音节中韵尾丢失，主要元音高化并伴有卷舌色彩，与 iɛ、yɛ 的卷舌韵母合并，今读 ɛr 类，如：

（果）盘儿 ₌pʰɛr　（针）尖儿 ₌tɕiɛr　（水）管儿 ₌kuɛr　（烟）卷儿 ₌tɕyɛr
（木）牌儿 ₌pʰɛr　（树）叶儿 iɛrˀ　（铁）块儿 kʰuɛr　（主）角儿 ₌tɕyɛr

③韵母 ən、iən、uən、yən 在儿化音节中鼻韵尾丢失，主要元音带有卷舌色彩，韵母 ei、uei 在儿化音节中韵尾丢失，主要元音央化并伴有卷舌色彩，与 ən、iən、uən、yən 的儿化韵母合流，今读 ər 类。如：

（树）根儿 $_⊂$kər　　（背）心儿 $^⊂$ɕiər　　（木）棍儿 kuər$^⊃$
（合）群儿 $_⊂$tɕyər　　（小）辈儿 pər$^⊃$　　（衣）柜儿 kuər$^⊃$

④韵母 əŋ、iŋ、uŋ 在儿化音节里鼻韵尾丢失，与 ɤ、uo 的儿化音节合并，今读 ɤr 类。如：

（言）声儿 $_⊂$sɤr　　（袄）领儿 $^⊂$liɤr　　（小）虫儿 $_⊂$tsʰuɤr
（小）车儿 $_⊂$tsʰɤr　　　　　　　　　　（火）锅儿 $_⊂$kuɤr

⑤韵母 au、iau 在儿化韵里韵尾丢失，主要元音高化并伴有卷舌色彩，今读 ɔr 类。如：

（钱）包儿 $_⊂$pɔr　　（水）饺儿 $^⊂$tɕiɔr

⑥韵母 əu、iəu 在儿化音节里韵尾丢失，主要元音圆唇化并伴有卷舌色彩，今读 or 类。如：

（小）狗儿 $^⊂$kor　　（袄）袖儿 ɕior$^⊃$

⑦韵母 i、u、y、ʅ 直接卷舌，变为卷舌韵母。如：

（小）鸡儿 $_⊂$tɕir　　（水）珠儿 $_⊂$tsur　　（金）鱼儿 $_⊂$yr　　（树）枝儿 $_⊂$tsʅr

（三）从天津方言的儿化词看"儿"缀的性质

儿化词在现代汉语主流语法体系中一直被认为是附加法构成的词，即"儿"是一个构词后缀。但是，"儿"作为后缀，与其他的现代汉语中的后缀，如"子"、"头"等，有显性的区别，即"儿不自成音节"。李荣（1957）谈论儿化韵时指出："北京和其他一些方言，'儿'不自成音节，也不是上一音节的韵尾，而是上一字韵母加卷舌作用。"朱德熙（1984：30）也指出"儿"不自成音节。也正因为这个特点使得一些学者认为"儿"不是一个语素，如李立成（1994）将"儿化"看成一个"超音段音位"，认为汉语的"儿化"现象"纯粹是一种语音节律现象，把'儿'看作是唯一的不成音节的构词后缀语素当然也就不恰当了"；刘雪春（2001）对此的看法是："在语言的层级体系中，音节处在语音的层面，而语素处在音义结合体（符号）的层面，由于二者不在一个层面上，因而从理论上说，它们之间不存在必然的对应关系。"王立（2001）认为："语素的音形肯定可以小于一个音节。比如在英语和其他有形态的变化的语言中，由于形态变化义通常用不自成音节的音段表示，所以都有一定数量的小于音节的语素。"这两位学者都认为判定"儿"是否是语素都要看

"儿"是否是"最小的音义结合体",刘雪香(2001)还进一步认为:"'儿'是构词要素。从词中所起的作用来看,'儿'也应该看作语素,具体分析,'儿'在词中有三种作用:把一个现成的词变成另一个词,把不成词的语素或语素组变成词,增加或改变词的附加意义",指出了"儿"的构词功能,言之凿凿,不容置疑。但从天津市区方言及相关方言的儿化词的特点以及所反映的"儿"的性质来看,"儿"是否就是一个构词后缀,还有进一步讨论的必要。

从语法学的观点来看,作为一个后缀,的确不需要在语音条件上满足一个音节的要求,诚如王立(2001)文中所说,英语中不成音节的构词后缀很多。但汉语毕竟不是有形态的语言,在书写单位上汉语需要以一个汉字为单位,在承载意义方面,汉语以一个音节为单位。汉语的连绵词清楚地显示,汉语中的一个意义有时尚需要用两个音节来承载。"皮之不存,毛将焉附",没有音节,何谈音义结合?判别汉语中的每一个语素是否存在,至少应该首先看它是否具有一个独立存在的物质形式——音节。

作为后缀,必须具有定位性和表示一定的附加意义这两个特点。以英语为例:

-ment:附着在动词或动词词根后构成名词,表示行为的结果、工具、状态等,如:

move(*vt.*)+ment→movement(*n.*)

-er:附在名词、形容词、动词性词根后构成名词,表示"……的人",如:

work(*vt.*)+er→worker(*n.*)

-en:附在名词、形容词性词根后构成动词,表示"放进"、"放在……上面"等,如:

quick(*a.*)+en→quicken(*vt.*)

-some:附在名词、形容词或及物动词性词根后构成形容词,表示"易于……的"、"有……倾向的"等,如:

Burden(*n.*)+some→burdensome(*a.*)

从以上英语的例子中可以看出,后缀必须附着在其他词根的后面,其附加意义一是表示一定的语法意义(词性),一是表示一定的词汇意义。现代汉语中典型的后缀,如"-子"、"-头"、"-化"等都具有这两个特点。比如,"-子"附着在名词、量词性词根后面构成名词,通常表示

"细小"的词汇意义,如:桌子、椅子等。而"儿"虽然有"表示细小和一定感情色彩"的附加意义,但除了没有固定的语音形式外,其语法意义也不固定,如上面所举的天津市区方言中的词语一样,可以构成动词、名词、形容词、副词、量词等。河北北部方言中,有较多的"儿化"的动词、形容词,一些"儿化"的名词表示方位,一些动词儿化后表示动态或趋向①,可见,所谓"儿"后缀不具有后缀应有的基本要素。

因为今天的"儿"所读的卷舌音在现代汉语中属于一个孤立的、不成系统的特殊的韵母,从日母字读音的历史演变角度来看,属于例外现象;从结构上来看,儿化韵不符合汉语的音节结构特点,因而它的产生当是外来因素影响的结果。关于汉语儿化韵的产生过程,许多学者都注意到北方汉语与阿尔泰语系的接触问题。李立成(1994)根据《元史》《蒙古秘史》中的相关材料认为:"蒙古语中这种普遍存在的卷舌韵尾和汉语固有的'儿尾'构词法由于语音上的相近而产生了联系,进而由于联系的密切而使'儿尾'变成了'儿化',并且扩展到了各类词中。"此说可信。儿化词产生于金元时期的北方汉语中,这一时期正是北方阿尔泰语系与北方汉语接触最为密切的时期。孟达来(2001:122)讨论阿尔泰语系的复数形式引用了《达斡尔语简志》中-r表示复数的材料:

男孩们 kəku-r　　女孩们 uji-r　　小孩们 utʃikə-r

这些材料中的-r与汉语中的"男孩儿""女孩儿""小孩儿"中的"儿"有几分相似。季勇海(1999)认为:"颤音r是阿尔泰诸语中所共有的。前边讲过,r在汉语对音中译为儿系列字。原因有三:其一,r在音节末读起来很轻,往往一带而过,念快了很像ɚ;其二,汉语中没有与r对应的音;其三,没有经过严格训练的汉族,往往发不了这个音,而常常发成ɚ。因此,在历史文献的译语中对音为ɚ很自然,顺理成章。"《元朝秘史》是一部用汉字记录蒙古语音节的方式书写的史书。书中有许多汉蒙对音材料,用"儿"记音的材料非常丰富,涉及各种词类,如:

名词:札兀儿(根源)　　合札儿(地)　　那可儿(伴当)

阿秃儿(勇士)　　合卜儿(春)　　格儿(家/房子)

都/图/突/途儿(里,处所词)　　阿合纳儿(兄每)

---

① 河北省地方志编纂委员会:《河北省志》(第89卷·方言志),方志出版社2005年版,第591—952页。

迭兀捏儿（弟每）

数词：豁牙儿（二/两个）　忽儿班（三/三个）

朵儿边（四/四个）　哈儿班（十/十个）

动词：列合儿（上去）　　斡斡儿（去、放）　合儿（出）

古儿（到）

形容词：客额儿（野~地）　撒剌哈儿（蓬松）

副词：别儿（也）

介词：巴儿（教）

今属于阿尔泰语系的鄂伦春语中也有-r后缀，构词时也不限于名词，如：

-r 接在动词词根后构成名词，表示同词根所表示动作有关的物品或工具名称。例如：

染 bʊdʊ-　　染料 bʊdʊr

扫 əʃu-　　扫帚 əʃur

装 təw-　　子弹头 təwər

-r 接在动词词根后构成相应的形容词。例如：

夏来 ʤʊga-　　夏天的 ʤʊgar

春来 nəlki-　　春天的 nəlkir

这些材料都可证明，包括今天津市方言在内的北京官话、冀鲁官话、东北官话等方言中的所谓的儿化词实际上是近代阿尔泰语系中的后缀-r影响的结果。今用 X 儿形式记录这类词是因为汉语中没有与-r对应的音，更没有与-r对应的汉字，"儿"在这类词中只起了一个标记卷舌色彩的作用而已。换言之，"儿"在这类词里并没有让前面的音节"化"成卷舌音，它不是一个独立的音节，当然就更不可能是一个后缀了。

四　天津方言的一些语法特点

天津辖区内的方言与北京话语法方面一致性极强，一些差异通常表现在用词上面。比如，北京官话询问事物性状、特点的疑问代词是"什么"，天津市方言中除了属于北京官话的武清外，其他方言都不常用"什么"。其中，市区、塘沽、西青、静海多用"嘛"，蓟州、宝坻、宁河、汉沽、大港常用"啥"。与北京话常用"什么"表示疑问不同，如：

市区：你知道嘛？/着嘛急呀？
蓟州：你知道啥啊？/着啥急呀？
武清：你知道什么？/着什么急呀？

天津市地处北京与东北、山东之间，其方言语法也具有过渡性特点。北京话多用"什么"，东北官话多用"啥"，河北东南部及山东西北地区多用"么"，这些特点在天津市方言中交织在一起。再如，"老"是东北官话最常用的程度副词，使用频率很高，而在天津市方言中其肯定形式已经萎缩，不常说"老好啦""老高兴啦"等，但否定形式的使用较为普遍，除了武清外，其他方言中都有"不老好的""不老高兴的"等用法。另外，天津市区方言经常把副词"倍儿"放在形容词谓语的前面作状语，表示"非常、特别"的意思，如：

这黄瓜倍儿甜，本地的，你老尝尝。
听了这话倍儿难受。

这些词语的用法与北京话有差异，但从句子的内部结构来看，与北京话基本一致。有些词语的用法造成了句子结构的变化，下面分别讨论。

（一）"不点儿"的用法

北京话中，"一点儿"主要作定语、状语、补语、宾语，如：
①一点儿东西都没啦。
②这电影一点儿也不好。
③只剩下一点儿了。
④我比你高一点儿。

武清、宝坻、塘沽、西青、大港等方言中"一点儿"的用法与北京话基本一致。在市区、蓟州、宁河、汉沽、静海等方言中，北京话的"一点儿"用法分为两类：作定语、状语时与北京话例①、例②一样；做补语、宾语，多用"不（多/丁）点儿"。具体情况如表5-4：

表5-4　　　　北京话与天津市方言"一点儿"用法比较表

北京话	一点儿东西都没啦	一点也不好	剩下一点儿了	我比你只高一点儿
市区	一点儿东西都没啦	一点也不好	剩不多点儿啦	我比你高不丁点儿
蓟州	一点儿东西都没啦	一点也不好	剩不点儿了	我比你高不点儿
宁河	一点儿东西都没啦	一点也不好	剩不点儿了	我比你高不丁点儿

续表

北京话	一点儿东西都没啦	一点也不好	剩下一点儿了	我比你只高一点儿
汉沽	一点儿东西都没啦	一点也不好	剩不点儿了	我比你高不丁点儿
静海	一点儿东西都没啦	一点也不好	剩不点儿了	我比你高不点儿

市区方言中,"不多点儿"一般多用于作宾语;"不点儿"有时可以作定语,如:"不点儿事儿,值当的吗?"等。看来,天津市方言中,"一点儿"作定语、状语的用法可能是北京话影响的结果。"小不点儿"用来指小孩儿,北京话、天津市方言中也用。从结构类型上来看,北京话中的"小不点儿"可能是从天津市方言中借用的。

(二) 趋向动词"上"的用法

北京话中趋向动词"去""上"在句中作谓语、与处所词组合时往往可以替换("上街"为固定搭配,例外),在选择问句中通常用"去"而不用"上",如:

①我去(上)趟儿单位/我上(去)单位去。
②你去不去学校?
③你去天津还是去上海?

天津市方言中,武清、静海这两个趋向动词的用法与北京话基本一致;市区、塘沽、西青、蓟州、宝坻、宁河、汉沽、大港等方言中,通常用"上"与处所词组合,"去"一般不与处所词组合。具体情况表 5-5。

表 5-5 北京话与天津市方言趋向动词"上""去"的用法

北京话	去(上)哪儿?	去(上)图书馆去	去北京还是去上海?	去不去?
市区	上哪哈去?	上图书馆去	上北京还是上上海?	去不去?
塘沽	上哪哈去?	上图书馆去	上北京还是上上海?	去不去?
西青	上哪儿去?	上图书馆去	上北京还是上上海?	去不去?
蓟州	上哪儿去?	上图书馆去	上北京还是上上海?	去不?
宝坻	上哪儿去?	上图书馆去	上北京还是上上海?	去不去?
宁河	上哪儿去?	上图书馆去	上北京还是上上海?	去不?
汉沽	上哪儿去?	上图书馆去	上北京还是上上海?	去不?
大港	上哪儿去?	上图书馆去	上北京还是上上海?	去不去?

另外，蓟州、宝坻、宁河、汉沽等都有"下天津"或"下市里"的说法。

（三）天津方言中的"了"

天津市方言中，动态助词"了"与北京话一样，都可以分为"了$_1$"和"了$_2$"。如：

市区：已经干了一天啦。/你都比别人晚了一小时啦。/我都跟他说了（啦）。

蓟州：吃了饭啦。/天都黑了老半天啦。/饭没了（啦）。

静海：都当了好长时间的老师啦。/枣儿红了好长时间啦。/他已经回去了（啦）。

其中，"了$_1$"表示动作行为及性状的完成或实现，"了$_2$"（啦）在句子末尾，与"了$_1$"配套时一般只表陈述语气，单独处于句子末尾时兼表动作行为及性状的完成、实现和陈述语气。天津市区方言中，没有"呢"类语气词，表示陈述语气，常常也用"了/啦"表示，如：

①活儿还没干完了（啦）。

②他在道儿上了（啦）。

③他正吃着了（啦）。

④别搅合，没看大伙儿都忙着了吗？

上面例子中，"了/啦"都相当于北京话中的语气词"呢$_1$"，表示持续的状态。在这类句子中，"了"和"啦"一般都可以互换，但"啦"具有强调的色彩。当句末还有其他语气词时，一般只用"了"，如例④。郭红（2009）将这类现象看作是"了$_2$"的兼容现象："天津方言的'了$_2$'除了具有普通话'了$_2$'的功能外，还兼具普通话'呢$_2$'的大多数功能（不兼有的那部分'呢$_2$'在天津方言中还常常省略，可有可无），甚至在口语中还兼有普通话'呢$_1$'的一些用法。"单从共时平面来看，似觉得将这类"了/啦"作为天津市区方言中相当于北京话"呢$_1$"类的语气词更明了一点。

（四）天津方言中的疑问代词"嘛"探源

天津方言中，表示事物性状与特点的疑问代词，天津市区、塘沽、西青、静海方言中一般用"嘛"来标记。天津方言中"嘛"的用法较多见于清代天津人石玉崑的《三侠五义》中，记做"吗"，个别地方记做"么"。如：

①这是吗行行儿？（第547页）

②那边又是吗去处呢？（第549页）

③智化挺身来到船头，道："你放吗箭呀？俺们陈起望的当家的弟兄都来了，特特给你家大王送鱼来了。官儿还不打送礼的呢，你又放箭做吗呢？"（第748页）

④你们是干吗的呢？（第749页）

⑤这倒好了。任么儿不干，吃饱了，竟墩膘，还给钱儿。（第548页）

⑥外头任吗儿也没有了。（第769页）

天津人习惯上将这个疑问代词写成"嘛"，用以区别疑问语气词"吗"。《三侠五义》这些例子中疑问代词的用法在今天津市区、塘沽、西青、静海等方言中都属常见。与这些方言毗连的冀鲁官话沧惠片黄乐小片、石济片聊泰小片方言与天津等方言的疑问代词相同或相近，有的是"吗"，有的是"么"。如：①

宁津：①你叫吗名儿啊？

②你手里拿的吗？

③你有吗好事儿啊？

④你把我叫来干吗？

⑤吗时候娶媳妇哇？

⑥你想买个吗样儿的呀？

新泰：①你做么的？

②来就来呗，拿么做么？

③忙大合的，还来做么？

天津方言中这类疑问代词除了上述方言中的"嘛"与河北东部、山东西北部的冀鲁官话连片分布外，武清方言是"什么"，与北京官话连片分布；蓟州、宝坻、宁河、汉沽的是"啥"，与东北官话连片分布。这种分布上的规律性说明这个区域内这类疑问代词的发展、演变具有规律性。

---

① 宁津材料参见曹延杰《宁津方言志》，中国文史出版社2003年版，第228、229、230页；新泰材料参见高慎贵《新泰方言志》，语文出版社1996年版，第194、195、199页。

汉语中的"什么"最早见于唐代的历史文献。吕叔湘、江蓝生（1985：130）认为"什么"是从"是物"音变而来的，日本的志村良治（1995：42）认为："疑问代词在中古末期产生了'甚''甚没''甚谟'。它们源于'是勿''是物''是没''拾没'，从唐朝中期开始出现，是现代汉语"甚么"的前身。"如：

《敦煌变文》：

①单于问："是甚没人？"（《李陵变文》）

②狱主问言："寄是没物来开？"（《大目乾连冥间救母变文》）

《祖堂集》卷之二：

①汝今是什摩心？

②汝是俗人，问我此事作什摩？

值得注意的是，在《敦煌变文》中还有另外两种用法即单用"甚"或"没"。如：

①缘甚于家不孝？（《舜子变》）

②杀却前家歌（哥）子，交（教）与甚处出头？（《舜子变》）

③今拟拜将出师剪戮。甚人去得？（《韩擒虎话本》）

④今有隋驾（家）兵仕（士）到来，甚人敌得？（《韩擒虎话本》）

⑤不曾触犯豹尾，缘没横罗鸟灾？（《燕子赋》）

⑥缘没不攒身入草，避难南归？（《李陵变文》）

吕叔湘、江蓝生（1985：123、125）指出："在敦煌写卷中，还有单写作'没'、'莽'，以及加前缀'阿'作'阿没'、'阿莽'的""什麼在最初常常只用一个甚字，始见于唐末，通行于宋元两代。"日·志村良治（1995：172、171）认为："从唐代开始，'没'作疑问词使用，但它的疑问词性似不稳定"、"'甚'是九世纪后半叶使用的词语"。宋元以后，"什麼"与"甚"并用，一如唐代，如：

《五灯会元》卷一：

①乃问："这个是甚麼？"

②阿难曰："此是甚麼人塔？"

③阿难曰："过去诸佛是甚麼人弟子？"

④人向甚处去？

《朱子语类》卷四：

①然烧甚麼木则是甚麼气。

②论性要须先识得性是个甚麽样物事。

③若半上落下、半沉半浮济得甚事？

④捕风捉影有甚长进。

《元曲选·布袋和尚忍字记》：

①俺且在这解电库里闲坐，看有甚麽人来。

②君子，你那里人氏、性甚名谁，因甚麽冻倒在俺门首，你试说一遍咱。

③今日你兄弟请，不知有甚事，你见兄弟去来。

④兄弟，您哥哥为甚积攒成这个家私来？

《西游记》：

①长老是何宝山？化甚么缘？（第72回）

②我又不是甚么恶神，你叫"爷爷"怎的？（第78回）

③是甚人在此大呼小叫？（第67回）

④哥啊，有甚手段，快使出来罢。（第72回）

从上面的材料中可以看出，今北京官话中的"什么"是直接从唐代汉语中继承下来的。今晋语中"甚"的用法非常普遍，也当是对唐代以后汉语中"甚"的用法的直接继承。今天津市方言中，还有蓟州、宁河等方言中的"啥"和天津市区、西青等方言中的"吗（嘛）"在宋、元、明时期的文献中未查阅到相似的用法。"啥"是"什么"合音形成的，正如吕叔湘、江蓝生（1985）所说："这可能是什么的合音"。吕叔湘、江蓝生（1985：127）也提到了"吗（嘛）"的用法："现在河北、河南、山东的一部分方言里，什么又省略为么（ma），通常写'吗'或'嘛'；尤其是干吗这个熟语，已经进入北京话。湖南湖北说么事，也是么的变形。"曹志耘（2008）主编的《汉语方言地图集》语法卷017图中显示，疑问代词"么"的用法，除了天津、河北、山东外，还分布在安徽、湖北、湖南、江西、海南等省的方言里（不计"么儿"、"么子"、"么个"等变异用法）。或许，"吗（嘛/么）"的用法是对唐五代的"没"、"阿没"等用法的继承和发展。

陆

天津方言的发展演变历史

一 天津的城市发展历史

(一)"天津"的由来

"天津"一词早在战国时期就已出现,如屈原《离骚》中有"朝发轫于天津兮,夕余至乎西极",但所指绝非今天的天津市。再如:

> 白玉谁家郎,回车渡天津(唐·李白《洛阳陌》)
> 和尚是一国之师,何得却在天津桥上看弄猢狲?(宋·《五灯会元》卷二)

唐宋时期的"天津"是洛水上的桥名——天津桥。再如《宋史》(卷九十四·河渠志·河渠四):

> 洛水贯西京,多瀑涨,漂坏桥梁。建隆二年,留守向拱重修天津桥。

从上面的记载中可知,"天津桥"是架在洛水上的一座桥。宋建都汴梁,时称"东京",其西面的洛阳便被称为"西京"。相关记载还有以下三条:

> 西京唐显庆间为东都,开元改河南府,宋为西京。……南面三门,中为端门。(《宋史》卷八十五·志三十八·地理一)
> 修端门前桥,启土告岁君、地祇文:"应门将将,前临天津,玉辂所经,虹梁必陈。"(元·王恽《玉堂嘉话》(卷三)

> 东都……端门街，一名天津街……出端门百步有水，有天津浮桥。（明·陶宗仪《说郛》卷一百十上《大业杂记》）

洛阳唐称"东都"，其南面的端门街又叫"天津街"，端门外架在洛水上的桥叫"天津桥"，一直沿用到宋代。

"天津"一词真正与今天的天津市有关，得从金代算起。《金史》（卷二十七·志第八·河渠）里有这样一段记载：

> 凡漕河所经之地，州府衔内皆带提控漕河事，县官则带管勾漕河事，俾催检纲运。营护堤岸为府三：大兴、大名、彰德，州十二：恩、景、沧、清、献、深、卫、濬、滑、磁、洺、通，县三十三：大名、元城、馆陶、夏津、武城、历亭、临清、吴桥、将陵、东光、南皮、清池、靖海、兴济、会川、交河、乐寿、武强、安阳、汤阴、临漳、成安、滏阳、内黄、黎阳、卫、苏门、获嘉、新乡、汲潞、武清、香河、漯阴。十二月，通济河创设巡河官一员，与天津河同为一司，通管漕河闸岸。上名天津河，巡河官隶都水监。

这段文字里，"天津"和"通济河"需要注意，因为除了上面宋代洛阳有"天津街"、"天津桥"外，在隋代还有个"通济渠"，也属于运河，与这段文字中的"天津"、"通济"重名。

《宋史》（卷九十三·河渠志第四十六·河渠三）记载：

> 自隋代大业初疏通济渠，引黄河通淮，至唐改名广济。隋炀帝大业三年诏尚书左丞相皇甫谊发河南男女百万开汴水，起荥泽入淮千余里，乃为通济渠。

隋代的通济渠在黄河南岸，在唐代就更名为"广济渠"了。《金史》中所列的三府、十二州、三十三县均分布在黄河北岸的运河、漳河、卫河沿岸上，具体情况见图6-1（见下页）。足见金代的"通济河"当与隋代的"通济渠"无关，金代的"天津河"也与宋代洛阳端门前的"天津河"无关。清代《钦定户部漕运全书》（卷四十·卫河考）对这一区域的漕运情况进行了说明：

卫河即南运河也,……南渡后大河南徙而卫河如故,金元以来皆漕运所经也。今卫河由濬县经大名府东北流,与屯氏河相接,历山东东昌府馆陶县,漳河合焉;又东北流至临清州西,与元人所开会通河合。……元初,漕舟由黄河至封邱陆运百八十里,由淇门入御河以达京师,盖用卫河之全也。

《金史》中所说的"通济河"当是以卫河为主航道的南运河,"上名天津河"即通济河的上游名叫"天津河",属于今天所说的北运河。这个"天津"与今天的天津市名称关系密切。

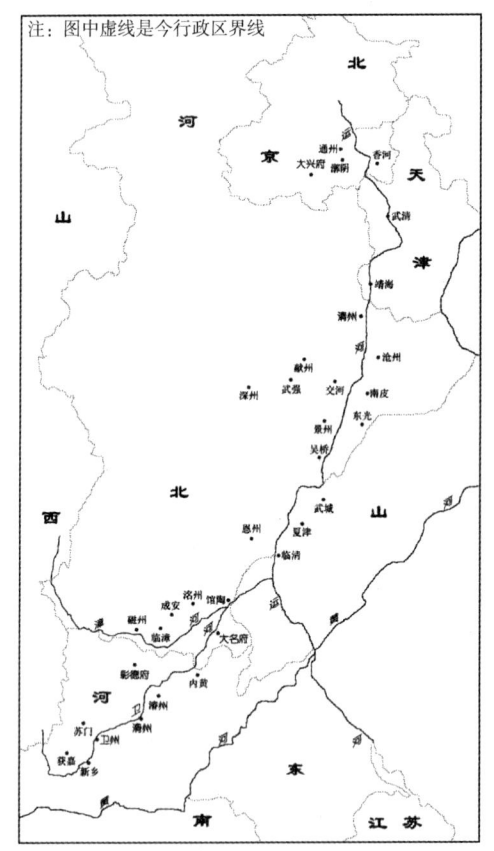

图 6-1 金代运河、漳河、卫河沿岸的府、州、县

从目前所掌握的文献资料来看,"天津"作为地名始肇于明代。《明太祖实录》中可搜到 12 处"天津",如:

> 夜有流星大如盏，白色，起自天津东北，行至云中没。（卷三十七）
>
> 甲戌，夜有星大如杯，赤色有光，起自天津北，行至无钩没。（卷五十五）
>
> 辛丑，有大星，赤而芒，起自东，入天津没。（卷一百八）

这些"天津"已是地名，而不是洛水上的桥名，但所指是否是今天的天津市尚需进一步考证。从"起自天津东北，行至云中没"中的位置上判断，似与今天津有关。"天津"有确凿证据证明指今天的天津市的当从明永乐二年天津卫的设立算起。《明太宗实录》里记载了"天津三卫"创立的时间：

> （永乐二年十一月）己未，设天津卫。上以直沽海运商舶往来之冲，宜设军卫；且海口田土膏腴，命缘海诸卫军士屯守（卷三十六）
>
> （永乐二年十二月）丙子，设天津左卫（卷三十七）
>
> （永乐四年十一月）改青州右卫为天津右卫（卷六十一）

从严格意义上讲，"天津"这时只是一个军事建置，而不是地名。但从这时开始，"天津"作为地名逐渐被使用。如明代万历年间谢肇淛的《尘余》（卷一）：

> 天津民石秀者，其妇为祟所据，歌哭不恒，莫见其状。

但真正作为地名来用的应该从清代算起。如：《大清一统志》（卷十七）：

天津府：雍正三年改天津为州，九年又升为天津府。

天津县：元为静海县地，置海滨镇。明永乐二年筑城置戍，三年调天津卫及左卫治焉，四年又调右卫于此。本朝初因之，雍正三年改卫为州，九年改设天津府，以州境置天津县为府治。

从军事建置到地方政府的转型为天津城市发展史掀开了崭新的一页。天津是由金代的"直沽寨"、元代"海津镇"、明代的"天津卫"、清代的"天津州、天津府"一步步发展起来的。"天津"的由来通常被认为是明太宗朱棣所赐，因为朱棣的车驾曾经经由过此地。如明·李东阳的《天津卫城记》所述：

> 天津及左右三卫，其地曰直沽，文皇下沧州始立兹卫，名曰天津。象车驾所渡处也。

《新校天津卫志》卷之一·沿革：

> 按：天津卫属小直沽，荒旷斥卤之地，初无所隶焉。明文皇靖内难驻兵于兹，及即位，永乐二年筑城，三年调官军守之。文皇渡此，赐名曰"天津"，始隶之河间。

但是，《明太宗实录》里并未记载朱棣赐名的事情，而是说明了设立天津卫的缘由"直沽海运商舶往来之冲，宜设军卫"。

《天津县志》卷之三·地舆：

> 又按：《旧志》："天津本近口关名，在良乡北。自永乐置卫，天津之名遂移直沽"……又据《静海志》云"《金史》有天津河"，又云："女宿上有天津九星，姚广孝占应小直沽，故以为名"，未知孰是，两存之。

"赐名"之说当是附会之说。皇帝赐名，《实录》不可能不载。分析各种说法，惟得名于金代"天津河"的说法更为可信。

（二）天津市的城市发展历史概况

天津地处渤海之滨、华北平原的东北端，早在新石器时代就有先民在此休养生息。天津城市的形成与发展得益于地近渤海、河渠纵横，与我国近代的政治、经济、文化中心——北京相邻，也是北京与东北、辽东半岛、胶东半岛水陆相通的要路。

天津市区的所在地原是金代靖海县（明洪武初更名静海县）三岔河口的小直沽，辽金时期，由于天津的漕运、海运及盐业的不断发展，逐渐成为京畿地区的重要的补给线，三岔河口也逐渐成为水运的枢纽。金灭辽后，于公元1153年迁都燕京（今北京），改称中都，为保障供给，于贞祐二年（1214）在此建立了直沽寨；元代前期沿袭金代旧制，为保障供给，于延祐三年（1316）改直沽寨为海津镇。明代永乐初年迁都北平，为加强京畿的物资补给和军事保障，于永乐二年（1404）十一月在原直沽寨（海津镇）所在之处修筑城防，置天津卫，十二月置天津左卫，永乐四年（1406）改青州右卫为天津右卫，始称天津。清雍正三年（1725）改天津卫为州，雍正九年（1731）升为天津府，府治天津县，即今天津市区。今天津市所辖区县在金、元、明三代大都属京畿之地，今天津市区更以其便利的水运条件成为京城物资补给的命脉。今天津市辖区内河流情况如图6-2。

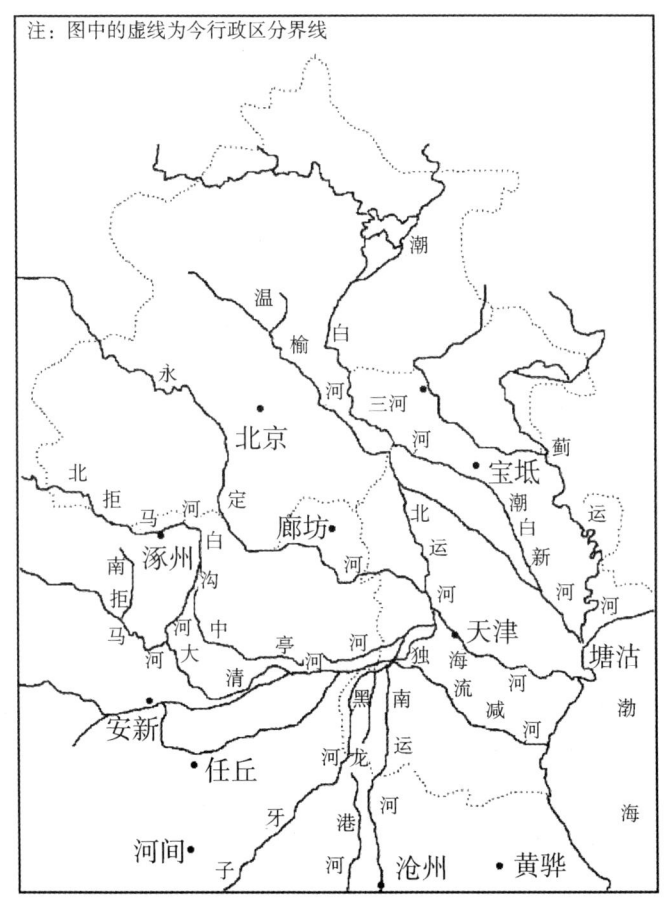

图6-2 天津市河流图

元代，直沽寨就是元大都的水运枢纽。当时的水运主要是海运和漕运：一是将江南的物资经由东海、黄海运抵渤海然后逆海河而上到达直沽，然后通过北运河运抵大都；一是通过运河将中原等内陆地区的物资经由直沽转入大都。近代史志对这一地区的水运情况多有记载，如：

> （至元十九年）命上海总管罗璧、朱清、张瑄等造平底海船六十艘，运粮四万六千余石，从海道至京师。……风信失时。明年始至直沽。（《元史》卷九十三·食货一）
> （永乐二年十一月）己未，设天津卫。上以直沽海运商舶往来之冲，宜设军卫；且海口田土膏腴，命缘海诸卫军士屯守（《明太宗实录》卷三十六）
> 元时海运皆由东直沽入口，至明永乐中始罢。……康熙中盛京岁歉，自津转粟，不三日即达。近则盛京粮羡值平，估贩者集津门矣。（《大清一统志》卷十七）

天津市以水而生，因水而名，因地近都城，水运便利，逐渐由军事建置变为地方政府。"地当九河津要，路通七省舟车"（《天津卫学记》）是对近代天津的真实写照。

二　天津的移民历史与天津方言

（一）关于天津方言源流关系的讨论

天津方言以其与周围方言的差异而受到学者们的关注，由此也产生了关于天津市区方言源流关系的种种假说：一说"是流行于天津这一特定地区的一种土著方言"，一说"是由静海话在声调发生演变后而逐步形成的"，一说"是从山西大槐树村移来的"（李世瑜、韩根东，1991）。最早撰文讨论天津市区方言源流关系的是云景魁、汪寿顺，他们（1986）认为天津方言是从静海方言发展来的。李世瑜、韩根东（1991）通过对天津移民史以及对安徽宿州一带方言的考察认为天津方言的"母方言"来自"以宿州为中心的广大淮北平原"，主要依据是"燕王扫北"前后苏皖地区不断移民到这里，江淮人逐渐占了压倒优势。今天的天津方言实际上是"江淮方言和静海方言杂交的产物。"伶军（1991）则认为："天津方言是在河北方言的基础上融合了山西、山东、河南、安徽、浙江等方言的一些特点而形成的。"目前，李世瑜、韩根东的天津方言出宿州的观点仍在天津学界占据主流位置，从事天津历史文化研究的学者多宗此说。从目前的天津方言源流关系的讨论中可以归纳出两个普遍认可的因素：一是天津方言是在移民方言的影响下形成的，一是天津方言保留了部分周围方言的底层特点。

王临惠（2009、2010、2012）通过方言比较以及对天津近代移民史料的考察后认为此说证据不足，并提出了关于天津方言源流关系的新观点：天津方言不是移民方言，它以近代冀鲁官话为底层，因为特殊的自然条件和历史人文背景，形成发展过程中受到了来自北京官话、东北官话、胶辽官话的影响。曾晓渝讨论天津方言的源流时也认为李世瑜、韩根东（1991）二位先生的观点欠妥，但也不同意王临惠"天津方言的底层是近代的冀鲁官话"的观点，认为天津方言仍然是移民方言，"天津话的'源'以明代'南京'（辖安徽江苏区域）的中原官话为主，天津话的'流'则在周边北京、冀鲁官话的浸透过程中延续"（2010），"天津话的源头与天津城的建立、最早移民的语言直接相关，即：以南京官话为主体并融入了一些方音成分的天津城最初的通用语"（2013）。

天津方言源流关系争论的焦点主要集中在天津明代移民的来源问题上。明·王鹗《汉沽旧碑》记载："天津近东海，永乐初始辟而居之，杂以闽广吴楚齐梁之民"，《重修分司署记》说："（天津）地当要冲，人杂五方。"① 看来，天津至少从明代起就是一个五方杂处之地，但这个区域内土著居民的数量没有记载，这给天津方言源流关系的讨论造成了较大的困难。在天津城市发展史上，对人口影响最大的当是从金、元、明三代的军事建置到清代雍正年间的地方政府的转型，天津的人口在转型过程中也实现了由流动到定居的转型。今天津方言当是由这一时期方言直接发展演变来的。

（二）从早期的移民资料看天津方言的性质

天津方言的源流关系与天津明清时期的人口来源关系最为密切。关于这一区域的人口结构，史志里只指出"天津近东海，永乐初始辟而居之，

---

① 转引自清·《畿辅通志》（卷五十五·风俗），《文渊阁四库全书》史部·地理类·都会郡县之属。

杂以闽、广、吴、楚、齐、梁之民"、"地当要冲，人杂五方"等，并没有淮北平原移民迁入的确切记载；燕王扫北时许多淮军驻扎于此，也于史无稽。明永乐年间的天津卫、天津左卫和天津右卫的进入是天津驻军的最早记录，但天津三卫中戍卒的来源地并无记载。元末明初，今淮北一带兵燹四起，战乱频仍，人口稀少，赤野千里，成了明代初期移民最大的输入地之一。明太祖朱元璋为了造福乡梓于洪武二年在其家乡设立中都，改临濠为中立府；洪武七年扩大管辖范围，改为凤阳府（包括今宿州、固镇一带在内），并将大量移民迁入这一区域。朱元璋曾对太师李善长说："临濠吾乡里，兵革之后，人烟稀少，田土荒芜。天下无田耕种村民尽多，于富庶处起取数十万，散于濠州乡村居住，给予耕牛、谷种，使之开垦成田，永为己业，数年之后，岂不富庶？"① 在《明太祖实录》中有许多这一区域移民的记载：

（吴元年冬十月，乙巳）徙苏州富民实濠州。（卷二六）

（洪武三年六月，辛巳）上谕中书省臣曰："苏、松、嘉、湖、杭五郡地狭民众，细民无田以耕，往往逐末利而食不给。临濠，朕故乡也，田多未辟，土有遗利，宜令五郡民无田产者往临濠开种，就以所种田为己业，官给牛种舟粮以资遣之，仍三年不征其税。于是徙者凡四千余户。"（卷五三）

（洪武五年，五月）诏今后犯罪当谪两广充军者，俱发临濠屯田。（卷七一）

（洪武六年，冬十月）丙子，上以山西弘州、蔚州、定安、武朔、天城、白登、东胜、澧州、云内等州县北边沙漠，屡为胡虏寇掠，乃命指挥江文徙其民居于中立府，凡八千二百三十八户计口三万九千三百四十九。（卷八五）

（洪武七年，十一月）戊子，徙山西及真定民无产业者于凤阳屯田，遣人赏冬衣给之。（卷一一〇）

（洪武十一年夏四月）籍凤阳屯田夫为军。先是徙浙西民户无田粮者屯田凤阳，至是籍为军，发补黄州卫。（卷一一八）

（洪武十二年八月）改蕲州守御千户所为蕲州卫指挥使司，以无

---

① 转引自曹树基《中国移民史》第五卷，福建人民出版社1997年版，第45页。

粮民丁屯田凤阳者为军以实之。(卷一二六)

作为明王朝的龙兴之地,朱元璋甚至把大量的囚犯都发往凤阳屯田,可见这一区域人口匮乏到什么程度。曹树基(1997)对明代淮北一带人口状况的描写颇具说服力:"淮河两岸人烟稀少,土地荒芜,直到洪武十一年,凤阳县的'土著旧民'仅有3324户,不过16620人;偌大一个颍州,洪武十四年仅有土著1700户,折算约合8500口。整个凤阳府,按照我的计算,人口约为14万,每平方千米人口密度约为5人。""至此,我们估计出洪武年间凤阳府接受的移民总数近48.8万人,其中民籍30万人,军籍18.8万人。他们共占凤阳人口总数的近80%。这是一个典型的人口重建式移民区。"从这些史料中可以清楚地看出,元末明初的淮北没有能力向外输出兵源。"根据我于1990年的调查,来自江南的移民和山西的移民在凤阳府有着不同的分布地带。江南移民主要集中于凤阳附近各县,山西移民则分布在淮河北岸的宿州、灵璧等地"曹树基(1997),今宿州、固镇一带是山西移民的分布区域,坊间至今仍然盛传着其祖先是明代从山西迁来的,其方言的来源尚且需要进一步考证,拿今天这一区域方言与天津市区方言所谓的"相同点"来认定这一区域的方言就是天津方言的"母方言",不能令人信服。

"燕王扫北"当是指朱棣未称帝之前领兵剿灭元代残余的事情。燕王去藩国时明太祖曾赐给他燕山中、左护卫侍从将士5770人,这些将士是驻扎在北平的守军,而不是从南京带去的。燕王领兵"扫北"征战最著名的是在洪武二十三年的一个战役:

二十三年春,太祖命晋王率师西出。上率师北出,会期同征北虏乃儿不花。晋王素怯兵,既行不敢远出。上待之,久弗至,遂直抵迤都山薄虏营,获乃儿不花及其名王酋长男女数万口,羊马无算,橐驼数千。先晋王恐上有功,遣人驰报太子谓上不听己约束,劳师冒险。太子言于太祖。已而晋王旋师,太祖不乐。及上捷报至,太祖大喜,曰:"燕王清沙漠,朕无北顾之忧矣。"

其所率领的军队当是驻扎于北平的军队。明初,明太祖沿袭元代兵制,地方守军以招募本地兵勇为主。如清·万斯同所撰的《明史》所说:

始,太祖初兴,尚沿元制。……立管领民兵万户府,精简民间武勇之材,编列为伍。

明初"连郡者设卫",虽为军事建置,但仍然有一部分地方政府的功能,具有固定的辖区,代管部分民户。据《皇明史窃》(卷十二·军法第四)所载,明初兵源主要有"从征""归附""谪发""垛集",其中的"垛集"就是从本地招募兵勇。因此,天津三卫设立之时,其右卫由青州调入,其余二卫也不是从安徽调入的。曾晓渝(2010)讨论天津方言的源流关系时认为天津方言的"源"以明代"南京"(辖安徽、江苏区域)的中原官话为主,主要依据之一就是清代康熙三年(1664年)《新校天津卫志》(卷二)"户口·官籍"所记载的 297 个人中安徽籍占 26.2%,江苏籍占 19.5%,并据此推测"天津三卫"中近一半人是南京(南直隶)同乡。明永乐年间的天津卫、天津左卫和天津右卫的设立是天津军旅移民的最早记录,但天津三卫中戍卒的来源地并无完整的记载,只在清康熙年间的《新校天津卫志》(卷二·户口)的"官籍"中涉及 308 人。

《新校天津卫志》(卷二·户口):"天津一区,流寓错处者,多版籍不清。……当年远调来津,立城定赋,其来历不容泯也,故于户口例复志籍贯",在"官籍"里共记录了 308 人的籍贯。这里的"官籍"人员当指卫籍中的军官。在这 308 个人中,有 13 个人没有记录籍贯:张进、王维、殷藤、沙铭、周禄、林、刘英、马文、陈、郎、白、杨继宗、王恋。

有 6 个人虽然注明籍贯,但在《明一统志》《明史》等文献中查找不到所属府州:

林雄,湘山人　　伯福,丰州人　　高荒儿,西原人
安马丹,迤北人　　沈德,常兴人　　张奉,太峪人

其中,"迤北"从《明实录》等文献中的史料来看,当指明王朝西北贺兰山一带鞑靼人、瓦剌人活动的区域。另外,还有 12 个人因地名重复而不好确定籍贯的:

亢大,新城人:京师保定府、济南府和江西建昌府、浙江杭州府 4 个地方都有"新城县"。

吴野极、高把都,通州人:京师顺天府、南京扬州府都有"通州"。

小张、李保、尹成、周成,山阳人:南京淮安府、陕西西安府商州都有"山阳县"。

梁架，新安人：京师保定府安州、河南府都有"新安县"。

樊英，岳阳人：湖广有"岳阳府"，山西平阳府有"岳阳县"。

黄双二、曾一寿、康隆，龙泉人：浙江处州府、贵州石阡府都有"龙泉县"。

除了这31个人外，其他277个人籍贯在明代所属行政区涉及京师、南京和其他11个布政使司，具体情况如下（括号内标注的是《卫志》中所载的籍贯，凡属府辖州的在前面加州名，直辖州单列于府下）：

京师（32）

顺天府：李信、梁洪（大兴），张保全、刘信、侯玉、张家儿、李让（宛平），萧成（固安），吕仲信（永清），夏彦成（昌平州），秦郎、李存儿（通州三河），赵云（通州宝坻），陈聚（蓟州遵化），张二（蓟州丰润）

保定府：赵天佑（博野）

真定府：彭黑倪（晋州）

永平府：张玉、刘郎（迁安），耿秀、刘辅（滦州），王胜（滦州乐亭）

大名府：高兴（滑县）、王彦（濬县）、冯佐（清丰）

河间府：韩清（交河）

山后民：娄不颜、公来住、张林、王八、柴义、王谅

南京总府（135）：

应天府：高双头（上元），曹钰、陈大良（句容），李龙、张日招（溧水），梁神保（六合）

凤阳府：张能、袁兴（凤阳），黄回子、张福、王真、赵乞住（临淮），张兴、卢狗子、徐俊（怀远），吕升、刘忠、黎旺、倪成、何四（定远），周通前、杨嵩、王原吉、奚得成、汪得（寿州），张兴、陈良、张鉴、袁实（寿州蒙城），刘海（寿州霍丘），孙成（泗州），张海、杨勇（泗州盱），张福、朱真（宿州），孙符、李清（颍州颍上），许成（颍州太和）

淮安府：罗鉴（沭阳），时兴（海州），兰馨（海州赣榆），倪宽、王安（邳州）

扬州府：贾镇（扬州），顾旺、蒋旺、潘太、徐三保、赵德全、张彬、王二保、薛贵、郭福、刘成、侯鼎、刘钺（江都），曾士、刘小一、

顾臣（仪真），李云、沈钊（高邮州），褚兴（高邮州兴化），周得英、陈千四、陈润、许义、穆旺（泰州）

苏州府：杨受（苏州），李良（长洲），陆显宗（昆山）

常州府：梅满儿、刘纪、张隆（武进），金新二、邹成（无锡），章昂（江阴）

庐州府：殷成、黄得贵、刘隆、杨关、陈良、何得海、杨法茂、陆芳、陈德、白永、吴成、郭福、梅勇、张臣、谭钦、朱斌（合肥），杨春（舒城），杨关、何富四、张计哥（无为州），冯贵、张宣、许颐（六安州）

安庆府：王逵（潜山），陈琏（桐城）、李贤（宿松）

太平府：贾二、靳旺、陈一青、张玹、夏小六（当涂），陈腾（芜湖）

宁国府：管荣（泾县）

徐州：姚兴、赵金、李黑厮、范旺（徐州），王著（沛县），孟用、陈义、尹钰（萧县）

滁州：母文、陈福、王得富、戎诱、陈恩、袁刚、周臣、陈九成（滁州），倪保儿、王人、张淮、倪玘、冯广（全椒）

和州：纪浩、贾川儿、倪贤（和州），周十三、王三保（含山）

山东承宣布政使司（38）：

济南府：王怪儿（齐东），佟原（临邑），张胜（滨州）

兖州府：李茂（兖州），杨青（滋阳），王福（曲阜），史进（邹县），李太（曹州曹县），杨益、柳顺（沂州黄县），田芳（沂州费县）

东昌府：边胜（临清州馆陶），张兴（濮州）

青州府：江老儿、谭成（益都），齐聚（博兴），孙林（昌乐），马复能、邵资（寿光），王勇（诸城）

莱州府：鲍成、马俊、刘六儿、王童僧（平度州），徐腾、姜洪、王亮、继武、戴成（即墨），徐璋（胶州）

登州府：祝周驴、赵福、李皎儿（登州），宋俊（蓬莱），王廷言（招远），夹茂（栖霞），郑汉、鞠成（宁海州文登）

山西承宣布政使司（2）：

大同府：杜志诚（大同）

平阳府：只朵罕（蒲州河津）

河南承宣布政使司（18）：

开封府：张通、丁贵、王洪（开封），杨泰、李成、许忠（祥符），朱真先、陈林（太康），王瑄（阳武）

归德府：裴敬、张得儿（归德）

汝宁府：张林（上蔡）、陈新（固始）

南阳府：李奉、周兴儿（南阳）

怀庆府：李青、翟庆（河内）

汝州：张从道（郏县）

陕西承宣布政使司（4）：

西安府：雷荣（渭南）、赵敬（同州朝邑）、张俊（兴平）

平凉府：王实（华亭）

江西承宣布政使司（2）：

抚州府：李斌（金溪）

临江府：杜罕（临江）

湖广承宣布政使司（23）：

武昌府：漆祥、吴铭（武昌）、胡进、詹来保、宋必贤、余思（江夏）、吕受（兴国州大冶）

黄州府：涂帧（黄冈）、李成（蕲水）

德安府：杨彝、曾思义（应城）、呼德（孝感）、张大（随州应山）

岳阳府：萧华（临湘）、刘兴（澧州）

荆州府：唐翰（江陵）

长沙府：贺兴隆、吴志（长沙）、杨政（浏阳）

常德府：姚富（武陵）、刘昱（龙阳）

衡州府：汤和（衡山）

永州府：张辰（永州）

浙江承宣布政使司（14）：

杭州府：姚清（钱塘）、夏铭、关锐（仁和）

嘉兴府：费胜（嘉兴）、王名五（海盐）

湖州府：归复（归安）、凌善（安吉州）

绍兴府：黄兴（诸暨）

宁波府：祝玉（鄞县）

台州府：罗士敖、林仲先、杨忠（黄岩）

金华府：陈兴、王艾（金华）

福建承宣布政使司（3）：

福州府：陈丹（长乐）

福宁府：谢贤（福宁）

延平府：罗祐（沙县）

广东承宣布政使司（2）：

广州府：刘勳（南海）

惠州府：萧德（兴宁）

云南承宣布政使司（2）：

武定府：耿福（武定）

永昌军民府：王疙疸（永平）

贵州承宣布政使司（2）：

贵阳军民府：潘震、高闲驴（贵州）

各个行政区人数的分布统计情况见表6-1。

表6-1　　　　明代天津卫"官籍"人员分布情况统计表

地区	北京	南京	山东	山西	河南	陕西	江西	湖广	浙江	福建	广东	云南	贵州
数量	32	135	38	2	18	4	2	23	14	3	2	2	2
%	11.6	48.7	13.7	0.2	6.5	1.4	0.7	8.3	5.1	1.1	0.7	0.7	0.7

从上面的统计中可以看出，天津建卫之初，"官籍"中南京（南直隶）的人数的确最多。曾晓渝（2013）在大量的历史文献搜集、整理的基础上，进一步认为天津城开拓者的5万军籍移民的语言对天津方言产生了根本性影响，"天津三卫中近一半来自南京，明代南京官话（今苏皖官话的底层）应是这个移民大群体的主流语言，其他籍贯军户的方音及直沽本地方音可能少量融于这主流之中，此即天津话的底层"。曾晓渝所说的5万军籍移民是从天津卫、天津左卫、天津右卫的军籍人数加上随军家属推测出来的数字。曹树基（1997：346）论述天津卫人口时说明："天津三卫的指挥中心虽皆设于天津城内，但有两卫驻沧州、静海、兴济、南皮等县，并各有屯堡，只有一卫官兵驻于城内。"也就是说，当时的天津卫城中军士的数量仅有5600人左右（按：明代一卫的标准配置为5600人，随军家属数量不能知）。众所周知，明代起义军与元军作战的主战

场在今天的江苏、安徽一带，元军在镇压起义军的过程中有过多次的屠城行为。因而朱明王朝建立以后，这一区域成了当时最大的移民输入地。明太宗朱棣"靖难"时这里的人口重建计划又遭受重创。因此，明代洪武、永乐两朝这一区域无力向外输出兵力，尤其是土著籍兵力。由此推测，《新校天津卫志》所载的天津卫官籍人员中有可能有附籍于南京的第一、二代移民。

明代的卫所具有地方政府的功能，辖区固定，代管辖区内的民户，天津卫也不例外。云景魁、汪寿顺（1986）讨论天津方言的形成时说明："历史上在天津地区出现的一些村镇，如唐代的军粮城，宋代的军寨：泥沽、双港、三女镇、小南河、百万涡、沙涡、独流、钓台（泥沽、双港、沙涡、独流、钓台等至今仍保留着原来的名称），金代的柳口镇（即今杨柳青）等，这些村镇从东、南、西三面包围着天津市，在地理上它们是连成一片的。"这说明天津卫城周围有连畔的村镇，自然也有许多本地土著居民。金元以降，今天津所处的位置已成为都城物资补给的中枢，战略地位十分重要，因而金代在此创建直沽寨，元袭旧制，后在此设海津镇，都说明这里已经成为人口密集的交通枢纽。明代万历年间谢肇淛的《尘余》（卷一）中有"天津民石秀者，其妇为祟所据，歌哭不恒，莫见其状"的记载，可见，当时的天津卫除了军士之外还有一般民众。明代卫所的兵源主要来源之一——"垛集"（从本地招募兵勇）是有明朝廷颁行的法令，并不是临时的征兵办法，请看《皇明史窃》（卷十二·军法第四）的记载：

其后，籍三丁者一人，二丁者共一人而立民兵，万户府领之，谓"垛集"，皆长子孙世执干戈以食。……国初，垛集令行。是时，右武编户民乐出一丁为军，四方卫所军皆足额，且有羡丁迨其后也。

《明武宗实录》（正德六年八月）中也有"天津滨海富强之家，内多勇悍，乞编为排甲，听自备器械以俟调遣"的记载，足见当时的天津卫中有不少的本地土著兵勇。从兵役制度沿革上看，金元时期，各地地方军防以就近招募兵勇为主，一直延续到明初。如《明史》（卷九十一·志六十七·兵）所说：

初,太祖沿边设卫,惟土著及有罪谪戍者。遇有警,调他卫往戍,谓之"客兵"。永乐间始命内地番戍,谓之"边兵"。

由此可知,天津卫城里既有兵,也有民;兵中既有"客兵""边兵",也有垛集来的"民兵"。在土著居民和"民兵"的数量不太了然的情况下就断言来自南京(南直隶)的军籍移民在天津卫城里占主流稍嫌草率。尤其值得注意的是,明代从洪武开始一直到崇祯明王朝灭亡都不断受到来自北方蒙古部落的滋扰,战事从未平息过,尤其在明代中叶以后。因为明代与北部蒙古部落的战火频仍,大批"辽民"为避难而迁入内地,进入当时天津的就不在少数。如《明熹宗实录》载:

(天启二年三月)壬戌,大学士叶向高等陈目前切要事务:"一安辽民。难民入关至百余万,糊口之计既穷,走险之谋必起。自天津至山海旷地可耕,分布辽民于此,量给资本,使之力耕,既可变荒芜为成熟,亦可联保甲为戍行也……"准。(卷二十)

(天启二年四月)巡按直隶张慎言疏言:"广宁失守,河西士民转徙入关者以百万计。方欲招集津门,以无家之众垦不耕之田。乃有原任东城兵马司吏目郭世安挈家浮海旅寄天津,捐七百金之赀募地丁自垦水田七百亩,且愿授守备职衔在卫专管屯务,广集辽人,继输屯赀,从此渐垦渐辟,成聚成都,足饷强兵,实为便计。"命依议行。(卷二十一)

新升太仆寺卿兼河南道御史董应举奉命屯田,疏言:"自古屯田,或出将帅或用召募。将帅则兵即为农,召募则农亦为兵,未有分而能成者。况今屯田而安插辽民,是欲藉辽民以屯也。屯于天津至山海,是为京师拥护左臂也。"(卷二十一)

(天启二年五月)天津巡抚毕自严疏言:"辽人丛集津门,呼朋引类若鼓枻,而兴贩则海,盖广宁计日而可达。若反面而事夷,则舟中敌国将潜伏而不觉,或探索我之情形,或驰报我之虚实,或作入犯之向导,或藏内应之阴谋,于我最为不利。……"(卷二十二)

(天启二年七月)承宗又奏请安插辽民,言:"自有辽事来,无一人一事不为辽人患苦。及流徙入关,希图仰沾皇泽。而有司相待如敌,远逐之为快。居人相视为怪,偶遭之如雠。……至天津等处乞敕

罔臣董应举随地安插。……盖安辽人即所以安天下也。"（卷二十四）

从以上的资料中可以看出，明代中后期有大量的辽民丛集天津卫城，其数量比南京军籍移民的数量要大得多，单从数量上来看，辽民所操的方言更有资格成为今天津方言的底层。但辽民这个群体在社会生活中地位低下，不可能成为社会的主流，因而其方言也注定不能成为天津卫城中的主流方言。从小直沽的水运业繁盛发达，到海津镇的人口聚集，周围大大小小村落的形成都说明这里的土著居民人丁兴旺。从常理上推断，天津卫城及环绕卫城的村镇所生活的土著人的数量要远远多于卫城中军人的数量，他们是卫城生活的基本保障。他们的方言仍是这一时期天津卫的主流方言。天津卫驻军籍贯庞杂，即便是南京府的人口居多，但因南京府辖区内的方言差异性也非常之大，单拿今天的江苏、安徽各市县的方言之间存在的差异性就能说明问题。南京官话并不通行于南京的各府州县，因而在天津卫城中的南京籍人员未必都会说南京官话，道理很简单，当时的官府也没有像今天的推广普通话一样要求当兵的必须说南京官话。因此，所谓的明代南京官话在天津卫里很难形成主流，倒是当时的天津卫土著居民的方言有条件成为军民通用的交际工具：使用人口多，内部统一，具有地缘优势。基于此，我们认为天津方言的底层仍是明代通行于这里的冀鲁官话，因地处京城的物资补给线上，其方言在形成发展过程中受到了来自北京、山东、胶东、辽东方言的影响才逐渐成为今天的模样。

从明洪武到永乐年间，有几次较大的人口迁移行动与北平（顺天）府所辖区域（包括今天津市区在内）有关。《明太祖实录》载：

（洪武四年闰三月）命侍御史商暠往山东北平收取故元五省八翼汉军。暠至，按籍凡十四万一百十五户每三户令出一军，分隶北平诸卫。（卷六十三）

（洪武四年六月）魏国公徐达驻师北平，以沙漠既平，徙北平山后之民三万五千八百户、一十九万七千二十七口散处卫府，籍为军者给以粮，籍为民者给田以耕。……达又以沙漠遗民三万二千八百六十户屯田北平府管内之地。（卷六十六）

（洪武六年四月）丁巳，燕山卫指挥朱杲奏："近领兵以山后、宜兴、锦川等处搜获故元溃散军民九百余户，请以少壮者隶各卫，为

军俾之屯守，老弱隶北平为民。"从之。(卷八十一)

（洪武十年十月）北平永平二府守臣言："山后来归之民，以户计者五百三十，以口计者二千一百余，皆携挈妻孥，无以为食"（卷一百一十五）

《明太宗实录》载：

（洪武三十五年九月）命户部遣官核实山西太原、平阳二府，泽潞辽沁汾五州丁多田少及无田之家分其丁口以实北平各府州县。（卷十二）

（永乐元年八月）备直隶苏州等十郡浙江等九布政司富民实北京。（卷二十二）

（永乐元年十一月）朕念北京兵燹以来人民流亡，田地荒芜，故法司所论有罪之人曲垂宽宥，发北京境内屯种。（卷二十五）

（永乐二年九月）徙山西太原、平阳、泽、潞、辽、沁、汾民一万户实北京（卷三十四）

（永乐三年九月）徙山西太原、平阳、泽、潞、辽、沁、汾民万户实北京。（卷四十六）

从以上的史料中可以得知，当时所谓的"屯北平""实北京"实际上是把移民分别安排到北平或北京所辖的各府县，今天津所辖范围也在其列。移民来源地北方以山西为多，南方到了江浙一带，但究竟有多少移民被安置在今天津市区所辖的区域之内已无从得知。但是，在诸多的移民资料中找不出一条从当时的凤阳府移民北平的资料，也足以证明当时的凤阳府的确不具备输出人口的条件。

从上面的史料中可以看出，明·王鹗《汉沽旧碑》说天津"杂以闽、广、吴、楚、齐、梁之民"是符合史实的。值得注意的是，从金代的直沽寨到元代的海津镇，土著居民一直在这里休养生息。不然，金代也不会在此创建直沽寨。元代将此处改为海津镇，也说明这里已经成为人口密集的交通枢纽。明永乐二年筑城建卫以后，也代管着这里的土著民户，军户中也有"垛集"的土著人。如《明武宗实录》记载：

(正德六年八月）兵部覆整饬天津兵备太仆寺少卿陈天祥所请六事：一，天津三卫所领太仆寺马多死者乞益以马盗平还官；一，三卫军少，欲募民间子弟闲习弓马者杀贼，照例升赏；一，各卫指挥获功升秩都司者多家居，坐待推用，乞仍调遣剿贼有实效者方许推用；一，免三卫秋班官军京操，令守城御贼；一，天津滨海富强之家，内多勇悍，乞编为排甲，听自备器械以俟调遣；一，北直隶地方旷阔，今贼在山东，宜遏其归路，乞令德州守备驻兵乐陵及韩村等处以防河东，河间守备驻兵故城及高川等处以防河西，则贼可成擒。俱从之。

从以上近代天津移民史料中可以看出，金元明时期，今天津市区所在地及周围一直有土著居民在这里休养生息。从小直沽的水运业繁盛发达，到海津镇的人口聚集，周围大大小小村落的形成都说明这里的土著居民人丁兴旺。明洪武以后，虽然有外地军士及其他人口迁入，但没有任何资料能够证明这里的人口以燕王扫北时带来军士为主；建卫之初，虽然军籍中今安徽、江苏一带居多，但这些军官及家属极有可能是洪武初迁入今安徽、江苏一带并附籍于此的移民。即便是《卫志》所载的都是这些军官的祖籍，区区一、两万人在当时的天津卫籍和所管辖的民户中所占的比例恐怕也不会太大。因而，天津方言不可能是来自明代的军旅移民的方言。今天津市区所处的地理位置正好是北京、河北与山东、胶东、辽东交通的中枢位置，水陆来往都很便捷，这使得天津市区及塘沽、西青、静海等方言成为北京官话、冀鲁官话、胶辽官话、东北官话交相冲刷的过渡性方言，它们兼具周边方言的特点是再正常不过的事情了。倒是明代中、后期涌入天津卫及周围的"辽民"值得注意，今天津市区方言中的很多东北官话的特点极有可能是由这些"辽民"带来的，比如，中古入声调的归派、知庄章并入精组洪音字声母、日母字今读零声母等。

三　从中古入声调的归派看天津方言的底层

天津方言中古入声调归派的基本规律是全浊入今归阳平，次浊入今归去声，清入无规则地派入阴、阳、上、去4声。据目前天津周围方言调查研究成果显示，包括天津方言在内的冀鲁官话保唐片方言中古清入调也散归今四声。那么，天津方言古入声调的演变规律与周围的北京官话、东北官话、冀鲁官话保唐片一致，而与南京、合肥等属于江淮官话（保留入声调类）的方言以及宿州、固镇等属于中原官话（清入、次浊入归阴平）的方言有显性差异。据笔者统计，天津方言中中古清入字派入阴平的字约占40%，与周围的北京、保定等方言无明显差异，因而断定天津方言就声调的演变而言，与周围方言处于同一底层，而与今南京的江淮官话以及淮北的中原官话无血缘关系。曾晓渝不同意这个观点，认为"天津话形成于明代初期，当时音系里尚存入声调，后来受北京话强大势力的影响，清入归派四声，次浊入归去。"（2010）；"安徽固镇话的入声调归派与天津话的入声归派大相径庭"，不能作为天津方言与安徽淮北一带宿州、固镇等方言没有直接的血缘关系的证据，是因为"明代初期的天津话、固镇话应该是有入声调的，之后各自分别受周边北京官话和中原官话入声归派大流的裹挟影响而形成了不同的演变途径。"（2013）这是曾晓渝先生以天津卫城中"军籍移民是主体，少数的土著民或流动人群也会使用军籍移民的主流语言"（2013）为前提所作出的推测。前文中已经谈及，明代初年南京（南直隶）是最大的移民输入地，无力向外大量输出兵源，即便是永乐初年建天津卫时从南京调派过戍军，这些戍军恐怕多半都是洪武年间从别处附籍于南京的移民，其所操方言未必就是那一带土著居民的方言。曾晓渝（2010）认为清康熙年间的《新校天津卫志》（卷二·户口）中"专章详细记载了天津三卫军官的籍贯"，涉及308人。别说天津三卫，单就天津卫一卫而言，308人在5600人/卫的标准配置中所占的比例仅为5.5%，另外的94.5%（5292人）我们仍用"从征""归附""谪发""垛集"来分配，那么"垛集"的民兵数量不会少于"从征"的308人。况且，308人中仅有不到一半的人属于南京籍，怎么能说"军籍移民是主体"呢？如果按照"从征""归附""谪发""垛集"各占四分之一来计算，三丁垛集一丁，天津卫城及周边民户中男丁就可能有将近4千人，再加上这些男丁的家属，其人口数量要比军籍人员大得多。因此，仅靠《新校天津卫志》（卷二·户口）中所载"官籍"的情况还不足以得出明初天津建卫时的人口中南京人氏占绝对优势的结论。曾晓渝先生的推论过程大致是这样的：天津三卫中南京人占据主流，他们所操的南京官话也是天津三卫的主流；《西儒耳目资》所载的是那时的南京官话，有入声，天津三卫的话也应该有入声。这个推论过程中的大前提不成立，因而金尼阁所著的《西儒耳目资》中有入声也不能作为当时天津方言有入声的依据。《西儒耳目资》所记方言是否是南京话，明代的基础方言是否是南京话尚有争论。乔全生（2004）认为《西儒耳目资》更接近中原官话，韩国的蔡瑛纯（2007）通过汉朝对音也证明《西儒耳目资》是以中原音为基础的。最近几年，仍有学者认为南京方言不具备成为明代官话的基础方言（张竹梅，2007；麦耘、朱晓农，2012）。用有争议的观点为依据未必为学界普遍认同。北方方言入声调逐渐消失并且并入其他调类在元代的《中原音韵》中已见端倪，在明代的官话方言中已经消失已为不争的事实。明·陆容（1436—1494）《菽园杂记》（卷四）中记载了北京周围方言入声字的消变情况：

> 北直隶、山东人以屋为乌，以陆为路，以阁为杲，无入声韵。入声内以缉为妻，以叶为夜，以甲为贾，无合口字。

这说明明代北直隶一带方言中入声调演变已与今天这一带的方言一致，也可说明明代时这一区域的方言入声调的演变已经定型。"清入无规则派入四声，次浊入归去"现象环抱在天津周围，属于今北京官话、冀鲁官话保唐片等方言明代时在声调方面同构共变的结果，应该能够将其视为包括天津方言在内的这一区域方言对明代底层特征的继承。

四 从中古知系字声母的演变看天津方言的源流关系

曾晓渝（2013）讨论天津方言的知庄章声母时认为："清末《韵籁》（1886）时天津话知庄章字声母的读音还倾向于南京型，这显示出与明代南京官话的渊源关系。"熊正辉（1990）在讨论官话方言的［ts、tʂ］的类型时指出"南京型"的特点是"庄组三等字除了止摄合口和宕摄读 tʂ 组，其他全读 ts 组；其他知庄章组字除了梗摄二等读 ts 组，其他全读 tʂ 组"。刊行于光绪十五年的《韵籁》第四卷 12 个衍章反映了其所记录方言精、知、庄、章 4 组声母演变的基本格局：

责、测、瑟、作、错、索 6 衍章：精组洪音字、开口庄组字、开口知组二等字、深摄知章组字、遇合三庄组、止摄部分开口章组字及合口字、通摄部分字，当读［ts］类声母。

浙、彻、涉、卓、绰、说 6 衍章：开口知组三等字、章组字、合口的知庄章组字（深摄知章组字、遇合三庄组、止摄部分开口章组字及合口字、通摄部分字等例外），当读［tʂ］类声母。

这与"南京型"有很大的不同。《韵籁》中"责、测、瑟、作、错、索"6 衍章的收字情况能清楚地说明其与"南京型"的区别，见表 6-2。

表 6-2　　　　《韵籁》责、测、瑟、作、错、索 6 衍章的
　　　　　　　收字情况表（斜体字为合口字）

摄	等	知	彻	澄	庄	初	崇	生	章	昌	船	书	禅
假	二				楂	叉	乍	洒					
遇	三					楚	锄	蔬					
蟹	二				债	柴		赘					
止	三			坠	滓		士	衰帅	芝			示	视垂
效	二	罩			棹	筲	巢	捎					
效	三			赵								哨	
流	三				皱		愁	瘦					
咸	二				斩	搀	馋	衫					
深	三			郴	朕	谂	岑	森	针			甚	深谌
山	二			绽	醆	察	栈	产					
山	三				纂								
臻	三					衬		瑟			术		
宕	三				庄	创	床	霜					
江	二					窗	泷						
曾	三					测		色					
梗	二		瞠		争	册		省					
通	三	筑	宠				崇					赎	

南京方言中，中古庄组字在止摄合口、宕摄开口字里今读［tʂ］类声母，在其他韵摄里读［ts］类声母；知庄章组字除了梗摄开口二等知、庄组字今读［ts］类声母外，其他的都读［tʂ］类声母，如：

衰 止合三平脂生 ⊂ʂuɛ　庄 宕开三平阳庄 ⊂tʂuã　｜　愁 流开三平尤崇 ⊂tʂʰəɯ　锄 遇合三平鱼崇 ⊂tsʰu
争 梗开二平耕庄 ⊂tsəŋ　省 梗开二上梗生 ⊂ʂəŋ　｜　柴 蟹开二平佳崇 ⊂tʂʰɛ　毡 山开三平仙章 ⊂tʂã

这些字除了"毡"收在"浙"衍章里外，其余的字都能从表 2 中找到。通过南京方言这些字的今读可知，《韵籁》里知庄章组字声母的演变并不倾向于"南京型"。

天津方言知庄章三组声母与塘沽、杨柳青一样，多与精组洪音字合流，今读 [ts、tsʰ、s]，与周围的蓟州、杨村（知庄章今读 [tʂ、tʂʰ、ʂ]）、静海、大港（庄、知二今读 [ts、tsʰ、s]，章、知三今读 [tʂ、tʂʰ、ʂ]）不同。天津老派话（以老城厢为代表）中读 [tʂ、tʂʰ、ʂ] 的字显示出不稳定的特点：一是不同人口语中读 [tʂ、tʂʰ、ʂ] 的字不同，一是读 [tʂ、tʂʰ、ʂ] 的字数量不同。这种不稳定现象与天津往北沿渤海岸一直到沈阳的方言一致。今塘沽、天津市区、西青依次排列在运河、海河两岸，恰好说明这些方言的演变与水运有关。今天津市所辖区县所处的地理位置正好是北京官话、冀鲁官话与东北官话、胶辽官话相互作用的过渡地带，其方言具有北京官话、东北官话、胶辽官话的某些特点不足为奇。在天津市方言中，指示代词"这"只在市区、塘沽、西青、静海方言中今读 [tɕieꜗ]，属于知组字演变的例外现象，其余的都读 [tʂɤꜗ]，与北京话大致一样。但这几种方言中的例外现象，在胶辽官话登连片的烟台等方言里却是符合规律的：开口知三、章声母与精组细音字合流，今读 [tɕ、tɕʰ、ɕ]，大连方言这类词的读音也与烟台相同。这些方言中，"这"及由"这"构成的复合指示代词的读音情况见表 6-3。

表 6-3　　　　　　　相关方言"这"类词的今读表

	大连	烟台	天津市区	西青	静海
这	tɕieꜗ	tɕieꜗ	tɕiɛꜗ	tɕiɛꜗ	tɕiɛꜗ
这个	tɕieꜗ·kɤ	tɕieꜗ·kɤ	tɕiɛꜗ·kɤ	tɕiɛꜗ·kɤ	tɕiɛꜗ·kɤ
这些	tɕieꜗ·ɕie	tɕieꜗɕie	tɕiɛꜗ·ɕie	tɕiɛꜗ·ɕie	tɕiɛꜗ·ɕie

从此例中可以看出，天津市区一带的方言知庄章三组声母的演变曾经受到过来自胶东、辽东半岛上的方言的影响。

另外，天津方言中古日母字声母的演变也能反映出其与周围方言的关系。在天津方言的共时平面上，中古日母字（止摄开口字除外）叠置着 3 个不同层次：

	白读层	旧文读层	新文读层
惹 假开三日麻	ˬiɤ	ˬzɤ	ˬʐɤ
绕 效开三日笑	ˬiau	ˬzau	ˬʐau
软 山合三日狝	ˬyan	ˬzuan	ˬʐuan
让 宕开三日漾	iaŋꜗ	zaŋꜗ	ʐaŋꜗ

肉 通合三日屋　　　　ᵓuei　　　　　ᵓuez̧　　　　　ᵓz̧əu

这 3 个层次分别代表着天津方言中古日母字发展演变的不同历史层次。天津周围方言中古日母字的演变大致可以分为三个类型：北京官话型，今日母字声母读 [z̧]；东北胶辽官话型，今日母字声母读零声母；天津型，今日母字文读 [z̧] / [z]，白读零声母。天津地处两个类型之间，具有明显的过渡性：

北京官话型　　　　天津型　　　　东北胶辽型
z̧ ⟶　　　　　z̧、z/∅　　　　⟵ ∅

北京官话型是天津周围的北京官话、冀鲁官话的底层类型，东北胶辽型是胶辽官话、东北官话的底层类型，而天津型则是北京型和胶辽型的过渡类型。从知庄章组字老派今读多与精组洪音字合流的特点来看，天津方言的日母字当读为 z，今读在北京官话和东北官话、胶辽官话"夹击式"影响下出现了不同程度的磨损。新文读音 z̧ 是北京官话影响的直接结果，白读零声母则是胶辽官话不断渗透的产物。天津方言日母字声母的演变现象及演变过程是天津方言及周围相关方言特有的，作为天津方言是底层在周围方言的影响下发生变异这一结论的依据当无问题。

五　天津方言与宿州、固镇方言的比较

李世瑜、韩根东（1991）在讨论天津方言岛的问题时认为天津市区方言的"母方言"来源于安徽的宿州、固镇一带，从而掀开了天津方言历史研究的新篇章。文章从历史、文化、移民及方言的特点等方面论证了天津市区方言和宿州、固镇一带方言的渊源关系，也可谓发前人之所未发。但是，在近代，尤其是在明代的移民等问题上以"燕王扫北"这一民间传说和天津市区方言阴平字今读低平调作为主要依据，似乎说服力稍嫌不足。笔者考察天津市区方言的历史发展之初也只是想进一步证明这两位先生的观点，但在翻阅相关历史资料和对宿州、固镇的方言进行深入调查以后，发现这个观点还存在许多值得商榷的地方。关于天津近代移民的问题前面已经讨论过了，对天津市区方言与宿州、固镇一带方言的特点及其是否存在血缘关系，通过它们之间共时平面的比较应该能够解决这一问

题。需要说明的是，在天津市区方言发展、演变的几百年时间中，天津市区的方言与周围方言发生了一定程度的融合，但如果真的是从宿州、固镇一带来的移民方言，势必会在今方言中留下一些蛛丝马迹。

（一）天津方言与宿州、固镇方言语音的比较

《中国语言地图集》将宿州方言归入中原官话郑曹片，将固镇方言归入信蚌片。贺巍（2005）在中原官话分区的调整中将宿州方言划归中原官话商阜片，固镇仍属于中原官话信蚌片。

从宿州、固镇音系中可以看出，天津方言、宿州方言、固镇方言在语音方面有许多共同点，比如：

①中古全浊声母清化后，今读塞音、塞擦音者平声送气，仄声不送气。

②中古入声韵今与阴声韵合流。

③中古阳声韵今以主要元音的不同分为"咸山、深臻、宕江、曾梗通"4组韵母。

④声调都为"阴平、阳平、上声、去声"4个声调。

这些共性特点同时也是许多官话方言的共性特点，不能作为天津方言与宿州、固镇等方言有血缘关系的凭证。除了这些属于许多官话方言的共性特征外，很难找到属于这三种方言特有的共性特征，或者说，在天津方言的语音上很难发现属于中原官话商阜片、信蚌片的共性特征。通过比较发现，天津方言与宿州、固镇方言存在许多差异性，表现在声调、声母、韵母等方面。主要差异表现在以下几个方面：

1. 声调方面的差异性

天津方言与宿州、固镇方言的主要差异之一在中古入声调的归派上。天津方言属于冀鲁官话保唐片，其声调古今演变的基本规律是"中古清声母平声字今归阴平，浊声母平声字今归阳平；清、次浊上今为上声，全浊上及去声今为去声；清入无规则派入阴、阳、上、去，次浊入今归去声，全浊入今归阳平。"宿州、固镇方言属于中原官话，中古平、上、去以及"全浊入今归阳平"的演变规律与天津方言一致，也与大多数官话方言一致，在中古清、次浊入声的演变方面与天津方言有显性差异：清、次浊入今归阴平。三种方言古今声调对应情况见表6-4。

表 6-4　　　　天津、宿州、固镇方言古今声调演变规律表

古调类	清平	浊平	清、次浊上	全浊上	去声	清入				次浊入	全浊入
例字	高心	同人	古里	造静	叫烂垫	桌福	铁	阔		页日	拔毒
天津市区	阴 31	阳 224	上 213		去 53	阴 31	阳 224	上 213	去 53	去 53	阳 224
宿州	阴 212	阳 55	上 434		去 42	阴 212				阴 212	阳 55
固镇	阴 212	阳 55	上 324		去 53	阴 212				阴 212	阳 55

从表 6-4 中可以看出，天津方言在"平分阴阳、全浊上归去"方面与宿州、固镇方言一致，并且今上声、去声调值与宿州、固镇相同或相近。上声今读降升调、去声今读高降调也是北京官话和冀鲁官话大多数方言的特点（参见表 3-2）。天津方言与宿州、固镇方言声调方面的主要差异在于中古清、次浊入声调的归派上。宿州、固镇方言中古清、次浊入声调今归阴平，属于典型的中原官话特征，天津方言与周围的北京官话、冀鲁官话、东北官话、胶辽官话一样，中古次浊入今归去声，清入则无规则地派入阴、阳、上、去四声（胶辽官话比其他方言派入上声的字比例要大）。天津方言清入派入阴平的数量与周围方言一致，比例在 40% 左右（见表 3-6、3-7），没有明显高于周围方言的情况。因此，天津方言与宿州、固镇方言各自都保持着自己所属区域方言的底层特点，两者在中古清、次浊入的归派上类型不同。

2. 开口一等的疑、影两母字声母今读的差异

天津方言中古开口一等的疑、影两母字声母今读 n，与泥母字声母合流，如：艾＝耐、袄＝脑等；宿州、固镇方言中古开口一等影、疑母字声母今读则为 ɣ。具体读音情况见表 6-5。

表 6-5　　　　天津市区、宿州、固镇方言开口一等影、疑母的今读

	鹅歌疑	熬豪疑	藕厚疑	岸翰疑	爱代影	恩痕影	暗勘影	恶铎影
天津市区	₌nɣ	₌nau	⁼nəu	nan⁼	nai⁼	₌nən	nan⁼	⁼nɣ
宿州	₌ɣɣ	₌ɣɑɔ	⁼ɣəu	ɣæ̃⁼	ɣɣ⁼	₌ɣẽ	ɣæ̃⁼	⁼ɣɣ
固镇	₌ɣɣ	₌ɣɑɔ	⁼ɣəu	ɣæ̃⁼	ɣɣ⁼	₌ɣẽ	ɣæ̃⁼	⁼ɣɣ

中古开口一等的疑、影母今读 n 声母在北京官话京承片怀承小片、冀鲁官话保唐片以及东北官话里都属常见。今读 ɣ，分布在中原官话郑曹

片、洛徐片、蔡鲁片里（钱曾怡，2010：175）。天津方言与宿州、固镇方言这类字的读音上的差异仍然是底层上的差异。

3. 中古宕、江、曾、梗入声韵今读的差异

中古入声韵在今天津方言、宿州、固镇方言中均与阴声韵合流，但对应规律有一定的差异，主要表现在宕、江、曾、梗 4 摄的入声韵归派上。中古宕、江摄入声韵在今天津方言有文白异读，文读与果摄合口字韵母合流，白读则与效摄字韵母合流，如：摸文 = 磨 mo，摸白 = 猫 mau；宿州、固镇方言无文白异读，今读与天津方言的文读音一样与果摄合口字韵母合流，如：摸 = 磨，削 = 靴等。中古曾开一、梗开二入声字韵母在天津方言中演变无明显规律，今读 ei、o、ɤ、ai 等，而宿州、固镇方言一般仅为 ei 韵母。具体读音情况见表 6-6。

表 6-6　　　　天津市区、宿州、固镇方言中古宕、江、曾开一、梗开二入声字韵母今读

	落铎来	学觉匣	北德帮	墨德明	德德端	白陌并	窄陌庄	客陌溪
天津市区	⊂luo ⊂lau 白	⊂ɕyɤ ⊂ɕiau 白	⊂pei	⊂mo	⊂tɤ	⊆pai	⊂tsai	kʰɤ⊂
宿州	⊂luo	⊂ɕyo	⊂pei	⊂mei	⊂tei	⊆pei	⊂tsei	⊂kʰei
固镇	⊂luo	⊂ɕyo	⊂pei	⊂mei	⊂tei	⊆pei	⊂tsei	⊂kʰei

宕江两摄的文白异读现象在《中原音韵》中就已经反映出来了（参见表 4-6 中在萧豪、歌戈中重出的宕、江摄入声字）。宕江两摄文读与果摄合流，白读与效摄合流在包括天津在内的北京官话、冀鲁官话、东北官话内较为常见（参见表 4-7），其文读当是元代以前中原官话对北京周围方言影响的结果，其白读音属于这一区域方言的底层特点。宿州、固镇方言宕江摄今韵母与果摄字韵母合流当是对早期中原官话底层特点的继承。曾开一、梗开二入声字韵母在天津市区方言中读音较乱，反映了这一区域方言在演变中沉淀下来的不同历史层次。《中原音韵》里将曾开一、梗开二入声字分别归入齐微韵和皆来韵里，已经反映了元代这一区域方言中曾开一、梗开二入声字韵母在与阴声韵合并过程中呈现出来的规律不一情况，今北京官话、冀鲁官话保唐片、东北官话等方言都是对元代这一区域方言的继承和发展。张树铮（2003）考证清代山东方言时结论是清代山东中古曾、梗摄入声字洪音比较一致地读为 ei、uei，今中原官话关中片、

汾河片方言这类字基本也读 ei、uei（参见表 4-11），说明宿州、固镇等方言继承了早期中原官话的底层特点。

附：宿州、固镇方言音系

1. 宿州音系

（1）声母（24 个，包括零声母）

p	把步边白	pʰ	婆飘偏劈	m	马母门灭				
						f	夫废放服		
t	多地端独	tʰ	台土烫踢	n	奴脑南纳			l	来吕亮绿
ts	祖酒贱贼	tsʰ	搓齐村促			s	徐碎心俗		
tʂ	遮追仗竹	tʂʰ	柴超串出			ʂ	时瘦双色	z	如扰用肉
tɕ	记九近菊	tɕʰ	去旗庆曲	ɲ	女生娘捏	ɕ	许效巷学		
k	瓜柜耕谷	kʰ	开葵炕哭			x	河户黄黑	ɣ	爱生恩额
∅	儿衣万玉								

（2）韵母（38 个）

a	巴插法达	ia	家哑匣瞎	ua	瓦华刮滑		
o	坡泼摸剥			uo	坐脱绝桌	yo	瘸月药学
ɤ	哥渴恶额						
		iɛ	茄姐页铁				
ɿ	紫自词思						
ʅ	是汁日直						
ər	儿二而耳						
		i	利挤吉滴	u	古猪出肃	y	女举律肃
æ	胎才摆矮	iæi	阶介鞋蟹	uæi	外怪快怀		
ei	腿眉德额			uei	腿脆国或		
ɑ	到包赵雹	iɑ	表小敲掉				
əu	豆走抽生	iəu	柳秋有生				
æ̃	甘犯炭山	iæ̃	减甜仙烟	uæ̃	酸关全万	yæ̃	拳圆犬悬
ẽ	深根镇本	iẽ	心金民印	uẽ	屯存困问	yẽ	匀闰群训
aŋ	帮张放胖	iaŋ	墙香江项	uaŋ	庄光旺窗		

əŋ 朋冷正风　　　iŋ 冰鹰杏丁　　　uŋ 弘宏董勇　　　yŋ 兄永穷胸

（3）声调（4个）

阴平　　212　　高开安婚一七月
阳平　　55　　才麻陈穷局白舌
上声　　434　　古走比短女染网
去声　　42　　对正唱大用近厚

说明：

①宿州方言老派分尖团，新派不分尖团。

②"æi"类韵母后的"i"尾实际音值近于"e"。

③"ər"卷舌程度较弱。

2. 固镇音系

（1）声母（22个，包括零声母在内）

p	把部半憋	pʰ	婆飘碰仆	m	米买明目				
						f	飞夫饭佛	v	卫微忘袜
t	多道丁毒	tʰ	台挑桶秃	n	奴脑能捺			l	来吕梁鹿
ts	祖知丈职	tsʰ	才抽窗出			s	沙岁山叔	z	惹饶软肉
tɕ	鸡就江菊	tɕʰ	齐去全确	ȵ	泥女娘孽	ɕ	西许杏学		
k	歌柜敢国	kʰ	苦开狂客			x	河化换黑	ɣ	爱熬安额
ø	儿衣养玉								

（2）韵母（36个）

a	把瓦拉袜	ia	家牙匣瞎	ua	跨花刷刮		
o	波泼摸剥			uo	多活落桌	yo	瘸月药学
ɤ	哥磕割各						
		iɛ	茄姐业铁				
ɿ	资齿日石						
er	儿而耳二						
		i	低起七力	u	古夫独绿	y	取雨宿玉
æi	该太排外			uæi	拽怪怀帅		
ei	腿嘴德白			uei	回桂吹水		
ɑo	刀高赵雹	iɑo	胶苗小摇				

əu	走口愁肉	iəu	流酒牛有				
æ	男范看湾	iæ	尖甜辨年	uæ	缎关川软	yæ	全选元院
e̅	沉根存粉	ie	金贫信引	ue	滚困婚魂	ye	俊闰军云
aŋ	帮厂房棒	iaŋ	娘想向江	uaŋ	庄广撞窗		
əŋ	等坑整风	iŋ	冰硬平定	uŋ	弘宏送共	yŋ	兄永穷用

（3）声调（4个）

阴平	212	高猪天飞一七月
阳平	55	才徐娘人局白舌
上声	324	古走口草手女染
去声	53	菜正世大用近社

说明：

① "ts"类声母发音部位靠后。

② "o"与"p"类声母相拼时实际音值近于"uo"。

③ "ər"卷舌程度较弱。

（二）天津方言与宿州、固镇方言词汇、语法的比较

同属于官话方言，天津方言和宿州、固镇方言在词汇、语法方面的差异性较少，而更多地表现为一致性，这是整个官话方言内部的一致性所决定的，不能以此来判定天津市区方言和宿州、固镇方言之间的渊源关系。由于天津方言和宿州、固镇方言所处的地理位置和历史人文背景不同，它们在词汇、语法方面也存在一些差异性。

1. 亲属称谓词之间存在的差异性

亲属称谓词及其用法在方言中一般较为稳定、保守，在方言内部比较方面信度、效度都较高。天津方言中，亲属称谓词的用法与其他方言有显性差异，普遍存在着"母随子称"的现象。女子有了子女后对长辈的称谓可以随子女称呼，如将自己的娘家父母称为姥爷、姥姥，将自己的公婆称为爷爷、奶奶等。宿州、固镇一带没有这样的用法。在亲属称谓词上，天津方言与宿州、固镇方言也有明显的差异。以男性长辈称谓词为例，见表6-7。

表 6-7　　　天津市区、宿州、固镇方言男性长辈亲属称谓词比较

普通话	曾祖父	祖父	外祖父	父亲	公公	继父	伯父	叔父
天津市区	老太爷	爷爷	姥爷	爸	公公	后爹	大爷	伯伯
宿州	老太	老爷	外老爷	达	老公公	晚爷	大爷	叔
固镇	老太爷	老爷	外老爷	爷	老公公	晚爷	大爷	叔

从表 6-7 中可以看出，这三个方言里"曾祖父""伯父"这两个词基本一致，其他词则不一样。天津方言中将"叔叔"称为"伯伯"与宿州、固镇方言有显性不同，其来源可能与天津市区"拴娃娃"的习俗有关。天津坊间盛传"先有天后宫，后有天津城"的说法。天后宫的主神为天后娘娘，除了保佑地方平安外还司人间生育。以前，未生养的育龄妇女为早得贵子都到天后宫抱求或"偷"一个泥娃娃回家，供奉起来，视如亲子。等生了孩子后，这个泥娃娃便成了这个孩子的"大哥"（俗称"娃娃大哥"）。等有了孙子辈以后，其父母的"娃娃大哥"就成为他们的大爷或大舅。因而，在老天津市区方言中，人们经常尊男性为"二爷"而不能称为"大爷"。汉语中表示排行最大的"伯"在天津方言中屈尊为"第二"，用以转称"叔叔"。

2. 代词方面的差异性

天津方言与宿州、固镇方言中的指示代词基本一致，像"这、那、这样、那样"等，只是读音上有区别；在人称代词、疑问代词上有一定的差异。具体情况见表 6-8。

表 6-8　　　天津、宿州、固镇方言人称代词、疑问代词比较

普通话	我	你	他	我们	你们	他们	您	谁	什么
天津市区	我	你	他	我们	你们	他们	您/你老	谁	嘛
宿州	俺	你	他	俺们	你们/恁几个	他们	无	谁/谁个	啥
固镇	俺	你	他	俺们	你们	他们	无	谁	什么

从表 6-8 中可以看出，天津方言在第一人称方面与宿州、固镇不同。曹志耘（2008）《汉语方言地图集》语法卷图 001 显示，"俺、俺们"的用法通行于山东、河北中南部、河南、安徽淮北地区，天津周围的北京官话及冀鲁官话保唐片天津小片、蓟遵小片、滦昌小片、抚龙小片的方言一般用"我、我们"。第二人称敬称"您"通行于北京官话，"你老"通行

于河北北部的冀鲁官话保唐片方言中，天津方言中"您"和"你老"并用，"您"是北京官话影响所致，"你老"是其方言本身的用法。宿州、固镇没有第二人称敬称的用法。天津方言疑问代词"嘛"的用法不见于宿州、固镇方言。

3. 其他词汇的差异性

天津方言与宿州、固镇方言词汇方面还有一些差异，如：

	天津市区	宿州	固镇
月亮	月亮/月牙儿	月老娘	月朗亮
流星	流星	拉油星	拉尾巴星
下雾	下雾	上雾	上雾
冰雹	雹子	冷子	冷子
地田~	地	湖	湖
下地~干活	下地	下湖	下湖
开水	开水	茶	茶
茶水	茶水	茶叶茶	茶叶茶
端午节	五月节	端阳节	端阳节
夏收	麦收	午收	午收
麦秸	麦秸	麦穰	麦穰
玉米	棒子	龙秫秫	大玉秫秫
高粱	高粱	秫秫	小秫秫
花生	仁果儿	花生	花生
花生米	果仁儿	花生米	花生米
红薯	山芋	红芋	白芋
土豆	山药豆子	地蛋	地蛋
公马	公马	骚马	骚马
母牛	母牛	骡牛	牸牛
蚯蚓	地蚕	蛐蟮	毛蛐蛐
蝈蝈	蝈蝈	油子江油子	
鲤鱼	拐子	鲤鱼	鲤鱼
癞蛤蟆	蛤蟆	癞了猴子	癞猴子
梳子	拢子	木梳	木梳
乳房	个个	妈头子	妈头子

酱油　　　　　青酱　　　　　酱油儿　　　　酱油

4. 语法方面的差异

官话方言中，语法方面内部一致性较强，尤其是句法结构方面的差异性很少。方言间的语法差异更多地表现为用词的差异，天津方言与宿州、固镇方言之间存在的差异也是如此。如：

天津市区	宿州	固镇
①你干嘛去呀？	你干啥去呀？	你干什么去呀？
②我不去行吗？	俺不去管吗？	俺不去管吗？

例①中疑问词天津市区方言用"嘛"，宿州用"啥"，固镇用"什么"。例②中第一人称代词天津市区方言用"我"，宿州、固镇方言用"俺"；表示许可的动词天津市区方言用"行"，回答可以是"行/不行"，宿州、固镇方言用"管"，回答可以是"管/不管"。用词的不同同样可以让人感觉到方言之间语句的差异。

天津方言在语法结构方面有一些差异。天津市区方言中，正反疑问的基本句式与北京官话、冀鲁官话一样，有"V不V"和"V不VO"两种。宿州、固镇方言中正反疑问句一般是在谓词前加状语"可"，构成"可V"、"可VO"两种句式。试比较：

天津	宿州	固镇
①你去不去？	你可去？	你可去？
②你去行不行？	你去可管？	你去可管？
③这苹果酸不酸？	这苹果可酸？	这苹果可酸？
④你吃不吃饺子？	你可吃饺子？	你可吃饺子？
⑤你去不去北京？	你可上北京？	你可上北京？
⑥这老头儿能不能上去？	这老头儿可能上去？	这老头儿可能上去？
⑦你要不要和他一块儿去？	你可要和他一块儿去？	你可要和他一阵去？

曹志耘（2008）《汉语方言地图集》语法卷101中显示，"V不V"句式分布区域很广，不限于官话方言，而"可V"这种句式限于安徽省、江苏省的中原官话和江淮官话中。现在的天津市区方言看不到任何"可V"、"可VO"这两种句式的痕迹。

六　总结

天津方言是其所处区域特殊的自然条件和历史人文背景共同作用下的

产物。天津市西北与近代的政治、经济、文化中心——北京接壤，东临渤海，南为华北大平原，以运河水道和陆路与中原相通，因而从金元时期开始一直都属于北京通往东北、东南、中原的交通枢纽和物资补给命脉的中枢。从天津市城市发展历史来看，天津市建置沿革的基本脉络是：

金代直沽寨——元代海津镇——明代天津三卫——清代天津州、天津府

在城市发展历史中，土著居民一直在这里休养生息。从明代开始，因为垦边、屯田、商贾、战乱等原因有部分移民定居于此，与土著居民一起从事生产、生活等社会活动，逐渐使这个区域由一个小村落变成地方首府。关于天津市区近代人口来源情况，方志中语焉不详，只是说"人杂五方""杂以闽、广、吴、楚、齐、梁之民"。从《明实录》中没有看到天津三卫以及建卫之前"燕王扫北"的移民材料，但却发现了一些"辽民"迁入此地的记载。单从移民材料角度很难说明天津方言属于移民方言。从方言的语音、词汇、语法的比较结果来看，天津方言也很难与安徽淮北一带的方言有直接的源流关系。与周围方言的比较，可以清楚地看到，天津方言与周围方言的底层一致，个别变异现象从周围的方言中都可找到源头，如天津方言阴平读低降调，与山东境内的方言一致，知庄章组字声母与精组洪音字声母合流和东北官话、胶辽官话一致等。因此，可以断言，天津方言的底层是生活在这一区域土著居民的方言，在发展、演变过程中受到了来自周围的北京官话、冀鲁官话、东北官话、胶辽官话的影响。

天津方言处于北京官话、东北官话、胶辽官话、冀鲁官话此消彼长的过渡地带，因而具有过渡地带方言的典型特征。声调"平分阴阳、清次浊上为上声、全浊上归去，去声不分阴阳，清入无规则派入今四声，次浊入今归去声，全浊入今归阳平"，韵母"咸山、深臻、宕江、曾梗通四分"，声母"全浊声母今平声送气、仄声不送气"，这些都是天津方言和周围方言的共同特点。与周边方言的主要差异在于阴平调值今为31，知庄章组字声母今读 ts、ts^h、s。如前所论，天津方言中阴平字的本调当是类似于213的降升调，在与阳平、上声、去声连读时前字都为31，因为变调使用频率远远高于本调，久而久之，人们误把变调当作本调来用，31调就成了天津方言阴平字的本调。至于知庄章组字声母今读 ts、ts^h、s，第二章中已经阐述了它是东北官话、胶辽官话影响的结果，结合日母字声

母今读零声母现象，我们可以说，天津方言中古知系字声母受到了来自东北官话、胶辽官话的影响。这种影响极有可能是明代中叶以后"辽人"入关定居于原天津卫时带入的。

天津方言在形成发展过程中无疑会受到明代来自南京一带的方言的影响。俞敏（1984）："北京音系里从早就有把/i/开头儿的音节改成/r/开头儿的例子。比方'阮'念/ruan³/，'荣'念/ruŋ²/，'扬'（场）念/raŋ²/。来源不清楚，现在的邻近方言里，望东北方向去的地方，象怀柔、密云……都有加重这个趋势的习惯。近十几年，'允'字突然在城里流行起来一个/run³/的音。这是受东北方向方言影响的。"今天津方言中，这种现象也存在，如：

荣 ₋zuŋ　永 ᶜzuŋ　勇 ᶜzuŋ　用 zuŋᶜ

在安徽省的中原官话和江淮官话里，这种现象较为常见。如：

	荣	永	勇	用
阜阳	₋ʐuŋ	ᶜʐuŋ	ᶜʐuŋ	ʐuŋᶜ
宿州	₋ʐuŋ	ᶜyŋ	ᶜʐuŋ	ʐuŋᶜ
芜湖	₋ʐoŋ	ᶜyŋ	ᶜʐuŋ	ʐoŋᶜ

曹志耘（2008）《汉语方言地图集》语音卷096显示，"用"声母读为ʐ的有黄骅、霸州以上河北、南京以上江苏、濉溪、亳州以上安徽等市县，读为z的有扬中、靖江官以上江苏、广德以上安徽、兖州以上山东、西平、项城、信阳、新泰、确山以上河南、广水以上湖北等市县。北京话里这种现象有可能是明成祖朱棣迁都北京后江淮官话对北京话所产生的影响，但包括天津方言在内的北京周围方言中的这类现象是直接受到影响还是间接从北京官话里受到影响就无从考据了。

天津方言的形成与发展经历了一个较为复杂的过程。从金代的小直沽到元代海津镇这一时期的土著居民的方言仍然是其底层的方言，大致与当时的静海、沧州一带方言接近。明代，随着移民的不断涌入，尤其是大量"辽民"的定居，使天津方言发生了一些变化，逐步形成了今天的天津方言的雏形。天津市区方言的成熟期当以雍正年间天津州、府的建立为标志。天津州的建立在天津城市发展历史上具有划时代意义，意味着天津由原来的军事建置转型为地方政府。雍正九年升州为府，意味着天津成为这一区域的首府。由军事建置变为地方政府，说明雍正时天津的人口已经达到了相当的数量。这时的天津方言已经形成，其面貌应当与今天的天津市区方言差距不会太大。

柒

天津市方言字音对照表

凡例：

①本表按《方言调查字表》十六摄的顺序排序，收字也限于《方言调查字表》，剔除了部分天津方言中不出常用的字。

②有文白异读的字，文读音在上，白读音在下。

③特殊字音用脚注的方式注出，不列入本表。

④所缺字音栏内空白。

一　果摄

例字	中古音	天津	西青	静海	蓟州	宝坻	宁河	汉沽	塘沽	大港	武清
多	歌端平	˷tuo	˷tuo	˷tuo	˷tuo	˷tuo	˷tuə	˷tuo	˷tuo	˷tuo	˷tuo
拖	歌透平	˷tʰuo	˷tʰuo	˷tʰuo	˷tʰuo	˷tʰuo	˷tʰuə	˷tʰuo	˷tʰuo	˷tʰuo	˷tʰuo
他		˷tʰa	˷tʰa	˷tʰa	˷tʰa	˷tʰa	˷tʰa	˷tʰa	˷tʰa	˷tʰa	˷tʰa
驼	歌定平	˨tʰuo	˨tʰuo	˨tʰuo	˨tʰuo	˨tʰuo	˨tʰuə	˨tʰuo	˨tʰuo	˨tʰuo	˨tʰuo
驮		˨tʰuo	˨tʰuo	˨tʰuo	˨tʰuo	˨tʰuo	˨tʰuə	˨tʰuo	˨tʰuo	˨tʰuo	˨tʰuo
舵	哿定上	tuoˀ	tuoˀ	tuoˀ	tuoˀ	tuoˀ	tuəˀ	tuoˀ	tuoˀ	tuoˀ	tuoˀ
大	箇定去	taˀ	taˀ	taˀ	taˀ	taˀ	taˀ	taˀ	taˀ	taˀ	taˀ
挪	歌泥平	˨nuo	˨nuo	˨nuo	˨nɣ	˨nɣ	˨nɣ	˨nɣ	˨nuo	˨nuo	˨nuo
哪	哿泥上	˷na ˷nei	˷na	˷na	˷na	˷na	˷na	˷na	˷na ˷nei	˷na	˷na
那	箇泥去	naˀ	naˀ	naˀ	naˀ	naˀ	naˀ	naˀ	naˀ	naˀ	naˀ

续表

例字	中古音	天津	西青	静海	蓟州	宝坻	宁河	汉沽	塘沽	大港	武清
罗	歌来平	₋luo	₋luo	₋luo	₋luo	₋luo	₋luə	₋luə	₋luo	₋luo	₋luo
锣		₋luo	₋luo	₋luo	₋luo	₋luo	₋luə	₋luə	₋luo	₋luo	₋luo
箩		₋luo	₋luo	₋luo	₋luo	₋luo	₋luə	₋luə	₋luo	₋luo	₋luo
左	哿精上	₋tsuo	₋tsuo	₋tsuo	₋tsuo	₋tsuo	₋tθuə	₋tθuə	₋tsuo	₋tsuo	₋tθuo
搓	歌清平	₋tsʰuo	₋tsʰuo	₋tsʰuo	₋tsʰuo	₋tsʰuo	₋tθʰuə	₋tθʰuə	₋tsʰuo	₋tsʰuo	₋tθʰuo
歌	歌见平	₋kɤ	₋kɤ	₋kɤ	₋kɤ	₋kɤ	₋kɤ	₋kɤ	₋kɤ	₋kə	₋kɤ
哥		₋kɤ	₋kɤ	₋kɤ	₋kɤ	₋kɤ	₋kɤ	₋kɤ	₋kɤ	₋kə	₋kɤ
个	筒见去	kɤ⁼	kɤ⁼	kɤ⁼	kɤ⁼	kɤ⁼	kɤ⁼	kɤ⁼	kɤ⁼	kə⁼	kɤ⁼
可	哿溪上	₋kʰɤ	₋kʰɤ	₋kʰɤ	₋kʰɤ	₋kʰɤ	₋kʰɤ	₋kʰɤ	₋kʰɤ	₋kʰə	₋kʰɤ
蛾	歌疑平	₋nɤ	₋nɤ	₋nɤ	₋ɤ / ₋nɤ	₋nɤ	₋nɤ	₋nɤ	₋nɤ	₋uo	₋nɤ
鹅		₋nɤ	₋nɤ	₋nɤ	₋nɤ	₋nɤ	₋nɤ	₋nɤ	₋nɤ	₋nə	₋nɤ
俄		₋nɤ	₋ɤ	₋nɤ	₋nɤ	₋nɤ	₋nɤ	₋nɤ	₋nɤ	₋nə	₋nɤ
我	哿疑上	₋uo	₋vo	₋uo / ₋ŋɤ	₋uo	₋uo	₋uə	₋uə	₋uo	₋uo	₋vɤ
饿	筒疑去	uo⁼	vo⁼	uo⁼	nɤ⁼	nɤ⁼	n⁼	uə⁼	uo⁼	uo⁼	nɤ⁼
河	歌匣平	₋xɤ	₋xɤ	₋xɤ	₋xɤ	₋xɤ	₋xɤ	₋xɤ	₋xɤ	₋xə	₋xɤ
何	歌匣平 中古音	₋xɤ	₋xɤ	₋xɤ	₋xɤ	₋xɤ	₋xɤ	₋xɤ	₋xɤ	₋xə	₋xɤ
荷~花		₋xɤ	₋xɤ	₋xɤ	₋xɤ	₋xɤ	₋xɤ	₋xɤ	₋xɤ	₋xə	₋xɤ
贺	筒匣去	xɤ⁼	xɤ⁼	xɤ⁼	xɤ⁼	xɤ⁼	xɤ⁼	xɤ⁼	xɤ⁼	xə⁼	xɤ⁼
茄~子	戈群平	₋tɕʰiɛ	₋tɕʰiɛ	₋tɕʰiɛ	₋tɕʰiɛ / ₋tɕʰyɛ	₋tɕʰiɛ / ₋tɕʰyo	₋tɕʰiɛ	₋tɕʰiɛ	₋tɕʰiɛ	₋tɕʰiɛ	₋tɕʰiɛ
波	戈帮平	₋pʰo	₋po	₋pɤ	₋po	₋po	₋pə	₋pə	₋po	₋po	₋po
菠		₋po	₋po	₋pɤ	₋po	₋po	₋pə	₋pə	₋puo	₋po	₋po
跛	果帮上	₋po	₋po	₋pɤ	₋po	₋po	₋pə	₋pə	₋puo	₋po	₋po
簸动词		₋po	₋po	₋pɤ	₋po	₋po	₋pə	₋pə	₋puo	₋pə	₋po
簸名词	过帮去	po⁼	po⁼	pɤ⁼	po⁼	po⁼	pə⁼	pə⁼	puo⁼	pə⁼	po⁼
坡	戈滂平	₋pʰo	₋pʰo	₋pʰɤ	₋pʰo	₋pʰo	₋pʰə	₋pʰə	₋pʰuo	₋pʰə	₋pʰo
玻		₋po	₋po	₋po	₋po	₋po	₋pə	₋pə	₋puo	₋pə	₋po
破	过滂去	pʰo⁼	pʰo⁼	pʰɤ⁼	pʰo⁼	pʰo⁼	pʰə⁼	pʰə⁼	pʰuo⁼	pʰə⁼	pʰo⁼
婆	戈并平	₋pʰo	₋pʰo	₋pʰɤ	₋pʰo	₋pʰo	₋pʰə	₋pʰə	₋pʰuo	₋pʰə	₋pʰo
薄~荷	过并去	po⁼	po⁼	pɤ⁼	po⁼	po⁼	pə⁼	pə⁼	puo⁼	pə⁼	po⁼

续表

例字	中古音	天津	西青	静海	蓟州	宝坻	宁河	汉沽	塘沽	大港	武清
魔	戈明平	˘mo	˘mo	˘mɤ	˘mo	˘mo	˘mə	˘mə	˘muo	˘mə	˘mo
磨~刀		˘mo	˘mo	˘mɤ	˘mo	˘mo	˘mə	˘mə	˘muo	˘mə	˘mo
磨~石	过明去	mo˘	mo˘	mɤ˘	mo˘	mo˘	mə˘	mə˘	muo˘	mə˘	mo˘
朵	果端上	˘tuo	˘tuo	˘tuo	˘tuo	˘tuo	˘tuə	˘tuə	˘tuo	˘tuo	˘tuo
躲		˘tuo	˘tuo	˘tuo	˘tuo	˘tuo	˘tuə	˘tuə	˘tuo	˘tuo	˘tuo
剁	过端去	tuo˘	tuo˘	tuo˘	tuo˘	tuo˘	tuə˘	tuə˘	tuo˘	tuo˘	tuo˘
妥	果透上	˘tʰuo	˘tʰuo	˘tʰuo	˘tʰuo	˘tʰuo	˘tʰuə	˘tʰuə	˘tʰuo	˘tʰuo	˘tʰuo
唾	过透去	tʰuo˘	tʰuo˘	tʰuo˘	tʰuo˘	tʰuo˘	tʰuə˘	tʰuə˘	tʰuo˘	tʰuo˘	tʰuo˘
埵	果定上	tuo˘	tuo˘	tuo˘	tuo˘	tuo˘	tuə˘	tuə˘	tuo˘	tuo˘	tuo˘
糯	过泥去	nuo˘	nuo˘	nuo˘	nuo˘	nuo˘	nuə˘	nuə˘	nuo˘	nuo˘	nuo˘
骡	戈来平	˘luo	˘luo	˘luo	˘luo	˘luo	˘luə	˘luə	˘luo	˘luo	˘luo
螺		˘luo	˘luo	˘luo	˘luo	˘lɤ	˘luə	˘luə	˘luo	˘luo	˘luo
脶~文		˘luo	˘luo	˘luo	˘luo	˘luo	˘luə	˘luə	˘luo	˘luo	˘luo
摞	过来去	luo˘	luo˘	luo˘	lɤ˘	luə˘	luə˘	luo˘	luo˘	luo˘	luo˘
锉	过清去	tsʰuo˘	tsʰuo˘	tsʰuo˘	tsʰuo˘	tsʰuo˘	tθʰuə˘	tθʰuə˘	tsʰuo˘	tsʰuo˘	tθʰuo˘
矬	戈从平	˘tsʰuo	˘tsʰuo	˘tsʰuo	˘tsʰuo	˘tsʰuo	˘tθʰuə	˘tθʰuə	˘tsʰuo	˘tsʰuo	˘tθʰuo
坐	果从上	tsuo˘	tsuo˘	tsuo˘	tsuo˘	tsuo˘	tθuə˘	tθuə˘	tsuo˘	tsuo˘	tθuo˘
座	过从去	tsuo˘	tsuo˘	tsuo˘	tsuo˘	tsuo˘	tθuə˘	tθuə˘	tsuo˘	tsuo˘	tθuo˘
梭	戈心平	˘suo	˘suo	˘suo	˘suo	˘suo	˘θuə	˘θuə	˘suo	˘suo	˘θuo
唆		˘suo	˘suo	˘suo	˘suo	˘suo	˘θuə	˘θuə	˘suo	˘suo	˘θuo
锁	果心上	˘suo	˘suo	˘suo	˘suo	˘suo	˘θuə	˘θuə	˘suo	˘suo	˘θuo
琐		˘suo	˘suo	˘suo	˘suo	˘suo	˘θuə	˘θuə	˘suo	˘suo	˘θuo
锅	戈见平	˘kuo	˘kuo	˘kuo	˘kuo	˘kuo	˘kuə	˘kuə	˘kuo	˘kuo	˘kuo
戈		˘kɤ	˘kɤ	˘kɤ	˘kɤ	˘kɤ	˘kɤ	˘kɤ	˘kɤ	˘kə	˘kɤ
果	果见上	˘kuo	˘kuo	˘kuo	˘kuo	˘kuo	˘kuə	˘kuə	˘kuo	˘kuo	˘kuo
裹		˘kuo	˘kuo	˘kuo	˘kuo	˘kuo	˘kuə	˘kuə	˘kuo	˘kuo	˘kuo
餜		˘kuo	˘kuo	˘kuo	˘kuo	˘kuo	˘kuə	˘kuə	˘kuo	˘kuo	˘kuo
过	过见去	kuo˘	kuo˘	kuo˘	kuo˘	kuo˘	kuə˘	kuə˘	kuo˘	kuo˘	kuo˘
科	戈溪平	˘kʰɤ	˘kʰɤ	˘kʰɤ	˘kʰɤ	˘kʰɤ	˘kʰɤ	˘kʰɤ	˘kʰɤ	˘kʰə	˘kʰɤ
棵	戈溪平	˘kʰɤ	˘kʰɤ	˘kʰɤ	˘kʰɤ	˘kʰɤ	˘kʰɤ	˘kʰɤ	˘kʰɤ	˘kʰə	˘kʰɤ
颗	果溪上	˘kʰɤ	˘kʰɤ	˘kʰɤ	˘kʰɤ	˘kʰɤ	˘kʰɤ	˘kʰɤ	˘kʰɤ	˘kʰə	˘kʰɤ
课	过溪去	kʰɤ˘	kʰɤ˘	kʰɤ˘	kʰɤ˘	kʰɤ˘	kʰɤ˘	kʰɤ˘	kʰɤ˘	kʰə˘	kʰɤ˘

续表

例字	中古音	天津	西青	静海	蓟州	宝坻	宁河	汉沽	塘沽	大港	武清
讹	戈疑平	₌nɤ	₌nɤ	₌ŋɤ / ₌nɤ	₌nɤ	₌nɤ	₌ɤ	₌nɤ	₌nə	₌ɤ	
卧	过疑去	uoᴖ	voᴖ	voᴖ	uoᴖ	uoᴖ	uəᴖ	uoᴖ	uoᴖ	voᴖ	
火	果晓上	ᴖxuo	ᴖxuo	ᴖxuo	ᴖxuo	ᴖxuo	ᴖxuə	ᴖxuo	ᴖxuo	ᴖxuo	
伙		ᴖxuo	ᴖxuo	ᴖxuo	ᴖxuo	ᴖxuo	ᴖxuə	ᴖxuo	ᴖxuo	ᴖxuo	
货	过晓去	xuoᴖ	xuoᴖ	xuoᴖ	xuoᴖ	xuoᴖ	xuəᴖ	xuoᴖ	xuoᴖ	xuoᴖ	
和~气	戈匣平	₌xɤ	₌xɤ	₌xɤ	₌xɤ	₌xɤ	₌xɤ	₌xə	₌xɤ		
禾		₌xuo	₌xɤ	₌xɤ	₌xɤ	₌xɤ	₌xɤ	₌xɤ	₌xɤ	₌xɤ	
祸	果匣上	xuoᴖ	xuoᴖ	xuoᴖ	xuoᴖ	xuəᴖ	xuəᴖ	xuoᴖ	xuoᴖ		
和搅~	过匣去	xuoᴖ	xuoᴖ	xuoᴖ	xuoᴖ	xuəᴖ	xuəᴖ	xuoᴖ	xuoᴖ		
倭	戈影平	₌uo	₌vo	₌vo	₌uo	₌uə	₌uə	₌uo	₌uo	₌vo	
踒~脚		₌uo	₌vo	₌vo	₌uo	₌uə	₌uə	₌uo	₌uo	₌vo	
窝		₌uo	₌vo	₌vo	₌uo	₌uə	₌uə	₌uo	₌uo	₌vo	
瘸	戈群平	₌tɕʰyɛ	₌tɕʰyɛ	₌tɕʰyɛ	₌tɕʰyo	₌tɕʰyɛ	₌tɕʰyɛ	₌tɕʰyɛ	₌tɕʰyɛ	₌tɕʰyɛ	
靴	戈晓平	₌ɕyɛ	₌ɕyɛ	₌ɕyɛ	₌ɕyo	₌ɕyə	₌ɕyɛ	₌ɕyɛ	₌ɕyɛ	₌ɕyɛ	

二 假摄

例字	中古音	天津	西青	静海	蓟州	宝坻	宁河	汉沽	塘沽	大港	武清
巴	麻帮平	₌pa	₌pa	₌pa	₌pa	₌pa	₌pa	₌pa	₌pa	₌pa	
疤		₌pa	₌pa	₌pa	₌pa	₌pa	₌pa	₌pa	₌pa		
把~一	马帮上	ᴖpa	ᴖpa	ᴖpa	ᴖpa	ᴖpa	ᴖpa	ᴖpa	ᴖpa	ᴖpa	
霸	祃帮去	paᴖ	paᴖ	paᴖ	paᴖ	paᴖ	paᴖ	paᴖ	paᴖ	paᴖ	
把~子	祃帮去	paᴖ	paᴖ	paᴖ	paᴖ	paᴖ	pəᴖ	paᴖ	paᴖ	paᴖ	
坝		paᴖ	paᴖ	paᴖ	paᴖ	paᴖ	paᴖ	paᴖ	paᴖ	paᴖ	
爸		paᴖ	paᴖ	paᴖ	paᴖ	paᴖ	paᴖ	paᴖ	paᴖ	paᴖ	
怕	祃滂去	pʰaᴖ	pʰaᴖ	pʰaᴖ	pʰaᴖ	pʰaᴖ	pʰaᴖ	pʰaᴖ	pʰaᴖ	pʰaᴖ	
帕		pʰaᴖ	pʰaᴖ	pʰaᴖ	pʰaᴖ	pʰaᴖ	pʰaᴖ	pʰaᴖ	pʰaᴖ	pʰaᴖ	
爬	麻并平	₌pʰa	₌pʰa	₌pʰa	₌pʰa	₌pʰa	₌pʰa	₌pʰa	₌pʰa	₌pʰa	
耙	祃并去	paᴖ	₌pa	₌pa	₌pa	₌pa	₌pa	₌pa	₌pa	paᴖ	

续表

例字	中古音	天津	西青	静海	蓟州	宝坻	宁河	汉沽	塘沽	大港	武清
麻	麻明平	₌ma	₌ma	₌ma	₌ma	₌ma	₌ma	₌ma	₌ma	⁼ma	₌ma
妈		₌ma	₌ma	₌ma	₌ma	₌ma	₌ma	₌ma	₌ma		₌ma
马	马明上	⁼ma	⁼ma	⁼ma	⁼ma	⁼ma	⁼ma	⁼ma	⁼ma	⁼ma	⁼ma
码		⁼ma	⁼ma	⁼ma	⁼ma	⁼ma	⁼ma	⁼ma	⁼ma		⁼ma
骂	祃明去	ma⁼	ma⁼	ma⁼	ma⁼	ma⁼	ma⁼	ma⁼	ma⁼	ma⁼	ma⁼
拿	麻泥平	₌na	₌na	₌na	₌na	₌na	₌na	₌na	₌na		₌na
茶	麻澄平	₌tsʰa	₌tsʰa	₌tsʰa	₌tʂʰa	₌tʂʰa	₌tʂʰa	₌tʂʰa	₌tsʰa	⁼tʂʰa	₌tʂʰa
搽		₌tsʰa	₌tsʰa	₌tsʰa	₌tʂʰa	₌tθʰa	₌tʂʰa	₌tʂʰa	₌tsʰa		₌tʂʰa
楂	麻庄平	₌tsa	₌tsa	₌tsa	₌tʂa	₌tʂa	₌tʂa	₌tʂa	₌tsa		₌tʂa
渣		₌tsa	₌tsa	₌tsa	₌tʂa	₌tʂa	₌tʂa	₌tʂa	₌tsa		₌tʂa
诈	祃庄去	tsa⁼	tsa⁼	tsa⁼	tʂa⁼	tʂa⁼	tʂa⁼	tʂa⁼	tsa⁼		tʂa⁼
榨		tsa⁼	tsa⁼	tsa⁼	tʂa⁼	tʂa⁼	tʂa⁼	tʂa⁼	tsa⁼		tʂa⁼
炸~弹		tsa⁼	tsa⁼	tsa⁼	tʂa⁼	tʂa⁼	tʂa⁼	tʂa⁼	tsa⁼		tʂa⁼
叉	麻初平	₌tsʰa	₌tsʰa	₌tsʰa	₌tʂʰa	₌tʂʰa	₌tʂʰa	₌tʂʰa	₌tsʰa	⁼tʂʰa	₌tʂʰa
差~别		₌tsʰa	₌tsʰa	₌tsʰa	₌tʂʰa	₌tʂʰa	₌tʂʰa	₌tʂʰa	₌tsʰa		₌tʂʰa
岔	祃初去	tsʰa⁼	tsʰa⁼	tsʰa⁼	tʂʰa⁼	tʂʰa⁼	tʂʰa⁼	tʂʰa⁼	tsʰa⁼	tʂʰa⁼	tʂʰa⁼
茬	麻崇平	₌tsʰa	₌tsʰa	₌tsʰa	₌tʂʰa	₌tʂʰa	₌tʂʰa	₌tʂʰa	₌tsʰa	⁼tʂʰa	₌tʂʰa
查		₌tsʰa	₌tsʰa	₌tsʰa	₌tʂʰa	₌tʂʰa	₌tʂʰa	₌tʂʰa	₌tsʰa		₌tʂʰa
乍	祃崇去	tsa⁼	tsa⁼	tsa⁼	tʂa⁼	tʂa⁼	tʂa⁼	tsa⁼	tsa⁼		tʂa⁼
沙	麻生平	₌sa	₌sa	₌sa	₌ʂa	₌ʂa	₌ʂa	₌sa	₌sa	⁼ʂa	₌ʂa
纱		₌sa	₌sa	₌sa	₌ʂa	₌ʂa	₌ʂa	₌sa	₌sa		₌ʂa
洒	马生上	⁼sa	⁼sa	⁼sa	⁼ʂa	⁼θa	⁼θa	⁼sa	⁼sa	⁼θa	
厦大~	祃生去	sa⁼	sa⁼	sa⁼	ʂa⁼	ʂa⁼	ʂa⁼	sa⁼	sa⁼		ʂa⁼
家	麻见平	₌tɕia	₌tɕia	₌tɕia	₌tɕia	₌tɕia	₌tɕia	₌tɕia	₌tɕia	⁼tɕia	₌tɕia
加											
痂		₌tɕia ₌ka	₌tɕia	₌tɕia ₌ka	₌tɕia ₌ka	₌tɕia ₌ka	₌tɕia	₌tɕia ₌ka	₌tɕia	⁼ka	₌tɕia
假真~	马见上	⁼tɕia	⁼tɕia	⁼tɕia	⁼tɕia	⁼tɕia	⁼tɕia	⁼tɕia	⁼tɕia	⁼tɕia	⁼tɕia
贾姓		⁼tɕia	⁼tɕia	⁼tɕia	⁼tɕia	⁼tɕia	⁼tɕia	⁼tɕia	⁼tɕia	⁼tɕia	⁼tɕia

续表

例字	中古音	天津	西青	静海	蓟州	宝坻	宁河	汉沽	塘沽	大港	武清
假_{放~}	祃见去	tɕia⁻	tɕia⁻	tɕia⁻	⁻tɕia	⁻tɕia	tɕia⁻	tɕia⁻	tɕia⁻	tɕia⁻	⁻tɕia
架		tɕia⁻	tɕia⁻	tɕia⁻	tɕia⁻	tɕia⁻	tɕia⁻	tɕia⁻	tɕia⁻	tɕia⁻	tɕia⁻
驾	祃见去	tɕia⁻	tɕia⁻	tɕia⁻	tɕia⁻	tɕia⁻	tɕia⁻	tɕia⁻	tɕia⁻	tɕia⁻	tɕia⁻
嫁		tɕia⁻	tɕia⁻	tɕia⁻	tɕia⁻	tɕia⁻	tɕia⁻	tɕia⁻	tɕia⁻	tɕia⁻	tɕia⁻
稼		tɕia⁻	tɕia⁻	⁻tɕia	⁻tɕia	⁻tɕia	tɕia⁻	tɕia⁻	tɕia⁻	tɕia⁻	tɕia⁻
价		tɕia⁻	tɕia⁻	tɕia⁻	tɕia⁻	tɕia⁻	tɕia⁻	tɕia⁻	tɕia⁻	tɕia⁻	tɕia⁻
牙	麻疑平	₋ia	₋ia	₋ia	₋ia	₋ia	₋ia	₋ia	₋ia	₋ia	₋ia
芽		₋ia	₋ia	₋ia	₋ia	₋ia	₋ia	₋ia	₋ia	₋ia	₋ia
衙		₋ia	₋ia	₋ia	₋ia	₋ia	₋ia	₋ia	₋ia	₋ia	₋ia
雅	马疑平	⁻ia	⁻ia	⁻ia	⁻ia	⁻ia	⁻ia	⁻ia	⁻ia	⁻ia	⁻ia
压_{~平}	祃疑去	ia⁻	ia⁻	ia⁻	ia⁻	ia⁻	ia⁻	ia⁻	ia⁻	ia⁻	ia⁻
虾	麻晓平	₋ɕia	₋ɕia	₋ɕia	₋ɕia	₋ɕia	₋ɕia	₋ɕia	₋ɕia	₋ɕia	₋ɕia
哈_{~腰}		₋xa	₋xa	₋xa	₋xa	₋xa	₋xa	₋xa	₋xa	₋xa	₋xa
吓_{~唬}	祃晓平	ɕia⁻	ɕia⁻	ɕia⁻	ɕia⁻	ɕia⁻	ɕia⁻	ɕia⁻	ɕia⁻	ɕia⁻	ɕia⁻
霞	麻匣平	₋ɕia	₋ɕia	₋ɕia	₋ɕia	₋ɕia	₋ɕia	₋ɕia	₋ɕia	₋ɕia	₋ɕia
蛤_{~蟆}		₋xa	₋xa	₋xa	₋xa	₋xɤ	₋xa	₋xa	₋xa	₋xa	₋xa
下_{底~}	马匣上	ɕia⁻	ɕia⁻	ɕia⁻	ɕia⁻	ɕia⁻	ɕia⁻	ɕia⁻	ɕia⁻	ɕia⁻	ɕia⁻
夏_姓		ɕia⁻	ɕia⁻	ɕia⁻	ɕia⁻	ɕia⁻	ɕia⁻	ɕia⁻	ɕia⁻	ɕia⁻	ɕia⁻
厦_{~门}		ɕia⁻	ɕia⁻	ɕia⁻	ɕia⁻	ɕia⁻	ɕia⁻	ɕia⁻	ɕia⁻	ɕia⁻	ɕia⁻
下_{~降}	祃匣去	ɕia⁻	ɕia⁻	ɕia⁻	ɕia⁻	ɕia⁻	ɕia⁻	ɕia⁻	ɕia⁻	ɕia⁻	ɕia⁻
夏_{~天}		ɕia⁻	ɕia⁻	ɕia⁻	ɕia⁻	ɕia⁻	ɕia⁻	ɕia⁻	ɕia⁻	ɕia⁻	ɕia⁻
鸦	麻影平	₋ia	₋ia	₋ia	₋ia	₋ia	₋ia	₋ia	₋ia	₋ia	₋ia
丫		₋ia	₋ia	₋ia	₋ia	₋ia	₋ia	₋ia	₋ia	₋ia	₋ia
哑	马影上	⁻ia	⁻ia	⁻ia	⁻ia	⁻ia	⁻ia	⁻ia	⁻ia	⁻ia	⁻ia
亚	祃影去	ia⁻	ia⁻	ia⁻	ia⁻	ia⁻	ia⁻	ia⁻	ia⁻	ia⁻	ia⁻
姐	马精上	⁻tɕie	⁻tɕie	⁻tɕie	⁻tɕie	⁻tɕie	⁻tɕie	⁻tɕie	⁻tɕie	⁻tɕie	⁻tɕie
借	祃精去	tɕie⁻	tɕie⁻	tɕie⁻	tɕie⁻	tɕie⁻	tɕie⁻	tɕie⁻	tɕie⁻	tɕie⁻	tɕie⁻
且	马清上	⁻tɕʰie	⁻tɕʰie	⁻tɕʰie	⁻tɕʰie	⁻tɕʰie	⁻tɕʰie	⁻tɕʰie	⁻tɕʰie	⁻tɕʰie	⁻tɕʰie
褯	祃从去	tɕie⁻	tɕie⁻	tɕie⁻	tɕie⁻	tɕie⁻	₋tɕie	₋tɕie	tɕie⁻	tɕie⁻	tɕie⁻
些	麻心平	₋ɕie	₋ɕie	₋ɕie	₋ɕie	₋ɕie	₋ɕie	₋ɕie	₋ɕie	₋ɕie	₋ɕie
写	马心上	⁻ɕie	⁻ɕie	⁻ɕie	⁻ɕie	⁻ɕie	⁻ɕie	⁻ɕie	⁻ɕie	⁻ɕie	⁻ɕie

续表

例字	中古音	天津	西青	静海	蓟州	宝坻	宁河	汉沽	塘沽	大港	武清
泻	祃心去	ɕie⁼	ɕie⁼	ɕie⁼	ɕie⁼	ɕie⁼	ɕie⁼	ɕie⁼	ɕie⁼	ɕie⁼	ɕie⁼
卸		ɕie⁼	ɕie⁼	ɕie⁼	ɕie⁼	ɕie⁼	ɕie⁼	ɕie⁼	ɕie⁼	ɕie⁼	ɕie⁼
邪	麻邪平	₋ɕie	₋ɕie	₋ɕie	₋ɕie	₋ɕie	₋ɕie	₋ɕie	₋ɕie	₋ɕie	₋ɕie
斜		₋ɕie	₋ɕie	₋ɕie	₋ɕie	₋ɕie	₋ɕie	₋ɕie	₋ɕie	₋ɕie	₋ɕie
谢	祃邪去	ɕie⁼	ɕie⁼	ɕie⁼	ɕie⁼	ɕie⁼	ɕie⁼	ɕie⁼	ɕie⁼	ɕie⁼	ɕie⁼
爹	麻知平	₋tie	₋tie	₋tie	₋tie	₋tie	₋tie	₋tie	₋tie	₋tie	₋tie
遮	麻章平	₋tʂɤ	₋tʂɤ	₋tʂɤ	₋tʂɤ	₋tʂɤ	₋tʂɤ	₋tʂɤ	₋tʂə ₋tɕie	₋tʂɤ	
者	马章上	⁻tʂɤ	⁻tʂɤ	⁻tʂɤ	⁻tʂɤ	⁻tʂɤ	⁻tʂɤ	⁻tʂɤ	⁻tʂə	⁻tʂɤ	
蔗	祃章去	tʂɤ⁼ ₋tsəŋ	tʂɤ⁼ ₋tsəŋ	tʂɤ⁼	tʂɤ⁼	tʂɤ⁼	tʂɤ⁼	tʂɤ⁼ tʂəŋ⁼	tʂə⁼	tʂɤ⁼	
车	麻昌平	₋tʂʰɤ	₋tʂʰɤ	₋tʂʰɤ	₋tʂʰɤ	₋tʂʰɤ	₋tʂʰɤ	₋tʂʰɤ	₋tʂʰəɤ	₋tʂʰɤ	
扯	马昌上	⁻tʂʰɤ	⁻tʂʰɤ	⁻tʂʰɤ	⁻tʂʰɤ	⁻tʂʰɤ	⁻tʂʰɤ	⁻tʂʰɤ	⁻tʂʰəɤ	⁻tʂʰɤ	
蛇	麻船平	₋ʂɤ	₋ʂɤ	₋ʂɤ ₋ʂa	₋ʂɤ	₋ʂɤ	₋ʂɤ	₋ʂɤ	₋ʂə ₋ʂa	₋ʂɤ	
射	祃船去	ʂɤ⁼	ʂɤ⁼	ʂɤ⁼	ʂɤ⁼	ʂɤ⁼	ʂɤ⁼	ʂɤ⁼	ʂə⁼	ʂɤ⁼	
赊	麻书平	₋ʂɤ	₋ʂɤ	₋ʂɤ	₋ʂɤ	₋ʂɤ	₋ʂɤ	₋ʂɤ	₋ʂə	₋ʂɤ	
舍~得	马书上	⁻ʂɤ	⁻ʂɤ	⁻ʂɤ	⁻ʂɤ	⁻ʂɤ	⁻ʂɤ	⁻ʂɤ	⁻ʂə	⁻ʂɤ	
舍宿~	祃书去	ʂɤ⁼	ʂɤ⁼	ʂɤ⁼	ʂɤ⁼	ʂɤ⁼	ʂɤ⁼	ʂɤ⁼	ʂə⁼	ʂɤ⁼	
佘	麻禅平	₋ʂɤ	₋ʂɤ	₋ʂɤ	₋ʂɤ	₋ʂɤ	₋ʂɤ	₋ʂɤ	₋ʂə	₋ʂɤ	
社	马禅上	⁻ʂɤ	⁻ʂɤ	⁻ʂɤ	⁻ʂɤ	⁻ʂɤ	⁻ʂɤ	⁻ʂɤ	⁻ʂə	⁻ʂɤ	
惹	马日上	⁻iɤ	⁻iɤ	⁻ʐɤ	⁻ʐɤ	⁻ʐɤ	⁻ʐɤ	⁻iɤ	⁻ʐə	⁻ʐɤ	
爷	麻以平	₋ie	₋iɛ	₋iɛ	₋iɛ	₋iɛ	₋iɛ	₋iɛ	₋iɛ	₋iɛ	
也	马以上	⁻ie	⁻iɛ	⁻iɛ	⁻iɛ	⁻iɛ	⁻iɛ	⁻iɛ	⁻iɛ	⁻iɛ	
野		⁻ie	⁻iɛ	⁻iɛ	⁻iɛ	⁻iɛ	⁻iɛ	⁻iɛ	⁻iɛ	⁻iɛ	
夜	祃以去	ie⁼	iɛ⁼	iɛ⁼	iɛ⁼	iɛ⁼	iɛ⁼	iɛ⁼	iɛ⁼	iɛ⁼	
傻	马生上	⁻sa	⁻sa	⁻ʂa	⁻ʂa	⁻ʂa	⁻ʂa	⁻ʂa	⁻ʂa	⁻ʂa	
耍		₋sua	₋sua	₋ʂua	₋ʂua	₋ʂua	₋ʂua	₋ʂua	₋ʂua	₋ʂua	
瓜	麻见平	₋kua	₋kua	₋kua	₋kua	₋kua	₋kua	₋kua	₋kua	₋kua	
蜗		₋uo	₋vo	₋vo	₋vo	₋uə ₋kuo	₋uə	₋uə	₋uo	₋vo	

续表

例字	中古音	天津	西青	静海	蓟州	宝坻	宁河	汉沽	塘沽	大港	武清
寡	马见上	⁻kua	⁻kua	⁻kua	⁻kua	⁻kua	⁻kua	⁻kua	⁻kua	⁻kua	⁻kua
剐	马见上	⁻kua	⁻kua	⁻kua	⁻kua	⁻kua	⁻kua	⁻kua	⁻kua	⁻kua	⁻kua
夸	麻溪平	⁻kʰua	⁻kʰua	⁻kʰua	⁻kʰua	⁻kʰua	⁻kʰua	⁻kʰua	⁻kʰua	⁻kʰua	⁻kʰua
侉	马溪上	⁻kʰua	⁻kʰua	⁻kʰua	⁻kʰua	⁻kʰua	⁻kʰua	⁻kʰua	⁻kʰua	⁻kʰua	⁻kʰua
垮		⁻kʰua	⁻kʰua	⁻kʰua	⁻kʰua	⁻kʰua	⁻kʰua	⁻kʰua	kʰua	⁻kʰua	⁻kʰua
跨	祃溪去	kʰuaᒾ	kʰuaᒾ	kʰuaᒾ	kʰuaᒾ	kʰuaᒾ	kʰuaᒾ	kʰuaᒾ	kʰuaᒾ	kʰuaᒾ	kʰuaᒾ
瓦 名词	马疑上	⁻va	⁻va	⁻va	⁻va	⁻ua	⁻ua	⁻ua	⁻ua	⁻ua	⁻va
瓦 动词	祃疑去	vaᒾ	vaᒾ	vaᒾ	vaᒾ	uaᒾ	uaᒾ	uaᒾ	uaᒾ	uaᒾ	vaᒾ
花	麻晓平	⁻xua	⁻xua	⁻xua	⁻xua	⁻xua	⁻xua	⁻xua	⁻xua	⁻xua	⁻xua
化	祃晓去	xuaᒾ	xuaᒾ	xuaᒾ	xuaᒾ	xuaᒾ	xuaᒾ	xuaᒾ	xuaᒾ	xuaᒾ	xuaᒾ
华 中~	麻匣平	⁻xua	⁻xua	⁻xua	⁻xua	⁻xua	⁻xua	⁻xua	⁻xua	⁻xua	⁻xua
铧	麻匣平	⁻xua	⁻xua	⁻xua	⁻xua	⁻xua	⁻xua	⁻xua	⁻xua	⁻xua	⁻xua
划 ~船	麻匣平	⁻xua	⁻xua	⁻xua	⁻xua	⁻xua	⁻xua	⁻xua	⁻xua	⁻xua	⁻xua
华 ~山	祃匣去	xuaᒾ	xuaᒾ	xuaᒾ	xuaᒾ	xuaᒾ	xuaᒾ	xuaᒾ	xuaᒾ	xuaᒾ	xuaᒾ
蛙	麻影平	⁻va	⁻va	⁻va	⁻va	⁻ua	⁻ua	⁻va	⁻ua	⁻va	⁻va
洼	麻影平	⁻va	⁻va	⁻va	⁻ua	⁻ua	⁻ua	⁻va	⁻ua	⁻va	⁻va

三　遇摄

例字	中古音	天津	西青	静海	蓟州	宝坻	宁河	汉沽	塘沽	大港	武清
补	姥帮上	⁻pu	⁻pu	⁻pu	⁻pu	⁻pu	⁻pu	⁻pu	⁻pu	⁻pu	⁻pu
谱	姥帮上	⁻pʰu	⁻pʰu	⁻pʰu	⁻pʰu	⁻pʰu	⁻pʰu	⁻pʰu	⁻pʰu	⁻pʰu	⁻pʰu
布	暮帮去	puᒾ	puᒾ	puᒾ	puᒾ	puᒾ	puᒾ	puᒾ	puᒾ	puᒾ	puᒾ
铺 ~盖	模滂平	⁻pʰu	⁻pʰu	⁻pʰu	⁻pʰu	⁻pʰu	⁻pʰu	⁻pʰu	⁻pʰu	⁻pʰu	⁻pʰu
普	姥滂上	⁻pʰu	⁻pʰu	⁻pʰu	⁻pʰu	⁻pʰu	⁻pʰu	⁻pʰu	⁻pʰu	⁻pʰu	⁻pʰu
浦	姥滂上	⁻pʰu	⁻pʰu	⁻pʰu	⁻pʰu	⁻pʰu	⁻pʰu	⁻pʰu	⁻pʰu	⁻pʰu	⁻pʰu
铺 ~面	暮滂去	pʰuᒾ	pʰuᒾ	pʰuᒾ	pʰuᒾ	pʰuᒾ	pʰuᒾ	pʰuᒾ	pʰuᒾ	pʰuᒾ	pʰuᒾ
怖	暮滂去	puᒾ	puᒾ	puᒾ	puᒾ	puᒾ	puᒾ	puᒾ	puᒾ	puᒾ	puᒾ

续表

例字	中古音	天津	西青	静海	蓟州	宝坻	宁河	汉沽	塘沽	大港	武清
蒲	模并平	⊆pʰu	⊆pʰu	⊆pʰu	⊆pʰu	⊆pʰu	⊆pʰu	⊆pʰu	⊆pʰu	⊆pʰu	⊆pʰu
菩		⊆pʰu	⊆pʰu	⊆pʰu	⊆pʰu	⊆pʰu	⊆pʰu	⊆pʰu	⊆pʰu	⊆pʰu	⊆pʰu
脯		⊆pʰu	⊆pʰu	⊆pʰu	⊆pʰu	⊆pʰu	⊆pʰu	⊆pʰu	⊆pʰu	⊆pʰu	⊆pʰu
部	姥并上	pu⊃	pu⊃	pu⊃	pu⊃	pu⊃	pu⊃	pu⊃	pu⊃	pu⊃	pu⊃
簿		pu⊃	pu⊃	pu⊃	pu⊃	pu⊃	pʰu⊃	pu⊃	pu⊃	pu⊃	pu⊃
步	暮并去	pu⊃	pu⊃	pu⊃	pu⊃	pu⊃	pu⊃	pu⊃	pu⊃	pu⊃	pu⊃
捕		⊆pʰu	⊆pu	⊆pʰu	⊆pu	⊆pʰu	⊆pu	⊆pʰu	⊆pʰu	⊆pʰu	⊆pu
模~子	模明平	⊆mu	⊆mu	⊆mɤ	⊆mu	⊆mu	⊆mɤ	⊆mu	⊆mu	⊆mu	⊆mu
模~范		⊆mo	⊆mo	⊆mɤ	⊆mo	⊆mo	⊆mə	⊆mə	⊆mou	⊆mə	⊆mo
摹		⊆mo	⊆mo	⊆mɤ	⊆mo	⊆mo	⊆mə	⊆mə	⊆muo	⊆mə	⊆mo
暮	暮明去	mu⊃	mu⊃	mu⊃	mu⊃	mu⊃	mu⊃	mu⊃	mu⊃	mu⊃	mu⊃
墓		mu⊃	mu⊃	mu⊃	mu⊃	mu⊃	mu⊃	mu⊃	mu⊃	mu⊃	mu⊃
都~城	模端平	⊆tu	⊆tu	⊆tu	⊆tu	⊆tu	⊆tu	⊆tu	⊆tu	⊆tu	⊆tu
都~是		⊆təu	⊆təu	⊆təu	⊆təu	⊆təu	⊆təu	⊆təu	⊆təu	⊆tou	⊆təu
堵	姥端上	⊆tu	⊆tu	⊆tu	⊆tu	⊆tu	⊆tu	⊆tu	⊆tu	⊆tu	⊆tu
肚猪~		⊆tu	⊆tu	⊆tu	⊆tu	⊆tu	⊆tu	⊆tu	⊆tu	⊆tu	⊆tu
土	姥透上	⊆tʰu	⊆tʰu	⊆tʰu	⊆tʰu	⊆tʰu	⊆tʰu	⊆tʰu	⊆tʰu	⊆tʰu	⊆tʰu
吐~痰		⊆tʰu	⊆tʰu	⊆tʰu	⊆tʰu	⊆tʰu	⊆tʰu	⊆tʰu	⊆tʰu	⊆tʰu	⊆tʰu
吐呕~	暮透去	tʰu⊃	tʰu⊃	tʰu⊃	tʰu⊃	tʰu⊃	tʰu⊃	tʰu⊃	tʰu⊃	tʰu⊃	tʰu⊃
兔		tʰu⊃	tʰu⊃	tʰu⊃	tʰu⊃	tʰu⊃	tʰu⊃	tʰu⊃	tʰu⊃	tʰu⊃	tʰu⊃
徒	模定平	⊆tʰu	⊆tʰu	⊆tʰu	⊆tʰu	⊆tʰu	⊆tʰu	⊆tʰu	⊆tʰu	⊆tʰu	⊆tʰu
屠		⊆tʰu	⊆tʰu	⊆tʰu	⊆tʰu	⊆tʰu	⊆tʰu	⊆tʰu	⊆tʰu	⊆tʰu	⊆tʰu
途		⊆tʰu	⊆tʰu	⊆tʰu	⊆tʰu	⊆tʰu	⊆tʰu	⊆tʰu	⊆tʰu	⊆tʰu	⊆tʰu
涂		⊆tʰu	⊆tʰu	⊆tʰu	⊆tʰu	⊆tʰu	⊆tʰu	⊆tʰu	⊆tʰu	⊆tʰu	⊆tʰu
图		⊆tʰu	⊆tʰu	⊆tʰu	⊆tʰu	⊆tʰu	⊆tʰu	⊆tʰu	⊆tʰu	⊆tʰu	⊆tʰu
杜	姥定上	tu⊃	tu⊃	tu⊃	tu⊃	tu⊃	tu⊃	tu⊃	tu⊃	tu⊃	tu⊃
肚腹~		tu⊃	tu⊃	tu⊃	tu⊃	tu⊃	tu⊃	tu⊃	tu⊃	tu⊃	tu⊃
度	暮定去	tu⊃	tu⊃	tu⊃	tu⊃	tu⊃	tu⊃	tu⊃	tu⊃	tu⊃	tu⊃
渡		tu⊃	tu⊃	tu⊃	tu⊃	tu⊃	tu⊃	tu⊃	tu⊃	tu⊃	tu⊃
镀		tu⊃	tu⊃	tu⊃	tu⊃	tu⊃	tu⊃	tu⊃	tu⊃	tu⊃	tu⊃
奴	模泥平	⊆nu	⊆nu	⊆nu	⊆nu	⊆nu	⊆nu	⊆nu	⊆nu	⊆nu	⊆nu

续表

例字	中古音	天津	西青	静海	蓟州	宝坻	宁河	汉沽	塘沽	大港	武清
努	姥泥上	˖nu	˖nu	˖nu	˖nu	˖nu	˖nu	˖nu	˖nu	˖nu	˖nu
怒	暮泥去	nu˧	nu˧	nu˧	nu˧	nu˧	nu˧	nu˧	nu˧	nu˧	nu˧
卢	模来平	ˬlu	ˬlu	ˬlu	ˬlu	ˬlu	ˬlu	ˬlu	ˬlu	ˬlu	ˬlu
炉		ˬlu	ˬlu	ˬlu	ˬlu	ˬlu	ˬlu	ˬlu	ˬlu	ˬlu	ˬlu
芦		ˬlu	ˬlu	ˬlu	ˬlu	ˬlu	ˬlu	ˬlu	ˬlu	ˬlu	ˬlu
鲁	姥来上	˖lu	˖lu	˖lu	˖lu	˖lu	˖lu	˖lu	˖lu	˖lu	˖lu
虏		˖lu	˖lu	˖lu	˖lu	˖lu	˖lu	˖lu	˖lu	˖luo	˖lu
卤		˖lu	˖lu	˖lu	˖lu	˖lu	˖lu	˖lu	˖lu	˖lu	˖lu
路	暮来去	lu˧	lu˧	lu˧	lu˧	lu˧	lu˧	lu˧	lu˧	lu˧	lu˧
赂		lu˧	lu˧	lu˧	lu˧	lu˧	lu˧	lu˧	lu˧	lu˧	lu˧
露		lu˧	lu˧	lu˧	lu˧	lu˧	lu˧	lu˧	lu˧	lu˧	lu˧
租	模精平	ˬtsu	ˬtsu	ˬtsu	ˬtsu	ˬtθu	ˬtθu	ˬtsu	ˬtsu	ˬtsu	ˬtθu
祖	姥精上	˖tsu	˖tsu	˖tsu	˖tsu	˖tθu	˖tθu	˖tsu	˖tsu	˖tsu	˖tθu
组		˖tsu	˖tsu	˖tsu	˖tsu	˖tθu	˖tθu	˖tsu	˖tsu	˖tsu	˖tθu
做	暮精去	tsuo˧	tsuo˧	tsuo˧	tsuo˧	tsuo˧	tθuə˧	tθuə˧	tsuo˧	tsuo˧ / tsou˧	tθuo˧
粗	模清平	ˬtsʰu	ˬtsʰu	ˬtsʰu	ˬtsʰu	ˬtθʰu	ˬtθʰu	ˬtθʰu	ˬtsʰu	ˬtsʰu	ˬtθʰu
醋	暮清去	tsʰu˧	tsʰu˧	tsʰu˧	tsʰu˧	tθʰu˧	tθʰu˧	tθʰu˧	tsʰu˧	tsʰu˧	tθʰu˧
措		tsʰuo˧	tsʰuo˧	tsʰuo˧	tsʰuo˧	tθʰuə˧	tθʰuə˧	tsʰuo˧	tsʰuo˧	tsʰuo˧	tθʰuo˧
错		tsʰuo˧	tsʰuo˧	tsʰuo˧	tsʰuo˧	tθʰuə˧	tθʰuə˧	tsʰuo˧	tsʰuo˧	tsʰuo˧	tθʰuo˧
苏	模心平	ˬsu	ˬsu	ˬsu	ˬsu	ˬsu	ˬθu	ˬθu	ˬsu	ˬsu	ˬθu
酥		ˬsu	ˬsu	ˬsu	ˬsu	ˬsu	ˬθu	ˬθu	ˬsu	ˬsu	ˬθu
素	暮心去	su˧	su˧	su˧	su˧	su˧	θu˧	θu˧	su˧	su˧	θu˧
诉		su˧	su˧	su˧	su˧	su˧	θu˧	θu˧	su˧	su˧	θu˧
塑		su˧	su˧	su˧	su˧	su˧	θu˧	θu˧	suo˧	suo˧	θu˧
嗉		su˧	su˧	su˧	su˧	su˧	θu˧	θu˧	suo˧	suo˧	θu˧
姑	模见平	ˬku	ˬku	ˬku	ˬku	ˬku	ˬku	ˬku	ˬku	ˬku	ˬku
孤		ˬku	ˬku	ˬku	ˬku	ˬku	ˬku	ˬku	ˬku	ˬku	ˬku
箍		ˬku	ˬku	ˬku	ˬku	ˬku	ˬku	ˬku	ˬku	ˬku	ˬku

续表

例字	中古音	天津	西青	静海	蓟州	宝坻	宁河	汉沽	塘沽	大港	武清
古	姥见上	ˉku	ˉku	ˉku	ˉku	ˉku	ˉku	ˉku	ˉku	ˉku	ˉku
估		ˉku	ˉku	ˉku	ˉku	ˉku	ˉku	ˉku	ˉku	ˉku	ˉku
股		ˉku	ˉku	ˉku	ˉku	ˉku	ˉku	ˉku	ˉku	ˉku	ˉku
鼓		ˉku	ˉku	ˉku	ˉku	ˉku	ˉku	ˉku	ˉku	ˉku	ˉku
故	暮见去	kuˀ	kuˀ	kuˀ	kuˀ	kuˀ	kuˀ	kuˀ	kuˀ	kuˀ	kuˀ
固		kuˀ	kuˀ	kuˀ	kuˀ	kuˀ	kuˀ	kuˀ	kuˀ	kuˀ	kuˀ
雇		kuˀ	kuˀ	kuˀ	kuˀ	kuˀ	kuˀ	kuˀ	kuˀ	kuˀ	kuˀ
顾		kuˀ	kuˀ	kuˀ	kuˀ	kuˀ	kuˀ	kuˀ	kuˀ	kuˀ	kuˀ
枯	模溪平	ˉkʰu	ˉkʰu	ˉkʰu	ˉkʰu	ˉkʰu	ˉkʰu	ˉkʰu	ˉkʰu	ˉkʰu	ˉkʰu
苦	姥溪上	ˉkʰu	ˉkʰu	ˉkʰu	ˉkʰu	ˉkʰu	ˉkʰu	ˉkʰu	ˉkʰu	ˉkʰu	ˉkʰu
库	暮溪去	kʰuˀ	kʰuˀ	kʰuˀ	kʰuˀ	kʰuˀ	kʰuˀ	kʰuˀ	kʰuˀ	kʰuˀ	kʰuˀ
裤		kʰuˀ	kʰuˀ	kʰuˀ	kʰuˀ	kʰuˀ	kʰuˀ	kʰuˀ	kʰuˀ	kʰuˀ	kʰuˀ
吴	模疑平	ˍu	ˍvu	ˍu	ˍu	ˍu	ˍu	ˍu	ˍu	ˍu	ˍvu
蜈		ˍu	ˍvu	ˍu	ˍu	ˍu	ˍu	ˍu	ˍu	ˍu	ˍu
吾		ˍu	ˍu	ˍu	ˍu	ˍu	ˍu	ˍu	ˍu	ˍu	ˍu
梧		ˍu	ˍvu	ˍu	ˍu	ˍu	ˍu	ˍu	ˍu	ˍu	ˍvu
五	姥疑上	ˉu	ˉvu	ˉu	ˉu	ˉu	ˉu	ˉu	ˉu	ˉu	ˉvu
午		ˉu	ˉvu	ˉu	ˉu	ˉu	ˉu	ˉu	ˉu	ˉu	ˉvu
误	暮疑去	uˀ	vuˀ	uˀ	uˀ	uˀ	uˀ	uˀ	uˀ	uˀ	vuˀ
悟		uˀ	vuˀ	uˀ	uˀ	uˀ	uˀ	uˀ	uˀ	uˀ	vuˀ
呼	模晓平	ˍxu	ˍxu	ˍxu	ˍxu	ˍxu	ˍxu	ˍxu	ˍxu	ˍxu	ˍxu
虎	姥晓上	ˉxu	ˉxu	ˉxu	ˉxu	ˉxu	ˉxu	ˉxu	ˉxu	ˉxu	ˉxu
胡	模匣平	ˍxu	ˍxu	ˍxu	ˍxu	ˍxu	ˍxu	ˍxu	ˍxu	ˍxu	ˍxu
湖		ˍxu	ˍxu	ˍxu	ˍxu	ˍxu	ˍxu	ˍxu	ˍxu	ˍxu	ˍxu
狐		ˍxu	ˍxu	ˍxu	ˍxu	ˍxu	ˍxu	ˍxu	ˍxu	ˍxu	ˍxu
壶		ˍxu	ˍxu	ˍxu	ˍxu	ˍxu	ˍxu	ˍxu	ˍxu	ˍxu	ˍxu
乎		ˍxu	ˍxu	ˍxu	ˍxu	ˍxu	ˍxu	ˍxu	ˍxu	ˍxu	ˍxu
户	姥匣上	xuˀ	xuˀ	xuˀ	xuˀ	xuˀ	xuˀ	xuˀ	xuˀ	xuˀ	xuˀ
互	暮匣去	xuˀ	xuˀ	xuˀ	xuˀ	xuˀ	xuˀ	xuˀ	xuˀ	xuˀ	xuˀ
护		xuˀ	xuˀ	xuˀ	xuˀ	xuˀ	xuˀ	xuˀ	xuˀ	xuˀ	xuˀ
乌	模影平	ˍu	ˍvu	ˍu	ˍu	ˍu	ˍu	ˍu	ˍu	ˍu	ˍvu
污		ˍu	ˍvu	ˍu	ˍu	ˍu	ˍu	ˍu	ˍu	ˍu	ˍvu

续表

例字	中古音	天津	西青	静海	蓟州	宝坻	宁河	汉沽	塘沽	大港	武清
恶 可~	暮影去	u⁼	vu⁼	u⁼	u⁼	u⁼	u⁼	u⁼	u⁼	u⁼	vu⁼
女	语泥上	⁼nuei	⁼ɲy	⁼ɲy	⁼nuei	⁼ɲy	⁼nuei	⁼ɲy	⁼nuei	⁼ɲy	⁼ɲy
庐	鱼来平	⊆lu	⊆lu	⊆lu	⊆lu	⊆lu	⊆lu	⊆lu	⊆lu	⊆lu	⊆lu
驴	鱼来平	⊆luei	⊆ly	⊆luei	⊆ly	⊆luei	⊆ly	⊆luei	⊆luei	⊆ly	⊆ly
吕	语来上	⁼luei	⁼ly	⁼luei	⁼luei	⁼ly	⁼luei	⁼luei	⁼luei	⁼ly	⁼ly
旅		⁼luei	⁼ly	⁼luei	⁼luei	⁼ly	⁼luei	⁼luei	⁼luei	⁼ly	⁼ly
虑	御来去	luei⁼	Ly⁼	luei⁼	luei⁼	ly⁼	luei⁼	luei⁼	luei⁼	ly⁼	ly⁼
蛆	鱼清平	⊆tɕʰy	⊆tɕʰy	⊆tɕʰy	⊆tɕʰy	⊆tɕʰy	⊆tɕʰy	⊆tɕʰy	⊆tɕʰy	⊆tɕʰy	⊆tɕʰy
絮	御心去	ɕy⁼	ɕy⁼	ɕy⁼	ɕy⁼	ɕy⁼	ɕy⁼	ɕy⁼	ɕy⁼	ɕy⁼	ɕy⁼
徐	鱼邪平	⊆ɕy	⊆ɕy	⊆ɕy	⊆ɕy	⊆ɕy	⊆ɕy	⊆ɕy	⊆ɕy	⊆ɕy	⊆ɕy
序	语邪上	ɕy⁼	ɕy⁼	ɕy⁼	ɕy⁼	ɕy⁼	ɕy⁼	ɕy⁼	ɕy⁼	ɕy⁼	ɕy⁼
叙		ɕy⁼	ɕy⁼	ɕy⁼	ɕy⁼	ɕy⁼	ɕy⁼	ɕy⁼	ɕy⁼	ɕy⁼	ɕy⁼
猪	鱼知平	⊆tsu	⊆tsu	⊆tʂu	⊆tʂu	⊆tʂu	⊆tʂu	⊆tʂu	⊆tʂu	⊆tʂu	⊆tʂu
著	御知去	tsu⁼	tsu⁼	tʂu⁼	tʂu⁼	tʂu⁼	tʂu⁼	tʂu⁼	tʂu⁼	tʂu⁼	tʂu⁼
除	鱼澄平	⊆tsʰu	⊆tsʰu	⊆tʂʰu	⊆tʂʰu	⊆tʂʰu	⊆tʂʰu	⊆tʂʰu	⊆tʂʰu	⊆tʂʰu	⊆tʂʰu
储		⊆tsʰu	⊆tsʰu	⊆tʂʰu	⊆tʂʰu	⊆tʂʰu	⊆tʂʰu	⊆tʂʰu	⊆tʂʰu	⊆tʂʰu	⊆tʂʰu
阻	语庄平	⁼tsu	⁼tsu	⁼tsu	⁼tsu	⁼tsu	⁼tsu	⁼tsu	⁼tsu	⁼tsu	⁼tsu
初	鱼初平	⊆tsʰu	⊆tsʰu	⊆tsʰu	⊆tsʰu	⊆tsʰu	⊆tsʰu	⊆tsʰu	⊆tsʰu	⊆tsʰu	⊆tsʰu
楚	语初上	⁼tsʰu	⁼tsʰu	⁼tsʰu	⁼tsʰu	⁼tsʰu	⁼tsʰu	⁼tsʰu	⁼tsʰu	⁼tsʰu	⁼tsʰu
础		⁼tsʰu	⁼tsʰu	⁼tsʰu	⁼tsʰu	⁼tsʰu	⁼tsʰu	⁼tsʰu	⁼tsʰu	⁼tsʰu	⁼tsʰu
锄	鱼崇平	⊆tsʰu	⊆tsʰu	⊆tʂʰu	⊆tʂʰu	⊆tʂʰu	⊆tʂʰu	⊆tʂʰu	⊆tʂʰu	⊆tʂʰu	⊆tʂʰu
助	御崇去	tsu⁼	tsu⁼	tsu⁼	tʂu⁼	tʂu⁼	tʂu⁼	tʂu⁼	tsu⁼	tsu⁼	tʂu⁼
梳	鱼生平	⊆su	⊆su	⊆ʂu	⊆ʂu	⊆ʂu	⊆ʂu	⊆ʂu	⊆ʂu	⊆ʂu	⊆ʂu
蔬		⊆su	⊆su	⊆ʂu	⊆ʂu	⊆ʂu	⊆ʂu	⊆ʂu	⊆ʂu	⊆ʂu	⊆ʂu
所	语生上	⁼suo	⁼suo	⁼suo	⁼ʂuo	⁼ʂuo	⁼ʂuə	⁼ʂuə	⁼ʂuə	⁼ʂuo	⁼ʂuo
煮	语章上	⁼tsu	⁼tsu	⁼tʂu	⁼tʂu	⁼tʂu	⁼tʂu	⁼tʂu	⁼tʂu	⁼tʂu	⁼tʂu
处 相~	语昌上	⁼tsʰu	⁼tsʰu	⁼tʂʰu	⁼tʂʰu	⁼tʂʰu	⁼tʂʰu	⁼tʂʰu	⁼tʂʰu	⁼tʂʰu	⁼tʂʰu
杵		⁼tsʰu	⁼tsʰu	⁼tʂʰu	⁼tʂʰu	⁼tʂʰu	⁼tʂʰu	⁼tʂʰu	⁼tʂʰu	⁼tʂʰu	⁼tʂʰu
处 ~所	御昌去	tsʰu⁼	tsʰu⁼	tʂʰu⁼	tʂʰu⁼	tʂʰu⁼	tʂʰu⁼	tʂʰu⁼	tʂʰu⁼	tʂʰu⁼	tʂʰu⁼
书	鱼书平	⊆su	⊆su	⊆ʂu	⊆ʂu	⊆ʂu	⊆ʂu	⊆ʂu	⊆ʂu	⊆ʂu	⊆ʂu
舒		⊆su	⊆su	⊆ʂu	⊆ʂu	⊆ʂu	⊆ʂu	⊆ʂu	⊆ʂu	⊆ʂu	⊆ʂu

续表

例字	中古音	天津	西青	静海	蓟州	宝坻	宁河	汉沽	塘沽	大港	武清
暑	语书上	⊂su	⊂su	⊂ʂu	⊂ʂu	⊂ʂu	⊂ʂu	⊂ʂu	⊂ʂu	⊂ʂu	⊂ʂu
鼠		⊂su	⊂su	⊂ʂu	⊂ʂu	⊂ʂu	⊂ʂu	⊂ʂu	⊂ʂu	⊂ʂu	⊂ʂu
薯	御禅去	⊂su	⊂su	⊂ʂu	⊂ʂu	⊂ʂu	⊂ʂu	⊂ʂu	⊂ʂu	⊂ʂu	⊂ʂu
如	鱼日平	⊂yu	⊂yu	⊂ʐu	⊂ʐu	⊂ʐu	⊂ʐu	⊂yu	⊂lu	⊂ʐu	⊂ʐu
汝	语日上	⊂zu / ⊂yu	⊂yu	⊂ʐu	⊂ʐu	⊂ʐu	⊂ʐu	⊂ʐu	⊂ʐu	⊂ʐu	⊂ʐu
居	鱼见平	⊂tɕy	⊂tɕy	⊂tɕy	⊂tɕy	⊂tɕy	⊂tɕy	⊂tɕy	⊂tɕy	⊂tɕy	⊂tɕy
车~炮		⊂tɕy	⊂tɕy	⊂tɕy	⊂tɕy	⊂tɕy	⊂tɕy	⊂tɕy	⊂tɕy	⊂tɕy	⊂tɕy
举	语见上	⊂tɕy	⊂tɕy	⊂tɕy	⊂tɕy	⊂tɕy	⊂tɕy	⊂tɕy	⊂tɕy	⊂tɕy	⊂tɕy
据	御见去	tɕy⊃	tɕy⊃	tɕy⊃	tɕy⊃	tɕy⊃	tɕy⊃	tɕy⊃	tɕy⊃	tɕy⊃	tɕy⊃
锯		tɕy⊃	tɕy⊃	tɕy⊃	tɕy⊃	tɕy⊃	tɕy⊃	tɕy⊃	tɕy⊃	tɕy⊃	tɕy⊃
去	御溪去	tɕʰy⊃	tɕʰy⊃	tɕʰy⊃	tɕʰy⊃	tɕʰy⊃	tɕʰy⊃	tɕʰy⊃	tɕʰy⊃	tɕʰy⊃	tɕʰy⊃
渠	鱼群平	⊂tɕʰy	⊂tɕʰy	⊂tɕʰy	⊂tɕʰy	⊂tɕʰy	⊂tɕʰy	⊂tɕʰy	⊂tɕʰy	⊂tɕʰy	⊂tɕʰy
巨	语群上	tɕy⊃	tɕy⊃	tɕy⊃	tɕy⊃	tɕy⊃	tɕy⊃	tɕy⊃	tɕy⊃	tɕy⊃	tɕy⊃
拒		tɕy⊃	tɕy⊃	tɕy⊃	tɕy⊃	tɕy⊃	tɕy⊃	tɕy⊃	tɕy⊃	tɕy⊃	tɕy⊃
距		tɕy⊃	tɕy⊃	tɕy⊃	tɕy⊃	tɕy⊃	tɕy⊃	tɕy⊃	tɕy⊃	tɕy⊃	tɕy⊃
鱼	鱼疑平	⊂y	⊂y	⊂y	⊂y	⊂y	⊂y	⊂y	⊂y	⊂y	⊂y
渔		⊂y	⊂y	⊂y	⊂y	⊂y	⊂y	⊂y	⊂y	⊂y	⊂y
语	语疑上	⊂y	⊂y	⊂y	⊂y	⊂y	⊂y	⊂y	⊂y	⊂y	⊂y
虚	鱼晓平	⊂ɕy	⊂ɕy	⊂ɕy	⊂ɕy	⊂ɕy	⊂ɕy	⊂ɕy	⊂ɕy	⊂ɕy	⊂ɕy
许	语晓上	⊂ɕy	⊂ɕy	⊂ɕy	⊂ɕy	⊂ɕy	⊂ɕy	⊂ɕy	⊂ɕy	⊂ɕy	⊂ɕy
淤	鱼影平	⊂y	⊂y	⊂y	⊂y	⊂y	⊂y	⊂y	⊂y	⊂y	⊂y
余	鱼以平	⊂y	⊂y	⊂y	⊂y	⊂y	⊂y	⊂y	⊂y	⊂y	⊂y
与	语以上	⊂y	⊂y	⊂y	⊂y	⊂y	⊂y	⊂y	⊂y	⊂y	⊂y
誉	御以去	y⊃	y⊃	y⊃	y⊃	y⊃	y⊃	y⊃	y⊃	y⊃	y⊃
预		y⊃	y⊃	y⊃	y⊃	y⊃	y⊃	y⊃	y⊃	y⊃	y⊃
豫		y⊃	y⊃	y⊃	y⊃	y⊃	y⊃	y⊃	y⊃	y⊃	y⊃
夫	虞非平	⊂fu	⊂fu	⊂fu	⊂fu	⊂fu	⊂fu	⊂fu	⊂fu	⊂fu	⊂fu
肤		⊂fu	⊂fu	⊂fu	⊂fu	⊂fu	⊂fu	⊂fu	⊂fu	⊂fu	⊂fu
趺		⊂fu	⊂fu	⊂fu	⊂fu	⊂fu	⊂fu	⊂fu	⊂fu	⊂fu	⊂fu

续表

例字	中古音	天津	西青	静海	蓟州	宝坻	宁河	汉沽	塘沽	大港	武清
府	虞非上	ᶜfu	ᶜfu	ᶜfu	ᶜfu	ᶜfu	ᶜfu	ᶜfu	ᶜfu	ᶜfu	ᶜfu
俯		ᶜfu	ᶜfu	ᶜfu	ᶜfu	ᶜfu	ᶜfu	ᶜfu	ᶜfu	ᶜfu	ᶜfu
脯果~		ᶜpʰu	ᶜpʰu	ᶜpʰu	ᶜpʰu	ᶜpʰu	ᶜpʰu	ᶜpʰu	ᶜpʰu	ᶜpʰu	ᶜpʰu
斧		ᶜfu	ᶜfu	ᶜfu	ᶜfu	ᶜfu	ᶜfu	ᶜfu	ᶜfu	ᶜfu	ᶜfu
付	遇非去	fu⊃	fu⊃	fu⊃	fu⊃	fu⊃	fu⊃	fu⊃	fu⊃	fu⊃	fu⊃
赋		fu⊃	fu⊃	fu⊃	fu⊃	fu⊃	fu⊃	fu⊃	fu⊃	fu⊃	fu⊃
傅		fu⊃	fu⊃	fu⊃	fu⊃	fu⊃	fu⊃	fu⊃	fu⊃	fu⊃	fu⊃
敷	虞敷平	₋fu	₋fu	₋fu	₋fu	₋fu	₋fu	₋fu	₋fu	₋fu	₋fu
俘		₌fu	₌fu	₌fu	₌fu	₌fu	₌fu	₌fu	₌fu	₌fu	₌fu
孵		₋fu	₋fu	₋fu	₋fu	₋fu	₋fu	₋fu	₋fu	₋fu	₋fu
符	虞奉平	₌fu	₌fu	₌fu	₌fu	₌fu	₌fu	₌fu	₌fu	₌fu	₌fu
扶		₌fu	₌fu	₌fu	₌fu	₌fu	₌fu	₌fu	₌fu	₌fu	₌fu
芙		₌fu	₌fu	₌fu	₌fu	₌fu	₌fu	₌fu	₌fu	₌fu	₌fu
父	虞奉上	fu⊃	fu⊃	fu⊃	fu⊃	fu⊃	fu⊃	fu⊃	fu⊃	fu⊃	fu⊃
腐		ᶜfu	ᶜfu	ᶜfu	ᶜfu	ᶜfu	ᶜfu	ᶜfu	ᶜfu	ᶜfu	ᶜfu
辅		ᶜfu	ᶜfu	ᶜfu	ᶜfu	ᶜfu	ᶜfu	ᶜfu	ᶜfu	ᶜfu	ᶜfu
附	遇奉去	ᶜfu	fu⊃	fu⊃	fu⊃	fu⊃	fu⊃	fu⊃	fu⊃	fu⊃	fu⊃
无	虞微平	₌u	₌vu	₌vu	₌u	₌u	₌u	₌u	₌u	₌u	₌vu
巫	虞微平	₋u	₋vu	₋vu	₋u	₋u	₋u	₋u	₋u	₋u	₋vu
诬		₋u	₋vu	₋vu	₋u	₋u	₋u	₋u	₋u	₋u	₋vu
武	虞微上	ᶜu	ᶜvu	ᶜu	ᶜu	ᶜu	ᶜu	ᶜu	ᶜu	ᶜu	ᶜvu
舞		ᶜu	ᶜvu	ᶜu	ᶜu	ᶜu	ᶜu	ᶜu	ᶜu	ᶜu	ᶜvu
侮		ᶜu	ᶜvu	ᶜu	ᶜu	ᶜu	ᶜu	ᶜu	ᶜu	ᶜu	ᶜvu
鹉		ᶜu	ᶜu	ᶜu	ᶜu	ᶜu	ᶜu	ᶜu	ᶜu	ᶜu	ᶜvu
务	遇微去	u⊃	vu⊃	vu⊃	u⊃	u⊃	u⊃	u⊃	u⊃	u⊃	vu⊃
雾		u⊃	vu⊃	vu⊃	u⊃	u⊃	u⊃	u⊃	u⊃	u⊃	vu⊃
缕	虞来上	ᶜluei	ᶜly	ᶜluei	ᶜluei	ᶜly	ᶜluei	ᶜluei	ᶜluei	ᶜly	ᶜly
屡	遇来去	ᶜluei	ᶜly	ᶜluei	ᶜluei	ᶜly	ᶜluei	ᶜluei	ᶜluei	ᶜly	ᶜly
取	虞清上	ᶜtɕʰy	ᶜtɕʰy	ᶜtɕʰy	ᶜtɕʰy ᶜtɕʰiəu	ᶜtɕʰy	ᶜtɕʰy	ᶜtɕʰy	ᶜtɕʰy	ᶜtɕʰy	ᶜtɕʰy
娶		ᶜtɕʰy	ᶜtɕʰy	ᶜtɕʰy	ᶜtɕʰy	ᶜtɕʰy	ᶜtɕʰy	ᶜtɕʰy	ᶜtɕʰy	ᶜtɕʰy	ᶜtɕʰy
趣	遇清去	tɕʰy⊃	tɕʰy⊃	tɕʰy⊃	tɕʰy⊃	tɕʰy⊃	tɕʰy⊃	tɕʰy⊃	tɕʰy⊃	tɕʰy⊃	tɕʰy⊃

续表

例字	中古音	天津	西青	静海	蓟州	宝坻	宁河	汉沽	塘沽	大港	武清
聚	虞从上	tɕy⊃	tɕy⊃	tɕy⊃	tɕy⊃	tɕy⊃	tɕy⊃	tɕy⊃	tɕy⊃	tɕy⊃	tɕy⊃
须	虞心平	⊂ɕy	⊂ɕy	⊂ɕy	⊂ɕy	⊂ɕy	⊂ɕy	⊂ɕy	⊂ɕy	⊂ɕy	⊂ɕy
需		⊂ɕy	⊂ɕy	⊂ɕy	⊂ɕy	⊂ɕy	⊂ɕy	⊂ɕy	⊂ɕy	⊂ɕy	⊂ɕy
绪	遇邪去	ɕy⊃	ɕy⊃	ɕy⊃	ɕy⊃	ɕy⊃	ɕy⊃	ɕy⊃	ɕy⊃	ɕy⊃	ɕy⊃
诛	虞知平	⊂tsu	⊂tsu	⊂tʂu	⊂tʂu	⊂tʂu	⊂tʂu	⊂tʂu	⊂tsu	⊂tʂu	⊂tʂu
蛛	虞知平	⊂tsu	⊂tsu	⊂tʂu	⊂tʂu	⊂tʂu	⊂tʂu	⊂tʂu	⊂tsu	⊂tʂu	⊂tʂu
株		⊂tsu	⊂tsu	⊂tʂu	⊂tʂu	⊂tʂu	⊂tʂu	⊂tʂu	⊂tsu	⊂tʂu	⊂tʂu
拄	虞知上	⊂tsu	⊂tsu	⊂tʂu	⊂tʂu	⊂tʂu	⊂tʂu	⊂tʂu	⊂tsu	⊂tʂu	⊂tʂu
驻	遇知去	tsu⊃	tsu⊃	tʂu⊃	tʂu⊃	tʂu⊃	tʂu⊃	tʂu⊃	tsu⊃	tʂu⊃	tʂu⊃
厨	虞澄平	⊆tsʰu	⊆tsʰu	⊆tʂʰu	⊆tʂʰu	⊆tʂʰu	⊆tʂʰu	⊆tʂʰu	⊆tsʰu	⊆tʂʰu	⊆tʂʰu
柱	虞澄上	tsu⊃	tsu⊃	tʂu⊃	tʂu⊃	tʂu⊃	tʂu⊃	tʂu⊃	tsu⊃	tʂu⊃	tʂu⊃
住	遇澄去	tsu⊃	tsu⊃	tʂu⊃	tʂu⊃	tʂu⊃	tʂu⊃	tʂu⊃	tsu⊃	tʂu⊃	tʂu⊃
数~数	虞生上	⊂su	⊂su	⊂ʂu	⊂ʂu	⊂ʂu	⊂ʂu	⊂ʂu	⊂su	⊂su	⊂ʂu
数~字	遇生去	su⊃	su⊃	ʂu⊃	ʂu⊃	ʂu⊃	ʂu⊃	ʂu⊃	su⊃	su⊃	ʂu⊃
朱	虞章平	⊂tsu	⊂tsu	⊂tʂu	⊂tʂu	⊂tʂu	⊂tʂu	⊂tʂu	⊂tsu	⊂tʂu	⊂tʂu
珠	虞章平	⊂tsu	⊂tsu	⊂tʂu	⊂tʂu	⊂tʂu	⊂tʂu	⊂tʂu	⊂tsu	⊂tʂu	⊂tʂu
主	虞章上	⊂tsu	⊂tsu	⊂tʂu	⊂tʂu	⊂tʂu	⊂tʂu	⊂tʂu	⊂tsu	⊂tʂu	⊂tʂu
注	遇章去	tsu⊃	tsu⊃	tʂu⊃	tʂu⊃	tʂu⊃	tʂu⊃	tʂu⊃	tsu⊃	tʂu⊃	tʂu⊃
蛀		tsu⊃	tsu⊃	tʂu⊃	tʂu⊃	tʂu⊃	tʂu⊃	tʂu⊃	tsu⊃	tʂu⊃	tʂu⊃
铸		tsu⊃	tsu⊃	tʂu⊃	tʂu⊃	tʂu⊃	tʂu⊃	tʂu⊃	tsu⊃	tʂu⊃	tʂu⊃
输~赢	虞书平	⊂su	⊂su	⊂ʂu	⊂ʂu	⊂ʂu	⊂ʂu	⊂ʂu	⊂su	⊂ʂu	⊂ʂu
输运~	遇书去	⊂su	⊂su	⊂ʂu	⊂ʂu	⊂ʂu	⊂ʂu	⊂ʂu	⊂su	⊂ʂu	⊂ʂu
殊	虞禅平	⊂tsʰu	⊂su	⊂ʂu	⊂ʂu	⊂ʂu	⊂ʂu	⊂ʂu	⊂tsʰu	⊂tʂʰu	⊂ʂu
竖	虞禅上	su⊃	su⊃	ʂu⊃	ʂu⊃	ʂu⊃	ʂu⊃	ʂu⊃	su⊃	ʂu⊃	ʂu⊃
树	遇禅去	su⊃	su⊃	ʂu⊃	ʂu⊃	ʂu⊃	ʂu⊃	ʂu⊃	su⊃	ʂu⊃	ʂu⊃
儒	虞日平	⊂zu / yu	⊂yu	⊂ʐu	⊂ʐu	⊂ʐu	⊂ʐu	⊂ʐu	⊂ʐu	⊂ʐu	⊂ʐu
乳	虞日上	⊂lu	⊂yu	⊂ʐu	⊂lu	⊂ʐu	⊂ʐu	⊂ʐu	⊂lu	⊂ʐu	⊂ʐu
孺	虞日上	⊂zu / yu	⊂yu	⊂ʐu	⊂ʐu	⊂ʐu	⊂ʐu	⊂ʐu	⊂ʐu / yu	⊂ʐu	⊂ʐu
拘	虞见平	⊂tɕy	⊂tɕy	⊂tɕy	⊂tɕy	⊂tɕy	⊂tɕy	⊂tɕy	⊂tɕy	⊂tɕy	⊂tɕy
驹	虞见平	⊂tɕy	⊂tɕy	⊂tɕy	⊂tɕy	⊂tɕy	⊂tɕy	⊂tɕy	⊂tɕy	⊂tɕy	⊂tɕy
俱		tɕy⊃	tɕy⊃	tɕy⊃	tɕy⊃	tɕy⊃	tɕy⊃	tɕy⊃	tɕy⊃	tɕy⊃	tɕy⊃

续表

例字	中古音	天津	西青	静海	蓟州	宝坻	宁河	汉沽	塘沽	大港	武清
矩	虞见上	tɕy⌐	tɕy⌐	tɕy⌐	tɕy⌐	⌐tɕy	⌐tɕy	⌐tɕy	tɕy⌐	⌐tɕy	⌐tɕy
句	遇见去	tɕy⌐	tɕy⌐	tɕy⌐	tɕy⌐	tɕy⌐	tɕy⌐	tɕy⌐	tɕy⌐	tɕy⌐	tɕy⌐
区	虞溪平	⊂tɕʰy	⊂tɕʰy	⊂tɕʰy	⊂tɕʰy	⊂tɕʰy	⊂tɕʰy	⊂tɕʰy	⊂tɕʰy	⊂tɕʰy	⊂tɕʰy
驱		⊂tɕʰy	⊂tɕʰy	⊂tɕʰy	⊂tɕʰy	⊂tɕʰy	⊂tɕʰy	⊂tɕʰy	⊂tɕʰy	⊂tɕʰy	⊂tɕʰy
瞿	虞群平	⊂tɕʰy	⊂tɕʰy	⊂tɕʰy	⊂tɕʰy	⊂tɕʰy	⊂tɕʰy	⊂tɕʰy	⊂tɕʰy	⊂tɕʰy	⊂tɕʰy
具	遇群去	tɕy⌐	tɕy⌐	tɕy⌐	tɕy⌐	tɕy⌐	tɕy⌐	tɕy⌐	tɕy⌐	tɕy⌐	tɕy⌐
惧		tɕy⌐	tɕy⌐	tɕy⌐	tɕy⌐	tɕy⌐	tɕy⌐	tɕy⌐	tɕy⌐	tɕy⌐	tɕy⌐
愚	虞疑平	⊂y	⊂y	⊂y	⊂y	⊂y	⊂y	⊂y	⊂y	⌐y	⊂y
娱		y⌐	⊂y	y⌐	y⌐	⊂y	⊂y	⊂y	⊂y	⌐y	⊂y
遇	遇疑去	y⌐	y⌐	y⌐	y⌐	y⌐	y⌐	y⌐	y⌐	y⌐	y⌐
寓	遇泥去	y⌐	y⌐	y⌐	y⌐	y⌐	y⌐	y⌐	y⌐	y⌐	y⌐
于	虞云平	⊂y	⊂y	⊂y	⊂y	⊂y	⊂y	⊂y	⊂y	⊂y	⊂y
盂		⊂y	⊂y	⊂y	⊂y	⊂y	⊂y	⊂y	⊂y	⌐y	⊂y
雨	虞云上	⌐y	⌐y	⌐y	⌐y	⌐y	⌐y	⌐y	⌐y	⌐y	⌐y
宇		⌐y	⌐y	⌐y	⌐y	⌐y	⌐y	⌐y	⌐y	⌐y	⌐y
羽		⌐y	⌐y	⌐y	⌐y	⌐y	⌐y	⌐y	⌐y	⌐y	⌐y
芋	遇云去	y⌐	y⌐	y⌐	y⌐	y⌐	y⌐	y⌐	y⌐	y⌐	y⌐
榆	虞以平	⊂y	⊂y	⊂y	⊂y	⊂y	⊂y	⊂y	⊂y	⌐y	⊂y
愉		⊂y	⊂y	⊂y	⊂y	⊂y	⊂y	⊂y	⊂y	⌐y	⊂y
喻	遇以去	y⌐	y⌐	y⌐	y⌐	y⌐	y⌐	y⌐	y⌐	y⌐	y⌐
裕		y⌐	y⌐	y⌐	y⌐	y⌐	y⌐	y⌐	y⌐	y⌐	y⌐

四　蟹摄

例字	中古音	天津	西青	静海	蓟州	宝坻	宁河	汉沽	塘沽	大港	武清
呆	咍端平	⊂tai	⊂tai	⊂tai	⊂tai	⊂tai	⊂tai	⊂tai	⊂tai	⊂tai	⊂tai
戴	代端去	tai⌐	tai⌐	tai⌐	tai⌐	tai⌐	tai⌐	tai⌐	tai⌐	tai⌐	tai⌐
胎	咍透平	⊂tʰai	⊂tʰai	⊂tʰai	⊂tʰai	⊂tʰai	⊂tʰai	⊂tʰai	⊂tʰai	⊂tʰai	⊂tʰai
态	代透去	tʰai⌐	tʰai⌐	tʰai⌐	tʰai⌐	tʰai⌐	tʰai⌐	tʰai⌐	tʰai⌐	tʰai⌐	tʰai⌐
贷		tai⌐	tai⌐	tai⌐	tai⌐	tai⌐	tai⌐	tai⌐	tai⌐	tai⌐	tai⌐

续表

例字	中古音	天津	西青	静海	蓟州	宝坻	宁河	汉沽	塘沽	大港	武清
台	哈定平	₌tʰai	₌tʰai	₌tʰai	₌tʰai	₌tʰai	₌tʰai	₌tʰai	₌tʰai	₌tʰai	₌tʰai
苔		₌tʰai	₌tʰai	₌tʰai	₌tʰai	₌tʰai	₌tʰai	₌tʰai	₌tʰai	₌tʰai	₌tʰai
抬		₌tʰai	₌tʰai	₌tʰai	₌tʰai	₌tʰai	₌tʰai	₌tʰai	₌tʰai	₌tʰai	₌tʰai
待	海定上	tai⌐	tai⌐	tai⌐	tai⌐	tai⌐	tai⌐	tai⌐	tai⌐	tai⌐	tai⌐
怠		tai⌐	tai⌐	tai⌐	tai⌐	tai⌐	tai⌐	tai⌐	tai⌐	tai⌐	tai⌐
代	代定去	tai⌐	tai⌐	tai⌐	tai⌐	tai⌐	tai⌐	tai⌐	tai⌐	tai⌐	tai⌐
袋		tai⌐	tai⌐	tai⌐	tai⌐	tai⌐	tai⌐	tai⌐	tai⌐	tai⌐	tai⌐
乃	海泥上	⁻nai	⁻nai	⁻nai	⁻nai	⁻nai	⁻nai	⁻nai	⁻nai	⁻nai	⁻nai
耐	代泥去	nai⌐	nai⌐	nai⌐	nai⌐	nai⌐	nai⌐	nai⌐	nai⌐	nai⌐	nai⌐
来	哈来平	₌lai	₌lai	₌lai	₌lai	₌lai	₌lai	₌lai	₌lai	₌lai	₌lai
灾	哈精平	₌tsai	₌tsai	₌tsai	₌tsai	₌tsai	₌tθai	₌tθai	₌tsai	₌tsai	₌tθai
栽		₌tsai	₌tsai	₌tsai	₌tsai	₌tsai	₌tθai	₌tθai	₌tsai	₌tsai	₌tθai
宰	海精上	⁻tsai	⁻tsai	⁻tsai	⁻tsai	⁻tsai	⁻tθai	⁻tθai	⁻tsai	⁻tsai	⁻tθai
载₍年~₎		⁻tsai	⁻tsai	⁻tsai	⁻tsai	⁻tsai	⁻tθai	⁻tθai	⁻tsai	⁻tsai	⁻tθai
再	代精去	tsai⌐	tsai⌐	tsai⌐	tsai⌐ tai⌐	tsai⌐	tθai⌐	tθai⌐	tsai⌐	tsai⌐	tθai⌐
载₍~重₎		tsai⌐	tsai⌐	tsai⌐	tsai⌐ tai⌐	tsai⌐	tθai⌐	tθai⌐	tsai⌐	tsai⌐	tθai⌐
猜	哈清平	₌tsʰai	₌tsʰai	₌tsʰai	₌tsʰai	₌tsʰai	₌tθʰai	₌tθʰai	₌tsʰai	₌tsʰai	₌tθʰai
彩	海清上	⁻tsʰai	⁻tsʰai	⁻tsʰai	⁻tsʰai	⁻tsʰai	⁻tθʰai	⁻tθʰai	⁻tsʰai	⁻tsʰai	⁻tθʰai
采		⁻tsʰai	⁻tsʰai	⁻tsʰai	⁻tsʰai	⁻tsʰai	⁻tθʰai	⁻tθʰai	⁻tsʰai	⁻tsʰai	⁻tθʰai
睬		⁻tsʰai	⁻tsʰai	⁻tsʰai	⁻tsʰai	⁻tsʰai	⁻tθʰai	⁻tθʰai	⁻tsʰai	⁻tsʰai	⁻tθʰai
菜	代清去	tsʰai⌐	tsʰai⌐	tsʰai⌐	tsʰai⌐	tsʰai⌐	tθʰai⌐	tθʰai⌐	tsʰai⌐	tsʰai⌐	tθʰai⌐
才	哈从平	₌tsʰai	₌tsʰai	₌tsʰai	₌tsʰai	₌tsʰai	₌tθʰai	₌tθʰai	₌tsʰai	₌tsʰai	₌tθʰai
材		₌tsʰai	₌tsʰai	₌tsʰai	₌tsʰai	₌tsʰai	₌tθʰai	₌tθʰai	₌tsʰai	₌tsʰai	₌tθʰai
财		₌tsʰai	₌tsʰai	₌tsʰai	₌tsʰai	₌tsʰai	₌tθʰai	₌tθʰai	₌tsʰai	₌tsʰai	₌tθʰai
裁		₌tsʰai	₌tsʰai	₌tsʰai	₌tsʰai	₌tsʰai	₌tθʰai	₌tθʰai	₌tsʰai	₌tsʰai	₌tθʰai
在	海从上	tsai⌐	tsai⌐	tsai⌐	tsai⌐ tai⌐	tsai⌐	tθai⌐	tθai⌐	tsai⌐	tsai⌐	tθai⌐
载₍满~₎	代从去	⁻tsai	tsai⌐	tsai⌐	tsai⌐	tsai⌐	tθai⌐	tθai⌐	⁻tsai	tsai⌐	tθai⌐
腮	哈心平	⁻sai	⁻sai	⁻sai	⁻sai	⁻sai	⁻θai	⁻θai	⁻sai	⁻sai	⁻θai
鳃		⁻sai	⁻sai	⁻sai	⁻sai	⁻sai	⁻θai	⁻θai	⁻sai	⁻sai	⁻θai
赛	代心去	sai⌐	sai⌐	sai⌐	sai⌐	sai⌐	θai⌐	θai⌐	sai⌐	sai⌐	θai⌐

续表

例字	中古音	天津	西青	静海	蓟州	宝坻	宁河	汉沽	塘沽	大港	武清
该	咍见平	₋kai	₋kai	₋kai	₋kai	₋kai	₋kai	₋kai	₋kai	₋kai	₋kai
改	海见上	ᶜkai	ᶜkai	ᶜkai	ᶜkai	ᶜkai	ᶜkai	ᶜkai	ᶜkai	ᶜkai	ᶜkai
概	代见去	kaiᵓ	kaiᵓ	kaiᵓ	kaiᵓ	kaiᵓ	kaiᵓ	kaiᵓ	kaiᵓ	kaiᵓ	kaiᵓ
开	咍溪平	₋kʰai	₋kʰai	₋kʰai	₋kʰai	₋kʰai	₋kʰai	₋kʰai	₋kʰai	₋kʰai	₋kʰai
咳~嗽	代溪去	₋kʰɤ	₋kʰɤ	₋kʰɤ	₋kʰɤ	₋kʰɤ	₋kʰɤ	₋kʰɤ	₋kʰɤ	₋kʰə	₋kʰɤ
碍	代疑去	naiᵓ	naiᵓ	ŋaiᵓ / naiᵓ	naiᵓ	naiᵓ	naiᵓ	aiᵓ	naiᵓ	naiᵓ	aiᵓ
海	海晓上	ᶜxai	ᶜxai	ᶜxai	ᶜxai	ᶜxai	ᶜxai	ᶜxai	ᶜxai	ᶜxai	ᶜxai
孩	咍匣平	₋xai	₋xai	₋xai	₋xai	₋xai	₋xai	₋xai	₋xai	₋xai	₋xai
亥	海匣上	xaiᵓ	xaiᵓ	xaiᵓ	xaiᵓ	xaiᵓ	xaiᵓ	xaiᵓ	xaiᵓ	xaiᵓ	xaiᵓ
哀	咍影平	₋nai	₋nai	₋nai	₋ai	₋ai	₋ai	₋nai	₋ai	₋nai	₋ai
爱	代影平	naiᵓ	naiᵓ	naiᵓ	naiᵓ	naiᵓ	aiᵓ	naiᵓ	naiᵓ	naiᵓ	naiᵓ
贝	泰帮去	peiᵓ	peiᵓ	peiᵓ	peiᵓ	peiᵓ	peiᵓ	peiᵓ	peiᵓ	peiᵓ	peiᵓ
带	泰端去	taiᵓ	taiᵓ	taiᵓ	taiᵓ	taiᵓ	taiᵓ	taiᵓ	taiᵓ	taiᵓ	taiᵓ
太	泰透去	tʰaiᵓ	tʰaiᵓ	tʰaiᵓ	tʰaiᵓ	tʰaiᵓ	tʰaiᵓ	tʰaiᵓ	tʰaiᵓ	tʰaiᵓ	tʰaiᵓ
泰		tʰaiᵓ	tʰaiᵓ	tʰaiᵓ	tʰaiᵓ	tʰaiᵓ	tʰaiᵓ	tʰaiᵓ	tʰaiᵓ	tʰaiᵓ	tʰaiᵓ
大~夫	泰定去	taiᵓ	taiᵓ	taiᵓ	taiᵓ	taiᵓ	taiᵓ	taiᵓ	taiᵓ	taiᵓ	taiᵓ
奈	泰泥去	naiᵓ	naiᵓ	naiᵓ	naiᵓ	naiᵓ	naiᵓ	naiᵓ	naiᵓ	naiᵓ	naiᵓ
赖	泰来去	laiᵓ	laiᵓ	laiᵓ	laiᵓ	laiᵓ	laiᵓ	laiᵓ	laiᵓ	laiᵓ	laiᵓ
癞		laiᵓ	laiᵓ	laiᵓ	laiᵓ	laiᵓ	laiᵓ	laiᵓ	laiᵓ	laiᵓ	laiᵓ
蔡	泰清去	tsʰaiᵓ	tsʰaiᵓ	tsʰaiᵓ	tsʰaiᵓ	tθʰaiᵓ	tθʰaiᵓ	tsʰaiᵓ	tsʰaiᵓ	tsʰaiᵓ	tθʰaiᵓ
盖	泰见去	kaiᵓ	kaiᵓ	kaiᵓ	kaiᵓ	kaiᵓ	kaiᵓ	kaiᵓ	kaiᵓ	kaiᵓ	kaiᵓ
丐		kaiᵓ	kaiᵓ	kaiᵓ	kaiᵓ	kaiᵓ	kaiᵓ	kaiᵓ	kaiᵓ	kaiᵓ	kaiᵓ
艾	泰疑去	naiᵓ	naiᵓ	naiᵓ	naiᵓ	naiᵓ	naiᵓ	aiᵓ	naiᵓ	naiᵓ	naiᵓ
害	泰匣去	xaiᵓ	xaiᵓ	xaiᵓ	xaiᵓ	xaiᵓ	xaiᵓ	xaiᵓ	xaiᵓ	xaiᵓ	xaiᵓ
拜	怪帮去	paiᵓ	paiᵓ	paiᵓ	paiᵓ	paiᵓ	paiᵓ	paiᵓ	paiᵓ	paiᵓ	paiᵓ
排	皆并平	₋pʰai	₋pʰai	₋pʰai	₋pʰai	₋pʰai	₋pʰai	₋pʰai	₋pʰai	₋pʰai	₋pʰai
埋	皆明平	₋mai	₋mai	₋mai	₋mai	₋mai	₋mai	₋mai	₋mai	₋mai	₋mai
斋	皆庄平	₋tsai	₋tsai	₋tsai	₋tʂai	₋tʂai	₋tʂai	₋tsai	₋tsai	₋tsai	₋tʂai
豺	皆崇平	₋tsʰai	₋tsʰai	₋tsʰai	₋tʂʰai	₋tʂʰai	₋tʂʰai	₋tsʰai	₋tsʰai	₋tʂʰai	₋tʂʰai
皆	皆见平 中古音	₋tɕiɛ	₋tɕiɛ	₋tɕiɛ	₋tɕiɛ	₋tɕiɛ	₋tɕiɛ	₋tɕiɛ	₋tɕiɛ	₋tɕiɛ	₋tɕiɛ
阶		₋tɕiɛ	₋tɕiɛ	₋tɕiɛ	₋tɕiɛ	₋tɕiɛ	₋tɕiɛ	₋tɕiɛ	₋tɕiɛ	₋tɕiɛ	₋tɕiɛ

续表

例字	中古音	天津	西青	静海	蓟州	宝坻	宁河	汉沽	塘沽	大港	武清
介	怪见去	tɕie⁼	tɕie⁼	tɕie⁼	tɕie⁼	tɕie⁼	tɕie⁼	tɕie⁼	tɕie⁼	tɕie⁼	tɕie⁼
界		tɕie⁼	tɕie⁼	tɕie⁼	tɕie⁼	tɕie⁼	tɕie⁼	tɕie⁼	tɕie⁼	tɕie⁼	tɕie⁼
芥		tɕie⁼	tɕie⁼	tɕie⁼	tɕie⁼	tɕie⁼	tɕie⁼	tɕie⁼	tɕie⁼	tɕie⁼	tɕie⁼
疥		tɕie⁼	tɕie⁼	tɕie⁼	tɕie⁼	tɕie⁼	tɕie⁼	tɕie⁼	tɕie⁼	tɕie⁼	tɕie⁼
届		tɕie⁼	tɕie⁼	tɕie⁼	tɕie⁼	tɕie⁼	tɕie⁼	tɕie⁼	tɕie⁼	tɕie⁼	tɕie⁼
戒	怪见去	tɕie⁼	tɕie⁼	tɕie⁼	tɕie⁼	tɕie⁼	tɕie⁼	tɕie⁼	tɕie⁼	tɕie⁼	tɕie⁼
楷	骇溪上	₋kʰai	₋kʰai	₋kʰai	₋kʰai	₋kʰai	₋kʰai	₋kʰai	₋kʰai	₋kʰai	₋kʰai
谐	皆匣平	₋ɕie	₋ɕie	₋ɕie	₋ɕie	₋ɕie	₋ɕie	₋ɕie	₋ɕie	₋ɕie	₋ɕie
械	怪匣去	ɕie⁼ / tɕie⁼	ɕie⁼	ɕie⁼ / tɕie⁼	tɕie⁼	tɕie⁼	tɕie⁼	ɕie⁼	ɕie⁼	ɕie⁼	ɕie⁼
挨~近	皆影平	₋nai	₋nai	₋nai	₋nai	₋nai	₋nai	₋nai	₋nai	₋nai	₋ai
摆	蟹帮上	₋pai	₋pai	₋pai	₋pai	₋pai	₋pai	₋pai	₋pai	₋pai	₋pai
派	卦滂去	pʰai⁼	pʰai⁼	pʰai⁼	pʰai⁼	pʰai⁼	pʰai⁼	pʰai⁼	pʰai⁼	pʰai⁼	pʰai⁼
牌	佳并平	₋pʰai	₋pʰai	₋pʰai	₋pʰai	₋pʰai	₋pʰai	₋pʰai	₋pʰai	₋pʰai	₋pʰai
罢	蟹并上	pa⁼	pa⁼	pa⁼	pa⁼	pa⁼	pa⁼	pa⁼	pa⁼	pa⁼	pa⁼
买	蟹明上	₋mai	₋mai	₋mai	₋mai	₋mai	₋mai	₋mai	₋mai	₋mai	₋mai
卖	卦明去	mai⁼	mai⁼	mai⁼	mai⁼	mai⁼	mai⁼	mai⁼	mai⁼	mai⁼	mai⁼
奶	蟹泥上	₋nai	₋nai	₋nai	₋nai	₋nai	₋nai	₋nai	₋nai	₋nai	₋nai
债	卦庄去	tsai⁼	tsai⁼	tsai⁼	tʂai⁼	tʂai⁼	tʂai⁼	tsai⁼	tʂai⁼	tʂai⁼	tʂai⁼
钗	佳初平	₋tsʰai	₋tsʰai	₋tsʰai	₋tʂʰai	₋tʂʰai	₋tʂʰai	₋tʂʰai	₋tʂʰai	₋tʂʰai	₋tʂʰai
差出~		₋tsʰai	₋tsʰai	₋tsʰai	₋tʂʰai	₋tʂʰai	₋tʂʰai	₋tʂʰai	₋tʂʰai	₋tʂʰai	₋tʂʰai
柴	佳崇平	₋tsʰai	₋tsʰai	₋tsʰai	₋tʂʰai	₋tʂʰai	₋tʂʰai	₋tʂʰai	₋tʂʰai	₋tʂʰai	₋tʂʰai
筛~子	佳生平	₋sai	₋sai	₋sai	₋ʂai	₋ʂai	₋ʂai	₋sai	₋sai	₋ʂai	₋ʂai
晒	卦生去	sai⁼	sai⁼	sai⁼	ʂai⁼	ʂai⁼	ʂai⁼	sai⁼	ʂai⁼	sai⁼	ʂai⁼
佳	佳见平	₋tɕia	₋tɕia	₋tɕia	₋tɕia	₋tɕia	₋tɕia	₋tɕia	₋tɕia	₋tɕia	₋tɕia
街		₋tɕie / ₋kai	₋tɕie	₋tɕie	₋tɕie	₋tɕie	₋tɕie	₋tɕie	₋tɕie / kai	₋tɕie	₋tɕie
解~开	蟹见上	₋tɕie	₋tɕie	₋tɕie	₋tɕie	₋tɕie	₋tɕie	₋tɕie	₋tɕie	₋tɕie	₋tɕie
涯	佳疑平	₋ia	₋ia	₋ia	₋ia	₋ia	₋ia	₋ia	₋ia	₋ia	₋ia
崖		₋nai	₋nai	₋ia	₋ia	₋ia	₋ia	₋ia	₋nai	₋ia	₋ia
挨~打		₋nai	₋nai	₋nai	₋nai	₋ai	₋ai	₋nai	₋nai	₋nai	₋ai
鞋	佳匣平	₋ɕie	₋ɕie	₋ɕie	₋ɕie	₋ɕie	₋ɕie	₋ɕie	₋ɕie	₋ɕie	₋ɕie

续表

例字	中古音	天津	西青	静海	蓟州	宝坻	宁河	汉沽	塘沽	大港	武清
解ᵧ姓	蟹匣上	ɕiɛ⁼	ɕiɛ⁼	ɕiɛ⁼	ɕiɛ⁼	ɕiɛ⁼	ɕiɛ⁼	ɕiɛ⁼	ɕiɛ⁼	ɕiɛ⁼	ɕiɛ⁼
蟹		ɕiɛ⁼	ɕiɛ⁼	ɕiɛ⁼	ɕiɛ⁼	ɕiɛ⁼	ɕiɛ⁼	ɕiɛ⁼	ɕiɛ⁼	kʰai⁼	ɕiɛ⁼
矮	蟹影上	⁼nai	⁼nai	⁼nai	⁼nai	⁼nai	⁼nai	⁼nai	⁼nai	⁼nai	⁼ai
败	夬并去	pai⁼	pai⁼	pai⁼	pai⁼	pai⁼	pai⁼	pai⁼	pai⁼	pai⁼	pai⁼
迈	夬明去	mai⁼	mai⁼	mai⁼	mai⁼	mai⁼	mai⁼	mai⁼	mai⁼	mai⁼	mai⁼
寨	夬崇去	tsai⁼	tsai⁼	tsai⁼	tʂai⁼	tʂai⁼	tʂai⁼	tsai⁼	tʂai⁼	tʂai⁼	tʂai⁼
弊	祭并去	pi⁼	pi⁼	pi⁼	pi⁼	pi⁼	pi⁼	pi⁼	pi⁼	pi⁼	pi⁼
币		pi⁼	pi⁼	pi⁼	pi⁼	pi⁼	pi⁼	pi⁼	pi⁼	pi⁼	pi⁼
毙		pi⁼	pi⁼	pi⁼	pi⁼	pi⁼	pi⁼	pi⁼	pi⁼	pi⁼	pi⁼
例	祭来去	li⁼	li⁼	li⁼	li⁼	li⁼	li⁼	li⁼	li⁼	li⁼	li⁼
厉	祭来去	li⁼	li⁼	li⁼	li⁼	li⁼	li⁼	li⁼	li⁼	li⁼	li⁼
励		li⁼	li⁼	li⁼	li⁼	li⁼	li⁼	li⁼	li⁼	li⁼	li⁼
祭	祭精去	tɕi⁼	tɕi⁼	tɕi⁼	tɕi⁼	tɕi⁼	tɕi⁼	tɕi⁼	tɕi⁼	tɕi⁼	tɕi⁼
际		tɕi⁼	tɕi⁼	tɕi⁼	tɕi⁼	tɕi⁼	tɕi⁼	tɕi⁼	tɕi⁼	tɕi⁼	tɕi⁼
制	祭章去	tsʅ⁼	tʂʅ⁼	tʂʅ⁼	tʂʅ⁼	tʂʅ⁼	tʂʅ⁼	tsʅ⁼	tʂʅ⁼	tʂʅ⁼	tʂʅ⁼
世	祭书去	sʅ⁼	ʂʅ⁼	ʂʅ⁼	ʂʅ⁼	ʂʅ⁼	ʂʅ⁼	sʅ⁼	ʂʅ⁼	ʂʅ⁼	ʂʅ⁼
势		sʅ⁼	ʂʅ⁼	ʂʅ⁼	ʂʅ⁼	ʂʅ⁼	ʂʅ⁼	sʅ⁼	ʂʅ⁼	ʂʅ⁼	ʂʅ⁼
誓	祭禅去	sʅ⁼	ʂʅ⁼	ʂʅ⁼	ʂʅ⁼	ʂʅ⁼	ʂʅ⁼	sʅ⁼	ʂʅ⁼	ʂʅ⁼	ʂʅ⁼
逝		sʅ⁼	ʂʅ⁼	ʂʅ⁼	ʂʅ⁼	ʂʅ⁼	ʂʅ⁼	sʅ⁼	ʂʅ⁼	ʂʅ⁼	ʂʅ⁼
艺	祭疑去	i⁼	i⁼	i⁼	i⁼	i⁼	i⁼	i⁼	i⁼	i⁼	i⁼
蓖~麻	齐帮平	₋pʰi	pi⁼	₋pi	pi⁼	pi⁼	pi⁼	pi⁼	pi⁼	pi⁼	pi⁼
闭	霁帮去	pi⁼	pi⁼	pi⁼	pi⁼	pi⁼	pi⁼	pi⁼	pi⁼	pi⁼	pi⁼
箅		pi⁼	pi⁼	pi⁼	pi⁼	pi⁼	pi⁼	pi⁼	pi⁼	pi⁼	pi⁼
批	齐滂平	₋pʰi	₋pʰi	₋pʰi	₋pʰi	₋pʰi	₋pʰi	₋pʰi	₋pʰi	₋pʰi	₋pʰi
鐾~刀	霁并去	pei⁼	pei⁼	pei⁼	pei⁼	pei⁼	pei⁼	pei⁼	pei⁼	pei⁼	pi⁼
迷	齐明平	₋mi	₋mi	₋mi	₋mi	₋mi	₋mi	₋mi	₋mi	₋mi	₋mi
米	荠明上	⁼mi	⁼mi	⁼mi	⁼mi	⁼mi	⁼mi	⁼mi	⁼mi	⁼mi	⁼mi
谜	霁明去	⁼mi	⁼mi	⁼mi	⁼mi ⁼mei	⁼mi	⁼mi	⁼mi	⁼mi	⁼mi mei⁼	⁼mi
低	齐端平	₋ti	₋ti	₋ti	₋ti	₋ti	₋ti	₋ti	₋ti	₋ti	₋ti
堤		₋ti	₋ti	₋ti	₋ti	₋ti	₋ti	₋ti	₋ti	₋ti	₋ti

续表

例字	中古音	天津	西青	静海	蓟州	宝坻	宁河	汉沽	塘沽	大港	武清
底	荠端上	⸢ti	⸢ti	⸢ti	⸢ti	⸢ti	⸢ti	⸢ti	⸢ti	⸢ti	⸢ti
抵		⸢ti	⸢ti	⸢ti	⸢ti	⸢ti	⸢ti	⸢ti	⸢ti	⸢ti	⸢ti
帝	霁端去	ti⸣	ti⸣	ti⸣	ti⸣	ti⸣	ti⸣	ti⸣	ti⸣	ti⸣	ti⸣
梯	齐透平	⸤t^{h}i	⸤t^{h}i	⸤t^{h}i	⸤t^{h}i	⸤t^{h}i	⸤t^{h}i	⸤t^{h}i	⸤t^{h}i	⸤t^{h}i	⸤t^{h}i
体	荠透上	⸢t^{h}i	⸢t^{h}i	⸢t^{h}i	⸢t^{h}i	⸢t^{h}i	⸢t^{h}i	⸢t^{h}i	⸢t^{h}i	⸢t^{h}i	⸢t^{h}i
替	霁透去	t^{h}i⸣	t^{h}i⸣	t^{h}i⸣	t^{h}i⸣	t^{h}i⸣	t^{h}i⸣	t^{h}i⸣	t^{h}i⸣	t^{h}i⸣	t^{h}i⸣
涕		t^{h}i⸣	t^{h}i⸣	t^{h}i⸣	t^{h}i⸣	t^{h}i⸣	t^{h}i⸣	t^{h}i⸣	t^{h}i⸣	t^{h}i⸣	t^{h}i⸣
剃		t^{h}i⸣	t^{h}i⸣	t^{h}i⸣	t^{h}i⸣	t^{h}i⸣	t^{h}i⸣	t^{h}i⸣	t^{h}i⸣	t^{h}i⸣	t^{h}i⸣
屉		t^{h}i⸣	t^{h}i⸣	t^{h}i⸣	t^{h}i⸣	t^{h}i⸣	t^{h}i⸣	t^{h}i⸣	t^{h}i⸣	t^{h}i⸣	t^{h}i⸣
题	齐定平	⸤t^{h}i	⸤t^{h}i	⸤t^{h}i	⸤t^{h}i	⸤t^{h}i	⸤t^{h}i	⸤t^{h}i	⸤t^{h}i	⸤t^{h}i	⸤t^{h}i
提		⸤t^{h}i	⸤t^{h}i	⸤t^{h}i	⸤t^{h}i	⸤t^{h}i	⸤t^{h}i	⸤t^{h}i	⸤t^{h}i	⸤t^{h}i	⸤t^{h}i
啼		⸤t^{h}i	⸤t^{h}i	⸤t^{h}i	⸤t^{h}i	⸤t^{h}i	⸤t^{h}i	⸤t^{h}i	⸤t^{h}i	⸤t^{h}i	⸤t^{h}i
蹄		⸤t^{h}i	⸤t^{h}i	⸤t^{h}i	⸤t^{h}i	⸤t^{h}i	⸤t^{h}i	⸤t^{h}i	⸤t^{h}i	⸤t^{h}i	⸤t^{h}i
弟	荠定上	ti⸣	ti⸣	ti⸣	ti⸣	ti⸣	ti⸣	ti⸣	ti⸣	ti⸣	ti⸣
第	霁定去	ti⸣	ti⸣	ti⸣	ti⸣	ti⸣	ti⸣	ti⸣	ti⸣	ti⸣	ti⸣
递		ti⸣	ti⸣	ti⸣	ti⸣	ti⸣	ti⸣	ti⸣	ti⸣	ti⸣	ti⸣
泥	齐泥平	⸤ȵi	⸤ȵi	⸤ȵi	⸤ȵi	⸤ȵi	⸤ȵi	⸤ȵi	⸤ȵi	⸤ȵi	⸤ȵi
犁	齐来平	⸤li	⸤li	⸤li	⸤li	⸤li	⸤li	⸤li	⸤li	⸤li	⸤li
礼	荠来上	⸢li	⸢li	⸢li	⸢li	⸢li	⸢li	⸢li	⸢li	⸢li	⸢li
丽	霁来去	li⸣	li⸣	li⸣	li⸣	li⸣	li⸣	li⸣	li⸣	li⸣	li⸣
隶		li⸣	li⸣	li⸣	li⸣	li⸣	li⸣	li⸣	li⸣	li⸣	li⸣
挤	荠精上	⸢tɕi	⸢tɕi	⸢tɕi	⸢tɕi	⸢tɕi	⸢tɕi	⸢tɕi	⸢tɕi	⸢tɕi	⸢tɕi
济	霁精去	tɕi⸣	tɕi⸣	tɕi⸣	tɕi⸣	tɕi⸣	tɕi⸣	tɕi⸣	tɕi⸣	tɕi⸣	tɕi⸣
妻	齐清平	⸤tɕ^{h}i	⸤tɕ^{h}i	⸤tɕ^{h}i	⸤tɕ^{h}i	⸤tɕ^{h}i	⸤tɕ^{h}i	⸤tɕ^{h}i	⸤tɕ^{h}i	⸤tɕ^{h}i	⸤tɕ^{h}i
砌	霁清去	tɕ^{h}i⸣	tɕ^{h}i⸣	tɕ^{h}i⸣	tɕ^{h}i⸣	tɕ^{h}i⸣	tɕ^{h}i⸣	tɕ^{h}i⸣	tɕ^{h}i⸣	tɕ^{h}i⸣	tɕ^{h}i⸣
齐	齐从平	⸤tɕ^{h}i	⸤tɕ^{h}i	⸤tɕ^{h}i	⸤tɕ^{h}i	⸤tɕ^{h}i	⸤tɕ^{h}i	⸤tɕ^{h}i	⸤tɕ^{h}i	⸤tɕ^{h}i	⸤tɕ^{h}i
脐		⸤tɕ^{h}i	⸤tɕ^{h}i	⸤tɕ^{h}i	⸤tɕ^{h}i	⸤tɕ^{h}i	⸤tɕ^{h}i	⸤tɕ^{h}i	⸤tɕ^{h}i	⸤tɕ^{h}i	⸤tɕ^{h}i
剂	霁从去	tɕi⸣	tɕi⸣	tɕi⸣	tɕi⸣	tɕi⸣	tɕi⸣	tɕi⸣	tɕi⸣	tɕi⸣	tɕi⸣
西	齐心平	⸤ɕi	⸤ɕi	⸤ɕi	⸤ɕi	⸤ɕi	⸤ɕi	⸤ɕi	⸤ɕi	⸤ɕi	⸤ɕi
洗	荠心上	⸢ɕi	⸢ɕi	⸢ɕi	⸢ɕi	⸢ɕi	⸢ɕi	⸢ɕi	⸢ɕi	⸢ɕi	⸢ɕi
细	霁心去	ɕi⸣	ɕi⸣	ɕi⸣	ɕi⸣	ɕi⸣	ɕi⸣	ɕi⸣	ɕi⸣	ɕi⸣	ɕi⸣
婿		⸤ɕy	ɕy⸣	ɕy⸣	ɕy⸣	ɕy⸣	ɕy⸣	⸤ɕy	ɕy⸣	ɕy⸣	ɕy⸣

续表

例字	中古音	天津	西青	静海	蓟州	宝坻	宁河	汉沽	塘沽	大港	武清
鸡	齐见平	₋tɕi	₋tɕi	₋tɕi	₋tɕi	₋tɕi	₋tɕi	₋tɕi	₋tɕi	₋tɕi	₋tɕi
计	霁见去	tɕi⁻	tɕi⁻	tɕi⁻	tɕi⁻	tɕi⁻	tɕi⁻	tɕi⁻	tɕi⁻	tɕi⁻	tɕi⁻
继		tɕi⁻	tɕi⁻	tɕi⁻	tɕi⁻	tɕi⁻	tɕi⁻	tɕi⁻	tɕi⁻	tɕi⁻	tɕi⁻
系~住		tɕi⁻	tɕi⁻	tɕi⁻	tɕi⁻	tɕi⁻	tɕi⁻	tɕi⁻	tɕi⁻	tɕi⁻	tɕi⁻
溪	齐溪平	₋ɕi	₋ɕi	₋ɕi	₋ɕi	₋ɕi	₋ɕi	₋ɕi	₋ɕi	₋ɕi	₋ɕi
启	荠溪上	₋tɕʰi	₋tɕʰi	₋tɕʰi	₋tɕʰi	₋tɕʰi	₋tɕʰi	₋tɕʰi	₋tɕʰi	₋tɕʰi	₋tɕʰi
系~统	霁匣去	ɕi⁻	ɕi⁻	ɕi⁻	ɕi⁻	ɕi⁻	ɕi⁻	ɕi⁻	ɕi⁻	ɕi⁻	ɕi⁻
杯	灰帮平	₋pei	₋pei	₋pei	₋pei	₋pei	₋pei	₋pei	₋pei	₋pei	₋pei
辈	队帮去	pei⁻	pei⁻	pei⁻	pei⁻	pei⁻	pei⁻	pei⁻	pei⁻	pei⁻	pei⁻
背~后		pei⁻	pei⁻	pei⁻	pei⁻	pei⁻	pei⁻	pei⁻	pei⁻	pei⁻	pei⁻
坏	灰滂平	₋pʰei	₋pʰei	₋pʰei	₋pʰei	₋pʰei	₋pʰei	₋pʰei	₋pʰei	₋pʰei	₋pʰei
配	队滂去	pʰei⁻	pʰei⁻	pʰei⁻	pʰei⁻	pʰei⁻	pʰei⁻	pʰei⁻	pʰei⁻	pʰei⁻	pʰei⁻
培	灰并平	₋pʰei	₋pʰei	₋pʰei	₋pʰei	₋pʰei	₋pʰei	₋pʰei	₋pʰei	₋pʰei	₋pʰei
陪		₋pʰei	₋pʰei	₋pʰei	₋pʰei	₋pʰei	₋pʰei	₋pʰei	₋pʰei	₋pʰei	₋pʰei
赔		₋pʰei	₋pʰei	₋pʰei	₋pʰei	₋pʰei	₋pʰei	₋pʰei	₋pʰei	₋pʰei	₋pʰei
倍	贿并上	pei⁻	pei⁻	pei⁻	pei⁻	pei⁻	pei⁻	pei⁻	pei⁻	pei⁻	pei⁻
佩	队并去	pʰei⁻	pʰei⁻	pʰei⁻	pʰei⁻	pʰei⁻	pʰei⁻	pʰei⁻	pʰei⁻	pʰei⁻	pʰei⁻
背~诵		pei⁻	pei⁻	pei⁻	pei⁻	pei⁻	pei⁻	pei⁻	pei⁻	pei⁻	pei⁻
梅	灰明平	₋mei	₋mei	₋mei	₋mei	₋mei	₋mei	₋mei	₋mei	₋mei	₋mei
枚		₋mei	₋mei	₋mei	₋mei	₋mei	₋mei	₋mei	₋mei	₋mei	₋mei
媒		₋mei	₋mei	₋mei	₋mei	₋mei	₋mei	₋mei	₋mei	₋mei	₋mei
煤	灰明平	₋mei	₋mei	₋mei	₋mei	₋mei	₋mei	₋mei	₋mei	₋mei	₋mei
每	贿明上	₋mei	₋mei	₋mei	₋mei	₋mei	₋mei	₋mei	₋mei	₋mei	₋mei
妹	队明去	mei⁻	mei⁻	mei⁻	mei⁻	mei⁻	mei⁻	mei⁻	mei⁻	mei⁻	mei⁻
昧		mei⁻	mei⁻	mei⁻	mei⁻	mei⁻	mei⁻	mei⁻	mei⁻	mei⁻	mei⁻
堆	灰端平	₋tuei	₋tuei	₋tuei	₋tuei	₋tuei	₋tuei	₋tuei	₋tuei	₋tsuei	₋tuei
对	队端平	tuei⁻	tuei⁻	tuei⁻	tuei⁻	tuei⁻	tuei⁻	tuei⁻	tuei⁻	tuei⁻	tuei⁻
推	灰透平	₋tʰuei	₋tʰuei	₋tʰuei	₋tʰuei	₋tʰuei	₋tʰuei	₋tʰuei	₋tʰuei	₋tʰuei	₋tʰuei
腿	贿透上	₋tʰuei	₋tʰuei	₋tʰuei	₋tʰuei	₋tʰuei	₋tʰuei	₋tʰuei	₋tʰuei	₋tʰuei	₋tʰuei
退	队端去	tʰuei⁻	tʰuei⁻	tʰuei⁻	tʰuei⁻	tʰuei⁻	tʰuei⁻	tʰuei⁻	tʰuei⁻	tʰuei⁻	tʰuei⁻
队	对定去	tuei⁻	tuei⁻	tuei⁻	tuei⁻	tuei⁻	tuei⁻	tuei⁻	tuei⁻	tuei⁻	tuei⁻
内	队泥去	nei⁻	nei⁻	nei⁻	nei⁻	nei⁻	nei⁻	nei⁻	nei⁻	nei⁻	nei⁻

续表

例字	中古音	天津	西青	静海	蓟州	宝坻	宁河	汉沽	塘沽	大港	武清
雷	灰来平	₋lei	₋lei	₋lei	₋lei	₋lei	₋lei	₋lei	⁻lei	₋lei	
累累之	队来去	lei⁼	lei⁼	lei⁼	lei⁼	lei⁼	lei⁼	lei⁼	lei⁼	lei⁼	
催	灰清平	₋tsʰuei	₋tsʰuei	₋tsʰuei	₋tsʰuei	₋tθʰuei	₋tθʰuei	₋tsʰuei	₋tsʰuei	₋tθʰuei	
崔		₋tsʰuei	₋tsʰuei	₋tsʰuei	₋tsʰuei	₋tθʰuei	₋tθʰuei	₋tsʰuei	₋tsʰuei	₋tθʰuei	
罪	贿从上	tsuei⁼	tsuei⁼	tsuei⁼	tsuei⁼	tsuei⁼	tθuei⁼	tθuei⁼	tsuei⁼	tθuei⁼	
碎	队心去	suei⁼	suei⁼	suei⁼	suei⁼	suei⁼	θuei⁼	θuei⁼	suei⁼	suei⁼	θuei⁼
块	队溪去	kʰuai⁼	kʰuai⁼	kʰuai⁼	kʰuai⁼	kʰuai⁼	kʰuai⁼	kʰuai⁼	kʰuai⁼	kʰuai⁼	
灰	灰晓平	₋xuei	₋xuei	₋xuei	₋xuei	₋xuei	₋xuei	₋xuei	₋xuei	₋xuei	
贿	贿晓上	xuei⁼	xuei⁼	xuei⁼	xuei⁼	xuei⁼	xuei⁼	xuei⁼	xuei⁼	xuei⁼	
悔		⁻xuei	⁻xuei	⁻xuei	⁻xuei	⁻xuei	⁻xuei	⁻xuei	⁻xuei	⁻xuei	
回	灰匣平	₋xuei	₋xuei	₋xuei	₋xuei	₋xuei	₋xuei	₋xuei	₋xuei	₋xuei	
茴		₋xuei	₋xuei	₋xuei	₋xuei	₋xuei	₋xuei	₋xuei	₋xuei	₋xuei	
汇	贿匣上	xuei⁼	xuei⁼	xuei⁼	xuei⁼	xuei⁼	xuei⁼	xuei⁼	xuei⁼	xuei⁼	
蜕	泰透去	tʰuei⁼	tʰuei⁼	tʰuei⁼	tʰuei⁼	tʰuei⁼	tʰuei⁼	tʰuei⁼	tʰuei⁼	tʰuei⁼	
兑	泰定去	tuei⁼	tuei⁼	tuei⁼	tuei⁼	tuei⁼	tuei⁼	tuei⁼	tuei⁼	tuei⁼	
最	泰精去	tsuei⁼	tsuei⁼	tsuei⁼	tsuei⁼	tsuei⁼	tθuei⁼	tθuei⁼	tsuei⁼	tsuei⁼	tθuei⁼
会~计	泰见去	kʰuai⁼	kʰuai⁼	kʰuai⁼	kʰuai⁼	kʰuai⁼	kʰuai⁼	kʰuai⁼	kʰuai⁼	kʰuai⁼	
刽		kʰuai⁼	kuei⁼	kʰuai⁼	kuei⁼ / kʰuai⁼	kuei⁼	kuei⁼	kuei⁼	kʰuai⁼	kuei⁼	kʰuai⁼
外	泰疑去	vai⁼	vai⁼	vai⁼	uai⁼	uai⁼	uai⁼	vai⁼	uai⁼	vai⁼	
会开~	泰匣去	xuei⁼	xuei⁼	xuei⁼	xuei⁼	xuei⁼	xuei⁼	xuei⁼	xuei⁼	xuei⁼	
绘		xuei⁼	xuei⁼	xuei⁼	xuei⁼	xuei⁼	xuei⁼	xuei⁼	xuei⁼	xuei⁼	
拽	怪崇去	tsuai⁼	tsuai⁼	tsuai⁼	tʂuai⁼	tʂuai⁼	tʂuai⁼	tsuai⁼	tʂuai⁼	tʂuai⁼	
乖	皆见平	₋kuai	₋kuai	₋kuai	₋kuai	₋kuai	₋kuai	₋kuai	₋kuai	₋kuai	
怪	怪见平	kuai⁼	kuai⁼	kuai⁼	kuai⁼	kuai⁼	kuai⁼	kuai⁼	kuai⁼	kuai⁼	
怀	皆匣平	₋xuai	₋xuai	₋xuai	₋xuai	₋xuai	₋xuai	₋xuai	₋xuai	₋xuai	
槐		₋xuai	₋xuai	₋xuai	₋xuai	₋xuai	₋xuai	₋xuai	₋xuai	₋xuai	
淮		₋xuai	₋xuai	₋xuai	₋xuai	₋xuai	₋xuai	₋xuai	₋xuai	₋xuai	
坏	怪匣去	xuai⁼	xuai⁼	xuai⁼	xuai⁼	xuai⁼	xuai⁼	xuai⁼	xuai⁼	xuai⁼	
拐	蟹见上	⁻kuai	⁻kuai	⁻kuai	⁻kuai	⁻kuai	⁻kuai	⁻kuai	⁻kuai	⁻kuai	
挂	卦见去	kua⁼	kua⁼	kua⁼	kua⁼	kua⁼	kua⁼	kua⁼	kua⁼	kua⁼	
卦		kua⁼	kua⁼	kua⁼	kua⁼	kua⁼	kua⁼	kua⁼	kua⁼	kua⁼	

续表

例字	中古音	天津	西青	静海	蓟州	宝坻	宁河	汉沽	塘沽	大港	武清
歪	佳晓平	₋vai	₋vai	₋vai	₋vai	₋uai	₋uai	₋vai	₋uai	₋vai
画	卦匣去	xuaᒣ	xuaᒣ	xuaᒣ	xuaᒣ	xuaᒣ	xuaᒣ	xuaᒣ	xuaᒣ	xuaᒣ
蛙	佳影平	₋va	₋va	₋va	₋ua	₋ua	₋va	₋ua	₋va
快	夬溪去	kʰuaiᒣ	kʰuaiᒣ	kʰuaiᒣ	kʰuaiᒣ	kʰuaiᒣ	kʰuaiᒣ	kʰuaiᒣ	kʰuaiᒣ	kʰuaiᒣ
筷	夬溪去	kʰuaiᒣ	kʰuaiᒣ	kʰuaiᒣ	kʰuaiᒣ	kʰuaiᒣ	kʰuaiᒣ	kʰuaiᒣ	kʰuaiᒣ	kʰuaiᒣ
话	夬匣去	xuaᒣ	xuaᒣ	xuaᒣ	xuaᒣ	xuaᒣ	xuaᒣ	xuaᒣ	xuaᒣ	xuaᒣ
脆	祭清去	tsʰueiᒣ	tsʰueiᒣ	tsʰueiᒣ	tsʰueiᒣ	tθʰueiᒣ	tθʰueiᒣ	tsʰueiᒣ	tsʰueiᒣ	tθʰueiᒣ
岁	祭心去	sueiᒣ	sueiᒣ	sueiᒣ	sueiᒣ	sueiᒣ	θueiᒣ	θueiᒣ	sueiᒣ	sueiᒣ	θueiᒣ
赘	祭章去	tsueiᒣ	tsueiᒣ	tsueiᒣ	tʂueiᒣ	tʂueiᒣ	tʂueiᒣ	tsueiᒣ	tsueiᒣ	tʂueiᒣ
税	祭书去	sueiᒣ	sueiᒣ	sueiᒣ	ʂueiᒣ	ʂueiᒣ	ʂueiᒣ	sueiᒣ	sueiᒣ	ʂueiᒣ
卫	祭云去	veiᒣ	veiᒣ	veiᒣ	ueiᒣ	ueiᒣ	ueiᒣ	veiᒣ	ueiᒣ	veiᒣ
废	废非去	feiᒣ	feiᒣ	feiᒣ	feiᒣ	feiᒣ	feiᒣ	feiᒣ	feiᒣ	feiᒣ
肺	废敷去	feiᒣ	feiᒣ	feiᒣ	feiᒣ	feiᒣ	feiᒣ	feiᒣ	feiᒣ	feiᒣ
闺	齐见平	₋kuei	₋kuei	₋kuei	₋kuei	₋kuei	₋kuei	₋kuei	₋kuei	₋kuei
桂	霁见去	kueiᒣ	kueiᒣ	kueiᒣ	kueiᒣ	kueiᒣ	kueiᒣ	kueiᒣ	kueiᒣ	kueiᒣ
奎	齐溪平	₋kʰuei	₋kʰuei	₋kʰuei	₋kʰuei	₋kʰuei	₋kʰuei	₋kʰuei	₋kʰuei	₋kʰuei
携	齐匣平	₋ɕiɛ	₋ɕiɛ	₋ɕiɛ	₋ɕiɛ	₋ɕiɛ	₋ɕiɛ	₋ɕiɛ	₋ɕiɛ
畦	齐匣平	₋tɕʰi	₋tɕʰi	₋tɕʰi	₋tɕʰi	₋tɕʰi	₋tɕʰi	₋tɕʰi	₋tɕʰi	₋tɕʰi
惠	霁匣去	xueiᒣ	xueiᒣ	xueiᒣ	xueiᒣ	xueiᒣ	xueiᒣ	xueiᒣ	xueiᒣ	xueiᒣ
慧	霁匣去	xueiᒣ	xueiᒣ	xueiᒣ	xueiᒣ	xueiᒣ	xueiᒣ	xueiᒣ	xueiᒣ	xueiᒣ

五 止摄

例字	中古音	天津	西青	静海	蓟州	宝坻	宁河	汉沽	塘沽	大港	武清
碑	支帮平	₋pei	₋pei	₋pei	₋pei	₋pei	₋pei	₋pei	₋pei	₋pei
卑	支帮平	₋pei	₋pei	₋pei	₋pei	₋pei	₋pei	₋pei	₋pei	₋pei
彼	纸帮上	₋pi	₋pi	₋pi	₋pi	₋pi	₋pi	₋pi	₋pi	₋pi
臂	寘帮去	piᒣ	piᒣ	piᒣ	piᒣ	piᒣ	piᒣ	piᒣ peiᒣ	piᒣ
披	支滂平	₋pʰi	₋pʰei	₋pʰei	₋pʰei	₋pʰi	₋pʰei	₋pʰi ₋pʰei	₋pʰi

例字	中古音	天津	西青	静海	蓟州	宝坻	宁河	汉沽	塘沽	大港	武清
皮	支并平	⊆pʰi	⊆pʰi	⊆pʰi	⊆pʰi	⊆pʰi	⊆pʰi	⊆pʰi	⊆pʰi	⊂pʰi	⊆pʰi
疲	支并平	⊆pʰi	⊆pʰi	⊆pʰi	⊆pʰi	⊆pʰi	⊆pʰi	⊆pʰi	⊆pʰi	⊂pʰi	⊆pʰi
脾	支并平	⊆pʰi	⊆pʰi	⊆pʰi	⊆pʰi	⊆pʰi	⊆pʰi	⊆pʰi	⊆pʰi	⊂pʰi	⊆pʰi
被~子	纸并上	pei⊃	pei⊃	pei⊃	pei⊃	pei⊃	pei⊃	pei⊃	pei⊃	pei⊃	pei⊃
婢	纸并上	pi⊃	pi⊃	pi⊃	pi⊃	pi⊃	pi⊃	pi⊃	pi⊃	pi⊃	pi⊃
被~迫	寘并去	pei⊃	pei⊃	pei⊃	pei⊃	pei⊃	pei⊃	pei⊃	pei⊃	pei⊃	pei⊃
避	寘并去	pi⊃	pi⊃	pi⊃ pei⊃	pi⊃	pi⊃	pi⊃	pi⊃	pi⊃	pi⊃	pi⊃
离~别	支来平	⊆li	⊆li	⊆li	⊆li	⊆li	⊆li	⊆li	⊆li	⊂li	⊆li
篱	支来平	⊆li	⊆li	⊆li	⊆li	⊆li	⊆li	⊆li	⊆li	⊂li	⊆li
璃	支来平	⊆li	⊆li	⊆li	⊆li	⊆li	⊆li	⊆li	⊆li	⊂li	⊆li
荔	寘来去	li⊃	li⊃	li⊃	li⊃	li⊃	li⊃	li⊃	li⊃	li⊃	li⊃
离~开	寘来去	⊆li	⊆li	⊆li	⊆li	⊆li	⊆li	⊆li	⊆li	⊂li	⊆li
紫	纸精上	⊂tsɿ	⊂tsɿ	⊂tsɿ	⊂tsɿ	⊂tθɿ	⊂tθɿ	⊂tsɿ	⊂tsɿ	⊂tsɿ	⊂tθɿ
雌	支清平	⊆tsʰɿ	⊆tsʰɿ	⊆tsʰɿ	⊆tsʰɿ	⊆tθʰɿ	⊆tθʰɿ	⊆tsʰɿ	⊆tsʰɿ	⊂tsʰɿ	⊆tθʰɿ
此	纸清上	⊂tsʰɿ	⊂tsʰɿ	⊂tsʰɿ	⊂tsʰɿ	⊂tθʰɿ	⊂tθʰɿ	⊂tsʰɿ	⊂tsʰɿ	⊂tsʰɿ	⊂tθʰɿ
刺	寘清去	tsʰɿ⊃	tsʰɿ⊃	tsʰɿ⊃	tsʰɿ⊃	tθʰɿ⊃	tθʰɿ⊃	tsʰɿ⊃	tsʰɿ⊃	tsʰɿ⊃	tθʰɿ⊃
斯	支心平	⊂sɿ	⊂sɿ	⊂sɿ	⊂sɿ	⊂θɿ	⊂θɿ	⊂sɿ	⊂sɿ	⊂sɿ	⊂θɿ
撕	支心平	⊂sɿ	⊂sɿ	⊂sɿ	⊂sɿ	⊂θɿ	⊂θɿ	⊂sɿ	⊂sɿ	⊂sɿ	⊂θɿ
赐	寘心去	tsʰɿ⊃	tsʰɿ⊃	tsʰɿ⊃	tsʰɿ⊃	tθʰɿ⊃	tθʰɿ⊃	tsʰɿ⊃	tsʰɿ⊃	tsʰɿ⊃	tθʰɿ⊃
知	支知平	⊂tsɿ	⊂tʂʅ	⊂tʂʅ	⊂tʂʅ	⊂tʂʅ	⊂tʂʅ	⊂tsɿ	⊂tʂʅ	⊂tʂʅ	⊂tʂʅ
智	寘知去	tsɿ⊃	tʂʅ⊃	tʂʅ⊃	tʂʅ⊃	tʂʅ⊃	tʂʅ⊃	tʂʅ⊃	tʂʅ⊃	tʂʅ⊃	tʂʅ⊃
池	支澄平	⊆tsʰɿ	⊆tʂʰʅ	⊆tʂʰʅ	⊆tʂʰʅ	⊆tʂʰʅ	⊆tʂʰʅ	⊆tsʰɿ	⊂tʂʰʅ	⊂tʂʰʅ	⊆tʂʰʅ
驰	支澄平	⊆tsʰɿ	⊆tʂʰʅ	⊆tʂʰʅ	⊆tʂʰʅ	⊆tʂʰʅ	⊆tʂʰʅ	⊆tsʰɿ	⊂tʂʰʅ	⊂tʂʰʅ	⊆tʂʰʅ
支	支章平	⊂tsɿ	⊂tʂʅ	⊂tʂʅ	⊂tʂʅ	⊂tʂʅ	⊂tʂʅ	⊂tsɿ	⊂tʂʅ	⊂tʂʅ	⊂tʂʅ
枝	支章平	⊂tsɿ	⊂tʂʅ	⊂tʂʅ	⊂tʂʅ	⊂tʂʅ	⊂tʂʅ	⊂tsɿ	⊂tʂʅ	⊂tʂʅ	⊂tʂʅ
肢	支章平	⊂tsɿ	⊂tʂʅ	⊂tʂʅ	⊂tʂʅ	⊂tʂʅ	⊂tʂʅ	⊂tsɿ	⊂tʂʅ	⊂tʂʅ	⊂tʂʅ
纸	纸章上	⊂tsɿ	⊂tsɿ	⊂tsɿ	⊂tʂʅ	⊂tʂʅ	⊂tʂʅ	⊂tsɿ	⊂tʂʅ	⊂tʂʅ	⊂tʂʅ
只~有	纸章上	⊂tsɿ	⊂tsɿ	⊂tsɿ	⊂tsɿ	⊂tsɿ	⊂tsɿ	⊂tsɿ	⊂tsɿ	⊂tʂʅ	⊂tʂʅ
眵	支昌平	⊂tsʰɿ	⊂tʂʰʅ	⊂tʂʰʅ	⊂tʂʰʅ	⊂tʂʰʅ	⊂tʂʰʅ	⊂tsʰɿ	⊂tʂʰʅ	⊂tʂʰʅ	⊂tʂʰʅ
施	支书平	⊂sɿ	⊂ʂʅ	⊂ʂʅ	⊂ʂʅ	⊂ʂʅ	⊂ʂʅ	⊂sɿ	⊂ʂʅ	⊂ʂʅ	⊂ʂʅ
翅	寘书去	tsʰɿ⊃	tsʰɿ⊃	tʂʰʅ⊃	tʂʰʅ⊃	tʂʰʅ⊃	tʂʰʅ⊃	tsʰɿ⊃	tʂʰʅ⊃	tʂʰʅ⊃	tʂʰʅ⊃

续表

例字	中古音	天津	西青	静海	蓟州	宝坻	宁河	汉沽	塘沽	大港	武清
匙	支禅平	₋ʂʅ	₋ʂʅ	₋ʂʅ	₋ʂʅ	₋ʂʅ	₋ʂʅ	₋tʂʰʅ	₋ʂʅ	₋ʂʅ	₋ʂʅ
是	纸禅上	ʂʅ₋	ʂʅ₋	ʂʅ₋	ʂʅ₋	ʂʅ₋	ʂʅ₋	ʂʅ₋	ʂʅ₋	ʂʅ₋	ʂʅ₋
氏		ʂʅ₋	ʂʅ₋	ʂʅ₋	ʂʅ₋	ʂʅ₋	ʂʅ₋	ʂʅ₋	ʂʅ₋	ʂʅ₋	ʂʅ₋
豉	寘禅去	₋tʂʰʅ	₋tʂʰʅ	₋tʂʰʅ	₋tʂʰʅ	₋tʂʰʅ	₋tʂʰʅ	₋tʂʰʅ	₋tʂʰʅ	₋tʂʰʅ	₋tʂʰʅ
儿	支日平	₋ər	₋ər	₋ər	₋ər	₋ər	₋ər	₋ər	₋ər	₋ər	₋ər
寄	寘见去	tɕi⁻	tɕi⁻	tɕi⁻	tɕi⁻	tɕi⁻	tɕi⁻	tɕi⁻	tɕi⁻	tɕi⁻	tɕi⁻
企	纸溪上	₋tɕʰi	₋tɕʰi	₋tɕʰi	₋tɕʰi	₋tɕʰi	₋tɕʰi	₋tɕʰi	₋tɕʰi	₋tɕʰi	₋tɕʰi
奇	支群平	₋tɕʰi	₋tɕʰi	₋tɕʰi	₋tɕʰi	₋tɕʰi	₋tɕʰi	₋tɕʰi	₋tɕʰi	₋tɕʰi	₋tɕʰi
骑		₋tɕʰi	₋tɕʰi	₋tɕʰi	₋tɕʰi	₋tɕʰi	₋tɕʰi	₋tɕʰi	₋tɕʰi	₋tɕʰi	₋tɕʰi
技	纸群上	tɕi⁻	tɕi⁻	tɕi⁻	tɕi⁻	tɕi⁻	tɕi⁻	tɕi⁻	tɕi⁻	tɕi⁻	tɕi⁻
妓		tɕi⁻	tɕi⁻	tɕi⁻	tɕi⁻	tɕi⁻	tɕi⁻	tɕi⁻	tɕi⁻	tɕi⁻	tɕi⁻
宜	支疑平	₋i	₋i	₋i	₋i	₋i	₋i	₋i	₋i	₋i	₋i
仪	支疑平	₋i	₋i	₋i	₋i	₋i	₋i	₋i	₋i	₋i	₋i
蚁	纸疑上	₋i	₋i	₋i	₋i	₋i	₋i	₋i	₋i	₋i	₋i
谊	寘疑去	i⁻	i⁻	i⁻	i⁻	i⁻	i⁻	i⁻	i⁻	i⁻	i⁻
义		i⁻	i⁻	i⁻	i⁻	i⁻	i⁻	i⁻	i⁻	i⁻	i⁻
议		i⁻	i⁻	i⁻	i⁻	i⁻	i⁻	i⁻	i⁻	i⁻	i⁻
牺	支晓平	₋ɕi	₋ɕi	₋ɕi	₋ɕi	₋ɕi	₋ɕi	₋ɕi	₋ɕi	₋ɕi	₋ɕi
戏	寘晓去	ɕi⁻	ɕi⁻	ɕi⁻	ɕi⁻	ɕi⁻	ɕi⁻	ɕi⁻	ɕi⁻	ɕi⁻	ɕi⁻
倚	纸影上	₋i	₋i	₋i	₋i	₋i	₋i	₋i	₋i	₋i	₋i
椅		₋i	₋i	₋i	₋i	₋i	₋i	₋i	₋i	₋i	₋i
移	支以平	₋i	₋i	₋i	₋i	₋i	₋i	₋i	₋i	₋i	₋i
易	寘以去	i⁻	i⁻	i⁻	i⁻	i⁻	i⁻	i⁻	i⁻	i⁻	i⁻
悲	脂帮平	₋pei	₋pei	₋pei	₋pei	₋pei	₋pei	₋pei	₋pei	₋pei	₋pei
鄙	旨帮上	₋pi	pi⁻	₋pi	₋pi	₋pi	₋pi	₋pi	₋pi	pi⁻	₋pi
比		₋pi	₋pi	₋pi	₋pi	₋pi	₋pi	₋pi	₋pi	₋pi	₋pi
秕		₋pi	₋pi	₋pi	₋pi	₋pi	₋pi	₋pi	₋pi	₋pi	₋pi
屁	至滂去	pʰi⁻	pʰi⁻	pʰi⁻	pʰi⁻	pʰi⁻	pʰi⁻	pʰi⁻	pʰi⁻	pʰi⁻	pʰi⁻
备	至并去	pei⁻	pei⁻	pei⁻	pei⁻	pei⁻	pei⁻	pei⁻	pei⁻	pei⁻	pei⁻
鼻		₋pi	₋pi	₋pi	₋pi	₋pi	₋pi	₋pi	₋pi	₋pi	₋pi
馝		pʰi⁻	pi⁻	pi⁻	pi⁻	pi⁻	pi⁻	pi⁻	pʰi⁻	pi⁻	pi⁻

续表

例字	中古音	天津	西青	静海	蓟州	宝坻	宁河	汉沽	塘沽	大港	武清
眉	脂明平	₌mei	₌mei	₌mei	₌mei	₌mei	₌mei	₌mei	₌mei	₌mei	₌mei
霉		₌mei	₌mei	₌mei	₌mei	₌mei	₌mei	₌mei	₌mei	₌mei	₌mei
美	旨明上	ᶜmei	ᶜmei	ᶜmei	ᶜmei	ᶜmei	ᶜmei	ᶜmei	ᶜmei	ᶜmei	ᶜmei
地	至定去	tiᵓ	tiᵓ	tiᵓ	tiᵓ	tiᵓ	tiᵓ	tiᵓ	tiᵓ	tiᵓ	tiᵓ
尼	脂泥平	₌ȵi	₌ȵi	₌ȵi	₌ȵi	₌ȵi	₌ȵi	₌ȵi	₌ȵi	₌ȵi	₌ȵi
腻	至泥去	ȵiᵓ	ȵiᵓ	ȵiᵓ	ȵiᵓ	ȵiᵓ	ȵiᵓ	ȵiᵓ	ȵiᵓ	ȵiᵓ	ȵiᵓ
梨	脂来平	₌li	₌li	₌li	₌li	₌li	₌li	₌li	₌li	₌li	₌li
履	旨来上	ᶜluei	ᶜly	ᶜluei	ᶜly	ᶜluei	ᶜluei	ᶜluei	ᶜluei	ᶜly	ᶜly
利	至来去	liᵓ	liᵓ	liᵓ	liᵓ	liᵓ	liᵓ	liᵓ	liᵓ	liᵓ	liᵓ
痢	至来去	liᵓ	liᵓ	liᵓ	liᵓ	liᵓ	liᵓ	liᵓ	liᵓ	liᵓ	liᵓ
资	脂精平	₌tsɿ	₌tsɿ	₌tsɿ	₌tsɿ	₌tθɿ	₌tθɿ	₌tsɿ	₌tsɿ	₌tsɿ	₌tθɿ
姿		₌tsɿ	₌tsɿ	₌tsɿ	₌tsɿ	₌tθɿ	₌tθɿ	₌tsɿ	₌tsɿ	₌tsɿ	₌tθɿ
咨		₌tsɿ	₌tsɿ	₌tsɿ	₌tsɿ	₌tθɿ	₌tθɿ	₌tsɿ	₌tsɿ	₌tsɿ	₌tθɿ
姊	旨精上	ᶜtsɿ	ᶜtsɿ	ᶜtsɿ	ᶜtsɿ	ᶜtθɿ	ᶜtθɿ	ᶜtsɿ	ᶜtsɿ	ᶜtsɿ	ᶜtθɿ
次	至清去	tsʰɿᵓ	tsʰɿᵓ	tsʰɿᵓ	tsʰɿᵓ	tθʰɿᵓ	tθʰɿᵓ	tsʰɿᵓ	tsʰɿᵓ	tsʰɿᵓ	tθʰɿᵓ
瓷	脂从平	₌tsʰɿ	₌tsʰɿ	₌tsʰɿ	₌tsʰɿ	₌tθʰɿ	₌tθʰɿ	₌tsʰɿ	₌tsʰɿ	₌tsʰɿ	₌tθʰɿ
自	至从去	tsɿᵓ	tsɿᵓ	tsɿᵓ	tsɿᵓ	tθɿᵓ	tθɿᵓ	tsɿᵓ	tsɿᵓ	tsɿᵓ	tθɿᵓ
私	脂心平	₌sɿ	₌sɿ	₌sɿ	₌sɿ	₌θɿ	₌θɿ	₌sɿ	₌sɿ	₌sɿ	₌θɿ
死	旨心上	ᶜsɿ	ᶜsɿ	ᶜsɿ	ᶜsɿ	ᶜθɿ	ᶜθɿ	ᶜsɿ	ᶜsɿ	ᶜsɿ	ᶜθɿ
四	至心去	sɿᵓ	sɿᵓ	sɿᵓ	sɿᵓ	θɿᵓ	θɿᵓ	sɿᵓ	sɿᵓ	sɿᵓ	θɿᵓ
致	至知去	tʂʅᵓ	tʂʅᵓ	tʂʅᵓ	tʂʅᵓ	tʂʅᵓ	tʂʅᵓ	tʂʅᵓ	tʂʅᵓ	tʂʅᵓ	tʂʅᵓ
迟	脂澄平	₌tʂʰʅ	₌tʂʰʅ	₌tʂʰʅ	₌tʂʰʅ	₌tʂʰʅ	₌tʂʰʅ	₌tʂʰʅ	₌tʂʰʅ	₌tʂʰʅ	₌tʂʰʅ
师	脂生平	₌sɿ	₌sɿ	₌sɿ	₌ʂʅ	₌ʂʅ	₌ʂʅ	₌ʂʅ	₌sɿ	₌sɿ	₌ʂʅ
狮		₌sɿ	₌ʂʅ	₌sɿ	₌ʂʅ	₌ʂʅ	₌ʂʅ	₌ʂʅ	₌sɿ	₌sɿ	₌ʂʅ
脂	脂章平	₌tsɿ	₌tʂʅ	₌tsɿ	₌tʂʅ	₌tʂʅ	₌tʂʅ	₌tʂʅ	₌tsɿ	₌tsɿ	₌tʂʅ
指	旨章上	ᶜtsɿ	ᶜtʂʅ	ᶜtsɿ	ᶜtʂʅ	ᶜtʂʅ	ᶜtʂʅ	ᶜtʂʅ	ᶜtsɿ	ᶜtsɿ	ᶜtʂʅ
至	至章去	tsɿᵓ	tʂʅᵓ	tsɿᵓ	tʂʅᵓ	tʂʅᵓ	tʂʅᵓ	tʂʅᵓ	tsɿᵓ	tsɿᵓ	tʂʅᵓ
示	至船去	sɿᵓ	ʂʅᵓ	sɿᵓ	ʂʅᵓ	ʂʅᵓ	ʂʅᵓ	ʂʅᵓ	sɿᵓ	sɿᵓ	ʂʅᵓ
尸	脂书平	₌sɿ	₌ʂʅ	₌sɿ	₌ʂʅ	₌ʂʅ	₌ʂʅ	₌ʂʅ	₌sɿ	₌sɿ	₌ʂʅ
屎	旨书上	ᶜsɿ	ᶜʂʅ	ᶜsɿ	ᶜʂʅ	ᶜʂʅ	ᶜʂʅ	ᶜʂʅ	ᶜsɿ	ᶜsɿ	ᶜʂʅ
视	至禅去	sɿᵓ	ʂʅᵓ	sɿᵓ	ʂʅᵓ	ʂʅᵓ	ʂʅᵓ	ʂʅᵓ	sɿᵓ	sɿᵓ	ʂʅᵓ
二	至日去	əɹᵓ	əɹᵓ	əɹᵓ	əɹᵓ	əɹᵓ	əɹᵓ	əɹᵓ	əɹᵓ	əɹᵓ	əɹᵓ

续表

例字	中古音	天津	西青	静海	蓟州	宝坻	宁河	汉沽	塘沽	大港	武清
饥	脂见平	₋tɕi	₋tɕi	₋tɕi	₋tɕi	₋tɕi	₋tɕi	₋tɕi	₋tɕi	₋tɕi
肌		₋tɕi	₋tɕi	₋tɕi	₋tɕi	₋tɕi	₋tɕi	₋tɕi	₋tɕi	₋tɕi
几茶~	旨见上	ᶜtɕi	ᶜtɕi	ᶜtɕi	ᶜtɕi	ᶜtɕi	ᶜtɕi	ᶜtɕi	ᶜtɕi	ᶜtɕi
冀	至见去	tɕiᵓ	tɕiᵓ	tɕiᵓ	tɕiᵓ	tɕiᵓ	tɕiᵓ	tɕiᵓ	tɕiᵓ	tɕiᵓ
器	至溪去	tɕʰiᵓ	tɕʰiᵓ	tɕʰiᵓ	tɕʰiᵓ	tɕʰiᵓ	tɕʰiᵓ	tɕʰiᵓ	tɕʰiᵓ	tɕʰiᵓ
弃		tɕʰiᵓ	tɕʰiᵓ	tɕʰiᵓ	tɕʰiᵓ	tɕʰiᵓ	tɕʰiᵓ	tɕʰiᵓ	tɕʰiᵓ	tɕʰiᵓ
姨	脂以平	₋i	₋i	₋i	₋i	₋i	₋i	₋i	₋i	₋i
你	止泥上	ᶜȵi	ᶜȵi	ᶜȵi	ᶜȵi	ᶜȵi	ᶜȵi	ᶜȵi	ᶜȵi	ᶜȵi
厘	之来平	₋li	₋li	₋li	₋li	₋li	₋li	₋li	₋li	₋li
李	止来上	ᶜli	ᶜli	ᶜli	ᶜli	ᶜli	ᶜli	ᶜli	ᶜli	ᶜli
里	指来上	ᶜli	ᶜli	ᶜli	ᶜli	ᶜli	ᶜli	ᶜli	ᶜli	ᶜli
理	止来上	ᶜli	ᶜli	ᶜli	ᶜli	ᶜli	ᶜli	ᶜli	ᶜli	ᶜli
鲤		ᶜli	ᶜli	ᶜli	ᶜli	ᶜli	ᶜli	ᶜli	ᶜli	ᶜli
吏	志来去	liᵓ	liᵓ	liᵓ	liᵓ	liᵓ	liᵓ	liᵓ	liᵓ	liᵓ
滋	之精平	₋tsɿ	₋tsɿ	₋tsɿ	₋tsɿ	₋tθɿ	₋tθɿ	₋tsɿ	₋tsɿ	₋tθɿ
子	止精上	ᶜtsɿ	ᶜtsɿ	ᶜtsɿ	ᶜtsɿ	ᶜtθɿ	ᶜtθɿ	ᶜtsɿ	ᶜtsɿ	ᶜtθɿ
慈	之从平	₋tsʰɿ	₋tsʰɿ	₋tsʰɿ	₋tsʰɿ	₋tθʰɿ	₋tθʰɿ	₋tsʰɿ	₋tsʰɿ	₋tθʰɿ
磁		₋tsʰɿ	₋tsʰɿ	₋tsʰɿ	₋tsʰɿ	₋tθʰɿ	₋tθʰɿ	₋tsʰɿ	₋tsʰɿ	₋tθʰɿ
字	志从去	tsɿᵓ	tsɿᵓ	tsɿᵓ	tsɿᵓ	tθɿᵓ	tθɿᵓ	tsɿᵓ	tsɿᵓ	tθɿᵓ
司	之心平	₋sɿ	₋sɿ	₋sɿ	₋sɿ	₋θɿ	₋θɿ	₋sɿ	₋sɿ	₋θɿ
丝	之心平	₋sɿ	₋sɿ	₋sɿ	₋sɿ	₋θɿ	₋θɿ	₋sɿ	₋sɿ	₋θɿ
思		₋sɿ	₋sɿ	₋sɿ	₋sɿ	₋θɿ	₋θɿ	₋sɿ	₋sɿ	₋θɿ
伺	志心去	tsʰɿᵓ / sɿᵓ	tsʰɿᵓ / sɿᵓ	tsʰɿᵓ / sɿᵓ	tsʰɿᵓ / sɿᵓ	tθʰɿᵓ / θɿᵓ	tθʰɿᵓ / θɿᵓ	tsʰɿᵓ / sɿᵓ	tsʰɿᵓ	tθʰɿᵓ / θɿᵓ
辞	之邪平	₋tsʰɿ	₋tsʰɿ	₋tsʰɿ	₋tsʰɿ	₋tθʰɿ	₋tθʰɿ	₋tsʰɿ	₋tsʰɿ	₋tθʰɿ
词		₋tsʰɿ	₋tsʰɿ	₋tsʰɿ	₋tsʰɿ	₋tθʰɿ	₋tθʰɿ	₋tsʰɿ	₋tsʰɿ	₋tθʰɿ
祠		₋tsʰɿ	₋tsʰɿ	₋tsʰɿ	₋tsʰɿ	₋tθʰɿ	₋tθʰɿ	₋tsʰɿ	₋tsʰɿ	₋tθʰɿ
似	止邪上	sɿᵓ	sɿᵓ	sɿᵓ	sɿᵓ	sɿᵓ	θɿᵓ	θɿᵓ	sɿᵓ	θɿᵓ
寺	志邪去	sɿᵓ	sɿᵓ	sɿᵓ	sɿᵓ	θɿᵓ	θɿᵓ	sɿᵓ	θɿᵓ
饲		sɿᵓ	sɿᵓ	sɿᵓ	sɿᵓ	₋θɿ	₋θɿ	sɿᵓ	sɿᵓ	θɿᵓ
置	志知去	tʂɿᵓ	tʂɿᵓ	tʂɿᵓ	tʂɿᵓ	tʂɿᵓ	tʂɿᵓ	tʂɿᵓ	tʂɿᵓ	tʂɿᵓ
痴	之彻平	₋tʂʰɿ	₋tʂʰɿ	₋tʂʰɿ	₋tʂʰɿ	₋tʂʰɿ	₋tʂʰɿ	₋tʂʰɿ	₋tʂʰɿ	₋tʂʰɿ

续表

例字	中古音	天津	西青	静海	蓟州	宝坻	宁河	汉沽	塘沽	大港	武清
耻	止彻上	⊂tsʰɿ	⊂tʂʰʅ	⊂tʂʰʅ	⊂tʂʰʅ	⊂tʂʰʅ	⊂tʂʰʅ	⊂tʂʰʅ	⊂tʂʰʅ	⊂tʂʰʅ	⊂tʂʰʅ
持	之澄平	⊂tsʰɿ	⊂tʂʰʅ	⊂tʂʰʅ	⊂tʂʰʅ	⊂tʂʰʅ	⊂tʂʰʅ	⊂tʂʰʅ	⊂tʂʰʅ	⊂tʂʰʅ	⊂tʂʰʅ
痔	止澄上	tsɿ⊃	tʂʅ⊃	tʂʅ⊃	tʂʅ⊃	tʂʅ⊃	tʂʅ⊃	tʂʅ⊃	tʂʅ⊃	tʂʅ⊃	tʂʅ⊃
治	志澄去	tsɿ⊃	tʂʅ⊃	tʂʅ⊃	tʂʅ⊃	tʂʅ⊃	tʂʅ⊃	tʂʅ⊃	tʂʅ⊃	tʂʅ⊃	tʂʅ⊃
厕	志初去	tsʰɤ⊃	⊂ʂɤ	tsʰɤ⊃	⊂tʂʰɤ	⊂tʂʰɤ	tθʰɤ⊃	tθʰɤ⊃	tʂʰɤ⊃	tsʰɤ⊃	tθʰɤ⊃
士	止崇上	sɿ⊃	ʂʅ⊃	sɿ⊃	ʂʅ⊃	ʂʅ⊃	ʂʅ⊃	ʂʅ⊃	ʂʅ⊃	ʂʅ⊃	ʂʅ⊃
柿		sɿ⊃	ʂʅ⊃	sɿ⊃	ʂʅ⊃	ʂʅ⊃	ʂʅ⊃	ʂʅ⊃	ʂʅ⊃	ʂʅ⊃	ʂʅ⊃
事	志崇去	sɿ⊃	ʂʅ⊃	sɿ⊃	ʂʅ⊃	ʂʅ⊃	ʂʅ⊃	ʂʅ⊃	ʂʅ⊃	ʂʅ⊃	ʂʅ⊃
使	止生上	⊂sɿ	⊂ʂʅ	⊂sɿ	⊂ʂʅ	⊂ʂʅ	⊂ʂʅ	⊂ʂʅ	⊂ʂʅ	⊂ʂʅ	⊂ʂʅ
史		⊂sɿ	⊂ʂʅ	⊂sɿ	⊂ʂʅ	⊂ʂʅ	⊂ʂʅ	⊂ʂʅ	⊂ʂʅ	⊂ʂʅ	⊂ʂʅ
驶		⊂sɿ	⊂ʂʅ	⊂sɿ	⊂ʂʅ	⊂ʂʅ	⊂ʂʅ	⊂ʂʅ	⊂ʂʅ	⊂ʂʅ	⊂ʂʅ
之	之章平	⊂tsɿ	⊂tʂʅ	⊂tsɿ	⊂tʂʅ	⊂tʂʅ	⊂tʂʅ	⊂tʂʅ	⊂tʂʅ	⊂tʂʅ	⊂tʂʅ
芝		⊂tsɿ	⊂tʂʅ	⊂tsɿ	⊂tʂʅ	⊂tʂʅ	⊂tʂʅ	⊂tʂʅ	⊂tʂʅ	⊂tʂʅ	⊂tʂʅ
止	止章上	⊂tsɿ	⊂tʂʅ	⊂tsɿ	⊂tʂʅ	⊂tʂʅ	⊂tʂʅ	⊂tʂʅ	⊂tʂʅ	⊂tʂʅ	⊂tʂʅ
趾		⊂tsɿ	⊂tʂʅ	⊂tsɿ	⊂tʂʅ	⊂tʂʅ	⊂tʂʅ	⊂tʂʅ	⊂tʂʅ	⊂tʂʅ	⊂tʂʅ
址		⊂tsɿ	⊂tʂʅ	⊂tsɿ	⊂tʂʅ	⊂tʂʅ	⊂tʂʅ	⊂tʂʅ	⊂tʂʅ	⊂tʂʅ	⊂tʂʅ
志	志章去	tsɿ⊃	tʂʅ⊃	tsɿ⊃	tʂʅ⊃	tʂʅ⊃	tʂʅ⊃	tʂʅ⊃	tʂʅ⊃	tʂʅ⊃	tʂʅ⊃
痣		tsɿ⊃	tʂʅ⊃	tsɿ⊃	tʂʅ⊃	tʂʅ⊃	tʂʅ⊃	tʂʅ⊃	tʂʅ⊃	tʂʅ⊃	tʂʅ⊃
齿	止昌上	⊂tsʰɿ	⊂tʂʰʅ	⊂tsʰɿ	⊂tʂʰʅ	⊂tʂʰʅ	⊂tʂʰʅ	⊂tʂʰʅ	⊂tʂʰʅ	⊂tʂʰʅ	⊂tʂʰʅ
诗	之书平	⊂sɿ	⊂ʂʅ	⊂sɿ	⊂ʂʅ	⊂ʂʅ	⊂ʂʅ	⊂ʂʅ	⊂ʂʅ	⊂ʂʅ	⊂ʂʅ
始	止书上	⊂sɿ	⊂ʂʅ	⊂sɿ	⊂ʂʅ	⊂ʂʅ	⊂ʂʅ	⊂ʂʅ	⊂ʂʅ	⊂ʂʅ	⊂ʂʅ
试	志书去	sɿ⊃	ʂʅ⊃	sɿ⊃	ʂʅ⊃	ʂʅ⊃	ʂʅ⊃	ʂʅ⊃	ʂʅ⊃	sɿ⊃	ʂʅ⊃
时	之禅平	⊂sɿ	⊂ʂʅ	⊂sɿ	⊂ʂʅ	⊂ʂʅ	⊂ʂʅ	⊂ʂʅ	⊂ʂʅ	⊂sɿ	⊂ʂʅ
市	止禅上	sɿ⊃	ʂʅ⊃	sɿ⊃	ʂʅ⊃	ʂʅ⊃	ʂʅ⊃	ʂʅ⊃	ʂʅ⊃	ʂʅ⊃	ʂʅ⊃
侍	志禅去	sɿ⊃	ʂʅ⊃	sɿ⊃	ʂʅ⊃	ʂʅ⊃	ʂʅ⊃	ʂʅ⊃	ʂʅ⊃	sɿ⊃	ʂʅ⊃
而	之日平	⊂ər	⊂ər	⊂ər	⊂ər	⊂ər	⊂ər	⊂ər	⊂ər	⊂ər	⊂ər
耳	止日上	⊂ər	⊂ər	⊂ər	⊂ər	⊂ər	⊂ər	⊂ər	⊂ər	⊂ər	⊂ər
饵	志日去	⊂ər	⊂ər	⊂ər	⊂ər	⊂ər	⊂ər	⊂ər	⊂ər	⊂ər	⊂ər
基	之见平	⊂tɕi	⊂tɕi	⊂tɕi	⊂tɕi	⊂tɕi	⊂tɕi	⊂tɕi	⊂tɕi	⊂tɕi	⊂tɕi
己	止见上	⊂tɕi	⊂tɕi	⊂tɕi	⊂tɕi	⊂tɕi	⊂tɕi	⊂tɕi	⊂tɕi	⊂tɕi	⊂tɕi
纪		tɕi⊃	tɕi⊃	tɕi⊃	tɕi⊃	tɕi⊃	tɕi⊃	tɕi⊃	tɕi⊃	tɕi⊃	tɕi⊃
记	志见去	tɕi⊃	tɕi⊃	tɕi⊃	tɕi⊃	tɕi⊃	tɕi⊃	tɕi⊃	tɕi⊃	tɕi⊃	tɕi⊃

续表

例字	中古音	天津	西青	静海	蓟州	宝坻	宁河	汉沽	塘沽	大港	武清
欺	之溪平	₌tɕʰi	₌tɕʰi	₌tɕʰi	₌tɕʰi	₌tɕʰi	₌tɕʰi	₌tɕʰi	₌tɕʰi	₌tɕʰi	₌tɕʰi
起	止溪上	₌tɕʰi	₌tɕʰi	₌tɕʰi	₌tɕʰi	₌tɕʰi	₌tɕʰi	₌tɕʰi	₌tɕʰi	₌tɕʰi	₌tɕʰi
杞		₌tɕʰi	₌tɕʰi	₌tɕʰi	₌tɕʰi	₌tɕʰi	₌tɕʰi	₌tɕʰi	₌tɕʰi	₌tɕʰi	₌tɕʰi
其	之群平	₌tɕʰi	₌tɕʰi	₌tɕʰi	₌tɕʰi	₌tɕʰi	₌tɕʰi	₌tɕʰi	₌tɕʰi	₌tɕʰi	₌tɕʰi
棋		₌tɕʰi	₌tɕʰi	₌tɕʰi	₌tɕʰi	₌tɕʰi	₌tɕʰi	₌tɕʰi	₌tɕʰi	₌tɕʰi	₌tɕʰi
期		₌tɕʰi	₌tɕʰi	₌tɕʰi	₌tɕʰi	₌tɕʰi	₌tɕʰi	₌tɕʰi	₌tɕʰi	₌tɕʰi	₌tɕʰi
旗		₌tɕʰi	₌tɕʰi	₌tɕʰi	₌tɕʰi	₌tɕʰi	₌tɕʰi	₌tɕʰi	₌tɕʰi	₌tɕʰi	₌tɕʰi
忌	志群去	tɕi⁼	tɕi⁼	tɕi⁼	tɕi⁼	tɕi⁼	tɕi⁼	tɕi⁼	tɕi⁼	tɕi⁼	tɕi⁼
疑	之疑平	₌i	₌i	₌i	₌i	₌i	₌i	₌i	₌i	₌i	
拟	止疑上	₌ȵi	₌ȵi	₌ȵi	₌ȵi	₌ȵi	₌ȵi	₌ȵi	₌ȵi	₌ȵi	
喜	止晓上	₌ɕi	₌ɕi	₌ɕi	₌ɕi	₌ɕi	₌ɕi	₌ɕi	₌ɕi	₌ɕi	
医	之影平	₌i	₌i	₌i	₌i	₌i	₌i	₌i	₌i	₌i	
意	志影去	i⁼	i⁼	i⁼	i⁼	i⁼	i⁼	i⁼	i⁼	i⁼	
已	止以上	₌i	₌i	₌i	₌i	₌i	₌i	₌i	₌i	₌i	
以		₌i	₌i	₌i	₌i	₌i	₌i	₌i	₌i	₌i	
异	志以去	i⁼	i⁼	i⁼	i⁼	i⁼	i⁼	i⁼	i⁼	i⁼	
机	微见平	₌tɕi	₌tɕi	₌tɕi	₌tɕi	₌tɕi	₌tɕi	₌tɕi	₌tɕi	₌tɕi	
讥		₌tɕi	₌tɕi	₌tɕi	₌tɕi	₌tɕi	₌tɕi	₌tɕi	₌tɕi	₌tɕi	
饥		₌tɕi	₌tɕi	₌tɕi	₌tɕi	₌tɕi	₌tɕi	₌tɕi	₌tɕi	₌tɕi	
几~个	尾见上	₌tɕi	₌tɕi	₌tɕi	₌tɕi	₌tɕi	₌tɕi	₌tɕi	₌tɕi	₌tɕi	
既	未见去	tɕi⁼	tɕi⁼	tɕi⁼	tɕi⁼	tɕi⁼	tɕi⁼	tɕi⁼	tɕi⁼	tɕi⁼	
岂	尾溪上	₌tɕʰi	₌tɕʰi	₌tɕʰi	₌tɕʰi	₌tɕʰi	₌tɕʰi	₌tɕʰi	₌tɕʰi	₌tɕʰi	
气	未溪去	tɕʰi⁼	tɕʰi⁼	tɕʰi⁼	tɕʰi⁼	tɕʰi⁼	tɕʰi⁼	tɕʰi⁼	tɕʰi⁼	tɕʰi⁼	
祈	微群平	₌tɕʰi	₌tɕʰi	₌tɕʰi	₌tɕʰi	₌tɕʰi	₌tɕʰi	₌tɕʰi	₌tɕʰi	₌tɕʰi	
毅	未疑去	i⁼	i⁼	i⁼	i⁼	i⁼	i⁼	i⁼	i⁼	i⁼	
希	微晓平	₌ɕi	₌ɕi	₌ɕi	₌ɕi	₌ɕi	₌ɕi	₌ɕi	₌ɕi	₌ɕi	
稀		₌ɕi	₌ɕi	₌ɕi	₌ɕi	₌ɕi	₌ɕi	₌ɕi	₌ɕi	₌ɕi	
衣	微影平	₌i / ₌ȵi	₌i	₌i	₌i	₌i	₌i	₌i	₌i	₌i	
依		₌i	₌i	₌i	₌i	₌i	₌i	₌i	₌i	₌i	
累~积	纸来上	₌lei	₌lei	₌lei	₌lei	₌lei	₌lei	₌lei	₌lei	₌lei	
累连~	寘来去	lei⁼	lei⁼	lei⁼	lei⁼	lei⁼	lei⁼	lei⁼	lei⁼	lei⁼	

续表

例字	中古音	天津	西青	静海	蓟州	宝坻	宁河	汉沽	塘沽	大港	武清
嘴	纸精上	ˉtsuei	ˉtsuei	ˉtsuei	ˉtsuei	ˉtsuei	ˉtsuei	ˉtsuei	ˉtsuei	ˉtsuei	ˉtsuei
髓	纸心上	ˉsuei	ˉsuei / ˉsuŋ	ˉsuei	ˉsuei	ˉsuei	ˉsuei	ˉsuei	ˉsuei	ˉsuei	ˉsuei
随	支邪平	ˍsuei	ˍsuei	ˍsuei	ˍsuei	ˍsuei	ˍsuei	ˍsuei	ˍsuei	ˍsuei	ˍsuei
揣~摸	纸初上	ˉtsʰuai	ˉtsʰuai	ˉtsʰuai	ˉtʂʰuai	ˉtʂʰuai	ˉtʂʰuai	ˉtʂʰuai	ˉtʂʰuai	ˉtʂʰuai	ˉtʂʰuai
吹	支昌平	ˍtsʰuei	ˍtsʰuei	ˍtsʰuei	ˍtʂʰuei	ˍtʂʰuei	ˍtʂʰuei	ˍtʂʰuei	ˍtsʰuei	ˍtsʰuei	ˍtʂʰuei
炊		ˍtsʰuei	ˍtsʰuei	ˍtsʰuei	ˍtʂʰuei	ˍtʂʰuei	ˍtʂʰuei	ˍtʂʰuei	ˍtsʰuei	ˍtsʰuei	ˍtʂʰuei
垂	支禅平	ˍtsʰuei	ˍtsʰuei	ˍtsʰuei	ˍtʂʰuei	ˍtʂʰuei	ˍtʂʰuei	ˍtʂʰuei	ˍtsʰuei	ˍtsʰuei	ˍtʂʰuei
睡	寘禅去	suei⁼	suei⁼	suei⁼	ʂuei⁼	ʂuei⁼	ʂuei⁼	ʂuei⁼	suei⁼	suei⁼	ʂuei⁼
瑞		zuei⁼	yei⁼	ʐuei⁼	ʐuei⁼	ʐuei⁼	ʐuei⁼	ʐuei⁼	ʐuei⁼	ʐuei⁼	ʐuei⁼
规	支见平	ˍkuei	ˍkuei	ˍkuei	ˍkuei	ˍkuei	ˍkuei	ˍkuei	ˍkuei	ˍkuei	ˍkuei
诡	纸见上	ˉkuei	ˉkuei	ˉkuei	ˉkuei	ˉkuei	ˉkuei	ˉkuei	ˉkuei	ˉkuei	ˉkuei
亏	支溪平	ˍkʰuei	ˍkʰuei	ˍkʰuei	ˍkʰuei	ˍkʰuei	ˍkʰuei	ˍkʰuei	ˍkʰuei	ˍkʰuei	ˍkʰuei
跪	纸群上	kuei⁼	kuei⁼	kuei⁼	kuei⁼	kuei⁼	kuei⁼	kuei⁼	kuei⁼	kuei⁼	kuei⁼
危	支疑平	ˍvei	ˍvei	ˍvei	ˍuei	ˍuei	ˍuei	ˍuei	ˍvei	ˍuei	ˍvei
伪	寘疑去	ˉvei	ˉvei	ˉvei	ˉuei	ˉuei	ˉuei	ˉvei	ˉuei	ˉuei	ˉvei
毁	纸晓上	ˉxuei	ˉxuei	ˉxuei	ˉxuei	ˉxuei	ˉxuei	ˉxuei	ˉxuei	ˉxuei	ˉxuei
委	纸影上	ˉvei	ˉvei	ˉvei	ˉuei	ˉuei	ˉuei	ˉvei	ˉuei	ˉuei	ˉvei
喂	寘影去	vei⁼	vei⁼	vei⁼	uei⁼	uei⁼	uei⁼	vei⁼	uei⁼	uei⁼	vei⁼
为作~	支云平	ˍvei	ˍvei	ˍvei	ˍuei	ˍuei	ˍuei	ˍvei	ˍuei	ˍuei	ˍvei
为~了	寘云去	vei⁼	vei⁼	vei⁼	uei⁼	uei⁼	uei⁼	vei⁼	uei⁼	uei⁼	vei⁼
垒	旨来上	ˉlei	ˉlei	ˉlei	ˉlei	ˉlei	ˉlei	ˉlei	ˉlei	ˉlei	ˉlei
类	至来去	lei⁼	lei⁼	lei⁼	lei⁼	lei⁼	lei⁼	lei⁼	lei⁼	lei⁼	lei⁼
泪		lei⁼	lei⁼	lei⁼	lei⁼	lei⁼	lei⁼	lei⁼	lei⁼	lei⁼	lei⁼
醉	至精去	tsuei⁼	tsuei⁼	tsuei⁼	tsuei⁼	tsuei⁼	tθuei⁼	tθuei⁼	tsuei⁼	tsuei⁼	tθuei⁼
翠	至清去	tsʰuei⁼	tsʰuei⁼	tsʰuei⁼	tsʰuei⁼	tsʰuei⁼	tθʰuei⁼	tθʰuei⁼	tsʰuei⁼	tsʰuei⁼	tθʰuei⁼
虽	脂心平	ˍsuei	ˍsuei	ˍsuei	ˍsuei	ˍsuei	ˍθuei	ˍθuei	ˍsuei	ˍsuei	ˍθuei
粹	至心去	tsʰuei⁼	tsʰuei⁼	tsʰuei⁼	tsʰuei⁼	tsʰuei⁼	tθʰuei⁼	tθʰuei⁼	tsʰuei⁼	tsʰuei⁼	tθʰuei⁼
遂	至邪去	ˍsuei	ˍsuei	ˍsuei	ˍsuei	ˍsuei	ˍθuei	ˍθuei	ˍsuei	ˍsuei	ˍθuei
隧		suei⁼	suei⁼	suei⁼	suei⁼	θuei⁼	θuei⁼	suei⁼	suei⁼	θuei⁼	
穗		suei⁼	suei⁼	suei⁼	suei⁼	suei⁼	θuei⁼	θuei⁼	suei⁼	suei⁼	θuei⁼
追	脂知平	ˍtsuei	ˍtsuei	ˍtsuei	ˍtʂuei	ˍtʂuei	ˍtʂuei	ˍtʂuei	ˍtsuei	ˍtsuei	ˍtʂuei

续表

例字	中古音	天津	西青	静海	蓟州	宝坻	宁河	汉沽	塘沽	大港	武清
锤	脂澄平	₋tsʰuei	₋tsʰuei	₋tsʰuei	₋tʂʰuei	₋tʂʰuei	₋tʂʰuei	₋tʂʰuei	₋tsʰuei	₋tsʰuei	₋tʂʰuei
槌		₋tsʰuei	₋tsʰuei	₋tsʰuei	₋tʂʰuei	₋tʂʰuei	₋tʂʰuei	₋tʂʰuei	₋tsʰuei	₋tsʰuei	₋tʂʰuei
衰	脂生平	₋suai	₋suai	₋suai	₋ʂuai	₋ʂuai	₋ʂuai	₋ʂuai	₋suai	₋suai	₋ʂuai
摔		₋suai	₋suai	₋suai	₋ʂuai	₋ʂuai	₋ʂuai	₋ʂuai	₋suai	₋suai	₋ʂuai
帅	至生去	suai⁼	suai⁼	suai⁼	ʂuai⁼	ʂuai⁼	ʂuai⁼	ʂuai⁼	suai⁼	suai⁼	ʂuai⁼
锥	脂章平	₋tsuei	₋tsuei	₋tsuei	₋tʂuei	₋tʂuei	₋tʂuei	₋tʂuei	₋tsuei	₋tsuei	₋tʂuei
水	旨书上	₋suei	₋suei	₋suei	₋ʂuei	₋ʂuei	₋ʂuei	₋ʂuei	₋suei	₋suei	₋ʂuei
谁	脂禅平	₋sei	₋sei	₋suei	₋ʂei	₋ʂei	₋ʂei	₋ʂei	₋sei	₋sei	₋ʂei
龟	脂见平	₋kuei	₋kuei	₋kuei	₋kuei	₋kuei	₋kuei	₋kuei	₋kuei	₋kuei	₋kuei
轨	旨见上	₋kuei	₋kuei	₋kuei	₋kuei	₋kuei	₋kuei	₋kuei	₋kuei	₋kuei	₋kuei
愧	至见去	kʰuei⁼	kʰuei⁼	kʰuei⁼	kʰuei⁼	kʰuei⁼	kʰuei⁼	kʰuei⁼	kʰuei⁼	kʰuei⁼	kʰuei⁼
季		tɕi⁼	tɕi⁼	tɕi⁼	tɕi⁼	tɕi⁼	tɕi⁼	tɕi⁼	tɕi⁼	tɕi⁼	tɕi⁼
葵	脂群平	₋kʰuei	₋kʰuei	₋kʰuei	₋kʰuei	₋kʰuei	₋kʰuei	₋kʰuei	₋kʰuei	₋kʰuei	₋kʰuei
柜	至群去	kuei⁼	kuei⁼	kuei⁼	kuei⁼	kuei⁼	kuei⁼	kuei⁼	kuei⁼	kuei⁼	kuei⁼
位	至云去	vei⁼	vei⁼	vei⁼	vei⁼	uei⁼	uei⁼	uei⁼	vei⁼	vei⁼	vei⁼
遗	脂以平	₋i	₋i	₋i	₋i	₋i	₋i	₋i	₋i	₋i	₋i
唯	旨以上	₋vei	₋vei	₋vei	₋vei	₋uei	₋uei	₋uei	₋vei	₋uei	₋vei
飞	微非平	₋fei	₋fei	₋fei	₋fei	₋fei	₋fei	₋fei	₋fei	₋fei	₋fei
非		₋fei	₋fei	₋fei	₋fei	₋fei	₋fei	₋fei	₋fei	₋fei	₋fei
匪	尾非上	₋fei	₋fei	₋fei	₋fei	₋fei	₋fei	₋fei	₋fei	₋fei	₋fei
痱	未非去	fei⁼	fei⁼	fei⁼	fei⁼	fei⁼	fei⁼	fei⁼	fei⁼	fei⁼	fei⁼
妃	微敷平	₋fei	₋fei	₋fei	₋fei	₋fei	₋fei	₋fei	₋fei	₋fei	₋fei
费	未敷去	fei⁼	fei⁼	fei⁼	fei⁼	fei⁼	fei⁼	fei⁼	fei⁼	fei⁼	fei⁼
肥	微奉平	₋fei	₋fei	₋fei	₋fei	₋fei	₋fei	₋fei	₋fei	₋fei	₋fei
微	微微平	₋vei	₋vei	₋vei	₋vei	₋uei	₋uei	₋vei	₋vei	₋uei	₋vei
尾	尾微上	₋vei / ₋i	₋vei / ₋i	₋vei / ₋i	₋vei / ₋i	₋uei / ₋i	₋uei / ₋i	₋uei / ₋i	₋vei / ₋i	₋uei / ₋i	₋vei / ₋i
未	未微去	vei⁼	vei⁼	vei⁼	vei⁼	uei⁼	uei⁼	uei⁼	vei⁼	uei⁼	vei⁼
味		vei⁼	vei⁼	vei⁼	vei⁼	uei⁼	uei⁼	uei⁼	vei⁼	uei⁼	vei⁼
归	微见平	₋kuei	₋kuei	₋kuei	₋kuei	₋kuei	₋kuei	₋kuei	₋kuei	₋kuei	₋kuei
鬼	尾见上	₋kuei	₋kuei	₋kuei	₋kuei	₋kuei	₋kuei	₋kuei	₋kuei	₋kuei	₋kuei
贵	未见去	kuei⁼	kuei⁼	kuei⁼	kuei⁼	kuei⁼	kuei⁼	kuei⁼	kuei⁼	kuei⁼	kuei⁼

续表

例字	中古音	天津	西青	静海	蓟州	宝坻	宁河	汉沽	塘沽	大港	武清
魏	未疑去	vei⁼	vei⁼	vei⁼	vei⁼	uei⁼	uei⁼	uei⁼	vei⁼	uei⁼	vei⁼
挥	微晓平	₋xuei	₋xuei	₋xuei	₋xuei	₋xuei	₋xuei	₋xuei	₋xuei	₋xuei	₋xuei
辉		₋xuei	₋xuei	₋xuei	₋xuei	₋xuei	₋xuei	₋xuei	₋xuei	₋xuei	₋xuei
徽		₋xuei	₋xuei	₋xuei	₋xuei	₋xuei	₋xuei	₋xuei	₋xuei	₋xuei	₋xuei
威	微影平	₋vei	₋vei	₋vei	₋vei	₋uei	₋uei	₋uei	₋vei	₋uei	₋vei
畏	未影去	vei⁼	vei⁼	vei⁼	vei⁼	uei⁼	uei⁼	uei⁼	vei⁼	uei⁼	vei⁼
慰		vei⁼	vei⁼	vei⁼	vei⁼	uei⁼	uei⁼	uei⁼	vei⁼	uei⁼	vei⁼
违	微云平	₋vei	₋vei	₋vei	₋vei	₋uei	₋uei	₋uei	₋vei	₋uei	₋vei
围	微云平	₋vei	₋vei	₋vei	₋vei	₋uei	₋uei	₋uei	₋vei	₋uei	₋vei
伟	尾云上	⁻vei	⁻vei	⁻vei	⁻vei	⁻uei	⁻uei	⁻uei	⁻vei	⁻uei	⁻vei
苇		⁻vei	⁻vei	⁻vei	⁻vei	⁻uei	⁻uei	⁻uei	⁻vei	⁻uei	⁻vei
胃	未云去	vei⁼	vei⁼	vei⁼	vei⁼	uei⁼	uei⁼	uei⁼	vei⁼	uei⁼	vei⁼

六 效摄

例字	中古音	天津	西青	静海	蓟州	宝坻	宁河	汉沽	塘沽	大港	武清
保	晧帮上	₋pau	₋pau	₋pau	₋pau	₋pau	₋pau	₋pau	₋pau	₋pau	₋pau
堡	晧帮上	₋pau	₋pau	₋pau / ₋pu	₋pau / pʰu⁼	₋pau	₋pau	₋pau / pʰu⁼	₋pau / pʰu⁼	₋pau	₋pau
宝	晧帮上	₋pau	₋pau	₋pau	₋pau	₋pau	₋pau	₋pau	₋pau	₋pau	₋pau
报	号帮去	pau⁼	pau⁼	pau⁼	pau⁼	pau⁼	pau⁼	pau⁼	pau⁼	pau⁼	pau⁼
袍	豪并平	₋pʰau	₋pʰau	₋pʰau	₋pʰau	₋pʰau	₋pʰau	₋pʰau	₋pʰau	₋pʰau	₋pʰau
抱	晧并上	pau⁼	pau⁼	pau⁼	pau⁼	pau⁼	pau⁼	pau⁼	pau⁼	pau⁼	pau⁼
暴	号并去	pau⁼	pau⁼	pau⁼	pau⁼	pau⁼	pau⁼	pau⁼	pau⁼	pau⁼	pau⁼
菢		pau⁼	pau⁼	pau⁼	pau⁼	pau⁼	pau⁼	pau⁼	pau⁼	pau⁼	pau⁼
毛	豪明平	₋mau	₋mau	₋mau	₋mau	₋mau	₋mau	₋mau	₋mau	₋mau	₋mau
冒	号明去	mau⁼	mau⁼	mau⁼	mau⁼	mau⁼	mau⁼	mau⁼	mau⁼	mau⁼	mau⁼
帽		mau⁼	mau⁼	mau⁼	mau⁼	mau⁼	mau⁼	mau⁼	mau⁼	mau⁼	mau⁼
刀	豪端平	₋tau	₋tau	₋tau	₋tau	₋tau	₋tau	₋tau	₋tau	₋tau	₋tau
叨		₋tau	₋tau	₋tau	₋tau	₋tau	₋tau	₋tau	₋tau	₋tau	₋tau

续表

例字	中古音	天津	西青	静海	蓟州	宝坻	宁河	汉沽	塘沽	大港	武清
祷	皓端上	ᶜtau	ᶜtau	ᶜtau	ᶜtau	ᶜtau	ᶜtau	ᶜtau	ᶜtau	ᶜtau	ᶜtau
岛		ᶜtau	ᶜtau	ᶜtau	ᶜtau	ᶜtau	ᶜtau	ᶜtau	ᶜtau	ᶜtau	ᶜtau
倒打~		ᶜtau	ᶜtau	ᶜtau	ᶜtau	ᶜtau	ᶜtau	ᶜtau	ᶜtau	ᶜtau	ᶜtau
到	号端去	tauᒧ	tauᒧ	tauᒧ	tauᒧ	tauᒧ	tauᒧ	tauᒧ	tauᒧ	tauᒧ	tauᒧ
倒~水		tauᒧ	tauᒧ	tauᒧ	tauᒧ	tauᒧ	tauᒧ	tauᒧ	tauᒧ	tauᒧ	tauᒧ
滔	豪透平	ᒍtʰau	ᒍtʰau	ᒍtʰau	ᒍtʰau	ᒍtʰau	ᒍtʰau	ᒍtʰau	ᒍtʰau	ᒍtʰau	ᒍtʰau
掏		ᒍtʰau	ᒍtʰau	ᒍtʰau	ᒍtʰau	ᒍtʰau	ᒍtʰau	ᒍtʰau	ᒍtʰau	ᒍtʰau	ᒍtʰau
讨	皓透上	ᶜtʰau	ᶜtʰau	ᶜtʰau	ᶜtʰau	ᶜtʰau	ᶜtʰau	ᶜtʰau	ᶜtʰau	ᶜtʰau	ᶜtʰau
套	号透去	tʰauᒧ	tʰauᒧ	tʰauᒧ	tʰauᒧ	tʰauᒧ	tʰauᒧ	tʰauᒧ	tʰauᒧ	tʰauᒧ	tʰauᒧ
桃	豪定平	ᒍtʰau	ᒍtʰau	ᒍtʰau	ᒍtʰau	ᒍtʰau	ᒍtʰau	ᒍtʰau	ᒍtʰau	ᒍtʰau	ᒍtʰau
逃		ᒍtʰau	ᒍtʰau	ᒍtʰau	ᒍtʰau	ᒍtʰau	ᒍtʰau	ᒍtʰau	ᒍtʰau	ᒍtʰau	ᒍtʰau
淘		ᒍtʰau	ᒍtʰau	ᒍtʰau	ᒍtʰau	ᒍtʰau	ᒍtʰau	ᒍtʰau	ᒍtʰau	ᒍtʰau	ᒍtʰau
陶		ᒍtʰau	ᒍtʰau	ᒍtʰau	ᒍtʰau	ᒍtʰau	ᒍtʰau	ᒍtʰau	ᒍtʰau	ᒍtʰau	ᒍtʰau
萄		ᒍtʰau	ᒍtʰau	ᒍtʰau	ᒍtʰau	ᒍtʰau	ᒍtʰau	ᒍtʰau	ᒍtʰau	ᒍtʰau	ᒍtʰau
涛		ᒍtʰau	ᒍtʰau	ᒍtʰau	ᒍtʰau	ᒍtʰau	ᒍtʰau	ᒍtʰau	ᒍtʰau	ᒍtʰau	ᒍtʰau
道	皓定上	tauᒧ	tauᒧ	tauᒧ	tauᒧ	tauᒧ	tauᒧ	tauᒧ	tauᒧ	tauᒧ	tauᒧ
稻		tauᒧ	tauᒧ	tauᒧ	tauᒧ	tauᒧ	tauᒧ	tauᒧ	tauᒧ	tauᒧ	tauᒧ
盗	号定去	tauᒧ	tauᒧ	tauᒧ	tauᒧ	tauᒧ	tauᒧ	tauᒧ	tauᒧ	tauᒧ	tauᒧ
导		ᶜtau	ᶜtau	ᶜtau	ᶜtau	ᶜtau	ᶜtau	ᶜtau	ᶜtau	ᶜtau	ᶜtau
脑	皓泥上	ᶜnau	ᶜnau	ᶜnau	ᶜnau	ᶜnau	ᶜnau	ᶜnau	ᶜnau	ᶜnau	ᶜnau
恼		ᶜnau	ᶜnau	ᶜnau	ᶜnau	ᶜnau	ᶜnau	ᶜnau	ᶜnau	ᶜnau	ᶜnau
劳	豪来平	ᒍlau	ᒍlau	ᒍlau	ᒍlau	ᒍlau	ᒍlau	ᒍlau	ᒍlau	ᒍlau	ᒍlau
捞		ᒍlau	ᒍlau	ᒍlau	ᒍlau	ᒍlau	ᒍlau	ᒍlau	ᒍlau	ᒍlau	ᒍlau
牢		ᒍlau	ᒍlau	ᒍlau	ᒍlau	ᒍlau	ᒍlau	ᒍlau	ᒍlau	ᒍlau	ᒍlau
唠		ᒍlau	ᒍlau	ᒍlau	ᒍlau	ᒍlau	ᒍlau	ᒍlau	ᒍlau	ᒍlau	ᒍlau
老	皓来上	ᶜlau	ᶜlau	ᶜlau	ᶜlau	ᶜlau	ᶜlau	ᶜlau	ᶜlau	ᶜlau	ᶜlau
涝	号来去	lauᒧ	lauᒧ	lauᒧ	lauᒧ	lauᒧ	lauᒧ	lauᒧ	lauᒧ	lauᒧ	lauᒧ
遭	豪精平	ᒍtsau	ᒍtsau	ᒍtsau	ᒍtsau	ᒍtθau	ᒍtθau	ᒍtsau	ᒍtsau	ᒍtsau	ᒍtθau
糟		ᒍtsau	ᒍtsau	ᒍtsau	ᒍtsau	ᒍtθau	ᒍtθau	ᒍtsau	ᒍtsau	ᒍtsau	ᒍtθau
早	皓精上	ᶜtsau	ᶜtsau	ᶜtsau	ᶜtsau	ᶜtθau	ᶜtθau	ᶜtsau	ᶜtsau	ᶜtsau	ᶜtθau
枣		ᶜtsau	ᶜtsau	ᶜtsau	ᶜtsau	ᶜtθau	ᶜtθau	ᶜtsau	ᶜtsau	ᶜtsau	ᶜtθau

续表

例字	中古音	天津	西青	静海	蓟州	宝坻	宁河	汉沽	塘沽	大港	武清
蚤	晧精上	ᶜtsau	ᶜtsau	ᶜtsau	ᶜtsau	ᶜtθau	ᶜtθau	ᶜtsau	ᶜtsau	ᶜtsau	ᶜtθau
澡		ᶜtsau	ᶜtsau	ᶜtsau	ᶜtsau	ᶜtθau	ᶜtθau	ᶜtsau	ᶜtsau	ᶜtsau	ᶜtθau
躁	号精去	tsauᵓ	tsauᵓ	tsauᵓ	tsauᵓ	tθauᵓ	tθauᵓ	tsauᵓ	tsauᵓ	tsauᵓ	tθauᵓ
灶		tsauᵓ	tsauᵓ	tsauᵓ	tsauᵓ	tθauᵓ	tθauᵓ	tsauᵓ	tsauᵓ	tsauᵓ	tθauᵓ
操	豪清平	ᶜtsʰau	ᶜtsʰau	ᶜtsʰau	ᶜtsʰau	ᶜtθʰau	ᶜtθʰau	ᶜtsʰau	ᶜtsʰau	ᶜtsʰau	ᶜtθʰau
草	晧清上	ᶜtsʰau	ᶜtsʰau	ᶜtsʰau	ᶜtsʰau	ᶜtθʰau	ᶜtθʰau	ᶜtsʰau	ᶜtsʰau	ᶜtsʰau	ᶜtθʰau
糙	号清去	tsʰauᵓ	tsʰauᵓ	tsʰauᵓ	tsʰauᵓ	tθʰauᵓ	tθʰauᵓ	tsʰauᵓ	tsʰauᵓ	tsʰauᵓ	tθʰauᵓ
曹	豪从平	ᶜtsʰau	ᶜtsʰau	ᶜtsʰau	ᶜtsʰau	ᶜtθʰau	ᶜtθʰau	ᶜtsʰau	ᶜtsʰau	ᶜtsʰau	ᶜtθʰau
槽	豪从平	ᶜtsʰau	ᶜtsʰau	ᶜtsʰau	ᶜtsʰau	ᶜtθʰau	ᶜtθʰau	ᶜtsʰau	ᶜtsʰau	ᶜtsʰau	ᶜtθʰau
皂	晧从上	tsauᵓ	tsauᵓ	tsauᵓ	tsauᵓ	tθauᵓ	tθauᵓ	tsauᵓ	tsauᵓ	tsauᵓ	tθauᵓ
造		tsauᵓ	tsauᵓ	tsauᵓ	tsauᵓ	tθauᵓ	tθauᵓ	tsauᵓ	tsauᵓ	tsauᵓ	tθauᵓ
骚	豪心平	ᶜsau	ᶜsau	ᶜsau	ᶜsau	ᶜθau	ᶜθau	ᶜsau	ᶜsau	ᶜsau	ᶜθau
臊		ᶜsau	ᶜsau	ᶜsau	ᶜsau	ᶜθau	ᶜθau	ᶜsau	ᶜsau	ᶜsau	ᶜθau
扫~地	晧心上	ᶜsau	ᶜsau	ᶜsau	ᶜsau	ᶜθau	ᶜθau	ᶜsau	ᶜsau	ᶜsau	ᶜθau
嫂		ᶜsau	ᶜsau	ᶜsau	ᶜsau	ᶜθau	ᶜθau	ᶜsau	ᶜsau	ᶜsau	ᶜθau
扫~帚	号心去	sauᵓ	sauᵓ	sauᵓ / ᶜtsʰau	sauᵓ	θauᵓ	θauᵓ	sauᵓ	sauᵓ	sauᵓ	θauᵓ
高	豪见平	ᶜkau	ᶜkau	ᶜkau	ᶜkau	ᶜkau	ᶜkau	ᶜkau	ᶜkau	ᶜkau	ᶜkau
膏~药	豪见平	ᶜkau	ᶜkau	ᶜkau	ᶜkau	ᶜkau	ᶜkau	ᶜkau	ᶜkau	ᶜkau	ᶜkau
篙	豪平见	ᶜkau	ᶜkau	ᶜkau	ᶜkau	ᶜkau	ᶜkau	ᶜkau	ᶜkau	ᶜkau	ᶜkau
糕		ᶜkau	ᶜkau	ᶜkau	ᶜkau	ᶜkau	ᶜkau	ᶜkau	ᶜkau	ᶜkau	ᶜkau
羔		ᶜkau	ᶜkau	ᶜkau	ᶜkau	ᶜkau	ᶜkau	ᶜkau	ᶜkau	ᶜkau	ᶜkau
稿	晧见上	ᶜkau	ᶜkau	ᶜkau	ᶜkau	ᶜkau	ᶜkau	ᶜkau	ᶜkau	ᶜkau	ᶜkau
告	号见去	kauᵓ	kauᵓ	kauᵓ	kauᵓ	kauᵓ	kauᵓ	kauᵓ	kauᵓ	kauᵓ	kauᵓ
膏~油		kauᵓ	kauᵓ	kauᵓ	kauᵓ	kauᵓ	kauᵓ	kauᵓ	kauᵓ	kauᵓ	ᶜkau
考	晧溪上	ᶜkʰau	ᶜkʰau	ᶜkʰau	ᶜkʰau	ᶜkʰau	ᶜkʰau	ᶜkʰau	ᶜkʰau	ᶜkʰau	ᶜkʰau
烤		ᶜkʰau	ᶜkʰau	ᶜkʰau	ᶜkʰau	ᶜkʰau	ᶜkʰau	ᶜkʰau	ᶜkʰau	ᶜkʰau	ᶜkʰau
靠	号溪去	kʰauᵓ	kʰauᵓ	kʰauᵓ	kʰauᵓ	kʰauᵓ	kʰauᵓ	kʰauᵓ	kʰauᵓ	kʰauᵓ	kʰauᵓ
犒		kʰauᵓ	kʰauᵓ	kʰauᵓ	kʰauᵓ	kʰauᵓ	kʰauᵓ	kʰauᵓ	kʰauᵓ	kʰauᵓ	kʰauᵓ
熬	豪疑平	ᶜnau	ᶜnau	ᶜŋau / ᶜnau	ᶜnau	ᶜnau	ᶜnau	ᶜnau	ᶜnau	ᶜau	ᶜnau
傲	号疑去	auᵓ	auᵓ	auᵓ	nauᵓ	auᵓ	nauᵓ	auᵓ	auᵓ	nauᵓ	auᵓ

续表

例字	中古音	天津	西青	静海	蓟州	宝坻	宁河	汉沽	塘沽	大港	武清
蒿	豪晓平	₋xau	₋xau	₋xau	₋xau	₋xau	₋xau	₋xau	₋xau	₋xau	₋xau
薅		₋xau	₋xau	₋xau	₋xau	₋xau	₋xau	₋xau	₋xau	₋xau	₋xau
好~坏	晧晓上	⁻xau	⁻xau	⁻xau	⁻xau	⁻xau	⁻xau	⁻xau	⁻xau	⁻xau	⁻xau
好喜~	号晓去	xauᵓ	xauᵓ	xauᵓ	xauᵓ	xauᵓ	xauᵓ	xauᵓ	xauᵓ	xauᵓ	xauᵓ
耗		xauᵓ	xauᵓ	xauᵓ	xauᵓ	xauᵓ	xauᵓ	xauᵓ	xauᵓ	xauᵓ	xauᵓ
豪	豪匣平	₌xau	₌xau	₌xau	₌xau	₌xau	₌xau	₌xau	₌xau	₌xau	₌xau
壕		₌xau	₌xau	₌xau	₌xau	₌xau	₌xau	₌xau	₌xau	₌xau	₌xau
毫		₌xau	₌xau	₌xau	₌xau	₌xau	₌xau	₌xau	₌xau	₌xau	₌xau
号~叫		₌xau	₌xau	₌xau	₌xau	₌xau	₌xau	₌xau	₌xau	₌xau	₌xau
浩	晧匣上	xauᵊ	xauᵊ	xauᵊ	xauᵊ	xauᵊ	xauᵊ	xauᵊ	xauᵊ	xauᵊ	xauᵊ
号~码	号匣去	xauᵊ	xauᵊ	xauᵊ	xauᵊ	xauᵊ	xauᵊ	xauᵊ	xauᵊ	xauᵊ	xauᵊ
熝	豪影平	₋nau	₋nau	₋ŋau / ₋nau	₋nau	₋nau	₋nau	₋nau	₋nau	₋au
袄	晧影上	⁻nau	⁻nau	⁻nau	⁻nau	⁻nau	⁻nau	⁻nau	⁻nau	⁻nau	⁻nau
奥	号影去	auᵓ	auᵓ	auᵓ	nauᵓ	auᵓ	auᵓ	auᵓ	auᵓ	nauᵓ	auᵓ
包	肴帮平	₋pau	₋pau	₋pau	₋pau	₋pau	₋pau	₋pau	₋pau	₋pau	₋pau
胞		₋pau / ₋pʰau	₋pau	₋pau / ₋pʰau	₋pʰau	₋pau	₋pau	₋pʰau	₋pʰau	₋pʰau	₋pʰau
饱	巧帮上	⁻pau	⁻pau	⁻pau	⁻pau	⁻pau	⁻pau	⁻pau	⁻pau	⁻pau	⁻pau
豹	效帮去	pauᵓ	pauᵓ	pauᵓ	pauᵓ	pauᵓ	pauᵓ	pauᵓ	pauᵓ	pauᵓ	pauᵓ
爆		pauᵓ	pauᵓ	pauᵓ	pauᵓ	pauᵓ	pauᵓ	pauᵓ	pauᵓ	pauᵓ	pauᵓ
抛	肴滂平	₋pʰau	₋pʰau	₋pʰau	₋pʰau	₋pʰau	₋pʰau	₋pʰau	₋pʰau	₋pʰau	₋pʰau
炮	效滂去	pʰauᵓ	pʰauᵓ	pʰauᵓ	pʰauᵓ	pʰauᵓ	pʰauᵓ	pʰauᵓ	pʰauᵓ	pʰauᵓ	pʰauᵓ
泡		pʰauᵓ	pʰauᵓ	pʰauᵓ	pʰauᵓ	pʰauᵓ	pʰauᵓ	pʰauᵓ	pʰauᵓ	pʰauᵓ	pʰauᵓ
跑	肴并平	₌pʰau	₌pʰau	₌pʰau	₌pʰau	₌pʰau	₌pʰau	₌pʰau	₌pʰau	₌pʰau	₌pʰau
刨~地	肴并平	₌pʰau	₌pʰau	₌pʰau	₌pʰau	₌pʰau	₌pʰau	₌pʰau	₌pʰau	₌pʰau	₌pʰau
鲍	巧并上	pauᵓ	pauᵓ	pauᵓ	pauᵓ	pauᵓ	pauᵓ	pauᵓ	pauᵓ	pauᵓ	pauᵓ
刨~子		pauᵓ	pauᵓ	pauᵓ	pauᵓ	pauᵓ	pauᵓ	pauᵓ	pauᵓ	pauᵓ	pauᵓ
茅	肴明平	₌mau	₌mau	₌mau	₌mau	₌mau	₌mau	₌mau	₌mau	₌mau	₌mau
猫		₌mau	₌mau	₌mau	₌mau	₌mau	₌mau	₌mau	₌mau	₌mau	₌mau
卯	巧明上	⁻mau	⁻mau	⁻mau	⁻mau	⁻mau	⁻mau	⁻mau	⁻mau	⁻mau	⁻mau
貌	效明去	mauᵓ	mauᵓ	mauᵓ	mauᵓ	mauᵓ	mauᵓ	mauᵓ	mauᵓ	mauᵓ	mauᵓ

续表

例字	中古音	天津	西青	静海	蓟州	宝坻	宁河	汉沽	塘沽	大港	武清
铙	效泥平	₋nau	₋nau	₋nau	₋nau				₋nau	₋nau	₋nau
挠		₋nau	₋nau	₋nau	₋nau	₋nau	₋nau	₋nau	₋nau	₋nau	₋nau
闹	效泥去	nauᐣ	nauᐣ	nauᐣ	nauᐣ	nauᐣ	nauᐣ	nauᐣ	nauᐣ	nauᐣ	nauᐣ
罩	效知去	tsauᐣ	tsauᐣ	tsauᐣ	tʂauᐣ	tʂauᐣ	tʂauᐣ	tsauᐣ	tʂauᐣ	tʂauᐣ	tʂauᐣ
抓	效庄平	₋tsua	₋tsua	₋tsua	₋tʂua	₋tʂua	₋tʂua	₋tsua	₋tʂua	₋tʂua	₋tʂua
爪	巧庄上	₋tsau / ₋tsua	₋tsau / ₋tsua	₋tsau / ₋tsua	₋tʂau / ₋tʂua	₋tʂau / ₋tʂua	₋tʂau / ₋tʂua	₋tsau / ₋tsua	₋tʂau / ₋tʂua	₋tʂau / ₋tʂua	₋tʂau / ₋tʂua
找		₋tsau	₋tsau	₋tsau	₋tʂau	₋tʂau	₋tʂau	₋tsau	₋tʂau	₋tʂau	₋tʂau
笊	效庄去	tsauᐣ	tsauᐣ	tsauᐣ	tʂauᐣ	tʂauᐣ	tʂauᐣ	tsauᐣ	tʂauᐣ	tʂauᐣ	tʂauᐣ
抄	肴初平	₋tsʰau	₋tsʰau	₋tʂʰau	₋tʂʰau	₋tʂʰau	₋tʂʰau	₋tsʰau	₋tʂʰau	₋tʂʰau	₋tʂʰau
钞		₋tsʰau	₋tsʰau	₋tʂʰau	₋tʂʰau	₋tʂʰau	₋tʂʰau	₋tsʰau	₋tʂʰau	₋tʂʰau	₋tʂʰau
炒	巧初上	₋tsʰau	₋tsʰau	₋tʂʰau	₋tʂʰau	₋tʂʰau	₋tʂʰau	₋tsʰau	₋tʂʰau	₋tʂʰau	₋tʂʰau
吵		₋tsʰau	₋tsʰau	₋tʂʰau	₋tʂʰau	₋tʂʰau	₋tʂʰau	₋tsʰau	₋tʂʰau	₋tʂʰau	₋tʂʰau
巢	肴崇平	₋tsʰau	₋tsʰau	₋tʂʰau	₋tʂʰau	₋tʂʰau	₋tʂʰau	₋tsʰau	₋tʂʰau	₋tʂʰau	₋tʂʰau
梢	肴生平	₋sau	₋sau	₋sau	₋ʂau	₋ʂau	₋ʂau	₋sau	₋ʂau	₋ʂau	₋ʂau
捎		₋sau	₋sau	₋sau	₋ʂau	₋ʂau	₋ʂau	₋sau	₋ʂau	₋ʂau	₋ʂau
稍	效生去	sauᐣ	sauᐣ	sauᐣ	ʂauᐣ	ʂauᐣ	ʂauᐣ	sauᐣ	ʂauᐣ	ʂauᐣ	ʂauᐣ
潲	效生去	sauᐣ	sauᐣ	sauᐣ	ʂauᐣ	ʂauᐣ	ʂauᐣ	sauᐣ	ʂauᐣ	sauᐣ	ʂauᐣ
交	肴见平 中古音	₋tɕiau	₋tɕiau	₋tɕiau	₋tɕiau	₋tɕiau	₋tɕiau	₋tɕiau	₋tɕiau	₋tɕiau	₋tɕiau
郊		₋tɕiau	₋tɕiau	₋tɕiau	₋tɕiau	₋tɕiau	₋tɕiau	₋tɕiau	₋tɕiau	₋tɕiau	₋tɕiau
教~书	肴见平	₋tɕiau	₋tɕiau	₋tɕiau	₋tɕiau	₋tɕiau	₋tɕiau	₋tɕiau	₋tɕiau	₋tɕiau	₋tɕiau
绞	巧见上	₋tɕiau	₋tɕiau	₋tɕiau	₋tɕiau	₋tɕiau	₋tɕiau	₋tɕiau	₋tɕiau	₋tɕiau	₋tɕiau
狡		₋tɕiau	₋tɕiau	₋tɕiau	₋tɕiau	₋tɕiau	₋tɕiau	₋tɕiau	₋tɕiau	₋tɕiau	₋tɕiau
铰		₋tɕiau	₋tɕiau	₋tɕiau	₋tɕiau	₋tɕiau	₋tɕiau	₋tɕiau	₋tɕiau	₋tɕiau	₋tɕiau
搅		₋tɕiau	₋tɕiau	₋tɕiau	₋tɕiau	₋tɕiau	₋tɕiau	₋tɕiau	₋tɕiau	₋tɕiau	₋tɕiau
搞		₋kau	₋kau	₋kau	₋kau	₋kau	₋kau	₋kau	₋kau	₋kau	₋kau
教~育	效见去	tɕiauᐣ	tɕiauᐣ	tɕiauᐣ	tɕiauᐣ	tɕiauᐣ	tɕiauᐣ	tɕiauᐣ	tɕiauᐣ	tɕiauᐣ	tɕiauᐣ
校~对		tɕiauᐣ	ɕiauᐣ	ɕiauᐣ	ɕiauᐣ	ɕiauᐣ	ɕiauᐣ	ɕiauᐣ	ɕiauᐣ	ɕiauᐣ	tɕiauᐣ
较		tɕiauᐣ	tɕiauᐣ	tɕiauᐣ	tɕiauᐣ	tɕiauᐣ	tɕiauᐣ	tɕiauᐣ	tɕiauᐣ	₋tɕiau	tɕiauᐣ
酵		ɕiauᐣ	tɕiauᐣ	tɕiauᐣ	ɕiauᐣ	ɕiauᐣ	ɕiauᐣ	ɕiauᐣ	ɕiauᐣ	ɕiauᐣ	tɕiauᐣ
窖		tɕiauᐣ	tɕiauᐣ	tɕiauᐣ	tɕiauᐣ	tɕiauᐣ	tɕiauᐣ	tɕiauᐣ	tɕiauᐣ	tɕiauᐣ	tɕiauᐣ
觉睡~		tɕiauᐣ	tɕiauᐣ	tɕiauᐣ	tɕiauᐣ	tɕiauᐣ	tɕiauᐣ	tɕiauᐣ	tɕiauᐣ	tɕiauᐣ	tɕiauᐣ

续表

例字	中古音	天津	西青	静海	蓟州	宝坻	宁河	汉沽	塘沽	大港	武清
敲	肴溪平	₋tɕʰiau	₋tɕʰiau	₋tɕʰiau	₋tɕʰiau	₋tɕʰiau	₋tɕʰiau	₋tɕʰiau	₋tɕʰiau	₋tɕʰiau	₋tɕʰiau
巧	巧溪上	⁻tɕʰiau	⁻tɕʰiau	⁻tɕʰiau	⁻tɕʰiau	⁻tɕʰiau	⁻tɕʰiau	⁻tɕʰiau	⁻tɕʰiau	⁻tɕʰiau	⁻tɕʰiau
咬	巧疑上	⁻iau	⁻iau	⁻iau	⁻iau	⁻iau	⁻iau	⁻iau	⁻iau	⁻iau	⁻iau
孝	效晓去	ɕiau⁼	ɕiau⁼	ɕiau⁼	ɕiau⁼	ɕiau⁼	ɕiau⁼	ɕiau⁼	ɕiau⁼	ɕiau⁼	ɕiau⁼
肴	肴匣平	₋ɕiau	₋ɕiau	₋ɕiau	₋ɕiau	₋ɕiau	₋ɕiau	₋ɕiau	₋ɕiau	₋ɕiau	₋ɕiau
效	效匣去	ɕiau⁼	ɕiau⁼	ɕiau⁼	ɕiau⁼	ɕiau⁼	ɕiau⁼	ɕiau⁼	ɕiau⁼	ɕiau⁼	ɕiau⁼
校_学~		ɕiau⁼	ɕiau⁼	ɕiau⁼	ɕiau⁼	ɕiau⁼	ɕiau⁼	ɕiau⁼	ɕiau⁼	ɕiau⁼	ɕiau⁼
靿	效影去	iau⁼	iau⁼	iau⁼	iau⁼	iau⁼	iau⁼	iau⁼	iau⁼	iau⁼	iau⁼
膘	宵帮平	₋piau	₋piau	₋piau	₋piau	₋piau	₋piau	₋piau	₋piau	₋piau	₋piau
标		₋piau	₋piau	₋piau	₋piau	₋piau	₋piau	₋piau	₋piau	₋piau	₋piau
表	小帮上	⁻piau	⁻piau	⁻piau	⁻piau	⁻piau	⁻piau	⁻piau	⁻piau	⁻piau	⁻piau
飘	宵滂平	₋pʰiau	₋pʰiau	₋pʰiau	₋pʰiau	₋pʰiau	₋pʰiau	₋pʰiau	₋pʰiau	₋pʰiau	₋pʰiau
漂~洗	小滂上	⁻pʰiau	⁻pʰiau	⁻pʰiau	⁻pʰiau	⁻pʰiau	⁻pʰiau	⁻pʰiau	⁻pʰiau	⁻pʰiau	⁻pʰiau
票	笑滂去	pʰiau⁼	pʰiau⁼	pʰiau⁼	pʰiau⁼	pʰiau⁼	pʰiau⁼	pʰiau⁼	pʰiau⁼	pʰiau⁼	pʰiau⁼
漂~亮		pʰiau⁼	pʰiau⁼	pʰiau⁼	pʰiau⁼	pʰiau⁼	pʰiau⁼	pʰiau⁼	pʰiau⁼	pʰiau⁼	pʰiau⁼
瓢	宵并平	₋pʰiau	₋pʰiau	₋pʰiau	₋pʰiau	₋pʰiau	₋pʰiau	₋pʰiau	₋pʰiau	₋pʰiau	₋pʰiau
嫖		₋pʰiau	₋pʰiau	₋pʰiau	₋pʰiau	₋pʰiau	₋pʰiau	₋pʰiau	₋pʰiau	₋pʰiau	₋pʰiau
苗	宵明平	₋miau	₋miau	₋miau	₋miau	₋miau	₋miau	₋miau	₋miau	₋miau	₋miau
描		₋miau	₋miau	₋miau	₋miau	₋miau	₋miau	₋miau	₋miau	₋miau	₋miau
秒	小明上	⁻miau	⁻miau	⁻miau	⁻miau	⁻miau	⁻miau	⁻miau	⁻miau	⁻miau	⁻miau
庙	笑明去	miau⁼	miau⁼	miau⁼	miau⁼	miau⁼	miau⁼	miau⁼	miau⁼	miau⁼	miau⁼
妙		miau⁼	miau⁼	miau⁼	miau⁼	miau⁼	miau⁼	miau⁼	miau⁼	miau⁼	miau⁼
燎	宵来平	₋liau	₋liau	₋liau	₋liau	₋liau	₋liau	₋liau	₋liau	₋liau	₋liau
燎_火~	小来上	⁻liau	⁻liau	⁻liau	⁻liau	⁻liau	⁻liau	⁻liau	⁻liau	⁻liau	⁻liau
疗	笑来去	₋liau	₋liau	₋liau	₋liau	₋liau	₋liau	₋liau	₋liau	₋liau	₋liau
焦	宵精平	₋tɕiau	₋tɕiau	₋tɕiau	₋tɕiau	₋tɕiau	₋tɕiau	₋tɕiau	₋tɕiau	₋tɕiau	₋tɕiau
蕉		₋tɕiau	₋tɕiau	₋tɕiau	₋tɕiau	₋tɕiau	₋tɕiau	₋tɕiau	₋tɕiau	₋tɕiau	₋tɕiau
椒	宵精平	₋tɕiau	₋tɕiau	₋tɕiau	₋tɕiau	₋tɕiau	₋tɕiau	₋tɕiau	₋tɕiau	₋tɕiau	₋tɕiau
剿	小精上	⁻tɕiau	⁻tɕiau	⁻tɕiau	⁻tɕiau	⁻tɕiau	⁻tɕiau	⁻tɕiau	⁻tɕiau	⁻tɕiau	⁻tɕiau
锹	宵清平	₋tɕʰiau	₋tɕʰiau	₋tɕʰiau	₋tɕʰiau	₋tɕʰiau	₋tɕʰiau	₋tɕʰiau	₋tɕʰiau	₋tɕʰiau	₋tɕʰiau
悄	小清上	⁻tɕʰiau	⁻tɕʰiau	⁻tɕʰiau	⁻tɕʰiau	⁻tɕʰiau	⁻tɕʰiau	⁻tɕʰiau	⁻tɕʰiau	⁻tɕʰiau	⁻tɕʰiau
俏	笑清去	tɕʰiau⁼	tɕʰiau⁼	tɕʰiau⁼	tɕʰiau⁼	tɕʰiau⁼	tɕʰiau⁼	tɕʰiau⁼	tɕʰiau⁼	tɕʰiau⁼	tɕʰiau⁼

续表

例字	中古音	天津	西青	静海	蓟州	宝坻	宁河	汉沽	塘沽	大港	武清
瞧	宵从平	₋tɕʰiau	₋tɕʰiau	₋tɕʰiau	₋tɕʰiau	₋tɕʰiau	₋tɕʰiau	₋tɕʰiau	₋tɕʰiau	₋tɕʰiau	₋tɕʰiau
消	宵心平	₋ɕiau	₋ɕiau	₋ɕiau	₋ɕiau	₋ɕiau	₋ɕiau	₋ɕiau	₋ɕiau	₋ɕiau	₋ɕiau
宵		₋ɕiau	₋ɕiau	₋ɕiau	₋ɕiau	₋ɕiau	₋ɕiau	₋ɕiau	₋ɕiau	₋ɕiau	₋ɕiau
霄		₋ɕiau	₋ɕiau	₋ɕiau	₋ɕiau	₋ɕiau	₋ɕiau	₋ɕiau	₋ɕiau	₋ɕiau	₋ɕiau
硝		₋ɕiau	₋ɕiau	₋ɕiau	₋ɕiau	₋ɕiau	₋ɕiau	₋ɕiau	₋ɕiau	₋ɕiau	₋ɕiau
销		₋ɕiau	₋ɕiau	₋ɕiau	₋ɕiau	₋ɕiau	₋ɕiau	₋ɕiau	₋ɕiau	₋ɕiau	₋ɕiau
小	小心上	ᶜɕiau	ᶜɕiau	ᶜɕiau	ᶜɕiau	ᶜɕiau	ᶜɕiau	ᶜɕiau	ᶜɕiau	ᶜɕiau	ᶜɕiau
笑	笑心去	ɕiau⁼	ɕiau⁼	ɕiau⁼	ɕiau⁼	ɕiau⁼	ɕiau⁼	ɕiau⁼	ɕiau⁼	ɕiau⁼	ɕiau⁼
鞘		tɕʰiau⁼	tɕʰiau⁼	tɕʰiau⁼	tɕʰiau⁼	tɕʰiau⁼	tɕʰiau⁼	tɕʰiau⁼	tɕʰiau⁼	tɕʰiau⁼	tɕʰiau⁼
朝₋今₋	宵知平	₋tsau	₋tsau	₋tʂau	₋tʂau	₋tʂau	₋tsau	₋tʂau	₋tsau	₋tʂau	₋tʂau
超	宵彻平	₋tsʰau	₋tsʰau	₋tʂʰau	₋tʂʰau	₋tʂʰau	₋tʂʰau	₋tʂʰau	₋tsʰau	₋tʂʰau	₋tʂʰau
朝₋代	宵澄平	₋tsʰau	₋tsʰau	₋tʂʰau	₋tʂʰau	₋tʂʰau	₋tʂʰau	₋tʂʰau	₋tsʰau	₋tʂʰau	₋tʂʰau
潮		₋tsʰau	₋tsʰau	₋tʂʰau	₋tʂʰau	₋tʂʰau	₋tʂʰau	₋tʂʰau	₋tsʰau	₋tʂʰau	₋tʂʰau
赵	小澄上	tsau⁼	tsau⁼	tʂau⁼	tʂau⁼	tʂau⁼	tʂau⁼	tʂau⁼	tsau⁼	tʂau⁼	tʂau⁼
兆		tsau⁼	tsau⁼	tʂau⁼	tʂau⁼	tʂau⁼	tʂau⁼	tʂau⁼	tsau⁼	tʂau⁼	tʂau⁼
召	笑澄去	₋tsau	₋tsau	₋tʂau	₋tʂau	₋tʂau	₋tʂau	₋tʂau	₋tsau	₋tʂau	₋tʂau
昭	宵章平	₋tsau	₋tsau	₋tʂau	₋tʂau	₋tʂau	₋tʂau	₋tʂau	₋tsau	₋tʂau	₋tʂau
招		₋tsau	₋tsau	₋tʂau	₋tʂau	₋tʂau	₋tʂau	₋tʂau	₋tsau	₋tʂau	₋tʂau
照	笑章去	tsau⁼	tsau⁼	tʂau⁼	tʂau⁼	tʂau⁼	tʂau⁼	tʂau⁼	tsau⁼	tʂau⁼	tʂau⁼
诏		tsau⁼	tsau⁼	tʂau⁼	tʂau⁼	tʂau⁼	tʂau⁼	tʂau⁼	tsau⁼	tʂau⁼	tʂau⁼
烧	宵书平	₋sau	₋sau	₋ʂau	₋ʂau	₋ʂau	₋ʂau	₋ʂau	₋sau	₋ʂau	₋ʂau
少₋多₋	小书上	ᶜsau	ᶜsau	ᶜʂau	ᶜʂau	ᶜʂau	ᶜʂau	ᶜʂau	ᶜsau	ᶜʂau	ᶜʂau
少₋年	笑书去	sau⁼	sau⁼	ʂau⁼	ʂau⁼	ʂau⁼	ʂau⁼	ʂau⁼	sau⁼	ʂau⁼	ʂau⁼
绍	小禅上	sau⁼	sau⁼	ʂau⁼	ʂau⁼	ʂau⁼	ʂau⁼	ʂau⁼	sau⁼	ʂau⁼	ʂau⁼
邵	笑禅去	sau⁼	sau⁼	ʂau⁼	ʂau⁼	ʂau⁼	ʂau⁼	ʂau⁼	sau⁼	ʂau⁼	ʂau⁼
饶	宵日平	₋iau	₋iau	₋ʐau	₋ʐau	₋ʐau	₋ʐau	₋iau	₋iau	₋ʐau	₋ʐau
扰	小日上	ᶜiau	ᶜiau	ᶜʐau	ᶜʐau	ᶜʐau	ᶜʐau	ᶜʐau	ᶜʐau	ᶜʐau	ᶜʐau
绕₋围₋		ᶜiau	iau⁼	ʐau⁼	ʐau⁼	ʐau⁼	ʐau⁼	ʐau⁼	ʐau⁼	ʐau⁼	ʐau⁼
绕₋线	笑日去	iau⁼	iau⁼	ʐau⁼	ʐau⁼	ʐau⁼	ʐau⁼	ʐau⁼	ʐau⁼	ʐau⁼	ʐau⁼
骄	宵见平	₋tɕiau	₋tɕiau	₋tɕiau	₋tɕiau	₋tɕiau	₋tɕiau	₋tɕiau	₋tɕiau	₋tɕiau	₋tɕiau
娇		₋tɕiau	₋tɕiau	₋tɕiau	₋tɕiau	₋tɕiau	₋tɕiau	₋tɕiau	₋tɕiau	₋tɕiau	₋tɕiau

续表

例字	中古音	天津	西青	静海	蓟州	宝坻	宁河	汉沽	塘沽	大港	武清
乔	宵群平	₋tɕʰiau	₋tɕʰiau	₋tɕʰiau	₋tɕʰiau	₋tɕʰiau	₋tɕʰiau	₋tɕʰiau	₋tɕʰiau	₋tɕʰiau	₋tɕʰiau
侨		₋tɕʰiau	₋tɕʰiau	₋tɕʰiau	₋tɕʰiau	₋tɕʰiau	₋tɕʰiau	₋tɕʰiau	₋tɕʰiau	₋tɕʰiau	₋tɕʰiau
桥	宵群平	₋tɕʰiau	₋tɕʰiau	₋tɕʰiau	₋tɕʰiau	₋tɕʰiau	₋tɕʰiau	₋tɕʰiau	₋tɕʰiau	₋tɕʰiau	₋tɕʰiau
荞		₋tɕʰiau	₋tɕʰiau	₋tɕʰiau	₋tɕʰiau	₋tɕʰiau	₋tɕʰiau	₋tɕʰiau	₋tɕʰiau	₋tɕʰiau	₋tɕʰiau
轿	笑群去	tɕiau⁻	tɕiau⁻	tɕiau⁻	tɕiau⁻	tɕiau⁻	tɕiau⁻	tɕiau⁻	tɕiau⁻	tɕiau⁻	tɕiau⁻
妖	宵影平	₋iau	₋iau	₋iau	₋iau	₋iau	₋iau	₋iau	₋iau	₋iau	₋iau
邀		₋iau	₋iau	₋iau	₋iau	₋iau	₋iau	₋iau	₋iau	₋iau	₋iau
腰		₋iau	₋iau	₋iau	₋iau	₋iau	₋iau	₋iau	₋iau	₋iau	₋iau
要~求		₋iau	₋iau	₋iau	₋iau	₋iau	₋iau	₋iau	₋iau	₋iau	₋iau
要重~	笑影去	iau⁻	iau⁻	iau⁻	iau⁻	iau⁻	iau⁻	iau⁻	iau⁻	iau⁻	iau⁻
摇	宵以平	₋iau	₋iau	₋iau	₋iau	₋iau	₋iau	₋iau	₋iau	₋iau	₋iau
谣		₋iau	₋iau	₋iau	₋iau	₋iau	₋iau	₋iau	₋iau	₋iau	₋iau
窑		₋iau	₋iau	₋iau	₋iau	₋iau	₋iau	₋iau	₋iau	₋iau	₋iau
姚	宵以平	₋iau	₋iau	₋iau	₋iau	₋iau	₋iau	₋iau	₋iau	₋iau	₋iau
舀	小以上	₋iau	₋iau	₋iau	₋iau	₋iau	₋iau	₋iau	₋iau	₋iau	₋iau
刁	萧端平	₋tiau	₋tiau	₋tiau	₋tiau	₋tiau	₋tiau	₋tiau	₋tiau	₋tiau	₋tiau
貂		₋tiau	₋tiau	₋tiau	₋tiau	₋tiau	₋tiau	₋tiau	₋tiau	₋tiau	₋tiau
雕		₋tiau	₋tiau	₋tiau	₋tiau	₋tiau	₋tiau	₋tiau	₋tiau	₋tiau	₋tiau
鸟	筱端上	₋ȵiau	₋ȵiau	₋ȵiau	₋ȵiau	₋ȵiau	₋ȵiau	₋ȵiau	₋ȵiau	₋ȵiau	₋ȵiau
钓	啸端去	tiau⁻	tiau⁻	tiau⁻	tiau⁻	tiau⁻	tiau⁻	tiau⁻	tiau⁻	tiau⁻	tiau⁻
吊		tiau⁻	tiau⁻	tiau⁻	tiau⁻	tiau⁻	tiau⁻	tiau⁻	tiau⁻	tiau⁻	tiau⁻
挑	萧透平	₋tʰiau	₋tʰiau	₋tʰiau	₋tʰiau	₋tʰiau	₋tʰiau	₋tʰiau	₋tʰiau	₋tʰiau	₋tʰiau
跳	啸透去	tʰiau⁻	tʰiau⁻	tʰiau⁻	tʰiau⁻	tʰiau⁻	tʰiau⁻	tʰiau⁻	tʰiau⁻	tʰiau⁻	tʰiau⁻
粜		tʰiau⁻	tʰiau⁻	tʰiau⁻	tʰiau⁻	tʰiau⁻	tʰiau⁻	tʰiau⁻	tʰiau⁻	tʰiau⁻	tʰiau⁻
条	萧定平	₋tʰiau	₋tʰiau	₋tʰiau	₋tʰiau	₋tʰiau	₋tʰiau	₋tʰiau	₋tʰiau	₋tʰiau	₋tʰiau
调~和		₋tʰiau	₋tʰiau	₋tʰiau	₋tʰiau	₋tʰiau	₋tʰiau	₋tʰiau	₋tʰiau	₋tʰiau	₋tʰiau
掉	啸定去	tiau⁻	tiau⁻	tiau⁻	tiau⁻	tiau⁻	tiau⁻	tiau⁻	tiau⁻	tiau⁻	tiau⁻
调声~		tiau⁻	tiau⁻	tiau⁻	tiau⁻	tiau⁻	tiau⁻	tiau⁻	tiau⁻	tiau⁻	tiau⁻
调~动		tiau⁻	tiau⁻	tiau⁻	tiau⁻	tiau⁻	tiau⁻	tiau⁻	tiau⁻	tiau⁻	tiau⁻
尿	啸泥去	ȵiau⁻	ȵiau⁻	ȵiau⁻	ȵiau⁻	ȵiau⁻	₋ȵiau	ȵiau⁻	ȵiau⁻	ȵiau⁻	ȵiau⁻

续表

例字	中古音	天津	西青	静海	蓟州	宝坻	宁河	汉沽	塘沽	大港	武清
聊	萧来平	₋liau	₋liau	₋liau	₋liau	₋liau	₋liau	₋liau	₋liau	˧liau	₋liau
辽	萧来平	₋liau	₋liau	₋liau	₋liau	₋liau	₋liau	₋liau	₋liau	˧liau	₋liau
撩	萧来平	₋liau	₋liau	₋liau	₋liau	₋liau	₋liau	₋liau	₋liau	˧liau	₋liau
了~解	筱来上	˪liau	˪liau	˪liau	˪liau	˪liau	˪liau	˪liau	˪liau	˪liau	˪liau
料	啸来去	liau˥	liau˥	liau˥	liau˥	liau˥	liau˥	liau˥	liau˥	liau˥	liau˥
尥	啸来去	liau˥	liau˥	liau˥	liau˥	liau˥	liau˥	liau˥	liau˥	liau˥	liau˥
萧	萧心平	₋ɕiau	₋ɕiau	₋ɕiau	₋ɕiau	₋ɕiau	₋ɕiau	₋ɕiau	₋ɕiau	₋ɕiau	₋ɕiau
箫	萧心平	₋ɕiau	₋ɕiau	₋ɕiau	₋ɕiau	₋ɕiau	₋ɕiau	₋ɕiau	₋ɕiau	₋ɕiau	₋ɕiau
浇	萧见平	₋tɕiau	₋tɕiau	₋tɕiau	₋tɕiau	₋tɕiau	₋tɕiau	₋tɕiau	₋tɕiau	₋tɕiau	₋tɕiau
叫	啸见去	tɕiau˥	tɕiau˥	tɕiau˥	tɕiau˥	tɕiau˥	tɕiau˥	tɕiau˥	tɕiau˥	tɕiau˥	tɕiau˥
窍	啸溪去	tɕʰiau˥	tɕʰiau˥	tɕʰiau˥	tɕʰiau˥	tɕʰiau˥	tɕʰiau˥	tɕʰiau˥	tɕʰiau˥	tɕʰiau˥	tɕʰiau˥
尧	萧疑平	₋iau	₋iau	₋iau	₋iau	₋iau	₋iau	₋iau	₋iau	₋iau	₋iau
晓	筱晓上	˪ɕiau	˪ɕiau	˪ɕiau	˪ɕiau	˪ɕiau	˪ɕiau	˪ɕiau	˪ɕiau	˪ɕiau	˪ɕiau
幺	萧影平	₋iau	₋iau	₋iau	₋iau	₋iau	₋iau	₋iau	₋iau	₋iau	₋iau
吆	萧影平	₋iau	₋iau	₋iau	₋iau	₋iau	₋iau	₋iau	₋iau	₋iau	₋iau

七 流摄

例字	中古音	天津	西青	静海	蓟州	宝坻	宁河	汉沽	塘沽	大港	武清
剖	厚滂上	₋pʰəu	₋pʰəu	₋pʰəu	₋pʰəu	₋pʰəu	₋pʰəu	₋pʰəu	₋pʰəu	₋pʰəu	₋pʰəu
某	厚明上	₋məu	₋məu	₋məu	₋məu	₋mo	₋mu	₋məu	₋məu	₋mou	₋məu
亩	厚明上	₋mu	₋mu	₋mu	₋mu	₋mu	₋mu	₋mu	₋mu	₋mu	₋mu
母	厚明上	₋mu	₋mu	₋mu	₋mu	₋mu	₋mu	₋mu	₋mu	₋mu	₋mu
拇	厚明上	₋mu	₋mu	₋mu	₋mu	₋mu	₋mu	₋mu	₋mu	₋mu	₋mu
牡	厚明上	₋mu	₋mu	₋mu	₋mu	₋mu	₋mu	₋mu	₋mu	₋mu	₋mu
戊	候明去	u˥	vu˥	u˥	u˥	u˥	u˥	u˥	u˥	u˥	u˥
茂	候明去	mau˥	mau˥	mau˥	mau˥	mau˥	mau˥	mau˥	mau˥	mau˥	mau˥
贸	候明去	mau˥	mau˥	mau˥	mau˥	mau˥	mau˥	mau˥	mau˥	mau˥	mau˥
兜	候端平	₋təu	₋təu	₋təu	₋təu	₋təu	₋təu	₋təu	₋təu	₋tou	₋təu

例字	中古音	天津	西青	静海	蓟州	宝坻	宁河	汉沽	塘沽	大港	武清
斗~子	厚端上	ᵍtəu	ᵍtəu	ᵍtəu	ᵍtəu	ᵍtəu	ᵍtəu	ᵍtəu	ᵍtəu	ᵍtou	ᵍtəu
抖		ᵍtəu	ᵍtəu	ᵍtəu	ᵍtəu	ᵍtəu	ᵍtəu	ᵍtəu	ᵍtəu	ᵍtou	ᵍtəu
陡		ᵍtəu	ᵍtəu	ᵍtəu	ᵍtəu	ᵍtəu	ᵍtəu	ᵍtəu	ᵍtəu	ᵍtou	ᵍtəu
斗~争	候端去	təuᵎ	təuᵎ	təuᵎ	təuᵎ	təuᵎ	təuᵎ	təuᵎ	təuᵎ	touᵎ	təuᵎ
偷	候透平	ᵍtʰəu	ᵍtʰəu	ᵍtʰəu	ᵍtʰəu	ᵍtʰəu	ᵍtʰəu	ᵍtʰəu	ᵍtʰəu	ᵍtʰou	ᵍtʰəu
透	候透去	tʰəuᵎ	tʰəuᵎ	tʰəuᵎ	tʰəuᵎ	tʰəuᵎ	tʰəuᵎ	tʰəuᵎ	tʰəuᵎ	tʰouᵎ	tʰəuᵎ
头	侯定平	ᵌtʰəu	ᵌtʰəu	ᵌtʰəu	ᵌtʰəu	ᵌtʰəu	ᵌtʰəu	ᵌtʰəu	ᵌtʰəu	ᵌtʰou	ᵌtʰəu
投		ᵌtʰəu	ᵌtʰəu	ᵌtʰəu	ᵌtʰəu	ᵌtʰəu	ᵌtʰəu	ᵌtʰəu	ᵌtʰəu	ᵌtʰou	ᵌtʰəu
豆	候定去	təuᵎ	təuᵎ	təuᵎ	təuᵎ	təuᵎ	təuᵎ	təuᵎ	təuᵎ	touᵎ	təuᵎ
逗		təuᵎ	təuᵎ	təuᵎ	təuᵎ	təuᵎ	təuᵎ	təuᵎ	təuᵎ	touᵎ	təuᵎ
楼	侯来平	ᵌləu	ᵌləu	ᵌləu	ᵌləu	ᵌləu	ᵌləu	ᵌləu	ᵌləu	ᵌlou	ᵌləu
耧		ᵌləu	ᵌləu	ᵌləu	ᵌləu	ᵌləu	ᵌləu	ᵌləu	ᵌləu	ᵌlou	ᵌləu
篓	厚来上	ᵍləu	ᵍləu	ᵍləu	ᵍləu	ᵍləu	ᵍləu	ᵍləu	ᵍləu	ᵍlou	ᵍləu
搂~抱		ᵍləu	ᵍləu	ᵍləu	ᵍləu	ᵍləu	ᵍləu	ᵍləu	ᵍləu	ᵍlou	ᵍləu
漏	候来去	ləuᵎ	ləuᵎ	ləuᵎ	ləuᵎ	ləuᵎ	ləuᵎ	ləuᵎ	ləuᵎ	louᵎ	ləuᵎ
陋		ləuᵎ	ləuᵎ	ləuᵎ	ləuᵎ	ləuᵎ	ləuᵎ	ləuᵎ	ləuᵎ	louᵎ	ləuᵎ
走	厚精上	ᵍtsəu	ᵍtsəu	ᵍtsəu	ᵍtsəu	ᵍtsəu	ᵍtɕəu	ᵍtɕəu	ᵍtsəu	ᵍtsou	ᵍtɕəu
奏	候精去	tsəuᵎ	tsəuᵎ	tsəuᵎ	tsəuᵎ	tsəuᵎ	tɕəuᵎ	tɕəuᵎ	tsəuᵎ	tsouᵎ	tɕəuᵎ
凑	候清去	tsʰəuᵎ	tsʰəuᵎ	tsʰəuᵎ	tsʰəuᵎ	tɕʰəuᵎ	tɕʰəuᵎ	tsʰəuᵎ	tsʰəuᵎ	tsʰouᵎ	tɕʰəuᵎ
叟	厚心上	ᵍsəu	ᵍsəu	ᵍsəu	ᵍsəu	ᵍsəu	ᵍθəu	ᵍθəu	ᵍsəu	ᵍsou	ᵍθəu
嗽	候心去	səuᵎ	səuᵎ	səuᵎ	səuᵎ	səuᵎ	θəuᵎ	θuᵎ	səuᵎ	souᵎ	θəuᵎ
勾	侯见平	ᵍkəu	ᵍkəu	ᵍkəu	ᵍkəu	ᵍkəu	ᵍkəu	ᵍkəu	ᵍkəu	ᵍkou	ᵍkəu
沟		ᵍkəu	ᵍkəu	ᵍkəu	ᵍkəu	ᵍkəu	ᵍkəu	ᵍkəu	ᵍkəu	ᵍkou	ᵍkəu
狗	厚见上	ᵍkəu	ᵍkəu	ᵍkəu	ᵍkəu	ᵍkəu	ᵍkəu	ᵍkəu	ᵍkəu	ᵍkou	ᵍkəu
够	候见去	kəuᵎ	kəuᵎ	kəuᵎ	kəuᵎ	kəuᵎ	kəuᵎ	kəuᵎ	kəuᵎ	kouᵎ	kəuᵎ
构		kəuᵎ	kəuᵎ	kəuᵎ	kəuᵎ	kəuᵎ	kəuᵎ	kəuᵎ	kəuᵎ	kouᵎ	kəuᵎ
购		kəuᵎ	kəuᵎ	kəuᵎ	kəuᵎ	kəuᵎ	kəuᵎ	kəuᵎ	kəuᵎ	kouᵎ	kəuᵎ
抠	侯见平	ᵍkʰəu	ᵍkʰəu	ᵍkʰəu	ᵍkʰəu	ᵍkʰəu	ᵍkʰəu	ᵍkʰəu	ᵍkʰəu	ᵍkʰou	ᵍkʰəu
口	厚溪上	ᵍkʰəu	ᵍkʰəu	ᵍkʰəu	ᵍkʰəu	ᵍkʰəu	ᵍkʰəu	ᵍkʰəu	ᵍkʰəu	ᵍkʰou	ᵍkʰəu
叩		kʰəuᵎ	kʰəuᵎ	kʰəuᵎ	kʰəuᵎ	kʰəuᵎ	kʰəuᵎ	kʰəuᵎ	kʰəuᵎ	kʰouᵎ	kʰəuᵎ
扣	候溪去	kʰəuᵎ	kʰəuᵎ	kʰəuᵎ	kʰəuᵎ	kʰəuᵎ	kʰəuᵎ	kʰəuᵎ	kʰəuᵎ	kʰouᵎ	kʰəuᵎ
寇		kʰəuᵎ	kʰəuᵎ	kʰəuᵎ	kʰəuᵎ	kʰəuᵎ	kʰəuᵎ	kʰəuᵎ	kʰəuᵎ	kʰouᵎ	kʰəuᵎ

续表

例字	中古音	天津	西青	静海	蓟州	宝坻	宁河	汉沽	塘沽	大港	武清
藕	厚疑上	⁻nəu	⁻nəu	⁻nəu	⁻nəu	⁻nəu	⁻nəu	⁻nəu	⁻ᵉnəu	⁻ou	⁻nəu
偶 配~	厚疑上	⁻nəu	⁻nəu	⁻ŋəu / ⁻nəu	⁻nəu	⁻nəu	⁻nəu	⁻nəu	⁻nəu	⁻nou	⁻əu
偶 ~然	候疑去	⁻nəu	⁻nəu	⁻ŋəu / ⁻nəu	⁻nəu	əu⁻ / ⁻nəu	⁻nəu	⁻nəu	⁻nəu	⁻nou	⁻əu
吼	厚晓上	⁻xəu	⁻xəu	⁻xəu	⁻xəu	⁻xəu	⁻xəu	⁻xəu	⁻xəu	⁻xou	⁻xəu
侯	侯匣平	₋xəu	₋xəu	₋xəu	₋xəu	₋xəu	₋xəu	₋xəu	₋xəu	₋xou	₋xəu
喉	侯匣平	₋xəu	₋xəu	₋xəu	₋xəu	₋xəu	₋xəu	₋xəu	₋xəu	₋xou	₋xəu
猴	侯匣平	₋xəu	₋xəu	₋xəu	₋xəu	₋xəu	₋xəu	₋xəu	₋xəu	₋xou	₋xəu
瘊	侯匣平	₋xəu	₋xəu	₋xəu	₋xəu	₋xəu	₋xəu	₋xəu	₋xəu	₋xou	₋xəu
后	厚匣上	xəu⁻	xəu⁻	xəu⁻	xəu⁻	xəu⁻	xəu⁻	xəu⁻	xəu⁻	xou⁻	xəu⁻
厚	厚匣上	xəu⁻	xəu⁻	xəu⁻	xəu⁻	xəu⁻	xəu⁻	xəu⁻	xəu⁻	xou⁻	xəu⁻
候	候匣去	xəu⁻	xəu⁻	xəu⁻	xəu⁻	xəu⁻	xəu⁻	xəu⁻	xəu⁻	xou⁻	xəu⁻
欧	侯影平	⁻nəu	⁻nəu	⁻ŋəu	⁻nəu	⁻əu	⁻əu	⁻nəu	⁻nəu	⁻ou	⁻əu
沤	候影去	nəu⁻	⁻nəu	ŋəu⁻ / nəu⁻	nəu⁻	nəu⁻	nəu⁻	nəu⁻	nəu⁻	nou⁻	əu⁻
否	有非上	⁻fəu	⁻fəu	⁻fəu	⁻fəu	⁻fəu	⁻fəu	⁻fəu	⁻fəu	⁻fou	⁻fəu
富	宥非去	fu⁻	fu⁻	fu⁻	fu⁻	fu⁻	fu⁻	fu⁻	fu⁻	fu⁻	fu⁻
副	宥敷去	fu⁻	fu⁻	fu⁻	fu⁻	fu⁻	fu⁻	fu⁻	fu⁻	fu⁻	fu⁻
浮	尤奉平	₋fu	₋fu	₋fu	₋fu	₋fu	₋fu	₋fu	₋fu	₋fu	₋fu
妇	有奉上	fu⁻	fu⁻	fu⁻	fu⁻	fu⁻	fu⁻	fu⁻	fu⁻	fu⁻	fu⁻
负	有奉上	fu⁻	fu⁻	fu⁻	fu⁻	fu⁻	fu⁻	fu⁻	fu⁻	fu⁻	fu⁻
复 ~兴	宥奉去	fu⁻	fu⁻	fu⁻	fu⁻	fu⁻	fu⁻	fu⁻	fu⁻	fu⁻	fu⁻
谋	尤明平	₋məu	₋məu	₋mɤ	₋mo	₋mɤ	₋məu	₋mu	₋mou	₋məu	
矛	尤明平	₋mau	₋mau	₋mau	₋mau	₋mau	₋mau	₋mau	₋mau	₋mau	
纽	有泥上	⁻ņiəu	⁻ņiəu	⁻ņiəu	⁻ņiəu	⁻ņiəu	⁻ņiəu	⁻ņiəu	⁻ņiəu	⁻ņiou	⁻ņiəu
扭	有泥上	⁻ņiəu	⁻ņiəu	⁻ņiəu	⁻ņiəu	⁻ņiəu	⁻ņiəu	⁻ņiəu	⁻ņiəu	⁻ņiou	⁻ņiəu
流	尤来平	₋liəu	₋liəu	₋liəu	₋liəu	₋liəu	₋liəu	₋liəu	₋liəu	₋liou	₋liəu
刘	尤来平	₋liəu	₋liəu	₋liəu	₋liəu	₋liəu	₋liəu	₋liəu	₋liəu	₋liou	₋liəu
留	尤来平	₋liəu	₋liəu	₋liəu	₋liəu	₋liəu	₋liəu	₋liəu	₋liəu	₋liou	₋liəu
榴	尤来平	₋liəu	₋liəu	₋liəu	₋liəu	₋liəu	₋liəu	₋liəu	₋liəu	₋liou	₋liəu
硫	尤来平	₋liəu	₋liəu	₋liəu	₋liəu	₋liəu	₋liəu	₋liəu	₋liəu	₋liou	₋liəu
琉	尤来平	₋liəu	₋liəu	₋liəu	₋liəu	₋liəu	₋liəu	₋liəu	₋liəu	₋liou	₋liəu

续表

例字	中古音	天津	西青	静海	蓟州	宝坻	宁河	汉沽	塘沽	大港	武清
柳	有来上	ˬliəu	ˬliəu	ˬliəu	ˬliəu	ˬliəu	ˬliəu	ˬliəu	ˬliəu	ˬliou	ˬliəu
溜	宥来去	liəuˋ	liəuˋ	liəuˋ	liəuˋ	liəuˋ	liəuˋ	liəuˋ	liəuˋ	liouˋ	liəuˋ
馏		liəuˋ	liəuˋ	liəuˋ	liəuˋ	liəuˋ	liəuˋ	liəuˋ	liəuˋ	liouˋ	liəuˋ
廖	宥来去	liauˋ	liauˋ	liauˋ	liauˋ	liauˋ	liauˋ	liauˋ	liauˋ	liauˋ	liauˋ
揪	尤精平	ˬtɕiəu	ˬtɕiəu	ˬtɕiəu	ˬtɕiəu	ˬtɕiəu	ˬtɕiəu	ˬtɕiəu	ˬtɕiəu	ˬtɕiou	ˬtɕiəu
酒	有精上	ˬtɕiəu	ˬtɕiəu	ˬtɕiəu	ˬtɕiəu	ˬtɕiəu	ˬtɕiəu	ˬtɕiəu	ˬtɕiəu	ˬtɕiou	ˬtɕiəu
秋	尤清平	ˬtɕʰiəu	ˬtɕʰiəu	ˬtɕʰiəu	ˬtɕʰiəu	ˬtɕʰiəu	ˬtɕʰiəu	ˬtɕʰiəu	ˬtɕʰiəu	ˬtɕʰiou	ˬtɕʰiəu
就	宥从去	tɕiəuˋ	tɕiəuˋ	tɕiəuˋ tsəuˋ təuˋ	tɕiəuˋ tsəuˋ	tɕiəuˋ	tɕiəuˋ	tɕiəuˋ	tɕiəuˋ	tsouˋ	tɕiəuˋ
修	尤心平	ˬɕiəu	ˬɕiəu	ˬɕiəu	ˬɕiəu	ˬɕiəu	ˬɕiəu	ˬɕiəu	ˬɕiəu	ˬɕiou	ˬɕiəu
羞		ˬɕiəu	ˬɕiəu	ˬɕiəu	ˬɕiəu	ˬɕiəu	ˬɕiəu	ˬɕiəu	ˬɕiəu	ˬɕiou	ˬɕiəu
秀	宥心去	ɕiəuˋ	ɕiəuˋ	ɕiəuˋ	ɕiəuˋ	ɕiəuˋ	ɕiəuˋ	ɕiəuˋ	ɕiəuˋ	ɕiouˋ	ɕiəuˋ
绣		ɕiəuˋ	ɕiəuˋ	ɕiəuˋ	ɕiəuˋ	ɕiəuˋ	ɕiəuˋ	ɕiəuˋ	ɕiəuˋ	ɕiouˋ	ɕiəuˋ
锈		ɕiəuˋ	ɕiəuˋ	ɕiəuˋ	ɕiəuˋ	ɕiəuˋ	ɕiəuˋ	ɕiəuˋ	ɕiəuˋ	ɕiouˋ	ɕiəuˋ
囚	尤邪平	ˬtɕʰiəu	ˬtɕʰiəu	ˬtɕʰiəu	ˬtɕʰiəu	ˬtɕʰiəu	ˬtɕʰiəu	ˬtɕʰiəu	ˬtɕʰiəu	ˬtɕʰiou	ˬtɕʰiəu
袖	宥邪去	ɕiəuˋ	ɕiəuˋ	ɕiəuˋ	ɕiəuˋ	ɕiəuˋ	ɕiəuˋ	ɕiəuˋ	ɕiəuˋ	ɕiouˋ	ɕiəuˋ
肘	有知上	ˬtsəu	ˬtsəu	ˬtʂəu	ˬtʂəu	ˬtʂəu	ˬtʂəu	ˬtʂəu	ˬtʂəu	ˬtʂu	ˬtʂəu
昼	宥知去	tsəuˋ	tsəuˋ	tʂəuˋ	tʂəuˋ	tʂəuˋ	tʂəuˋ	tʂəuˋ	tʂəuˋ	tʂouˋ	tʂəuˋ
抽	尤彻平	ˬtsʰəu	ˬtsʰəu	ˬtʂʰəu	ˬtʂʰəu	ˬtʂʰəu	ˬtʂʰəu	ˬtʂʰəu	ˬtʂʰəu	ˬtʂʰou	ˬtʂʰəu
丑~时	有彻上	ˬtsʰəu	ˬtsʰəu	ˬtʂʰəu	ˬtʂʰəu	ˬtʂʰəu	ˬtʂʰəu	ˬtʂʰəu	ˬtʂʰəu	ˬtʂʰou	ˬtʂʰəu
绸	尤澄平	ˬtsʰəu	ˬtsʰəu	ˬtʂʰəu	ˬtʂʰəu	ˬtʂʰəu	ˬtʂʰəu	ˬtʂʰəu	ˬtʂʰəu	ˬtʂʰou	ˬtʂʰəu
稠		ˬtsʰəu	ˬtsʰəu	ˬtʂʰəu	ˬtʂʰəu	ˬtʂʰəu	ˬtʂʰəu	ˬtʂʰəu	ˬtʂʰəu	ˬtʂʰou	ˬtʂʰəu
筹		ˬtsʰəu	ˬtsʰəu	ˬtʂʰəu	ˬtʂʰəu	ˬtʂʰəu	ˬtʂʰəu	ˬtʂʰəu	ˬtʂʰəu	ˬtʂʰou	ˬtʂʰəu
宙	宥澄去	tsəuˋ	tsəuˋ	tʂəuˋ	tʂəuˋ	tʂəuˋ	tʂəuˋ	tʂəuˋ	tʂəuˋ	tʂouˋ	tʂəuˋ
邹	尤庄平	ˬtsəu	ˬtsəu	ˬtsəu	ˬtsəu	ˬtθəu	ˬtθəu	ˬtsəu	ˬtʂəu		ˬtʂəu
皱	宥庄去	tsəuˋ	tsəuˋ	tʂəuˋ	tʂəuˋ	tʂəuˋ	tʂəuˋ	tʂəuˋ	tʂəuˋ	tʂouˋ	tʂəuˋ
绉		tsəuˋ	tsəuˋ	tʂəuˋ	tʂəuˋ	tʂəuˋ	tʂəuˋ	tʂəuˋ	tʂəuˋ	tʂouˋ	tʂəuˋ
瞅	有初上	ˬtsʰəu	ˬtsʰəu	ˬtʂʰəu	ˬtʂʰəu	ˬtʂʰəu	ˬtʂʰəu	ˬtʂʰəu	ˬtʂʰəu	ˬtʂʰou	ˬtʂʰəu
愁	尤崇平	ˬtsʰəu	ˬtsʰəu	ˬtʂʰəu	ˬtʂʰəu	ˬtʂʰəu	ˬtʂʰəu	ˬtʂʰəu	ˬtʂʰəu	ˬtʂʰou	ˬtʂʰəu
搜	尤生平	ˬsəu	ˬsəu	ˬsəu	ˬsəu	ˬθəu	ˬθəu	ˬsəu	ˬsəu	ˬsou	ˬθəu
馊		ˬsəu	ˬsəu	ˬsəu	ˬsəu	ˬθəu	ˬθəu	ˬsəu	ˬsəu	ˬsou	ˬθəu

续表

例字	中古音	天津	西青	静海	蓟州	宝坻	宁河	汉沽	塘沽	大港	武清
瘦	宥生去	səu⁼	səu⁼	ʂəu⁼	ʂəu⁼	ʂəu⁼	ʂəu⁼	səu⁼	səu⁼	sou⁼	ʂəu⁼
漱	宥生去	su⁼	su⁼	ʂu⁼	ʂu⁼	ʂu⁼	θu⁼	θu⁼	su⁼	su⁼	ʂu⁼
周	尤章平	₋tsəu	₋tsəu	₋tʂəu	₋tʂəu	₋tʂəu	₋tʂəu	₋tsəu	₋tsəu	₋tʂou	₋tʂəu
舟		₋tsəu	₋tsəu	₋tʂəu	₋tʂəu	₋tʂəu	₋tʂəu	₋tsəu	₋tsəu	₋tʂou	₋tʂəu
州		₋tsəu	₋tsəu	₋tʂəu	₋tʂəu	₋tʂəu	₋tʂəu	₋tsəu	₋tsəu	₋tʂou	₋tʂəu
洲		₋tsəu	₋tsəu	₋tʂəu	₋tʂəu	₋tʂəu	₋tʂəu	₋tsəu	₋tsəu	₋tʂou	₋tʂəu
咒	宥章去	tsəu⁼	tsəu⁼	tʂəu⁼	tʂəu⁼	tʂəu⁼	tʂəu⁼	tsəu⁼	tsəu⁼	tʂou⁼	tʂəu⁼
丑~恶	有昌上	₋tsʰəu	₋tsʰəu	₋tʂʰəu	₋tʂʰəu	₋tʂʰəu	₋tʂʰəu	₋tsʰəu	₋tsʰəu	₋tʂʰou	₋tʂʰəu
臭	宥昌去	tsʰəu⁼	tsʰəu⁼	tʂʰəu⁼	tʂʰəu⁼	tʂʰəu⁼	tʂʰəu⁼	tsʰəu⁼	tsʰəu⁼	tʂʰou⁼	tʂʰəu⁼
收	尤书平	₋səu	₋səu	₋ʂəu	₋ʂəu	₋ʂəu	₋ʂəu	₋səu	₋səu	₋ʂou	₋ʂəu
手	有书上	₋səu	₋səu	₋ʂəu	₋ʂəu	₋ʂəu	₋ʂəu	₋səu	₋səu	₋ʂou	₋ʂəu
守	有书上	₋səu	₋səu	₋ʂəu	₋ʂəu	₋ʂəu	₋ʂəu	₋səu	₋səu	₋ʂou	₋ʂəu
首		₋səu	₋səu	₋ʂəu	₋ʂəu	₋ʂəu	₋ʂəu	₋səu	₋səu	₋ʂou	₋ʂəu
兽	宥书去	səu⁼	səu⁼	ʂəu⁼	ʂəu⁼	ʂəu⁼	ʂəu⁼	səu⁼	səu⁼	ʂou⁼	ʂəu⁼
仇~人	尤禅平	₋tsʰəu	₋tsʰəu	₋tʂʰəu	₋tʂʰəu	₋tʂʰəu	₋tʂʰəu	₋tsʰəu	₋tsʰəu	₋tʂʰou	₋tʂʰəu
酬		₋tsʰəu	₋tsʰəu	₋tʂʰəu	₋tʂʰəu	₋tʂʰəu	₋tʂʰəu	₋tsʰəu	₋tsʰəu	₋tʂʰou	₋tʂʰəu
受	有禅上	səu⁼	səu⁼	ʂəu⁼	ʂəu⁼	ʂəu⁼	ʂəu⁼	səu⁼	səu⁼	ʂou⁼	ʂəu⁼
寿	宥禅去	səu⁼	səu⁼	ʂəu⁼	ʂəu⁼	ʂəu⁼	ʂəu⁼	səu⁼	səu⁼	ʂou⁼	ʂəu⁼
授		səu⁼	səu⁼	ʂəu⁼	ʂəu⁼	ʂəu⁼	ʂəu⁼	səu⁼	səu⁼	ʂou⁼	ʂəu⁼
售		səu⁼	səu⁼	ʂəu⁼	ʂəu⁼	ʂəu⁼	ʂəu⁼	səu⁼	səu⁼	ʂou⁼	ʂəu⁼
柔	尤日平	₋zəu / ₋iəu	₋iəu	₋z̩əu	₋z̩əu	₋z̩əu	₋z̩əu	₋z̩əu	₋iou	₋z̩əu	
揉	尤日平	₋zəu / ₋iəu	₋iəu	₋z̩əu	₋z̩əu	₋z̩əu	₋z̩əu	₋z̩əu	₋iou	₋z̩əu	
鸠	尤见平	₋tɕiəu	₋tɕiəu	₋tɕiəu	₋tɕiəu	₋tɕiəu	₋tɕiəu	₋tɕiəu		₋tɕiəu	
阄		₋tɕiəu	₋tɕiəu	₋tɕiəu	₋tɕiəu	₋tɕiəu	₋tɕiəu	₋tɕiəu	₋tɕiəu	₋tɕiou	₋tɕiəu
纠~缠		₋tɕiəu	₋tɕiəu	₋tɕiəu	₋tɕiəu	₋tɕiəu	₋tɕiəu	₋tɕiəu	₋tɕiəu	₋tɕiou	₋tɕiəu
九	有见上	₋tɕiəu	₋tɕiəu	₋tɕiəu	₋tɕiəu	₋tɕiəu	₋tɕiəu	₋tɕiəu	₋tɕiəu	₋tɕiou	₋tɕiəu
久		₋tɕiəu	₋tɕiəu	₋tɕiəu	₋tɕiəu	₋tɕiəu	₋tɕiəu	₋tɕiəu	₋tɕiəu	₋tɕiou	₋tɕiəu
韭		₋tɕiəu	₋tɕiəu	₋tɕiəu	₋tɕiəu	₋tɕiəu	₋tɕiəu	₋tɕiəu	₋tɕiəu	₋tɕiou	₋tɕiəu
灸		₋tɕiəu	₋tɕiəu	₋tɕiəu	₋tɕiəu	₋tɕiəu	₋tɕiəu	₋tɕiəu	₋tɕiəu	₋tɕiou	₋tɕiəu
救	宥见去	tɕiəu⁼	tɕiəu⁼	tɕiəu⁼	tɕiəu⁼	tɕiəu⁼	tɕiəu⁼	tɕiəu⁼	tɕiəu⁼	tɕiou⁼	tɕiəu⁼
究		tɕiəu⁼	tɕiəu⁼	tɕiəu⁼	tɕiəu⁼	tɕiəu⁼	tɕiəu⁼	tɕiəu⁼	tɕiəu⁼	tɕiou⁼	tɕiəu⁼

续表

例字	中古音	天津	西青	静海	蓟州	宝坻	宁河	汉沽	塘沽	大港	武清
丘	尤溪平	₋tɕʰiəu	₋tɕʰiəu	₋tɕʰiəu	₋tɕʰiəu	₋tɕʰiəu	₋tɕʰiəu	₋tɕʰiəu	₋tɕʰiəu	₋tɕʰiou	₋tɕʰiəu
求	尤群平	₋tɕʰiəu	₋tɕʰiəu	₋tɕʰiəu	₋tɕʰiəu	₋tɕʰiəu	₋tɕʰiəu	₋tɕʰiəu	₋tɕʰiəu	₋tɕʰiou	₋tɕʰiəu
球		₋tɕʰiəu	₋tɕʰiəu	₋tɕʰiəu	₋tɕʰiəu	₋tɕʰiəu	₋tɕʰiəu	₋tɕʰiəu	₋tɕʰiəu	₋tɕʰiou	₋tɕʰiəu
仇_姓		₋tɕʰiəu	₋tɕʰiəu	₋tɕʰiəu	₋tɕʰiəu	₋tɕʰiəu	₋tɕʰiəu	₋tɕʰiəu	₋tɕʰiəu	₋tɕʰiou	₋tɕʰiəu
臼	有群上	tɕiəu⁻	tɕiəu⁻	tɕiəu⁻	tɕiəu⁻	tɕiəu⁻	tɕiəu⁻	tɕiəu⁻	tɕiəu⁻	tɕiou⁻	tɕiəu⁻
舅		tɕiəu⁻	tɕiəu⁻	tɕiəu⁻	tɕiəu⁻	tɕiəu⁻	tɕiəu⁻	tɕiəu⁻	tɕiəu⁻	tɕiou⁻	tɕiəu⁻
旧	宥群去	tɕiəu⁻	tɕiəu⁻	tɕiəu⁻	tɕiəu⁻	tɕiəu⁻	tɕiəu⁻	tɕiəu⁻	tɕiəu⁻	tɕiou⁻	tɕiəu⁻
牛	尤疑平	₋ȵiəu	₋ȵiəu	₋ȵiəu	₋ȵiəu	₋ȵiəu	₋ȵiəu	₋ȵiəu	₋ȵiəu	₋ȵiou	₋ȵiəu
休	尤晓平	₋ɕiəu	₋ɕiəu	₋ɕiəu	₋ɕiəu	₋ɕiəu	₋ɕiəu	₋ɕiəu	₋ɕiəu	₋ɕiou	₋ɕiəu
朽	有晓上	₋ɕiəu	₋ɕiəu	₋ɕiəu	₋ɕiəu	₋ɕiəu	₋ɕiəu	₋ɕiəu	₋ɕiəu	₋ɕiou	₋ɕiəu
嗅	宥晓去	ɕiəu⁻	ɕiəu⁻	ɕiəu⁻	ɕiəu⁻	ɕiəu⁻	ɕiəu⁻	ɕiəu⁻	ɕiəu⁻	ɕiou⁻	ɕiəu⁻
忧	尤影平	₋iəu	₋iəu	₋iəu	₋iəu	₋iəu	₋iəu	₋iəu	₋iəu	₋iou	₋iəu
优		₋iəu	₋iəu	₋iəu	₋iəu	₋iəu	₋iəu	₋iəu	₋iəu	₋iou	₋iəu
尤	尤云平	₋iəu	₋iəu	₋iəu	₋iəu	₋iəu	₋iəu	₋iəu	₋iəu	₋iou	₋iəu
邮		₋iəu	₋iəu	₋iəu	₋iəu	₋iəu	₋iəu	₋iəu	₋iəu	₋iou	₋iəu
有	有云上	₋iəu	₋iəu	₋iəu	₋iəu	₋iəu	₋iəu	₋iəu	₋iəu	₋iou	₋iəu
友	有云上	₋iəu	₋iəu	₋iəu	₋iəu	₋iəu	₋iəu	₋iəu	₋iəu	₋iou	₋iəu
又	宥云去	iəu⁻	iəu⁻	iəu⁻	iəu⁻	iəu⁻	iəu⁻	iəu⁻	iəu⁻	iou⁻	iəu⁻
右		iəu⁻	iəu⁻	iəu⁻	iəu⁻	iəu⁻	iəu⁻	iəu⁻	iəu⁻	iou⁻	iəu⁻
祐		iəu⁻	iəu⁻	iəu⁻	iəu⁻	iəu⁻	iəu⁻	iəu⁻	iəu⁻	iou⁻	iəu⁻
由	尤以平	₋iəu	₋iəu	₋iəu	₋iəu	₋iəu	₋iəu	₋iəu	₋iəu	₋iou	₋iəu
油		₋iəu	₋iəu	₋iəu	₋iəu	₋iəu	₋iəu	₋iəu	₋iəu	₋iou	₋iəu
游		₋iəu	₋iəu	₋iəu	₋iəu	₋iəu	₋iəu	₋iəu	₋iəu	₋iou	₋iəu
酉	有云上	₋iəu	₋iəu	₋iəu	₋iəu	₋iəu	₋iəu	₋iəu	₋iəu	₋iou	₋iəu
诱		iəu⁻	iəu⁻	iəu⁻	iəu⁻	iəu⁻	iəu⁻	iəu⁻	iəu⁻	iou⁻	iəu⁻
鼬	宥以去	iəu⁻	iəu⁻	iəu⁻	iəu⁻	iəu⁻	iəu⁻	iəu⁻	iəu⁻	iou⁻	iəu⁻
釉		iəu⁻	iəu⁻	iəu⁻	iəu⁻	iəu⁻	iəu⁻	iəu⁻	iəu⁻	iou⁻	iəu⁻
彪	幽帮平	₋piau	₋piau	₋piau	₋piau	₋piau	₋piau	₋piau	₋piau	₋piau	₋piau
谬	幼明去	ȵiəu⁻	miəu⁻	ȵiəu⁻	ȵiəu⁻	ȵiəu⁻	miəu⁻	ȵiəu⁻	ȵiəu⁻	ȵiou⁻	ȵiəu⁻
丢	幽端平	₋tiəu	₋tiəu	₋tiəu	₋tiəu	₋tiəu	₋tiəu	₋tiəu	₋tiəu	₋tiou	₋tiəu
纠_{~正}	黝见上	₋tɕiəu	₋tɕiəu	₋tɕiəu	₋tɕiəu	₋tɕiəu	₋tɕiəu	₋tɕiəu	₋tɕiəu	₋tɕiou	₋tɕiəu
幼	幼影去	iəu⁻	iəu⁻	iəu⁻	iəu⁻	iəu⁻	iəu⁻	iəu⁻	iəu⁻	iou⁻	iəu⁻

八　咸摄

例字	中古音	天津	西青	静海	蓟州	宝坻	宁河	汉沽	塘沽	大港	武清
耽	覃端平	₋tan	₋tan	₋tan	₋tan	₋tan	₋tan	₋tan	₋tan	₋tã	₋tan
答	合端入	₋ta	₋ta	₋ta	₋ta	₋ta	₋ta	₋ta	₋ta	₋ta	₋ta
搭		₋ta	₋ta	₋ta	₋ta	₋ta	₋ta	₋ta	₋ta	₋ta	₋ta
贪	覃透平	₋tʰan	₋tʰan	₋tʰan	₋tʰan	₋tʰan	₋tʰan	₋tʰan	₋tʰan	₋tʰã	₋tʰan
探	勘透去	tʰan꜆	tʰan꜆	tʰan꜆	tʰan꜆	tʰan꜆	tʰan꜆	tʰan꜆	tʰan꜆	tʰã꜆	tʰan꜆
踏	合透入	tʰa꜆	tʰa꜆	tʰa꜆	tʰa꜆	tʰa꜆	tʰa꜆	tʰa꜆	tʰa꜆	tʰã꜆	tʰa꜆
潭	覃定平	₋tʰan	₋tʰan	₋tʰan	₋tʰan	₋tʰan	₋tʰan	₋tʰan	₋tʰan	꜂tʰã	₋tʰan
谭		₋tʰan	₋tʰan	₋tʰan	₋tʰan	₋tʰan	₋tʰan	₋tʰan	₋tʰan	꜂tʰã	₋tʰan
沓	合定入	₋ta	₋ta	₋ta	₋ta	₋ta	₋ta	₋ta	₋ta	꜂ta	₋ta
南	覃泥平	₋nan	₋nan	₋nan	₋nan	₋nan	₋nan	₋nan	₋nan	₋nã	₋nan
男		₋nan	₋nan	₋nan	₋nan	₋nan	₋nan	₋nan	₋nan	₋nã	₋nan
纳	合泥入	na꜆	na꜆	na꜆	na꜆	na꜆	na꜆	na꜆	na꜆	na꜆	na꜆
拉	合来入	₋la	₋la	₋la	₋la	₋la	₋la	₋la	₋la	₋la	₋la
簪	覃精平	₋tsan	₋tsan	₋tsan	₋tsan	₋tθan	₋tθan	₋tsan	₋tsã	₋tθan	
参	覃清平	₋tsʰan	₋tsʰan	₋tsʰan	₋tsʰan	₋tθʰan	₋tθʰan	₋tsʰan	₋tsʰã	₋tθʰan	
惨	感清上	꜂tsʰan	꜂tsʰan	꜂tsʰan	꜂tsʰan	꜂tθʰan	꜂tθʰan	꜂tsʰan	꜂tsʰã	꜂tθʰan	
蚕	覃定平	₋tsʰan	₋tsʰan	₋tsʰan	₋tsʰan	₋tθʰan	₋tθʰan	₋tsʰan	₋tsʰã	₋tθʰan	
杂	合定入	₋tsa	₋tsa	₋tsa	₋tsa	₋tθa	₋tθa	₋tsa	꜂tsa	₋tθa	
感	感见上	꜂kan	꜂kan	꜂kan	꜂kan	꜂kan	꜂kan	꜂kan	꜂kan	꜂kã	꜂kan
蛤	合见入	₋ka	₋ka	₋ka	₋kɤ	₋kɤ	₋kɤ	₋ka	₋ka	₋ka	₋kɤ
鸽	合见入	₋kɤ	₋kɤ	₋kɤ	₋kɤ	₋kɤ	₋kɤ	₋kɤ	₋kɤ	₋kə	₋kɤ
坎	感溪上	꜂kʰan	꜂kʰan	꜂kʰan	꜂kʰan	꜂kʰan	꜂kʰan	꜂kʰan	꜂kʰan	꜂kʰã	꜂kʰan
砍		꜂kʰan	꜂kʰan	꜂kʰan	꜂kʰan	꜂kʰan	꜂kʰan	꜂kʰan	꜂kʰan	꜂kʰã	꜂kʰan
喝	合晓入	₋xɤ	₋xɤ	₋xɤ	₋xɤ	₋xɤ	₋xɤ	₋xɤ	₋xɤ	₋xə	₋xɤ
含	覃匣平	₋xan	₋xan	₋xan	₋xan	₋xan	₋xan	₋xan	₋xan	꜂xã	₋xan
函		₋xan	₋xan	₋xan	₋xan	₋xan	₋xan	₋xan	₋xan	꜂xã	₋xan
合~作	合匣入	₋xɤ	₋xɤ	₋xɤ	₋xɤ	₋xɤ	₋xɤ	₋xɤ	₋xɤ	꜂xə	₋xɤ
盒		₋xɤ	₋xɤ	₋xɤ	₋xɤ	₋xɤ	₋xɤ	₋xɤ	₋xɤ	꜂xə	₋xɤ
庵	覃影平	₋nan	₋nan	₋ŋan	₋nan	₋nan	₋nan	₋nan	₋nan	₋nã	₋an

续表

例字	中古音	天津	西青	静海	蓟州	宝坻	宁河	汉沽	塘沽	大港	武清
暗	勘影去	nan⊃	nan⊃	ŋan⊃	nan⊃	nan⊃	nan⊃	nan⊃	nan⊃	nã⊃	an⊃
担~任	谈端平	⊂tan	⊂tan	⊂tan	⊂tan	⊂tan	⊂tan	⊂tan	⊂tan	⊂tã	⊂tan
胆	敢端上	⊂tan	⊂tan	⊂tan	⊂tan	⊂tan	⊂tan	⊂tan	⊂tan	⊂tã	⊂tan
担~子	阚端去	tan⊃	tan⊃	tan⊃	tan⊃	tan⊃	tan⊃	tan⊃	tan⊃	tã⊃	tan⊃
毯	敢透上	⊂tʰan	⊂tʰan	⊂tʰan	⊂tʰan	⊂tʰan	⊂tʰan	⊂tʰan	⊂tʰan	⊂tʰã	⊂tʰan
塔	盍透入	⊂tʰa	⊂tʰa	⊂tʰa	⊂tʰa	⊂tʰa	⊂tʰa	⊂tʰa	⊂tʰa	⊂tʰã	⊂tʰa
榻	盍透入	⊂tʰa	tʰa⊃	⊂tʰa	tʰa⊃	⊂tʰa	tʰa⊃	⊂tʰa	tʰa⊃	tʰã⊃	tʰa⊃
塌	盍透入	⊂tʰa	⊂tʰa	⊂tʰa	⊂tʰa	⊂tʰa	⊂tʰa	⊂tʰa	⊂tʰa	⊂tʰã	⊂tʰa
溻	盍透入	⊂tʰa	⊂tʰa	⊂tʰa	⊂tʰa	⊂tʰa	⊂tʰa	⊂tʰa	⊂tʰa	⊂tʰã	⊂tʰa
谈	谈定平	⊆tʰan	⊆tʰan	⊆tʰan	⊆tʰan	⊆tʰan	⊆tʰan	⊆tʰan	⊆tʰan	⊆tʰã	⊆tʰan
痰	谈定平	⊆tʰan	⊆tʰan	⊆tʰan	⊆tʰan	⊆tʰan	⊆tʰan	⊆tʰan	⊆tʰan	⊆tʰã	⊆tʰan
淡	敢定上	tan⊃	tan⊃	tan⊃	tan⊃	tan⊃	tan⊃	tan⊃	tan⊃	tã⊃	tan⊃
蓝	谈来平	⊆lan	⊆lan	⊆lan	⊆lan	⊆lan	⊆lan	⊆lan	⊆lan	⊆lã	⊆lan
篮	谈来平	⊆lan	⊆lan	⊆lan	⊆lan	⊆lan	⊆lan	⊆lan	⊆lan	⊆lã	⊆lan
览	敢来上	⊂lan	⊂lan	⊂lan	⊂lan	⊂lan	⊂lan	⊂lan	⊂lan	⊂lã	⊂lan
揽	敢来上	⊂lan	⊂lan	⊂lan	⊂lan	⊂lan	⊂lan	⊂lan	⊂lan	⊂lã	⊂lan
滥	阚来去	lan⊃	lan⊃	lan⊃	lan⊃	lan⊃	lan⊃	lan⊃	lan⊃	lã⊃	lan⊃
缆	阚来去	⊂lan	⊂lan	⊂lan	⊂lan	⊂lan	⊂lan	⊂lan	⊂lan	⊂lã	⊂lan
腊	盍来入	la⊃	la⊃	la⊃	la⊃	la⊃	la⊃	la⊃	la⊃	la⊃	la⊃
蜡	盍来入	la⊃	la⊃	la⊃	la⊃	la⊃	la⊃	la⊃	la⊃	la⊃	la⊃
惭	谈从平	⊂tsʰan	⊂tsʰan	⊆tsʰan	⊆tsʰan	⊆tsʰan	⊆tsʰan	⊆tsʰan	⊆tsʰan	⊆tsʰã	⊆tsʰan
暂	阚从去	⊂tsan	tsan⊃	tsan⊃	tʂan⊃	⊂tʂan	⊂tʂan	⊂tʂan	tsan⊃	tsã⊃	tsan⊃
三	谈心平	⊂san	⊂san	⊂san	⊂san	⊂san	⊂θan	⊂θan	⊂san	⊂sã	⊂θan
甘	谈见平	⊂kan	⊂kan	⊂kan	⊂kan	⊂kan	⊂kan	⊂kan	⊂kan	⊂kã	⊂kan
泔	谈见平	⊂kan	⊂kan	⊂kan	⊂kan	⊂kan	⊂kan	⊂kan	⊂kan	⊂kã	⊂kan
敢	敢见上	⊂kan	⊂kan	⊂kan	⊂kan	⊂kan	⊂kan	⊂kan	⊂kan	⊂kã	⊂kan
磕	盍溪入	⊂kʰɤ	⊂kʰɤ	⊂kʰɤ	⊂kʰɤ	⊂kʰɤ	⊂kʰɤ	⊂kʰɤ	⊂kʰɤ	⊂kʰə	⊂kʰɤ
蚶	谈晓平	⊂xan	⊂xan	⊂xan	⊂xan	⊂xan	⊂xan	⊂xan	⊂xan	⊂xã	⊂xan
憨	谈晓平	⊂xan	⊂xan	⊂xan	⊂xan	⊂xan	⊂xan	⊂xan	⊂xan	⊂xã	⊂xan
喊	敢晓上	⊂xan	⊂xan	⊂xan	⊂xan	⊂xan	⊂xan	⊂xan	⊂xan	⊂xã	⊂xan
站~立	陷知去	tsan⊃	tsan⊃	tsan⊃	tʂan⊃	tʂan⊃	tʂan⊃	tʂan⊃	tsan⊃	tʂã⊃	tʂan⊃

续表

例字	中古音	天津	西青	静海	蓟州	宝坻	宁河	汉沽	塘沽	大港	武清
赚	陷澄去	tsuan꜄	tsuan꜄	tsuan꜄	tʂuan꜄	tʂuan꜄	tʂuan꜄	tsuan꜄	tsuan꜄	tʂuã꜄	tʂuan꜄
站车~		tsan꜄	tsan꜄	tsan꜄	tʂan꜄	tʂan꜄	tʂan꜄	tʂan꜄	tsan꜄	tʂã꜄	tʂan꜄
斩	豏庄上	꜀tsan	꜀tsan	꜀tsan	꜀tʂan	꜀tʂan	꜀tʂan	꜀tʂan	꜀tsan	꜀tʂã	꜀tʂan
蘸	陷庄去	tsan꜄	tsan꜄	tsan꜄	tʂan꜄	tʂan꜄	tʂan꜄	tʂan꜄	tsan꜄	tʂã꜄	tʂan꜄
眨	洽庄入	꜀tsa	꜀tsa	꜀tsa	꜀tʂa	꜀tʂa	꜀tʂa	꜀tʂa	꜀tsa	꜀tʂa	꜀tʂa
插	洽初入	꜀tsʰa	꜀tsʰa	꜀tsʰa	꜀tʂʰa	꜀tʂʰa	꜀tʂʰa	꜀tʂʰa	꜀tsʰa	꜀tʂʰa	꜀tʂʰa
馋	咸崇平	꜁tsʰan	꜁tsʰan	꜁tsʰan	꜁tʂʰan	꜁tʂʰan	꜁tʂʰan	꜁tʂʰan	꜁tsʰan	꜁tʂʰã	꜁tʂʰan
谗		꜁tsʰan	꜁tsʰan	꜁tsʰan	꜁tʂʰan	꜁tʂʰan	꜁tʂʰan	꜁tʂʰan	꜁tsʰan	꜁tʂʰã	꜁tʂʰan
闸	洽崇入	꜀tsa	꜀tsa	꜀tsa	꜀tʂa	꜀tʂa	꜀tʂa	꜀tʂa	꜀tsa	꜀tsa	꜀tʂa
炸油~		꜀tsa	꜀tsa	꜀tsa	꜀tʂa	꜀tʂa	꜀tʂa	꜀tʂa	꜀tsa	꜀tsa	꜀tʂa
减	豏见上	꜀tɕian	꜀tɕian	꜀tɕian	꜀tɕian	꜀tɕian	꜀tɕian	꜀tɕian	꜀tɕian	꜀tɕiã	꜀tɕian
碱		꜀tɕian	꜀tɕian	꜀tɕian	꜀tɕian	꜀tɕian	꜀tɕian	꜀tɕian	꜀tɕian	꜀tɕiã	꜀tɕian
夹	洽见入	꜀tɕia	꜀tɕia	꜀tɕia	꜀tɕia	꜀tɕia	꜀tɕia	꜀tɕia	꜀tɕia	꜀tɕia	꜀tɕia
鹐	咸溪平	꜀tɕʰian	꜀tɕʰian	꜀tɕʰian	꜀tɕʰian	꜀tɕʰian	꜀tɕʰian	꜀tɕʰian	꜀tɕʰian	꜀tɕʰiã	꜀tɕʰian
恰	洽溪入	tɕʰia꜄	tɕʰia꜄	꜀tɕʰia	tɕʰia꜄	tɕʰia꜄	tɕʰia꜄	tɕʰia꜄	tɕʰia꜄	tɕʰia꜄	tɕʰia꜄
掐		꜀tɕʰia	꜀tɕʰia	꜀tɕʰia	꜀tɕʰia	꜀tɕʰia	꜀tɕʰia	꜀tɕʰia	꜀tɕʰia	꜀tɕʰia	꜀tɕʰia
咸	咸匣平	꜁ɕian	꜁ɕian	꜁ɕian	꜁ɕian	꜁ɕian	꜁ɕian	꜁ɕian	꜁ɕian	꜁ɕiã	꜁ɕian
陷	陷匣去	ɕyan꜄	ɕian꜄	ɕian꜄	ɕian꜄	ɕian꜄	ɕian꜄	ɕian꜄	ɕyan꜄	ɕiã꜄	ɕian꜄
馅		ɕian꜄	ɕian꜄	ɕian꜄	ɕian꜄	ɕian꜄	ɕian꜄	ɕian꜄	ɕian꜄	ɕiã꜄	ɕian꜄
狭	洽匣入	꜁ɕia	꜁ɕia	꜁ɕia	꜁ɕia	꜁ɕia	꜁ɕia	꜁ɕia	꜁ɕia	꜁ɕia	꜁ɕia
搀	衔初平	꜀tsʰan	꜀tsʰan	꜀tsʰan	꜀tʂʰan	꜀tʂʰan	꜀tʂʰan	꜀tʂʰan	꜀tsʰan	꜀tsʰã	꜀tʂʰan
衫	衔生平	꜀san	꜀san	꜀san	꜀ʂan	꜀ʂan	꜀ʂan	꜀ʂan	꜀san	꜀sã	꜀ʂan
监~督	衔见平	꜀tɕian	꜀tɕian	꜀tɕian	꜀tɕian	꜀tɕian	꜀tɕian	꜀tɕian	꜀tɕian	꜀tɕiã	꜀tɕian
鉴	鑑见去	tɕian꜄	tɕian꜄	tɕian꜄	tɕian꜄	tɕian꜄	tɕian꜄	tɕian꜄	tɕian꜄	tɕiã꜄	tɕian꜄
甲	狎见入	꜀tɕia	꜀tɕia	꜀tɕia	꜀tɕia	꜀tɕia	꜀tɕia	꜀tɕia	꜀tɕia	꜀tɕia	꜀tɕia
嵌	衔溪平	tɕʰian꜄	tɕʰian꜄	tɕʰian꜄	tɕʰian꜄	tɕʰian꜄	tɕʰian꜄	tɕʰian꜄	tɕʰian꜄	tɕʰiã꜄	tɕʰian꜄
岩	衔疑平	꜁ian	꜁ian	꜁ian	꜁ian	꜁ian	꜁ian	꜁ian	꜁ian	꜁iã	꜁ian
舰	槛匣上	tɕian꜄	tɕian꜄	tɕian꜄	tɕian꜄	tɕian꜄	tɕian꜄	tɕian꜄	tɕian꜄	tɕiã꜄	tɕian꜄
匣	狎匣入	꜁ɕia	꜁ɕia	꜁ɕia	꜁ɕia	꜁ɕia	꜁ɕia	꜁ɕia	꜁ɕia	꜁ɕia	꜁ɕia
鸭	狎影入	꜀ia	꜀ia	꜀ia	꜀ia	꜀ia	꜀ia	꜀ia	꜀ia	꜀ia	꜀ia
押	狎影入	꜀ia	꜀ia	꜀ia	꜀ia	꜀ia	꜀ia	꜀ia	꜀ia	꜀ia	꜀ia
压		꜀ia	꜀ia	꜀ia	꜀ia	꜀ia	꜀ia	꜀ia	꜀ia	꜀ia	꜀ia

续表

例字	中古音	天津	西青	静海	蓟州	宝坻	宁河	汉沽	塘沽	大港	武清
贬	琰帮上	ˈpian	ˈpian	ˈpian	ˈpian	ˈpian	ˈpian	ˈpian	ˈpian	ˈpiã	ˈpian
黏	盐泥平	ˌȵian	ˌȵian	ˌȵian	ˌȵian	ˌȵian	ˌȵian	ˌȵian	ˌȵian	ˌȵiã	ˌȵian
聂	叶泥入	ȵieˀ	ȵieˀ	ȵieˀ	ȵieˀ	ȵieˀ	ȵieˀ	ȵieˀ	ȵieˀ	ȵieˀ	ȵieˀ
镊	叶泥入	ȵieˀ	ȵieˀ	ȵieˀ	ȵieˀ	ȵieˀ	ȵieˀ	ȵieˀ	ȵieˀ	ȵieˀ	ȵieˀ
廉	盐来平	ˌlian	ˌlian	ˌlian	ˌlian	ˌlian	ˌlian	ˌlian	ˌlian	ˌliã	ˌlian
镰	盐来平	ˌlian	ˌlian	ˌlian	ˌlian	ˌlian	ˌlian	ˌlian	ˌlian	ˌliã	ˌlian
帘	盐来平	ˌlian	ˌlian	ˌlian	ˌlian	ˌlian	ˌlian	ˌlian	ˌlian	ˌliã	ˌlian
敛	琰来上	ˈlian	ˈlian	ˈlian	ˈlian	ˈlian	ˈlian	ˈlian	ˈlian	ˈliã	ˈlian
殓	艳来去	lianˀ	lianˀ	lianˀ	lianˀ	lianˀ	lianˀ	lianˀ	lianˀ	liãˀ	lianˀ
猎	叶来入	lieˀ	lieˀ	lieˀ	lieˀ	lieˀ	lieˀ	lieˀ	lieˀ	lieˀ	lieˀ
尖	盐精平	ˌtɕian	ˌtɕian	ˌtɕian	ˌtɕian	ˌtɕian	ˌtɕian	ˌtɕian	ˌtɕian	ˌtɕiã	ˌtɕian
歼	盐精平	ˌtɕian	ˌtɕian	ˌtɕʰian	ˌtɕian	ˌtɕian	ˌtɕian	ˌtɕian	ˌtɕian	ˌtɕiã	ˌtɕian
接	叶精入	ˌtɕie	ˌtɕie	ˌtɕie	ˌtɕie	ˌtɕie	ˌtɕie	ˌtɕie	ˌtɕie	ˌtɕie	ˌtɕie
签	盐清平	ˌtɕʰian tɕʰian	ˌtɕʰian	ˌtɕʰian	ˌtɕʰian	ˌtɕʰian	ˌtɕʰian	ˌtɕʰian	ˌtɕʰian tɕʰian	ˌtɕʰiã	ˌtɕʰian
妾	叶清入	tɕʰieˀ	tɕʰieˀ	tɕʰieˀ	tɕʰieˀ	tɕʰieˀ	tɕʰieˀ	tɕʰieˀ	tɕʰieˀ	tɕʰieˀ	tɕʰieˀ
潜	盐从平	ˌtɕʰian	ˌtɕʰian	ˌtɕʰian	ˌtɕʰian	ˌtɕʰian	ˌtɕʰian	ˌtɕʰian	ˌtɕʰian	ˌtɕʰiã	ˌtɕʰian
渐	琰从上	tɕianˀ	tɕianˀ	tɕianˀ	tɕianˀ	tɕianˀ	tɕianˀ	tɕianˀ	tɕianˀ	tɕiãˀ	tɕianˀ
沾	盐知平	ˌtʂan	ˌtʂan	ˌtʂan	ˌtʂan	ˌtʂan	ˌtʂan	ˌtʂan	ˌtʂan	ˌtʂã	ˌtʂan
粘	盐知平	ˌtʂan	ˌtʂan	ˌtʂan	ˌtʂan	ˌtʂan	ˌtʂan	ˌtʂan	ˌtʂan	ˌtʂan	ˌtʂan
占~领	艳章平	tʂan	tʂan	tʂanˀ	tʂanˀ	tʂanˀ	tʂanˀ	tʂan	tʂan	tʂãˀ	tʂanˀ
折~叠	叶章入	ˌtsɤ	ˌtsɤ	ˌtʂɤ	ˌtʂɤ	ˌtʂɤ	ˌtʂɤ	ˌtʂɤ	ˌtʂɤ	ˌtʂə	ˌtʂɤ
褶	叶章入	ˌtsɤ	ˌtsɤ	ˌtʂɤ	ˌtʂɤ	ˌtʂɤ	ˌtʂɤ	ˌtʂɤ	ˌtʂɤ	ˌtʂə	ˌtʂɤ
陕	琰书上	ˈsan	san	ˈʂan	ˈʂan	ˈʂan	ˈʂan	ˈʂan	ˈʂan	ˈʂã	ˈʂan
闪	琰书上	ˈsan	ˈsan	ˈʂan	ˈʂan	ˈʂan	ˈʂan	ˈʂan	ˈʂan	ˈʂã	ˈʂan
摄	叶书入	sɤˀ	sɤˀ	ʂɤˀ	ʂɤˀ	ʂɤˀ	ʂɤˀ	ʂɤˀ	ʂɤˀ	ʂəˀ	ʂɤˀ
涉	叶禅入	sɤˀ	sɤˀ	ʂɤˀ	ʂɤˀ	ʂɤˀ	ʂɤˀ	ʂɤˀ	ʂɤˀ	ʂəˀ	ʂɤˀ
染	琰日上	ˈian	ˈian	ˈian	ˈʐan	ˈʐan	ˈʐan	ˈian	ˈiã	ˈʐan	
检	琰见上	ˈtɕian	ˈtɕian	ˈtɕian	ˈtɕian	ˈtɕian	ˈtɕian	ˈtɕian	ˈtɕian	ˈtɕiã	ˈtɕian
脸	琰见上	ˈlian	ˈlian	ˈlian	ˈlian	ˈlian	ˈlian	ˈlian	ˈlian	ˈliã	ˈlian
钳	盐群平	ˌtɕʰian	ˌtɕʰian	ˌtɕʰian	ˌtɕʰian	ˌtɕʰian	ˌtɕʰian	ˌtɕʰian	ˌtɕʰian	ˌtɕʰiã	ˌtɕʰian
俭	琰群上	ˈtɕian	ˈtɕian	ˈtɕian	ˈtɕian	ˈtɕian	ˈtɕian	ˈtɕian	ˈtɕian	ˈtɕiã	ˈtɕian

续表

例字	中古音	天津	西青	静海	蓟州	宝坻	宁河	汉沽	塘沽	大港	武清
验	艳疑去	ian⁼	ian⁼	ian⁼	ian⁼	ian⁼	ian⁼	ian⁼	ian⁼	iã⁼	ian⁼
险	琰晓上	⁼ɕian	⁼ɕian	⁼ɕian	⁼ɕian	⁼ɕian	⁼ɕian	⁼ɕian	⁼ɕian	⁼ɕiã	⁼ɕian
淹	盐影平	⁼ian	⁼ian	⁼ian	⁼ian	⁼ian	⁼ian	⁼ian	⁼ian	⁼iã	⁼ian
阉		⁼ian	⁼ian	⁼ian	⁼ian	⁼ian	⁼ian	⁼ian	⁼ian	⁼iã	⁼ian
掩	琰影上	⁼ian	⁼ian	⁼ian	⁼ian	⁼ian	⁼ian	⁼ian	⁼ian	⁼iã	⁼ian
厌	艳影去	ian⁼	ian⁼	ian⁼	ian⁼	ian⁼	ian⁼	ian⁼	ian⁼	iã⁼	ian⁼
炎	盐云平	⁼ian	⁼ian	⁼ian	⁼ian	⁼ian	⁼ian	⁼ian	⁼ian	⁼iã	⁼ian
盐	盐以平	⁼ian	⁼ian	⁼ian	⁼ian	⁼ian	⁼ian	⁼ian	⁼ian	⁼iã	⁼ian
阎		⁼ian	⁼ian	⁼ian	⁼ian	⁼ian	⁼ian	⁼ian	⁼ian	⁼iã	⁼ian
檐		⁼ian	⁼ian	⁼ian	⁼ian	⁼ian	⁼ian	⁼ian	⁼ian	⁼iã	⁼ian
艳	艳以去	ian⁼	ian⁼	ian⁼	ian⁼	ian⁼	ian⁼	ian⁼	ian⁼	iã⁼	ian⁼
焰		ian⁼	ian⁼	ian⁼	ian⁼	ian⁼	ian⁼	ian⁼	ian⁼	iã⁼	ian⁼
叶	叶以入	iɛ⁼	iɛ⁼	iɛ⁼	iɛ⁼	iɛ⁼	iɛ⁼	iɛ⁼	iɛ⁼	iɛ⁼	iɛ⁼
页		iɛ⁼	iɛ⁼	iɛ⁼	iɛ⁼	iɛ⁼	iɛ⁼	iɛ⁼	iɛ⁼	iɛ⁼	iɛ⁼
剑	酽见去	tɕian⁼	tɕian⁼	tɕian⁼	tɕian⁼	tɕian⁼	tɕian⁼	tɕian⁼	tɕian⁼	tɕiã⁼	tɕian⁼
劫	业见入	⁼tɕiɛ	⁼tɕiɛ	⁼tɕiɛ	⁼tɕiɛ	⁼tɕiɛ	⁼tɕiɛ	⁼tɕiɛ	⁼tɕiɛ	⁼tɕiɛ	⁼tɕiɛ
欠	酽溪去	tɕʰian⁼	tɕʰian⁼	tɕʰian⁼	tɕʰian⁼	tɕʰian⁼	tɕʰian⁼	tɕʰian⁼	tɕʰian⁼	tɕʰiã⁼	tɕʰian⁼
怯	业溪入	tɕʰiɛ⁼	tɕʰiɛ⁼	⁼tɕʰiɛ	⁼tɕʰiɛ	⁼tɕʰiɛ	⁼tɕʰiɛ	tɕʰiɛ⁼	tɕʰiɛ⁼	tɕʰiɛ⁼	tɕʰiɛ⁼
严	严疑平	⁼ian	⁼ian	⁼ian	⁼ian	⁼ian	⁼ian	⁼ian	⁼ian	⁼iã	⁼ian
业	业疑入	iɛ⁼	iɛ⁼	iɛ⁼	iɛ⁼	iɛ⁼	iɛ⁼	iɛ⁼	iɛ⁼	iɛ⁼	iɛ⁼
锨	严晓平	⁼ɕian	⁼ɕian	⁼ɕian	⁼ɕian	⁼ɕian	⁼ɕian	⁼ɕian	⁼ɕian	⁼ɕiã	⁼ɕian
腌	严影平	⁼ian	⁼ian	⁼ian	⁼ian	⁼ian	⁼ian	⁼ian	⁼ian	⁼iã	⁼ian
掂	添端平	⁼tian	⁼tian	⁼tian	⁼tian	⁼tian	⁼tian	⁼tian	⁼tian	⁼tiã	⁼tian
点	忝端上	⁼tian	⁼tian	⁼tian	⁼tian	⁼tian	⁼tian	⁼tian	⁼tian	⁼tiã	⁼tian
店	㮇透去	tian⁼	tian⁼	tian⁼	tian⁼	tian⁼	tian⁼	tian⁼	tian⁼	tiã⁼	tian⁼
跌	帖端入	⁼tiɛ	⁼tiɛ	⁼tiɛ	⁼tiɛ	⁼tiɛ	⁼tiɛ	⁼tiɛ	⁼tiɛ	⁼tiɛ	⁼tiɛ
添	添透平	⁼tʰian	⁼tʰian	⁼tʰian	⁼tʰian	⁼tʰian	⁼tʰian	⁼tʰian	⁼tʰian	⁼tʰiã	⁼tʰian
舔	忝透上	⁼tʰian	⁼tʰian	⁼tʰian	⁼tʰian	⁼tʰian	⁼tʰian	⁼tʰian	⁼tʰian	⁼tʰiã	⁼tʰian
帖	帖透入	⁼tʰiɛ	⁼tʰiɛ	⁼tʰiɛ	tʰiɛ⁼	⁼tʰiɛ	⁼tʰiɛ	⁼tʰiɛ	⁼tʰiɛ	⁼tʰiɛ	⁼tʰiɛ
贴		⁼tʰiɛ	⁼tʰiɛ	⁼tʰiɛ	⁼tʰiɛ	⁼tʰiɛ	⁼tʰiɛ	⁼tʰiɛ	⁼tʰiɛ	⁼tʰiɛ	⁼tʰiɛ
甜	添定平	⁼tʰian	⁼tʰian	⁼tʰian	⁼tʰian	⁼tʰian	⁼tʰian	⁼tʰian	⁼tʰian	⁼tʰiã	⁼tʰian

例字	中古音	天津	西青	静海	蓟州	宝坻	宁河	汉沽	塘沽	大港	武清
叠	帖定入	₋tiɛ	₋tiɛ	₋tiɛ	₋tiɛ	₋tiɛ	₋tiɛ	₋tiɛ	₋tiɛ	⁻tiɛ	₋tiɛ
碟		₋tiɛ	₋tiɛ	₋tiɛ	₋tiɛ	₋tiɛ	₋tiɛ	₋tiɛ	₋tiɛ	⁻tiɛ	₋tiɛ
蝶		₋tiɛ / tʰiɛ₋	₋tiɛ	₋tiɛ	₋tiɛ	₋tiɛ	₋tiɛ	₋tiɛ	₋tiɛ	⁻tʰiɛ	₋tiɛ
念	掭泥去	ȵian⁼	ȵian⁼	ȵian⁼	ȵian⁼	ȵian⁼	ȵian⁼	ȵian⁼	ȵian⁼	ȵiã⁼	ȵian⁼
茶	帖泥入	₋ȵiɛ	₋ȵiɛ	₋ȵiɛ	₋ȵiɛ	₋ȵiɛ	₋ȵiɛ	₋ȵiɛ	₋ȵiɛ	₋ȵiɛ	₋ȵiɛ
兼	添见平	₋tɕian	₋tɕian	₋tɕian	₋tɕian	₋tɕian	₋tɕian	₋tɕian	₋tɕian	₋tɕiã	₋tɕian
谦	添溪平	₋tɕʰian	₋tɕʰian	₋tɕʰian	₋tɕʰian	₋tɕʰian	₋tɕʰian	₋tɕʰian	₋tɕʰian	₋tɕʰiã	₋tɕʰian
歉	掭溪去	tɕʰian⁼	tɕʰian⁼	tɕʰian⁼	tɕʰian⁼	tɕʰian⁼	tɕʰian⁼	tɕʰian⁼	tɕʰian⁼	tɕʰiã⁼	tɕʰian⁼
嫌	添匣平	₋ɕian	₋ɕian	₋ɕian	₋ɕian	₋ɕian	₋ɕian	₋ɕian	₋ɕian	₋ɕiã	₋ɕian
协	帖匣入	₋ɕiɛ	₋ɕiɛ	₋ɕiɛ	₋ɕiɛ	₋ɕiɛ	₋ɕiɛ	₋ɕiɛ	₋ɕiɛ	₋ɕiɛ	₋ɕiɛ
法	乏非入	₋fa	₋fa	₋fa	₋fa	₋fa	₋fa	₋fa	₋fa	⁻fa	₋fa
泛	梵敷去	fan⁼	fan⁼	fan⁼	fan⁼	fan⁼	fan⁼	fan⁼	fan⁼	fã⁼	fan⁼
凡	凡奉平	₋fan	₋fan	₋fan	₋fan	₋fan	₋fan	₋fan	₋fan	₋fã	₋fan
帆		₋fan	₋fan	₋fan	₋fan	₋fan	₋fan	₋fan	₋fan	₋fã	₋fan
范	范奉上	fan⁼	fan⁼	fan⁼	fan⁼	fan⁼	fan⁼	fan⁼	fan⁼	fã⁼	fan⁼
犯	范奉上	fan⁼	fan⁼	fan⁼	fan⁼	fan⁼	fan⁼	fan⁼	fan⁼	fã⁼	fan⁼
乏	乏奉入	₋fa	₋fa	₋fa	₋fa	₋fa	₋fa	₋fa	₋fa	⁻fa	₋fa

九　深摄

例字	中古音	天津	西青	静海	蓟州	宝坻	宁河	汉沽	塘沽	大港	武清
禀	寝帮上	₋piŋ	₋piŋ	₋piŋ	₋piŋ	₋piŋ	₋piŋ	₋piŋ	₋piŋ	₋piŋ	₋piən
品	寝滂上	₋pʰiən	₋pʰiən	₋pʰiən	₋pʰiən	₋pʰiən	₋pʰiən	₋pʰiən	₋pʰiən	⁻pʰiən	₋pʰiən
赁	沁泥去	liən⁼	liən⁼	liən⁼	liən⁼	liən⁼	liən⁼	liən⁼	liən⁼	liən⁼	liən⁼
林	侵来平	₋liən	₋liən	₋liən	₋liən	₋liən	₋liən	₋liən	₋liən	₋liən	₋liən
淋	侵来平	₋liən	₋liən	₋liən	₋liən	₋liən	₋liən	₋liən	₋liən	₋luən	₋liən
临		₋liən	₋liən	₋liən	₋liən	₋liən	₋liən	₋liən	₋liən	₋liən	₋liən
檩	寝来上	⁻liən	⁻liən	⁻liən	⁻liən	⁻liən	⁻liən	⁻liən	⁻liən	⁻liən	⁻liən

例字	中古音	天津	西青	静海	蓟州	宝坻	宁河	汉沽	塘沽	大港	武清
立	缉来入	li⁼	li⁼	li⁼	li⁼	li⁼	li⁼	li⁼	li⁼	li⁼	li⁼
笠		li⁼	li⁼	li⁼	li⁼	li⁼	li⁼	li⁼	li⁼	li⁼	li⁼
粒		li⁼	li⁼	li⁼	li⁼	li⁼	li⁼	li⁼	li⁼	li⁼	li⁼
浸	沁精去	tɕiən⁼	tɕʰiən⁼	tɕʰiən⁼	tɕʰiən⁼	tɕʰiən⁼	tɕiən⁼	tɕiən⁼	tɕiən⁼	tɕiən⁼	tɕiən⁼
侵	侵清平	⊂tɕʰiən	⊂tɕʰiən	⊂tɕʰiən	⊂tɕʰiən	⊂tɕʰiən	⊂tɕʰiən	⊂tɕʰiən	⊂tɕʰiən	⊂tɕʰiən	⊂tɕʰiən
寝	寝清上	⊂tɕʰiən	⊂tɕʰiən	⊂tɕʰiən	⊂tɕʰiən	⊂tɕʰiən	⊂tɕʰiən	⊂tɕʰiən	⊂tɕʰiən	⊂tɕʰiən	⊂tɕʰiən
呧	沁清去	tɕʰiŋ⁼	tɕʰiən⁼	tɕʰiən⁼	tɕʰiən⁼	tɕʰiən⁼	tɕʰiən⁼	tɕʰiŋ⁼	tɕʰiən⁼	tɕʰiən⁼	tɕʰiən⁼
集	缉从入	⊂tɕi	⊂tɕi	⊂tɕi	⊂tɕi	⊂tɕi	⊂tɕi	⊂tɕi	⊂tɕi	⊂tɕi	⊂tɕi
辑		⊂tɕi	⊂tɕi	⊂tɕi	⊂tɕi	⊂tɕi	tɕi⁼	⊂tɕi	⊂tɕi	⊂tɕi	⊂tɕi
心	侵心平	⊂ɕiən	⊂ɕiən	⊂ɕiən	⊂ɕiən	⊂ɕiən	⊂ɕiən	⊂ɕiən	⊂ɕiən	⊂ɕiən	⊂ɕiən
寻	侵邪平	⊂ɕyən ⊂ɕiən	⊂ɕyən ⊂ɕiən	⊂ɕyən ⊂ɕiən	⊂ɕyən	⊂ɕyən	⊂ɕyən	⊂ɕyən ⊂ɕiən	⊂ɕyən	⊂ɕyən ⊂ɕiən	⊂ɕyən
习	缉邪入	⊂ɕi	⊂ɕi	⊂ɕi	⊂ɕi	⊂ɕi	⊂ɕi	⊂ɕi	⊂ɕi	⊂ɕi	⊂ɕi
袭		⊂ɕi	⊂ɕi	⊂ɕi	⊂ɕi	⊂ɕi	⊂ɕi	⊂ɕi	⊂ɕi	⊂ɕi	⊂ɕi
沉	侵澄平	⊂tsʰən	⊂tsʰən	⊂tʂʰən	⊂tʂʰən	⊂tʂʰən	⊂tʂʰən	⊂tsʰən	⊂tʂʰən	⊂tʂʰən	⊂tʂʰən
蛰	缉澄入	⊂tsɤ	⊂tsɤ	⊂tʂɤ	⊂tʂa	⊂tʂa	⊂tʂɤ	⊂tsɤ	⊂tʂə	⊂tʂɤ	⊂tʂɤ
森	侵生平	⊂sən	⊂sən	⊂ʂən	⊂ʂən	⊂ʂən	⊂θən	⊂sən	⊂sən	⊂θən	⊂ʂən
参人~		⊂sən	⊂sən	⊂ʂən	⊂ʂən	⊂ʂən	⊂ʂən	⊂sən	⊂sən	⊂ʂən	⊂ʂən
渗	沁生去	sən⁼	sən⁼	ʂən⁼	ʂən⁼	ʂən⁼	ʂən⁼	sən⁼	sən⁼	ʂən⁼	ʂən⁼
涩	缉生入	⊂sei	⊂sɤ	sei⁼	⊂ʂɤ	⊂ʂɤ	⊂θɤ	⊂θɤ	⊂sei	⊂sei	⊂θɤ
针	侵章平	⊂tsən	⊂tsən	⊂tʂən	⊂tʂən	⊂tʂən	⊂tʂən	⊂tsən	⊂tsən	⊂tʂən	⊂tʂən
斟		⊂tsən	⊂tsən	⊂tʂən	⊂tʂən	⊂tʂən	⊂tʂən	⊂tsən	⊂tsən	⊂tʂən	⊂tʂən
枕~头	寝章上	⊂tsən	⊂tsən	⊂tʂən	⊂tʂən	⊂tʂən	⊂tʂən	⊂tsən	⊂tsən	⊂tʂən	⊂tʂən
枕动词	沁章去	tsən⁼	tsən⁼	tʂən⁼	tʂən⁼	tʂən⁼	tʂən⁼	tsən⁼	tsən⁼	tʂən⁼	tʂən⁼
执	缉章入	⊂tsʅ	⊂tʂʅ	⊂tʂʅ	⊂tʂʅ	⊂tʂʅ	⊂tʂʅ	⊂tsʅ	⊂tʂʅ	⊂tʂʅ	⊂tʂʅ
汁	缉章入	⊂tsʅ	⊂tʂʅ	⊂tʂʅ	⊂tʂʅ	⊂tʂʅ	⊂tʂʅ	⊂tsʅ	⊂tʂʅ	⊂tʂʅ	⊂tʂʅ
深	侵书平	⊂sən	⊂sən	⊂ʂən	⊂ʂən	⊂ʂən	⊂ʂən	⊂sən	⊂sən	⊂ʂən	⊂ʂən
沈	寝书上	⊂sən	⊂sən	⊂ʂən	⊂ʂən	⊂ʂən	⊂ʂən	⊂sən	⊂sən	⊂ʂən	⊂ʂən
审		⊂sən	⊂sən	⊂ʂən	⊂ʂən	⊂ʂən	⊂ʂən	⊂sən	⊂sən	⊂ʂən	⊂ʂən
婶		⊂sən	⊂sən	⊂ʂən	⊂ʂən	⊂ʂən	⊂ʂən	⊂sən	⊂sən	⊂ʂən	⊂ʂən
湿	缉书入	⊂sʅ	⊂ʂʅ	⊂ʂʅ	⊂ʂʅ	⊂ʂʅ	⊂ʂʅ	⊂sʅ	⊂ʂʅ	⊂ʂʅ	⊂ʂʅ
甚	寝禅上	sən⁼	sən⁼	ʂən⁼	ʂən⁼	ʂən⁼	ʂən⁼	sən⁼	sən⁼	ʂən⁼	ʂən⁼

续表

例字	中古音	天津	西青	静海	蓟州	宝坻	宁河	汉沽	塘沽	大港	武清
十	缉禅入	⊆ʂʅ	⊆ʂʅ	⊆ʂʅ	⊆ʂʅ	⊆ʂʅ	⊆ʂʅ	⊆ʂʅ	⊆ʂʅ	⊂ʂʅ	⊆ʂʅ
拾		⊆ʂʅ	⊆ʂʅ	⊆ʂʅ	⊆ʂʅ	⊆ʂʅ	⊆ʂʅ	⊆ʂʅ	⊆ʂʅ	⊂ʂʅ	⊆ʂʅ
什~锦		⊆ʂʅ	⊆ʂʅ	⊆ʂʅ	⊆ʂʅ	⊆ʂʅ	⊆ʂʅ	⊆ʂʅ	⊆ʂʅ	⊂ʂʅ	⊆ʂʅ
壬	侵日平	⊆iən	⊆iən	⊆ʐən	⊆ʐən	⊆ʐən	⊆ʐən	⊆ʐən	⊆ʐən	⊆ʐən	⊆ʐən
任姓		⊆iən	⊆iən	⊆ʐən	⊆ʐən	⊆ʐən	⊆ʐən	⊆ʐən	⊆ʐən	⊆ʐən	⊆ʐən
任~务	沁日去	iən⊃	iən⊃	ʐən⊃	ʐən⊃	ʐən⊃	ʐən⊃	ʐən⊃	iən⊃	ʐən⊃	ʐən⊃
纫		iən⊃	iən⊃	ʐən⊃	ʐən⊃	ʐən⊃	ʐən⊃	ʐən⊃	iən⊃	ʐən⊃	ʐən⊃
入	缉日入	zu⊃ yu⊃	yu⊃	ʐu⊃	ʐu⊃	ʐu⊃	ʐu⊃	ʐu⊃	ʐu⊃	ʐu⊃	ʐu⊃
今	侵见平	⊂tɕiən	⊂tɕiən	⊂tɕiən	⊂tɕiən	⊂tɕiən	⊂tɕiən	⊂tɕiən	⊂tɕiən	⊂tɕiən	⊂tɕiən
金		⊂tɕiən	⊂tɕiən	⊂tɕiən	⊂tɕiən	⊂tɕiən	⊂tɕiən	⊂tɕiən	⊂tɕiən	⊂tɕiən	⊂tɕiən
襟		⊂tɕiən	⊂tɕiən	⊂tɕiən	⊂tɕiən	⊂tɕiən	⊂tɕiən	⊂tɕiən	⊂tɕiən	⊂tɕiən	⊂tɕiən
锦	寝见上	⊂tɕiən	⊂tɕiən	⊂tɕiən	⊂tɕiən	⊂tɕiən	⊂tɕiən	⊂tɕiən	⊂tɕiən	⊂tɕiən	⊂tɕiən
禁~止	沁见去	tɕiən⊃	tɕiən⊃	tɕiən⊃	tɕiən⊃	tɕiən⊃	tɕiən⊃	tɕiən⊃	tɕiən⊃	tɕiən⊃	tɕiən⊃
急	缉见入	⊆tɕi	⊆tɕi	⊆tɕi	⊆tɕi	⊆tɕi	⊆tɕi	⊆tɕi	⊂tɕi	⊆tɕi	⊆tɕi
级		⊆tɕi	⊆tɕi	⊆tɕi	⊆tɕi	⊆tɕi	⊆tɕi	⊆tɕi	⊂tɕi	⊆tɕi	⊆tɕi
给		⊂kei ⊂tɕi	⊂kei ⊂tɕi	⊂kei ⊂tɕi	⊂kei ⊂tɕi	⊂kei	⊂kei	⊂kei ⊂tɕi	⊂kei	⊂kei	⊂kei ⊂tɕi
钦	侵溪平	⊂tɕʰiən	⊂tɕʰiən	⊂tɕʰiən	⊂tɕʰiən	⊂tɕʰiən	⊂tɕʰiən	⊂tɕʰiən	⊂tɕʰiən	⊂tɕʰiən	⊂tɕʰiən
泣	缉溪入	⊂tɕʰi	tɕʰi⊃	tɕʰi⊃	tɕʰi⊃	tɕʰi⊃	tɕʰi⊃	tɕʰi⊃	tɕʰi⊃	tɕʰi⊃	tɕʰi⊃
琴	侵群平	⊆tɕʰiən	⊆tɕʰiən	⊆tɕʰiən	⊆tɕʰiən	⊆tɕʰiən	⊆tɕʰiən	⊆tɕʰiən	⊆tɕʰiən	⊆tɕʰiən	⊆tɕʰiən
禽		⊆tɕʰiən	⊆tɕʰiən	⊆tɕʰiən	⊆tɕʰiən	⊆tɕʰiən	⊆tɕʰiən	⊆tɕʰiən	⊆tɕʰiən	⊆tɕʰiən	⊆tɕʰiən
擒		⊆tɕʰiən	⊆tɕʰiən	⊆tɕʰiən	⊆tɕʰiən	⊆tɕʰiən	⊆tɕʰiən	⊆tɕʰiən	⊆tɕʰiən	⊆tɕʰiən	⊆tɕʰiən
妗	沁群去	tɕiən⊃	tɕiən⊃	tɕiən⊃	tɕiən⊃	tɕiən⊃	tɕiən⊃	tɕiən⊃	tɕiən⊃	tɕiən⊃	tɕiən⊃
及	缉群入	⊆tɕi	⊆tɕi	⊆tɕi	⊆tɕi	⊆tɕi	⊆tɕi	⊆tɕi	⊆tɕi	⊂tɕi	⊆tɕi
吸	缉晓入	⊂ɕi	⊂ɕi	⊂ɕi	⊂ɕi	⊂ɕi	⊂ɕi	⊂ɕi	⊂ɕi	⊂ɕi	⊂ɕi
音	侵影平	⊂iən	⊂iən	⊂iən	⊂iən	⊂iən	⊂iən	⊂iən	⊂iən	⊂iən	⊂iən
阴		⊂iən	⊂iən	⊂iən	⊂iən	⊂iən	⊂iən	⊂iən	⊂iən	⊂iən	⊂iən
饮~酒	寝影上	⊂iən	⊂iən	⊂iən	⊂iən	⊂iən	⊂iən	⊂iən	⊂iən	⊂iən	⊂iən
荫	沁影去	iən⊃	iən⊃	iən⊃	iən⊃	iən⊃	iən⊃	iən⊃	iən⊃	iən⊃	iən⊃
窨		iən⊃	iən⊃	iən⊃	iən⊃	iən⊃	iən⊃	iən⊃	iən⊃	iən⊃	iən⊃
饮~马	沁影去	iən⊃	iən⊃	iən⊃	iən⊃	iən⊃	iən⊃	iən⊃	iən⊃	iən⊃	iən⊃
揖	缉影入	⊂i	⊂i	⊂i	⊂i	⊂i	⊂i	⊂i	⊂i	⊂i	⊂i

十　山摄

例字	中古音	天津	西青	静海	蓟州	宝坻	宁河	汉沽	塘沽	大港	武清
单~独	寒端平	₋tan	₋tan	₋tan	₋tan	₋tan	₋tan	₋tan	₋tan	₋tã	₋tan
丹		₋tan	₋tan	₋tan	₋tan	₋tan	₋tan	₋tan	₋tan	₋tã	₋tan
掸	旱端上	⁻tan	⁻tan	⁻tan	⁻tan	⁻tan	⁻tan	⁻tan	⁻tan	⁻tã	⁻tan
旦	翰端去	tan⁼	tan⁼	tan⁼	tan⁼	tan⁼	tan⁼	tan⁼	tan⁼	tã⁼	tan⁼
滩	寒透平	₋tʰan	₋tʰan	₋tʰan	₋tʰan	₋tʰan	₋tʰan	₋tʰan	₋tʰan	₋tʰã	₋tʰan
摊		₋tʰan	₋tʰan	₋tʰan	₋tʰan	₋tʰan	₋tʰan	₋tʰan	₋tʰan	₋tʰã	₋tʰan
坦	旱透上	⁻tʰan	⁻tʰan	⁻tʰan	⁻tʰan	⁻tʰan	⁻tʰan	⁻tʰan	⁻tʰan	⁻tʰã	⁻tʰan
炭	翰透去	tʰan⁼	tʰan⁼	tʰan⁼	tʰan⁼	tʰan⁼	tʰan⁼	tʰan⁼	tʰan⁼	tʰã⁼	tʰan⁼
叹		tʰan⁼	tʰan⁼	tʰan⁼	tʰan⁼	tʰan⁼	tʰan⁼	tʰan⁼	tʰan⁼	tʰã⁼	tʰan⁼
獭	曷透入	⁻tʰa	⁻tʰa	⁻tʰa	⁻tʰa	⁻tʰa	⁻tʰa	⁻tʰa	⁻tʰa	⁻tʰã	⁻tʰa
檀	寒定平	₋tʰan	₋tʰan	₋tʰan	₋tʰan	₋tʰan	₋tʰan	₋tʰan	₋tʰan	₋tʰã	₋tʰan
坛		₋tʰan	₋tʰan	₋tʰan	₋tʰan	₋tʰan	₋tʰan	₋tʰan	₋tʰan	₋tʰã	₋tʰan
弹~琴		₋tʰan	₋tʰan	₋tʰan	₋tʰan	₋tʰan	₋tʰan	₋tʰan	₋tʰan	₋tʰã	₋tʰan
但	翰定去	tan⁼	tan⁼	tan⁼	tan⁼	tan⁼	tan⁼	tan⁼	tan⁼	tã⁼	tan⁼
弹子~		tan⁼	tan⁼	tan⁼	tan⁼	tan⁼	tan⁼	tan⁼	tan⁼	tã⁼	tan⁼
蛋		tan⁼	tan⁼	tan⁼	tan⁼	tan⁼	tan⁼	tan⁼	tan⁼	tã⁼	tan⁼
达	曷定入	₋ta	₋ta	₋ta	₋ta	₋ta	₋ta	₋ta	₋ta	⁻ta	₋ta
难~易	寒泥平	₋nan	₋nan	₋nan	₋nan	₋nan	₋nan	₋nan	₋nan	⁻nã	₋nan
难困~	翰泥去	nan⁼	nan⁼	nan⁼	nan⁼	nan⁼	nan⁼	nan⁼	nan⁼	nã⁼	nan⁼
捺	曷泥入	na⁼	na⁼	na⁼	na⁼	na⁼	na⁼	na⁼	na⁼	na⁼	na⁼
兰	寒来平	₋lan	₋lan	₋lan	₋lan	₋lan	₋lan	₋lan	₋lan	⁻lã	₋lan
拦		₋lan	₋lan	₋lan	₋lan	₋lan	₋lan	₋lan	₋lan	⁻lã	₋lan
栏		₋lan	₋lan	₋lan	₋lan	₋lan	₋lan	₋lan	₋lan	⁻lã	₋lan
懒	旱来上	⁻lan	⁻lan	⁻lan	⁻lan	⁻lan	⁻lan	⁻lan	⁻lan	⁻lã	⁻lan
烂	翰来去	lan⁼	lan⁼	lan⁼	lan⁼	lan⁼	lan⁼	lan⁼	lan⁼	lã⁼	lan⁼
辣	曷来入	la⁼	la⁼	la⁼	la⁼	la⁼	la⁼	la⁼	la⁼	la⁼	la⁼
赞	翰精去	tsan⁼	tsan⁼	tsan⁼	tsan⁼	tθan⁼	tθan⁼	tsan⁼	tsan⁼	tsã⁼	tθan⁼
餐	寒清平	₋tsʰan	₋tsʰan	₋tsʰan	₋tsʰan	₋tθʰan	₋tθʰan	₋tsʰan	₋tsʰan	₋tsʰã	₋tθʰan
灿	翰清去	tsʰan⁼	tsʰan⁼	tsʰan⁼	tsʰan⁼	tθʰan⁼	tθʰan⁼	tsʰan⁼	tsʰan⁼	tsʰã⁼	tθʰan⁼

续表

例字	中古音	天津	西青	静海	蓟州	宝坻	宁河	汉沽	塘沽	大港	武清
擦	曷清入	₋tsʰa	₋tsʰa	₋tsʰa	₋tsʰa	₋tsʰa	₋tθʰa	₋tθʰa	₋tsʰa	₋tsʰã	₋tθʰa
残	寒从平	₋tsʰan	₋tsʰan	₋tsʰan	₋tsʰan	₋tsʰan	₋tθʰan	₋tθʰan	₋tsʰan	₋tsʰã	₋tθʰan
散~架	旱心上	₋san	₋san	₋san	₋san	₋san	₋θan	₋θan	₋san	₋sã	₋θan
伞	旱心上	₋san	₋san	₋san	₋san	₋san	₋θan	₋θan	₋san	₋sã	₋θan
散分~	翰心去	san⁻	san⁻	san⁻	san⁻	san⁻	θan⁻	θan⁻	san⁻	sã⁻	θan⁻
干~湿	寒见平	₋kan	₋kan	₋kan	₋kan	₋kan	₋kan	₋kan	₋kan	₋kã	₋kan
肝	寒见平	₋kan	₋kan	₋kan	₋kan	₋kan	₋kan	₋kan	₋kan	₋kã	₋kan
竿	寒见平	₋kan	₋kan	₋kan	₋kan	₋kan	₋kan	₋kan	₋kan	₋kã	₋kan
杆	旱见上	₋kan	₋kan	₋kan	₋kan	₋kan	₋kan	₋kan	₋kan	₋kã	₋kan
秆	旱见上	₋kan	₋kan	₋kan	₋kan	₋kan	₋kan	₋kan	₋kan	₋kã	₋kan
擀	旱见上	₋kan	₋kan	₋kan	₋kan	₋kan	₋kan	₋kan	₋kan	₋kã	₋kan
赶	旱见上	₋kan	₋kan	₋kan	₋kan	₋kan	₋kan	₋kan	₋kan	₋kã	₋kan
干~部	翰见去	kan⁻	kan⁻	kan⁻	kan⁻	kan⁻	kan⁻	kan⁻	kan⁻	kã⁻	kan⁻
割	曷见入	₋kɤ	₋kɤ	₋kɤ	₋kɤ	₋kɤ	₋kɤ	₋kɤ	₋kɤ	₋kə	₋kɤ
葛	曷见入	₋kɤ	₋kɤ	₋kɤ	₋kɤ	₋kɤ	₋kɤ	₋kɤ	₋kɤ	₋kə	₋kɤ
看~守	寒溪平	₋kʰan	₋kʰan	₋kʰan	₋kʰan	₋kʰan	₋kʰan	₋kʰan	₋kʰan	₋kʰã	₋kʰan
刊	寒溪平	₋kʰan	₋kʰan	₋kʰan	₋kʰan	₋kʰan	₋kʰan	₋kʰan	₋kʰan	₋kʰã	₋kʰan
看~见	翰溪去	kʰan⁻	kʰan⁻	kʰan⁻	kʰan⁻	kʰan⁻	kʰan⁻	kʰan⁻	kʰan⁻	kʰã⁻	kʰan⁻
渴	曷溪入	₋kʰɤ	₋kʰɤ	₋kʰɤ	₋kʰɤ	₋kʰɤ	₋kʰɤ	₋kʰɤ	₋kʰɤ	₋kʰə	₋kʰɤ
岸	翰疑去	nan⁻	nan⁻	ŋan⁻	nan⁻	nan⁻	nan⁻	nan⁻	nan⁻	nã⁻	nan⁻
鼾	寒晓平	₋xan	₋xan	₋xan	₋xan	₋xan	₋xan	₋xan	₋xan	₋xã	₋xan
罕	旱晓上	₋xan	₋xan	₋xan	₋xan	₋xan	₋xan	₋xan	₋xan	₋xã	₋xan
汉	翰晓去	xan⁻	xan⁻	xan⁻	xan⁻	xan⁻	xan⁻	xan⁻	xan⁻	xã⁻	xan⁻
喝吆~	曷晓入	₋xɤ	₋xɤ	₋xɤ	₋xɤ	₋xɤ	₋xɤ	₋xɤ	₋xɤ	₋xə	₋xɤ
寒	寒匣平	₋xan	₋xan	₋xan	₋xan	₋xan	₋xan	₋xan	₋xan	₋xã	₋xan
韩	寒匣平	₋xan	₋xan	₋xan	₋xan	₋xan	₋xan	₋xan	₋xan	₋xã	₋xan
旱	旱匣上	xan⁻	xan⁻	xan⁻	xan⁻	xan⁻	xan⁻	xan⁻	xan⁻	xã⁻	xan⁻
汗	翰匣去	xan⁻	xan⁻	xan⁻	xan⁻	xan⁻	xan⁻	xan⁻	xan⁻	xã⁻	xan⁻
焊	翰匣去	xan⁻	xan⁻	xan⁻	xan⁻	xan⁻	xan⁻	xan⁻	xan⁻	xã⁻	xan⁻
翰	翰匣去	xan⁻	xan⁻	xan⁻	xan⁻	xan⁻	xan⁻	xan⁻	xan⁻	xã⁻	xan⁻

续表

例字	中古音	天津	西青	静海	蓟州	宝坻	宁河	汉沽	塘沽	大港	武清
安	寒影平	₋nan	₋nan	₋ŋan / ₋nan	₋nan	₋nan	₋nan	₋nan	₋nan	₋nã	₋nan
鞍		₋nan	₋nan	₋ŋan / ₋nan	₋nan	₋nan	₋nan	₋nan	₋nan	₋nã	₋nan
按	翰影去	nan⁻	nan⁻	ŋan⁻ / nan⁻	nan⁻	nan⁻	nan⁻	nan⁻	nan⁻	nã⁻	an⁻
案		nan⁻	nan⁻	ŋan⁻ / nan⁻	nan⁻	nan⁻	nan⁻	nan⁻	nan⁻	nã⁻	an⁻
扮	裥帮去	pan⁻	pan⁻	pan⁻	pan⁻	pan⁻	pan⁻	pan⁻	pan⁻	pã⁻	pan⁻
八	黠帮入	₋pa	₋pa	₋pa	₋pa	₋pa	₋pa	₋pa	₋pa		₋pa
盼	裥滂去	pʰan⁻	pʰan⁻	pʰan⁻	pʰan⁻	pʰan⁻	pʰan⁻	pʰan⁻	pʰan⁻	pʰã⁻	pʰan⁻
瓣	裥並去	pan⁻	pan⁻	pan⁻	pan⁻	pan⁻	pan⁻	pan⁻	pan⁻	pã⁻	pan⁻
办		pan⁻	pan⁻	pan⁻	pan⁻	pan⁻	pan⁻	pan⁻	pan⁻	pã⁻	pan⁻
拔	黠定入	₌pa	₌pa	₌pa	₌pa	₌pa	₌pa	₌pa	₌pa	₌pa	₌pa
抹~布	黠明入	₋mo	₋mo	₋mɣ	₋ma	₋mo	₋ma	₋mə	₋ma	₋ma	₋ma
绽	裥澄去	tsan⁻	tsan⁻	tsan⁻	tʂan⁻	tʂan⁻	tʂan⁻	tʂan⁻	tsan⁻	tʂã⁻	tʂan⁻
盏	产庄上	₋tsan	₋tsan	₋tsan	₋tʂan	₋tʂan	₋tʂan	₋tʂan	₋tsan	₋tʂã	₋tʂan
扎	黠庄入	₋tsa	₋tsa	₋tsa	₋tʂa	₋tʂa	₋tʂa	₋tʂa	₋tsa	₋tʂa	₋tʂa
铲	产初上	₋tsʰan	₋tsʰan	₋tsʰan	₋tʂʰan	₋tʂʰan	₋tʂʰan	₋tʂʰan	₋tsʰan	₋tʂʰã	₋tʂʰan
察	黠初入	₌tsʰa	₌tsʰa	₌tsʰa	₌tʂʰa	₌tʂʰa	₌tʂʰa	₌tʂʰa	₌tsʰa	₌tʂʰa	₌tʂʰa
山	山生平	₋san	₋san	₋san	₋ʂan	₋ʂan	₋ʂan	₋ʂan	₋san	₋ʂã	₋ʂan
产	产生上	₋tsʰan	₋tsʰan	₋tsʰan	₋tʂʰan	₋tʂʰan	₋tʂʰan	₋tʂʰan	₋tsʰan	₋tʂʰã	₋tʂʰan
杀	黠生入	₋sa	₋sa	₋sa	₋ʂa	₋ʂa	₋ʂa	₋ʂa	₋sa		₋ʂa
艰	山见平	₋tɕian	₋tɕian	₋tɕian	₋tɕian	₋tɕian	₋tɕian	₋tɕian	₋tɕian	₋tɕiã	₋tɕian
间时~		₋tɕian	₋tɕian	₋tɕian	₋tɕian	₋tɕian	₋tɕian	₋tɕian	₋tɕian	₋tɕiã	₋tɕian
简	产见上	₋tɕian	₋tɕian	₋tɕian	₋tɕian	₋tɕian	₋tɕian	₋tɕian	₋tɕian	₋tɕiã	₋tɕian
拣		₋tɕian	₋tɕian	₋tɕian	₋tɕian	₋tɕian	₋tɕian	₋tɕian	₋tɕian	₋tɕiã	₋tɕian
间~断	裥见去	tɕian⁻	tɕian⁻	tɕian⁻	tɕian⁻	₋tɕian	tɕian⁻	tɕian⁻	tɕian⁻	tɕiã⁻	₋tɕian
眼	产疑上	₋ian	₋ian	₋ian	₋ian	₋ian	₋ian	₋ian	₋ian	₋iã	₋ian
闲	山匣平	₌ɕian	₌ɕian	₌ɕian	₌ɕian	₌ɕian	₌ɕian	₌ɕian	₌ɕian	₌ɕiã	₌ɕian
限	产匣上	ɕian⁻	ɕian⁻	ɕian⁻	ɕian⁻	ɕian⁻	ɕian⁻	ɕian⁻	ɕian⁻	ɕiã⁻	ɕian⁻
轧	黠影入	ia⁻	ia⁻	₋ia	ia⁻	ia⁻	ia⁻	ia⁻	ia⁻	ia⁻	ia⁻

续表

例字	中古音	天津	西青	静海	蓟州	宝坻	宁河	汉沽	塘沽	大港	武清
班	删帮平	꜀pan	꜀pan	꜀pan	꜀pan	꜀pan	꜀pan	꜀pan	꜀pan	꜀pã	꜀pan
斑		꜀pan	꜀pan	꜀pan	꜀pan	꜀pan	꜀pan	꜀pan	꜀pan	꜀pã	꜀pan
颁	删帮平	꜀pan	꜀pan	꜀pan	꜀pan	꜀pan	꜀pan	꜀pan	꜀pan	꜀pã	꜀pan
扳		꜀pan	꜀pan	꜀pan	꜀pan	꜀pan	꜀pan	꜀pan	꜀pan	꜀pã	꜀pan
板	潸帮上	꜂pan	꜂pan	꜂pan	꜂pan	꜂pan	꜂pan	꜂pan	꜂pan	꜂pã	꜂pan
版		꜂pan	꜂pan	꜂pan	꜂pan	꜂pan	꜂pan	꜂pan	꜂pan	꜂pã	꜂pan
攀	删滂平	꜀pʰan	꜀pʰan	꜀pʰan	꜀pʰan	꜀pʰan	꜀pʰan	꜀pʰan	꜀pʰan	꜀pʰã	꜀pʰan
襻	谏滂去	pʰan꜄	pʰan꜄	pʰan꜄	pʰan꜄	pʰan꜄	pʰan꜄	pʰan꜄	pʰan꜄	pʰã꜄	pʰan꜄
蛮	删明平	꜀man	꜀man	꜀man	꜀man	꜀man	꜀man	꜀man	꜀man	꜀mã	꜀man
慢	谏明去	man꜄	man꜄	man꜄	man꜄	man꜄	man꜄	man꜄	man꜄	mã꜄	man꜄
铡	鎋崇入	꜀tsa	꜀tsa	꜀tsa	꜀ʂa	꜀ʂa	꜀ʂa	꜀tsa	꜀ʂa	꜀ʂa	꜀tsa
删	删生平	꜀san	꜀san	꜀san	꜀ʂan	꜀ʂan	꜀ʂan	꜀san	꜀ʂan	꜀ʂã	꜀ʂan
疝	谏生去	san꜄	san꜄	san꜄	ʂan꜄	ʂan꜄	ʂan꜄	san꜄	ʂan꜄	ʂã꜄	ʂan꜄
奸	删见平	꜀tɕian	꜀tɕian	꜀tɕian	꜀tɕian	꜀tɕian	꜀tɕian	꜀tɕian	꜀tɕian	꜀tɕiã	꜀tɕian
颜	删疑平	꜀ian	꜀ian	꜀ian	꜀ian	꜀ian	꜀ian	꜀ian	꜀ian	꜀iã	꜀ian
雁	谏疑去	ian꜄	ian꜄	ian꜄	ian꜄	ian꜄	ian꜄	ian꜄	ian꜄	iã꜄	ian꜄
瞎	鎋晓入	꜀ɕia	꜀ɕia	꜀ɕia	꜀ɕia	꜀ɕia	꜀ɕia	꜀ɕia	꜀ɕia	꜀ɕiã	꜀ɕia
鞭	仙帮平	꜀pian	꜀pian	꜀pian	꜀pian	꜀pian	꜀pian	꜀pian	꜀pian	꜀piã	꜀pian
编		꜀pian	꜀pian	꜀pian	꜀pian	꜀pian	꜀pian	꜀pian	꜀pian	꜀piã	꜀pian
变	线帮去	pian꜄	pian꜄	pian꜄	pian꜄	pian꜄	pian꜄	pian꜄	pian꜄	piã꜄	pian꜄
别区~	薛帮入	꜀piɛ	꜀piɛ	꜀piɛ	꜀piɛ	꜀piɛ	꜀piɛ	꜀piɛ	꜀piɛ	꜀piɛ	꜀piɛ
鳖		꜀piɛ	꜀piɛ	꜀piɛ	꜀piɛ	꜀piɛ	꜀piɛ	꜀piɛ	꜀piɛ	꜀piɛ	꜀piɛ
篇	仙滂平	꜀pʰian	꜀pʰian	꜀pʰian	꜀pʰian	꜀pʰian	꜀pʰian	꜀pʰian	꜀pʰian	꜀pʰiã	꜀pʰian
偏		꜀pʰian	꜀pʰian	꜀pʰian	꜀pʰian	꜀pʰian	꜀pʰian	꜀pʰian	꜀pʰian	꜀pʰiã	꜀pʰian
骗	线滂去	pʰian꜄	pʰian꜄	pʰian꜄	pʰian꜄	pʰian꜄	pʰian꜄	pʰian꜄	pʰian꜄	pʰiã꜄	pʰian꜄
便~宜	仙并平	꜀pʰian	꜀pʰian	꜀pʰian	꜀pʰian	꜀pʰian	꜀pʰian	꜀pʰian	꜀pʰian	꜀pʰiã	꜀pʰian
辨	狝并上	pian꜄	pian꜄	pian꜄	pian꜄	pian꜄	pian꜄	pian꜄	pian꜄	piã꜄	pian꜄
辩		pian꜄	pian꜄	pian꜄	pian꜄	pian꜄	pian꜄	pian꜄	pian꜄	piã꜄	pian꜄
便方~	线并去	pian꜄	pian꜄	pian꜄	pian꜄	pian꜄	pian꜄	pian꜄	pian꜄	piã꜄	pian꜄
别告~	薛并入	꜀piɛ	꜀piɛ	꜀piɛ	꜀piɛ	꜀piɛ	꜀piɛ	꜀piɛ	꜀piɛ	꜀piɛ	꜀piɛ
绵	仙明平	꜀mian	꜀mian	꜀mian	꜀mian	꜀mian	꜀mian	꜀mian	꜀mian	꜀miã	꜀mian
棉		꜀mian	꜀mian	꜀mian	꜀mian	꜀mian	꜀mian	꜀mian	꜀mian	꜀miã	꜀mian

续表

例字	中古音	天津	西青	静海	蓟州	宝坻	宁河	汉沽	塘沽	大港	武清
免	狝明上	ᒼmian	ᒼmian	ᒼmian	ᒼmian	ᒼmian	ᒼmian	ᒼmian	ᒼmian	ᒼmiã	ᒼmian
勉		ᒼmian	ᒼmian	ᒼmian	ᒼmian	ᒼmian	ᒼmian	ᒼmian	ᒼmian	ᒼmiã	ᒼmian
面~目	线明去	mianᑎ	mianᑎ	mianᑎ	mianᑎ	mianᑎ	mianᑎ	mianᑎ	mianᑎ	miãᑎ	mianᑎ
灭	薛明入	miɛᑎ	miɛᑎ	miɛᑎ	miɛᑎ	miɛᑎ	miɛᑎ	miɛᑎ	miɛᑎ	miɛᑎ	miɛᑎ
碾	狝泥上	ᒼȵian	ᒼȵian	ᒼȵian	ᒼȵian	ᒼȵian	ᒼȵian	ᒼȵian	ᒼȵian	ᒼȵiã	ᒼȵian
连	仙来平	ᒼlian	ᒼlian	ᒼlian	ᒼlian	ᒼlian	ᒼlian	ᒼlian	ᒼlian	ᒼliã	ᒼlian
联		ᒼlian	ᒼlian	ᒼlian	ᒼlian	ᒼlian	ᒼlian	ᒼlian	ᒼlian	ᒼliã	ᒼlian
列	薛来入	liɛᑎ	liɛᑎ	liɛᑎ	liɛᑎ	liɛᑎ	liɛᑎ	liɛᑎ	liɛᑎ	liɛᑎ	liɛᑎ
烈	薛来入	liɛᑎ	liɛᑎ	liɛᑎ	liɛᑎ	liɛᑎ	liɛᑎ	liɛᑎ	liɛᑎ	liɛᑎ	liɛᑎ
裂		liɛᑎ	liɛᑎ	liɛᑎ	liɛᑎ	liɛᑎ	liɛᑎ	liɛᑎ	liɛᑎ	liɛᑎ	liɛᑎ
煎	仙精平	ᒼtɕian	ᒼtɕian	ᒼtɕian	ᒼtɕian	ᒼtɕian	ᒼtɕian	ᒼtɕian	ᒼtɕian	ᒼtɕiã	ᒼtɕian
剪	狝精上	ᒼtɕian	ᒼtɕian	ᒼtɕian	ᒼtɕian	ᒼtɕian	ᒼtɕian	ᒼtɕian	ᒼtɕian	ᒼtɕiã	ᒼtɕian
箭	线精去	tɕianᑎ	tɕianᑎ	tɕianᑎ	tɕianᑎ	tɕianᑎ	tɕianᑎ	tɕianᑎ	tɕianᑎ	tɕiãᑎ	tɕianᑎ
溅		tɕianᑎ	tɕianᑎ	tɕianᑎ	tɕianᑎ	tɕianᑎ	tɕianᑎ	tɕianᑎ	tɕianᑎ	tɕiãᑎ	tɕianᑎ
迁	仙清平	ᒼtɕʰian	ᒼtɕʰian	ᒼtɕʰian	ᒼtɕʰian	ᒼtɕʰian	ᒼtɕʰian	ᒼtɕʰian	ᒼtɕʰian	ᒼtɕʰiã	ᒼtɕʰian
浅	狝清平	ᒼtɕʰian	ᒼtɕʰian	ᒼtɕʰian	ᒼtɕʰian	ᒼtɕʰian	ᒼtɕʰian	ᒼtɕʰian	ᒼtɕʰian	ᒼtɕʰiã	ᒼtɕʰian
钱	仙从平	ᒼtɕʰian	ᒼtɕʰian	ᒼtɕʰian	ᒼtɕʰian	ᒼtɕʰian	ᒼtɕʰian	ᒼtɕʰian	ᒼtɕʰian	ᒼtɕʰiã	ᒼtɕʰian
践	狝从上	tɕianᑎ	tɕianᑎ	ᒼtɕian	ᒼtɕian	ᒼtɕian	ᒼtɕian	ᒼtɕian	tɕianᑎ	tɕiãᑎ	tɕianᑎ
贱	线从去	tɕianᑎ	tɕianᑎ	tɕianᑎ	tɕianᑎ	tɕianᑎ	tɕianᑎ	tɕianᑎ	tɕianᑎ	tɕiãᑎ	tɕianᑎ
仙	仙心平	ᒼɕian	ᒼɕian	ᒼɕian	ᒼɕian	ᒼɕian	ᒼɕian	ᒼɕian	ᒼɕian	ᒼɕiã	ᒼɕian
鲜新~		ᒼɕian	ᒼɕian	ᒼɕian	ᒼɕian	ᒼɕian	ᒼɕian	ᒼɕian	ᒼɕian	ᒼɕiã	ᒼɕian
癣	狝心平	ᒼɕyan	ᒼɕian	ᒼɕyan	ᒼɕyan	ᒼɕyan	ᒼɕyan	ᒼɕyan	ᒼɕyan	ᒼɕyã	ᒼɕyan
线	线心去	ɕianᑎ	ɕianᑎ	ɕianᑎ	ɕianᑎ	ɕianᑎ	ɕianᑎ	ɕianᑎ	ɕianᑎ	ɕiãᑎ	ɕianᑎ
薛	薛心入	ᒼɕyɛ	ᒼɕyɛ	ᒼɕyɛ	ᒼɕyə	ᒼɕyɛ	ᒼɕyɛ	ᒼɕyɛ	ᒼɕyɛ	ᒼɕyɛ	ᒼɕyɛ
泄		ɕieᑎ	ɕieᑎ	ɕieᑎ	ɕieᑎ	ɕieᑎ	ɕieᑎ	ɕieᑎ	ɕieᑎ	ɕieᑎ	ɕieᑎ
展	狝知上	ᒼtsan	ᒼtsan	ᒼtʂan	ᒼtʂan	ᒼtʂan	ᒼtʂan	ᒼtʂan	ᒼtʂan	ᒼtʂã	ᒼtʂan
哲	薛知入	ᒼtsɤ	ᒼtsɤ	ᒼtʂɤ	ᒼtʂɤ	ᒼtʂɤ	ᒼtʂɤ	ᒼtʂɤ	ᒼtʂɤ	ᒼtʂə	ᒼtʂɤ
蜇		ᒼtsɤ	ᒼtsɤ	ᒼtʂɤ	ᒼtʂɤ	ᒼtʂɤ	ᒼtʂɤ	ᒼtʂɤ	ᒼtʂɤ	ᒼtʂə	ᒼtʂɤ
彻	薛彻入	tsʰɤᑎ	tsʰɤᑎ	tʂʰɤᑎ	tʂʰɤᑎ	tʂʰɤᑎ	tʂʰɤᑎ	tʂʰɤᑎ	tʂʰɤᑎ	tʂʰəᑎ	tʂʰɤᑎ
撤		tsʰɤᑎ	tsʰɤᑎ	tʂʰɤᑎ	tʂʰɤᑎ	tʂʰɤᑎ	tʂʰɤᑎ	tʂʰɤᑎ	tʂʰɤᑎ	tʂʰəᑎ	tʂʰɤᑎ
缠	仙澄平	ᒼtsʰan	ᒼtsʰan	ᒼtʂʰan	ᒼtʂʰan	ᒼtʂʰan	ᒼtʂʰan	ᒼtʂʰan	ᒼtʂʰan	ᒼtʂʰã	ᒼtʂʰan
辙	薛澄入	ᒼtsɤ	ᒼtsɤ	ᒼtʂɤ	ᒼtʂɤ	ᒼtʂɤ	ᒼtʂɤ	ᒼtʂɤ	ᒼtʂɤ	ᒼtʂə	ᒼtʂɤ

续表

例字	中古音	天津	西青	静海	蓟州	宝坻	宁河	汉沽	塘沽	大港	武清
毡	仙章平	˪tsan	˪tsan	˪tʂan	˪tʂan	˪tʂan	˪tʂan	˪tsan	˪tʂã	˪tʂan
战	线章去	tsanᵓ	tsanᵓ	tʂanᵓ	tʂanᵓ	tʂanᵓ	tʂanᵓ	tsanᵓ	tʂãᵓ	tʂanᵓ
颤		tsanᵓ	tsanᵓ	tʂʰanᵓ	tʂanᵓ	tʂanᵓ	tʂanᵓ	tsanᵓ	tʂʰãᵓ	tʂʰanᵓ
折~断	薛章入	˪tsɤ	˪tsɤ	˪tʂɤ	˪tʂɤ	˪tʂɤ	˪tʂɤ	˪tsɤ	˪tʂə	˪tʂɤ
浙		tsɤᵓ	tsɤᵓ	tʂɤᵓ	tʂɤᵓ	tʂɤᵓ	tʂɤᵓ	tsɤᵓ	tʂəᵓ	tʂɤᵓ
舌	薛船入	˪sɤ	˪sɤ	˪ʂɤ	˪ʂɤ	˪ʂɤ	˪ʂɤ	˪sɤ	˪ʂə	˪ʂɤ
羶	仙书平	˪san	˪san	˪ʂan	˪ʂan	˪ʂan	˪ʂan	san	˪ʂã	˪ʂan
扇动词		˪san	˪san	˪ʂan	˪ʂan	˪ʂan	˪ʂan	˪san	˪ʂã	˪ʂan
扇~子	线书去	sanᵓ	sanᵓ	ʂanᵓ	ʂanᵓ	ʂanᵓ	ʂanᵓ	sanᵓ	ʂãᵓ	ʂanᵓ
设	薛书入	sɤᵓ	sɤᵓ	ʂɤᵓ	ʂɤᵓ	ʂɤᵓ	ʂɤᵓ	sɤᵓ	ʂəᵓ	ʂɤᵓ
善	狝禅上	sanᵓ	sanᵓ	ʂanᵓ	ʂanᵓ	ʂanᵓ	ʂanᵓ	sanᵓ	ʂãᵓ	ʂanᵓ
膳	线禅去	sanᵓ	sanᵓ	ʂanᵓ	ʂanᵓ	ʂanᵓ	ʂanᵓ	sanᵓ	ʂãᵓ	ʂanᵓ
折断了	薛禅入	˪sɤ	˪sɤ	˪ʂɤ	˪ʂɤ	˪ʂɤ	˪ʂɤ	˪sɤ	˪ʂə	˪ʂɤ
然	仙日上	˪ian	˪ian	˪ʐan	˪ʐan	˪ʐan	˪ʐan	˪ʐan	˪ʐã	˪ʐan
燃		˪ian	˪ian	˪ʐan	˪ʐan	˪ʐan	˪ʐan	˪ʐan	˪ʐã	˪ʐan
热	薛日入	zɤᵓ / iɤᵓ	iɤᵓ	ʐɤᵓ	ʐɤᵓ	ʐɤᵓ	ʐɤᵓ	zɤᵓ	ʐəᵓ	ʐɤᵓ
遣	狝溪上	˪tɕʰian	˪tɕʰian	˪tɕʰian	˪tɕʰian	˪tɕʰian	˪tɕʰian	˪tɕʰian	˪tɕʰiã	˪tɕʰian
件	狝群上	tɕianᵓ	tɕianᵓ	tɕianᵓ	tɕianᵓ	tɕianᵓ	tɕianᵓ	tɕianᵓ	tɕiãᵓ	tɕianᵓ
杰	薛群入	˪tɕiɛ	˪tɕiɛ	˪tɕiɛ	˪tɕiɛ	˪tɕiɛ	˪tɕiɛ	˪tɕiɛ	˪tɕiɛ	˪tɕiɛ
谚	线疑去	ianᵓ	ianᵓ	ianᵓ	ianᵓ	ianᵓ	ianᵓ	ianᵓ	iãᵓ	ianᵓ
孽	薛疑入	ȵieᵓ	ȵieᵓ	ȵieᵓ	ȵieᵓ	ȵieᵓ	ȵieᵓ	ȵieᵓ	ȵieᵓ	ȵieᵓ
蔫	仙影平	˪ȵian	˪ȵian	˪ȵian	˪ȵian	˪ȵian	˪ȵian	˪ȵian	˪ȵiã	˪ȵian
延	仙以平	˪ian	˪ian	˪ian	˪ian	˪ian	˪ian	˪ian	˪iã	˪ian
筵		˪ian	˪ian	˪ian	˪ian	˪ian	˪ian	˪ian	˪iã	˪ian
演	狝以上	˪ian	˪ian	˪ian	˪ian	˪ian	˪ian	˪ian	˪iã	˪ian
建	愿见去	tɕianᵓ	tɕianᵓ	tɕianᵓ	tɕianᵓ	tɕianᵓ	tɕianᵓ	tɕianᵓ	tɕiãᵓ	tɕianᵓ
揭	月见入	˪tɕiɛ	˪tɕiɛ	˪tɕiɛ	˪tɕiɛ	˪tɕiɛ	˪tɕiɛ	˪tɕiɛ	˪tɕiɛ	˪tɕiɛ
键	阮群上	tɕianᵓ	tɕianᵓ	tɕianᵓ	tɕianᵓ	tɕianᵓ	tɕianᵓ	tɕianᵓ	tɕiãᵓ	tɕianᵓ
健	愿群去	tɕianᵓ	tɕianᵓ	tɕianᵓ	tɕianᵓ	tɕianᵓ	tɕianᵓ	tɕianᵓ	tɕiãᵓ	tɕianᵓ
言	元疑平	˪ian / ˪ȵian	˪ian	˪ian	˪ian	˪ian	˪ian	˪ian	˪iã	˪ian
轩	元晓平	˪ɕyan	˪ɕyan	˪ɕyan	˪ɕyan	˪ɕyan	˪ɕyan	˪ɕyan	˪ɕyã	˪ɕyan

续表

例字	中古音	天津	西青	静海	蓟州	宝坻	宁河	汉沽	塘沽	大港	武清
掀	元晓平	⊂ɕian	⊂ɕian	⊂ɕian	⊂ɕian	⊂ɕian	⊂ɕian	⊂ɕian	⊂ɕian	⊂ɕiã	⊂ɕian
宪	愿晓去	ɕian⊃	ɕian⊃	ɕian⊃	ɕian⊃	ɕian⊃	ɕian⊃	ɕian⊃	ɕian⊃	ɕiã⊃	ɕian⊃
献		ɕian⊃	ɕian⊃	ɕian⊃	ɕian⊃	ɕian⊃	ɕian⊃	ɕian⊃	ɕian⊃	ɕiã⊃	ɕian⊃
歇	月晓入	⊂ɕiɛ	⊂ɕiɛ	⊂ɕiɛ	⊂ɕiɛ	⊂ɕiɛ	⊂ɕiɛ	⊂ɕiɛ	⊂ɕiɛ	⊂ɕiɛ	⊂ɕiɛ
蝎	月晓入	⊂ɕiɛ	⊂ɕiɛ	⊂ɕiɛ	⊂ɕiɛ	⊂ɕiɛ	⊂ɕiɛ	⊂ɕiɛ	⊂ɕiɛ	⊂ɕiɛ	⊂ɕiɛ
边	先帮平	⊂pian	⊂pian	⊂pian	⊂pian	⊂pian	⊂pian	⊂pian	⊂pian	⊂piã	⊂pian
扁	铣帮上	⊂pian	⊂pian	⊂pian	⊂pian	⊂pian	⊂pian	⊂pian	⊂pian	⊂piã	⊂pian
匾		⊂pian	⊂pian	⊂pian	⊂pian	⊂pian	⊂pian	⊂pian	⊂pian	⊂piã	⊂pian
遍	霰帮去	pian⊃	pian⊃	pian⊃	pian⊃	pian⊃	pian⊃	pian⊃	pian⊃	piã⊃	pian⊃
憋	屑帮入	⊂piɛ	⊂piɛ	⊂piɛ	⊂piɛ	⊂piɛ	⊂piɛ	⊂piɛ	⊂piɛ	⊂piɛ	⊂piɛ
片	霰滂去	pʰian⊃	pʰian⊃	pʰian⊃	pʰian⊃	pʰian⊃	pʰian⊃	pʰian⊃	pʰian⊃	pʰiã⊃	pʰian⊃
撇	屑滂入	⊂pʰiɛ	⊂pʰiɛ	⊂pʰiɛ	⊂pʰiɛ / ⊂pʰiɛ	⊂pʰiɛ	⊂pʰiɛ	⊂pʰiɛ	⊂pʰiɛ / ⊂pʰiɛ	⊂pʰiɛ	⊂pʰiɛ
辫	铣并上	pian⸗	pian⸗	pian⸗	pian⸗	pian⸗	pian⸗	pian⸗	pian⸗	piã⸗	pian⸗
眠	先明平	⊆mian	⊆mian	⊆mian	⊆mian	⊆mian	⊆mian	⊆mian	⊆mian	⊆miã	⊆mian
面~粉	霰明去	mian⸗	mian⸗	mian⸗	mian⸗	mian⸗	mian⸗	mian⸗	mian⸗	miã⸗	mian⸗
颠	先端平	⊂tian	⊂tian	⊂tian	⊂tian	⊂tian	⊂tian	⊂tian	⊂tian	⊂tiã	⊂tian
典	铣端上	⊂tian	⊂tian	⊂tian	⊂tian	⊂tian	⊂tian	⊂tian	⊂tian	⊂tiã	⊂tian
天	先透平	⊂tʰian	⊂tʰian	⊂tʰian	⊂tʰian	⊂tʰian	⊂tʰian	⊂tʰian	⊂tʰian	⊂tʰiã	⊂tʰian
腆	铣透上	⊂tʰian	⊂tʰian	⊂tʰian	⊂tʰian	⊂tʰian	⊂tʰian	⊂tʰian	⊂tʰian	⊂tʰiã	⊂tʰian
铁	屑透入	⊂tʰiɛ / ⊂tʰiɛ	⊂tʰiɛ	⊂tʰiɛ	⊂tʰiɛ	⊂tʰiɛ	⊂tʰiɛ	⊂tʰiɛ	⊂tʰiɛ	⊂tʰiɛ	⊂tʰiɛ
田	先定平	⊆tʰian	⊆tʰian	⊆tʰian	⊆tʰian	⊆tʰian	⊆tʰian	⊆tʰian	⊆tʰian	⊆tʰiã	⊆tʰian
填	先定平	⊆tʰian	⊆tʰian	⊆tʰian	⊆tʰian	⊆tʰian	⊆tʰian	⊆tʰian	⊆tʰian	⊆tʰiã	⊆tʰian
电	霰定去	tian⸗	tian⸗	tian⸗	tian⸗	tian⸗	tian⸗	tian⸗	tian⸗	tiã⸗	tian⸗
殿		tian⸗	tian⸗	tian⸗	tian⸗	tian⸗	tian⸗	tian⸗	tian⸗	tiã⸗	tian⸗
垫		tian⸗	tian⸗	tian⸗	tian⸗	tian⸗	tian⸗	tian⸗	tian⸗	tiã⸗	tian⸗
年	先泥平	⊆n̠ian	⊆n̠ian	⊆n̠ian	⊆n̠ian	⊆n̠ian	⊆n̠ian	⊆n̠ian	⊆n̠ian	⊆n̠iã	⊆n̠ian
捻	铣泥上	⊆n̠ian	⊆n̠ian	⊆n̠ian	⊆n̠ian	⊆n̠ian	⊆n̠ian	⊆n̠ian	⊆n̠ian	⊆n̠iã	⊆n̠ian
撵		⊆n̠ian	⊆n̠ian	⊆n̠ian	⊆n̠ian	⊆n̠ian	⊆n̠ian	⊆n̠ian	⊆n̠ian	⊆n̠iã	⊆n̠ian
捏	屑泥入	⊂n̠iɛ	⊂n̠iɛ	⊂n̠iɛ	⊂n̠iɛ	⊂n̠iɛ	⊂n̠iɛ	⊂n̠iɛ	⊂n̠iɛ	⊂n̠iɛ	⊂n̠iɛ
怜	先来平	⊆lian	⊆lian	⊆lian	⊆lian	⊆lian	⊆lian	⊆lian	⊆lian	⊆liã	⊆lian
莲		⊆lian	⊆lian	⊆lian	⊆lian	⊆lian	⊆lian	⊆lian	⊆lian	⊆liã	⊆lian

续表

例字	中古音	天津	西青	静海	蓟州	宝坻	宁河	汉沽	塘沽	大港	武清
练	霰来去	lian꜋	lian꜋	lian꜋	lian꜋	lian꜋	lian꜋	lian꜋	lian꜋	liã꜋	lian꜋
炼		lian꜋	lian꜋	lian꜋	lian꜋	lian꜋	lian꜋	lian꜋	lian꜋	liã꜋	lian꜋
荐	霰精去	tɕian꜋	tɕian꜋	tɕian꜋	tɕian꜋	tɕian꜋	tɕian꜋	tɕian꜋	tɕian꜋	tɕiã꜋	tɕian꜋
节	屑精入	꜀tɕiɛ	꜀tɕiɛ	꜀tɕiɛ	꜂tɕiɛ	꜀tɕiɛ	꜀tɕiɛ	꜀tɕiɛ	꜀tɕiɛ	꜂tɕiɛ	꜀tɕiɛ
千	先清平	꜀tɕʰian	꜀tɕʰian	꜀tɕʰian	꜀tɕʰian	꜀tɕʰian	꜀tɕʰian	꜀tɕʰian	꜀tɕʰian	꜀tɕʰiã	꜀tɕʰian
切	屑清入	꜀tɕʰiɛ	꜀tɕʰiɛ	꜀tɕʰiɛ	꜀tɕʰiɛ	꜀tɕʰiɛ	꜀tɕʰiɛ	꜀tɕʰiɛ	꜀tɕʰiɛ	꜀tɕʰiã	꜀tɕʰiɛ
前	先从平	꜁tɕʰian	꜁tɕʰian	꜁tɕʰian	꜁tɕʰian	꜁tɕʰian	꜁tɕʰian	꜁tɕʰian	꜁tɕʰian	꜁tɕʰiã	꜁tɕʰian
截	屑从入	꜁tɕiɛ	꜁tɕiɛ	꜁tɕiɛ	꜁tɕiɛ	꜁tɕiɛ	꜁tɕiɛ	꜁tɕiɛ	꜁tɕiɛ	꜁tɕiɛ	꜁tɕiɛ
先	先心平	꜀ɕian	꜀ɕian	꜀ɕian	꜀ɕian	꜀ɕian	꜀ɕian	꜀ɕian	꜀ɕian	꜀ɕiã	꜀ɕian
楔	屑心入	꜀ɕiɛ	꜀ɕiɛ	꜀ɕiɛ	꜀ɕiɛ	꜀ɕiɛ	꜀ɕiɛ	꜀ɕiɛ	꜀ɕiɛ	꜀ɕiɛ	꜀ɕiɛ
肩	先见平	꜀tɕian	꜀tɕian	꜀tɕian	꜀tɕian	꜀tɕian	꜀tɕian	꜀tɕian	꜀tɕian	꜀tɕiã	꜀tɕian
坚	先见平	꜀tɕian	꜀tɕian	꜀tɕian	꜀tɕian	꜀tɕian	꜀tɕian	꜀tɕian	꜀tɕian	꜀tɕiã	꜀tɕian
茧蚕~	铣见上	꜂tɕian	꜂tɕian	꜂tɕian	꜂tɕian	꜂tɕian	꜂tɕiaŋ	꜂tɕian	꜂tɕian	꜂tɕiã	꜂tɕian
茧~子		꜂tɕiaŋ	꜂tɕiaŋ	꜂tɕiaŋ	꜂tɕiaŋ	꜂tɕiaŋ	꜂tɕiaŋ	꜂tɕiaŋ	꜂tɕiaŋ	꜂tɕiã	꜂tɕiaŋ
见	霰见去	tɕian꜋	tɕian꜋	tɕian꜋	tɕian꜋	tɕian꜋	tɕian꜋	tɕian꜋	tɕian꜋	tɕiã꜋	tɕian꜋
结	屑见入	꜀tɕiɛ	꜀tɕiɛ	꜀tɕiɛ	꜀tɕiɛ	꜀tɕiɛ	꜀tɕiɛ	꜀tɕiɛ	꜀tɕiɛ	꜀tɕiɛ	꜀tɕiɛ
洁		꜀tɕiɛ	꜀tɕiɛ	꜀tɕiɛ	꜀tɕiɛ	꜀tɕiɛ	꜀tɕiɛ	꜀tɕiɛ	꜀tɕiɛ	꜀tɕiɛ	꜀tɕiɛ
牵	先溪平	꜀tɕʰian	꜀tɕʰian	꜀tɕʰian	꜀tɕʰian	꜀tɕʰian	꜀tɕʰian	꜀tɕʰian	꜀tɕʰian	꜀tɕʰiã	꜀tɕʰian
研	先疑平	꜁ian	꜁ian	꜁ian	꜁ian	꜁ian	꜁ian	꜁ian	꜁ian	꜁iã	꜁ian
砚	霰匣去	ian꜋	ian꜋	ian꜋	ian꜋	ian꜋	ian꜋	ian꜋	ian꜋	iã꜋	ian꜋
显	铣晓上	꜂ɕian	꜂ɕian	꜂ɕian	꜂ɕian	꜂ɕian	꜂ɕian	꜂ɕian	꜂ɕian	꜂ɕiã	꜂ɕian
贤	先匣平	꜁ɕian	꜁ɕian	꜁ɕian	꜁ɕian	꜁ɕian	꜁ɕian	꜁ɕian	꜁ɕian	꜁ɕiã	꜁ɕian
弦		꜁ɕian	꜁ɕian	꜁ɕian	꜁ɕian	꜁ɕian	꜁ɕian	꜁ɕian	꜁ɕian	꜁ɕyã	꜁ɕian
现	霰匣去	ɕian꜋	ɕian꜋	ɕian꜋	ɕian꜋	ɕian꜋	ɕian꜋	ɕian꜋	ɕian꜋	ɕiã꜋	ɕian꜋
烟	先影平	꜀ian	꜀ian	꜀ian	꜀ian	꜀ian	꜀ian	꜀ian	꜀ian	꜀iã	꜀ian
燕~京		꜀ian	꜀ian	꜀ian	꜀ian	꜀ian	꜀ian	꜀ian	꜀ian	꜀iã	꜀ian
燕~子	霰去影	ian꜋	ian꜋	ian꜋	ian꜋	ian꜋	ian꜋	ian꜋	ian꜋	iã꜋	ian꜋
咽		ian꜋	ian꜋	ian꜋	ian꜋	ian꜋	ian꜋	ian꜋	ian꜋	iã꜋	ian꜋
宴		ian꜋	ian꜋	ian꜋	ian꜋	ian꜋	ian꜋	ian꜋	ian꜋	iã꜋	ian꜋
噎	屑影入	꜀iɛ	꜀iɛ	꜀iɛ	꜀iɛ	꜀iɛ	꜀iɛ	꜀iɛ	꜀iɛ	꜀iɛ	꜀iɛ
般	桓帮平	꜀pan	꜀pan	꜀pan	꜀pan	꜀pan	꜀pan	꜀pan	꜀pan	꜀pã	꜀pan
搬	桓帮平	꜀pan	꜀pan	꜀pan	꜀pan	꜀pan	꜀pan	꜀pan	꜀pan	꜀pã	꜀pan

续表

例字	中古音	天津	西青	静海	蓟州	宝坻	宁河	汉沽	塘沽	大港	武清
半	换帮去	panᶜ	panᶜ	panᶜ	panᶜ	panᶜ	panᶜ	panᶜ	panᶜ	pãᶜ	panᶜ
绊		panᶜ	panᶜ	panᶜ	panᶜ	panᶜ	panᶜ	panᶜ	panᶜ	pãᶜ	panᶜ
拨	末帮入	₍poᶜ	₍po	₍pɤ	₍po	₍po	₍pə	₍pə	₍puo	₍pə	₍po
潘	桓滂平	₍pʰan	₍pʰan	₍pʰan	₍pʰan	₍pʰan	₍pʰan	₍pʰan	₍pʰan	₍pʰã	₍pʰan
判	换滂去	pʰanᶜ	pʰanᶜ	pʰanᶜ	pʰanᶜ	pʰanᶜ	pʰanᶜ	pʰanᶜ	pʰanᶜ	pʰãᶜ	pʰanᶜ
泼	末滂入	₍pʰo	₍pʰo	₍pʰɤ	₍pʰo	₍pʰo	₍pʰə	₍pʰə	₍pʰuo	₍pʰə	₍pʰo
盘	桓并平	₍pʰan	₍pʰan	₍pʰan	₍pʰan	₍pʰan	₍pʰan	₍pʰan	₍pʰan	₍pʰã	₍pʰan
伴	缓并上	panᶜ	panᶜ	panᶜ	panᶜ	panᶜ	panᶜ	panᶜ	panᶜ	pãᶜ	panᶜ
拌		panᶜ	panᶜ	panᶜ	panᶜ	panᶜ	panᶜ	panᶜ	panᶜ	pãᶜ	panᶜ
叛	换并去	pʰanᶜ	pʰanᶜ	pʰanᶜ	pʰanᶜ	pʰanᶜ	pʰanᶜ	pʰanᶜ	pʰanᶜ	pʰãᶜ	pʰanᶜ
瞒	桓明平	₍man	₍man	₍man	₍man	₍man	₍man	₍man	₍man	₍mã	₍man
馒	桓明平	₍man	₍man	₍man	₍man	₍man	₍man	₍man	₍man	₍mã	₍man
满	缓明上	₍man	₍man	₍man	₍man	₍man	₍man	₍man	₍man	₍mã	₍man
漫	换明去	manᶜ	manᶜ	manᶜ	manᶜ	manᶜ	manᶜ	manᶜ	manᶜ	mãᶜ	manᶜ
末	末明入	moᶜ	moᶜ	mɤᶜ	moᶜ	moᶜ	məᶜ	məᶜ	muoᶜ	məᶜ	moᶜ
沫		moᶜ	moᶜ	mɤᶜ	moᶜ	moᶜ	məᶜ	məᶜ	muoᶜ	məᶜ	moᶜ
抹涂~	末明入	₍mo	₍mo	₍mɤ	₍mo	₍mo	₍mə	₍mə	₍muo	₍mə	₍mo
端	桓端平	₍tuan	₍tuan	₍tuan	₍tuan	₍tuan	₍tuan	₍tuan	₍tuan	₍tuã	₍tuan
短	缓端上	₍tuan	₍tuan	₍tuan	₍tuan	₍tuan	₍tuan	₍tuan	₍tuan	₍tuã	₍tuan
断决~	换端去	tuanᶜ	tuanᶜ	tuanᶜ	tuanᶜ	tuanᶜ	tuanᶜ	tuanᶜ	tuanᶜ	tuãᶜ	tuanᶜ
锻		tuanᶜ	tuanᶜ	tuanᶜ	tuanᶜ	tuanᶜ	tuanᶜ	tuanᶜ	tuanᶜ	tuãᶜ	tuanᶜ
掇拾~	末端入	₍tuo	₍tuo	₍tuo	₍tuo	₍tuo	₍tuə	₍tuə	₍tuo	₍tuo	₍tuo
脱	末透入	₍tʰuo / ₍tʰuɑ	₍tʰuo	₍tʰuo	₍tʰuo	₍tʰuo	₍tʰuə	₍tʰuə	₍tʰuo	₍tʰuo	₍tʰuo
团	桓定平	₍tʰuan	₍tʰuan	₍tʰuan	₍tʰuan	₍tʰuan	₍tʰuan	₍tʰuan	₍tʰuan	₍tʰuã	₍tʰuan
断~绝	缓定上	tuanᶜ	tuanᶜ	tuanᶜ	tuanᶜ	tuanᶜ	tuanᶜ	tuanᶜ	tuanᶜ	tuãᶜ	tuanᶜ
段	换定去	tuanᶜ	tuanᶜ	tuanᶜ	tuanᶜ	tuanᶜ	tuanᶜ	tuanᶜ	tuanᶜ	tuãᶜ	tuanᶜ
缎	换定去	tuanᶜ	tuanᶜ	tuanᶜ	tuanᶜ	tuanᶜ	tuanᶜ	tuanᶜ	tuanᶜ	tuãᶜ	tuanᶜ
夺	末定入	₍tuo	₍tuo	₍tuo	₍tuo	₍tuə	₍tuə	₍tuo	₍tuo	₍tuo	₍tuo
暖	缓泥上	₍nuan	₍nuan	₍nuan	₍nuan / ₍laŋ	₍nuan	₍lan	₍nuan	₍nuan	₍nuã / ₍nã	₍nuan
卵	缓来上	₍luan	₍luan	₍luan	₍luan	₍luan	₍lan	₍luan	₍luan	₍luã	₍luan

续表

例字	中古音	天津	西青	静海	蓟州	宝坻	宁河	汉沽	塘沽	大港	武清
乱	换来去	luan˥	luan˥	luan˥	luan˥	luan˥	luan˥	luan˥	luan˥	luã˥ / lã˥	luan˥
钻 动词	桓精平	₋tsuan	₋tsuan	₋tsuan	₋tsuan	₋tsuan	₋tθuan	₋tθuan	₋tsuan	₋tsuã	₋tθuan
攒	缓精上	ᶜtsan	ᶜtsan	ᶜtsan	ᶜtsan	ᶜtsan	ᶜtθan	ᶜtθan	ᶜtsan	ᶜtsã	ᶜtθan
钻 ~子	换精去	tsuan˥	tsuan˥	tsuan˥	tsuan˥	tsuan˥	tθuan˥	tθuan˥	tsuan˥	tsuã˥	tθuan˥
攒	桓清平	₋tsʰuan	₋tsʰuan	₋tsʰuan	₋tsʰuan	₋tsʰuan	₋tθʰuan	₋tθʰuan	₋tsʰuan	₋tsʰuã	₋tθʰuan
窜	换清去	tsʰuan˥	tsʰuan˥	tsʰuan˥	tsʰuan˥	tsʰuan˥	tθʰuan˥	tθʰuan˥	tsʰuan˥	tsʰuã˥	tθʰuan˥
酸	桓心平	₋suan	₋suan	₋suan	₋suan	₋suan	₋θuan	₋θuan	₋suan	₋suã	₋θuan
算	换心去	suan˥	suan˥	suan˥	suan˥	suan˥	θuan˥	θuan˥	suan˥	suã˥	θuan˥
蒜	换心去	suan˥	suan˥	suan˥	suan˥	suan˥	θuan˥	θuan˥	suan˥	suã˥	θuan˥
官	桓见平	₋kuan	₋kuan	₋kuan	₋kuan	₋kuan	₋kuan	₋kuan	₋kuan	₋kuã	₋kuan
棺	桓见平	₋kuan	₋kuan	₋kuan	₋kuan	₋kuan	₋kuan	₋kuan	₋kuan	₋kuã	₋kuan
观 ~察	桓见平	₋kuan	₋kuan	₋kuan	₋kuan	₋kuan	₋kuan	₋kuan	₋kuan	₋kuã	₋kuan
冠 衣~	桓见平	₋kuan	₋kuan	₋kuan	₋kuan	₋kuan	₋kuan	₋kuan	₋kuan	₋kuã	₋kuan
管	缓见上	ᶜkuan	ᶜkuan	ᶜkuan	ᶜkuan	ᶜkuan	ᶜkuan	ᶜkuan	ᶜkuan	ᶜkuã	ᶜkuan
馆	缓见上	ᶜkuan	ᶜkuan	ᶜkuan	ᶜkuan	ᶜkuan	ᶜkuan	ᶜkuan	ᶜkuan	ᶜkuã	ᶜkuan
贯	换见去	kuan˥	kuan˥	kuan˥	kuan˥	kuan˥	kuan˥	kuan˥	kuan˥	kuã˥	kuan˥
灌	换见去	kuan˥	kuan˥	kuan˥	kuan˥	kuan˥	kuan˥	kuan˥	kuan˥	kuã˥	kuan˥
罐	换见去	kuan˥	kuan˥	kuan˥	kuan˥	kuan˥	kuan˥	kuan˥	kuan˥	kuã˥	kuan˥
冠 ~军	换见去	kuan˥	kuan˥	kuan˥	kuan˥	kuan˥	kuan˥	kuan˥	kuan˥	kuã˥	kuan˥
括	末见入	kʰuo˥	kʰuo˥	kʰuo˥	kʰuo˥	kʰuo˥	kʰuə˥	kʰuə˥	kʰuo˥	kʰuo˥	kʰuo˥
宽	桓溪平	₋kʰuan	₋kʰuan	₋kʰuan	₋kʰuan	₋kʰuan	₋kʰuan	₋kʰuan	₋kʰuan	₋kʰuã	₋kʰuan
款	缓溪上	ᶜkʰuan	ᶜkʰuan	ᶜkʰuan	ᶜkʰuan	ᶜkʰuan	ᶜkʰuan	ᶜkʰuan	ᶜkʰuan	ᶜkʰuã	ᶜkʰuan
阔	末溪入	kʰuo˥	kʰuo˥	kʰuo˥	kʰuo˥	kʰuo˥	kʰuə˥	kʰuə˥	kʰuo˥	kʰuo˥	kʰuo˥
玩	换疑去	ᶜvan	ᶜvan	ᶜvan	ᶜvan	ᶜvan	ᶜuan	ᶜuan	ᶜvan	ᶜuã	ᶜvan
欢	桓晓平	₋xuan	₋xuan	₋xuan	₋xuan	₋xuan	₋xuan	₋xuan	₋xuan	₋xuã	₋xuan
唤	换晓去	xuan˥	xuan˥	xuan˥	xuan˥	xuan˥	xuan˥	xuan˥	xuan˥	xuã˥	xuan˥
焕	换晓去	xuan˥	xuan˥	xuan˥	xuan˥	xuan˥	xuan˥	xuan˥	xuan˥	xuã˥	xuan˥
完	桓匣平	ᶜvan	ᶜvan	ᶜvan	ᶜvan	ᶜuan	ᶜuan	ᶜuan	ᶜvan	ᶜuã	ᶜvan
丸	桓匣平	ᶜvan	ᶜvan	ᶜvan	ᶜvan	ᶜuan	ᶜuan	ᶜuan	ᶜvan	ᶜuã	ᶜvan
缓	缓匣上	ᶜxuan	ᶜxuan	ᶜxuan	ᶜxuan	ᶜxuan	ᶜxuan	ᶜxuan	ᶜxuan	ᶜxuã	ᶜxuan
皖	缓匣上	ᶜvan	ᶜvan	ᶜvan	ᶜvan	ᶜuan	ᶜuan	ᶜuan	ᶜvan	ᶜuã	ᶜvan

续表

例字	中古音	天津	西青	静海	蓟州	宝坻	宁河	汉沽	塘沽	大港	武清
换	换匣去	xuan⊃	xuan⊃	xuan⊃	xuan⊃	xuan⊃	xuan⊃	xuan⊃	xuan⊃	xuã⊃	xuan⊃
活	末匣入	⊂xuo	⊂xuo	⊂xuo	⊂xuo	⊂xuə	⊂xuə	⊂xuo	⊂xuo	⊂xuo	⊂xuo
豌	桓影平	⊂van	⊂van	⊂van	⊂van	⊂uan	⊂uan	⊂uan	⊂van	⊂uã	⊂van
剜	桓影平	⊂van	⊂van	⊂van	⊂van	⊂uan	⊂uan	⊂uan	⊂van	⊂uã	⊂van
碗	缓影上	⊂van	⊂van	⊂van	⊂van	⊂uan	⊂uan	⊂uan	⊂van	⊂uã	⊂van
腕	换影去	van⊃	van⊃	van⊃	van⊃	uan⊃	uan⊃	uan⊃	van⊃	uã⊃	van⊃
顽	山疑平	⊂van	⊂van	⊂van	⊂van	⊂uan	⊂uan	⊂uan	⊂van	⊂uã	⊂van
幻	襉匣去	xuan⊃	xuan⊃	xuan⊃	xuan⊃	xuan⊃	xuan⊃	xuan⊃	xuan⊃	xuã⊃	xuan⊃
滑	黠匣入	⊂xua	⊂xua	⊂xua	⊂xua	⊂xua	⊂xua	⊂xua	⊂xua	⊂xua	⊂xua
猾	黠匣入	⊂xua	⊂xua	⊂xua	⊂xua	⊂xua	⊂xua	⊂xua	⊂xua	⊂xua	⊂xua
挖	黠影入	⊂va	⊂va	⊂va	⊂va	⊂ua	⊂ua	⊂ua	⊂va	⊂ua	⊂va
闩	删生平	⊂ʂuan	⊂ʂuan	⊂ʂuan	⊂ʂuan	⊂ʂuan	⊂ʂuan	⊂ʂuan	⊂ʂuan	⊂ʂuã	⊂ʂuan
拴	删生平	⊂ʂuan	⊂ʂuan	⊂ʂuan	⊂ʂuan	⊂ʂuan	⊂ʂuan	⊂ʂuan	⊂ʂuan	⊂ʂuã	⊂ʂuan
涮	谏生去	ʂuan⊃	ʂuan⊃	ʂuan⊃	ʂuan⊃	ʂuan⊃	ʂuan⊃	ʂuan⊃	ʂuan⊃	ʂuã⊃	ʂuan⊃
刷	鎋生入	⊂ʂua	⊂ʂua	⊂ʂua	⊂ʂua	⊂ʂua	⊂ʂua	⊂ʂua	⊂ʂua	⊂ʂua	⊂ʂua
关	删见平	⊂kuan	⊂kuan	⊂kuan	⊂kuan	⊂kuan	⊂kuan	⊂kuan	⊂kuan	⊂kuã	⊂kuan
惯	谏见去	kuan⊃	kuan⊃	kuan⊃	kuan⊃	kuan⊃	kuan⊃	kuan⊃	kuan⊃	kuã⊃	kuan⊃
刮	鎋见入	⊂kua	⊂kua	⊂kua	⊂kua	⊂kua	⊂kua	⊂kua	⊂kua	⊂kua	⊂kua
还~原	删匣平	⊂xuan	⊂xuan	⊂xuan	⊂xuan	⊂xuan	⊂xuan	⊂xuan	⊂xuan	⊂xuã	⊂xuan
还~有	删匣平	⊂xai	⊂xai	⊂xai	⊂xai	⊂xai	⊂xai	⊂xai	⊂xai	⊂xai	⊂xai
环	删匣平	⊂xuan	⊂xuan	⊂xuan	⊂xuan	⊂xuan	⊂xuan	⊂xuan	⊂xuan	⊂xuã	⊂xuan
患	谏匣去	xuan⊃	xuan⊃	xuan⊃	xuan⊃	xuan⊃	xuan⊃	xuan⊃	xuan⊃	xuã⊃	xuan⊃
湾	删影平	⊂van	⊂van	⊂van	⊂van	⊂uan	⊂uan	⊂uan	⊂van	⊂uã	⊂van
弯	删影平	⊂van	⊂van	⊂van	⊂van	⊂uan	⊂uan	⊂uan	⊂van	⊂uã	⊂van
恋	线来去	lian⊃	lian⊃	lian⊃	lian⊃	lian⊃	lian⊃	lian⊃	lian⊃	liã⊃ / luã⊃	lian⊃
劣	薛来入	lyɛ⊃	lyɛ⊃	liɛ⊃	lyɛ⊃	liɛ⊃	liɛ⊃	liɛ⊃	lyɛ⊃	lyɛ⊃	lyɛ⊃
全	仙从平	⊂tɕʰyan	⊂tɕʰyan	⊂tɕʰyan	⊂tɕʰyan	⊂tɕʰyan	⊂tɕʰyan	⊂tɕʰyan	⊂tʂʰuã	⊂tɕʰyan
泉	仙从平	⊂tɕʰyan	⊂tɕʰyan	⊂tɕʰyan	⊂tɕʰyan	⊂tɕʰyan	⊂tɕʰyan	⊂tɕʰyan	⊂tɕʰyã	⊂tɕʰyan
绝	薛从入	⊂tɕyɛ	⊂tɕyɛ	⊂tɕyɛ	⊂tɕyo	⊂tɕyɛ	⊂tɕyɛ	⊂tɕyɛ	⊂tɕyɛ	⊂tɕyɛ
宣	仙心平	⊂ɕyan	⊂ɕyan	⊂ɕyan	⊂ɕyan	⊂ɕyan	⊂ɕyan	⊂ɕyan	⊂ɕyã	⊂ɕyan
选	狝心上	⊂ɕyan	⊂ɕyan	⊂ɕyan	⊂ɕyan	⊂ɕyan	⊂ɕyan	⊂ɕyan	⊂ɕyã	⊂ɕyan

例字	中古音	天津	西青	静海	蓟州	宝坻	宁河	汉沽	塘沽	大港	武清
雪	薛心入	⊂ɕyɛ	⊂ɕyɛ	⊂ɕyɛ	⊂ɕyɛ	⊂ɕyo	⊂ɕyə	⊂ɕyɛ	⊂ɕyɛ	⊂ɕyɛ	⊂ɕyɛ
旋~转	仙邪平	⊆ɕyan	⊆ɕyan	⊆ɕyan	⊆ɕyan	⊆ɕyan	⊆ɕyan	⊆ɕyan	⊆ɕyan	⊆ɕyã	⊆ɕyan
旋~床	线邪去	ɕyan⊃	ɕyan⊃	ɕyan⊃	ɕyan⊃	ɕyan⊃	ɕyan⊃	ɕyan⊃	ɕyan⊃	ɕyã⊃	ɕyan⊃
转~眼	狝知上	⊂tsuan	⊂tsuan	⊂tʂuan	⊂tʂuan	⊂tʂuan	⊂tʂuan	⊂tʂuan	⊂tsuan	⊂tʂuã	⊂tʂuan
转~动	线知去	tsuan⊃	tsuan⊃	tʂuan⊃	tʂuan⊃	tʂuan⊃	tʂuan⊃	tʂuan⊃	tsuan⊃	tʂuã⊃	tʂuan⊃
传~达	仙澄平	⊆tsʰuan	⊆tsʰuan	⊆tʂʰuan	⊆tʂʰuan	⊆tʂʰuan	⊆tʂʰuan	⊆tʂʰuan	⊆tsʰuan	⊆tʂʰuã	⊆tʂʰuan
橼	仙澄平	⊆tsʰuan	⊆tsʰuan	⊆tʂʰuan	⊆tʂʰuan	⊆tʂʰuan	⊆tʂʰuan	⊆tʂʰuan	⊆tsʰuan	⊆tʂʰuã	⊆tʂʰuan
篆	狝澄上	tsuan⊃	tsuan⊃	tʂuan⊃	tʂuan⊃	tʂuan⊃	tʂuan⊃	tsuan⊃	tsuan⊃	tʂuã⊃	tʂuan⊃
传~记	线澄去	tsuan⊃	tsuan⊃	tʂuan⊃	tʂuan⊃	tʂuan⊃	tʂuan⊃	tʂuan⊃	tsuan⊃	tʂuã⊃	tʂuan⊃
专	仙章平	⊂tsuan	⊂tsuan	⊂tʂuan	⊂tʂuan	⊂tʂuan	⊂tʂuan	⊂tʂuan	⊂tsuan	⊂tʂuã	⊂tʂuan
砖	仙章平	⊂tsuan	⊂tsuan	⊂tʂuan	⊂tʂuan	⊂tʂuan	⊂tʂuan	⊂tʂuan	⊂tsuan	⊂tʂuã	⊂tʂuan
拙	薛章入	⊂tsuo	⊂tsuo	⊂tʂuo	⊂tʂuo	⊂tʂuə	⊂tʂuə	⊂tsuo	⊂tʂuo	⊂tʂuo	⊂tʂuo
川	仙昌平	⊂tsʰuan	⊂tsʰuan	⊂tʂʰuan	⊂tʂʰuan	⊂tʂʰuan	⊂tʂʰuan	⊂tʂʰuan	⊂tsʰuan	⊂tʂʰuã	⊂tʂʰuan
穿	仙昌平	⊂tsʰuan	⊂tsʰuan	⊂tʂʰuan	⊂tʂʰuan	⊂tʂʰuan	⊂tʂʰuan	⊂tʂʰuan	⊂tsʰuan	⊂tʂʰuã	⊂tʂʰuan
喘	狝昌上	⊂tsʰuan	⊂tsʰuan	⊂tʂʰuan	⊂tʂʰuan	⊂tʂʰuan	⊂tʂʰuan	⊂tʂʰuan	⊂tsʰuan	⊂tʂʰuã	⊂tʂʰuan
串	线昌去	tsʰuan⊃	tsʰuan⊃	tʂʰuan⊃	tʂʰuan⊃	tʂʰuan⊃	tʂʰuan⊃	tʂʰuan⊃	tsʰuan⊃	tʂʰuã⊃	tʂʰuan⊃
船	仙船平	⊆tsʰuan	⊆tsʰuan	⊆tʂʰuan	⊆tʂʰuan	⊆tʂʰuan	⊆tʂʰuan	⊆tʂʰuan	⊆tsʰuan	⊆tʂʰuã	⊆tʂʰuan
说	薛书入	⊂suo	⊂suo	⊂ʂuo	⊂ʂuo	⊂ʂuə	⊂ʂuə	⊂ʂuo	⊂suo	⊂ʂuo	⊂ʂuo
软	狝日上	⊂yan	⊂yan	⊂yan	⊂ʐuan	⊂ʐuan	⊂ʐuan	⊂ʐuan	⊂yan	⊂yã	⊂ʐuan
卷~起	狝见上	⊂tɕyan	⊂tɕyan	⊂tɕyan	⊂tɕyan	⊂tɕyan	⊂tɕyan	⊂tɕyan	⊂tɕyan	⊂tɕyã	⊂tɕyan
眷	线见去	tɕyan⊃	tɕyan⊃	tɕyan⊃	tɕyan⊃	tɕyan⊃	tɕyan⊃	tɕyan⊃	tɕyan⊃	tɕyã⊃	tɕyan⊃
卷~子	线见去	tɕyan⊃	tɕyan⊃	tɕyan⊃	tɕyan⊃	tɕyan⊃	tɕyan⊃	tɕyan⊃	tɕyan⊃	tɕyã⊃	tɕyan⊃
绢	线见去	tɕyan⊃	tɕyan⊃	tɕyan⊃	tɕyan⊃	tɕyan⊃	tɕyan⊃	tɕyan⊃	tɕyan⊃	tɕyã⊃	tɕyan⊃
圈圆~	仙溪平	⊂tɕʰyan	⊂tɕʰyan	⊂tɕʰyan	⊂tɕʰyan	⊂tɕʰyan	⊂tɕʰyan	⊂tɕʰyan	⊂tɕʰyan	⊂tɕʰyã	⊂tɕʰyan
拳	仙群平	⊆tɕʰyan	⊆tɕʰyan	⊆tɕʰyan	⊆tɕʰyan	⊆tɕʰyan	⊆tɕʰyan	⊆tɕʰyan	⊆tɕʰyan	⊆tɕʰyã	⊆tɕʰyan
权	仙群平	⊆tɕʰyan	⊆tɕʰyan	⊆tɕʰyan	⊆tɕʰyan	⊆tɕʰyan	⊆tɕʰyan	⊆tɕʰyan	⊆tɕʰyan	⊆tɕʰyã	⊆tɕʰyan
颧	仙群平	⊆tɕʰyan	⊆tɕʰyan	⊆tɕʰyan	⊆tɕʰyan	⊆tɕʰyan	⊆tɕʰyan	⊆tɕʰyan	⊆tɕʰyan	⊆tɕʰyã	⊆tɕʰyan
圈猪~	狝群上	tɕyan⊃	tɕyan⊃	tɕyan⊃	tɕyan⊃	tɕyan⊃	tɕyan⊃	tɕyan⊃	tɕyan⊃	tɕyã⊃	tɕyan⊃
倦	线群去	tɕyan⊃	tɕyan⊃	tɕyan⊃	tɕyan⊃	tɕyan⊃	tɕyan⊃	tɕyan⊃	tɕyan⊃	tɕyã⊃	tɕyan⊃
圆	仙云平	⊆yan	⊆yan	⊆yan	⊆yan	⊆yan	⊆yan	⊆yan	⊆yan	⊆yã	⊆yan
员	仙云平	⊆yan	⊆yan	⊆yan	⊆yan	⊆yan	⊆yan	⊆yan	⊆yan	⊆yã	⊆yan
院	线云去	yan⊃	yan⊃	yan⊃	yan⊃	yan⊃	yan⊃	yan⊃	yan⊃	yã⊃	yan⊃

续表

例字	中古音	天津	西青	静海	蓟州	宝坻	宁河	汉沽	塘沽	大港	武清
缘	仙以平	₋yan	₋yan	₋yan	₋yan	₋yan	₋yan	₋yan	₋yan	₋yã	₋yan
沿	仙以平	₋ian	₋ian	₋ian	₋ian	₋ian	₋ian	₋ian	₋ian	₋iã	₋ian
铅		₋tɕʰian	₋tɕʰian	₋tɕʰian	₋tɕʰian	₋tɕʰian	₋tɕʰian	₋tɕʰian	₋tɕʰian	₋tɕʰiã	₋tɕʰian
捐		₋tɕyan	₋tɕyan	₋tɕyan	₋tɕyan	₋tɕyan	₋tɕyan	₋tɕyan	₋tɕyan	₋tɕyã	₋tɕyan
悦	薛以入	yɛ⁼	yɛ⁼	yɛ⁼	yɛ⁼	yo⁼	yə⁼	yɛ⁼	yɛ⁼	yɛ⁼	yɛ⁼
阅	薛以入	yɛ⁼	yɛ⁼	yɛ⁼	yɛ⁼	yo⁼	yə⁼	yɛ⁼	yɛ⁼	yɛ⁼	yɛ⁼
反	阮非上	⁺fan	⁺fan	⁺fan	⁺fan	⁺fan	⁺fan	⁺fan	⁺fan	⁺fã	⁺fan
贩	愿非去	fan⁼	fan⁼	fan⁼	fan⁼	fan⁼	fan⁼	fan⁼	fan⁼	fã⁼	fan⁼
发~展	月非入	₋fa	₋fa	₋fa	₋fa	₋fa	₋fa	₋fa	₋fa	₋fa	₋fa
发理~	月非入	fa⁼	fa⁼	₋fa	fa⁼	fa⁼	fa⁼	fa⁼	fa⁼	fa⁼	fa⁼
翻	元敷平	₋fan	₋fan	₋fan	₋fan	₋fan	₋fan	₋fan	₋fan	₋fã	₋fan
番		₋fan	₋fan	₋fan	₋fan	₋fan	₋fan	₋fan	₋fan	₋fã	₋fan
烦	元奉平	₋fan	₋fan	₋fan	₋fan	₋fan	₋fan	₋fan	₋fan	₋fã	₋fan
矾		₋fan	₋fan	₋fan	₋fan	₋fan	₋fan	₋fan	₋fan	₋fã	₋fan
繁		₋fan	₋fan	₋fan	₋fan	₋fan	₋fan	₋fan	₋fan	₋fã	₋fan
饭	愿奉去	fan⁼	fan⁼	fan⁼	fan⁼	fan⁼	fan⁼	fan⁼	fan⁼	fã⁼	fan⁼
伐	月奉入	₋fa	₋fa	₋fa	₋fa	₋fa	₋fa	₋fa	₋fa	₋fa	₋fa
筏		₋fa	₋fa	₋fa	₋fa	₋fa	₋fa	₋fa	₋fa	₋fa	₋fa
罚		₋fa	₋fa	₋fa	₋fa	₋fa	₋fa	₋fa	₋fa	₋fa	₋fa
晚	阮微上	⁺van	⁺van	⁺van	⁺van	⁺uan	⁺uan	⁺uan	⁺van	⁺uã	⁺van
挽		⁺van	⁺van	⁺van	⁺van	⁺uan	⁺uan	⁺uan	⁺van	⁺uã	⁺van
万	愿微去	van⁼	van⁼	van⁼	van⁼	uan⁼	uan⁼	uan⁼	van⁼	uã⁼	van⁼
蔓瓜~		van⁼	van⁼	van⁼	van⁼	uan⁼	uan⁼	uan⁼	van⁼	uã⁼	van⁼
袜	月微入	va⁼	va⁼	va⁼	va⁼	ua⁼	ua⁼	ua⁼	va⁼	ua⁼	va⁼
劝	愿溪去	tɕʰyan⁼	tɕʰyan⁼	tɕʰyan⁼	tɕʰyan⁼	tɕʰyan⁼	tɕʰyan⁼	tɕʰyan⁼	tɕʰyan⁼	tɕʰyã⁼	tɕʰyan⁼
券		tɕyan⁼	tɕyan⁼	tɕyan⁼	tɕyan⁼	tɕyan⁼	tɕyan⁼	tɕyan⁼	tɕyan⁼	tɕyã⁼	tɕʰyan⁼
掘	月群入	₋tɕyɛ	₋tɕyɛ	₋tɕyɛ	₋tɕyɛ	₋tɕyo	₋tɕyɛ	₋tɕyɛ	₋tɕyɛ	₋tɕyɛ	₋tɕyɛ
橛		₋tɕyɛ	₋tɕyɛ	₋tɕyɛ	₋tɕyɛ	₋tɕyo	₋tɕyə	₋tɕyɛ	₋tɕyɛ	₋tɕyɛ	₋tɕyɛ
元	元疑平	₋yan	₋yan	₋yan	₋yan	₋yan	₋yan	₋yan	₋yan	₋yã	₋yan
原		₋yan	₋yan	₋yan	₋yan	₋yan	₋yan	₋yan	₋yan	₋yã	₋yan
源		₋yan	₋yan	₋yan	₋yan	₋yan	₋yan	₋yan	₋yan	₋yã	₋yan
愿	愿疑去	yan⁼	yan⁼	yan⁼	yan⁼	yan⁼	yan⁼	yan⁼	yan⁼	yã⁼	yan⁼

续表

例字	中古音	天津	西青	静海	蓟州	宝坻	宁河	汉沽	塘沽	大港	武清
月	月疑入	yɛ˧	yɛ˧	yɛ˧	yɛ˧	yo˧	yə˧	yɛ˧	yɛ˧	yɛ˧	yɛ˧
喧	元晓平	₋ɕyan	₋ɕyan	₋ɕyan	₋ɕyan	₋ɕyan	₋ɕyan	₋ɕyan	₋ɕyan	₋ɕyã	₋ɕyan
楦	愿晓去	ɕyan˧	ɕyan˧	ɕyan˧	ɕyan˧	ɕyan˧	ɕyan˧	ɕyan˧	ɕyan˧	ɕyã˧	ɕyan˧
冤	元影平	₋yan	₋yan	₋yan	₋yan	₋yan	₋yan	₋yan	₋yan	₋yã	₋yan
怨	愿影去	yan˧	yan˧	yan˧	yan˧	yan˧	yan˧	yan˧	yan˧	yã˧	yan˧
哕	月影入	₋yɛ	₋yɛ	₋yɛ	₋yɛ	₋yo	₋yə	₋yɛ	₋yɛ	₋yɛ	₋yɛ
袁	元影平	₋yan	₋yan	₋yan	₋yan	₋yan	₋yan	₋yan	₋yan	₋yã	₋yan
辕	元影平	₋yan	₋yan	₋yan	₋yan	₋yan	₋yan	₋yan	₋yan	₋yã	₋yan
园	元影平	₋yan	₋yan	₋yan	₋yan	₋yan	₋yan	₋yan	₋yan	₋yã	₋yan
援	元影平	₋yan	₋yan	₋yan	₋yan	₋yan	₋yan	₋yan	₋yan	₋yã	₋yan
远	阮云上	₋yan	₋yan	₋yan	₋yan	₋yan	₋yan	₋yan	₋yan	₋yã	₋yan
越	月云入	yɛ˧	yɛ˧	yɛ˧	yɛ˧	yo˧	yə˧	yɛ˧	yɛ˧	yɛ˧	yɛ˧
曰	月云入	₋yɛ	₋yɛ	₋yɛ	₋yɛ	₋yo	₋yə	₋yɛ	₋yɛ	₋yɛ	₋yɛ
决	屑见入	₋tɕyɛ	₋tɕyɛ	₋tɕyɛ	₋tɕyɛ	₋tɕyo	₋tɕyə	₋tɕyɛ	₋tɕyɛ	₋tɕyɛ	₋tɕyɛ
诀	屑见入	₋tɕyɛ	₋tɕyɛ	₋tɕyɛ	₋tɕyɛ	₋tɕyo	₋tɕyə	₋tɕyɛ	₋tɕyɛ	₋tɕyɛ	₋tɕyɛ
犬	铣溪上	₋tɕʰyan	₋tɕʰyan	₋tɕʰyan	₋tɕʰyan	₋tɕʰyan	₋tɕʰyan	₋tɕʰyan	₋tɕʰyan	₋tɕʰyã	₋tɕʰyan
缺	屑溪入	₋tɕʰyɛ	₋tɕʰyɛ	₋tɕʰyɛ	₋tɕʰyɛ	₋tɕʰyo	₋tɕʰyə	₋tɕʰyɛ	₋tɕʰyɛ	₋tɕʰyɛ	₋tɕʰyɛ
血	屑晓入	₋ɕyɛ / ₋ɕiɛ	₋ɕyɛ / ₋ɕiɛ	₋ɕiɛ	₋ɕyɛ / ₋ɕiɛ	₋ɕyo	₋ɕyə / ₋ɕiɛ	₋ɕyɛ / ₋ɕiɛ	₋ɕiɛ	₋ɕyɛ / ₋ɕiɛ	₋ɕiɛ
玄	先匣平	₋ɕyan	₋ɕyan	₋ɕyan	₋ɕyan	₋ɕyan	₋ɕyan	₋ɕyan	₋ɕyan	₋ɕyã	₋ɕyan
悬	先匣平	₋ɕyan	₋ɕyan	₋ɕyan	₋ɕyan	₋ɕyan	₋ɕyan	₋ɕyan	₋ɕyan	₋ɕyã	₋ɕyan
县	霰匣去	ɕian˧	ɕian˧	ɕian˧	ɕian˧	ɕian˧	ɕian˧	ɕian˧	ɕian˧	ɕiã˧	ɕian˧
眩	霰匣去	ɕyan˧	ɕyan˧	ɕyan˧	ɕyan˧	ɕyan˧	ɕyan˧	ɕyan˧	ɕyan˧	ɕyã˧	ɕyan˧
穴	屑匣入	ɕyɛ˧	ɕyɛ˧	ɕyɛ˧	ɕyɛ˧	ɕyo˧	ɕyə˧	ɕyɛ˧	ɕyɛ˧	ɕyɛ˧	ɕyɛ˧
渊	先影平	₋yan	₋yan	₋yan	₋yan	₋yan	₋yan	₋yan	₋yan	₋yã	₋yan

十一 臻摄

例字	中古音	天津	西青	静海	蓟州	宝坻	宁河	汉沽	塘沽	大港	武清
吞	痕透平	₋tʰuən	₋tʰuən	₋tʰuən	₋tʰuən	₋tʰuən	₋tʰuən	₋tʰuən	₋tʰuən	₋tʰuən	₋tʰuən

续表

例字	中古音	天津	西青	静海	蓟州	宝坻	宁河	汉沽	塘沽	大港	武清
跟	痕见平	꜀kən	꜀kən	꜀kən	꜀kən	꜀kən	꜀kən	꜀kən	꜀kən	꜀kən	
根		꜀kən	꜀kən	꜀kən	꜀kən	꜀kən	꜀kən	꜀kən	꜀kən	꜀kən	
恳	很溪上	꜀kʰən	꜀kʰən	꜀kʰən	꜀kʰən	꜀kʰən	꜀kʰən	꜀kʰən	꜀kʰən	꜀kʰən	
垦		꜀kʰən	꜀kʰən	꜀kʰən	꜀kʰən	꜀kʰən	꜀kʰən	꜀kʰən	꜀kʰən	꜀kʰən	
啃		꜀kʰən	꜀kʰən	꜀kʰən	꜀kʰən	꜀kʰən	꜀kʰən	꜀kʰən	꜀kʰən	꜀kʰən	
痕	痕匣平	꜀xən	꜀xən	꜀xən	꜀xən	꜀xən	꜀xən	꜀xən	꜀xən	꜀xən	
很	很匣上	꜀xən	꜀xən	꜀xən	꜀xən	꜀xən	꜀xən	꜀xən	꜀xən	꜀xən	
恨	恨匣去	xən꜄	xən꜄	xən꜄	xən꜄	xən꜄	xən꜄	xən꜄	xən꜄	xən꜄	
恩	痕影平	꜀nən	꜀ən	꜀ŋən	꜀ən	꜀nən	꜀nən	꜀nən	꜀nən	꜀ən	
宾	真帮平	꜀piən	꜀piən	꜀piən	꜀piən	꜀piən	꜀piən	꜀piən	꜀piən	꜀piən	
殡	震帮去	piən꜄	piən꜄	piən꜄	piən꜄	piən꜄	piən꜄	piən꜄	piən꜄	piən꜄	
鬓		piən꜄	piən꜄	piən꜄	piən꜄	piən꜄	piən꜄	piən꜄	piən꜄	꜀piən	
笔	质帮入	꜀pi	꜀pi	꜀pi	꜀pi	꜀pi	꜀pi	꜀pi	꜀pi	꜀pei	꜀pi
毕	质帮入	pi꜄	pi꜄	pi꜄	pi꜄	pi꜄	pi꜄	pi꜄	pi꜄	pi꜄	
必		pi꜄	pi꜄	pi꜄	pi꜄	pi꜄	pi꜄	pi꜄	pi꜄	pi꜄	
匹	质滂入	꜀pʰi	꜀pʰi	꜀pʰi	꜀pʰi	꜀pʰi	꜀pʰi	꜀pʰi	꜀pʰi	꜀pʰi	
贫	真并平	꜀pʰiən	꜀pʰiən	꜀pʰiən	꜀pʰiən	꜀pʰiən	꜀pʰiən	꜀pʰiən	꜀pʰiən	꜀pʰiən	
频		꜀pʰiən	꜀pʰiən	꜀pʰiən	꜀pʰiən	꜀pʰiən	꜀pʰiən	꜀pʰiən	꜀pʰiən	꜀pʰiən	
闽	真明平	꜀miən	꜀miən	꜀miən	꜀miən	꜀miən	꜀miən	꜀miən	꜀miən	꜀miən	
民		꜀miən	꜀miən	꜀miən	꜀miən	꜀miən	꜀miən	꜀miən	꜀miən	꜀miən	
悯	轸明上	꜀miən	꜀miən	꜀miən	꜀miən	꜀miən	꜀miən	꜀miən	꜀miən	꜀miən	
敏	轸明上	꜀miən	꜀miən	꜀miən	꜀miən	꜀miən	꜀miən	꜀miən	꜀miən	꜀miən	
抿		꜀miən	꜀miən	꜀miən	꜀miən	꜀miən	꜀miən	꜀miən	꜀miən	꜀miən	
蜜	质明入	mi꜄	mi꜄	mi꜄	mi꜄	mi꜄	mi꜄	mi꜄	mi꜄	mi꜄	
邻	真来平	꜀liən	꜀liən	꜀liən	꜀liən	꜀liən	꜀liən	꜀liən	꜀liən	꜀liən	
鳞		꜀liən	꜀liən	꜀liən	꜀liən	꜀liən	꜀liən	꜀liən	꜀liən	꜀liən	
吝	震来去	liən꜄	liən꜄	liən꜄	liən꜄	liən꜄	liən꜄	liən꜄	liən꜄	liən꜄	
栗	质来入	li꜄	li꜄	li꜄	li꜄	li꜄	li꜄	li꜄	li꜄	li꜄	
津	真精平	꜀tɕiən	꜀tɕiən	꜀tɕiən	꜀tɕiən	꜀tɕiən	꜀tɕiən	꜀tɕiən	꜀tɕiən	꜀tɕiən	
进	震精去	tɕiən꜄	tɕiən꜄	tɕiən꜄	tɕiən꜄	tɕiən꜄	tɕiən꜄	tɕiən꜄	tɕiən꜄	tɕiən꜄	
晋		tɕiən꜄	tɕiən꜄	tɕiən꜄	tɕiən꜄	tɕiən꜄	tɕiən꜄	tɕiən꜄	tɕiən꜄	tɕiən꜄	
亲~属	真清平	꜀tɕʰiən	꜀tɕʰiən	꜀tɕʰiən	꜀tɕʰiən	꜀tɕʰiən	꜀tɕʰiən	꜀tɕʰiən	꜀tɕʰiən	꜀tɕʰiən	

续表

例字	中古音	天津	西青	静海	蓟州	宝坻	宁河	汉沽	塘沽	大港	武清
亲~家	震清去	tɕʰiŋ˨	tɕʰiŋ˨	tɕʰiən˨	tɕʰiŋ˨	tɕʰiŋ˨	tɕʰiən˨	tɕʰiŋ˨	tɕʰiŋ˨	tɕʰiŋ˨	tɕʰiŋ˨
七	质清入	₋tɕʰi	₋tɕʰi	₋tɕʰi	₋tɕʰi	₋tɕʰi	₋tɕʰi	₋tɕʰi	₋tɕʰi	₋tɕʰi	₋tɕʰi
漆		₋tɕʰi	₋tɕʰi	₋tɕʰi	₋tɕʰi	₋tɕʰi	₋tɕʰi	₋tɕʰi	₋tɕʰi	₋tɕʰi	₋tɕʰi
秦	真从平	₋tɕʰiən	₋tɕʰiən	₋tɕʰiən	₋tɕʰiən	₋tɕʰiən	₋tɕʰiən	₋tɕʰiən	₋tɕʰiən	₋tɕʰiən	₋tɕʰiən
尽	轸从上	tɕiən˨	tɕiən˨	tɕiən˨	tɕiən˨	tɕiən˨	tɕiən˨	tɕiən˨	tɕiən˨	tɕiən˨	tɕiən˨
疾	质从入	₋tɕi	₋tɕi	₋tɕi	tɕi˨	₋tɕi	₋tɕi	₋tɕi	₋tɕi	₋tɕi	
辛	真心平	₋ɕiən	₋ɕiən	₋ɕiən	₋ɕiən	₋ɕiən	₋ɕiən	₋ɕiən	₋ɕiən	₋ɕiən	₋ɕiən
新		₋ɕiən	₋ɕiən	₋ɕiən	₋ɕiən	₋ɕiən	₋ɕiən	₋ɕiən	₋ɕiən	₋ɕiən	₋ɕiən
薪		₋ɕiən	₋ɕiən	₋ɕiən	₋ɕiən	₋ɕiən	₋ɕiən	₋ɕiən	₋ɕiən	₋ɕiən	₋ɕiən
信	震心去	ɕiən˨	ɕiən˨	ɕiən˨	ɕiən˨	ɕiən˨	ɕiən˨	ɕiən˨	ɕiən˨	ɕiən˨	ɕiən˨
讯		ɕiən˨	ɕiən˨	ɕyən˨	ɕyən˨	ɕiən˨	ɕyən˨	ɕyən˨	ɕyən˨	ɕyən˨	ɕyən˨
悉	质心入	₋ɕi	₋ɕi	₋ɕi	ɕi˨	₋ɕi	₋ɕi	₋ɕi	₋ɕi	₋ɕi	₋ɕi
膝		₋ɕi	₋ɕi	₋ɕi	₋tɕʰi	₋tɕʰi	₋tɕʰi	₋ɕi	₋tɕʰi	₋ɕi	
珍	真知平	₋tsən	₋tʂən	₋tʂən	₋tʂən	₋tʂən	₋tʂən	₋tʂən	₋tʂən	₋tʂən	
镇	震知去	tsən˨	tʂən˨	tʂən˨	tʂən˨	tʂən˨	tʂən˨	tʂən˨	tʂən˨	tʂən˨	
趁	震彻去	tsʰən˨	tʂʰən˨	tʂʰən˨	tʂʰən˨	tʂʰən˨	tʂʰən˨	tʂʰən˨	tʂʰən˨	tʂʰən˨	
陈	真澄平	₋tsʰən	₋tʂʰən	₋tʂʰən	₋tʂʰən	₋tʂʰən	₋tʂʰən	₋tʂʰən	₋tʂʰən	₋tʂʰən	
尘		₋tsʰən	₋tʂʰən	₋tʂʰən	₋tʂʰən	₋tʂʰən	₋tʂʰən	₋tʂʰən	₋tʂʰən	₋tʂʰən	
阵	震澄去	tsən˨	tʂən˨	tʂən˨	tʂən˨	tʂən˨	tʂən˨	tʂən˨	tʂən˨	tʂən˨	
侄	质澄入	₋tsɿ	₋tʂʅ	₋tʂʅ	₋tʂʅ	₋tʂʅ	₋tʂʅ	₋tʂʅ	₋tʂʅ	₋tʂʅ	
秩		tsʰɿ˨	tʂʅ˨	tʂʅ˨	tʂʅ˨	tʂʅ˨	tʂʅ˨	tʂʅ˨	tʂʅ˨	tʂʅ˨	
臻	臻庄平	₋tsən	₋tsən	₋tsən	₋tsən	₋tsən	₋tsən	₋tsən	₋tsən	₋tsən	
衬	震初去	tsʰən˨	tsʰən˨	tsʰən˨	tʂʰən˨	tʂʰən˨	tʂʰən˨	tsʰən˨	tsʰən˨	tsʰən˨	
虱	栉生入	₋sɿ	₋ʂʅ	₋ʂʅ	₋ʂʅ	₋ʂʅ	₋ʂʅ	₋ʂʅ	₋ʂʅ	₋ʂʅ	
真	真章平	₋tsən	₋tʂən	₋tʂən	₋tʂən	₋tʂən	₋tʂən	₋tʂən	₋tʂən	₋tʂən	
诊	轸章上	₋tsən	₋tsən	₋tsən	₋tsən	₋tsən	₋tsən	₋tsən	₋tsən	₋tsən	
疹		₋tsən	₋tsən	₋tsən	₋tsən	₋tsən	₋tsən	₋tsən	₋tsən	₋tsən	
振	震章去	tsən˨	tʂən˨	tʂən˨	tʂən˨	tʂən˨	tʂən˨	tʂən˨	tʂən˨	tʂən˨	
震		tsən˨	tʂən˨	tʂən˨	tʂən˨	tʂən˨	tʂən˨	tʂən˨	tʂən˨	tʂən˨	
质	质章入	tsɿ˨	tʂʅ˨	tʂʅ˨	tʂʅ˨	tʂʅ˨	tʂʅ˨	tsɿ˨	tʂʅ˨	tʂʅ˨	
神	真船平	₋sən	₋sən	₋ʂən	₋ʂən	₋ʂən	₋ʂən	₋sən	₋ʂən	₋ʂən	
实	质船入	₋sɿ	₋ʂʅ	₋ʂʅ	₋ʂʅ	₋ʂʅ	₋ʂʅ	₋sɿ	₋ʂʅ	₋ʂʅ	

续表

例字	中古音	天津	西青	静海	蓟州	宝坻	宁河	汉沽	塘沽	大港	武清
身	真书平	₋sən	₋sən	₋ʂən	₋ʂən	₋ʂən	₋ʂən	₋sən	₋ʂən	₋ʂən	₋ʂən
申	真书平	₋sən	₋sən	₋ʂən	₋ʂən	₋ʂən	₋ʂən	₋sən	₋ʂən	₋ʂən	₋ʂən
伸		₋sən	₋sən	₋ʂən	₋ʂən	₋ʂən	₋ʂən	₋sən	₋ʂən	₋ʂən	₋ʂən
失	质书入	₋sʅ	₋ʂʅ	₋ʂʅ	₋ʂʅ	₋ʂʅ	₋ʂʅ	₋sʅ	₋ʂʅ	₋ʂʅ	₋ʂʅ
室		sʅ⁼	ʂʅ⁼	ʂʅ⁼	ʂʅ⁼	ʂʅ⁼	ʂʅ⁼	sʅ⁼	ʂʅ⁼	ʂʅ⁼	ʂʅ⁼
辰	真禅平	₋tsʰən	₋tsʰən	₋tʂʰən	₋tʂʰən	₋tʂʰən	₋tʂʰən	₋tsʰən	₋tʂʰən	₋tʂʰən	₋tʂʰən
晨		₋tsʰən	₋tsʰən	₋tʂʰən	₋tʂʰən	₋tʂʰən	₋tʂʰən	₋tsʰən	₋tʂʰən	₋tʂʰən	₋tʂʰən
臣		₋tsʰən	₋tsʰən	₋tʂʰən	₋tʂʰən	₋tʂʰən	₋tʂʰən	₋tsʰən	₋tʂʰən	₋tʂʰən	₋tʂʰən
肾	轸禅上	sən⁼	sən⁼	ʂən⁼	ʂən⁼	ʂən⁼	ʂən⁼	sən⁼	ʂən⁼	ʂən⁼	ʂən⁼
慎	震禅去	sən⁼	sən⁼	ʂən⁼	ʂən⁼	ʂən⁼	ʂən⁼	sən⁼	ʂən⁼	ʂən⁼	ʂən⁼
人	真日平	₋iən	₋iən	₋iən	₋ʐən	₋ʐən	₋ʐən	₋ʐən	₋ʐən	₋ʐən	₋ʐən
仁		₋iən	₋iən	₋iən	₋ʐən	₋ʐən	₋ʐən	₋ʐən	₋ʐən	₋ʐən	₋ʐən
忍	轸日上	₋iən	₋iən	₋iən	₋ʐən	₋ʐən	₋ʐən	₋ʐən	₋ʐən	₋ʐən	₋ʐən
刃	震日去	iən⁼	iən⁼	iən⁼	ʐən⁼	ʐən⁼	ʐən⁼	iən⁼	ʐən⁼	ʐən⁼	ʐən⁼
认		iən⁼	iən⁼	iən⁼	ʐən⁼	ʐən⁼	ʐən⁼	ʐən⁼	ʐən⁼	ʐən⁼	ʐən⁼
韧		iən⁼	iən⁼	iən⁼	ʐən⁼	ʐən⁼	ʐən⁼	ʐən⁼	ʐən⁼	ʐən⁼	ʐən⁼
日	质日入	ʅ⁼	i⁼	ʐʅ⁼	ʐʅ⁼	ʐʅ⁼	ʐʅ⁼	ʐʅ⁼	ʐʅ⁼	ʐʅ⁼	ʐʅ⁼
巾	真见平	₋tɕiən	₋tɕiən	₋tɕiən	₋tɕiən	₋tɕiən	₋tɕiən	₋tɕiən	₋tɕiən	₋tɕiən	₋tɕiən
紧	轸见上	₋tɕiən	₋tɕiən	₋tɕiən	₋tɕiən	₋tɕiən	₋tɕiən	₋tɕiən	₋tɕiən	₋tɕiən	₋tɕiən
吉	质见入	₋tɕi	₋tɕi	₋tɕi	₋tɕi	₋tɕi	₋tɕi	₋tɕi	₋tɕi	₋tɕi	₋tɕi
仅	震群去	₋tɕiən	₋tɕiən	₋tɕiən	₋tɕiən	₋tɕiən	₋tɕiən	₋tɕiən	₋tɕiən	₋tɕiən	₋tɕiən
银	真疑平	₋iən	₋iən	₋iən	₋iən	₋iən	₋iən	₋iən	₋iən	₋iən	₋iən
因	真影平	₋iən	₋iən	₋iən	₋iən	₋iən	₋iən	₋iən	₋iən	₋iən	₋iən
姻		₋iən	₋iən	₋iən	₋iən	₋iən	₋iən	₋iən	₋iən	₋iən	₋iən
洇		₋iən	₋iən	₋iən	₋iən	₋iən	₋iən	₋iən	₋iən	₋iən	₋iən
印	震影去	iən⁼	iən⁼	iən⁼	iən⁼	iən⁼	iən⁼	iən⁼	iən⁼	iən⁼	iən⁼
乙	质影入	₋i	₋i	₋i	₋i	₋i	₋i	₋i	₋i	₋i	₋i
一		₋i	₋i	₋i	₋i	₋i	₋i	₋i	₋i	₋i	₋i
寅	真以平	₋iən	₋iən	₋iən	₋iən	₋iən	₋iən	₋iən	₋iən	₋iən	₋iən
引	轸以上	₋iən	₋iən	₋iən	₋iən	₋iən	₋iən	₋iən	₋iən	₋iən	₋iən
斤	殷见平	₋tɕiən	₋tɕiən	₋tɕiən	₋tɕiən	₋tɕiən	₋tɕiən	₋tɕiən	₋tɕiən	₋tɕiən	₋tɕiən
筋	殷见平	₋tɕiən	₋tɕiən	₋tɕiən	₋tɕiən	₋tɕiən	₋tɕiən	₋tɕiən	₋tɕiən	₋tɕiən	₋tɕiən

续表

例字	中古音	天津	西青	静海	蓟州	宝坻	宁河	汉沽	塘沽	大港	武清
谨	隐见上	⊂tɕiən	⊂tɕiən	⊂tɕiən	⊂tɕiən	⊂tɕiən	⊂tɕiən	⊂tɕiən	⊂tɕiən	⊂tɕiən	⊂tɕiən
劲	燄见去	tɕiən⊃	tɕiən⊃	tɕiən⊃	tɕiən⊃	tɕiən⊃	tɕiən⊃	tɕiən⊃	tɕiən⊃	tɕiən⊃	tɕiən⊃
乞	迄溪入	⊂tɕʰi	⊂tɕʰi	⊂tɕʰi	⊂tɕʰi	⊂tɕʰi	⊂tɕʰi	⊂tɕʰi	⊂tɕʰi	⊂tɕʰi	⊂tɕʰi
勤	殷群平	⊆tɕʰiən	⊆tɕʰiən	⊆tɕʰiən	⊆tɕʰiən	⊆tɕʰiən	⊆tɕʰiən	⊆tɕʰiən	⊆tɕʰiən	⊆tɕʰiən	⊆tɕʰiən
芹	殷群平	⊆tɕʰiən	⊆tɕʰiən	⊆tɕʰiən	⊆tɕʰiən	⊆tɕʰiən	⊆tɕʰiən	⊆tɕʰiən	⊆tɕʰiən	⊆tɕʰiən	⊆tɕʰiən
近	隐群上	tɕiən⊃	tɕiən⊃	tɕiən⊃	tɕiən⊃	tɕiən⊃	tɕiən⊃	tɕiən⊃	tɕiən⊃	tɕiən⊃	tɕiən⊃
欣	殷晓平	⊂ɕiən	⊂ɕiən	⊂ɕiən	⊂ɕiən	⊂ɕiən	⊂ɕiən	⊂ɕiən	⊂ɕiən	⊂ɕiən	⊂ɕiən
殷	殷影平	⊂iən	⊂iən	⊂iən	⊂iən	⊂iən	⊂iən	⊂iən	⊂iən	⊂iən	⊂iən
隐	隐影上	⊂iən	⊂iən	⊂iən	⊂iən	⊂iən	⊂iən	⊂iən	⊂iən	⊂iən	⊂iən
奔	魂帮平	⊂pən	⊂pən	⊂pən	⊂pən	⊂pən	⊂pən	⊂pən	⊂pən	⊂pən	⊂pən
本	混帮上	⊂pən	⊂pən	⊂pən	⊂pən	⊂pən	⊂pən	⊂pən	⊂pən	⊂pən	⊂pən
不	没帮入	pu⊃	pu⊃	⊂pu	pu⊃	pu⊃	pu⊃	pu⊃	⊂pu	pu⊃	pu⊃
喷~水	魂滂平	⊂pʰən	⊂pʰən	⊂pʰən	⊂pʰən	⊂pʰən	⊂pʰən	⊂pʰən	⊂pʰən	⊂pʰən	⊂pʰən
盆	魂并平	⊂pʰən	⊂pʰən	⊂pʰən	⊂pʰən	⊂pʰən	⊂pʰən	⊂pʰən	⊂pʰən	⊂pʰən	⊂pʰən
笨	混并上	pən⊃	pən⊃	pən⊃	pən⊃	pən⊃	pən⊃	pən⊃	pən⊃	pən⊃	pən⊃
勃	明没入	⊆po	⊆po	⊆pɤ	⊆po	⊆po	⊆pə	⊆puo	⊆pə	⊆po	
饽	明没入	⊆po	⊆po	⊆pɤ	⊆po	⊆po	⊆pə	⊆puo	⊆pə	⊆po	
门	魂明平	⊆mən	⊆mən	⊆mən	⊆mən	⊆mən	⊆mən	⊆mən	⊆mən	⊆mən	⊆mən
闷	恩明去	⊆mən	mən⊃	mən⊃	mən⊃	mən⊃	mən⊃	mən⊃	mən⊃	mən⊃	
没沉~	没明入	mo⊃	mo⊃	mɤ⊃	mo⊃	mo⊃	mə⊃	muo⊃	mə⊃	mo⊃	
没~有	没明入	⊆mei	⊆mei	⊆mei	⊆mei	⊆mei	⊆mei		⊆mei	⊆mei	
敦	魂端平	⊂tuən	⊂tuən	⊂tuən	⊂tuən	⊂tuən	⊂tuən	⊂tuən	⊂tuən	⊂tuən	⊂tuən
墩	魂端平	⊂tuən	⊂tuən	⊂tuən	⊂tuən	⊂tuən	⊂tuən	⊂tuən	⊂tuən	⊂tuən	⊂tuən
顿	恩端去	tuən⊃	tuən⊃	tuən⊃	tuən⊃	tuən⊃	tuən⊃	tuən⊃	tuən⊃	tuən⊃	tuən⊃
扽	恩端去	tən⊃	tən⊃	tən⊃	tən⊃	tən⊃	tən⊃	tən⊃	tən⊃	tən⊃	tən⊃
屯	魂定平	⊂tʰuən	⊆tʰuən	⊆tʰuən	⊆tʰuən	⊆tʰuən	⊆tʰuən	⊂tʰuən	⊆tʰuən	⊆tʰuən	
臀	魂定平	⊆tʰuən	⊆tʰuən	⊆tʰuən	⊆tʰuən	⊆tʰuən	⊆tʰuən	⊆tʰuən	⊆tʰuən	⊆tʰuən	
囤	混定上	tuən⊃	tuən⊃	tuən⊃	tuən⊃	tuən⊃	tuən⊃	tuən⊃	tʰuən⊃	tuən⊃	
盾	混定上	tuən⊃	tuən⊃	tuən⊃	tuən⊃	tuən⊃	tuən⊃	tuən⊃	tʰuən⊃	tuən⊃	
钝	恩定去	tuən⊃	tuən⊃	tuən⊃	tuən⊃	tuən⊃	tuən⊃	tuən⊃	tuən⊃	tuən⊃	
突	没定入	⊆tʰu	⊆tʰu	tʰu⊃	tʰu⊃	tʰu⊃	tʰu⊃	⊆tʰu	⊆tʰu	⊆tʰu	
嫩	恩泥上	lən⊃	lən⊃	lən⊃	nən⊃	nən⊃	nən⊃	nən⊃	nən⊃	nən⊃	

续表

例字	中古音	天津	西青	静海	蓟州	宝坻	宁河	汉沽	塘沽	大港	武清
论汉~	慁来去	luən˃	luən˃	luən˃	luən˃	luən˃	luən˃	luən˃	luən˃	luən˃	luən˃
尊	魂精平	˻tsuən	˻tsuən	˻tsuən	˻tsuən	˻tsuən	˻tθuən	˻tθuən	˻tsuən	˻tsuən	˻tθuən
卒	没精入	˻tsu	˻tsu	˻tsu	˻tsu	˻tsu	˻tθu	˻tθu	˻tsu	˻tsu	˻tθu
村	魂清平	˻tsʰuən	˻tsʰuən	˻tsʰuən	˻tsʰuən	˻tsʰuən	˻tθʰuən	˻tθʰuən	˻tsʰuən	˻tsʰuən	˻tθʰuən
寸	慁清去	tsʰuən˃	tsʰuən˃	tsʰuən˃	tsʰuən˃	tsʰuən˃	tθʰuən˃	tθʰuən˃	tsʰuən˃	tsʰuən˃	tθʰuən˃
猝	没清入	tsʰu˃	tsʰu˃	tsʰu˃	tsʰu˃	tsʰu˃	tθʰu˃	tθʰu˃	tsʰu˃	tsʰu˃	tθʰu˃
存	魂从平	˻tsʰuən	˻tsʰuən	˻tsʰuən	˻tsʰuən	˻tsʰuən	˻tθʰuən	˻tθʰuən	˻tsʰuən	˻tsʰuən	˻tθʰuən
蹲		˻tuən	˻tuən	˻tuən	˻tuən	˻tuən	˻tuən	˻tuən	˻tuən	˻tuən	˻tuən
孙	魂心平	˻suən	˻suən	˻suən	˻suən	˻suən	˻θuən	˻θuən	˻suən	˻suən	˻θuən
损	混心上	˻suən	˻suən	˻suən	˻suən	˻suən	˻θuən	˻θuən	˻suən	˻suən	˻θuən
昆	魂见平	˻kʰuən	˻kʰuən	˻kʰuən	˻kʰuən	˻kʰuən	˻kʰuən	˻kʰuən	˻kʰuən	˻kʰuən	˻kʰuən
滚	混见上	˻kuən	˻kuən	˻kuən	˻kuən	˻kuən	˻kuən	˻kuən	˻kuən	˻kuən	˻kuən
棍	慁见去	kuən˃	kuən˃	kuən˃	kuən˃	kuən˃	kuən˃	kuən˃	kuən˃	kuən˃	kuən˃
骨	没见入	˻ku	˻ku	˻ku	˻ku	˻ku	˻ku	˻ku	˻ku	˻ku	˻ku
坤	魂溪平	˻kʰuən	˻kʰuən	˻kʰuən	˻kʰuən	˻kʰuən	˻kʰuən	˻kʰuən	˻kʰuən	˻kʰuən	˻kʰuən
捆	混溪上	˻kʰuən	˻kʰuən	˻kʰuən	˻kʰuən	˻kʰuən	˻kʰuən	˻kʰuən	˻kʰuən	˻kʰuən	˻kʰuən
困	慁溪去	kʰuən˃	kʰuən˃	kʰuən˃	kʰuən˃	kʰuən˃	kʰuən˃	kʰuən˃	kʰuən˃	kʰuən˃	kʰuən˃
窟	没溪入	˻kʰu	˻kʰu	˻kʰu	˻kʰu	˻kʰu	˻kʰu	˻kʰu	˻kʰu	˻kʰu	˻kʰu
昏	魂晓平	˻xuən	˻xuən	˻xuən	˻xuən	˻xuən	˻xuən	˻xuən	˻xuən	˻xuən	˻xuən
婚		˻xuən	˻xuən	˻xuən	˻xuən	˻xuən	˻xuən	˻xuən	˻xuən	˻xuən	˻xuən
忽	没晓入	˻xu	˻xu	˻xu	˻xu	˻xu	˻xu	˻xu	˻xu	˻xu	˻xu
魂	魂匣平	˻xuən	˻xuən	˻xuən	˻xuən	˻xuən	˻xuən	˻xuən	˻xuən	˻xuən	˻xuən
馄		˻xuən	˻xuən	˻xuən	˻xuən	˻xuən	˻xuən	˻xuən	˻xuən	˻xuən	˻xuən
浑		˻xuen	˻xuen	˻xuen	˻xuen	˻xuen	˻xuen	˻xuen	˻xuen	˻xuen	˻xuen
混	混匣上	˻xuen	˻xuen	˻xuen	˻xuen	˻xuen	˻xuen	˻xuen	˻xuen	˻xuen	˻xuen
温	魂影平	˻vən	˻vən	˻vən	˻uən	˻uən	˻vən	˻vən	˻vən	˻vən	˻vən
瘟		˻vən	˻vən	˻vən	˻uən	˻uən	˻vən	˻vən	˻vən	˻vən	˻vən
稳	混影上	˻vən	˻vən	˻vən	˻vən	˻vən	˻vən	˻vən	˻vən	˻vən	˻vən
伦	谆来平	˻luən	˻luən	˻luən	˻luən	˻luən	˻luən	˻luən	˻luən	˻luən	˻luən
轮		˻luən	˻luən	˻luən	˻luən	˻luən	˻luən	˻luən	˻luən	˻luən	˻luən
律	术来入	luei˃	ly˃	luei	luei	ly˃	luei	luei	ly˃	ly˃	ly˃
遵	谆精平	˻tsuən	˻tsuən	˻tsuən	˻tsuən	˻tsuən	˻tθuən	˻tθuən	˻tsuən	˻tsuən	˻tθuən

续表

例字	中古音	天津	西青	静海	蓟州	宝坻	宁河	汉沽	塘沽	大港	武清
俊	稕精去	tsuən⁼	tsuən⁼	tsuən⁼	tsuən⁼	tsuən⁼	tθuən⁼	tθuən⁼	tsuən⁼	tsuən⁼	tɕyən⁼
皴	谆清平	₋tsʰuən	₋tsʰuən	₋tsʰuən	₋tsʰuən	₋tsʰuən	₋tθʰuən	₋tθʰuən	₋tsʰuən	₋tsʰuən	₋tθʰuən
黢	术清入	₋tɕʰy	₋tɕʰy	₋tɕʰy	₋tɕʰy	₋tɕʰy	₋tɕʰy	₋tɕʰy	₋tɕʰy	₋tɕʰy	
笋	准心上	⁼suən	⁼suən	⁼suən	⁼suən	⁼suən	⁼θuən	⁼θuən	⁼suən	⁼suən	⁼θuən
榫		⁼suən	⁼suən	⁼suən	⁼suən	⁼suən	⁼θuən	⁼θuən	⁼suən	⁼suən	⁼θuən
迅	稕心去	ɕyən⁼	ɕyən⁼	ɕyən⁼	ɕyən⁼	ɕyən⁼	ɕyən⁼	ɕyən⁼	ɕyən⁼	ɕyən⁼	ɕyən⁼
戌	术心入	₋ɕy	₋ɕy	₋ɕy	₋ɕy	₋ɕy	₋ɕy	₋ɕy	₋ɕy	₋ɕy	
恤		₋ɕyɛ	₋ɕy	₋ɕy	₋ɕy	₋ɕy	₋ɕy	₋ɕy	₋ɕyɛ	₋ɕy	₋ɕy
旬	谆邪平	₋ɕyən	₋ɕyən	₋ɕyən	₋ɕyən	₋ɕyən	₋ɕyən	₋ɕyən	₋ɕyən	₋ɕyən	₋ɕyən
循		₋ɕyən	₋ɕyən	₋ɕyən	₋ɕyən	₋ɕyən	₋ɕyən	₋ɕyən	₋ɕyən	₋ɕyən	₋ɕyən
巡	谆邪平	₋ɕyən	₋ɕyən	₋ɕyən	₋ɕyən	₋ɕyən	₋ɕyən	₋ɕyən	₋ɕyən	₋ɕyən	₋ɕyən
殉	稕邪去	ɕyən⁼	ɕyən⁼	ɕyən⁼	ɕyən⁼	ɕyən⁼	ɕyən⁼	ɕyən⁼	ɕyən⁼	ɕyən⁼	ɕyən⁼
椿	谆彻平	₋tsʰuən	₋tsʰuən	₋tʂʰuən	₋tʂʰuən	₋tʂʰuən	₋tʂʰuən	₋tʂʰuən	₋tsʰuən	₋tʂʰuən	₋tʂʰuən
率~领	术生入	suai⁼	suai⁼	ʂuai⁼	ʂuai⁼	ʂuai⁼	ʂuai⁼	ʂuai⁼	suai⁼	ʂuai⁼	ʂuai⁼
蟀	术生入	suai⁼	suai⁼	ʂuai⁼	ʂuai⁼	ʂuai⁼	ʂuai⁼	ʂuai⁼	suai⁼	ʂuai⁼	ʂuai⁼
准	准章平	⁼tsuən	⁼tsuən	⁼tʂuən	⁼tʂuən	⁼tʂuən	⁼tʂuən	⁼tʂuən	⁼tsuən	⁼tʂuən	⁼tʂuən
春	谆昌平	₋tsʰuən	₋tsʰuən	₋tʂʰuən	₋tʂʰuən	₋tʂʰuən	₋tʂʰuən	₋tʂʰuən	₋tsʰuən	₋tʂʰuən	₋tʂʰuən
蠢	准昌上	⁼tsʰuən	⁼tsʰuən	⁼tʂʰuən	⁼tʂʰuən	⁼tʂʰuən	⁼tʂʰuən	⁼tʂʰuən	⁼tsʰuən	⁼tʂʰuən	⁼tʂʰuən
出	术昌入	₋tsʰu	₋tsʰu	₋tʂʰu	₋tʂʰu	₋tʂʰu	₋tʂʰu	₋tʂʰu	₋tsʰu	₋tʂʰu	₋tʂʰu
唇	谆船平	₋tsʰuən	₋tsʰuən	₋tʂʰuən	₋tʂʰuən	₋tʂʰuən	₋tʂʰuən	₋tʂʰuən	₋tɕʰyən	₋tʂʰuən	₋tʂʰuən
顺	稕船去	suən⁼	suən⁼	ʂuən⁼	ʂuən⁼	ʂuən⁼	ʂuən⁼	ʂuən⁼	suən⁼	ʂuən⁼	ʂuən⁼
术	术船入	su⁼	su⁼	ʂu⁼	ʂu⁼	ʂu⁼	ʂu⁼	ʂu⁼	su⁼	ʂu⁼	ʂu⁼
述		su⁼	su⁼	ʂu⁼	ʂu⁼	ʂu⁼	ʂu⁼	ʂu⁼	su⁼	ʂu⁼	ʂu⁼
舜	稕书去	suən⁼	suən⁼	ʂuən⁼	ʂuən⁼	ʂuən⁼	ʂuən⁼	ʂuən⁼	suən⁼	ʂuən⁼	ʂuən⁼
纯	谆禅平	₋tsʰuən	₋tsʰuən	₋tʂʰuən	₋tʂʰuən	₋tʂʰuən	₋tʂʰuən	₋tʂʰuən	₋tʂʰuən	₋tʂʰuən	₋tʂʰuən
醇		₋tsʰuən	₋tsʰuən	₋tʂʰuən	₋tʂʰuən	₋tʂʰuən	₋tʂʰuən	₋tʂʰuən	₋tʂʰuən	₋tʂʰuən	₋tʂʰuən
润	稕日去	yən⁼	yən⁼	yən⁼	ʐuən⁼	ʐuən⁼	ʐuən⁼	ʐuən⁼	yən⁼	ʐuən⁼	ʐuən⁼
闰	稕日去	yən⁼	yən⁼	yən⁼	ʐuən⁼	ʐuən⁼	ʐuən⁼	ʐuən⁼	yən⁼	ʐuən⁼	ʐuən⁼
均	谆见平	₋tɕyən	₋tɕyən	₋tɕyən	₋tɕyən	₋tɕyən	₋tɕyən	₋tɕyən	₋tɕyən	₋tɕyən	₋tɕyən
钧		₋tɕyən	₋tɕyən	₋tɕyən	₋tɕyən	₋tɕyən	₋tɕyən	₋tɕyən	₋tɕyən	₋tɕyən	₋tɕyən
橘	术见入	₋tɕy	₋tɕy	₋tɕy	₋tɕy	₋tɕy	₋tɕy	₋tɕy	₋tɕy	₋tɕy	₋tɕy
菌	准群上	₋tɕyən	₋tɕyən	₋tɕyən	₋tɕyən	₋tɕyən	₋tɕyən	₋tɕyən	₋tɕyən	₋tɕyən	₋tɕyən

续表

例字	中古音	天津	西青	静海	蓟州	宝坻	宁河	汉沽	塘沽	大港	武清
匀	谆以平	₋yən	₋yən	₋yən	₋yən	₋yən	₋yən	₋yən	₋yən	⁻yən	₋yən
允	准以上	⁻yən	⁻yən	⁻yən	⁻zុuən	⁻zុuən	⁻yən	⁻yən	⁻yən	⁻zុuən	⁻zុuən
尹		⁻iən	⁻iən	⁻iən	⁻iən	⁻iən	⁻iən	⁻iən	⁻iən	⁻iən	⁻iən
分~开	文非平	₋fən	₋fən	₋fən	₋fən	₋fən	₋fən	₋fən	₋fən	₋fən	₋fən
粉	吻非上	⁻fən	⁻fən	⁻fən	⁻fən	⁻fən	⁻fən	⁻fən	⁻fən	⁻fən	⁻fən
粪	问非去	fən⁻	fən⁻	fən⁻	fən⁻	fən⁻	fən⁻	fən⁻	fən⁻	fən⁻	fən⁻
奋		fən⁻	fən⁻	fən⁻	fən⁻	fən⁻	fən⁻	fən⁻	fən⁻	fən⁻	fən⁻
芬	文敷平	₋fən	₋fən	₋fən	₋fən	₋fən	₋fən	₋fən	₋fən	₋fən	₋fən
纷	文敷平	₋fən	₋fən	₋fən	₋fən	₋fən	₋fən	₋fən	₋fən	₋fən	₋fən
焚	文奉平	₋fən	₋fən	₋fən	₋fən	₋fən	₋fən	₋fən	₋fən	₋fən	₋fən
坟		₋fən	₋fən	₋fən	₋fən	₋fən	₋fən	₋fən	₋fən	₋fən	₋fən
愤	吻奉上	fən⁻	fən⁻	fən⁻	fən⁻	fən⁻	fən⁻	fən⁻	fən⁻	fən⁻	fən⁻
忿		fən⁻	fən⁻	fən⁻	fən⁻	fən⁻	fən⁻	fən⁻	fən⁻	fən⁻	fən⁻
份	问奉去	fən⁻	fən⁻	fən⁻	fən⁻	fən⁻	fən⁻	fən⁻	fən⁻	fən⁻	fən⁻
佛~教	物奉入	₋fo	₋fo	₋fɤ	₋fo	₋fə	₋fə	₋fuo	₋fə	₋fo	
文	文微平	₋vən	₋vən	₋vən	₋uən	₋uən	₋uən	₋vən	⁻uən	₋vən	
纹		₋vən	₋vən	₋vən	₋uən	₋uən	₋uən	₋vən	⁻uən	₋vən	
蚊		₋vən	₋vən	₋vən	₋uən	₋uən	₋uən	₋vən	⁻uən	₋vən	
闻		₋vən	₋vən	₋vən	₋uən	₋uən	₋uən	₋vən	⁻uən	₋vən	
问	问微去	vən⁻	vən⁻	vən⁻	uən⁻	uən⁻	uən⁻	vən⁻	uən⁻	vən⁻	
璺		vən⁻	vən⁻	vən⁻	uən⁻	uən⁻	uən⁻	vən⁻	uən⁻	vən⁻	
物	物微入	u⁻	vu⁻	u⁻	u⁻	u⁻	u⁻	u⁻	vu⁻	u⁻	vu⁻
勿	物微入	u⁻	vu⁻	u⁻	u⁻	u⁻	u⁻	u⁻	vu⁻	u⁻	vu⁻
君	文见平	₋tɕyən	₋tɕyən	₋tɕyən	₋tɕyən	₋tɕyən	₋tɕyən	₋tɕyən	₋tɕyən	₋tɕyən	₋tɕyən
军		₋tɕyən	₋tɕyən	₋tɕyən	₋tɕyən	₋tɕyən	₋tɕyən	₋tɕyən	₋tʂuən	₋tɕyən	
屈	物群上	₋tɕʰy	₋tɕʰy	₋tɕʰy	₋tɕʰy	₋tɕʰy	₋tɕʰy	₋tɕʰy	₋tɕʰy	₋tɕʰy	
群	文群平	₋tɕʰyən	₋tɕʰyən	₋tɕʰyən	₋tɕʰyən	₋tɕʰyən	₋tɕʰyən	₋tɕʰyən	₋tʂʰuən	₋tɕʰyən	
裙		₋tɕʰyən	₋tɕʰyən	₋tɕʰyən	₋tɕʰyən	₋tɕʰyən	₋tɕʰyən	₋tɕʰyən	₋tɕʰyən	₋tɕʰyən	
掘	物群入	₋tɕyɛ	₋tɕyɛ	₋tɕyɛ	₋tɕyo	₋tɕyɛ	₋tɕyɛ	₋tɕyɛ	₋tɕyɛ	₋tɕyɛ	
倔		tɕyɛ⁻	tɕyɛ⁻	tɕyɛ⁻	tɕyo⁻	tɕyɛ⁻	tɕyɛ⁻	tɕyɛ⁻	tɕyɛ⁻	tɕyɛ⁻	

续表

例字	中古音	天津	西青	静海	蓟州	宝坻	宁河	汉沽	塘沽	大港	武清
熏	文晓平	₋ɕyən	₋ɕyən	₋ɕyən	₋ɕyən	₋ɕyən	₋ɕyən	₋ɕyən	₋ɕyən	₋ɕyən	
勋		₋ɕyən	₋ɕyən	₋ɕyən	₋ɕyən	₋ɕyən	₋ɕyən	₋ɕyən	₋ɕyən	₋ɕyən	
荤		₋xuən	₋xuən	₋xuən	₋xuən	₋xuən	₋xuən	₋xuən	₋xuən	₋xuən	
训	问晓去	ɕyən⁻	ɕyən⁻	ɕyən⁻	ɕyən⁻	ɕyən⁻	ɕyən⁻	ɕyən⁻	ɕyən⁻	ɕyən⁻	
熨	问影去	yən⁻	yən⁻	yən⁻	yən⁻	yən⁻	yən⁻	yən⁻	yən⁻	yən⁻	
云	文云平	₋yən	₋yən	₋yən	₋yən	₋yən	₋yən	₋yən	⁻yən	⁻yən	
韵		yən⁻	yən⁻	yən⁻	yən⁻	yən⁻	yən⁻	yən⁻	yən⁻	yən⁻	
运	问云去	yən⁻	yən⁻	yən⁻	yən⁻	yən⁻	yən⁻	yən⁻	yən⁻	yən⁻	
晕		₋yən	₋yən	₋yən	₋yən	₋yən	₋yən	₋yən	yən⁻	yən⁻	

十二　宕摄

例字	中古音	天津	西青	静海	蓟州	宝坻	宁河	汉沽	塘沽	大港	武清
帮	唐帮平	₋paŋ	₋paŋ	₋paŋ	₋paŋ	₋paŋ	₋paŋ	₋paŋ	₋paŋ		
榜	荡帮上	⁻paŋ	⁻paŋ	⁻paŋ	⁻paŋ	⁻paŋ	⁻paŋ	⁻paŋ	⁻paŋ		
谤	宕帮去	paŋ⁻	paŋ⁻	paŋ⁻	paŋ⁻	paŋ⁻	paŋ⁻	paŋ⁻	paŋ⁻		
博	铎帮入	₋po	₋po	₋pɤ	₋po	₋pə	₋pə	₋puo	⁻pə	₋po	
泊 水~	铎滂入	₋pʰo	₋pʰo	₋pʰɤ	po⁻	po⁻	pə⁻	₋pə	₋pʰuo	₋pə	₋pʰo
旁	唐并平	₋pʰaŋ	₋pʰaŋ	₋pʰaŋ	₋pʰaŋ	₋pʰaŋ	₋pʰaŋ	₋pʰaŋ	⁻pʰaŋ	₋pʰaŋ	
螃		₋pʰaŋ	₋pʰaŋ	₋pʰaŋ	₋pʰaŋ	₋pʰaŋ	₋pʰaŋ	₋pʰaŋ	⁻pʰaŋ	₋pʰaŋ	
傍	宕定去	paŋ⁻	paŋ⁻	paŋ⁻	paŋ⁻	paŋ⁻	paŋ⁻	paŋ⁻	paŋ⁻		
薄 ~厚	铎并入	₋pau	₋pau	₋pɤ	₋pau	₋pə	₋pə	₋pau	₋pau		
泊 团~		₋po	₋po	₋pɤ	po⁻	pə⁻	pə⁻	₋puo	⁻pə	₋po	
忙	唐明平	₋maŋ	₋maŋ	₋maŋ	₋maŋ	₋maŋ	₋maŋ	₋maŋ	⁻maŋ	₋maŋ	
芒		₋maŋ	₋maŋ	₋maŋ	₋maŋ	₋maŋ	₋maŋ	₋maŋ	⁻maŋ	₋maŋ	
茫		₋maŋ	₋maŋ	₋maŋ	₋maŋ	₋maŋ	₋maŋ	₋maŋ	⁻maŋ	₋maŋ	
莽	荡明上	⁻maŋ	⁻maŋ	⁻maŋ	⁻maŋ	⁻maŋ	⁻maŋ	⁻maŋ	⁻maŋ		
蟒		⁻maŋ	⁻maŋ	⁻maŋ	⁻maŋ	⁻maŋ	⁻maŋ	⁻maŋ	⁻maŋ		

续表

例字	中古音	天津	西青	静海	蓟州	宝坻	宁河	汉沽	塘沽	大港	武清
莫	铎明入	ˉmo	ˉmo	ˉmɤ	ˉmo	ˉmo	ˉmə	ˉmə	ˉmuo	ˉmə	ˉmo
膜		ˉmo	ˉmo	ˉmɤ	ˉmo	ˉmo	ˉmə	ˉmə	ˉmuo	ˉmə	ˉmo
幕		muʾ	muʾ	muʾ	muʾ	muʾ	muʾ	muʾ	muʾ	muʾ	muʾ
寞		moʾ	moʾ	mɤʾ	moʾ	moʾ	məʾ	məʾ	muoʾ	məʾ	moʾ
摸		ˉmo / ˉmau	ˉmo	ˉmau	ˉmau	ˉmo	ˉmə	ˉmə	ˉmuo	ˉmə	ˉmo
当~时	唐端平	ˉtaŋ	ˉtaŋ	ˉtaŋ	ˉtaŋ	ˉtaŋ	ˉtaŋ	ˉtaŋ	ˉtaŋ	ˉtaŋ	ˉtaŋ
党	荡端上	ˈtaŋ	ˈtaŋ	ˈtaŋ	ˈtaŋ	ˈtaŋ	ˈtaŋ	ˈtaŋ	ˈtaŋ	ˈtaŋ	ˈtaŋ
挡		ˈtaŋ	ˈtaŋ	ˈtaŋ	ˈtaŋ	ˈtaŋ	ˈtaŋ	ˈtaŋ	ˈtaŋ	ˈtaŋ	ˈtaŋ
当~作	宕端去	taŋʾ	taŋʾ	taŋʾ	taŋʾ	taŋʾ	taŋʾ	taŋʾ	taŋʾ	taŋʾ	taŋʾ
汤	唐透平	ˉtʰaŋ	ˉtʰaŋ	ˉtʰaŋ	ˉtʰaŋ	ˉtʰaŋ	ˉtʰaŋ	ˉtʰaŋ	ˉtʰaŋ	ˉtʰaŋ	ˉtʰaŋ
躺	荡透上	ˈtʰaŋ	ˈtʰaŋ	ˈtʰaŋ	ˈtʰaŋ	ˈtʰaŋ	ˈtʰaŋ	ˈtʰaŋ	ˈtʰaŋ	ˈtʰaŋ	ˈtʰaŋ
烫	宕透去	tʰaŋʾ	tʰaŋʾ	tʰaŋʾ	tʰaŋʾ	tʰaŋʾ	tʰaŋʾ	tʰaŋʾ	tʰaŋʾ	tʰaŋʾ	tʰaŋʾ
趟		tʰaŋʾ	tʰaŋʾ	tʰaŋʾ	tʰaŋʾ	tʰaŋʾ	tʰaŋʾ	tʰaŋʾ	tʰaŋʾ	tʰaŋʾ	tʰaŋʾ
托	铎透入	ˉtʰuo	ˉtʰuo	ˉtʰuo	ˉtʰuo	ˉtʰuo	ˉtʰuə	ˉtʰuə	ˉtʰuo	ˉtʰuo	ˉtʰuo
堂	唐定平	₌tʰaŋ	₌tʰaŋ	₌tʰaŋ	₌tʰaŋ	₌tʰaŋ	₌tʰaŋ	₌tʰaŋ	₌tʰaŋ	₌tʰaŋ	₌tʰaŋ
棠		₌tʰaŋ	₌tʰaŋ	₌tʰaŋ	₌tʰaŋ	₌tʰaŋ	₌tʰaŋ	₌tʰaŋ	₌tʰaŋ	₌tʰaŋ	₌tʰaŋ
螳		₌tʰaŋ	₌tʰaŋ	₌tʰaŋ	₌tʰaŋ	₌tʰaŋ	₌tʰaŋ	₌tʰaŋ	₌tʰaŋ	₌tʰaŋ	₌tʰaŋ
唐		₌tʰaŋ	₌tʰaŋ	₌tʰaŋ	₌tʰaŋ	₌tʰaŋ	₌tʰaŋ	₌tʰaŋ	₌tʰaŋ	₌tʰaŋ	₌tʰaŋ
糖		₌tʰaŋ	₌tʰaŋ	₌tʰaŋ	₌tʰaŋ	₌tʰaŋ	₌tʰaŋ	₌tʰaŋ	₌tʰaŋ	₌tʰaŋ	₌tʰaŋ
塘		₌tʰaŋ	₌tʰaŋ	₌tʰaŋ	₌tʰaŋ	₌tʰaŋ	₌tʰaŋ	₌tʰaŋ	₌tʰaŋ	₌tʰaŋ	₌tʰaŋ
诺	铎泥入	nuoʾ	nuoʾ	nuoʾ	nɤʾ	nuəʾ	nuəʾ	nuoʾ	nuoʾ	nuoʾ	nuoʾ
郎	唐来平	₌laŋ	₌laŋ	₌laŋ	₌laŋ	₌laŋ	₌laŋ	₌laŋ	₌laŋ	₌laŋ	₌laŋ
廊	唐来平	₌laŋ	₌laŋ	₌laŋ	₌laŋ	₌laŋ	₌laŋ	₌laŋ	₌laŋ	₌laŋ	₌laŋ
狼		₌laŋ	₌laŋ	₌laŋ	₌laŋ	₌laŋ	₌laŋ	₌laŋ	₌laŋ	₌laŋ	₌laŋ
螂		₌laŋ	₌laŋ	₌laŋ	₌laŋ	₌laŋ	₌laŋ	₌laŋ	₌laŋ	₌laŋ	₌laŋ
朗	荡来上	ˈlaŋ	ˈlaŋ	ˈlaŋ	ˈlaŋ	ˈlaŋ	ˈlaŋ	ˈlaŋ	ˈlaŋ	ˈlaŋ	ˈlaŋ
浪	宕来去	laŋʾ	laŋʾ	laŋʾ	laŋʾ	laŋʾ	laŋʾ	laŋʾ	laŋʾ	laŋʾ	laŋʾ
落	铎来入	luoʾ / lauʾ	luoʾ / lauʾ	lɤʾ / lauʾ	lɤʾ	luəʾ	luəʾ	luoʾ	luoʾ	luoʾ	lauʾ
烙		lauʾ	lauʾ	lauʾ	lauʾ	lauʾ	lauʾ	lauʾ	lauʾ	lauʾ	lauʾ

例字	中古音	天津	西青	静海	蓟州	宝坻	宁河	汉沽	塘沽	大港	武清
络	铎来入	luoᶜ	luoᶜ	lɤᶜ	lɤᶜ	luəᶜ	luəᶜ	luoᶜ	luoᶜ	luoᶜ	
洛		luoᶜ	luoᶜ	lɤᶜ	lɤᶜ	luəᶜ	luəᶜ	luoᶜ	luoᶜ	luoᶜ	
骆		luoᶜ	luoᶜ	lɤᶜ	luoᶜ	luəᶜ	luəᶜ	luoᶜ	luoᶜ	luoᶜ	
乐		lɤᶜ	lɤᶜ	lɤᶜ	lɤᶜ	lɤᶜ	lɤᶜ	lɤᶜ	ləᶜ	lɤᶜ	
脏 (脏~)	唐精平	꜀tsaŋ	꜀tsaŋ	꜀tsaŋ	꜀tsaŋ	꜀tθaŋ	꜀tθaŋ	꜀tsaŋ	꜀tsaŋ	꜀tθaŋ	
葬	宕精平	tsaŋᶜ	tsaŋᶜ	tsaŋᶜ	tsaŋᶜ	tθaŋᶜ	tθaŋᶜ	tsaŋᶜ	tsaŋᶜ	tθaŋᶜ	
作 (~坊)	铎精入	꜀tsuo	꜀tsuo	꜀tsuo	꜀tsuo	꜀tθuə	꜀tθuo	꜀tsuo	꜀tsuo	꜀tθuo	
作 (工~)		tsuoᶜ	tsuoᶜ	tsuoᶜ	tsuoᶜ	tθuəᶜ	tθuəᶜ	tsuoᶜ	tsuoᶜ	tθuoᶜ	
仓	唐清平	꜀tsʰaŋ	꜀tsʰaŋ	꜀tsʰaŋ	꜀tsʰaŋ	꜀tθʰaŋ	꜀tθʰaŋ	꜀tsʰaŋ	꜀tsʰaŋ	꜀tθʰaŋ	
苍		꜀tsʰaŋ	꜀tsʰaŋ	꜀tsʰaŋ	꜀tsʰaŋ	꜀tθʰaŋ	꜀tθʰaŋ	꜀tsʰaŋ	꜀tsʰaŋ	꜀tθʰaŋ	
错 (~杂)	铎清入	tsʰuoᶜ	tsʰuoᶜ	tsʰuoᶜ	tsʰuoᶜ	tθʰuəᶜ	tθʰuəᶜ	tsʰuoᶜ	tsʰuoᶜ	tθʰuoᶜ	
藏 (隐~)	唐从平	꜁tsʰaŋ	꜁tsʰaŋ	꜁tsʰaŋ	꜁tsʰaŋ	꜁tθʰaŋ	꜁tθʰaŋ	꜁tsʰaŋ	꜁tsʰaŋ	꜁tθʰaŋ	
藏 (西~)		tsaŋᶜ	tsaŋᶜ	tsaŋᶜ	tsaŋᶜ	tθaŋᶜ	tθaŋᶜ	tsaŋᶜ	tsaŋᶜ	tθaŋᶜ	
脏 (心~)		tsaŋᶜ	tsaŋᶜ	tsaŋᶜ	tsaŋᶜ	tθaŋᶜ	tθaŋᶜ	tsaŋᶜ	tsaŋᶜ	tθaŋᶜ	
凿	铎从入	꜁tsau	꜁tsau	꜁tsau	꜁tsau	꜁tθau	꜁tsau	꜁tsau	꜁tθau		
昨		꜁tsuo	꜁tsuo	꜁tsuo	꜁tsuo	꜁tθuə	꜁tθuə	꜁tsuo	꜁tsuo	꜁tθuo	
桑	唐心平	꜀saŋ	꜀saŋ	꜀saŋ	꜀saŋ	꜀θaŋ	꜀θaŋ	꜀saŋ	꜀saŋ	꜀θaŋ	
丧 (~葬)		꜀saŋ	꜀saŋ	꜀saŋ	꜀saŋ	꜀θaŋ	꜀θaŋ	꜀saŋ	꜀saŋ	꜀θaŋ	
嗓	荡心上	꜂saŋ	꜂saŋ	꜂saŋ	꜂saŋ	꜂θaŋ	꜂θaŋ	꜂saŋ	꜂saŋ	꜂θaŋ	
傪		꜂saŋ	꜂saŋ	꜂saŋ	꜂saŋ	꜂θaŋ	꜂θaŋ	꜂saŋ	꜂saŋ	꜂θaŋ	
丧 (~失)	宕心去	saŋᶜ	saŋᶜ	saŋᶜ	saŋᶜ	θaŋᶜ	θaŋᶜ	saŋᶜ	saŋᶜ	θaŋᶜ	
索	铎心入	꜀suo	꜀suo	꜀suo	꜀suo	꜀θuə	꜀θuə	꜀suo	꜀suo	꜀θuo	
冈	唐见平	꜀kaŋ	꜀kaŋ	꜀kaŋ	꜀kaŋ	꜀kaŋ	꜀kaŋ	꜀kaŋ	꜀kaŋ	꜀kaŋ	
岗		꜀kaŋ	꜀kaŋ	꜀kaŋ	꜀kaŋ	꜀kaŋ	꜀kaŋ	꜀kaŋ	꜀kaŋ	꜀kaŋ	
刚		꜀kaŋ	꜀kaŋ	꜀kaŋ	꜀kaŋ	꜀kaŋ	꜀kaŋ	꜀kaŋ	꜀kaŋ	꜀kaŋ	
钢 (~铁)		꜀kaŋ	꜀kaŋ	꜀kaŋ	꜀kaŋ	꜀kaŋ	꜀kaŋ	꜀kaŋ	꜀kaŋ	꜀kaŋ	
缸		꜀kaŋ	꜀kaŋ	꜀kaŋ	꜀kaŋ	꜀kaŋ	꜀kaŋ	꜀kaŋ	꜀kaŋ	꜀kaŋ	
钢 (~刀)	宕见去	kaŋᶜ	kaŋᶜ	kaŋᶜ	kaŋᶜ	kaŋᶜ	kaŋᶜ	kaŋᶜ	kaŋᶜ	kaŋᶜ	
杠		kaŋᶜ	kaŋᶜ	kaŋᶜ	kaŋᶜ	kaŋᶜ	kaŋᶜ	kaŋᶜ	kaŋᶜ	kaŋᶜ	
各	铎见入	kɤᶜ	kɤᶜ	꜁kɤ	kɤᶜ	꜁kɤ	kɤᶜ	kɤᶜ	꜁kə	kɤᶜ	
阁		꜁kɤ	꜁kɤ	꜁kɤ	꜁kɤ	꜁kɤ	꜁kɤ	꜁kɤ	꜁kə	꜁kɤ	
胳		꜀kɤ	꜀kɤ	꜀kɤ	꜀kɤ	꜀kɤ	꜀kɤ	꜀kɤ	꜀kə	꜀kɤ	

续表

例字	中古音	天津	西青	静海	蓟州	宝坻	宁河	汉沽	塘沽	大港	武清
康	唐溪平	₋kʰaŋ	₋kʰaŋ	₋kʰaŋ	₋kʰaŋ	₋kʰaŋ	₋kʰaŋ	₋kʰaŋ	₋kʰaŋ	₋kʰaŋ	₋kʰaŋ
糠		₋kʰaŋ	₋kʰaŋ	₋kʰaŋ	₋kʰaŋ	₋kʰaŋ	₋kʰaŋ	₋kʰaŋ	₋kʰaŋ	₋kʰaŋ	₋kʰaŋ
慷	荡溪上	₋kʰaŋ	₋kʰaŋ	kʰaŋ⌐	₋kʰaŋ	₋kʰaŋ	₋kʰaŋ	₋kʰaŋ	₋kʰaŋ	₋kʰaŋ	₋kʰaŋ
抗	宕溪去	kʰaŋ⌐	kʰaŋ⌐	kʰaŋ⌐	kʰaŋ⌐	kʰaŋ⌐	kʰaŋ⌐	kʰaŋ⌐	kʰaŋ⌐	kʰaŋ⌐	kʰaŋ⌐
炕		kʰaŋ⌐	kʰaŋ⌐	kʰaŋ⌐	kʰaŋ⌐	kʰaŋ⌐	kʰaŋ⌐	kʰaŋ⌐	kʰaŋ⌐	kʰaŋ⌐	kʰaŋ⌐
昂	唐疑平	₋aŋ	₋aŋ	₋ŋaŋ / ₋naŋ	₋naŋ	₋aŋ	₋aŋ	₋naŋ	⌐naŋ	₋aŋ	
郝	铎晓入	₋xau / ₋xɣ	₋xau	₋xau	₋xau	₋xau	₋xau	₋xau	₋xau	₋xau	
行~列	唐匣平	₋xaŋ	₋xaŋ	₋xaŋ	₋xaŋ	₋xaŋ	₋xaŋ	₋xaŋ	₋xaŋ	₋xaŋ	
杭	唐匣平	₋xaŋ	₋xaŋ	₋xaŋ	₋xaŋ	₋xaŋ	₋xaŋ	₋xaŋ	₋xaŋ	₋xaŋ	
航		₋xaŋ	₋xaŋ	₋xaŋ	₋xaŋ	₋xaŋ	₋xaŋ	₋xaŋ	₋xaŋ	₋xaŋ	
鹤	铎匣入	xɣ⌐ / ₋xau	xɣ⌐	xɣ⌐	xɣ⌐	xɣ⌐	xɣ⌐	xɣ⌐	xə⌐	xɣ⌐	
恶善~	铎影入	nɣ⌐	₋nɣ	₋ŋɣ / ₋nɣ	₋nɣ	₋nɣ	₋ɣ	₋nɣ	nə⌐	₋nɣ	
娘	阳泥平	₋ȵiaŋ	₋ȵiaŋ	₋ȵiaŋ	₋ȵiaŋ	₋ȵiaŋ	₋ȵiaŋ	₋ȵiaŋ	₋ȵiaŋ	₋ȵiaŋ	
酿	漾泥去	ȵiaŋ⌐	ȵiaŋ⌐	₋zaŋ	ȵiaŋ⌐	ȵiaŋ⌐	ȵiaŋ⌐	ȵiaŋ⌐	ȵiaŋ⌐	ȵiaŋ⌐	
良	阳来平	₋liaŋ	₋liaŋ	₋liaŋ	₋liaŋ	₋liaŋ	₋liaŋ	₋liaŋ	₋liaŋ	₋liaŋ	
凉		₋liaŋ	₋liaŋ	₋liaŋ	₋liaŋ	₋liaŋ	₋liaŋ	₋liaŋ	₋liaŋ	₋liaŋ	
量丈~		₋liaŋ	₋liaŋ	₋liaŋ	₋liaŋ	₋liaŋ	₋liaŋ	₋liaŋ	₋liaŋ	₋liaŋ	
粮		₋liaŋ	₋liaŋ	₋liaŋ	₋liaŋ	₋liaŋ	₋liaŋ	₋liaŋ	₋liaŋ	₋liaŋ	
梁		₋liaŋ	₋liaŋ	₋liaŋ	₋liaŋ	₋liaŋ	₋liaŋ	₋liaŋ	₋liaŋ	₋liaŋ	
梁		₋liaŋ	₋liaŋ	₋liaŋ	₋liaŋ	₋liaŋ	₋liaŋ	₋liaŋ	₋liaŋ	₋liaŋ	
两	养来上	⌐liaŋ	⌐liaŋ	⌐liaŋ	⌐liaŋ	⌐liaŋ	⌐liaŋ	⌐liaŋ	⌐liaŋ	⌐liaŋ	
亮	漾来去	liaŋ⌐	liaŋ⌐	liaŋ⌐	liaŋ⌐	liaŋ⌐	liaŋ⌐	liaŋ⌐	liaŋ⌐	liaŋ⌐	
谅		liaŋ⌐	liaŋ⌐	liaŋ⌐	liaŋ⌐	liaŋ⌐	liaŋ⌐	liaŋ⌐	liaŋ⌐	liaŋ⌐	
辆		liaŋ⌐	liaŋ⌐	liaŋ⌐	liaŋ⌐	liaŋ⌐	liaŋ⌐	liaŋ⌐	liaŋ⌐	liaŋ⌐	
量数~	漾来去	liaŋ⌐	liaŋ⌐	liaŋ⌐	liaŋ⌐	liaŋ⌐	liaŋ⌐	liaŋ⌐	liaŋ⌐	liaŋ⌐	
略	药来入	lyɛ⌐	lyɛ⌐	lyɛ⌐ / liau⌐	liɛ⌐	lyɛ⌐	lyɛ⌐ / liau⌐	lyɛ⌐	lyɛ⌐	lyɛ⌐	
掠		lyɛ⌐	lyɛ⌐	lyɛ⌐ / liɛ⌐	liɛ⌐	lyɛ⌐	lyɛ⌐	lyɛ⌐	lyɛ⌐	lyɛ⌐	
将~来	阳精平	₋tɕiaŋ	₋tɕiaŋ	₋tɕiaŋ	₋tɕiaŋ	₋tɕiaŋ	₋tɕiaŋ	₋tɕiaŋ	₋tɕiaŋ	₋tɕiaŋ	
浆		₋tɕiaŋ	₋tɕiaŋ	₋tɕiaŋ	₋tɕiaŋ	₋tɕiaŋ	₋tɕiaŋ	₋tɕiaŋ	₋tɕiaŋ	₋tɕiaŋ	

续表

例字	中古音	天津	西青	静海	蓟州	宝坻	宁河	汉沽	塘沽	大港	武清
蒋	养精上	ˉtɕiaŋ	ˉtɕiaŋ	ˉtɕiaŋ	ˉtɕiaŋ	ˉtɕiaŋ	ˉtɕiaŋ	ˉtɕiaŋ	ˉtɕiaŋ	ˉtɕiaŋ	ˉtɕiaŋ
奖		ˉtɕiaŋ	ˉtɕiaŋ	ˉtɕiaŋ	ˉtɕiaŋ	ˉtɕiaŋ	ˉtɕiaŋ	ˉtɕiaŋ	ˉtɕiaŋ	ˉtɕiaŋ	ˉtɕiaŋ
桨		ˉtɕiaŋ	ˉtɕiaŋ	ˉtɕiaŋ	ˉtɕiaŋ	ˉtɕiaŋ	ˉtɕiaŋ	ˉtɕiaŋ	ˉtɕiaŋ	ˉtɕiaŋ	ˉtɕiaŋ
酱	漾精去	tɕiaŋˀ	tɕiaŋˀ	tɕiaŋˀ	tɕiaŋˀ	tɕiaŋˀ	tɕiaŋˀ	tɕiaŋˀ	tɕiaŋˀ	tɕiaŋˀ	tɕiaŋˀ
将大~		tɕiaŋˀ	tɕiaŋˀ	tɕiaŋˀ	tɕiaŋˀ	tɕiaŋˀ	tɕiaŋˀ	tɕiaŋˀ	tɕiaŋˀ	tɕiaŋˀ	tɕiaŋˀ
雀	药精入	tɕʰyɛ / tɕʰiau	tɕʰyɛ / tɕʰiau	tɕʰyɛ / tɕʰiau	tɕʰyɛ	tɕʰyo	tɕʰyə	tɕʰyɛ	tɕʰyɛ	ˉtɕʰiau	tɕʰyɛ
枪	阳清平	ˉtɕʰiaŋ	ˉtɕʰiaŋ	ˉtɕʰiaŋ	ˉtɕʰiaŋ	ˉtɕʰiaŋ	ˉtɕʰiaŋ	ˉtɕʰiaŋ	ˉtɕʰiaŋ	ˉtɕʰiaŋ	ˉtɕʰiaŋ
抢	养清上	ˉtɕʰiaŋ	ˉtɕʰiaŋ	ˉtɕʰiaŋ	ˉtɕʰiaŋ	ˉtɕʰiaŋ	ˉtɕʰiaŋ	ˉtɕʰiaŋ	ˉtɕʰiaŋ	ˉtɕʰiaŋ	ˉtɕʰiaŋ
鹊	药清入	tɕʰyɛ	tɕʰyɛ	tɕʰyɛ	tɕʰyɛ	tɕʰyo	tɕʰyə	tɕʰyɛ	tɕʰyɛ	tɕʰyɛ	tɕʰyɛ
墙	阳从平	ˉtɕʰiaŋ	ˉtɕʰiaŋ	ˉtɕʰiaŋ	ˉtɕʰiaŋ	ˉtɕʰiaŋ	ˉtɕʰiaŋ	ˉtɕʰiaŋ	ˉtɕʰiaŋ	ˉtɕʰiaŋ	ˉtɕʰiaŋ
匠	漾从去	tɕiaŋˀ	tɕiaŋˀ	tɕiaŋˀ	tɕiaŋˀ	tɕiaŋˀ	tɕiaŋˀ	tɕiaŋˀ	tɕiaŋˀ	tɕiaŋˀ	tɕiaŋˀ
嚼	药从入	ˉtɕiau	ˉtɕiau	ˉtɕiau	ˉtɕiau	ˉtɕiau	ˉtɕiau	ˉtɕiau	ˉtɕyɛ	ˉtɕiau	ˉtɕiau
相~互	阳心平	ˉɕiaŋ	ˉɕiaŋ	ˉɕiaŋ	ˉɕiaŋ	ˉɕiaŋ	ˉɕiaŋ	ˉɕiaŋ	ˉɕiaŋ	ˉɕiaŋ	ˉɕiaŋ
箱		ˉɕiaŋ	ˉɕiaŋ	ˉɕiaŋ	ˉɕiaŋ	ˉɕiaŋ	ˉɕiaŋ	ˉɕiaŋ	ˉɕiaŋ	ˉɕiaŋ	ˉɕiaŋ
厢		ˉɕiaŋ	ˉɕiaŋ	ˉɕiaŋ	ˉɕiaŋ	ˉɕiaŋ	ˉɕiaŋ	ˉɕiaŋ	ˉɕiaŋ	ˉɕiaŋ	ˉɕiaŋ
湘		ˉɕiaŋ	ˉɕiaŋ	ˉɕiaŋ	ˉɕiaŋ	ˉɕiaŋ	ˉɕiaŋ	ˉɕiaŋ	ˉɕiaŋ	ˉɕiaŋ	ˉɕiaŋ
襄	阳心平	ˉɕiaŋ	ˉɕiaŋ	ˉɕiaŋ	ˉɕiaŋ	ˉɕiaŋ	ˉɕiaŋ	ˉɕiaŋ	ˉɕiaŋ	ˉɕiaŋ	ˉɕiaŋ
镶		ˉɕiaŋ	ˉɕiaŋ	ˉɕiaŋ	ˉɕiaŋ	ˉɕiaŋ	ˉɕiaŋ	ˉɕiaŋ	ˉɕiaŋ	ˉɕiaŋ	ˉɕiaŋ
想	养心上	ˉɕiaŋ	ˉɕiaŋ	ˉɕiaŋ	ˉɕiaŋ	ˉɕiaŋ	ˉɕiaŋ	ˉɕiaŋ	ˉɕiaŋ	ˉɕiaŋ	ˉɕiaŋ
相~貌	漾心去	ɕiaŋˀ	ɕiaŋˀ	ɕiaŋˀ	ɕiaŋˀ	ɕiaŋˀ	ɕiaŋˀ	ɕiaŋˀ	ɕiaŋˀ	ɕiaŋˀ	ɕiaŋˀ
削	药心入	ɕyɛ / ɕiau	ɕyɛ / ɕiau	ɕyɛ	ɕiau	ɕiau	ɕiau	ɕiau	ɕiau	ɕyɛ / ɕiau	ˉɕiau
祥	阳邪平	ˉɕiaŋ	ˉɕiaŋ	ˉɕiaŋ	ˉɕiaŋ	ˉɕiaŋ	ˉɕiaŋ	ˉɕiaŋ	ˉɕiaŋ	ˉɕiaŋ	ˉɕiaŋ
详		ˉɕiaŋ	ˉɕiaŋ	ˉɕiaŋ	ˉɕiaŋ	ˉɕiaŋ	ˉɕiaŋ	ˉɕiaŋ	ˉɕiaŋ	ˉɕiaŋ	ˉɕiaŋ
象	养邪上	ɕiaŋˀ	ɕiaŋˀ	ɕiaŋˀ	ɕiaŋˀ	ɕiaŋˀ	ɕiaŋˀ	ɕiaŋˀ	ɕiaŋˀ	ɕiaŋˀ	ɕiaŋˀ
像		ɕiaŋˀ	ɕiaŋˀ	ɕiaŋˀ	ɕiaŋˀ	ɕiaŋˀ	ɕiaŋˀ	ɕiaŋˀ	ɕiaŋˀ	ɕiaŋˀ	ɕiaŋˀ
张	阳知平	ˉtsaŋ	ˉtsaŋ	ˉtʂaŋ	ˉtʂaŋ	ˉtʂaŋ	ˉtʂaŋ	ˉtʂaŋ	ˉtʂaŋ	ˉtʂaŋ	ˉtʂaŋ
长生~	养知上	ˉtsaŋ	ˉtsaŋ	ˉtʂaŋ	ˉtʂaŋ	ˉtʂaŋ	ˉtʂaŋ	ˉtʂaŋ	ˉtʂaŋ	ˉtʂaŋ	ˉtʂaŋ
涨		ˉtsaŋ	ˉtsaŋ	ˉtʂaŋ	ˉtʂaŋ	ˉtʂaŋ	ˉtʂaŋ	ˉtʂaŋ	ˉtʂaŋ	ˉtʂaŋ	ˉtʂaŋ
帐	漾知去	tsaŋˀ	tsaŋˀ	tʂaŋˀ	tʂaŋˀ	tʂaŋˀ	tʂaŋˀ	tʂaŋˀ	tʂaŋˀ	tʂaŋˀ	tʂaŋˀ
账		tsaŋˀ	tsaŋˀ	tʂaŋˀ	tʂaŋˀ	tʂaŋˀ	tʂaŋˀ	tʂaŋˀ	tʂaŋˀ	tʂaŋˀ	tʂaŋˀ
胀		tsaŋˀ	tsaŋˀ	tʂaŋˀ	tʂaŋˀ	tʂaŋˀ	tʂaŋˀ	tʂaŋˀ	tsaŋˀ	tʂaŋˀ	tʂaŋˀ

续表

例字	中古音	天津	西青	静海	蓟州	宝坻	宁河	汉沽	塘沽	大港	武清
畅	漾彻去	tsʰaŋ˧	tsʰaŋ˧	tʂʰaŋ˧	tʂʰaŋ˧	tʂʰaŋ˧	tʂʰaŋ˧	tsʰaŋ˧	tsʰaŋ˧	tʂʰaŋ˧	tʂʰaŋ˧
长~短	阳澄平	₍tsʰaŋ	₍tsʰaŋ	₍tʂʰaŋ	₍tʂʰaŋ	₍tʂʰaŋ	₍tʂʰaŋ	₍tsʰaŋ	₍tsʰaŋ	₍tʂʰaŋ	₍tʂʰaŋ
肠		₍tsʰaŋ	₍tsʰaŋ	₍tʂʰaŋ	₍tʂʰaŋ	₍tʂʰaŋ	₍tʂʰaŋ	₍tsʰaŋ	₍tsʰaŋ	₍tʂʰaŋ	₍tʂʰaŋ
场		₍tsʰaŋ	₍tsʰaŋ	₍tsʰaŋ / ₍tʂʰaŋ	₍tʂʰaŋ	₍tʂʰaŋ	₍tʂʰaŋ	₍tsʰaŋ	₍tsʰaŋ	₍tʂʰaŋ	₍tʂʰaŋ
丈	养澄上	tsaŋ˧	tsaŋ˧	tʂaŋ˧	tʂaŋ˧	tʂaŋ˧	tʂaŋ˧	tsaŋ˧	tsaŋ˧	tʂaŋ˧	tʂaŋ˧
仗		tsaŋ˧	tsaŋ˧	tʂaŋ˧	tʂaŋ˧	tʂaŋ˧	tʂaŋ˧	tsaŋ˧	tsaŋ˧	tʂaŋ˧	tʂaŋ˧
杖		tsaŋ˧	tsaŋ˧	tʂaŋ˧	tʂaŋ˧	tʂaŋ˧	tʂaŋ˧	tsaŋ˧	tsaŋ˧	tʂaŋ˧	tʂaŋ˧
着睡~	药澄入	₍tsau	₍tsau	₍tʂau	₍tʂau	₍tʂau	₍tʂau	₍tsau	ᶜtsau	ᶜtʂau	₍tʂau
庄	阳庄平	₍tsuaŋ	₍tsuaŋ	₍tsuaŋ	₍tʂuaŋ	₍tʂuaŋ	₍tʂuaŋ	₍tsuaŋ	₍tsuaŋ	₍tʂuaŋ	₍tʂuaŋ
装		₍tsuaŋ	₍tsuaŋ	₍tsuaŋ	₍tʂuaŋ	₍tʂuaŋ	₍tʂuaŋ	₍tsuaŋ	₍tsuaŋ	₍tʂuaŋ	₍tʂuaŋ
壮	漾庄去	tsuaŋ˧	tsuaŋ˧	tsuaŋ˧	tʂuaŋ˧	tʂuaŋ˧	tʂuaŋ˧	tsuaŋ˧	tsuaŋ˧	tʂuaŋ˧	tʂuaŋ˧
疮	阳初平	₍tsʰuaŋ	₍tsʰuaŋ	₍tsʰuaŋ	₍tʂʰuaŋ	₍tʂʰuaŋ	₍tʂʰuaŋ	₍tsʰuaŋ	₍tsʰuaŋ	₍tʂʰuaŋ	₍tʂʰuaŋ
闯	养初上	ᶜtsʰuaŋ	ᶜtsʰuaŋ	ᶜtsʰuaŋ	ᶜtʂʰuaŋ	ᶜtʂʰuaŋ	ᶜtʂʰuaŋ	ᶜtsʰuaŋ	ᶜtsʰuaŋ	ᶜtʂʰuaŋ	ᶜtʂʰuaŋ
创	漾初去	tsʰuaŋ˧	tsʰuaŋ˧	tsʰuaŋ˧	tʂʰuaŋ˧	tʂʰuaŋ˧	tʂʰuaŋ˧	tsʰuaŋ˧	tsʰuaŋ˧	tʂʰuaŋ˧	tʂʰuaŋ˧
床	阳崇平	₍tsʰuaŋ	₍tsʰuaŋ	₍tsʰuaŋ	₍tʂʰuaŋ	₍tʂʰuaŋ	₍tʂʰuaŋ	₍tsʰuaŋ	₍tsʰuaŋ	₍tʂʰuaŋ	₍tʂʰuaŋ
状	漾崇去	tsuaŋ˧	tsuaŋ˧	tsuaŋ˧	tʂuaŋ˧	tʂuaŋ˧	tʂuaŋ˧	tsuaŋ˧	tsuaŋ˧	tʂuaŋ˧	tʂuaŋ˧
霜	阳生平	₍suaŋ	₍suaŋ	₍suaŋ	₍ʂuaŋ	₍ʂuaŋ	₍ʂuaŋ	₍suaŋ	₍suaŋ	₍ʂuaŋ	₍ʂuaŋ
爽	养生上	ᶜsuaŋ	ᶜsuaŋ	ᶜsuaŋ	ᶜʂuaŋ	ᶜʂuaŋ	ᶜʂuaŋ	ᶜsuaŋ	ᶜsuaŋ	ᶜʂuaŋ	ᶜʂuaŋ
章	阳章平	₍tsaŋ	₍tsaŋ	₍tsaŋ	₍tʂaŋ	₍tʂaŋ	₍tʂaŋ	₍tsaŋ	₍tsaŋ	₍tʂaŋ	₍tʂaŋ
樟		₍tsaŋ	₍tsaŋ	₍tsaŋ	₍tʂaŋ	₍tʂaŋ	₍tʂaŋ	₍tsaŋ	₍tsaŋ	₍tʂaŋ	₍tʂaŋ
掌	养章上	ᶜtsaŋ	ᶜtsaŋ	ᶜtsaŋ	ᶜtʂaŋ	ᶜtʂaŋ	ᶜtʂaŋ	ᶜtsaŋ	ᶜtsaŋ	ᶜtʂaŋ	ᶜtʂaŋ
障	漾章去	tsaŋ˧	tsaŋ˧	tʂaŋ˧	tʂaŋ˧	tʂaŋ˧	tʂaŋ˧	tsaŋ˧	tsaŋ˧	tʂaŋ˧	tʂaŋ˧
昌	阳昌平	₍tsʰaŋ	₍tsʰaŋ	₍tʂʰaŋ	₍tʂʰaŋ	₍tʂʰaŋ	₍tʂʰaŋ	₍tsʰaŋ	₍tsʰaŋ	₍tʂʰaŋ	₍tʂʰaŋ
厂	养昌上	ᶜtsʰaŋ	ᶜtsʰaŋ	ᶜtʂʰaŋ	ᶜtʂʰaŋ	ᶜtʂʰaŋ	ᶜtʂʰaŋ	ᶜtsʰaŋ	ᶜtsʰaŋ	ᶜtʂʰaŋ	ᶜtʂʰaŋ
唱	漾昌去	tsʰaŋ˧	tsʰaŋ˧	tʂʰaŋ˧	tʂʰaŋ˧	tʂʰaŋ˧	tʂʰaŋ˧	tsʰaŋ˧	tsʰaŋ˧	tʂʰaŋ˧	tʂʰaŋ˧
倡	漾昌去	tsʰaŋ˧	tsʰaŋ˧	tʂʰaŋ˧	tʂʰaŋ˧	tʂʰaŋ˧	tʂʰaŋ˧	tsʰaŋ˧	tsʰaŋ˧	tʂʰaŋ˧	tʂʰaŋ˧
绰	药昌入	tsʰuo˧	tsʰuo˧	tʂʰau˧	tʂʰuo˧	tʂʰuo˧	tʂʰuə˧	tsʰuo˧	tsʰuo˧	tʂʰuo˧	tʂʰuo˧
焯	药昌入	₍tsʰau	₍tsʰau	₍tʂʰau	₍tʂʰau	₍tʂʰau	₍tʂʰau	₍tsʰau	₍tsʰau	₍tʂʰau	₍tʂʰau
商	阳书平	₍saŋ	₍saŋ	₍ʂaŋ	₍ʂaŋ	₍ʂaŋ	₍ʂaŋ	₍saŋ	₍saŋ	₍ʂaŋ	₍ʂaŋ
伤		₍saŋ	₍saŋ	₍ʂaŋ	₍ʂaŋ	₍ʂaŋ	₍ʂaŋ	₍saŋ	₍saŋ	₍ʂaŋ	₍ʂaŋ
赏	养书上	ᶜsaŋ	ᶜsaŋ	ᶜʂaŋ	ᶜʂaŋ	ᶜʂaŋ	ᶜʂaŋ	ᶜsaŋ	ᶜsaŋ	ᶜʂaŋ	ᶜʂaŋ

续表

例字	中古音	天津	西青	静海	蓟州	宝坻	宁河	汉沽	塘沽	大港	武清
晌	养书上	₋saŋ	₋saŋ	₋ʂaŋ	₋ʂaŋ	₋ʂaŋ	₋ʂaŋ	₋saŋ	₋ʂaŋ	₋ʂaŋ	
常	阳禅平	₋tsʰaŋ	₋tsʰaŋ	₋tʂʰaŋ	₋tʂʰaŋ	₋tʂʰaŋ	₋tʂʰaŋ	₋tʂʰaŋ	₋tsʰaŋ	₋tʂʰaŋ	₋tʂʰaŋ
尝		₋tsʰaŋ	₋tsʰaŋ	₋tʂʰaŋ	₋tʂʰaŋ	₋tʂʰaŋ	₋tʂʰaŋ	₋tʂʰaŋ	₋tsʰaŋ	₋tʂʰaŋ	₋tʂʰaŋ
偿		₋tsʰaŋ	₋tsʰaŋ	₋tʂʰaŋ	₋tʂʰaŋ	₋tʂʰaŋ	₋tʂʰaŋ	₋tʂʰaŋ	₋tsʰaŋ	₋tʂʰaŋ	₋tʂʰaŋ
裳	阳禅平	₋saŋ	₋saŋ	₋ʂaŋ	₋ʂaŋ	₋ʂaŋ	₋ʂaŋ	₋saŋ	₋ʂaŋ	₋ʂaŋ	
上~山	养禅上	saŋ⁼	saŋ⁼	ʂaŋ⁼	ʂaŋ⁼	ʂaŋ⁼	ʂaŋ⁼	saŋ⁼	ʂaŋ⁼	ʂaŋ⁼	
尚	漾禅去	saŋ⁼	saŋ⁼	ʂaŋ⁼	ʂaŋ⁼	ʂaŋ⁼	ʂaŋ⁼	saŋ⁼	ʂaŋ⁼	ʂaŋ⁼	
上~面		saŋ⁼	saŋ⁼	ʂaŋ⁼	ʂaŋ⁼	ʂaŋ⁼	ʂaŋ⁼	saŋ⁼	ʂaŋ⁼	ʂaŋ⁼	
勺	药禅入	₋sau	₋sau	₋ʂau	₋ʂau	₋ʂau	₋ʂau	₋sau	₋ʂau	₋ʂau	
芍		₋sau	₋sau	₋ʂau	₋ʂau	₋ʂau	₋ʂau	₋sau	₋ʂau	₋ʂau	
瓤	阳日平	₋iaŋ	₋iaŋ	₋ʐaŋ	₋ʐaŋ	₋ʐaŋ	₋ʐaŋ	₋ʐaŋ	₋iaŋ	₋ʐaŋ	
壤	养日上	₋iaŋ	₋iaŋ	₋ʐaŋ	₋ʐaŋ	₋ʐaŋ	₋ʐaŋ	₋ʐaŋ		₋ʐaŋ	
让	漾日去	iaŋ⁼	iaŋ⁼	ʐaŋ⁼	ʐaŋ⁼	ʐaŋ⁼	ʐaŋ⁼	ʐaŋ⁼	iaŋ⁼	ʐaŋ⁼	
若	药日入	yo⁼	yo⁼	ʐɤ⁼	ʐuo⁼	ʐɤ⁼	ʐuə⁼	ʐuə⁼	ʐau⁼	ʐuo⁼	
弱	药日入	yo⁼	yo⁼	ʐuo⁼ ʐau⁼	ʐuo⁼ ʐau⁼	ʐau⁼	ʐau⁼	ʐuə⁼	ʐuo⁼ ʐau⁼	ʐuo⁼	
疆	阳见平	₋tɕiaŋ	₋tɕiaŋ	₋tɕiaŋ	₋tɕiaŋ	₋tɕiaŋ	₋tɕiaŋ	₋tɕiaŋ	₋tɕiaŋ	₋tɕiaŋ	
僵		₋tɕiaŋ	₋tɕiaŋ	₋tɕiaŋ	₋tɕiaŋ	₋tɕiaŋ	₋tɕiaŋ	₋tɕiaŋ	₋tɕiaŋ	₋tɕiaŋ	
姜		₋tɕiaŋ	₋tɕiaŋ	₋tɕiaŋ	₋tɕiaŋ	₋tɕiaŋ	₋tɕiaŋ	₋tɕiaŋ	₋tɕiaŋ	₋tɕiaŋ	
脚	药见入	₋tɕiau	₋tɕiau	₋tɕiau	₋tɕiau	₋tɕiau	₋tɕiau	₋tɕiau	₋tɕiau	₋tɕiau	
却	药溪入	tɕʰyɛ⁼	tɕʰyɛ⁼	tɕʰyɛ⁼	tɕʰyɛ⁼	tɕʰyo⁼	tɕʰyɛ⁼	tɕʰyɛ⁼	tɕʰyɛ⁼	tɕʰyɛ⁼	
强	阳群平	₋tɕʰiaŋ	₋tɕʰiaŋ	₋tɕʰiaŋ	₋tɕʰiaŋ	₋tɕʰiaŋ	₋tɕʰiaŋ	₋tɕʰiaŋ	₋tɕʰiaŋ	₋tɕʰiaŋ	
犟	养群上	tɕiaŋ⁼	tɕiaŋ⁼	tɕiaŋ⁼	tɕiaŋ⁼	tɕiaŋ⁼	tɕiaŋ⁼	tɕiaŋ⁼	tɕiaŋ⁼	tɕiaŋ⁼	
仰	养疑上	₋iaŋ	₋iaŋ	₋iaŋ	₋iaŋ	₋iaŋ	₋iaŋ	₋iaŋ	₋iaŋ	₋iaŋ	
虐	药疑入	ȵyɛ⁼	ȵyɛ⁼	ȵiau⁼	ȵyɛ⁼	ȵiɛ⁼	ȵyɛ⁼	ȵyə⁼	ȵiɛ⁼	ȵyɛ⁼	
香	阳晓平	₋ɕiaŋ	₋ɕiaŋ	₋ɕiaŋ	₋ɕiaŋ	₋ɕiaŋ	₋ɕiaŋ	₋ɕiaŋ	₋ɕiaŋ	₋ɕiaŋ	
乡		₋ɕiaŋ	₋ɕiaŋ	₋ɕiaŋ	₋ɕiaŋ	₋ɕiaŋ	₋ɕiaŋ	₋ɕiaŋ	₋ɕiaŋ	₋ɕiaŋ	
享	养晓上	₋ɕiaŋ	₋ɕiaŋ	₋ɕiaŋ	₋ɕiaŋ	₋ɕiaŋ	₋ɕiaŋ	₋ɕiaŋ	₋ɕiaŋ	₋ɕiaŋ	
响		₋ɕiaŋ	₋ɕiaŋ	₋ɕiaŋ	₋ɕiaŋ	₋ɕiaŋ	₋ɕiaŋ	₋ɕiaŋ	₋ɕiaŋ	₋ɕiaŋ	
向	漾晓去	ɕiaŋ⁼	ɕiaŋ⁼	ɕiaŋ⁼	ɕiaŋ⁼	ɕiaŋ⁼	ɕiaŋ⁼	ɕiaŋ⁼	ɕiaŋ⁼	ɕiaŋ⁼	

续表

例字	中古音	天津	西青	静海	蓟州	宝坻	宁河	汉沽	塘沽	大港	武清
央	阳影平	₌iaŋ	₌iaŋ	₌iaŋ	₌iaŋ	₌iaŋ	₌iaŋ	₌iaŋ	₌iaŋ	₌iaŋ	₌iaŋ
秧		₌iaŋ	₌iaŋ	₌iaŋ	₌iaŋ	₌iaŋ	₌iaŋ	₌iaŋ	₌iaŋ	₌iaŋ	₌iaŋ
鞅		₌iaŋ	₌iaŋ	₌iaŋ	₌iaŋ	₌iaŋ	₌iaŋ	₌iaŋ	₌iaŋ	₌iaŋ	₌iaŋ
约	药影入	₌yɛ	₌yɛ	₌iau	₌yɛ	₌yo	₌iau	₌yɛ	₌yɛ	₌yɛ / ₌iau	₌yɛ
羊	阳以平	₌iaŋ	₌iaŋ	₌iaŋ	₌iaŋ	₌iaŋ	₌iaŋ	₌iaŋ	₌iaŋ	₌iaŋ	₌iaŋ
洋	阳以平	₌iaŋ	₌iaŋ	₌iaŋ	₌iaŋ	₌iaŋ	₌iaŋ	₌iaŋ	₌iaŋ	₌iaŋ	₌iaŋ
杨		₌iaŋ	₌iaŋ	₌iaŋ	₌iaŋ	₌iaŋ	₌iaŋ	₌iaŋ	₌iaŋ	₌iaŋ	₌iaŋ
阳		₌iaŋ	₌iaŋ	₌iaŋ	₌iaŋ	₌iaŋ	₌iaŋ	₌iaŋ	₌iaŋ	₌iaŋ	₌iaŋ
扬		₌iaŋ	₌iaŋ	₌iaŋ	₌iaŋ	₌iaŋ	₌iaŋ	₌iaŋ	₌iaŋ	₌iaŋ	₌iaŋ
疡		₌iaŋ	₌iaŋ	₌iaŋ	₌iaŋ	₌iaŋ	₌iaŋ	₌iaŋ	₌iaŋ	₌iaŋ	₌iaŋ
养	养以上	ᶜiaŋ	ᶜiaŋ	ᶜiaŋ	ᶜiaŋ	ᶜiaŋ	ᶜiaŋ	ᶜiaŋ	ᶜiaŋ	ᶜiaŋ	ᶜiaŋ
痒		ᶜiaŋ	ᶜiaŋ	ᶜiaŋ	ᶜiaŋ	ᶜiaŋ	ᶜiaŋ	ᶜiaŋ	ᶜiaŋ	ᶜiaŋ	ᶜiaŋ
样	漾以去	iaŋᴐ	iaŋᴐ	iaŋᴐ	iaŋᴐ	iaŋᴐ	iaŋᴐ	iaŋᴐ	iaŋᴐ	iaŋᴐ	iaŋᴐ
药	药以入	iauᴐ	iauᴐ	iauᴐ	iauᴐ	iauᴐ	iauᴐ	iauᴐ	iauᴐ	iauᴐ	iauᴐ
钥		iauᴐ	iauᴐ	iauᴐ	iauᴐ	iauᴐ	iauᴐ	iauᴐ	iauᴐ	iauᴐ	iauᴐ
跃		yɛᴐ	yɛᴐ	iauᴐ	iauᴐ	yoᴐ	iauᴐ	iauᴐ	iauᴐ	iauᴐ	iauᴐ
光	唐见平	₌kuaŋ	₌kuaŋ	₌kuaŋ	₌kuaŋ	₌kuaŋ	₌kuaŋ	₌kuaŋ	₌kuaŋ	₌kuaŋ	₌kuaŋ
广	荡见上	ᶜkuaŋ	ᶜkuaŋ	ᶜkuaŋ	ᶜkuaŋ	ᶜkuaŋ	ᶜkuaŋ	ᶜkuaŋ	ᶜkuaŋ	ᶜkuaŋ	ᶜkuaŋ
郭	铎见入	₌kuo	₌kuo	₌kuo	₌kuo	₌kuo	₌kuə	₌kuə	₌kuo	₌kuo	₌kuo
旷	宕溪去	kʰuaŋᴐ	kʰuaŋᴐ	kʰuaŋᴐ	kʰuaŋᴐ	kʰuaŋᴐ	kʰuaŋᴐ	kʰuaŋᴐ	kʰuaŋᴐ	kʰuaŋᴐ	kʰuaŋᴐ
廓	铎溪入	kʰuoᴐ	kʰuoᴐ	kʰuɤᴐ	kʰuoᴐ	kʰuoᴐ	kʰuəᴐ	kʰuəᴐ	kʰuoᴐ	kʰuoᴐ	kʰuoᴐ
扩		kʰuoᴐ	kʰuoᴐ	kʰuɤᴐ	kʰuoᴐ	kʰuoᴐ	kʰuəᴐ	kʰuəᴐ	kʰuoᴐ	kʰuoᴐ	kʰuoᴐ
荒	唐晓平	₌xuaŋ	₌xuaŋ	₌xuaŋ	₌xuaŋ	₌xuaŋ	₌xuaŋ	₌xuaŋ	₌xuaŋ	₌xuaŋ	₌xuaŋ
慌		₌xuaŋ	₌xuaŋ	₌xuaŋ	₌xuaŋ	₌xuaŋ	₌xuaŋ	₌xuaŋ	₌xuaŋ	₌xuaŋ	₌xuaŋ
谎	荡晓上	ᶜxuaŋ	ᶜxuaŋ	ᶜxuaŋ	ᶜxuaŋ	ᶜxuaŋ	ᶜxuaŋ	ᶜxuaŋ	ᶜxuaŋ	ᶜxuaŋ	ᶜxuaŋ
霍	铎晓入	xuoᴐ	xuoᴐ	xuoᴐ	xuoᴐ	xuoᴐ	xuəᴐ	xuəᴐ	xuoᴐ	xuoᴐ	xuoᴐ
藿~香		xuoᴐ	xuoᴐ	xuoᴐ	xuoᴐ	xuoᴐ	xuəᴐ	xuəᴐ	xuoᴐ	xuoᴐ	xuoᴐ
黄	唐匣平	₌xuaŋ	₌xuaŋ	₌xuaŋ	₌xuaŋ	₌xuaŋ	₌xuaŋ	₌xuaŋ	₌xuaŋ	₌xuaŋ	₌xuaŋ
皇		₌xuaŋ	₌xuaŋ	₌xuɤŋ	₌xuaŋ	₌xuaŋ	₌xuaŋ	₌xuaŋ	₌xuaŋ	₌xuaŋ	₌xuaŋ
蝗		₌xuaŋ	₌xuaŋ	₌xuaŋ	₌xuaŋ	₌xuaŋ	₌xuaŋ	₌xuaŋ	₌xuaŋ	₌xuaŋ	₌xuaŋ
簧		₌xuaŋ	₌xuaŋ	₌xuaŋ	₌xuaŋ	₌xuaŋ	₌xuaŋ	₌xuaŋ	₌xuaŋ	₌xuaŋ	₌xuaŋ
晃	荡匣上	ᶜxuaŋ	ᶜxuaŋ	xuaŋᴐ	xuaŋᴐ	xuaŋᴐ	ᶜxuaŋ	ᶜxuaŋ	ᶜxuaŋ	ᶜxuaŋ	xuaŋᴐ

续表

例字	中古音	天津	西青	静海	蓟州	宝坻	宁河	汉沽	塘沽	大港	武清
汪	唐影平	₌vaŋ	₌vaŋ	₌vaŋ	₌vaŋ	₌uaŋ	₌uaŋ	₌uaŋ	₌vaŋ	₌uaŋ	₌vaŋ
方	阳非平	₌faŋ	₌faŋ	₌faŋ	₌faŋ	₌faŋ	₌faŋ	₌faŋ	₌faŋ	₌faŋ	₌faŋ
肪		₌faŋ	₌faŋ	₌faŋ	₌faŋ	₌faŋ	₌faŋ	₌faŋ	₌faŋ	₌faŋ	₌faŋ
仿~效	养非上	ˉfaŋ	ˉfaŋ	ˉfaŋ	ˉfaŋ	ˉfaŋ	ˉfaŋ	ˉfaŋ	ˉfaŋ	ˉfaŋ	ˉfaŋ
放	漾非去	faŋ˺	faŋ˺	faŋ˺	faŋ˺	faŋ˺	faŋ˺	faŋ˺	faŋ˺	faŋ˺	faŋ˺
芳	阳敷平	₌faŋ	₌faŋ	₌faŋ	₌faŋ	₌faŋ	₌faŋ	₌faŋ	₌faŋ	₌faŋ	₌faŋ
纺	养非上	ˉfaŋ	ˉfaŋ	ˉfaŋ	ˉfaŋ	ˉfaŋ	ˉfaŋ	ˉfaŋ	ˉfaŋ	ˉfaŋ	ˉfaŋ
仿相~		ˉfaŋ	ˉfaŋ	ˉfaŋ	ˉfaŋ	ˉfaŋ	ˉfaŋ	ˉfaŋ	ˉfaŋ	ˉfaŋ	ˉfaŋ
访	漾敷去	ˉfaŋ	ˉfaŋ	ˉfaŋ	ˉfaŋ	ˉfaŋ	ˉfaŋ	ˉfaŋ	ˉfaŋ	ˉfaŋ	ˉfaŋ
房	阳奉平	₌faŋ	₌faŋ	₌faŋ	₌faŋ	₌faŋ	₌faŋ	₌faŋ	₌faŋ	₌faŋ	₌faŋ
防		₌faŋ	₌faŋ	₌faŋ	₌faŋ	₌faŋ	₌faŋ	₌faŋ	₌faŋ	₌faŋ	₌faŋ
亡	阳微平	₌vaŋ	₌vaŋ	₌vaŋ	₌vaŋ	₌uaŋ	₌uaŋ	₌vaŋ	₌vaŋ	₌uaŋ	₌vaŋ
芒~儿		₌maŋ	₌maŋ	₌vaŋ	₌maŋ	₌maŋ	₌maŋ	₌maŋ	₌uaŋ	₌uaŋ	₌vaŋ
网	养微上	ˉvaŋ	ˉvaŋ	ˉvaŋ	ˉvaŋ	ˉuaŋ	ˉuaŋ	ˉuaŋ	ˉvaŋ	ˉuaŋ	ˉvaŋ
忘	漾微去	vaŋ˺	vaŋ˺	vaŋ˺	vaŋ˺	uaŋ˺	uaŋ˺	uaŋ˺	vaŋ˺	uaŋ˺	vaŋ˺
妄		vaŋ˺	vaŋ˺	vaŋ˺	vaŋ˺	uaŋ˺	uaŋ˺	uaŋ˺	vaŋ˺	uaŋ˺	vaŋ˺
望		vaŋ˺	vaŋ˺	vaŋ˺	vaŋ˺	uaŋ˺	uaŋ˺	uaŋ˺	vaŋ˺	uaŋ˺	vaŋ˺
逛	漾见去	kuaŋ˺	kuaŋ˺	kuaŋ˺	kuaŋ˺	kuaŋ˺	kuaŋ˺	kuaŋ˺	kuaŋ˺	kuaŋ˺	kuaŋ˺
匡	阳溪平	₌kʰuaŋ	₌kʰuaŋ	₌kʰuaŋ	₌kʰuaŋ	₌kʰuaŋ	₌kʰuaŋ	₌kʰuaŋ	₌kʰuaŋ	₌kʰuaŋ	₌kʰuaŋ
筐	阳溪平	₌kʰuaŋ	₌kʰuaŋ	₌kʰuaŋ	₌kʰuaŋ	₌kʰuaŋ	₌kʰuaŋ	₌kʰuaŋ	₌kʰuaŋ	₌kʰuaŋ	₌kʰuaŋ
眶		kʰuaŋ˺	kʰuaŋ˺	kʰuaŋ˺	kʰuaŋ˺	kʰuaŋ˺	kʰuaŋ˺	kʰuaŋ˺	kʰuaŋ˺	kʰuaŋ˺	kʰuaŋ˺
狂	阳群平	₌kʰuaŋ	₌kʰuaŋ	₌kʰuaŋ	₌kʰuaŋ	₌kʰuaŋ	₌kʰuaŋ	₌kʰuaŋ	₌kʰuaŋ	₌kʰuaŋ	₌kʰuaŋ
况	漾晓去	kʰuaŋ˺	kʰuaŋ˺	kʰuaŋ˺	kʰuaŋ˺	kʰuaŋ˺	kʰuaŋ˺	kʰuaŋ˺	kʰuaŋ˺	kʰuaŋ˺	kʰuaŋ˺
枉	养影上	ˉvaŋ	ˉvaŋ	ˉvaŋ	ˉvaŋ	ˉuaŋ	ˉuaŋ	ˉuaŋ	ˉvaŋ	ˉuaŋ	ˉvaŋ
王	阳云平	₌vaŋ	₌vaŋ	₌vaŋ	₌vaŋ	₌uaŋ	₌uaŋ	₌uaŋ	₌vaŋ	₌uaŋ	₌vaŋ
往	养云上	ˉvaŋ	ˉvaŋ	ˉvaŋ	ˉvaŋ	ˉuaŋ	ˉuaŋ	ˉuaŋ	ˉvaŋ	ˉuaŋ	ˉvaŋ
旺	漾云去	vaŋ˺	vaŋ˺	vaŋ˺	vaŋ˺	uaŋ˺	uaŋ˺	uaŋ˺	vaŋ˺	uaŋ˺	vaŋ˺

十三　江摄

例字	中古音	天津	西青	静海	蓟州	宝坻	宁河	汉沽	塘沽	大港	武清
邦	江帮平	₋paŋ	₋paŋ	₋paŋ	₋paŋ	₋paŋ	₋paŋ	₋paŋ	₋paŋ	₋paŋ	₋paŋ
绑	讲帮上	ᶜpaŋ	ᶜpaŋ	ᶜpaŋ	ᶜpaŋ	ᶜpaŋ	ᶜpaŋ	ᶜpaŋ	ᶜpaŋ	ᶜpaŋ	ᶜpaŋ
剥	觉帮入	₋po	₋po	₋pɤ ₋pau	₋pau	₋pau	₋pau	₋puo	₋pə	₋pau	
驳		₋po	₋po	₋pɤ	₋po	₋po	₋pə	₋pə	₋puo	₋pə	₋po
胖	绛滂去	pʰaŋ⁼	pʰaŋ⁼	pʰaŋ⁼	pʰaŋ⁼	pʰaŋ⁼	pʰaŋ⁼	pʰaŋ⁼	pʰaŋ⁼	pʰaŋ⁼	pʰaŋ⁼
朴	觉滂入	ᶜpʰu	ᶜpʰu	ᶜpʰu	ᶜpʰu	ᶜpʰu	ᶜpʰu	ᶜpʰu	ᶜpʰu	ᶜpʰu	ᶜpʰu
庞	江并平	₋pʰaŋ	₋pʰaŋ	₋pʰaŋ	₋pʰaŋ	₋pʰaŋ	₋pʰaŋ	₋pʰaŋ	₋pʰaŋ	₋pʰaŋ	₋pʰaŋ
棒	讲并上	paŋ⁼	paŋ⁼	paŋ⁼	paŋ⁼	paŋ⁼	paŋ⁼	paŋ⁼	paŋ⁼	paŋ⁼	paŋ⁼
雹	觉并入	₋pau	₋pau	₋pau	₋pau	₋pau	₋pau	₋pau	₋pau	₋pau	₋pau
攮	讲泥上	ᶜnaŋ	ᶜnaŋ	ᶜnaŋ	ᶜnaŋ	ᶜnaŋ	ᶜnaŋ	ᶜnaŋ	ᶜnaŋ	ᶜnaŋ	ᶜnaŋ
桩	江知平	₋tsuaŋ	₋tsuaŋ	₋tʂuaŋ	₋tʂuaŋ	₋tʂuaŋ	₋tʂuaŋ	₋tsuaŋ	₋tsuaŋ	₋tʂuaŋ	₋tʂuaŋ
桌	觉知入	₋tsuo	₋tsuo	₋tsuo	₋tʂuo	₋tʂuo	₋tʂuə	₋tʂuə	₋tsuo	₋tʂuo	₋tʂuo
卓		₋tsuo	₋tsuo	₋tsuo	₋tʂuo	₋tʂuo	₋tʂuə	₋tʂuə	ᶜtsuo	₋tʂuo	₋tʂuo
琢		₋tsuo	₋tsuo	₋tsuo	₋tʂuo	₋tʂuo	₋tʂuə	₋tʂuə	₋tsuo	₋tʂuo	₋tʂuo
啄		ᶜtsuo	ᶜtsuo	ᶜtsuo	ᶜtʂuo	ᶜtʂuo	ᶜtʂuə	ᶜtʂuə	ᶜtsuo	ᶜtʂuo	ᶜtʂuo
戳	觉彻入	₋tsʰuo	₋tsʰuo	₋tsʰuo	₋tʂʰuo	₋tʂʰuo	₋tʂʰuə	₋tʂʰuə	₋tsʰuo	₋tʂʰuo	₋tʂʰuo
撞	绛澄去	tsʰuaŋ⁼	tsʰuaŋ⁼	tsʰuaŋ⁼	tʂuaŋ⁼	tʂuaŋ⁼	tʂuaŋ⁼	tsuaŋ⁼	tsuaŋ⁼	tʂʰuaŋ⁼	tʂuaŋ⁼
浊	觉澄入	₋tsuo	₋tsuo	₋tsuo	₋tʂuo	₋tʂuo	₋tʂuə	₋tʂuə	₋tsuo	ᶜtsuo	₋tʂuo
捉	觉庄入	₋tsuo	₋tsuo	₋tsuo	₋tʂuo	₋tʂuo	₋tʂuə	₋tʂuə	₋tsuo	₋tsuo	₋tʂuo
窗	江初平	₋tsʰuaŋ	₋tsʰuaŋ	₋tsʰuaŋ	₋tʂʰuaŋ	₋tʂʰuaŋ	₋tʂʰuaŋ	₋tʂʰuaŋ	₋tsʰuaŋ	₋tʂʰuaŋ	₋tʂʰuaŋ
镯	觉崇入	₋tsuo	₋tsuo	₋tsuo	₋tʂuo	₋tʂuo	₋tʂuə	₋tʂuə	₋tsuo	₋tsuo	₋tʂuo
双~人	江生平	₋suaŋ	₋suaŋ	₋suaŋ	₋ʂuaŋ	₋ʂuaŋ	₋ʂuaŋ	₋ʂuaŋ	₋suaŋ	₋suaŋ	₋ʂuaŋ
江	江见平	₋tɕiaŋ	₋tɕiaŋ	₋tɕiaŋ	₋tɕiaŋ	₋tɕiaŋ	₋tɕiaŋ	₋tɕiaŋ	₋tɕiaŋ	₋tɕiaŋ	₋tɕiaŋ
扛		₋kʰaŋ	₋kʰaŋ	₋kʰaŋ	₋kʰaŋ	₋kʰaŋ	₋kʰaŋ	₋kʰaŋ	₋kʰaŋ	₋kʰaŋ	₋kʰaŋ
豇		₋tɕiaŋ	₋tɕiaŋ	₋tɕiaŋ	₋tɕiaŋ	₋tɕiaŋ	₋tɕiaŋ	₋tɕiaŋ	₋tɕiaŋ	₋tɕiaŋ	₋tɕiaŋ
讲	讲见上	ᶜtɕiaŋ	ᶜtɕiaŋ	ᶜtɕiaŋ	ᶜtɕiaŋ	ᶜtɕiaŋ	ᶜtɕiaŋ	ᶜtɕiaŋ	ᶜtɕiaŋ	ᶜtɕiaŋ	ᶜtɕiaŋ
港	讲见上	ᶜkaŋ	ᶜkaŋ	ᶜkaŋ	ᶜkaŋ ᶜtɕiaŋ	ᶜkaŋ ᶜtɕiaŋ	ᶜkaŋ	ᶜkaŋ ᶜtɕiaŋ	ᶜkaŋ ᶜtɕiaŋ	ᶜkaŋ	ᶜkaŋ
降下~	绛见去	tɕiaŋ⁼	tɕiaŋ⁼	tɕiaŋ⁼	tɕiaŋ⁼	tɕiaŋ⁼	tɕiaŋ⁼	tɕiaŋ⁼	tɕiaŋ⁼	tɕiaŋ⁼	tɕiaŋ⁼

续表

例字	中古音	天津	西青	静海	蓟州	宝坻	宁河	汉沽	塘沽	大港	武清
觉	觉见入	₋tɕyɛ	₋tɕyɛ	₋tɕiau	₋tɕiau	₋tɕiau	₋tɕiau	₋tɕyɛ	₋tɕyɛ	₋tɕyɛ	₋tɕyɛ
角	觉见入	₋tɕyɛ / ₋tɕiau	₋tɕyɛ / ₋tɕiau	₋tɕyɛ / ₋tɕiau	₋tɕiau	₋tɕiau	₋tɕiau	₋tɕiau	₋tɕiau	₋tɕiau	₋tɕiau
饺	觉见入	₋tɕiau	₋tɕiau	₋tɕiau	₋tɕiau	₋tɕiau	₋tɕiau	₋tɕiau	₋tɕiau	₋tɕiau	₋tɕiau
腔	将溪平	₋tɕʰiaŋ	₋tɕʰiaŋ	₋tɕʰiaŋ	₋tɕʰiaŋ	₋tɕʰiaŋ	₋tɕʰiaŋ	₋tɕʰiaŋ	₋tɕʰiaŋ	₋tɕʰiaŋ	₋tɕʰiaŋ
确	觉溪入	tɕʰyɛ⁼	tɕʰyɛ⁼	tɕʰyɛ⁼	tɕʰyɛ⁼	tɕʰyɔ⁼	tɕʰyɛ⁼	tɕʰyɛ⁼	tɕʰyɛ⁼	tɕʰyɛ⁼	tɕʰyɛ⁼
夯	江晓平	₋xaŋ	₋xaŋ	₋xaŋ	₋xaŋ	₋xaŋ	₋xaŋ	₋xaŋ	₋xaŋ	₋xaŋ	₋xaŋ
降~伏	江匣平	₋ɕiaŋ	₋ɕiaŋ	₋ɕiaŋ	₋ɕiaŋ	₋ɕiaŋ	₋ɕiaŋ	₋ɕiaŋ	₋ɕiaŋ	₋ɕiaŋ	₋ɕiaŋ
项	讲匣上	ɕiaŋ⁼	ɕiaŋ⁼	ɕiaŋ⁼	ɕiaŋ⁼	ɕiaŋ⁼	ɕiaŋ⁼	ɕiaŋ⁼	ɕiaŋ⁼	ɕiaŋ⁼	ɕiaŋ⁼
巷	绛匣去	ɕiaŋ⁼	ɕiaŋ⁼	ɕiaŋ⁼	ɕiaŋ⁼	ɕiaŋ⁼	ɕiaŋ⁼	ɕiaŋ⁼	ɕiaŋ⁼	ɕiaŋ⁼	ɕiaŋ⁼
学	觉匣入	₋ɕyɛ / ₋ɕiau	₋ɕyɛ / ₋ɕiau	₋ɕyɛ / ₋ɕiau	₋ɕyɛ / ₋ɕiau	₋ɕyo / ₋ɕiau	₋ɕyɔ / ₋ɕiau	₋ɕyɛ / ₋ɕiau	₋ɕyɛ / ₋ɕiau	₋ɕyɛ / ₋ɕiau	₋ɕyɛ / ₋ɕiau
握	觉影入	uo⁼	vo⁼	₋ɣɤ	vo⁼	uo⁼	ɤ⁼	uə⁼	uə⁼	vo⁼	vo⁼

十四　曾摄

例字	中古音	天津	西青	静海	蓟州	宝坻	宁河	汉沽	塘沽	大港	武清
崩	登帮平	₋pəŋ	₋pəŋ	₋pəŋ	₋pəŋ	₋pəŋ	₋pəŋ	₋pəŋ	₋pəŋ	₋pəŋ	₋pəŋ
北	德帮入	₋pei	₋pei	₋pei	₋pei	₋pei	₋pei	₋pei	₋pei	₋pei	₋pei
朋	登並平	₋pʰəŋ	₋pʰəŋ	₋pʰəŋ	₋pʰəŋ	₋pʰəŋ	₋pʰəŋ	₋pʰəŋ	₋pʰəŋ	₋pʰəŋ	₋pʰəŋ
墨	德明入	mo⁼	mo⁼	mɣ⁼	mo⁼	mo⁼	mə⁼	mə⁼	muo⁼	mə⁼	mo⁼
默	德明入	mo⁼	mo⁼	mɣ⁼	mo⁼	mo⁼	mə⁼	mə⁼	muo⁼	mə⁼	mo⁼
登	登端平	₋təŋ	₋təŋ	₋təŋ	₋təŋ	₋təŋ	₋təŋ	₋təŋ	₋təŋ	₋təŋ	₋təŋ
灯	登端平	₋təŋ	₋təŋ	₋təŋ	₋təŋ	₋təŋ	₋təŋ	₋təŋ	₋təŋ	₋təŋ	₋təŋ
等	等端上	₋təŋ	₋təŋ	₋təŋ	₋təŋ	₋təŋ	₋təŋ	₋təŋ	₋təŋ	₋təŋ	₋təŋ
凳	嶝端去	təŋ⁼	təŋ⁼	təŋ⁼	təŋ⁼	təŋ⁼	təŋ⁼	təŋ⁼	təŋ⁼	təŋ⁼	təŋ⁼
得	德端入	₋tɣ	₋tɣ	₋tɣ	₋tɣ	₋tɣ	₋tɣ	₋tɣ	₋tə	₋tɣ	₋tɣ
德	德端入	₋tɣ	₋tɣ	₋tɣ	₋tɣ	₋tɣ	₋tɣ	₋tɣ	₋tə	₋tɣ	₋tɣ
忒	德透入	₋tʰuei	₋tʰuei	₋tʰuei	₋tʰuei	₋tʰuei	₋tʰei	₋tʰuei	₋tʰuei	₋tʰuei	₋tʰuei

续表

例字	中古音	天津	西青	静海	蓟州	宝坻	宁河	汉沽	塘沽	大港	武清
腾	登定平	₋tʰəŋ	₋tʰəŋ	₋tʰəŋ	₋tʰəŋ	₋tʰəŋ	₋tʰəŋ	₋tʰəŋ	₋tʰəŋ	₋tʰəŋ	₋tʰəŋ
疼		₋tʰəŋ	₋tʰəŋ	₋tʰəŋ	₋tʰəŋ	₋tʰəŋ	₋tʰəŋ	₋tʰəŋ	₋tʰəŋ	₋tʰəŋ	₋tʰəŋ
藤		₋tʰəŋ	₋tʰəŋ	₋tʰəŋ	₋tʰəŋ	₋tʰəŋ	₋tʰəŋ	₋tʰəŋ	₋tʰəŋ	₋tʰəŋ	₋tʰəŋ
誊		₋tʰəŋ	₋tʰəŋ	₋tʰəŋ	₋tʰəŋ	₋tʰəŋ	₋tʰəŋ	₋tʰəŋ	₋tʰəŋ	₋tʰəŋ	₋tʰəŋ
邓	嶝定去	təŋ⁻	təŋ⁻	təŋ⁻	təŋ⁻	təŋ⁻	təŋ⁻	təŋ⁻	təŋ⁻	təŋ⁻	təŋ⁻
澄		təŋ⁻	təŋ⁻	təŋ⁻	təŋ⁻	təŋ⁻	təŋ⁻	təŋ⁻	təŋ⁻	təŋ⁻	təŋ⁻
特	德端入	tʰɤ⁻	tʰɤ⁻	tʰɤ⁻	tʰɤ⁻	tʰɤ⁻	tʰɤ⁻	tʰɤ⁻	tʰɤ⁻	tʰə⁻	tʰɤ⁻
能	登泥平	₋nəŋ	₋nəŋ	₋nəŋ	₋nəŋ	₋nəŋ	₋nəŋ	₋nəŋ	₋nəŋ	₋nəŋ	₋nəŋ
棱	登来平	₋ləŋ	₋ləŋ	₋ləŋ	₋ləŋ	₋ləŋ	₋ləŋ	₋ləŋ	₋ləŋ	₋ləŋ	₋ləŋ
肋	德来入	lei⁻	lei⁻	lei⁻	lei⁻	lei⁻	lei⁻	lei⁻	lei⁻	lei⁻	lei⁻
曾(姓)	登精平	₋tsəŋ	₋tsəŋ	₋tsəŋ	₋tsəŋ	₋tθəŋ	₋tθəŋ	₋tsəŋ	₋tsəŋ	₋tsəŋ	₋tθəŋ
增		₋tsəŋ	₋tsəŋ	₋tsəŋ	₋tsəŋ	₋tθəŋ	₋tθəŋ	₋tsəŋ	₋tsəŋ	₋tsəŋ	₋tθəŋ
憎		tsəŋ⁻	₋tsəŋ	₋tsəŋ	₋tsəŋ	₋tθəŋ	tθəŋ⁻	₋tsəŋ	₋tsəŋ	₋tsəŋ	₋tθəŋ
则	德精入	₋tsɤ	₋tsɤ	₋tsɤ	₋tsɤ	₋tθɤ	tθɤ⁻	₋tsɤ	₋tsɤ	₋tsə	₋tθɤ
蹭	嶝清去	tsʰəŋ⁻	tsʰəŋ⁻	tsʰəŋ⁻	tsʰəŋ⁻	tθʰəŋ⁻	tθʰəŋ⁻	tsʰəŋ⁻	tsʰəŋ⁻	tsʰəŋ⁻	tθʰəŋ⁻
曾~经	登从平	₋tsʰəŋ	₋tsʰəŋ	₋tsʰəŋ	₋tsʰəŋ	₋tθʰəŋ	₋tθʰəŋ	₋tsʰəŋ	₋tsʰəŋ	₋tsʰəŋ	₋tθʰəŋ
层		₋tsʰəŋ	₋tsʰəŋ	₋tsʰəŋ	₋tsʰəŋ	₋tθʰəŋ	₋tθʰəŋ	₋tsʰəŋ	₋tsʰəŋ	₋tsʰəŋ	₋tθʰəŋ
赠	嶝从去	tsəŋ⁻	tsəŋ⁻	tsəŋ⁻	tsəŋ⁻	tθəŋ⁻	tθəŋ⁻	tsəŋ⁻	tsəŋ⁻	tsəŋ⁻	tθəŋ⁻
贼	德从入	₋tsei	₋tsei	₋tsei	₋tsei	₋tθei	₋tθei	₋tsei	₋tsei	₋tsei	₋tθei
僧	登心平	₋səŋ	₋səŋ	₋səŋ	₋səŋ	₋tθəŋ	₋tθəŋ	₋səŋ	₋səŋ	₋səŋ	₋θəŋ
塞	德心入	₋sai	₋sai	₋sai	₋sai / ₋sei	₋sai	₋θai	₋θai	₋sai	₋sai / sai	₋θai / ₋θei
肯	等溪上	₋kʰən	₋kʰən	₋kʰən	₋kʰən	₋kʰən	₋kʰən	₋kʰən	₋kʰən	₋kʰən	₋kʰən
刻	德溪入	kʰɤ⁻	kʰɤ⁻	kʰɤ⁻	kʰɤ⁻	kʰɤ⁻	kʰɤ⁻	kʰɤ⁻	kʰɤ⁻	kʰə⁻	kʰɤ⁻
克		kʰɤ⁻	kʰɤ⁻	kʰɤ⁻	kʰɤ⁻	kʰɤ⁻	kʰɤ⁻	kʰɤ⁻	kʰɤ⁻	kʰə⁻	kʰɤ⁻
黑	德晓入	₋xei	₋xei	₋xei	₋xei / xɤ	₋xei	₋xei	₋xei	₋xei	₋xei	₋xei
恒	登匣平	₋xəŋ	₋xəŋ	₋xəŋ	₋xəŋ	₋xəŋ	₋xəŋ	₋xəŋ	₋xəŋ	₋xəŋ	₋xəŋ
冰	蒸帮平	₋piŋ	₋piŋ	₋piŋ	₋piŋ	₋piŋ	₋piŋ	₋piŋ	₋piŋ	₋piŋ	₋piŋ
逼	职帮入	₋pi	₋pi	₋pi	₋pi	₋pi	₋pi	₋pi	₋pi	₋pi	₋pi
凭	蒸并平	₋pʰiŋ	₋pʰiŋ	₋pʰiŋ	₋pʰiŋ	₋pʰiŋ	₋pʰiŋ	₋pʰiŋ	₋pʰiŋ	₋pʰiŋ	₋pʰiŋ
匿	职泥入	ȵi⁻	ȵi⁻	ȵi⁻	ȵi⁻	ȵi⁻	ȵi⁻	ȵi⁻	ȵi⁻	ȵi⁻	ȵi⁻

续表

例字	中古音	天津	西青	静海	蓟州	宝坻	宁河	汉沽	塘沽	大港	武清
陵	蒸来平	₋liŋ	₋liŋ	₋liŋ	₋liŋ	₋liŋ	₋liŋ	₋liŋ	₋liŋ	₋liŋ	₋liŋ
凌		₋liŋ	₋liŋ	₋liŋ	₋liŋ	₋liŋ	₋liŋ	₋liŋ	₋liŋ	₋liŋ	₋liŋ
菱		₋liŋ	₋liŋ	₋liŋ	₋liŋ	₋liŋ	₋liŋ	₋liŋ	₋liŋ	₋liŋ	₋liŋ
力	职来入	li⁼	li⁼	li⁼	li⁼	li⁼	li⁼	li⁼	li⁼	li⁼	li⁼
即	职精入	tɕi⁼	tɕi⁼	₋tɕi	₋tɕi	₋tɕi	₋tɕi	₋tɕi	₋tɕi	tɕi⁼	tɕi⁼
鲫		₋tɕi	₋tɕi	₋tɕi	₋tɕi	₋tɕi	₋tɕi	₋tɕi	₋tɕi	₋tɕi	tɕi⁼
息	职心入	₋ɕi	₋ɕi	₋ɕi	₋ɕi	₋ɕi	₋ɕi	₋ɕi	₋ɕi	₋ɕi	₋ɕi
熄		₋ɕi	₋ɕi	₋ɕi	₋ɕi	₋ɕi	₋ɕi	₋ɕi	₋ɕi	₋ɕi	₋ɕi
媳		₋ɕi	₋ɕi	₋ɕi	₋ɕi	₋ɕi	₋ɕi	₋ɕi	₋ɕi	₋ɕi	₋ɕi
征~求	蒸知平	₋tsəŋ	₋tsəŋ	₋tʂəŋ	₋tʂəŋ	₋tʂəŋ	₋tʂəŋ	₋tʂəŋ	₋tʂəŋ	₋tʂəŋ	₋tʂəŋ
橙	蒸澄平	₋tsʰəŋ	₋tsʰəŋ	₋tʂʰəŋ	₋tʂʰəŋ	₋tʂʰəŋ	₋tʂʰəŋ	₋tʂʰəŋ	₋tʂʰəŋ	₋tʂʰəŋ	₋tʂʰəŋ
瞪	证澄去	təŋ⁼	təŋ⁼	təŋ⁼	təŋ⁼	təŋ⁼	təŋ⁼	təŋ⁼	təŋ⁼	təŋ⁼	təŋ⁼
直	职澄入	₋tsʅ	₋tʂʅ	₋tʂʅ	₋tʂʅ	₋tʂʅ	₋tʂʅ	₋tʂʅ	₋tʂʅ	₋tʂʅ	₋tʂʅ
值	职澄入	₋tsʅ	₋tʂʅ	₋tʂʅ	₋tʂʅ	₋tʂʅ	₋tʂʅ	₋tʂʅ	₋tʂʅ	₋tʂʅ	₋tʂʅ
侧	职庄入	tsʰɤ⁼	tsʰɤ⁼	tsʰɤ⁼	tsʰɤ⁼	tθʰɤ⁼	tθʰɤ⁼	₋tsɘ	tsʰɤ⁼	tθʰɤ⁼	
测	职初入	tsʰɤ⁼	tsʰɤ⁼	tsʰɤ⁼	tsʰɤ⁼	tθʰɤ⁼	tθʰɤ⁼	tsʰɤ⁼	tsʰɤ⁼	tθʰɤ⁼	
色	职生入	₋sɤ / ₋sai	₋sɤ / ₋sai	₋sɤ / ₋sai	₋sʂ / ₋sai	₋sɤ / ₋sai	₋θɤ / ₋sai	₋θɤ / ₋sai	₋sɤ / ₋sai	₋sai	₋θɤ / ₋sai
蒸	蒸章平	₋tsəŋ	₋tsəŋ	₋tʂəŋ	₋tʂəŋ	₋tʂəŋ	₋tʂəŋ	₋tʂəŋ	₋tʂəŋ	₋tʂəŋ	₋tʂəŋ
证	证章去	tsəŋ⁼	tsəŋ⁼	tʂəŋ⁼	tʂəŋ⁼	tʂəŋ⁼	tʂəŋ⁼	tʂəŋ⁼	tʂəŋ⁼	tʂəŋ⁼	tʂəŋ⁼
症		tsəŋ⁼	tsəŋ⁼	tʂəŋ⁼	tʂəŋ⁼	tʂəŋ⁼	tʂəŋ⁼	tʂəŋ⁼	tʂəŋ⁼	tʂəŋ⁼	tʂəŋ⁼
织	职章入	₋tsʅ	₋tsʅ	₋tʂʅ	₋tʂʅ	₋tʂʅ	₋tʂʅ	₋tsʅ	₋tʂʅ	₋tʂʅ	₋tʂʅ
职		₋tsʅ	₋tsʅ	₋tʂʅ	₋tʂʅ	₋tʂʅ	₋tʂʅ	₋tsʅ	₋tʂʅ	₋tʂʅ	₋tʂʅ
称~呼	蒸昌平	₋tsʰəŋ	₋tsʰəŋ	₋tʂʰəŋ	₋tʂʰəŋ	₋tʂʰəŋ	₋tʂʰəŋ	₋tʂʰəŋ	₋tʂʰəŋ	₋tʂʰəŋ	₋tʂʰəŋ
称相~	证昌去	tsʰən⁼	tsʰən⁼	tʂʰəŋ⁼	tʂʰəŋ⁼	tʂʰəŋ⁼	tʂʰəŋ⁼	tʂʰəŋ⁼	tʂʰəŋ⁼	tʂʰəŋ⁼	tʂʰəŋ⁼
秤		tsʰəŋ⁼	tsʰəŋ⁼	tʂʰəŋ⁼	tʂʰəŋ⁼	tʂʰəŋ⁼	tʂʰəŋ⁼	tʂʰəŋ⁼	tʂʰəŋ⁼	tʂʰəŋ⁼	tʂʰəŋ⁼
乘	蒸船平	₋tsʰəŋ	₋tsʰəŋ	₋tʂʰəŋ	₋tʂʰəŋ	₋tʂʰəŋ	₋tʂʰəŋ	₋tʂʰəŋ	₋tʂʰəŋ	₋tʂʰəŋ	₋tʂʰəŋ
绳		₋səŋ	₋səŋ	₋ʂəŋ	₋ʂəŋ	₋ʂəŋ	₋ʂəŋ	₋ʂəŋ	₋ʂəŋ	₋ʂəŋ	₋ʂəŋ
剩	证昌去	səŋ⁼	səŋ⁼	ʂəŋ⁼	ʂəŋ⁼	ʂəŋ⁼	ʂəŋ⁼	ʂəŋ⁼	ʂəŋ⁼	ʂəŋ⁼	ʂəŋ⁼
食	职船入	₋sʅ	₋ʂʅ	₋ʂʅ	₋ʂʅ	₋ʂʅ	₋ʂʅ	₋sʅ	₋ʂʅ	₋ʂʅ	₋ʂʅ
蚀		₋sʅ	₋ʂʅ	₋ʂʅ	₋ʂʅ	₋ʂʅ	₋ʂʅ	₋sʅ	₋ʂʅ	₋ʂʅ	₋ʂʅ

续表

例字	中古音	天津	西青	静海	蓟州	宝坻	宁河	汉沽	塘沽	大港	武清
升	蒸书平	₋ʂəŋ	₋ʂəŋ	₋ʂəŋ	₋ʂəŋ	₋ʂəŋ	₋ʂəŋ	₋ʂəŋ	₋ʂəŋ	₋ʂəŋ	₋ʂəŋ
胜~任		ʂəŋ˗	ʂəŋ˗	ʂəŋ˗	ʂəŋ˗	ʂəŋ˗	ʂəŋ˗	ʂəŋ˗	ʂəŋ˗	ʂəŋ˗	ʂəŋ˗
胜~利	证书去	ʂəŋ⁻	ʂəŋ⁻	ʂəŋ⁻	ʂəŋ⁻	ʂəŋ⁻	ʂəŋ⁻	ʂəŋ⁻	ʂəŋ⁻	ʂəŋ⁻	ʂəŋ⁻
识	职书入	₋ʂʅ	₋ʂʅ	₋ʂʅ	₋ʂʅ	₋ʂʅ	₋ʂʅ	₋ʂʅ	⁻ʂʅ	₋ʂʅ	₋ʂʅ
式		ʂʅ⁻	ʂʅ⁻	ʂʅ⁻	ʂʅ⁻	ʂʅ⁻	ʂʅ⁻	ʂʅ⁻	ʂʅ⁻	ʂʅ⁻	ʂʅ⁻
饰		ʂʅ⁻	ʂʅ⁻	ʂʅ⁻	ʂʅ⁻	ʂʅ⁻	ʂʅ⁻	ʂʅ⁻	ʂʅ⁻	ʂʅ⁻	ʂʅ⁻
承	蒸禅平	₋tsʰəŋ	₋tsʰəŋ	₋tʂʰəŋ	₋tʂʰəŋ	₋tʂʰəŋ	₋tʂʰəŋ	₋tʂʰəŋ	₋tʂʰəŋ	₋tʂʰəŋ	₋tʂʰəŋ
丞		₋tsʰəŋ	₋tsʰəŋ	₋tʂʰəŋ	₋tʂʰəŋ	₋tʂʰəŋ	₋tʂʰəŋ	₋tʂʰəŋ	₋tʂʰəŋ	₋tʂʰəŋ	₋tʂʰəŋ
殖	职禅入	₋tsʅ	₋tʂʅ	₋tʂʅ	₋tʂʅ / ₋ʂʅ	₋tʂʅ	₋tʂʅ	₋tʂʅ	⁻tʂʅ	₋tʂʅ	₋tʂʅ
植		₋tsʅ	₋tʂʅ	₋tʂʅ	₋tʂʅ	₋tʂʅ	₋tʂʅ	₋tʂʅ	⁻tʂʅ	₋tʂʅ	₋tʂʅ
仍	蒸日平	₋iŋ	₋iŋ	₋ʐəŋ	₋ʐəŋ	₋ʐəŋ	₋ʐəŋ	₋ʐəŋ	₋ʐəŋ	₋ʐəŋ	₋ʐəŋ
扔		₋zəŋ / ₋iŋ	₋iŋ	₋ʐəŋ	₋ləŋ	₋ʐəŋ	₋ʐəŋ	₋ləŋ	₋ʐəŋ	₋ləŋ	₋ʐəŋ
极	职群入	₋tɕi	₋tɕi	₋tɕi	₋tɕi	₋tɕi	₋tɕi	₋tɕi	⁻tɕi	₋tɕi	₋tɕi
凝	蒸疑平	₋n̠iŋ	₋n̠iŋ	₋n̠iŋ	₋n̠iŋ	₋n̠iŋ	₋n̠iŋ	₋n̠iŋ	⁻n̠iŋ	₋n̠iŋ	₋n̠iŋ
兴~旺	蒸晓平	₋ɕiŋ	₋ɕiŋ	₋ɕiŋ	₋ɕiŋ	₋ɕiŋ	₋ɕiŋ	₋ɕiŋ	₋ɕiŋ	₋ɕiŋ	₋ɕiŋ
兴高~	证晓去	ɕiŋ⁻	ɕiŋ⁻	ɕiŋ⁻	ɕiŋ⁻	ɕiŋ⁻	ɕiŋ⁻	ɕiŋ⁻	ɕiŋ⁻	ɕiŋ⁻	ɕiŋ⁻
应~该	蒸影平	₋iŋ	₋iŋ	₋iŋ	₋iŋ	₋iŋ	₋iŋ	₋iŋ	₋iŋ	₋iŋ	₋iŋ
鹰		₋iŋ	₋iŋ	₋iŋ	₋iŋ	₋iŋ	₋iŋ	₋iŋ	₋iŋ	₋iŋ	₋iŋ
应~对	证影去	iŋ⁻	iŋ⁻	iŋ⁻	iŋ⁻	iŋ⁻	iŋ⁻	iŋ⁻	iŋ⁻	iŋ⁻	iŋ⁻
忆	职影入	i⁻	i⁻	i⁻	i⁻	i⁻	i⁻	i⁻	i⁻	i⁻	i⁻
亿	职影入	i⁻	i⁻	i⁻	i⁻	i⁻	i⁻	i⁻	i⁻	i⁻	i⁻
蝇	蒸以平	₋iŋ	₋iŋ	₋iŋ	₋iŋ	₋iŋ	₋iŋ	₋iŋ	⁻iŋ	₋iŋ	₋iŋ
孕	证以去	yən⁻	yən⁻	yən⁻	yən⁻	yən⁻	yən⁻	yən⁻	yən⁻	yən⁻	yən⁻
国	德见入	₋kuo	₋kuo	₋kuo	₋kuo	₋kuo	₋kuo	₋kuo	₋kuo	₋kuo	₋kuo
或	德匣入	xuo⁻	xuo⁻	xuo⁻	xɤ⁻	xuo⁻	₋xuo	xuo⁻	xuo⁻	xuo⁻	xuo⁻
惑		xuo⁻	xuo⁻	xuo⁻	xuo⁻	xuo⁻	₋xuo	xuo⁻	xuo⁻	xuo⁻	xuo⁻
域	职云入	y⁻	y⁻	y⁻	y⁻	y⁻	y⁻	y⁻	y⁻	y⁻	y⁻

十五　梗摄

例字	中古音	天津	西青	静海	蓟州	宝坻	宁河	汉沽	塘沽	大港	武清
百	陌帮入	⊂pai	⊂pai	⊂pai	⊂pai	⊂pai	⊂pai	⊂pai	⊂pai	⊂pai	⊂pai
柏	陌帮入	⊂pai	⊂pai	⊂pai	⊂pai	⊂pai	⊂pai	⊂pai	⊂pai	⊂pai	⊂pai
伯		⊂pai	⊂pai	⊂pai	⊂pai	⊂pai	⊂pai	⊂pai	⊂puo	⊂pai	⊂pai
烹	庚滂平	⊂pʰəŋ	⊂pʰəŋ	⊂pʰəŋ	⊂pʰəŋ	⊂pʰəŋ	⊂pʰəŋ	⊂pʰəŋ	⊂pʰəŋ	⊂pʰəŋ	⊂pʰəŋ
拍	陌滂入	⊂pʰai	⊂pʰai	⊂pʰai	⊂pʰai	⊂pʰai	⊂pʰai	⊂pʰai	⊂pʰai	⊂pʰai	⊂pʰai
魄		pʰo⊃	pʰo⊃	pʰɤ⊃	pʰo⊃	pʰə⊃	pʰə⊃	pʰuo⊃	pʰə⊃	pʰo⊃	pʰo⊃
彭	庚並平	⊂pʰəŋ	⊂pʰəŋ	⊂pʰəŋ	⊂pʰəŋ	⊂pʰəŋ	⊂pʰəŋ	⊂pʰəŋ	⊂pʰəŋ	⊂pʰəŋ	⊂pʰəŋ
膨		⊂pʰəŋ	⊂pʰəŋ	⊂pʰəŋ	⊂pʰəŋ	⊂pʰəŋ	⊂pʰəŋ	⊂pʰəŋ	⊂pʰəŋ	⊂pʰəŋ	⊂pʰəŋ
白	陌並入	⊂pai	⊂pai	⊂pai	⊂pai	⊂pai	⊂pai	⊂pai	⊂pai	⊂pai	⊂pai
盲	庚明平	⊂maŋ	⊂maŋ	⊂maŋ	⊂maŋ	⊂maŋ	⊂maŋ	⊂maŋ	⊂maŋ	⊂maŋ	⊂maŋ
猛	梗明上	⊂məŋ	⊂məŋ	⊂məŋ	⊂məŋ	⊂məŋ	⊂məŋ	⊂məŋ	⊂məŋ	⊂məŋ	⊂məŋ
孟	映明去	məŋ⊃	məŋ⊃	məŋ⊃	məŋ⊃	məŋ⊃	məŋ⊃	məŋ⊃	məŋ⊃	məŋ⊃	məŋ⊃
打	梗端上	⊂ta	⊂ta	⊂ta	⊂ta	⊂ta	⊂ta	⊂ta	⊂ta	⊂ta	⊂ta
冷	梗来上	⊂ləŋ	⊂ləŋ	⊂ləŋ	⊂ləŋ	⊂ləŋ	⊂ləŋ	⊂ləŋ	⊂ləŋ	⊂ləŋ	⊂ləŋ
撑	庚彻平	⊂tsʰəŋ	⊂tsʰəŋ	⊂tsʰəŋ	⊂tʂʰəŋ	⊂tʂʰəŋ	⊂tʂʰəŋ	⊂tsʰəŋ	⊂tʂʰəŋ	⊂tʂʰəŋ	⊂tʂʰəŋ
拆	陌彻入	⊂tsʰai	⊂tsʰai	⊂tsʰai	⊂tʂʰai	⊂tʂʰai	⊂tʂʰai	⊂tsʰai	⊂tʂʰai	⊂tʂʰai	⊂tʂʰai
择	陌澄入	⊂tsɤ / ⊂tsai	⊂tsɤ / ⊂tsai	⊂tsɤ / ⊂tsai	⊂tʂai	⊂tsɤ	⊂tʂai	⊂tsɤ / ⊂tsai	⊂tsə / ⊂tsai	⊂tʂai	⊂tʂai
宅	陌澄入	⊂tsai	⊂tsai	⊂tsai	⊂tʂai	⊂tʂai	⊂tʂai	⊂tsai	⊂tʂai	⊂tʂai	⊂tʂai
窄	陌庄入	⊂tsai	⊂tsai	⊂tsai	⊂tʂai	⊂tʂai	⊂tʂai	⊂tsai	⊂tʂai	⊂tʂai	⊂tʂai
铛	庚初平	⊂tsʰəŋ	⊂tsʰəŋ	⊂tsʰəŋ	⊂tʂʰəŋ	⊂tʂʰəŋ	⊂tʂʰəŋ	⊂tsʰəŋ	⊂tʂʰəŋ	⊂tʂʰəŋ	⊂tʂʰəŋ
生	庚生平	⊂səŋ	⊂səŋ	⊂səŋ	⊂ʂəŋ	⊂ʂəŋ	⊂ʂəŋ	⊂səŋ	⊂ʂəŋ	⊂ʂəŋ	⊂ʂəŋ
牲		⊂səŋ	⊂səŋ	⊂səŋ	⊂səŋ	⊂səŋ	⊂səŋ	⊂səŋ	⊂səŋ	⊂səŋ	⊂səŋ
笙		⊂səŋ	⊂səŋ	⊂səŋ	⊂səŋ	⊂səŋ	⊂səŋ	⊂səŋ	⊂səŋ	⊂səŋ	⊂səŋ
甥		⊂səŋ	⊂səŋ	⊂səŋ	⊂səŋ	⊂səŋ	⊂səŋ	⊂səŋ	⊂səŋ	⊂səŋ	⊂səŋ
省	梗生上	⊂səŋ	⊂səŋ	⊂səŋ	⊂ʂəŋ	⊂ʂəŋ	⊂ʂəŋ	⊂səŋ	⊂ʂəŋ	⊂ʂəŋ	⊂ʂəŋ
更~换	庚见平	⊂kəŋ	⊂kəŋ	⊂kəŋ	⊂kəŋ	⊂kəŋ	⊂kəŋ	⊂kəŋ	⊂kəŋ	⊂kəŋ	⊂kəŋ
庚		⊂kəŋ	⊂kəŋ	⊂kəŋ	⊂kəŋ	⊂kəŋ	⊂kəŋ	⊂kəŋ	⊂kəŋ	⊂kəŋ	⊂kəŋ
埂	梗见上	⊂kəŋ	⊂kəŋ	⊂kəŋ	⊂kəŋ	⊂kəŋ	⊂kəŋ	⊂kəŋ	⊂kəŋ	⊂kəŋ	⊂kəŋ
梗		⊂kəŋ	⊂kəŋ	⊂kəŋ	⊂kəŋ	⊂kəŋ	⊂kəŋ	⊂kəŋ	⊂kəŋ	⊂kəŋ	⊂kəŋ

续表

例字	中古音	天津	西青	静海	蓟州	宝坻	宁河	汉沽	塘沽	大港	武清
更~加	映见去	kəŋ˨	kəŋ˨	kəŋ˨	kəŋ˨	kəŋ˨	kəŋ˨	kəŋ˨	kəŋ˨	kəŋ˨	kəŋ˨
格	陌见入	˨kɤ	˨kɤ	˨kɤ	˨kɤ	˨kɤ	˨kɤ	˨kɤ	˨kɤ	˨kə	˨kɤ
坑	庚溪平	˨kʰəŋ	˨kʰəŋ	˨kʰəŋ	˨kʰəŋ	˨kʰəŋ	˨kʰəŋ	˨kʰəŋ	˨kʰəŋ	˨kʰə	˨kʰəŋ
客	陌溪入	kʰɤ˨ / ˨tɕʰiɛ	kʰɤ˨ / ˨tɕʰiɛ	kʰɤ˨ / ˨tɕʰiɛ	kʰɤ˨ / ˨tɕʰiɛ	kʰɤ˨ / ˨tɕʰiɛ	kʰɤ˨ / ˨tɕʰiɛ	kʰɤ˨ / ˨tɕʰiɛ	kʰɤ˨ / ˨tɕʰiɛ	kʰə˨ / ˨tɕʰiɛ	kʰɤ˨ / ˨tɕʰiɛ
硬	映疑去	iŋ˨	iŋ˨	iŋ˨	iŋ˨	iŋ˨	iŋ˨	iŋ˨	iŋ˨	iŋ˨	iŋ˨
额	陌疑入	˨nɤ	˨ɤ	˨nɤ	˨nɤ	˨nɤ	˨ɤ	˨ɤ	˨nə	˨ɤ	
吓恐~	庚晓入	xɤ˨	xɤ˨	xɤ˨	xɤ˨	xɤ˨	xɤ˨	xɤ˨	xə˨	xɤ˨	
行~为	庚匣平	˨ɕiŋ	˨ɕiŋ	˨ɕiŋ	˨ɕiŋ	˨ɕiŋ	˨ɕiŋ	˨ɕiŋ	˨ɕiŋ	˨ɕiŋ	
衡		˨xəŋ	˨xəŋ	˨xəŋ	˨xəŋ	˨xəŋ	˨xəŋ	˨xəŋ	˨xəŋ	˨xəŋ	
杏	梗匣上	ɕiŋ˨	ɕiŋ˨	ɕiŋ˨	ɕiŋ˨	ɕiŋ˨	ɕiŋ˨	ɕiŋ˨	ɕiŋ˨	ɕiŋ˨	
行品~	映匣去	˨ɕiŋ	˨ɕiŋ	˨ɕiŋ	˨ɕiŋ	˨ɕiŋ	˨ɕiŋ	˨ɕiŋ	˨ɕiŋ	˨ɕiŋ	
棚	耕并平	˨pʰəŋ	˨pʰəŋ	˨pʰəŋ	˨pʰəŋ	˨pʰəŋ	˨pʰəŋ	˨pʰəŋ	˨pʰəŋ	˨pʰəŋ	
麦	麦明入	mai˨	mai˨	mai˨	mai˨	mai˨	mai˨	mai˨	mai˨	mai˨	
脉		mai˨	mai˨	mai˨	mai˨	mai˨	mai˨	mai˨	mai˨	mai˨	
摘	麦知入	˨tsai	˨tsai	˨tʂai	˨tʂai	˨tʂai	˨tʂai	˨tʂai	˨tʂai	˨tʂai	
争	耕庄平	˨tsəŋ	˨tsəŋ	˨tsəŋ	˨tʂəŋ	˨tʂəŋ	˨tʂəŋ	˨tʂəŋ	˨tʂəŋ	˨tʂəŋ	
筝		˨tsəŋ	˨tsəŋ	˨tsəŋ	˨tʂəŋ	˨tʂəŋ	˨tʂəŋ	˨tʂəŋ	˨tʂəŋ	˨tʂəŋ	
睁		˨tsəŋ	˨tsəŋ	˨tsəŋ	˨tʂəŋ	˨tʂəŋ	˨tʂəŋ	˨tʂəŋ	˨tʂəŋ	˨tʂəŋ	
责	麦庄入	˨tsɤ	˨tsɤ	˨tsɤ / tsai	˨tʂɤ	˨tʂɤ	˨tθɤ	˨tʂɤ	˨tsə / tsai	˨tθɤ	
策	麦初入	tsʰɤ˨	tsʰɤ˨	tsʰɤ˨	tʂʰɤ˨	tθʰɤ˨	tθʰɤ˨	tsʰɤ˨	tsʰɤ˨	tθʰɤ˨	
耕	耕见平	˨kəŋ	˨kəŋ	˨kəŋ	˨kəŋ	˨kəŋ	˨kəŋ	˨kəŋ	˨kəŋ	˨kəŋ	
耿	耿见上	˨kəŋ	˨kəŋ	˨kəŋ	˨kəŋ	˨kəŋ	˨kəŋ	˨kəŋ	˨kəŋ	˨kəŋ	
幸	耿匣上	ɕiŋ˨	ɕiŋ˨	ɕiŋ˨	ɕiŋ˨	ɕiŋ˨	ɕiŋ˨	ɕiŋ˨	ɕiŋ˨	ɕiŋ˨	
核审~	麦匣入	˨xɤ	˨xɤ	˨xɤ	˨xɤ	˨xɤ	˨xɤ	˨xɤ	˨xə	˨xɤ	
鹦	耕影平	˨iŋ	˨iŋ	˨iŋ	˨iŋ	˨iŋ	˨iŋ	˨iŋ	˨iŋ	˨iŋ	
樱		˨iŋ	˨iŋ	˨iŋ	˨iŋ	˨iŋ	˨iŋ	˨iŋ	˨iŋ	˨iŋ	
兵	庚帮平	˨piŋ	˨piŋ	˨piŋ	˨piŋ	˨piŋ	˨piŋ	˨piŋ	˨piŋ	˨piŋ	
丙	梗帮上	˨piŋ	˨piŋ	˨piŋ	˨piŋ	˨piŋ	˨piŋ	˨piŋ	˨piŋ	˨piŋ	
柄	映帮去	˨piŋ	˨piŋ	˨piŋ	˨piŋ	˨piŋ	˨piŋ	˨piŋ	˨piŋ	˨piŋ	
平	庚并平	˨pʰiŋ	˨pʰiŋ	˨pʰiŋ	˨pʰiŋ	˨pʰiŋ	˨pʰiŋ	˨pʰiŋ	˨pʰiŋ	˨pʰiŋ	
评		˨pʰiŋ	˨pʰiŋ	˨pʰiŋ	˨pʰiŋ	˨pʰiŋ	˨pʰiŋ	˨pʰiŋ	˨pʰiŋ	˨pʰiŋ	

续表

例字	中古音	天津	西青	静海	蓟州	宝坻	宁河	汉沽	塘沽	大港	武清
病	映並去	piŋ⁼	piŋ⁼	piŋ⁼	piŋ⁼	piŋ⁼	piŋ⁼	piŋ⁼	piŋ⁼	piŋ⁼	piŋ⁼
鸣	庚明平	₌miŋ	₌miŋ	₌miŋ	₌miŋ	₌miŋ	₌miŋ	₌miŋ	⁼miŋ	₌miŋ	
明		₌miŋ	₌miŋ	₌miŋ	₌miŋ	₌miŋ	₌miŋ	₌miŋ	₌miŋ	₌miŋ	
盟		₌məŋ	₌məŋ	₌məŋ	₌məŋ	₌məŋ	₌məŋ	₌məŋ	₌məŋ	₌məŋ	
命	映明去	miŋ⁼	miŋ⁼	miŋ⁼	miŋ⁼	miŋ⁼	miŋ⁼	miŋ⁼	miŋ⁼	miŋ⁼	
京	庚见平	₌tɕiŋ	₌tɕiŋ	₌tɕiŋ	₌tɕiŋ	₌tɕiŋ	₌tɕiŋ	₌tɕiŋ	₌tɕiŋ	₌tɕiŋ	
荆		₌tɕiŋ	₌tɕiŋ	₌tɕiŋ	₌tɕiŋ	₌tɕiŋ	₌tɕiŋ	₌tɕiŋ	₌tɕiŋ	₌tɕiŋ	
惊		₌tɕiŋ	₌tɕiŋ	₌tɕiŋ	₌tɕiŋ	₌tɕiŋ	₌tɕiŋ	₌tɕiŋ	₌tɕiŋ	₌tɕiŋ	
境	梗见上	ᶜtɕiŋ	ᶜtɕiŋ	ᶜtɕiŋ	ᶜtɕiŋ	ᶜtɕiŋ	ᶜtɕiŋ	ᶜtɕiŋ	ᶜtɕiŋ	ᶜtɕiŋ	
景		ᶜtɕiŋ	ᶜtɕiŋ	ᶜtɕiŋ	ᶜtɕiŋ	ᶜtɕiŋ	ᶜtɕiŋ	ᶜtɕiŋ	ᶜtɕiŋ	ᶜtɕiŋ	
警		ᶜtɕiŋ	ᶜtɕiŋ	ᶜtɕiŋ	ᶜtɕiŋ	ᶜtɕiŋ	ᶜtɕiŋ	ᶜtɕiŋ	ᶜtɕiŋ	ᶜtɕiŋ	
敬	映见去	tɕiŋ⁼	tɕiŋ⁼	tɕiŋ⁼	tɕiŋ⁼	tɕiŋ⁼	tɕiŋ⁼	tɕiŋ⁼	tɕiŋ⁼	tɕiŋ⁼	
竟		tɕiŋ⁼	tɕiŋ⁼	tɕiŋ⁼	tɕiŋ⁼	tɕiŋ⁼	tɕiŋ⁼	tɕiŋ⁼	tɕiŋ⁼	tɕiŋ⁼	
镜		tɕiŋ⁼	tɕiŋ⁼	tɕiŋ⁼	tɕiŋ⁼	tɕiŋ⁼	tɕiŋ⁼	tɕiŋ⁼	tɕiŋ⁼	tɕiŋ⁼	
庆	映溪去	tɕʰiŋ⁼	tɕʰiŋ⁼	tɕʰiŋ⁼	tɕʰiŋ⁼	tɕʰiŋ⁼	tɕʰiŋ⁼	tɕʰiŋ⁼	tɕʰiŋ⁼	tɕʰiŋ⁼	
竞	映群去	tɕiŋ⁼	tɕiŋ⁼	tɕiŋ⁼	tɕiŋ⁼	tɕiŋ⁼	tɕiŋ⁼	tɕiŋ⁼	tɕiŋ⁼	tɕiŋ⁼	
剧	陌群入	tɕy⁼	tɕy⁼	tɕy⁼	tɕy⁼	tɕy⁼	tɕy⁼	tɕy⁼	tɕy⁼	tɕy⁼	
迎	庚疑平	₌iŋ	₌iŋ	₌iŋ	₌iŋ	₌iŋ	₌iŋ	₌iŋ	₌iŋ	₌iŋ	
逆	陌疑入	ȵi⁼	ȵi⁼	ȵi⁼	ȵi⁼	ȵi⁼	ȵi⁼	ȵi⁼	ȵi⁼	₌ȵi	
英	庚影平	₌iŋ	₌iŋ	₌iŋ	₌iŋ	₌iŋ	₌iŋ	₌iŋ	₌iŋ	₌iŋ	
影	梗影上	ᶜiŋ	ᶜiŋ	ᶜiŋ	ᶜiŋ	ᶜiŋ	ᶜiŋ	ᶜiŋ	ᶜiŋ	ᶜiŋ	
映	映影去	iŋ⁼	iŋ⁼	iŋ⁼	iŋ⁼	iŋ⁼	iŋ⁼	iŋ⁼	iŋ⁼	iŋ⁼	
饼	静帮上	ᶜpiŋ	ᶜpiŋ	ᶜpiŋ	ᶜpiŋ	ᶜpiŋ	ᶜpiŋ	ᶜpiŋ	ᶜpiŋ	ᶜpiŋ	
并合~	劲帮去	piŋ⁼ pin⁼	piŋ⁼ pin⁼	piŋ⁼	piŋ⁼	piŋ⁼	piŋ⁼	piŋ⁼	piŋ⁼	piŋ⁼	
聘	劲滂去	pʰiən⁼	pʰiən⁼	pʰiən⁼	pʰiən⁼	pʰiən⁼	pʰiən⁼	pʰiən⁼	pʰiən⁼	pʰiən⁼	
僻	昔滂入	pʰi⁼	pʰi⁼	pʰi⁼	pʰi⁼	pʰi⁼	pʰi⁼	pʰi⁼	pʰi⁼	pʰi⁼	
名	清明平	₌miŋ	₌miŋ	₌miŋ	₌miŋ	₌miŋ	₌miŋ	₌miŋ	₌miŋ	₌miŋ	
领	静来上	ᶜliŋ	ᶜliŋ	ᶜliŋ	ᶜliŋ	ᶜliŋ	ᶜliŋ	ᶜliŋ	ᶜliŋ	ᶜliŋ	
岭	静来上	ᶜliŋ	ᶜliŋ	ᶜliŋ	ᶜliŋ	ᶜliŋ	ᶜliŋ	ᶜliŋ	ᶜliŋ	ᶜliŋ	
令	劲来去	liŋ⁼	liŋ⁼	liŋ⁼	liŋ⁼	liŋ⁼	liŋ⁼	liŋ⁼	liŋ⁼	liŋ⁼	

续表

例字	中古音	天津	西青	静海	蓟州	宝坻	宁河	汉沽	塘沽	大港	武清
精	清精平	₋tɕiŋ	₋tɕiŋ	₋tɕiŋ	₋tɕiŋ	₋tɕiŋ	₋tɕiŋ	₋tɕiŋ	₋tɕiŋ	₋tɕiŋ	₋tɕiŋ
晶		₋tɕiŋ	₋tɕiŋ	₋tɕiŋ	₋tɕiŋ	₋tɕiŋ	₋tɕiŋ	₋tɕiŋ	₋tɕiŋ	₋tɕiŋ	₋tɕiŋ
睛	清精平	₋tɕiŋ	₋tɕiŋ	₋tɕiŋ	₋tɕiŋ	₋tɕiŋ	₋tɕiŋ	₋tɕiŋ	₋tɕiŋ	₋tɕiŋ	₋tɕiŋ
井	静精上	⁻tɕiŋ	⁻tɕiŋ	⁻tɕiŋ	⁻tɕiŋ	⁻tɕiŋ	⁻tɕiŋ	⁻tɕiŋ	⁻tɕiŋ	⁻tɕiŋ	⁻tɕiŋ
积	昔精入	₋tɕi	₋tɕi	₋tɕi	tɕiᐜ	tɕiᐜ	tɕiᐜ	tɕiᐜ	tɕiᐜ	₋tɕi	₋tɕi
迹		tɕiᐜ	tɕiᐜ	tɕiᐜ	tɕiᐜ	tɕiᐜ	tɕiᐜ	tɕiᐜ	tɕiᐜ	tɕiᐜ	tɕiᐜ
脊		₋tɕi	₋tɕi	₋tɕi	₋tɕi	₋tɕi	₋tɕi	₋tɕi	₋tɕi	₋tɕi	₋tɕi
清	清清平	₋tɕʰiŋ	₋tɕʰiŋ	₋tɕʰiŋ	₋tɕʰiŋ	₋tɕʰiŋ	₋tɕʰiŋ	₋tɕʰiŋ	₋tɕʰiŋ	₋tɕʰiŋ	₋tɕʰiŋ
请	静清上	⁻tɕʰiŋ	⁻tɕʰiŋ	⁻tɕʰiŋ	⁻tɕʰiŋ	⁻tɕʰiŋ	⁻tɕʰiŋ	⁻tɕʰiŋ	⁻tɕʰiŋ	⁻tɕʰiŋ	⁻tɕʰiŋ
情	清从平	₋tɕʰiŋ	₋tɕʰiŋ	₋tɕʰiŋ	₋tɕʰiŋ	₋tɕʰiŋ	₋tɕʰiŋ	₋tɕʰiŋ	₋tɕʰiŋ	₋tɕʰiŋ	₋tɕʰiŋ
晴		₋tɕʰiŋ	₋tɕʰiŋ	₋tɕʰiŋ	₋tɕʰiŋ	₋tɕʰiŋ	₋tɕʰiŋ	₋tɕʰiŋ	₋tɕʰiŋ	₋tɕʰiŋ	₋tɕʰiŋ
静	静从上	tɕiŋᐜ	tɕiŋᐜ	tɕiŋᐜ	tɕiŋᐜ	tɕiŋᐜ	tɕiŋᐜ	tɕiŋᐜ	tɕiŋᐜ	tɕiŋᐜ	tɕiŋᐜ
靖		tɕiŋᐜ	tɕiŋᐜ	tɕiŋᐜ	tɕiŋᐜ	tɕiŋᐜ	tɕiŋᐜ	tɕiŋᐜ	tɕiŋᐜ	tɕiŋᐜ	tɕiŋᐜ
净	劲从去	tɕiŋᐜ	tɕiŋᐜ	tɕiŋᐜ	tɕiŋᐜ	tɕiŋᐜ	tɕiŋᐜ	tɕiŋᐜ	tɕiŋᐜ	tɕiŋᐜ	tɕiŋᐜ
籍	昔从入	₋tɕi	₋tɕi	₋tɕi	tɕiᐜ	tɕiᐜ	₋tɕi	₋tɕi	₋tɕi	tɕi	₋tɕi
省反~	静心上	⁻ɕiŋ	⁻ɕiŋ	⁻ɕiŋ	⁻ɕiŋ	⁻ɕiŋ	⁻ɕiŋ	⁻ɕiŋ	⁻ɕiŋ	⁻ɕiŋ	⁻ɕiŋ
性	劲心去	ɕiŋᐜ	ɕiŋᐜ	ɕiŋᐜ	ɕiŋᐜ	ɕiŋᐜ	ɕiŋᐜ	ɕiŋᐜ	ɕiŋᐜ	ɕiŋᐜ	ɕiŋᐜ
姓		ɕiŋᐜ	ɕiŋᐜ	ɕiŋᐜ	ɕiŋᐜ	ɕiŋᐜ	ɕiŋᐜ	ɕiŋᐜ	ɕiŋᐜ	ɕiŋᐜ	ɕiŋᐜ
惜	昔心入	₋ɕi	₋ɕi	₋ɕi	ɕiᐜ	ɕiᐜ	₋ɕi	₋ɕi	₋ɕi	₋ɕi	₋ɕi
昔		₋ɕi	₋ɕi	₋ɕi	ɕiᐜ	ɕiᐜ	₋ɕi	₋ɕi	₋ɕi	₋ɕi	₋ɕi
席	昔邪入	₋ɕi	₋ɕi	₋ɕi	ɕiᐜ	ɕiᐜ	₋ɕi	₋ɕi	₋ɕi	⁻ɕi	₋ɕi
贞	清知平	₋tsən	₋tʂəŋ	₋tʂəŋ	₋tʂəŋ	₋tʂəŋ	₋tsən	₋tʂəŋ	₋tʂəŋ	₋tʂəŋ	₋tʂəŋ
逞	静彻上	⁻tsʰəŋ	⁻tʂʰəŋ	⁻tʂʰəŋ	⁻tʂʰəŋ	⁻tʂʰəŋ	⁻tʂʰəŋ	⁻tʂʰəŋ	⁻tʂʰəŋ	⁻tʂʰəŋ	⁻tʂʰəŋ
呈	清澄平	₋tsʰəŋ	₋tʂʰəŋ	₋tʂʰəŋ	₋tʂʰəŋ	₋tʂʰəŋ	₋tʂʰəŋ	₋tʂʰəŋ	₋tʂʰəŋ	₋tʂʰəŋ	₋tʂʰəŋ
程		₋tsʰəŋ	₋tʂʰəŋ	₋tʂʰəŋ	₋tʂʰəŋ	₋tʂʰəŋ	₋tʂʰəŋ	₋tʂʰəŋ	₋tʂʰəŋ	₋tʂʰəŋ	₋tʂʰəŋ
郑	劲澄去	tsəŋᐜ	tsəŋᐜ	tʂəŋᐜ	tʂəŋᐜ	tʂəŋᐜ	tʂəŋᐜ	tʂəŋᐜ	tʂəŋᐜ	tʂəŋᐜ	tʂəŋᐜ
正~月	清章平	₋tsəŋ	₋tsəŋ	₋tʂəŋ	₋tʂəŋ	₋tʂəŋ	₋tʂəŋ	₋tʂəŋ	₋tʂəŋ	₋tʂəŋ	₋tʂəŋ
征~服		₋tsəŋ	₋tsəŋ	₋tʂəŋ	₋tʂəŋ	₋tʂəŋ	₋tʂəŋ	₋tʂəŋ	₋tʂəŋ	₋tʂəŋ	₋tʂəŋ
整	静章上	⁻tsəŋ	⁻tsəŋ	⁻tʂəŋ	⁻tʂəŋ	⁻tʂəŋ	⁻tʂəŋ	⁻tʂəŋ	⁻tʂəŋ	⁻tʂəŋ	⁻tʂəŋ
正	劲章去	tsəŋᐜ	tsəŋᐜ	tʂəŋᐜ	tʂəŋᐜ	tʂəŋᐜ	tʂəŋᐜ	tʂəŋᐜ	tʂəŋᐜ	tʂəŋᐜ	tʂəŋᐜ
政		tsəŋᐜ	tsəŋᐜ	tʂəŋᐜ	tʂəŋᐜ	tʂəŋᐜ	tʂəŋᐜ	tʂəŋᐜ	tʂəŋᐜ	tʂəŋᐜ	tʂəŋᐜ
只	昔章入	₋tsʅ	₋tʂʅ	₋tʂʅ	₋tʂʅ	₋tʂʅ	₋tʂʅ	₋tʂʅ	₋tʂʅ	₋tʂʅ	₋tʂʅ

续表

例字	中古音	天津	西青	静海	蓟州	宝坻	宁河	汉沽	塘沽	大港	武清
赤	昔昌入	tsʰʅ˨	tʂʰʅ˨	tʂʰʅ˨	tʂʰʅ˨	tʂʰʅ˨	tʂʰʅ˨	tsʰʅ˨	tʂʰʅ˨	tʂʰʅ˨	tʂʰʅ˨
斥		tsʰʅ˨	tʂʰʅ˨	tʂʰʅ˨	tʂʰʅ˨	tʂʰʅ˨	tʂʰʅ˨	tsʰʅ˨	tʂʰʅ˨	tʂʰʅ˨	tʂʰʅ˨
尺		˂tsʰʅ	˂tʂʰʅ	˂tʂʰʅ	˂tʂʰʅ	˂tʂʰʅ	˂tʂʰʅ	˂tsʰʅ	˂tʂʰʅ	˂tʂʰʅ	˂tʂʰʅ
声	清书平	˂səŋ	˂səŋ	˂ʂəŋ	˂ʂəŋ	˂ʂəŋ	˂ʂəŋ	˂səŋ	˂ʂəŋ	˂ʂəŋ	˂ʂəŋ
圣	劲书去	səŋ˨	səŋ˨	ʂəŋ˨	ʂəŋ˨	ʂəŋ˨	ʂəŋ˨	səŋ˨	ʂəŋ˨	ʂəŋ˨	ʂəŋ˨
适	昔书入	sʅ˨	ʂʅ˨	ʂʅ˨	ʂʅ˨	ʂʅ˨	ʂʅ˨	sʅ˨	ʂʅ˨	ʂʅ˨	ʂʅ˨
释		sʅ˨	ʂʅ˨	ʂʅ˨	ʂʅ˨	ʂʅ˨	ʂʅ˨	sʅ˨	ʂʅ˨	ʂʅ˨	ʂʅ˨
成	清神平	˂tsʰəŋ	˂tsʰəŋ	˂tʂʰəŋ	˂tʂʰəŋ	˂tʂʰəŋ	˂tʂʰəŋ	˂tsʰəŋ	˂tʂʰəŋ	˂tʂʰəŋ	˂tʂʰəŋ
城		˂tsʰəŋ	˂tsʰəŋ	˂tʂʰəŋ	˂tʂʰəŋ	˂tʂʰəŋ	˂tʂʰəŋ	˂tsʰəŋ	˂tʂʰəŋ	˂tʂʰəŋ	˂tʂʰəŋ
诚	清神平	˂tsʰəŋ	˂tsʰəŋ	˂tʂʰəŋ	˂tʂʰəŋ	˂tʂʰəŋ	˂tʂʰəŋ	˂tsʰəŋ	˂tʂʰəŋ	˂tʂʰəŋ	˂tʂʰəŋ
盛		˂tsʰəŋ	˂tsʰəŋ	˂tʂʰəŋ	˂tʂʰəŋ	˂tʂʰəŋ	˂tʂʰəŋ	˂tsʰəŋ	˂tʂʰəŋ	˂tʂʰəŋ	˂tʂʰəŋ
盛兴~	劲神去	səŋ˨	səŋ˨	ʂəŋ˨	ʂəŋ˨	ʂəŋ˨	ʂəŋ˨	səŋ˨	ʂəŋ˨	ʂəŋ˨	ʂəŋ˨
石	昔神入	˂sʅ	˂ʂʅ	˂ʂʅ	˂ʂʅ	˂ʂʅ	˂ʂʅ	˂sʅ	˂ʂʅ	˂ʂʅ	˂ʂʅ
颈	静见上	˂tɕiŋ	˂tɕiŋ	˂tɕiŋ	˂tɕiŋ	˂tɕiŋ	˂tɕiŋ	˂tɕiŋ ˂kəŋ	˂tɕiŋ ˂kəŋ	˂tɕiŋ	˂tɕiŋ
轻	清溪平	˂tɕʰiŋ	˂tɕʰiŋ	˂tɕʰiŋ	˂tɕʰiŋ	˂tɕʰiŋ	˂tɕʰiŋ	˂tɕʰiŋ	˂tɕʰiŋ	˂tɕʰiŋ	˂tɕʰiŋ
婴	清影平	˂iŋ	˂iŋ	˂iŋ	˂iŋ	˂iŋ	˂iŋ	˂iŋ	˂iŋ	˂iŋ	˂iŋ
缨		˂iŋ	˂iŋ	˂iŋ	˂iŋ	˂iŋ	˂iŋ	˂iŋ	˂iŋ	˂iŋ	˂iŋ
益	昔影入	i˨	i˨	i˨	i˨	i˨	i˨	i˨	i˨	i˨	i˨
盈	清以平	˂iŋ	˂iŋ	˂iŋ	˂iŋ	˂iŋ	˂iŋ	˂iŋ	˂iŋ	˂iŋ	˂iŋ
赢		˂iŋ	˂iŋ	˂iŋ	˂iŋ	˂iŋ	˂iŋ	˂iŋ	˂iŋ	˂iŋ	˂iŋ
亦	昔以入	i˨	i˨	i˨	i˨	i˨	i˨	i˨	i˨	i˨	i˨
译		i˨	i˨	i˨	i˨	i˨	i˨	i˨	i˨	i˨	i˨
易		i˨	i˨	i˨	i˨	i˨	i˨	i˨	i˨	i˨	i˨
腋		iɛ˨	iɛ˨	iɛ˨	iɛ˨	iɛ˨	iɛ˨	iɛ˨	iɛ˨	iɛ˨	iɛ˨
液		iɛ˨	iɛ˨	iɛ˨	iɛ˨	iɛ˨	iɛ˨	iɛ˨	iɛ˨	iɛ˨	iɛ˨
壁	锡帮入	pi˨	pi˨	pi˨	pi˨	pi˨	pi˨	pi˨	pi˨ pei˨	pi˨	pi˨
拼	青滂平	˂pʰiən	˂pʰiən	˂pʰiən	˂pʰiən	˂pʰiən	˂pʰiən	˂pʰiən	˂pʰiən	˂pʰiən	˂pʰiən
劈	锡滂入	˂pʰi	˂pʰi	˂pʰi	˂pʰi	˂pʰi	˂pʰi	˂pʰi	˂pʰi	˂pʰi	˂pʰi
瓶	青并平	˂pʰiŋ	˂pʰiŋ	˂pʰiŋ	˂pʰiŋ	˂pʰiŋ	˂pʰiŋ	˂pʰiŋ	˂pʰiŋ	˂pʰiŋ	˂pʰiŋ
萍		˂pʰiŋ	˂pʰiŋ	˂pʰiŋ	˂pʰiŋ	˂pʰiŋ	˂pʰiŋ	˂pʰiŋ	˂pʰiŋ	˂pʰiŋ	˂pʰiŋ
屏		˂pʰiŋ	˂pʰiŋ	˂pʰiŋ	˂pʰiŋ	˂pʰiŋ	˂pʰiŋ	˂pʰiŋ	˂pʰiŋ	˂pʰiŋ	˂pʰiŋ

续表

例字	中古音	天津	西青	静海	蓟州	宝坻	宁河	汉沽	塘沽	大港	武清
并~且	並迥上	piŋ⁼	piŋ⁼	piŋ⁼	piŋ⁼	piŋ⁼	piŋ⁼	piŋ⁼	piŋ⁼	piŋ⁼	piŋ⁼
铭	青明平	₋miŋ	₋miŋ	₋miŋ	₋miŋ	₋miŋ	₋miŋ	₋miŋ	₋miŋ	₋miŋ	₋miŋ
觅	锡明入	mi⁼	mi⁼	mi⁼	mi⁼	mi⁼	mi⁼	mi⁼	mi⁼	mi⁼	mi⁼
丁	青端平	₋tiŋ	₋tiŋ	₋tiŋ	₋tiŋ	₋tiŋ	₋tiŋ	₋tiŋ	₋tiŋ	₋tiŋ	₋tiŋ
钉~子		₋tiŋ	₋tiŋ	₋tiŋ	₋tiŋ	₋tiŋ	₋tiŋ	₋tiŋ	₋tiŋ	₋tiŋ	₋tiŋ
顶	迥端上	⁼tiŋ	⁼tiŋ	⁼tiŋ	⁼tiŋ	⁼tiŋ	⁼tiŋ	⁼tiŋ	⁼tiŋ	⁼tiŋ	⁼tiŋ
鼎		⁼tiŋ	⁼tiŋ	⁼tiŋ	⁼tiŋ	⁼tiŋ	⁼tiŋ	⁼tiŋ	⁼tiŋ	⁼tiŋ	⁼tiŋ
钉~住	径端去	tiŋ⁼	tiŋ⁼	tiŋ⁼	tiŋ⁼	tiŋ⁼	tiŋ⁼	tiŋ⁼	tiŋ⁼	tiŋ⁼	tiŋ⁼
订		tiŋ⁼	tiŋ⁼	tiŋ⁼	tiŋ⁼	tiŋ⁼	tiŋ⁼	tiŋ⁼	tiŋ⁼	tiŋ⁼	tiŋ⁼
滴	锡端入	₋ti	₋ti	₋ti	₋ti	₋ti	₋ti	₋ti	₋ti	₋ti	₋ti
听	青透平	₋tʰiŋ	₋tʰiŋ	₋tʰiŋ	₋tʰiŋ	₋tʰiŋ	₋tʰiŋ	₋tʰiŋ	₋tʰiŋ	₋tʰiŋ	₋tʰiŋ
厅		₋tʰiŋ	₋tʰiŋ	₋tʰiŋ	₋tʰiŋ	₋tʰiŋ	₋tʰiŋ	₋tʰiŋ	₋tʰiŋ	₋tʰiŋ	₋tʰiŋ
踢	锡透入	₋tʰi	₋tʰi	₋tʰi	₋tʰi	₋tʰi	₋tʰi	₋tʰi	₋tʰi	₋tʰi	₋tʰi
剔	锡透入	₋tʰi	₋tʰi	₋tʰi	₋tʰi	₋tʰi⁼	₋tʰi	₋tʰi	₋tʰi	₋tʰi	₋tʰi
亭	青定平	₋tʰiŋ	₋tʰiŋ	₋tʰiŋ	₋tʰiŋ	₋tʰiŋ	₋tʰiŋ	₋tʰiŋ	₋tʰiŋ	₋tʰiŋ	₋tʰiŋ
停		₋tʰiŋ	₋tʰiŋ	₋tʰiŋ	₋tʰiŋ	₋tʰiŋ	₋tʰiŋ	₋tʰiŋ	₋tʰiŋ	₋tʰiŋ	₋tʰiŋ
廷		₋tʰiŋ	₋tʰiŋ	₋tʰiŋ	₋tʰiŋ	₋tʰiŋ	₋tʰiŋ	₋tʰiŋ	₋tʰiŋ	₋tʰiŋ	₋tʰiŋ
庭	青定平	₋tʰiŋ	₋tʰiŋ	₋tʰiŋ	₋tʰiŋ	₋tʰiŋ	₋tʰiŋ	₋tʰiŋ	₋tʰiŋ	₋tʰiŋ	₋tʰiŋ
蜓		₋tʰiŋ	₋tʰiŋ	₋tʰiŋ	₋tʰiŋ	₋tʰiŋ	₋tʰiŋ	₋tʰiŋ	₋tʰiŋ	₋tʰiŋ	₋tʰiŋ
挺	迥定上	⁼tʰiŋ	⁼tʰiŋ	⁼tʰiŋ	⁼tʰiŋ	⁼tʰiŋ	⁼tʰiŋ	⁼tʰiŋ	⁼tʰiŋ	⁼tʰiŋ	⁼tʰiŋ
艇		⁼tʰiŋ	⁼tʰiŋ	⁼tʰiŋ	⁼tʰiŋ	⁼tʰiŋ	⁼tʰiŋ	⁼tʰiŋ	⁼tʰiŋ	⁼tʰiŋ	⁼tʰiŋ
锭	径定去	tiŋ⁼	tiŋ⁼	tiŋ⁼	tiŋ⁼	tiŋ⁼	tiŋ⁼	tiŋ⁼	tiŋ⁼	tiŋ⁼	tiŋ⁼
定		tiŋ⁼	tiŋ⁼	tiŋ⁼	tiŋ⁼	tiŋ⁼	tiŋ⁼	tiŋ⁼	tiŋ⁼	tiŋ⁼	tiŋ⁼
笛	锡定入	₋ti	₋ti	₋ti	₋ti	₋ti	₋ti	₋ti	⁼ti	₋ti	₋ti
敌		₋ti	₋ti	₋ti	₋ti	₋ti	₋ti	₋ti	⁼ti	₋ti	₋ti
宁	青泥平	₋ȵiŋ	₋ȵiŋ	₋ȵiŋ	₋ȵiŋ	₋ȵiŋ	₋ȵiŋ	₋ȵiŋ	₋ȵiŋ	₋ȵiŋ	₋ȵiŋ
宁~可	径泥去	ȵiŋ⁼	ȵiŋ⁼	ȵiŋ⁼	ȵiŋ⁼	ȵiŋ⁼	ȵiŋ⁼	ȵiŋ⁼	ȵiŋ⁼	ȵiŋ⁼	ȵiŋ⁼
灵	青来平	₋liŋ	₋liŋ	₋liŋ	₋liŋ	₋liŋ	₋liŋ	₋liŋ	₋liŋ	₋liŋ	₋liŋ
零		₋liŋ	₋liŋ	₋liŋ	₋liŋ	₋liŋ	₋liŋ	₋liŋ	₋liŋ	₋liŋ	₋liŋ
铃		₋liŋ	₋liŋ	₋liŋ	₋liŋ	₋liŋ	₋liŋ	₋liŋ	⁼liŋ	₋liŋ	₋liŋ
另	径来去	liŋ⁼	liŋ⁼	liŋ⁼	liŋ⁼	liŋ⁼	liŋ⁼	liŋ⁼	liŋ⁼	liŋ⁼	liŋ⁼
历	锡来入	li⁼	li⁼	li⁼	li⁼	li⁼	li⁼	li⁼	li⁼	li⁼	li⁼

续表

例字	中古音	天津	西青	静海	蓟州	宝坻	宁河	汉沽	塘沽	大港	武清
绩	锡精入	tɕi꜄	tɕi꜄	tɕi꜄	tɕi꜄	tɕi꜄	tɕi꜄	tɕi꜄	tɕi꜄	꜀tɕi	꜀tɕi
青	青清平	꜀tɕʰiŋ	꜀tɕʰiŋ	꜀tɕʰiŋ	꜀tɕʰiŋ	꜀tɕʰiŋ	꜀tɕʰiŋ	꜀tɕʰiŋ	꜀tɕʰiŋ	꜀tɕʰiŋ	꜀tɕʰiŋ
蜻		꜀tɕʰiŋ	꜀tɕʰiŋ	꜀tɕʰiŋ	꜀tɕʰiŋ	꜀tɕʰiŋ	꜀tɕʰiŋ	꜀tɕʰiŋ	꜀tɕʰiŋ	꜀tɕʰiŋ	꜀tɕʰiŋ
戚	锡清入	꜀tɕʰi	꜀tɕʰi	꜀tɕʰi	tɕʰi꜄	tɕʰi꜄	tɕʰi꜄	꜀tɕʰi	꜀tɕʰi	tɕʰi꜄	꜀tɕʰi
寂	锡从入	tɕi꜄	tɕi꜄	tɕi꜄	tɕi꜄	tɕi꜄	tɕi꜄	tɕi꜄	tɕi꜄	tɕi꜄	tɕi꜄
星	青心平	꜀ɕiŋ	꜀ɕiŋ	꜀ɕiŋ	꜀ɕiŋ	꜀ɕiŋ	꜀ɕiŋ	꜀ɕiŋ	꜀ɕiŋ	꜀ɕiŋ	꜀ɕiŋ
腥		꜀ɕiŋ	꜀ɕiŋ	꜀ɕiŋ	꜀ɕiŋ	꜀ɕiŋ	꜀ɕiŋ	꜀ɕiŋ	꜀ɕiŋ	꜀ɕiŋ	꜀ɕiŋ
醒	迥心上	꜀ɕiŋ	꜀ɕiŋ	꜀ɕiŋ	꜀ɕiŋ	꜀ɕiŋ	꜀ɕiŋ	꜀ɕiŋ	꜀ɕiŋ	꜀ɕiŋ	꜀ɕiŋ
锡	锡心入	꜀ɕi	꜀ɕi	꜀ɕi	꜀ɕi	꜀ɕi	꜀ɕi	꜀ɕi	꜀ɕi	꜀ɕi	꜀ɕi
析		꜀ɕi	꜀ɕi	꜀ɕi	꜀ɕi	꜀ɕi	꜀ɕi	꜀ɕi	꜀ɕi	ɕi꜄	꜀ɕi
经	青见平	꜀tɕiŋ	꜀tɕiŋ	꜀tɕiŋ	꜀tɕiŋ	꜀tɕiŋ	꜀tɕiŋ	꜀tɕiŋ	꜀tɕiŋ	꜀tɕiŋ	꜀tɕiŋ
径	径见去	tɕiŋ꜄	tɕiŋ꜄	tɕiŋ꜄	tɕiŋ꜄	tɕiŋ꜄	tɕiŋ꜄	tɕiŋ꜄	tɕiŋ꜄	tɕiŋ꜄	tɕiŋ꜄
击	锡见入	꜀tɕi	꜀tɕi	꜀tɕi	꜀tɕi	꜀tɕi	꜀tɕi	꜀tɕi	꜀tɕi	꜀tɕi	꜀tɕi
激		꜀tɕi	꜀tɕi	꜀tɕi	꜀tɕi	꜀tɕi	꜀tɕi	꜀tɕi	꜀tɕi	꜀tɕi	꜀tɕi
吃	锡溪入	꜀tsʰɿ	꜀tsʰɿ	꜀tʂʰɿ	꜀tʂʰɿ	꜀tʂʰɿ	꜀tʂʰɿ	꜀tsʰɿ	꜀tʂʰɿ	꜀tsʰɿ	꜀tʂʰɿ
形	青匣平	꜀ɕiŋ	꜀ɕiŋ	꜀ɕiŋ	꜀ɕiŋ	꜀ɕiŋ	꜀ɕiŋ	꜀ɕiŋ	꜀ɕiŋ	꜀ɕiŋ	꜀ɕiŋ
型		꜀ɕiŋ	꜀ɕiŋ	꜀ɕiŋ	꜀ɕiŋ	꜀ɕiŋ	꜀ɕiŋ	꜀ɕiŋ	꜀ɕiŋ	꜀ɕiŋ	꜀ɕiŋ
刑		꜀ɕiŋ	꜀ɕiŋ	꜀ɕiŋ	꜀ɕiŋ	꜀ɕiŋ	꜀ɕiŋ	꜀ɕiŋ	꜀ɕiŋ	꜀ɕiŋ	꜀ɕiŋ
矿	梗见上	kʰuaŋ꜄	kʰuaŋ꜄	kʰuaŋ꜄	kʰuaŋ꜄	kʰuaŋ꜄	kʰuaŋ꜄	kʰuaŋ꜄	kʰuaŋ꜄	kʰuaŋ꜄	kʰuaŋ꜄
横~竖	庚匣平	꜁xəŋ	꜁xəŋ	꜁xəŋ	꜁xəŋ	꜁xəŋ	꜁xəŋ	꜁xəŋ	꜁xəŋ	꜁xəŋ	꜁xəŋ
横蛮~	映匣去	xəŋ꜄	xəŋ꜄	xəŋ꜄	xəŋ꜄	xəŋ꜄	xəŋ꜄	xəŋ꜄	xəŋ꜄	xəŋ꜄	xəŋ꜄
轰	耕晓平	꜀xuŋ	꜀xuŋ	꜀xuŋ	꜀xuŋ	꜀xuŋ	꜀xuŋ	꜀xuŋ	꜀xuŋ	꜀xuŋ	꜀xuŋ
宏	耕匣平	꜁xuŋ	꜁xuŋ	꜁xuŋ	꜁xuŋ	꜁xuŋ	꜁xuŋ	꜁xuŋ	꜁xuŋ	꜁xəŋ	꜁xuŋ
获	麦匣入	xuo꜄	xuo꜄	xuo꜄	xuo꜄ / xu꜄	xuo꜄	xuɤ꜄	xuɤ꜄	xuo꜄	xuɤ꜄	xuo꜄
划计~	麦匣入	xua꜄	xua꜄	xua꜄	xua꜄	xua꜄	xua꜄	xua꜄	xua꜄	xua꜄	xua꜄
兄	庚晓平	꜀ɕyŋ	꜀ɕyŋ	꜀ɕyŋ	꜀ɕyŋ	꜀ɕyŋ	꜀ɕyŋ	꜀ɕyŋ	꜀ɕyŋ	꜀ɕyŋ	꜀ɕyŋ
荣	庚云平	꜁zuŋ	꜁yŋ	꜁ʐuŋ	꜁ʐuŋ	꜁ʐuŋ	꜁ʐuŋ	꜁ʐuŋ	꜁ʐuŋ	꜁yŋ	꜁ʐuŋ
永	梗云上	꜀zuŋ	꜀yŋ	꜀yŋ	꜀yŋ	꜀yŋ	꜀yŋ	꜀yŋ	꜀yŋ	꜀yŋ	꜀yŋ
泳	映云去	zuŋ꜄	yŋ꜄	yŋ꜄	yŋ꜄	yŋ꜄	yŋ꜄	yŋ꜄	yŋ꜄	yŋ꜄	yŋ꜄
倾	清溪平	꜀tɕʰiŋ	꜀tɕʰiŋ	꜀tɕʰiŋ	꜀tɕʰiŋ / ꜀kʰəŋ	꜀tɕʰiŋ	꜀tɕʰiŋ	꜀tɕʰiŋ	꜀tɕʰiŋ	꜀tɕʰiŋ	꜀tɕʰiŋ
营	清以平	꜀iŋ	꜀iŋ	꜀iŋ	꜀iŋ	꜀iŋ	꜀iŋ	꜀iŋ	꜀iŋ	꜀iŋ	꜀ɕiŋ

例字	中古音	天津	西青	静海	蓟州	宝坻	宁河	汉沽	塘沽	大港	武清
役	昔以入	i⌐	i⌐	i⌐	i⌐	i⌐	i⌐	i⌐	i⌐	i⌐	
疫		i⌐	i⌐	i⌐	i⌐	i⌐	i⌐	i⌐	i⌐	i⌐	

十六　通摄

例字	中古音	天津	西青	静海	蓟州	宝坻	宁河	汉沽	塘沽	大港	武清
扑	屋滂入	₋pʰu	₋pʰu	₋pʰu	₋pʰu	₋pʰu	₋pʰu	₋pʰu	₋pʰu	₋pʰu	₋pʰu
篷	东并平	₋pʰəŋ	₋pʰəŋ	₋pʰəŋ	₋pʰəŋ	₋pʰəŋ	₋pʰəŋ	₋pʰəŋ	₋pʰəŋ	₋pʰəŋ	₋pʰəŋ
蓬		₋pʰəŋ	₋pʰəŋ	₋pʰəŋ	₋pʰəŋ	₋pʰəŋ	₋pʰəŋ	₋pʰəŋ	₋pʰəŋ	₋pʰəŋ	₋pʰəŋ
仆~人	屋并入	₋pʰu	₋pʰu	₋pʰu	₋pʰu	₋pʰu	₋pʰu	₋pʰu	₋pʰu	₋pʰu	₋pʰu
瀑		pʰu⌐	pʰu⌐	pʰu⌐	pʰu⌐	pʰu⌐	pʰu⌐	pʰu⌐	pʰu⌐	pʰu⌐	pʰu⌐
曝		pʰu⌐	pʰu⌐	pʰu⌐	pʰu⌐	pʰu⌐	pʰu⌐	pʰu⌐	pʰu⌐	pau⌐	pʰu⌐
蒙	东明平	₋məŋ	₋məŋ	₋məŋ	₋məŋ	₋məŋ	₋məŋ	₋məŋ	₋məŋ	₋məŋ	₋məŋ
木	屋明入	mu⌐	mu⌐	mu⌐	mu⌐	mu⌐	mu⌐	mu⌐	mu⌐	mu⌐	
东	端东平	₋tuŋ	₋tuŋ	₋tuŋ	₋tuŋ	₋tuŋ	₋tuŋ	₋tuŋ	₋tuŋ	₋tuŋ	₋tuŋ
懂	董端上	₋tuŋ	₋tuŋ	₋tuŋ	₋tuŋ	₋tuŋ	₋tuŋ	₋tuŋ	₋tuŋ	₋tuŋ	₋tuŋ
董		₋tuŋ	₋tuŋ	₋tuŋ	₋tuŋ	₋tuŋ	₋tuŋ	₋tuŋ	₋tuŋ	₋tuŋ	₋tuŋ
冻	送端去	tuŋ⌐	tuŋ⌐	tuŋ⌐	tuŋ⌐	tuŋ⌐	tuŋ⌐	tuŋ⌐	tuŋ⌐	tuŋ⌐	tuŋ⌐
栋		tuŋ⌐	tuŋ⌐	tuŋ⌐	tuŋ⌐	tuŋ⌐	tuŋ⌐	tuŋ⌐	tuŋ⌐	tuŋ⌐	tuŋ⌐
通	东透平	₋tʰuŋ	₋tʰuŋ	₋tʰuŋ	₋tʰuŋ	₋tʰuŋ	₋tʰuŋ	₋tʰuŋ	₋tʰuŋ	₋tʰuŋ	₋tʰuŋ
桶	董端上	₋tʰuŋ	₋tʰuŋ	₋tʰuŋ	₋tʰuŋ	₋tʰuŋ	₋tʰuŋ	₋tʰuŋ	₋tʰuŋ	₋tʰuŋ	₋tʰuŋ
捅	董端上	₋tʰuŋ	₋tʰuŋ	₋tʰuŋ	₋tʰuŋ	₋tʰuŋ	₋tʰuŋ	₋tʰuŋ	₋tʰuŋ	₋tʰuŋ	₋tʰuŋ
痛	送透去	tʰuŋ⌐	tʰuŋ⌐	tʰuŋ⌐	tʰuŋ⌐	tʰuŋ⌐	tʰuŋ⌐	tʰuŋ⌐	tʰuŋ⌐	tʰuŋ⌐	tʰuŋ⌐
秃	屋透入	₋tʰu	₋tʰu	₋tʰu	₋tʰu	₋tʰu	₋tʰu	₋tʰu	₋tʰu	₋tʰu	₋tʰu
同	东定平	₋tʰuŋ	₋tʰuŋ	₋tʰuŋ	₋tʰuŋ	₋tʰuŋ	₋tʰuŋ	₋tʰuŋ	₋tʰuŋ	₋tʰuŋ	₋tʰuŋ
铜		₋tʰuŋ	₋tʰuŋ	₋tʰuŋ	₋tʰuŋ	₋tʰuŋ	₋tʰuŋ	₋tʰuŋ	₋tʰuŋ	₋tʰuŋ	₋tʰuŋ
桐		₋tʰuŋ	₋tʰuŋ	₋tʰuŋ	₋tʰuŋ	₋tʰuŋ	₋tʰuŋ	₋tʰuŋ	₋tʰuŋ	₋tʰuŋ	₋tʰuŋ
筒	东定平	₋tʰuŋ	₋tʰuŋ	₋tʰuŋ	₋tʰuŋ	₋tʰuŋ	₋tʰuŋ	₋tʰuŋ	₋tʰuŋ	₋tʰuŋ	₋tʰuŋ
童		₋tʰuŋ	₋tʰuŋ	₋tʰuŋ	₋tʰuŋ	₋tʰuŋ	₋tʰuŋ	₋tʰuŋ	₋tʰuŋ	₋tʰuŋ	₋tʰuŋ
瞳		₋tʰuŋ	₋tʰuŋ	₋tʰuŋ	₋tʰuŋ	₋tʰuŋ	₋tʰuŋ	₋tʰuŋ	₋tʰuŋ	₋tʰuŋ	₋tʰuŋ

续表

例字	中古音	天津	西青	静海	蓟州	宝坻	宁河	汉沽	塘沽	大港	武清
动	董定上	tuŋ⁼	tuŋ⁼	tuŋ⁼	tuŋ⁼	tuŋ⁼	tuŋ⁼	tuŋ⁼	tuŋ⁼	tuŋ⁼	tuŋ⁼
洞	送定去	tuŋ⁼	tuŋ⁼	tuŋ⁼	tuŋ⁼	tuŋ⁼	tuŋ⁼	tuŋ⁼	tuŋ⁼	tuŋ⁼	tuŋ⁼
独	屋定入	₍tu	₍tu	₍tu	₍tu	₍tu	₍tu	₍tu	₍tu	tu	₍tu
读		₍tu	₍tu	₍tu	₍tu	₍tu	₍tu	₍tu	₍tu	tu	₍tu
犊		₍tu	₍tu	₍tu	₍tu	₍tu	₍tu	₍tu	₍tu	tu	₍tu
笼	东来平	₍luŋ	₍luŋ	₍luŋ	₍luŋ	₍luŋ	₍luŋ	₍luŋ	₍luŋ	₍luŋ	₍luŋ
聋		₍luŋ	₍luŋ	₍luŋ	₍luŋ	₍luŋ	₍luŋ	₍luŋ	₍luŋ	₍luŋ	₍luŋ
拢	董来上	⁼luŋ	⁼luŋ	⁼luŋ	⁼luŋ	⁼luŋ	⁼luŋ	⁼luŋ	⁼luŋ	⁼luŋ	⁼luŋ
弄	送来去	nəŋ⁼	nuŋ⁼	nəŋ⁼	nuŋ⁼/nəu⁼	nəŋ⁼	nəŋ⁼	nuŋ⁼	nuŋ⁼	nəŋ⁼	nuŋ⁼
鹿	屋来入	lu⁼	lu⁼	lu⁼	lu⁼	lu⁼	lu⁼	lu⁼	lu⁼	lu⁼	lu⁼
禄		lu⁼	lu⁼	lu⁼	lu⁼	lu⁼	lu⁼	lu⁼	lu⁼	lu⁼	lu⁼
鬃	东精平	₍tsuŋ	₍tsuŋ	₍tsuŋ	₍tsuŋ	₍tθuŋ	₍tθuŋ	₍tsuŋ	₍tsuŋ	₍tsuŋ	₍tθuŋ
总	董精上	⁼tsuŋ	⁼tsuŋ	⁼tsuŋ	⁼tsuŋ	⁼tθuŋ	⁼tθuŋ	⁼tsuŋ	⁼tsuŋ	⁼tsuŋ	⁼tθuŋ
粽	送精去	tsuŋ⁼	tsuŋ⁼	tsuŋ⁼	tsəŋ⁼	tsəŋ⁼	tθəŋ⁼	tθuŋ⁼	tsuŋ⁼	tsuŋ⁼	tθuŋ⁼
葱	东清平	₍tsʰuŋ	₍tsʰuŋ	₍tsʰuŋ	₍tsʰuŋ	₍tθʰuŋ	₍tθʰuŋ	₍tsʰuŋ	₍tsʰuŋ	₍tsʰuŋ	₍tθʰuŋ
匆		₍tsʰuŋ	₍tsʰuŋ	₍tsʰuŋ	₍tsʰuŋ	₍tθʰuŋ	₍tθʰuŋ	₍tsʰuŋ	₍tsʰuŋ	₍tsʰuŋ	₍tθʰuŋ
聪		₍tsʰuŋ	₍tsʰuŋ	₍tsʰuŋ	₍tsʰuŋ	₍tθʰuŋ	₍tθʰuŋ	₍tsʰuŋ	₍tsʰuŋ	₍tsʰuŋ	₍tθʰuŋ
从	东从平	₍tsʰuŋ	₍tsʰuŋ	₍tsʰuŋ	₍tsʰuŋ	₍tθʰuŋ	₍tθʰuŋ	₍tsʰuŋ	₍tsʰuŋ	₍tsʰuŋ	₍tθʰuŋ
族	屋从入	₍tsu	₍tsu	₍tsu	₍tsu	₍tθu	₍tθu	₍tsu	₍tsu	tsu	₍tθu
送	送心平	suŋ⁼	suŋ⁼	suŋ⁼	suŋ⁼	suŋ⁼	θuŋ⁼	θuŋ⁼	suŋ⁼	suŋ⁼	θuŋ⁼
速	屋心入	su⁼	su⁼	su⁼	su⁼	su⁼	θu⁼	θu⁼	su⁼	su⁼	θu⁼
公	东见平	₍kuŋ	₍kuŋ	₍kuŋ	₍kuŋ	₍kuŋ	₍kuŋ	₍kuŋ	₍kuŋ	₍kuŋ	₍kuŋ
蚣		₍kuŋ	₍kuŋ	₍kuŋ	₍kuŋ	₍kuŋ	₍kuŋ	₍kuŋ	₍kuŋ	₍kuŋ	₍kuŋ
工		₍kuŋ	₍kuŋ	₍kuŋ	₍kuŋ	₍kuŋ	₍kuŋ	₍kuŋ	₍kuŋ	₍kuŋ	₍kuŋ
功		₍kuŋ	₍kuŋ	₍kuŋ	₍kuŋ	₍kuŋ	₍kuŋ	₍kuŋ	₍kuŋ	₍kuŋ	₍kuŋ
攻		₍kuŋ	₍kuŋ	₍kuŋ	₍kuŋ	₍kuŋ	₍kuŋ	₍kuŋ	₍kuŋ	₍kuŋ	₍kuŋ
贡	送见去	kuŋ⁼	kuŋ⁼	kuŋ⁼	kuŋ⁼	kuŋ⁼	kuŋ⁼	kuŋ⁼	kuŋ⁼	kuŋ⁼	kuŋ⁼
谷	屋见入	₍ku	₍ku	₍ku	₍ku	₍ku	₍ku	₍ku	₍ku	₍ku	₍ku
空~虚	东溪平	₍kʰuŋ	₍kʰuŋ	₍kʰuŋ	₍kʰuŋ	₍kʰuŋ	₍kʰuŋ	₍kʰuŋ	₍kʰuŋ	₍kʰuŋ	₍kʰuŋ
孔	董溪上	⁼kʰuŋ	⁼kʰuŋ	⁼kʰuŋ	⁼kʰuŋ	⁼kʰuŋ	⁼kʰuŋ	⁼kʰuŋ	⁼kʰuŋ	⁼kʰuŋ	⁼kʰuŋ

续表

例字	中古音	天津	西青	静海	蓟州	宝坻	宁河	汉沽	塘沽	大港	武清
控	送溪去	kʰuŋ˧	kʰuŋ˧	kʰuŋ˧	kʰuŋ˧	kʰuŋ˧	kʰuŋ˧	kʰuŋ˧	kʰuŋ˧	kʰuŋ˧	kʰuŋ˧
空~缺	送溪去	kʰuŋ˧	kʰuŋ˧	kʰuŋ˧	kʰuŋ˧	kʰuŋ˧	kʰuŋ˧	kʰuŋ˧	kʰuŋ˧	kʰuŋ˧	kʰuŋ˧
哭	屋溪入	˰kʰu	˰kʰu	˰kʰu	˰kʰu	˰kʰu	˰kʰu	˰kʰu	˰kʰu	˰kʰu	˰kʰu
烘	东晓平	˰xuŋ	˰xuŋ	˰xuŋ	˰xuŋ	˰xuŋ	˰xuŋ	˰xuŋ	˰xuŋ	˰xuŋ	˰xuŋ
哄	董晓上	˰xuŋ	˰xuŋ	˰xuŋ	˰xuŋ	˰xuŋ	˰xuŋ	˰xuŋ	˰xuŋ	˰xuŋ	˰xuŋ
红	东匣平	˰xuŋ	˰xuŋ	˰xuŋ	˰xuŋ	˰xuŋ	˰xuŋ	˰xuŋ	˰xuŋ	˰xuŋ	˰xuŋ
洪	东匣平	˰xuŋ	˰xuŋ	˰xuŋ	˰xuŋ	˰xuŋ	˰xuŋ	˰xuŋ	˰xuŋ	˰xuŋ	˰xuŋ
鸿	东匣平	˰xuŋ	˰xuŋ	˰xuŋ	˰xuŋ	˰xuŋ	˰xuŋ	˰xuŋ	˰xuŋ	˰xuŋ	˰xuŋ
虹	东匣平	˰xuŋ	˰xuŋ	˰xuŋ	˰xuŋ	˰xuŋ	˰xuŋ	˰xuŋ	˰xuŋ	˰xuŋ	˰xuŋ
汞	董匣上	˰kuŋ	˰kuŋ	˰kuŋ	˰kuŋ	˰kuŋ	˰kuŋ	˰kuŋ	˰kuŋ	˰kuŋ	˰kuŋ
翁	东影平	˰vəŋ	˰vəŋ	˰vəŋ	˰vəŋ	˰uŋ	˰uŋ	˰vəŋ	˰uəŋ	˰vəŋ	
瓮	送影去	vəŋ˧	vəŋ˧	vəŋ˧	vəŋ˧	uŋ˧	uŋ˧	vəŋ˧	uəŋ˧	vəŋ˧	
屋	屋影入	˰u	˰vu	˰u	˰u	˰u	˰u	˰vu	˰u	˰vu	
冬	冬端平	˰tuŋ	˰tuŋ	˰tuŋ	˰tuŋ	˰tuŋ	˰tuŋ	˰tuŋ	˰tuŋ	˰tuŋ	
督	沃端入	˰tu	tu	˰tu	˰tu	˰tu	˰tu	tu	˰tu	˰tu	
统	宋透去	˰tʰuŋ	˰tʰuŋ	˰tʰuŋ	˰tʰuŋ	˰tʰuŋ	˰tʰuŋ	˰tʰuŋ	˰tʰuŋ	˰tʰuŋ	
毒	沃端入	˰tu	˰tu	˰tu	˰tu	˰tu	˰tu	˰tu	˰tu	˰tu	
农	冬泥平	˰nuŋ	˰nuŋ	˰nəŋ	˰nəŋ	˰nəŋ	˰nəŋ	˰nuŋ	˰nuŋ	˰nuŋ	
脓	冬泥平	˰nuŋ	˰nuŋ	˰nəŋ	˰nəŋ	˰nəŋ	˰nəŋ	˰nuŋ	˰nuŋ	˰nəŋ	
宗	冬精平	˰tsuŋ	˰tsuŋ	˰tsuŋ	˰tsuŋ	˰tθuŋ	˰tθuŋ	˰tsuŋ	˰tsuŋ	˰tθuŋ	
松~紧	冬心平	˰suŋ	˰suŋ	˰suŋ	˰suŋ	˰θuŋ	˰θuŋ	˰suŋ	˰suŋ	˰θuŋ	
宋	宋心去	suŋ˧	suŋ˧	suŋ˧	suŋ˧	θuŋ˧	θuŋ˧	suŋ˧	suŋ˧	θuŋ˧	
酷	沃溪入	kʰu˧	kʰu˧	kʰu˧	kʰu˧	kʰu˧	kʰu˧	kʰu˧	kʰu˧	kʰu˧	
风	东非平	˰fəŋ	˰fəŋ	˰fəŋ	˰fəŋ	˰fəŋ	˰fəŋ	˰fəŋ	˰fəŋ	˰fəŋ	
枫	东非平	˰fəŋ	˰fəŋ	˰fəŋ	˰fəŋ	˰fəŋ	˰fəŋ	˰fəŋ	˰fəŋ	˰fəŋ	
疯	东非平	˰fəŋ	˰fəŋ	˰fəŋ	˰fəŋ	˰fəŋ	˰fəŋ	˰fəŋ	˰fəŋ	˰fəŋ	
讽	送非去	˰fəŋ	˰fəŋ	˰fəŋ	˰fəŋ	˰fəŋ	˰fəŋ	˰fəŋ	˰fəŋ	˰fəŋ	

续表

例字	中古音	天津	西青	静海	蓟州	宝坻	宁河	汉沽	塘沽	大港	武清
福	屋非入	ꟲfu	ꟲfu	ꟲfu	ꟲfu	ꟲfu	ꟲfu	ꟲfu	ꟲfu	ꟲfu	ꟲfu
幅		ꟲfu	ꟲfu	ꟲfu	ꟲfu	ꟲfu	ꟲfu	ꟲfu	ꟲfu	ꟲfu	ꟲfu
蝠		ꟲfu	ꟲfu	ꟲfu	ꟲfu	ꟲfu	ꟲfu	ꟲfu	ꟲfu	ꟲfu	ꟲfu
腹		fuꟲ	fuꟲ	ꟲfu	fuꟲ	fuꟲ	fuꟲ	fuꟲ	fuꟲ	ꟲfu	fuꟲ
丰	东敷平	ꟲfəŋ	ꟲfəŋ	ꟲfəŋ	ꟲfəŋ	ꟲfəŋ	ꟲfəŋ	ꟲfəŋ	ꟲfəŋ	ꟲfəŋ	ꟲfəŋ
覆	屋敷入	fuꟲ	fuꟲ	fuꟲ	fuꟲ	fuꟲ	fuꟲ	fuꟲ	fuꟲ	fuꟲ	fuꟲ
冯	东奉平	ꟲfəŋ	ꟲfəŋ	ꟲfəŋ	ꟲfəŋ	ꟲfəŋ	ꟲfəŋ	ꟲfəŋ	ꟲfəŋ	ꟲfəŋ	ꟲfəŋ
凤	送奉去	fəŋꟲ	fəŋꟲ	fəŋꟲ	fəŋꟲ	fəŋꟲ	fəŋꟲ	fəŋꟲ	fəŋꟲ	fəŋꟲ	fəŋꟲ
服	屋奉入	ꟲfu	ꟲfu	ꟲfu	ꟲfu	ꟲfu	ꟲfu	ꟲfu	ꟲfu	ꟲfu	ꟲfu
伏		ꟲfu	ꟲfu	ꟲfu	ꟲfu	ꟲfu	ꟲfu	ꟲfu	ꟲfu	ꟲfu	ꟲfu
复~原		fuꟲ	fuꟲ	fuꟲ	fuꟲ	fuꟲ	fuꟲ	fuꟲ	fuꟲ	fuꟲ	fuꟲ
梦	送明去	məŋꟲ	məŋꟲ	məŋꟲ	məŋꟲ	məŋꟲ	məŋꟲ	məŋꟲ	məŋꟲ	məŋꟲ	məŋꟲ
目	屋明入	muꟲ	muꟲ	muꟲ	muꟲ	muꟲ	muꟲ	muꟲ	muꟲ	muꟲ	muꟲ
穆		muꟲ	muꟲ	muꟲ	muꟲ	muꟲ	muꟲ	muꟲ	muꟲ	muꟲ	muꟲ
牧		muꟲ	muꟲ	muꟲ	muꟲ	muꟲ	muꟲ	muꟲ	muꟲ	muꟲ	muꟲ
隆	东来平	ꟲluŋ	ꟲluŋ	ꟲluŋ	ꟲluŋ	ꟲluŋ	ꟲluŋ	ꟲluŋ	ꟲluŋ	ꟲluŋ	ꟲluŋ
六	屋来入	liəuꟲ	liəuꟲ	liəuꟲ	liəuꟲ	liəuꟲ	liəuꟲ	liəuꟲ	liəuꟲ	liouꟲ	liəuꟲ
陆		luꟲ	luꟲ	luꟲ	luꟲ	luꟲ	luꟲ	luꟲ	luꟲ	luꟲ	luꟲ
肃	屋心入	suꟲ	suꟲ	suꟲ	suꟲ	suꟲ	θuꟲ	θuꟲ	suꟲ	suꟲ	θuꟲ
中~间	东知平	ꟲtsuŋ	ꟲtsuŋ	ꟲtsuŋ	ꟲtʂuŋ	ꟲtʂuŋ	ꟲtʂuŋ	ꟲtʂuŋ	ꟲtʂuŋ	ꟲtsuŋ	ꟲtʂuŋ
忠	东知平	ꟲtsuŋ	ꟲtsuŋ	ꟲtsuŋ	ꟲtʂuŋ	ꟲtʂuŋ	ꟲtʂuŋ	ꟲtʂuŋ	ꟲtʂuŋ	ꟲtsuŋ	ꟲtʂuŋ
中射~	送知去	tsuŋꟲ	tsuŋꟲ	tsuŋꟲ	tʂuŋꟲ	tʂuŋꟲ	tʂuŋꟲ	tʂuŋꟲ	tʂuŋꟲ	tsuŋꟲ	tʂuŋꟲ
竹	屋知入	ꟲtsu	ꟲtsu	ꟲtsu	ꟲtʂu	ꟲtʂu	ꟲtʂu	ꟲtʂu	ꟲtʂu	ꟲtsu	ꟲtʂu
筑		tsuꟲ	tsuꟲ	tsuꟲ	tʂuꟲ	tʂuꟲ	tʂuꟲ	tʂuꟲ	tʂuꟲ	tsuꟲ	tʂuꟲ
畜~牲	屋彻入	tsʰuꟲ	tsʰuꟲ	tsʰuꟲ	tʂʰuꟲ	tʂʰuꟲ	tʂʰuꟲ	tʂʰuꟲ	tʂʰuꟲ	tsʰuꟲ	tʂʰuꟲ
虫	东澄平	ꟲtsʰuŋ	ꟲtsʰuŋ	ꟲtsʰuŋ	ꟲtʂʰuŋ	ꟲtʂʰuŋ	ꟲtʂʰuŋ	ꟲtʂʰuŋ	ꟲtʂʰuŋ	ꟲtsʰuŋ	ꟲtʂʰuŋ
逐	屋澄入	ꟲtsu	ꟲtsu	ꟲtsu	ꟲtʂu	ꟲtʂu	ꟲtʂu	ꟲtʂu	ꟲtsu	ꟲtsu	ꟲtʂu
轴		ꟲtsəu	ꟲtsəu	ꟲtsəu	ꟲtʂəu	ꟲtʂəu	ꟲtʂəu	ꟲtʂəu	ꟲtʂəu	ꟲtsou	ꟲtʂəu
崇	东崇平	ꟲtsʰuŋ	ꟲtsʰuŋ	ꟲtsʰuŋ	ꟲtʂʰuŋ	ꟲtʂʰuŋ	ꟲtʂʰuŋ	ꟲtʂʰuŋ	ꟲtʂʰuŋ	ꟲtsʰuŋ	ꟲtʂʰuŋ
终	东章平	ꟲtsuŋ	ꟲtsuŋ	ꟲtsuŋ	ꟲtʂuŋ	ꟲtʂuŋ	ꟲtʂuŋ	ꟲtʂuŋ	ꟲtʂuŋ	ꟲtsuŋ	ꟲtʂuŋ
众	送章平	tsuŋꟲ	tsuŋꟲ	tsuŋꟲ	tʂuŋꟲ	tʂuŋꟲ	tʂuŋꟲ	tʂuŋꟲ	tʂuŋꟲ	tsuŋꟲ	tʂuŋꟲ

续表

例字	中古音	天津	西青	静海	蓟州	宝坻	宁河	汉沽	塘沽	大港	武清
祝	屋章入	tsu⁼	tsu⁼	tʂu⁼	tʂu⁼	tʂu⁼	tʂu⁼	tsu⁼	tʂu⁼	tʂu⁼	tʂu⁼
粥		₋tsəu	₋tsəu	₋tʂəu	₋tʂəu	₋tʂəu	₋tʂəu	₋tsəu	₋tʂəu	₋tʂou	₋tʂəu
充	东昌平	₋tsʰuŋ	₋tsʰuŋ	₋tʂʰuŋ	₋tʂʰuŋ	₋tʂʰuŋ	₋tʂʰuŋ	₋tsʰuŋ	₋tʂʰuŋ	₋tʂʰuŋ	₋tʂʰuŋ
叔	屋书入	₋su	₋su	₋ʂəu	₋ʂəu	₋ʂu	₋ʂu	₋su	₋su	₋su	₋ʂəu
熟	屋禅入	₌su	₌su	₌ʂəu	₌ʂəu	₌ʂu	₌ʂu	₌su	₌ʂou	₌su	₌ʂəu
淑		₋su	₋su	₋su	₋su	₋ʂu	₋ʂu	₋su	₋su	₋su	₋ʂu
绒	东日平	₌yŋ	₌yŋ	₌ʐuŋ	₌ʐuŋ	₌ʐuŋ	₌ʐuŋ	₌ʐuŋ	₌ʐuŋ	₌ʐuŋ	₌ʐuŋ
肉	屋日入	iəu⁼	iəu⁼	ʐəu⁼	ʐəu⁼	ʐəu⁼	ʐəu⁼	ʐəu⁼	ʐəu⁼	ʐou⁼	ʐəu⁼
弓	东见平	₋kuŋ	₋kuŋ	₋kuŋ	₋kuŋ	₋kuŋ	₋kuŋ	₋kuŋ	₋kuŋ	₋kuŋ	₋kuŋ
躬		₋kuŋ	₋kuŋ	₋kuŋ	₋kuŋ	₋kuŋ	₋kuŋ	₋kuŋ	₋kuŋ	₋kuŋ	₋kuŋ
宫		₋kuŋ	₋kuŋ	₋kuŋ	₋kuŋ	₋kuŋ	₋kuŋ	₋kuŋ	₋kuŋ	₋kuŋ	₋kuŋ
菊	屋见入	₋tɕy	₋tɕy	₋tɕy	₋tɕy	₋tɕy	₋tɕy	₋tɕy	⁻tɕy	₋tɕy	₋tɕy
曲₋酒	屋溪入	₋tɕʰy	₋tɕʰy	₋tɕʰy	₋tɕʰy	₋tɕʰy	₋tɕʰy	₋tɕʰy	⁻tɕʰy	₋tɕʰy	₋tɕʰy
穷	东群平	₌tɕʰyŋ	₌tɕʰyŋ	₌tɕʰyŋ	₌tɕʰyŋ	₌tɕʰyŋ	₌tɕʰyŋ	₌tɕʰyŋ	₌tɕʰyŋ	₌tɕʰyŋ	₌tɕʰyŋ
嗅	送晓去	ɕiəu⁼	ɕiəu⁼	ɕiəu⁼	ɕiəu⁼	ɕiəu⁼	ɕiəu⁼	ɕiəu⁼	ɕiəu⁼	ɕiou⁼	ɕiəu⁼
蓄	屋晓入	ɕy⁼	ɕy⁼	ɕy⁼	ɕy⁼	ɕy⁼	ɕy⁼	ɕy⁼	ɕy⁼	ɕy⁼	ɕy⁼
畜₋牧		ɕy⁼	ɕy⁼	ɕy⁼	ɕy⁼	ɕy⁼	ɕy⁼	ɕy⁼	ɕy⁼	ɕy⁼	ɕy⁼
熊	东云平	₌ɕyŋ	₌ɕyŋ	₌ɕyŋ	₌ɕyŋ	₌ɕyŋ	₌ɕyŋ	₌ɕyŋ	⁼ɕyŋ	₌ɕyŋ	₌ɕyŋ
雄		₌ɕyŋ	₌ɕyŋ	₌ɕyŋ	₌ɕyŋ	₌ɕyŋ	₌ɕyŋ	₌ɕyŋ	₌ɕyŋ	₌ɕyŋ	₌ɕyŋ
融	东以平	₌zuŋ	₋yŋ	₌yŋ	₌ʐuŋ	₌ʐuŋ	₌ʐuŋ	₌zuŋ	⁼ʐuŋ	₌ʐuŋ	₌ʐuŋ
育	屋以入	y⁼	y⁼	y⁼	y⁼	y⁼	y⁼	y⁼	y⁼	y⁼	y⁼
封	钟非平	₋fəŋ	₋fəŋ	₋fəŋ	₋fəŋ	₋fəŋ	₋fəŋ	₋fəŋ	₋fəŋ	₋fəŋ	₋fəŋ
峰	钟敷平	₋fəŋ	₋fəŋ	₋fəŋ	₋fəŋ	₋fəŋ	₋fəŋ	₋fəŋ	₋fəŋ	₋fəŋ	₋fəŋ
蜂		₋fəŋ	₋fəŋ	₋fəŋ	₋fəŋ	₋fəŋ	₋fəŋ	₋fəŋ	₋fəŋ	₋fəŋ	₋fəŋ
锋		₋fəŋ	₋fəŋ	₋fəŋ	₋fəŋ	₋fəŋ	₋fəŋ	₋fəŋ	₋fəŋ	₋fəŋ	₋fəŋ
捧	肿敷上	⁻pʰəŋ	⁻pʰəŋ	⁻pʰəŋ	⁻pʰəŋ	⁻pʰəŋ	⁻pʰəŋ	⁻pʰəŋ	⁻pʰəŋ	⁻pʰəŋ	⁻pʰəŋ
逢	钟奉平	₌fəŋ	₌fəŋ	₌fəŋ	₌fəŋ	₌fəŋ	₌fəŋ	₌fəŋ	⁼fəŋ	₌fəŋ	₌fəŋ
缝₋补		₌fəŋ	₌fəŋ	₌fəŋ	₌fəŋ	₌fəŋ	₌fəŋ	₌fəŋ	⁼fəŋ	₌fəŋ	₌fəŋ
奉	肿奉上	fəŋ⁼	fəŋ⁼	fəŋ⁼	fəŋ⁼	fəŋ⁼	fəŋ⁼	fəŋ⁼	fəŋ⁼	fəŋ⁼	fəŋ⁼
俸	奉用去	fəŋ⁼	fəŋ⁼	fəŋ⁼	fəŋ⁼	fəŋ⁼	fəŋ⁼	fəŋ⁼	fəŋ⁼	fəŋ⁼	fəŋ⁼
缝₋隙		fəŋ⁼	fəŋ⁼	fəŋ⁼	fəŋ⁼	fəŋ⁼	fəŋ⁼	fəŋ⁼	fəŋ⁼	fəŋ⁼	fəŋ⁼

续表

例字	中古音	天津	西青	静海	蓟州	宝坻	宁河	汉沽	塘沽	大港	武清
浓	钟泥平	$_\subset$nuŋ	$_\subset$nuŋ	$_\subset$nuŋ	$_\subset$nəŋ	$_\subset$nəŋ	$_\subset$nəŋ	$_\subset$nuŋ	$^\subset$nuŋ	$^\subset$nuŋ
龙	钟来平	$_\subset$luŋ	$_\subset$luŋ	$_\subset$luŋ	$_\subset$luŋ	$_\subset$luŋ	$_\subset$luŋ	$_\subset$luŋ	$_\subset$luŋ	$_\subset$luŋ
陇	肿来上	$^\subset$luŋ	$^\subset$luŋ	$^\subset$luŋ	$^\subset$luŋ	$^\subset$luŋ	$^\subset$luŋ	$^\subset$luŋ	$^\subset$luŋ	$^\subset$luŋ
垄		$^\subset$luŋ	$^\subset$luŋ	$^\subset$luŋ	$^\subset$luŋ	$^\subset$luŋ	$^\subset$luŋ	$^\subset$luŋ	$^\subset$luŋ	$^\subset$luŋ
绿	烛来入	luei$^\supset$	ly$^\supset$	luei$^\supset$	luei$^\supset$	ly$^\supset$	luei$^\supset$	luei$^\supset$	luei$^\supset$	ly$^\supset$
录		lu$^\supset$	lu$^\supset$	lu$^\supset$	lu$^\supset$	lu$^\supset$	lu$^\supset$	lu$^\supset$	lu$^\supset$	lu$^\supset$
踪	钟精平	$_\subset$tsuŋ	$_\subset$tsuŋ	$_\subset$tsuŋ	$_\subset$tsuŋ	$_\subset$tθuŋ	$_\subset$tθuŋ	$_\subset$tsuŋ	$_\subset$tsuŋ	$_\subset$tθuŋ
纵	用精去	tsuŋ$^\supset$	tsuŋ$^\supset$	tsuŋ$^\supset$	tsuŋ$^\supset$	tθuŋ$^\supset$	tθuŋ$^\supset$	tsuŋ$^\supset$	tsuŋ$^\supset$	tθuŋ$^\supset$
足	烛精入	$_\subset$tsu	$_\subset$tsu	$_\subset$tsu	$_\subset$tsu	$_\subset$tθu	$_\subset$tθu	$_\subset$tsu	$^\subset$tsu	$_\subset$tθu
促	烛清入	tsʰu$^\supset$	tsʰu$^\supset$	tsʰu$^\supset$	tsʰu$^\supset$	tθʰu$^\supset$	tθʰu$^\supset$	tsʰu$^\supset$	tsʰu$^\supset$	tθʰu$^\supset$
从	钟从平	$_\subset$tsʰuŋ	$_\subset$tsʰuŋ	$_\subset$tsʰuŋ	$_\subset$tsʰuŋ	$_\subset$tθʰuŋ	$_\subset$tθʰuŋ	$_\subset$tsʰuŋ	$_\subset$tsʰuŋ	$_\subset$tθʰuŋ
松~树	钟邪平	$_\subset$suŋ	$_\subset$suŋ	$_\subset$suŋ	$_\subset$suŋ	$_\subset$θuŋ	$_\subset$θuŋ	$_\subset$suŋ	$_\subset$suŋ	$_\subset$θuŋ
诵	用邪去	suŋ$^\supset$	suŋ$^\supset$	suŋ$^\supset$	suŋ$^\supset$	θuŋ$^\supset$	θuŋ$^\supset$	suŋ$^\supset$	suŋ$^\supset$	θuŋ$^\supset$
颂	用邪去	suŋ$^\supset$	suŋ$^\supset$	suŋ$^\supset$	suŋ$^\supset$	θuŋ$^\supset$	θuŋ$^\supset$	suŋ$^\supset$	suŋ$^\supset$	θuŋ$^\supset$
讼		suŋ$^\supset$	suŋ$^\supset$	suŋ$^\supset$	suŋ$^\supset$	θuŋ$^\supset$	θuŋ$^\supset$	suŋ$^\supset$	suŋ$^\supset$	θuŋ$^\supset$
俗	烛邪入	$_\subset$su	$_\subset$su	$_\subset$su	$_\subset$su	$_\subset$θu	$_\subset$θu	$_\subset$su	$_\subset$su	$_\subset$θu
宠	肿彻上	$^\subset$tsʰuŋ	$^\subset$tsʰuŋ	$^\subset$tsʰuŋ	$^\subset$tʂʰuŋ	$^\subset$tʂʰuŋ	$^\subset$tʂʰuŋ	$^\subset$tsʰuŋ	$^\subset$tʂʰuŋ	$^\subset$tʂʰuŋ
重~复	钟澄平	$_\subset$tsʰuŋ	$_\subset$tsʰuŋ	$_\subset$tsʰuŋ	$_\subset$tʂʰuŋ	$_\subset$tʂʰuŋ	$_\subset$tʂʰuŋ	$_\subset$tsʰuŋ	$_\subset$tʂʰuŋ	$_\subset$tʂʰuŋ
重~量	肿澄上	tsuŋ$^\supset$	tsuŋ$^\supset$	tsuŋ$^\supset$	tʂuŋ$^\supset$	tʂuŋ$^\supset$	tʂuŋ$^\supset$	tsuŋ$^\supset$	tʂuŋ$^\supset$	tʂuŋ$^\supset$
钟	钟章平	$_\subset$tsuŋ	$_\subset$tsuŋ	$_\subset$tsuŋ	$_\subset$tʂuŋ	$_\subset$tʂuŋ	$_\subset$tʂuŋ	$_\subset$tsuŋ	$_\subset$tʂuŋ	$_\subset$tʂuŋ
盅		$_\subset$tsuŋ	$_\subset$tsuŋ	$_\subset$tsuŋ	$_\subset$tʂuŋ	$_\subset$tʂuŋ	$_\subset$tʂuŋ	$_\subset$tsuŋ	$_\subset$tʂuŋ	$_\subset$tʂuŋ
种~类	肿章上	$^\subset$tsuŋ	$^\subset$tsuŋ	$^\subset$tsuŋ	$^\subset$tʂuŋ	$^\subset$tʂuŋ	$^\subset$tʂuŋ	$^\subset$tsuŋ	$^\subset$tʂuŋ	$^\subset$tʂuŋ
肿		$^\subset$tsuŋ	$^\subset$tsuŋ	$^\subset$tsuŋ	$^\subset$tʂuŋ	$^\subset$tʂuŋ	$^\subset$tʂuŋ	$^\subset$tsuŋ	$^\subset$tʂuŋ	$^\subset$tʂuŋ
种~树		tsuŋ$^\supset$	tsuŋ$^\supset$	tsuŋ$^\supset$	tʂuŋ$^\supset$	tʂuŋ$^\supset$	tʂuŋ$^\supset$	tsuŋ$^\supset$	tʂuŋ$^\supset$	tʂuŋ$^\supset$
烛	烛章入	$_\subset$tsu	$_\subset$tsu	$_\subset$tsu	$_\subset$tʂu	$_\subset$tʂu	$_\subset$tʂu	$_\subset$tsu	$_\subset$tʂu	$_\subset$tʂu
嘱		$_\subset$tsu	$_\subset$tsu	$_\subset$tsu	$_\subset$tʂu	$_\subset$tʂu	$_\subset$tʂu	$_\subset$tsu	$_\subset$tʂu	$_\subset$tʂu
冲	钟昌平	$_\subset$tsʰuŋ	$_\subset$tsʰuŋ	$_\subset$tsʰuŋ	$_\subset$tʂʰuŋ	$_\subset$tʂʰuŋ	$_\subset$tʂʰuŋ	$_\subset$tsʰuŋ	$_\subset$tʂʰuŋ	$_\subset$tʂʰuŋ
触	烛昌入	tsʰu$^\supset$	tsʰu$^\supset$	tsʰu$^\supset$	tʂʰu$^\supset$	tʂʰu$^\supset$	tʂʰu$^\supset$	tsʰu$^\supset$	tʂʰu$^\supset$	tʂʰu$^\supset$
赎	烛船入	$_\subset$su	$_\subset$su	$_\subset$su	$_\subset$ʂu	$_\subset$ʂu	$_\subset$ʂu	$_\subset$su	$_\subset$su	$_\subset$ʂu
束	烛书入	su$^\supset$	su$^\supset$	su$^\supset$	ʂu$^\supset$	ʂu$^\supset$	ʂu$^\supset$	su$^\supset$	su$^\supset$	ʂu$^\supset$
属	烛禅入	$_\subset$su	$_\subset$su	$_\subset$su	$_\subset$ʂu	$_\subset$ʂu	$_\subset$ʂu	$_\subset$su	$_\subset$su	$_\subset$ʂu
茸	钟日平	$_\subset$yŋ	$_\subset$yŋ	$_\subset$ʐuŋ	$_\subset$ʐuŋ	$_\subset$ʐuŋ	$_\subset$ʐuŋ	$_\subset$ʐuŋ	$^\subset$ʐuŋ	$_\subset$ʐuŋ

续表

例字	中古音	天津	西青	静海	蓟州	宝坻	宁河	汉沽	塘沽	大港	武清
辱	烛日入	⁻yu	⁻yu	⁻ʐu	⁻ʐu	⁻ʐu	⁻ʐu	⁻ʐu	⁻ʐu	⁻ʐu	⁻ʐu
褥		yu⁻	yu⁻	ʐu⁻	ʐu⁻	ʐu⁻	ʐu⁻	ʐu⁻	ʐu⁻	ʐu⁻	ʐu⁻
恭	钟见平	⁻kuŋ	⁻kuŋ	⁻kuŋ	⁻kuŋ	⁻kuŋ	⁻kuŋ	⁻kuŋ	⁻kuŋ	⁻kuŋ	⁻kuŋ
供~给		⁻kuŋ	⁻kuŋ	⁻kuŋ	⁻kuŋ	⁻kuŋ	⁻kuŋ	⁻kuŋ	⁻kuŋ	⁻kuŋ	⁻kuŋ
拱	肿见上	⁻kuŋ	⁻kuŋ	⁻kuŋ	⁻kuŋ	⁻kuŋ	⁻kuŋ	⁻kuŋ	⁻kuŋ	⁻kuŋ	⁻kuŋ
巩	肿见上	⁻kuŋ	⁻kuŋ	⁻kuŋ	⁻kuŋ	⁻kuŋ	⁻kuŋ	⁻kuŋ	⁻kuŋ	⁻kuŋ	⁻kuŋ
供上~		kuŋ⁻	kuŋ⁻	kuŋ⁻	kuŋ⁻	kuŋ⁻	kuŋ⁻	kuŋ⁻	kuŋ⁻	kuŋ⁻	kuŋ⁻
恐	肿溪上	⁻kʰuŋ	⁻kʰuŋ	⁻kʰuŋ	⁻kʰuŋ	⁻kʰuŋ	⁻kʰuŋ	⁻kʰuŋ	⁻kʰuŋ	⁻kʰuŋ	⁻kʰuŋ
曲~子	烛溪入	⁻tɕʰy	⁻tɕʰy	⁻tɕʰy	⁻tɕʰy	⁻tɕʰy	⁻tɕʰy	⁻tɕʰy	⁻tɕʰy	⁻tɕʰy	⁻tɕʰy
共	用群去	kuŋ⁻	kuŋ⁻	kuŋ⁻	kuŋ⁻	kuŋ⁻	kuŋ⁻	kuŋ⁻	kuŋ⁻	kuŋ⁻	kuŋ⁻
局	烛群入	⊆tɕy	⊆tɕy	⊆tɕy	⊆tɕy	⊆tɕy	⊆tɕy	⊆tɕy	⊆tɕy	⊆tɕy	⊆tɕy
玉	烛疑入	y⁻	y⁻	y⁻	y⁻	y⁻	y⁻	y⁻	y⁻	y⁻	y⁻
狱		y⁻	y⁻	y⁻	y⁻	y⁻	y⁻	y⁻	y⁻	y⁻	y⁻
胸	钟晓平	⁻ɕyŋ	⁻ɕyŋ	⁻ɕyŋ	⁻ɕyŋ	⁻ɕyŋ	⁻ɕyŋ	⁻ɕyŋ	⁻ɕyŋ	⁻ɕyŋ	⁻ɕyŋ
凶		⁻ɕyŋ	⁻ɕyŋ	⁻ɕyŋ	⁻ɕyŋ	⁻ɕyŋ	⁻ɕyŋ	⁻ɕyŋ	⁻ɕyŋ	⁻ɕyŋ	⁻ɕyŋ
拥	肿影上	⁻yŋ	⁻yŋ	⁻yŋ	⁻yŋ	⁻yŋ	⁻yŋ	⁻yŋ	⁻yŋ	⁻yŋ	⁻yŋ
容	钟以平	⊆yŋ	⊆yŋ	⊆yŋ	⊆ʐuŋ	⊆ʐuŋ	⊆ʐuŋ	⊆ʐuŋ	⊆yŋ	⊆ʐuŋ	⊆ʐuŋ
蓉		⊆yŋ	⊆yŋ	⊆ʐuŋ	⊆ʐuŋ	⊆ʐuŋ	⊆ʐuŋ	⊆ʐuŋ	⊆ʐuŋ	⊆yŋ	⊆ʐuŋ
勇	肿以上	⁻zyŋ	⁻yŋ	⁻yŋ	⁻yŋ	⁻yŋ	⁻yŋ	⁻yŋ	⁻yŋ	⁻yŋ	⁻yŋ
用	用以去	yŋ⁻ zyŋ⁻	yŋ⁻	yŋ⁻	yŋ⁻	yŋ⁻	yŋ⁻	yŋ⁻	yŋ⁻	yŋ⁻	yŋ⁻
欲	烛以入	y⁻	y⁻	y⁻	y⁻	y⁻	y⁻	y⁻	y⁻	y⁻	y⁻
浴		y⁻	y⁻	y⁻	y⁻	y⁻	y⁻	y⁻	y⁻	y⁻	y⁻

历史文献

《尘余》(《续修四库全书》子部·杂学类，上海古籍出版社，2002年)、《辍耕录》(《文渊阁四库全书》子部·小说家类·杂事之属)、《大清一统志》(《文渊阁四库全书》史部·地理类·总志之属)、《等切元声》(《续修四库全书》经部·小学类，上海古籍出版社，2002年)、《敦煌变文校注》(黄征、张涌泉校注，中华书局，1997年)、《敦煌歌辞总编》(任半塘编，上海古籍出版社，2006年)、《洪武正韵》(《文渊阁四库全书》经部·小学类·韵书之属)、《皇明史窃》(《续修四库全书》史部·别史类，上海古籍出版社，2002年)、《集韵》(《小学名著六种》，中华书局，1998年)、《畿辅通志》(《续修四库全书》史部·地理类，上海古籍出版社，2002年)、《简字全谱》(清·劳乃宣著，1907年刊于金陵)、《金史》(《续修四库全书》史部·政书类，上海古籍出版社，2002年)、《经史正音切韵指南》(文渊阁《四部全书》经部·小学类·韵书之属)、《类说》(《文渊阁四库全书》子部·杂家类·杂纂之属)、《类音》(《续修四库全书》经部·小学类，上海古籍出版社，2002年)、《梦溪笔谈》(文渊阁《四库全书》杂家类·杂说之属)、《明史》(《续修四库全书》史部·别史类，上海古籍出版社，2002年)、《明太宗实录》(台湾史语所影印，1962年)、《明太祖实录》(台湾史语所影印，1962年)、《明熹宗实录》(台湾史语所影印，1962年)、《七修类稿》(《续修四库全书》子部·杂家类，上海古籍出版社，2002年)、《三侠五义》(广东人民出版社，1980年)、《宋本广韵》(中国书店，1982年)、宋史(《文渊阁四库全书》史部·正史类)、《水浒传》(人民文学出版社，1975年)、《菽园杂记》(明·陆容，中华书局，1985年5月)、《顺天府志》(《续修四库全书》史部·地理类，上海古籍出版社，2002年)、《说郛》(《文渊阁四库全书》子部·杂家类·杂纂之属)、《说文解字》(中华书局,1963年)、《天津县志》(清刻本,天津图书馆馆藏)、《五灯会元》(《文渊阁四库全书》子部·释家类)、《五先堂字学元元》(《续修四库全书》经部·小学类,上海古籍出版社,2002年)、《问奇集》(《续修四库全书》经部·小学类,上海古籍出版社,2002年)、《西儒耳目资》(《续修四库全书》经部·小学类,上海古籍出版社,2002年)、《新校天津卫志》(台湾成文出版社,1969年)、《俨山外集》(《文渊阁四库全书》子部·杂家类·杂编之属)、《音学辨微》(《续修四库全书》经部·小学类,上海古籍出版社,2002年)、《玉堂嘉话》(《文渊阁四库全书》子部·杂家类·杂说之属)、《元朝秘史》(《续修四库全书》史部·别史类,上海古籍出版社,2002年)、《元曲选》(中华书局,1958年)、《韵籁》(《续修四库全书》经部·小学类,上海古籍出版社,2002年)、《祖堂集》(《续修四库全书》子部·宗教类,上海古籍出版社,2002年)、《朱子语类》(《文渊阁四库全书》子部·儒家类)。

参考文献

安徽省地方志编纂委员会：《安徽省志·方言志》，方志出版社 1997 年版。

北京大学中文系：《汉语方音字汇》，文字改革出版社 1962 年版。

曹树基：《中国移民史》（第五卷），福建人民出版社 1997 年版。

曹延杰：《宁津方言志》，中国文史出版社 2003 年版。

曹延杰：《德州方言实录与研究》，线装书局 2010 年版。

曹志耘：《汉语方言地图集》，商务印书馆 2005 年版。

陈重瑜：《北京音系里文白异读的新旧层次》，《中国语文》2002 年第 6 期。

陈刚：《古清入字在北京话里的演变情况》，《中国语言学报》1988 年第 3 期。

陈默：《儿音演变之我见》，《内蒙古师大学报》（哲学社会科学版）2004 年第 6 期。

陈章太、李行健：《普通话基础方言基本词汇集》，语文出版社 1996 年版。

丁邦新：《丁邦新语言学论文集》，商务印书馆 1998 年版。

丁治民：《麻遮分韵时代考——兼论〈中原音韵〉的语音基础》，《语言研究》2013 年第 2 期。

董同龢：《汉语音韵学》，中华书局 2001 年版。

高本汉：《中国音韵学研究》，商务印书馆 1995 年版。

高慎贵：《新泰方言志》，语文出版社 1996 年版。

高晓虹：《北京话庄组字分化现象试析》，《中国语文》2002 年第 3 期。

高晓虹：《北京话古清入字归调历史及成因考察》，《语言教学与研究》2003年第4期。

高晓虹：《北京话入声字的历史层次》，北京语言大学出版社2009年版。

郭红：《天津方言"了"的语法特点》，《南开语言学刊》2009年第2期。

河北省昌黎县县志编纂委员会、中国社科院语言所：《昌黎方言志》，上海教育出版社1984年版。

河北省地方志编纂委员会：《河北省志》（第89卷·方言志），方志出版社2005年版。

贺巍：《洛阳方言词典》，江苏教育出版社1996年版。

贺巍：《官话方言研究》，方志出版社2002年版。

贺巍：《中原官话分区》（稿），《方言》2005年第2期。

贺巍、钱曾怡、陈淑静：《河北省北京市天津市方言的分区》（稿），《方言》1986年第4期。

侯精一：《现代晋语的研究》，商务印书馆1999年版。

侯精一、温端政：《山西方言调查研究报告》，山西高校联合出版社1993年版。

胡增益：《鄂伦春语简志》，民族出版社1986年版。

黄晓东：《二百年来北京话清入字归调的变化》，《语言教学与研究》2006年第3期。

黄征、张涌泉：《敦煌变文校注》，中华书局1997年版。

蒋希文：《从现代方言论中古知庄章三组声母在〈中原音韵〉里的读音》，《中国语言学报》1982年第1期。

季永海：《汉语儿化音的发音与发展——兼与李思敬先生商榷》，《民族语文》1999年第5期。

李立成：《"儿化"性质新探》，《杭州大学学报》1994年第3期。

李蓝：《方言比较、区域方言史与方言分区——以晋语分音词和福州切脚词为例》，《方言》2002年第1期。

李荣：《怎样记词汇和语法例句》，《中国语文》1957年第1期。

李荣：《官话方言的分区》，《方言》1985年第1期。

李荣：《汉语方言的分区》，《方言》1989年第4期。

李如龙：《汉语方言学》，高等教育出版社2001年版。

李思敬：《汉语音韵学史文献上的儿化音记录考》，《语文研究》1981年第1期。

李思敬：《切韵音系上去二声全浊声母字和部分去声次浊声母字在河北宁河方言中的声调表现》，《中国语言学报》1995年第5期。

李世瑜、韩根东：《略论天津方言岛》，《天津师大学报》1991年第2期。

李小凡：《汉语方言连续变调的层级和类型》，《方言》2004年第1期。

李小凡：《汉语方言分区方法再认识》，《方言》2005年第4期。

李新魁：《关于〈中原音韵〉音系的基础和"入派三声"的性质——与赵遐秋、曾庆瑞同志商榷》，《中国语文》1963年第4期。

李新魁：《论近代汉语共同语的语音标准》，《语文研究》1980年第1期。

李行健、刘思训：《天津方言的连读变调》，《中国语文》1985年第4期。

李行健、刘思训：《天津方言词汇》，《方言》1986年第1—4期。

李旭：《河北省中部南部方言语言研究》，博士学位论文，山东大学（未刊），2008年。

李旭：《大港方言同音字汇》（未刊），2009年。

李旭：《霸州方言同音字汇》（未刊），2009年。

李珍华、周长楫：《汉字古今音表》（汉语语音发展史说略），中华书局1999年版。

李钟九：《〈翻译老乞大·朴通事〉所反映的汉语声调调值》，《古汉语研究》1997年第4期。

廖珣英：《关汉卿戏曲的用韵》，《中国语文》1963年第6期。

刘丹青：《南京方言词典》，江苏教育出版社1995年版。

刘静：《从元曲异文看清声母入声字的归类》，《古汉语研究》2003年第1期。

刘静：《〈中原音韵〉与中原方音特点的比较研究——再论〈中原音韵〉的语音基础》，《古汉语研究》2006年第1期。

刘淑学：《中古入声字在河北方言中的读音研究》，河北大学出版社

2000 年版。

刘淑学：《冀鲁官话的分区》（稿），《方言》2006 年第 4 期。

刘雪香：《儿化的语言性质》，《语言文字应用》2001 年第 3 期。

刘勋宁：《再论汉语北方话的分区》，《中国语文》1995 年第 6 期。

刘勋宁：《中原官话与北方官话的区别及〈中原音韵〉的语言基础》，《中国语文》1998 年第 6 期。

林焘：《北京官话溯源》，《中国语文》1987 年第 3 期。

伶军：《天津方言的形成——静海话是流不是源》，《天津师大学报》1991 年第 2 期。

罗常培：《唐五代西北方音》，国立中央研究院历史语言所，1933 年。

罗福腾：《胶辽官话研究》，博士学位论文，山东大学（未刊），1998 年。

鲁国尧：《鲁国尧语言学论文集》，江苏教育出版社 2003 年版。

卢甲文：《郑州方言志》，语文出版社 1992 年版。

路继伦：《天津方言中的一种新的连读变调》，《天津师大学报》1997 年第 4 期。

吕叔湘、江蓝生：《近代汉语指代词》，学林出版社 1985 年版。

孟达来：《北方民族的历史接触与阿尔泰诸语言共同性的形成》，中国社会科学出版社 2001 年版。

马秋武：《"天津话连读变调之谜"的优选论解释》，《中国语文》2005 年第 6 期。

马秋武：《再论"天津话连读变调之谜"》，《当代语言学》2005 年第 2 期。

梅祖麟：《梅祖麟语言学论文集》，商务印书馆 2000 年版。

钱曾怡：《论儿化》，《中国语言学报》第五期，商务印书馆 1995 年版。

钱曾怡：《山东方言研究》，齐鲁书社 2001 年版。

钱曾怡：《古知庄章声母在山东方言中的分化及其跟精见组的关系》，《中国语文》2004 年第 6 期。

钱曾怡：《汉语官话方言研究》，齐鲁书社 2010 年版。

钱曾怡、曹志耘、罗福腾：《河北 39 市县方言调查报告》（未刊），1984 年。

钱曾怡、曹志耘、罗福腾：《河北省东南 39 县市方音概况》，《方言》1987 年第 3 期。

钱曾怡、太田斋、陈洪熙、杨秋泽：《莱州方言志》，齐鲁书社 2005 年版。

［日］平山久雄：《平山久雄语言学论文集》，商务印书馆 2005 年版。

邵荣芬：《敦煌俗文学中的别字异文和唐五代西北方音》，《中国语文》1963 年第 3 期。

沈明：《山西晋语古清平字的演变》，《方言》1999 年第 4 期。

沈明：《晋语五台片入声调的演变》，《方言》2007 年第 4 期。

石锋：《天津方言双字组声调分析》，《语言研究》1986 年第 1 期。

石锋：《天津方言单字音声调分析——天津方言声调实验研究之一》，《语言研究论丛》1987 年第四辑。

石锋：《试论天津话的声调及其变化》，《中国语文》1988 年第 5 期。

石锋：《再论天津话声调及其变化——现代语音学笔记》，《语言研究》1990 年第 2 期。

汪维辉：《朝鲜时代汉语教科书丛刊》（四），中华书局 2005 年版。

王福堂：《汉语方言语音的演变和层次》，语文出版社 1999 年版。

王洪君：《文白异读和叠置式音变》，《语言学论丛》第 17 辑，商务印书馆 1992 年版。

王洪君：《〈中原音韵〉知庄章声母的分合及其在山西方言中的演变》，《语文研究》2007 年第 1 期。

王嘉龄：《优选论和天津话的连读变调及轻声》，《中国语文》2002 年第 4 期。

王力：《汉语语音史》，中国社会科学出版社 1985 年版。

王立：《北京话儿化成分的语义特点及语素身份》，《语言文字应用》2001 年第 4 期。

王临惠：《山西临猗方言同音字汇》，《方言》2003 年第 4 期。

王临惠：《从几组声母的演变看天津方言形成的自然条件和历史背景》，首届中国地理语言学国际学术研讨会论文（未刊），2010 年。

王临惠、蒋宗霞、唐爱华：《关于天津方言语音演变的几个问题的讨论——兼论天津方言的源流关系》，《语文研究》2009 年第 3 期。

王临惠、支建刚、王忠一：《天津方言的源流关系刍议》，《山西师大学报》（社科版）2010年第4期。

王宁：《关于汉语词源研究的几个问题》，《古籍整理研究学刊》2001年第1期。

汪维辉：《朝鲜时代汉语教科书丛刊》，中华书局2005年版。

王晓梅：《天津方言三字组的连读变调》，《中国语文》2003年第2期。

吴建生、李改样：《永济方言志》，山西高校联合出版社1990年版。

吴振清：《河北、天津方言中元曲词语例释》，《语文研究》1997年第1期。

邢向东：《论西北方言和晋语重轻式语音词的调位中和模式》，《南开语言学刊》2004年第3期。

邢向东：《陕北晋语语法比较研究》，商务印书馆2006年版。

熊正辉：《官话区方言分tsʅtʂʅ的类型》，《方言》1990年第1期。

熊正辉、张振兴：《汉语方言的分区》，《方言》2008年第2期。

薛风生：《方音重迭与普通话文白异读之形成》，《纪念王力先生九十诞辰文集》，山东教育出版社1992年版。

杨耐思：《周德清的〈中原音韵〉》，《中国语文》1957年11月号。

杨述祖：《太谷方言志》，《语文研究增刊（3）》，语文研究编辑部，1983年。

云景魁、汪寿顺：《天津话形成初探》，《天津师大学报》1986年第3期。

俞敏：《李汝珍〈音鉴〉里的入声字》，《北京师范大学学报》1983年第4期。

俞敏：《北京音系的成长和它受的周围影响》，《中国语文》1984年第4期。

张启焕、陈天福、程仪：《河南方言研究》，河南大学出版社1993年版。

张世方：《北京官话语音研究》，北京语言大学出版社2010年版。

张树铮：《清代山东方言中古入声的演变》，《语言研究》2003年第1期。

张树铮：《冀鲁官话清入归派的内部差异及其历史层次——兼论北京官话的清入散归四声和冀鲁官话的特点》，《中国语言学报》第十二期，商务印书馆 2006 年版。

张树铮：《胶辽官话的分区》，《方言》2007 年第 4 期。

张树铮：《论保唐片方言的归属》，《山东大学学报》（哲学社会科学版）2012 年第 4 期。

张玉来：《〈中原音韵〉时代汉语声调的调类与调值》，《古汉语研究》2010 年第 2 期。

张志敏：《北京官话》，《方言》2008 年第 1 期。

赵遐秋、曾庆瑞：《〈中原音韵〉音系的基础和"入派三声"的性质》，《中国语文》1962 年 7 月号。

赵日新：《安徽省的汉语方言》，《方言》2008 年第 4 期。

中国社科院、澳大利亚人文科学院：《中国语言地图集》（B2 官话之二），香港朗文，1987 年。

中国社会科学院语言研究所、中国社会科学院民族学与人类学研究所、香港城市大学语言资讯科学研究中心：《中国语言地图集》（第 2 版），商务印书馆 2012 年版。

朱德熙：《语法讲义》，商务印书馆 1984 年版。

曾晓渝：《〈西儒耳目资〉的调值拟测》，《语言研究》1992 年第 2 期。

［日］志村良治：《中国中世语法史研究》，江蓝生、白维国译，中华书局 1995 年版。